워드프레스 완벽 입문

HTML/CSS 기초부터 부트스트랩을 활용한 테마 제작까지

워드프레스 완벽 입문

HTML/CSS 기초부터 부트스트랩을 활용한 테마 제작까지

지은이 김덕기

펴낸이 박찬규   엮은이 이대엽   디자인 북누리   표지디자인 아로와 & 아로와나

펴낸곳 위키북스   전화 031-955-3658, 3659   팩스 031-955-3660

주소 경기도 파주시 교하읍 문발리 파주출판도시 535-7 세종출판벤처타운 #311

가격 35,000   페이지 664   책규격 188 x 240 x 31mm

초판 발행 2012년 10월 30일

ISBN 978-89-98139-06-3 (93000)

등록번호 제406-2006-000036호   등록일자 2006년 05월 19일

홈페이지 wikibook.co.kr   전자우편 wikibook@wikibook.co.kr

이 도서의 국립중앙도서관 출판시도서목록 CIP는

e-CIP 홈페이지 http://www.nl.go.kr/cip.php에서 이용하실 수 있습니다.

CIP제어번호 2012004647

워드프레스 완벽 입문

HTML/CSS 기초부터 부트스트랩을 활용한 테마 제작까지 김덕기 지음

위키북스

제가 처음

워드프레스를 접한 것은 몇 년 전에 웹사이트를 만들기 위해 PHP를 공부할 때였습니다. 사용해 보니 참 쉽게 만든 프로그램이라는 사실을 알게 됐습니다. 그래서 워드프레스와 같은 CMS 프로그램인 드루팔, 줌라, XE도 사용해보고 PHP 공부를 접었습니다. 웹사이트를 만들기 위해서 처음부터 PHP로 만들면 시간이 오래 걸리는데, 이런 쉬운 프로그램으로 블로그도 만들고 웹사이트도 만들 수 있다는 것이 웹디자인을 하는 저로서는 참 반가운 일이었습니다. 레이아웃을 변경하거나 디자인을 변경하려면 포토샵과 CSS만 알면 되는 것이죠. 그 당시에는 국내 포털 사이트에서 워드프레스로 검색하면 글이 몇 개 정도만 나왔었는데, 올해 초에 검색해 보니 아주 많이 늘어났더군요.

워드프레스는 전 세계 모든 웹사이트의 17 퍼센트를 점유하고 있는 가장 인기 있는 콘텐츠 관리 시스템이자 블로깅 플랫폼입니다. 워드프레스가 이처럼 인기 있는 이유는 누구나 설치만 하면 바로 사용할 수 있고 플러그인을 설치해서 필요한 기능을 손쉽게 추가할 수 있다는 데 있습니다. 현재 플러그인의 숫자는 2만 개에 이르며, "이런 기능이 있는 플러그인은 없을까?" 하고 검색해보면 거의 다 있습니다.

워드프레스가 오픈소스로 개발됐듯이 이러한 플러그인도 대부분이 오픈소스입니다. 워드프레스의 창시자인 매트 뮬렌베그는 처음으로 플러그인 시스템을 도입할 때 워드프레스를 설치하면 함께 설치되는 헬로우 달리(Hello Dolly)를 포함하면서 이 플러그인에 대한 소개글로 다음과 같이 말했습니다.

> "이것은 단순한 플러그인이 아닙니다. 이것은 루이 암스트롱이 부른 아주 유명한 Hello, Dolly라는 두 단어에 함축된 전 세대를 아우르는 희망과 열정을 상징합니다. 플러그인이 활성화되면 페이지가 바뀔 때마다 관리자 화면의 우측 상단에서 임의로 나타나는 Hello, Dolly의 가사를 볼 수 있습니다."

CMS의 성공 여부는 프로그램 자체의 성능보다는 얼마나 기능을 확장할 수 있고 누구나 쉽게 사용할 수 있는가에 달렸습니다. 매트 뮬렌베그의 플러그인 시스템 도입은 그의 생각이 적중해서 많은 사람들이 자발적으로 플러그인 개발에 참여했고 오늘의 성공을 거두게 된 것입니다.

헬로우 달리의 소개글에서 볼 수 있듯이 단순한 플러그인이 아니라는 의미는 사용자가 원하면 얼마든지 플러그인을 만들어 사용할 수 있도록 독려하기 위한 것입니다. 실제로 이 플러그인은 어떤 기능을 하는 것이 아니라 워드프레스가 그만큼 쉽게 플러그인을 개발할 수 있는 환경을 제공한다는 것입니다. 플러그인은 이처럼 간단한 것에서 시작해서 워드프레스 자체 프로그램보다 더 복잡한 쇼핑몰 플러그인도 있습니다. "이런 플러그인은 없을까"라고 사용자가 생각하는 것은 이미 개발자가 생각해서 만들어 놓고 있는 것입니다.

워드프레스가 성공할 수 있었던 또 하나의 원인은 테마 시스템입니다. 플러그인처럼 설치만 하면 블로그의 모양을 바로 바꿀 수 있고 어떤 테마라도 원하는 디자인으로 변경할 수 있습니다. 워드프레스가

PHP라는 웹 프로그래밍 언어로 만들어졌지만 PHP를 전혀 몰라도 테마를 수정하거나 만들 수 있습니다. 이렇게 할 수 있는 이유는 데이터베이스에서 필요한 데이터를 불러올 때 템플릿 태그라는 워드프레스 고유의 함수를 사용하기 때문입니다. 하나의 기호화된 템플릿 태그를 HTML 코드에 삽입하면 해당 자료가 웹페이지에 표시됩니다.

워드프레스에서 자랑하는 가장 간단한 테마는 다음과 같이 만듭니다. 테마를 만들려면 기본적으로 두 개의 파일이 필요한데 바로 index.php과 style.css 파일입니다.

```php
<?php get_header(); ?>
<?php if ( have_posts() ) : ?>
<?php while ( have_posts() ) : the_post(); ?>
<?php the_content(); ?>
<?php endwhile; ?>
<?php endif; ?>
<?php get_sidebar(); ?>
<?php get_footer(); ?>
```

위 코드는 index.php 파일의 내용입니다. 전부 워드프레스의 템플릿 태그로 구성돼 있고 하나하나가 특정한 역할을 하고 있습니다. style.css 파일은 다음과 같이 테마 이름만 있으면 됩니다.

```css
/*
Theme Name: My First Wordpress Theme
*/
```

위의 간단한 파일 두 개만 있어도 워드프레스 테마가 됩니다. 물론 레이아웃이 잡혀 있지 않아서 콘텐츠만 나오지만 이 두 가지 파일을 바탕으로 각종 템플릿 파일도 만들 수 있고 아주 복잡한 테마도 만들 수 있습니다. 멋지고 다양한 기능이 있는 테마를 만들기 위해서는 여러 가지 템플릿 태그를 알아야 하고 CSS도 알아야 합니다. CSS는 HTML과 함께 웹프로그래밍 언어 가운데 가장 간단하고 쉬운 언어입니다. 이러한 주제에 관해서는 이 책의 테마 만들기에서 자세히 알아볼 것입니다.

이 책은

크게 두 부분으로 나눕니다. 처음 세 개의 장에서는 워드프레스를 사용하기 위한 기본적인 사항을 다룹니다. 여기서는 관리자 화면을 기준으로 워드프레스의 모든 기능을 알아볼 것입니다. 나머지 두 장에서는 간단한 테마 만들기와 테마 수정하기를 다룹니다. 테마를 수정하려면 HTML과 CSS를 알아야 하기 때문에 HTML과 CSS의 기초부터 시작합니다. 이어서 워드프레스의 테마 구조, 템플릿 계층구조에 대해 알아보고 실전으로 들어가서 워드프레스의 기본 테마를 토대로 트위터 부트스트랩을 이용한 반응형 테마를 만듭니다.

1장 _ 워드프레스 시작

워드프레스를 시작하는 데 필요한 기본 지식과 워드프레스 설치 방법, 워드프레스닷컴 사용법, 테마 선택과 유료 테마를 구매하는 방법을 알아봅니다.

2장 _ 워드프레스 포스팅 전에 알아야 할 사항

워드프레스 환경설정, 댓글 관리, 플러그인 설치, 위젯 사용, 다중 블로그 만들기 등 워드프레스로 글을 올리기 전에 필요한 지식을 다룹니다.

3장 _ 포스팅하기

글을 작성하면서 필요한 워드프레스 편집기, 미디어 업로드, 카테고리와 태그, 메뉴 사용하기, 각종 메타박스에 대해 알아봅니다.

4장 _ 테마 만들기

본격적인 테마 수정에 앞서 HTML과 CSS를 배우면서 워드프레스 테마의 기본 파일인 index.php와 style.css 파일을 시작으로 각종 템플릿 파일을 만들고 간단한 테마를 하나 완성합니다. 이 장의 주 목적은 CSS를 배우는 것과 테마의 구조와 템플릿 파일, 템플릿 태그를 이해하는 것입니다.

5장 _ 테마 수정

5장에서는 이미 많은 기능을 제공하는 기본 테마를 바탕으로 자식 테마를 만들고, 이 자식 테마를 수정합니다. 기본적으로 트위터 부트스트랩의 스타일시트를 사용해 테마를 빠르게 만들게 되며, 모바일 겸용 반응형 테마를 동시에 만듭니다. 대부분의 경우 스타일시트를 직접 입력하는 것이 아니라 부트스트랩의 스타일시트에서 복사해서 붙여넣는 방식이므로 어렵지 않은 작업입니다.

이 책을

보면서 워드프레스 테마를 만드는 데 필요한 사전 지식은 없습니다. 다만 테마를 만들기 위한 열정만 있으면 됩니다. 주로 사용하는 것이 CSS인데, 그리 어려운 언어는 아닙니다. 이 책에서 설명한 내용만으로 부족하다면 제 블로그에서 CSS 기초를 다룬 부분을 참고합니다.

필요한 도구

파일을 만들고 편집하려면 텍스트 편집기가 필요합니다. 이 책에서는 두 가지 편집기를 사용할 것이며, 모두 무료로 사용할 수 있습니다. 이 책에서 편집기를 말할 때는 아래의 편집기 가운데 노트패드++나 서브라임 텍스트 2를 의미합니다.

노트패드++ _ 전 세계적으로 개발자들에게 인기 있는 텍스트 편집기입니다. 아래의 URL에서 내려받을 수 있습니다. 윈도우 환경에서만 사용할 수 있습니다.

http://notepad-plus-plus.org/

서브라임 텍스트 2 _ 요즘 개발자들에게 각광받고 있는 텍스트 편집기입니다. 기본적으로 유료지만 무료로 사용할 수 있습니다. 다만 사용하는 중에 구매를 유도하는 메시지가 나타납니다. 윈도우, 맥, 리눅스 등 각 시스템별로 버전이 있습니다.

http://www.sublimetext.com/2

앱타나 스튜디오 3 _ 웹 기반의 텍스트 편집기입니다. 단순한 편집기라기보다는 웹 개발툴(IDE)입니다. 서버에 접속해서 파일을 열고 직접 편집할 수 있어서 편리합니다. 운영체제별로 버전이 있으며, 자바가 설치돼 있어야 하지만 윈도우용은 자동으로 설치됩니다.

http://www.aptana.com/products/studio3/download

책에서

사용되는 모든 소스코드는 http://martian36.tistory.com/933에서 내려받을 수 있습니다.

질문이나 책의 오류가 발견되면 꼭 제 블로그에서 아무 곳에나 댓글을 달아주시면 감사하겠습니다.

베누시안 블로그 _ 제 블로그입니다. 책의 한정된 지면에 많은 내용을 담기 어려우므로 각종 플러그인 사용하기 부분을 제 블로그에 올리기로 했습니다. 이 부분은 워드프레스 카테고리에서 찾을 수 있습니다. 워드프레스가 버전업 되면서 추가되는 내용은 이곳에 올릴 예정입니다. 아울러 부트스트랩의 한글 번역판도 올릴 예정이며, 부트스트랩을 이용한 디자인과 부트스트랩의 여러 가지 기능을 지속적으로 올릴 것입니다. 또한 CSS의 기초를 배울 수 있습니다. 포토샵에 관한 글이 많이 있어서 관심 있는 분들은 자세히 배울 수 있습니다.

http://martian36.tistory.com

w3school _ HTML, CSS 등 다양한 웹프로그래밍 언어를 배울 수 있는 곳입니다. 영어로 돼 있지만 페이지 상단에서 Translate를 클릭하면 한글로도 전환할 수 있습니다. 구글 번역기를 사용하므로 매끄럽지 않은 번역이지만 이해하는 데는 지장이 없습니다. Try yourself(직접 사용해 보기)를 사용하면 직접 코드를 입력해서 실험해 볼 수도 있습니다.

http://www.w3schools.com/

CSS-Tricks.com _ 한글 번역판인 "워드프레스 제대로 파기(Digging into WordPress)"의 저자인 크리스 코이어(Chris Coiyer)가 운영하는 웹사이트입니다. CSS에 관한 깊은 지식을 배울 수 있고 특히 동영상 강좌는 화질도 우수하고, 자세한 내용을 설명하므로 파일을 내려 받아서 PC에서 직접 볼 수도 있습니다.

http://css-tricks.com/

워드프레스닷오그 _ 워드프레스의 모든 내용을 다루는 곳입니다. 무료 테마는 이곳에서 내려받아 사용하는 것이 좋습니다. 테마 제작과 관련된 모든 참고자료가 이곳에 있습니다.

http://wordpress.org/

웹디자인CSS3닷컴 _ 5장에서 만든 테마를 사용한 곳으로 책을 보면서 참고하면 됩니다.

필요한 경우 사이드바 하단의 등록하기에서 사용자명과 이메일로 등록하면 최고 관리자로 등록해서 전체 사이트를 둘러보면서 참고할 수 있게 하겠습니다. 최고 관리자가 되면 모든 사이드를 관리할 수 있으므로 제 아이디(admin)도 삭제할 수 있습니다. 그러면 제가 관리할 수 없으니 제거하지는 말아주세요. 제가 접근하지 못하게 되면 다시 설치해야 하는 상황이 발생합니다.

이곳에도 티스토리 블로그에 있는 CSS 관련 글이 있습니다. 각종 플러그인을 시험할 수 있으므로 책의 내용과 다르게 나타날 수도 있습니다.

http://webdesigncss3.com/

1장
워드프레스 시작

2장
포스팅하기 전에 알아야 할 사항

3장
포스팅하기

4장
테마 만들기

5장
테마 수정

1장

워드프레스 시작

워드 프레스란 01

워드프레스는 블로그용으로 만들어진 오픈소스 콘텐츠 매니지먼트 시스템입니다. 오픈소스는 무료로
자유롭게 사용할 수 있다는 의미이고 콘텐츠 매니지먼트 시스템(Content Management System)이란
웹사이트의 콘텐츠를 발행하거나 편집, 수정하고, 이를 전반적으로 관리하기 위한 시스템입니다. 블로
그용 CMS는 블로그를 주 대상으로 블로그 관련 콘텐츠(글, 이미지, 동영상 등)를 생성/수정/삭제/발행
등의 작업을 쉽게 할 수 있게 만들어진 도구입니다. 먼저 오픈소스의 개념과 콘텐츠 매니지먼트 시스템
에 대해 자세히 알아봅니다.

01 오픈소스 프로그램과 GPL

오픈소스는 그누(GNU, http://ko.wikipedia.org/wiki/그누) 프로젝트에서 처음 시작됐는
데, 이 프로젝트는 소프트웨어를 자유롭게 무료로 사용하게 하자는 운동으로 워드프레스는
일반 공중 라이선스(General Public License)를 따릅니다. 즉, 그누 프로젝트에서 만든 세
가지 라이선스(GPL1, GPL2, GPL3) 가운데 GPL2 버전에 해당하며, 소스코드의 공개와 이
를 이용한 변형까지도 가능합니다. 워드프레스가 지금까지 큰 성공을 거두게 된 것도 이 같
은 오픈소스 프로그램에 의해서입니다. 즉, 처음 개발한 사람이 프로그램을 오픈소스로 공개
하면 다른 개발자가 이를 변형해 다른 프로그램으로 개발할 수 있는 것입니다. 워드프레스가
현재의 워드프레스로 불리기 전에는 b2/cafelog라는 원초적인 블로그 소프트웨어에서 시작
됐습니다. 이 프로그램의 창시자는 마이클 발드리기(Michel Valdrighi)로, 2001년에 처음
시작되어 개발되다가 중단됐는데, 2003년에 매트 뮬렌베그(Matt Mullenweg)와 마이크 리
틀(Mike Little)에 의해 워드프레스로 재탄생했습니다. 이처럼 새로운 프로그램으로 만들어
질 수 있었던 것은 GPL의 규정에 의해서였습니다.

02 콘텐츠 매니지먼트 시스템

웹사이트를 개발하게 되면 그 웹사이트를 관리하기 위한 관리자 화면이 있어야 합니다. 웹사이트 관리자인 웹마스터가 최고 관리자로서 사이트 내용을 수정한다거나 디자인 변경하고자 할 때 최고 관리자로 로그인해야 가능하죠. 포털사이트의 블로그나 카페의 경우 운영자나 매니저가 최고 관리자로 관리센터를 관리할 수 있습니다. 어떤 웹사이트든 이러한 관리센터가 있어야 사이트를 운영할 수 있습니다. 그러므로 웹사이트에는 두 가지 영역이 존재합니다. 하나는 인터넷상에 공개되어 모든 사람이 볼 수 있는 콘텐츠 영역이고, 다른 하나는 이 웹사이트를 관리할 수 있는 관리 영역입니다. 웹 개발에서는 콘텐츠 영역을 프론트엔드(Front End)라 하고 관리 영역을 백엔드(Back End)라고 합니다.

블로그 프로그램이 콘텐츠 매니지먼트 시스템이라 불리는 것은 이러한 관리 영역이 중요하기 때문입니다. 관리 영역에 어떤 기능이 있느냐에 따라 관리하기가 쉽고 콘텐츠 영역의 디자인을 변경하기도 쉽기 때문이죠. 일반적으로 이러한 웹사이트는 또 다른 오픈소스 웹 프로그래밍 언어인 PHP와 MySQL이라는 데이터베이스로 만들어집니다.

모든 웹사이트를 만들 때마다 관리 시스템을 만들어야 하는데, 이를 일반화한 것을 콘텐츠 매니지먼트 시스템이라고 합니다. 즉 한 번만 만들어 두면 다른 웹사이트를 개발할 때도 적용할 수 있고 웹사이트를 만들 때마다 별개의 관리 시스템을 만들지 않아도 되는 것이죠. 이러한 콘텐츠 매니지먼트 시스템은 아주 많습니다. 국내만 해도 XE 엔진의 전신인 제로보드를 비롯해 그누보드 등이 있고 외국에서는 대표적으로 워드프레스와 드루팔(Drupal), 줌라(Joomla)가 있습니다. 국내에서 유명한 블로그인 티스토리는 태터툴즈라는 블로그 CMS로 운영되고 있습니다.

포털 사이트인 다음이나 네이버에도 블로그가 있습니다. 이러한 가입형 블로그에도 CMS가 있습니다. 운영자가 로그인하고 관리 버튼을 클릭해서 들어가면 레이아웃을 변경한다거나 색상을 변경할 수 있는 관리자 화면이 하나의 CMS인 것입니다. 이러한 블로그 콘텐츠 매니지먼트 시스템은 모든 블로그에 동일하게 적용되는 일반화된 관리 도구입니다.

모든 웹사이트는 표면상으로 나타나는 콘텐츠 영역을 어떻게 디자인하느냐에 따라 보는 사람의 눈을 끌게 되지만 웹사이트를 관리하기 위한 콘텐츠 매니지먼트 시스템은 관리자가 사용하기 쉽고 다양한 기능이 있어서 사이트를 관리하기 좋은 프로그램이어야 인정받을 수 있습니다.

관리 도구를 사용하기 쉽다는 점 말고도 워드프레스가 지금까지 큰 성공을 거둘 수 있었던 이유 중 하나는 블로그 사용을 확장하는 플러그인이나 위젯을 사용하기 쉬운 유연한 구조라는 점입니다. 워드프레스가 처음 나왔을 때는 버전이 0.7이었는데 1.2 버전이 되면서 이 같은 유연성의 개념이 추가되어 완전히 새로운 프로그램이 되어 현재까지 이르고 있습니다.

∩З 블로그의 형태

블로그는 블로그 사이트에 가입만 하면 사용할 수 있는 가입형과 웹호스팅 서버에 블로그 프로그램을 설치해야만 쓸 수 있는 설치형 블로그가 있습니다. 가입형은 디자인을 변경하기가 자유롭지 못하고 정해진 범위 안에서 특정 부분의 색상을 변경한다든가 레이아웃을 변경하는 정도에만 그치지만 설치형 블로그는 디자인 변경이 아주 자유로워서 레이아웃 언어인 CSS만 알면 어떤 디자인으로도 변경할 수 있습니다. 이러한 설치형 블로그는 디자인 변경이 자유롭기 때문에 블로그가 아닌 일반 웹사이트처럼 만들 수 있습니다.

가입형 블로그와 설치형 블로그의 중간 형태인 블로그를 서비스형 블로그라고 합니다. 대표적인 것이 국내의 티스토리입니다. 사용자가 가입해서 바로 블로그를 사용할 수 있지만 태터툴즈라는 블로그 프로그램을 사용하므로 설치형 블로그처럼 디자인 변경이 아주 자유롭습니다. 하지만 원하는 페이지를 만든다거나 원하는 데이터를 불러오는 기능이 없어서 이 또한 제한적입니다. 워드프레스 같은 설치형 블로그 프로그램을 사용하면 PHP 코드를 수정해 데이터베이스에서 원하는 데이터를 정렬할 수도 있으므로 자유로운 디자인이 가능합니다. 이 책에서는 워드프레스를 사용하면서 블로그의 디자인을 손쉽게 변경할 수 있게 만드는 데 목표를 두고 있습니다.

워드 프레스 소개 02

01 워드프레스 탄생과 발전 과정

이전 글에서 언급한 것처럼 워드프레스는 오픈소스 프로그램으로 특히 GPL2를 따르므로 소스코드를 변경해서 사용할 수 있습니다. 하지만 코드를 수정해서 개발했다고 해서 이름을 다른 것으로 바꿔서 판매하거나 배포해서는 안 됩니다. 워드프레스의 전신인 b2/cafelog가 WordPress로 변경된 것은 원작자가 이를 허용했기 때문이고 공식적인 후계 프로그램으로 된 것입니다.

소스코드의 원 개발자인 마이클 발드리기가 2001년 b2/cafelog를 지속적으로 개발했지만 2003년에 들어서는 개발이 중단됐습니다. 당시 사진작가이자 블로거인 미국의 휴스턴 대학 1학년생인 매트 뮬렌베그는 이 블로그 프로그램의 사용자였는데, 다른 b2/cafelog 사용자이자 개발자인 마이크 리틀과 함께 b2/cafelog의 코드를 이용해 새로운 프로젝트를 시작하면서 워드프레스가 탄생했습니다(버전 0.7). 1년 후인 2004년에 버전 1.2가 나오면서 플러그인 구조와 애플리케이션 프로그래밍 인터페이스(API, Application Programming Interface)를 도입해 유연하고 전혀 새로운 워드프레스로 재탄생했습니다.

2005년에는 테마(Theme) 구조와 페이지 운영이 가능한 워드프레스 1.5 버전이 나왔으며, 테마 구조는 테마를 쉽게 변경할 수 있어서 디자인이 자유로워졌습니다. 2005년 후반에 버전 2.0이 나왔으며, 주요 코드를 재작성해서 문서편집기 기능이 현재의 형태로 자리 잡았습니다. 버전 2.0을 기본 틀로 현재까지 이어지고 있으며, 위젯, 택소노미(Taxonomy) 같은 요소가 추가됐습니다.

아울러 워드프레스 MU(뮤: Multi User)가 추가 개발됐는데, 이를 이용하면 한 번의 설치로 여러 개의 블로그를 관리할 수 있습니다. 이 프로그램의 대표적인 예는 워드프레스 닷컴입니다. 하나의 프로그램으로 다수의 블로그를 관리할 수 있는 것이죠. 이 프로그램은 효율적인 개발을 위해 3.0 버전부터 워드프레스로 통합되어 간단한 파일 수정으로 워드프레스 내에서 멀티 블로그를 구현할 수 있게 바뀌었습니다.

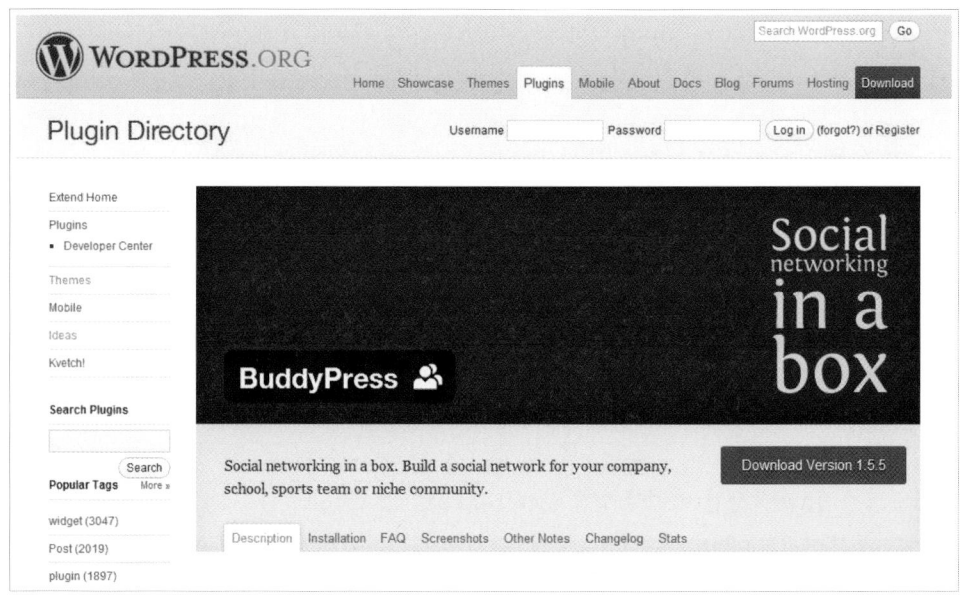

그림 1-1 버디프레스

워드프레스 1.2 버전부터 플러그인을 도입하면서 필요에 따라 기능을 추가할 수 있는 시스템으로 바뀌었습니다. 플러그인은 워드프레스의 발전 과정에서 아주 중요한 요소입니다. 아주 많은 플러그인 가운데 버디프레스(BuddyPress)는 페이스북과 같은 소셜네트워크 사이트를 만들기 위한 플러그인으로 이것을 설치하고 운영하면 블로그와는 다른 형태의 소셜 네트워크를 만들 수 있습니다. 소셜 네트워크의 주 기능은 포럼인데, 포럼은 우리나라의 게시판에 해당합니다. 워드프레스와는 별도의 프로그램으로 bbPress라는 게시판 프로그램이 개발되다가 중단되고 2.0 버전부터는 플러그인으로 개발되어 워드프레스에 추가해서 사용할 수 있게 되었습니다.

이 밖에도 유료 프로그램인 쇼퍼프레스(ShopperPress)는 쇼핑몰을 만들기 위한 프로그램으로 워드프레스처럼 쉽게 인터넷 쇼핑몰을 만들 수 있는 프로그램과 아바타 관리를 위한 그라바타(Gravatar) 등 워드프레스로부터 파생된 다양한 프로그램이 운영되고 있습니다.

02 워드프레스의 특징

- 웹 표준에 기초한 디자인

  워드프레스의 모든 코드는 웹 표준을 제시하고 관리하는 W3C(http://www.w3.org)의 웹 표준에 기초해서 만들어졌습니다. 이로써 현존하는 다양한 웹브라우저와 향후 개발될 모든 차세대 툴과 높은 호환성을 유지합니다.

- 편리한 페이지 만들기

  워드프레스에서 제공하는 페이지는 포스트뿐 아니라 다양한 콘텐츠를 담을 수 있고 이러한 페이지를 손쉽게 만들 수 있습니다.

- 테마 기반

  워드프레스의 디자인은 테마(Theme) 시스템입니다. 이는 단순한 블로그뿐 아니라 아주 복잡한 디자인의 웹진도 만들 수 있으며 여러 개의 테마를 클릭 한 번으로 변경할 수 있습니다.

- 타 블로그와의 커뮤니케이션

  워드프레스는 트랙백과 핑백을 지원해 타 블로그와 연결하기가 쉽습니다.

- 댓글 달기

  방문자는 각 포스트에 대해 댓글을 달 수 있고 핑백이나 트랙백을 이용하면 방문자 자신의 블로그에서 댓글을 달 수도 있습니다.

- 스팸 방지

  댓글 스팸 관리와 제거를 위한 다양한 플러그인이 있습니다.

- 회원 등록 시스템

  워드프레스는 회원 등록 시스템이 있어서 회원 가입을 하고 자신의 프로필을 관리할 수 있습니다. 최대 10단계의 회원 등급을 만들 수 있으며 등급에 따라 글을 올리거나 콘텐츠를 관리할 수 있습니다. 이에 따라 일부 회원에게만 글을 볼 수 있게 제한하는 플러그인도 있습니다.

- **포스트를 비밀번호로 관리**

  각 포스트에 대해 비밀번호를 부여할 수 있어 글 작성자만 볼 수 있는 포스트를 만들 수 있습니다.

- **손쉬운 설치와 업그레이드**

  워드프레스는 손쉬운 설치로 유명합니다. 업그레이드뿐 아니라 플러그인 설치도 별도의 다운로드 없이 클릭 한 번으로 자동으로 압축 해제와 설치가 가능합니다.

- **손쉬운 데이터 이전**

  타 블로그 프로그램에서 데이터를 쉽게 이전할 수 있습니다. 외국에서는 블로그 프로그램이 다양해서 이러한 프로그램을 위한 플러그인이 제공되고 있지만 국내 블로그는 대부분이 데이터 이전이 안 됩니다. 한국 포털의 경우 블로그 글의 소유권이 글 작성자에게 있는데도 이를 허용하지 않습니다. 그래서 워드프레스로 블로그를 옮기려면 모든 포스팅을 개별로 복사해서 붙여넣어야 하는 불편함이 있습니다. 하지만 티스토리 블로그는 데이터 백업이 가능해서 모든 자료를 내려받아 워드프레스에 플러그인을 설치하고 블로그의 모든 글을 옮길 수 있습니다.

03 워드프레스 통계

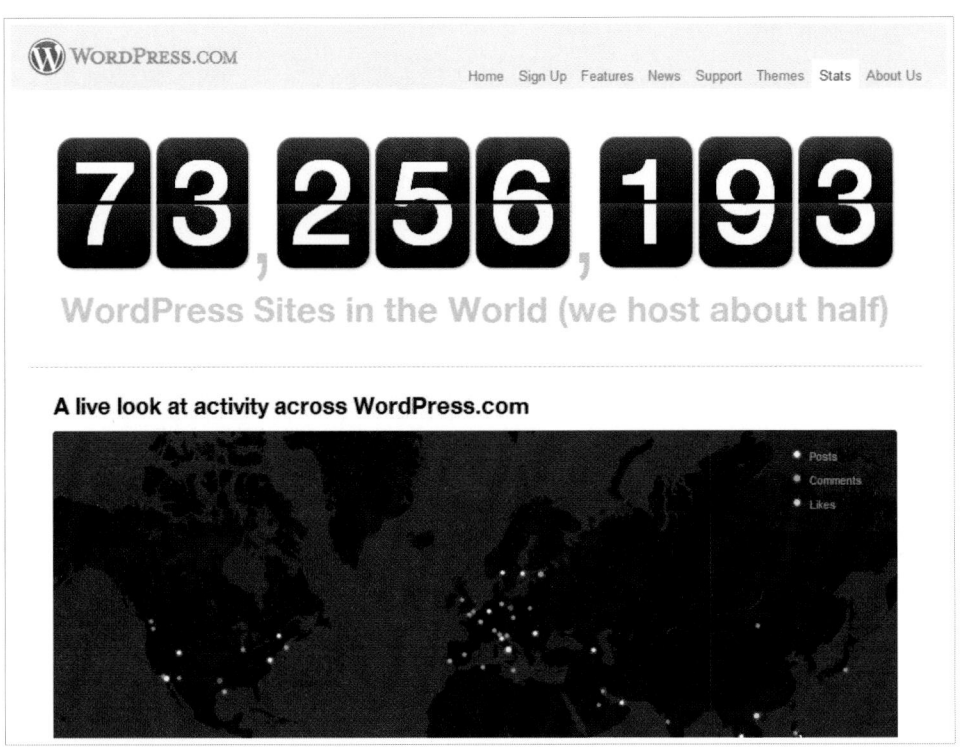

그림 1-2 **워드프레스 통계**

위 사진은 워드프레스닷컴의 통계로, 전 세계에서 워드프레스를 사용 중인 사이트의 숫자입니다. 그 중에서 가입형 블로그인 워드프레스닷컴을 사용하는 사이트가 반 정도라는 것이죠.

미국의 또 다른 콘텐츠 매니지먼트 시스템인 드루팔이 백악관의 홈페이지에 사용되고 있는 반면 워드프레스는 미국 정부 각 기관이나 미디어 사이트 등의 홈페이지에 사용되고 있습니다. 대표적인 사이트를 예로 들자면 미국 CIA, US Army를 비롯한 미국방성 등 미 정부기관과 CNN, 이베이, 야후!, 삼성, 포드, 피플매거진 등 많은 곳에서 블로그 프로그램으로 사용하고 있습니다. 물론 메인 홈페이지로 사용하는 곳도 있겠지만 주로 블로그에 사용됩니다. 즉, 워드프레스는 PHP로 만들어졌기 때문에 대량의 데이터를 요구하는 사이트에는 부적합하고 블로그나 소규모 사이트에 적합하기 때문에 기업이나 기관의 블로그에 사용되고 있는 것입니다.

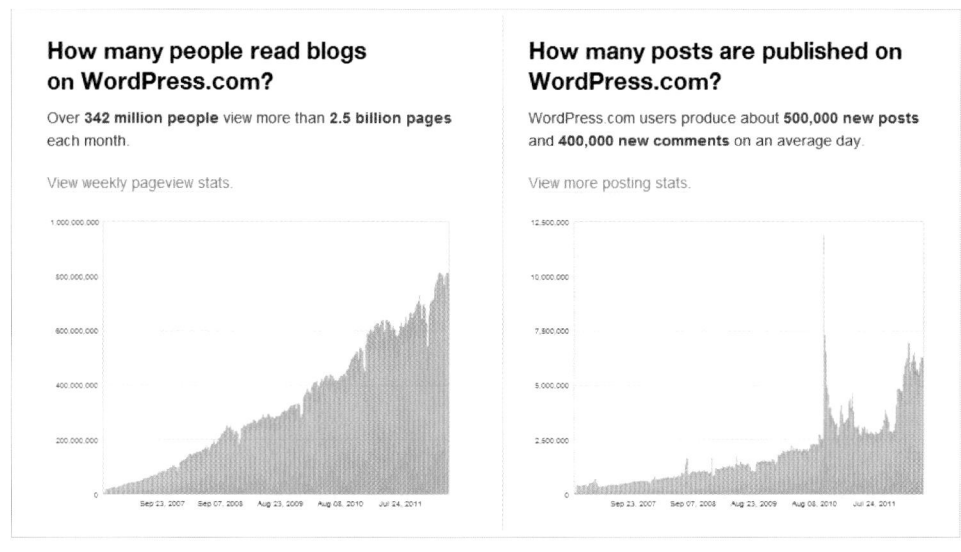

그림 1-3 워드프레스 통계

워드프레스 닷컴의 통계자료를 보면 매달 3억 4천만 명이 2십5억 개의 포스트 글을 본다고 합니다. 대단한 숫자죠. 오른쪽 사진은 매일 5십만 개의 새로운 포스트가 만들어지고 4십만 개의 새로운 댓글이 만들어지고 있다고 합니다.

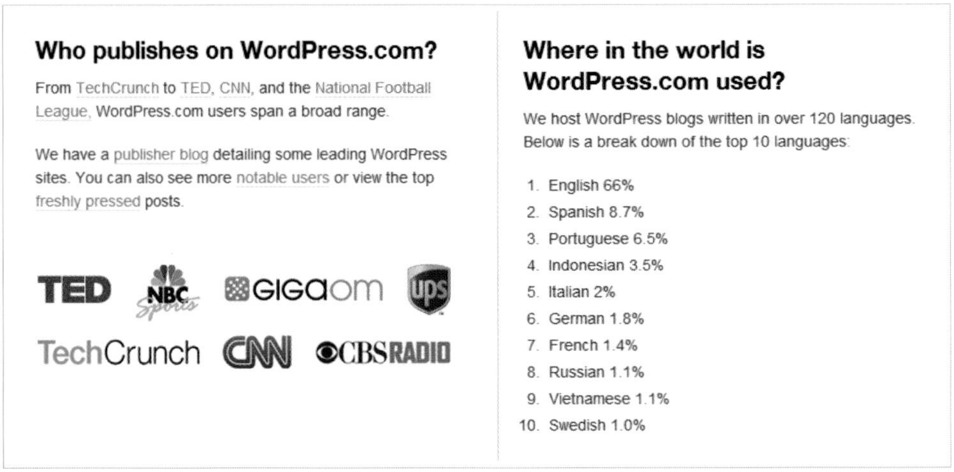

Who publishes on WordPress.com?

From TechCrunch to TED, CNN, and the National Football League, WordPress.com users span a broad range.

We have a publisher blog detailing some leading WordPress sites. You can also see more notable users or view the top freshly pressed posts.

Where in the world is WordPress.com used?

We host WordPress blogs written in over 120 languages. Below is a break down of the top 10 languages:

1. English 66%
2. Spanish 8.7%
3. Portuguese 6.5%
4. Indonesian 3.5%
5. Italian 2%
6. German 1.8%
7. French 1.4%
8. Russian 1.1%
9. Vietnamese 1.1%
10. Swedish 1.0%

그림 1-4 워드프레스 통계

사용되고 있는 언어도 아주 다양하지만 한국어는 상위 10위권에 못 끼는군요. 우리나라는 워낙 한국적 소셜 네트워킹이 발달해서 그런가 봅니다. 트위터나 페이스북 등 외국의 소셜 네트워킹이 들어오면서 한때 인기 있던 미니홈피도 사양길로 접어들었는데 이번에 한국에서는 서울시가 워드프레스를 사용하기로 결정했다고 합니다. 한국형 블로그 프로그램에 어떤 영향을 줄지 관심이 많이 갑니다.

WAMP 서버에 워드프레스 설치하기 03

01 WAMP 서버 설치

워드프레스는 설치하면 바로 사용할 수 있는 블로그 프로그램이지만 정적인(Static) 콘텐츠가 아닌 데이터베이스와 연동해서 원하는 데이터를 불러와서 동적인(Dynamic) 콘텐츠를 생산하는 PHP에 의해 작동하는 프로그램입니다. PHP는 인터넷 서버 환경에서만 작동하므로 워드프레스를 시험적으로 사용하기 위해 일일이 웹호스팅 서버에 설치할 수는 없는 일이고, 테마를 수정한다거나 새로운 테마를 만들려면 웹호스팅 서버에 업로드해서 작업하기가 불편합니다. 그래서 내컴퓨터에 서버 환경을 만들어 웹호스팅과 같은 환경을 구축할 수 있습니다. 그러자면 서버를 만들기 위한 프로그램을 설치해야 하는데, 이때 3가지 프로그램이 필요합니다. 우선 워드프레스는 PHP 언어로 만들어졌기 때문에 기본적으로 PHP 프로그램이 설치돼 있어야 합니다. 그리고 PHP로 만든 콘텐츠를 인터넷 사용자에게 전달하는 역할을 하는 것이 아파치 웹서버입니다. 또한 워드프레스에서 작성된 모든 글은 데이터베이스에 저장되고 방문자의 클릭에 따라 글이 보여지며, 글의 저장을 담당하는 역할은 MySQL이라는 데이터베이스 프로그램이 담당합니다. 서버 환경을 구축하려면 이러한 세 가지 프로그램을 자신의 컴퓨터에 설치하면 됩니다.

이 세 가지 프로그램을 제각기 설치할 수도 있지만 사용자의 편의를 위해 세 가지 프로그램
이 한데 묶인 프로그램을 이용할 수도 있습니다. 별개의 프로그램으로 설치하면 서로 연동
하기 위해 설정을 해야 하는 번거로움이 있지만 병합된 프로그램은 이미 서로 연동된 상태
로 설치되므로 한번의 설치로 바로 서버 환경을 이용할 수 있습니다. 이러한 프로그램의 조
합을 스택(Stack: 쌓아놓은 것, 조합)이라고 합니다. 이 스택은 웹서버인 아파치(Apache),
데이터베이스인 MySQL, 그리고 PHP의 첫 글자를 따서 AMP라 하고, 운영체제에 따라
WAMP(Windows+AMP), MAMP(Macintosh+AMP), LAMP(Linux+AMP)가 있습니다.
모든 운영체제에 설치할 수 있는 크로스 플랫폼인 XAMPP(X:Cross+AMP+Perl)가 있지만
XAMPP는 초보자가 사용하기에는 다소 불편합니다. 이러한 각 스택은 오픈소스 프로그램을
사용하기에 스택도 무료로 내려받아 사용할 수 있습니다.

스택은 내려받아서 설치만 하면 바로 사용할 수 있으며, 여기서는 사용자 비중이 가장 높은
윈도우 환경에 설치할 수 있는 WAMP 서버를 설치하는 방법을 알아보겠습니다. 웹브라우저
에서 아래 URL로 이동하면 해당 프로그램을 내려받을 수 있는 사이트로 이동합니다.

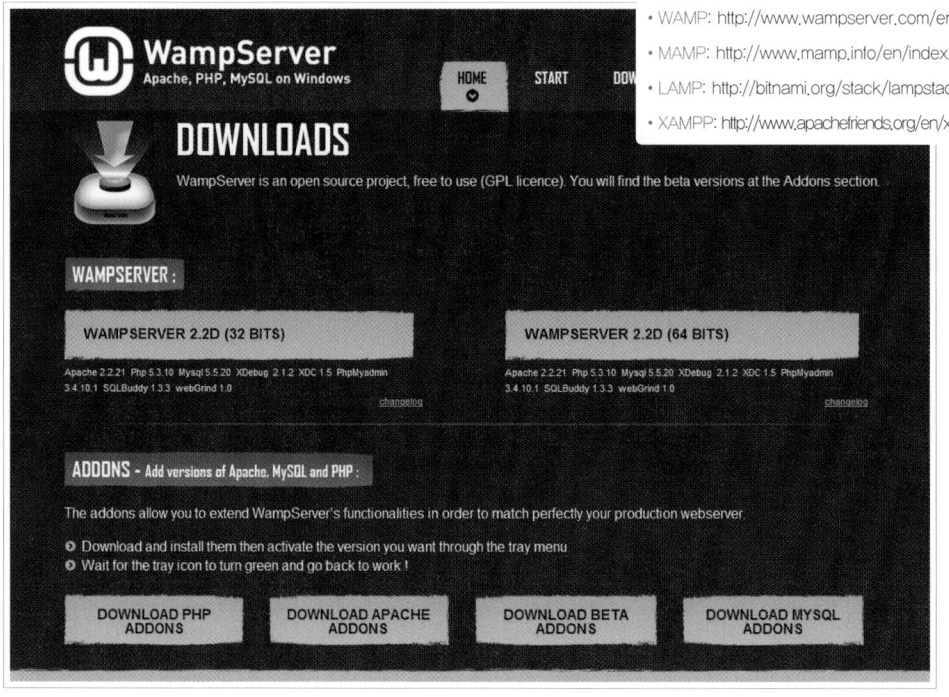

• WAMP: http://www.wampserver.com/en/
• MAMP: http://www.mamp.info/en/index.html
• LAMP: http://bitnami.org/stack/lampstack
• XAMPP: http://www.apachefriends.org/en/xampp.html

그림 1-5 wamp 서버 홈페이지

사이트로 이동한 후 메뉴에서 다운로드 버튼을 클릭하면 다운로드 페이지로 이동합니다. 32비트 버전과 64비트 버전이 있으니 자신의 컴퓨터 사양에 따라 내려받으면 됩니다. 64비트 컴퓨터라도 32비트용을 사용할 수 있습니다.

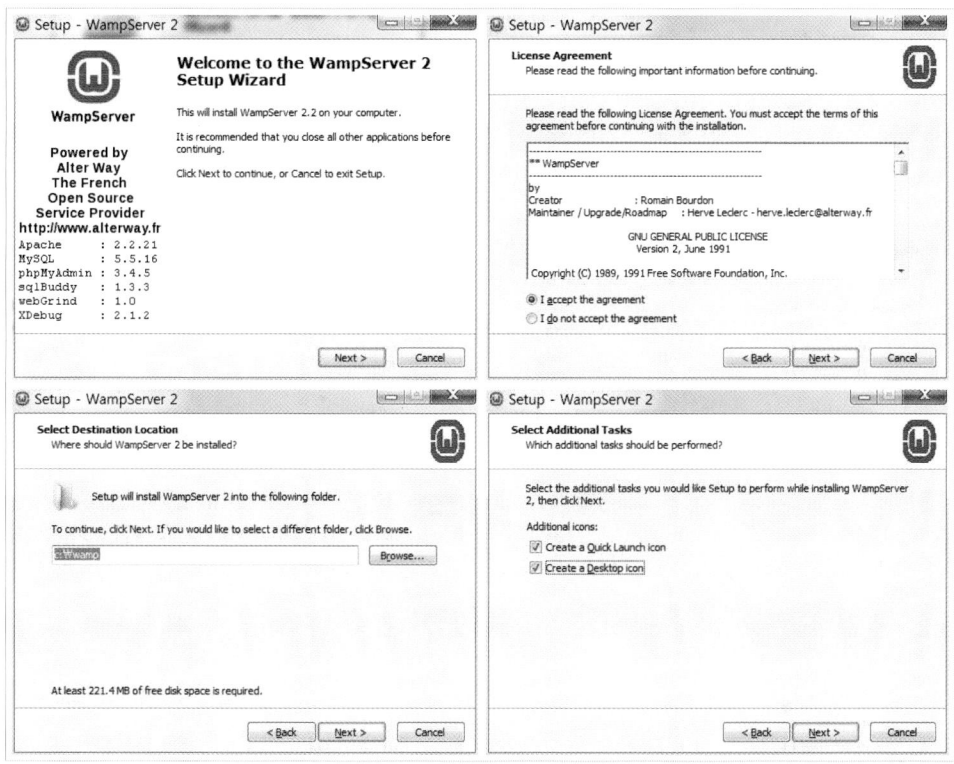

그림 1-6 wamp 서버 설치

내려받은 파일을 더블클릭하면 아파치 버전과 MySQL, PHP 버전 정보가 나오고 추가로 설치되는 데이터베이스를 그래픽 인터페이스에서 사용할 수 있게 해주는 프로그램인 phpMyAdmin 프로그램의 버전 정보가 나옵니다. 여기서 Next 버튼을 클릭하면 라이선스 사용 동의 안내가 나옵니다. 동의함에 체크하고 다음 버튼을 클릭합니다. 설치되는 기본 폴더는 C 드라이브의 wamp 폴더입니다. 다른 곳에 설치하고 싶다면 "Browse" 버튼을 클릭해서 폴더를 설정하면 됩니다. Next 버튼을 클릭하면 바로가기 아이콘을 만들 수 있는 창이 나옵니다. 원하는 곳에 체크하고 Next를 클릭합니다.

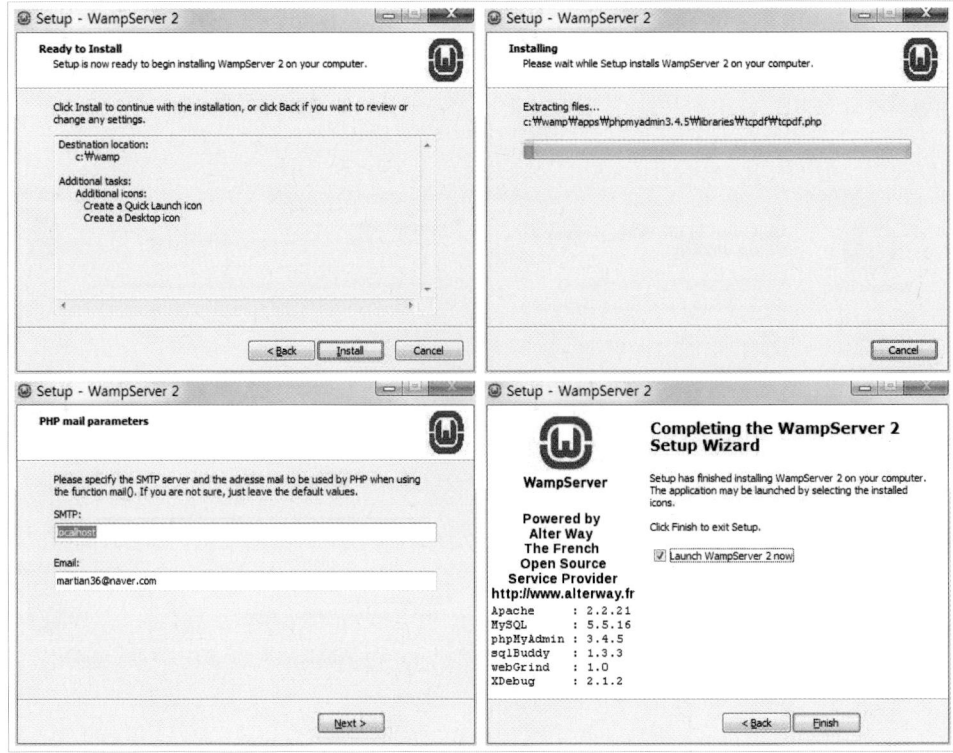

그림 1-7 wamp 서버 설치

설정한 내용이 나옵니다. Next 버튼을 클릭하면 설치가 시작됩니다. 프로그램이 모두 설치되면 SMTP 서버를 설정할 수 있는 창이 나옵니다. 그대로 두고 메일주소를 입력한 후 Next를 클릭하면 최종적으로 설치된 프로그램 목록이 나옵니다. "Launch WampServer 2 now"에 체크하고 Finish 버튼을 클릭하면 프로그램이 시작되고 시스템 트레이에 아이콘이 나타납니다. 나중에 WAMP 서버를 시작할 때는 바탕화면에서 바로가기 아이콘을 클릭하면 됩니다. 처음에는 빨간색이었다가 주황색으로 바뀌고 모든 프로그램이 정상적으로 시작되면 녹색으로 바뀝니다.

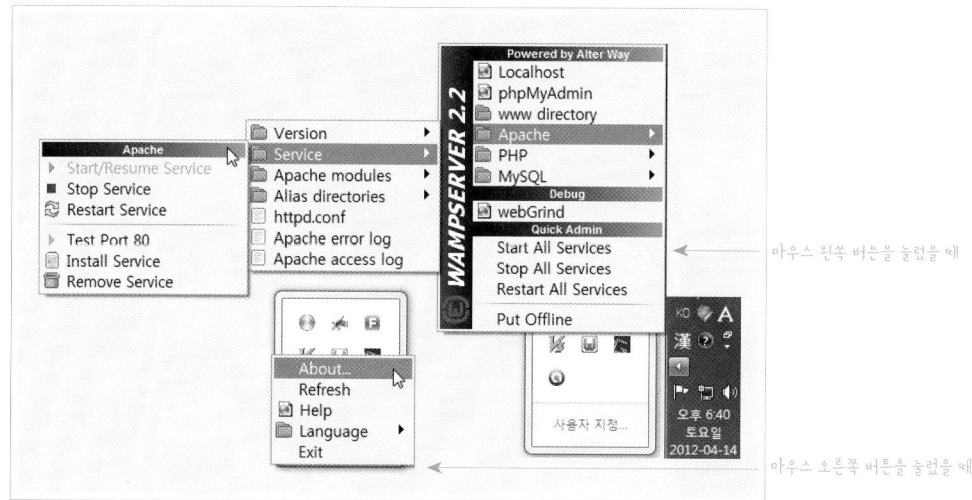

마우스 왼쪽 버튼을 눌렀을 때

마우스 오른쪽 버튼을 눌렀을 때

그림 1-8 wamp 서버 시작 아이콘 살펴보기

시스템 트레이 아이콘을 클릭하면 녹색 WAMP 서버 아이콘이 나옵니다. 윈도우 시작 프로그램 가운데 이미 다른 프로그램에서 아파치 서버나 MySQL 데이터베이스를 사용 중이었다면 WAMP 서버가 정상적으로 시작되지 않으므로 WAMP 서버를 종료하고 작업표시줄에서 오른쪽 버튼을 클릭해서 작업관리자 시작을 선택한 다음 프로세스에서 실행되고 있는 프로그램(httpd.exe, mysqld.exe 등)을 종료하고 다시 시작해야 합니다. 이와 관련해서는 별도 항목에서 다루겠습니다.

작업표시줄에서 시스템 트레이 아이콘을 클릭하고 녹색 WAMP 서버 아이콘을 대상으로 마우스 오른쪽 버튼을 클릭하면 새로고침하거나 언어 설정을 변경할 수 있는 메뉴가 나옵니다. 아직 한국어는 없습니다. 혹은 마우스 왼쪽 버튼을 클릭하면 WAMP 서버 패널이 나옵니다. Localhost를 클릭하면 웹페이지에 WAMP 서버의 정보가 나오고 하단에서 이 프로그램을 사용해서 작업 중인 프로젝트를 볼 수 있으며, 이를 클릭하면 해당 프로젝트가 웹페이지에 나옵니다. phpMyAdmin을 클릭하면 데이터베이스 프로그램인 MySQL의 그래픽 버전인 phpMyAdmin을 볼 수 있습니다. www directory를 클릭하면 WAMP 서버를 이용해 작업 중인 프로젝트 폴더로 이동하며, 이곳에 워드프레스나 드루팔, XE 엔진 등 CMS 프로그램 파일 폴더를 붙여넣고 프로젝트를 진행할 수 있습니다. 세부 메뉴를 보려면 각 프로그램을 클릭하고, 각 프로그램을 개별적으로 중지시키거나 재시작할 수 있습니다. Quick Admin에서 프로그램 전체를 중지하거나 재시작할 수 있습니다.

WAMP서버 아이콘이 녹색으로 바뀌지 않을 경우 처리 방법

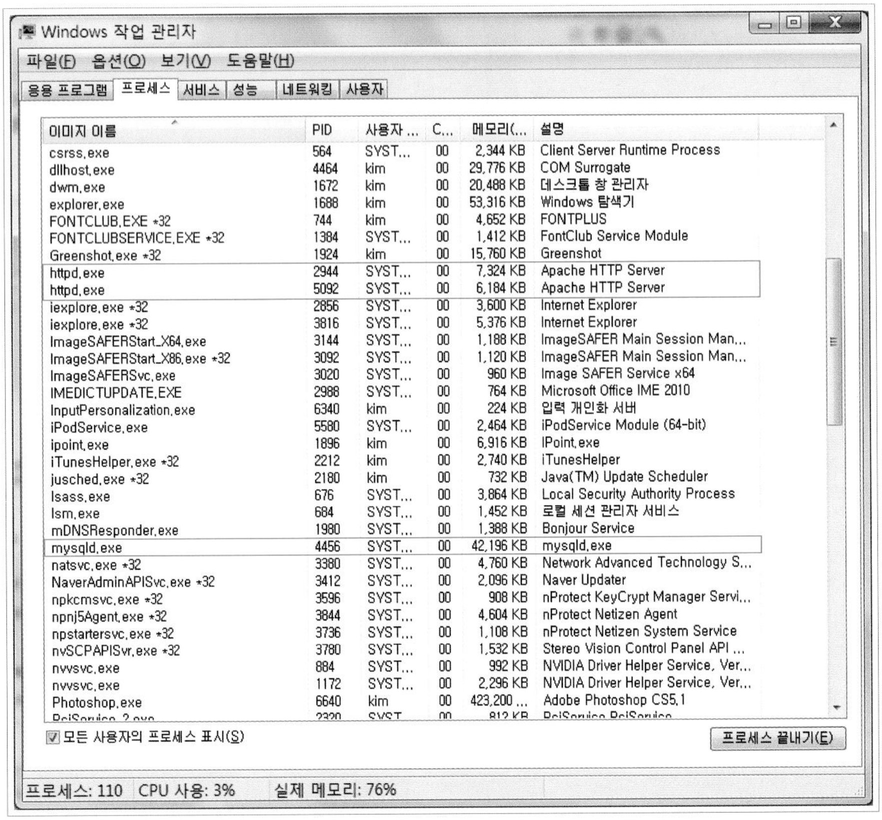

그림 1-9 wamp 서버가 작동하지 않을 때

시스템 트레이의 WAMP 아이콘이 주황색으로 돼 있는 경우 아파치 서버 프로그램이나 데이터베이스가 다른 프로그램에 의해 이미 실행 중인 경우가 대부분입니다. WAMP 서버 아이콘을 대상으로 마우스 오른쪽 버튼을 클릭해서 나오는 메뉴에서 Exit를 선택해 종료합니다. 그런 다음 각종 프로그램 아이콘이 모여 있는 작업표시줄에서 마우스 오른쪽 버튼을 클릭해 작업관리자 시작을 클릭하면 위와 같은 창이 나타납니다. 여기서 프로세스 탭을 선택하면 윈도우에서 실행 중인 모든 프로그램 목록이 나옵니다. httpd.exe(아파치), mysql.exe(데이터베이스) 프로그램을 하나씩 선택해서 마우스 오른쪽 버튼을 클릭하면 메뉴가 나옵니다. 여기서 "프로세스 끝내기"를 선택해 종료한 다음 WAMP 서버를 다시 시작해 봅니다.

위와 같이 해도 문제가 해결되지 않으면 아파치 서버가 사용해야 할 80포트를 다른 프로그램에서 사용 중인 경우가 있으므로 이를 아래와 같이 8080으로 변경하면 됩니다.

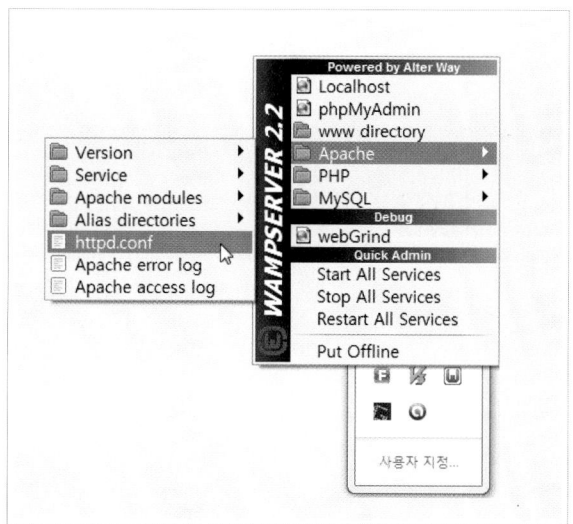

그림 1-10 wamp 서버가 작동하지 않을 때

WAMP 서버 아이콘을 클릭하고 Apache → httpd.conf를 차례로 클릭하면 메모장에
httpd.conf 파일이 열립니다.

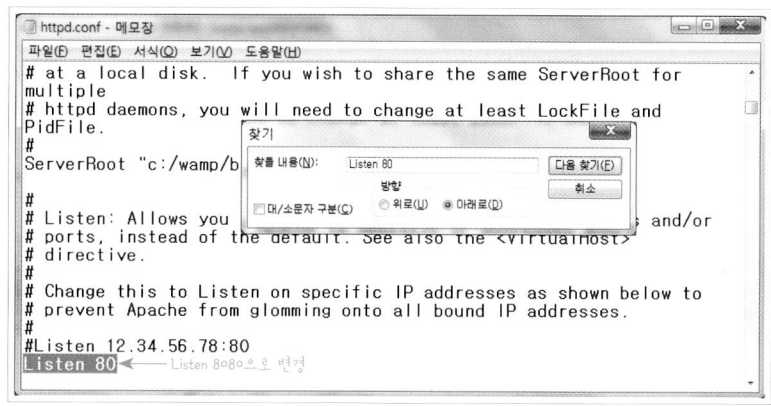

그림 1-11 서버가 작동하지 않을 때

Ctrl+F를 눌러 검색창이 나오면 검색어로 Listen 80을 찾은 다음 Listen 80을 Listen 8080
으로 변경한 후 Ctrl+S를 눌러 파일을 저장한 후 메모장을 닫고 WAMP 서버를 재가동합니
다.

그림 1-12 워드프레스 한국어 버전 다운로드

워드프레스는 다른 외국 CMS 프로그램과 달리 한국어 버전이 따로 있습니다. 인터넷 주소창에서 http://ko.wordpress.org/을 입력하면 다운로드 사이트로 이동합니다. 영어 버전을 내려받으려면 http://wordpress.org/로 이동합니다.

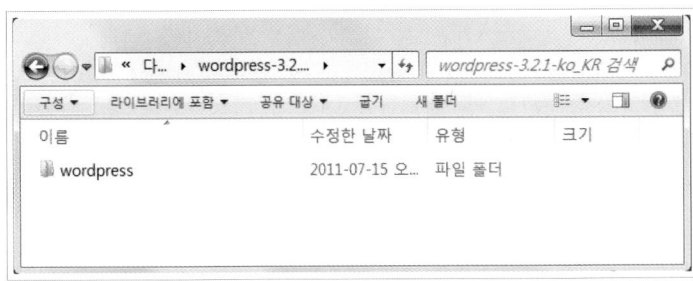

그림 1-13 워드프레스 압축 풀기

내려받은 파일의 압축을 풀고 폴더를 클릭해서 들어가면 wordpress 폴더가 나옵니다. 이곳에 모든 프로그램이 들어 있습니다. 이 폴더를 선택하고 Ctrl+C를 눌러 복사합니다.

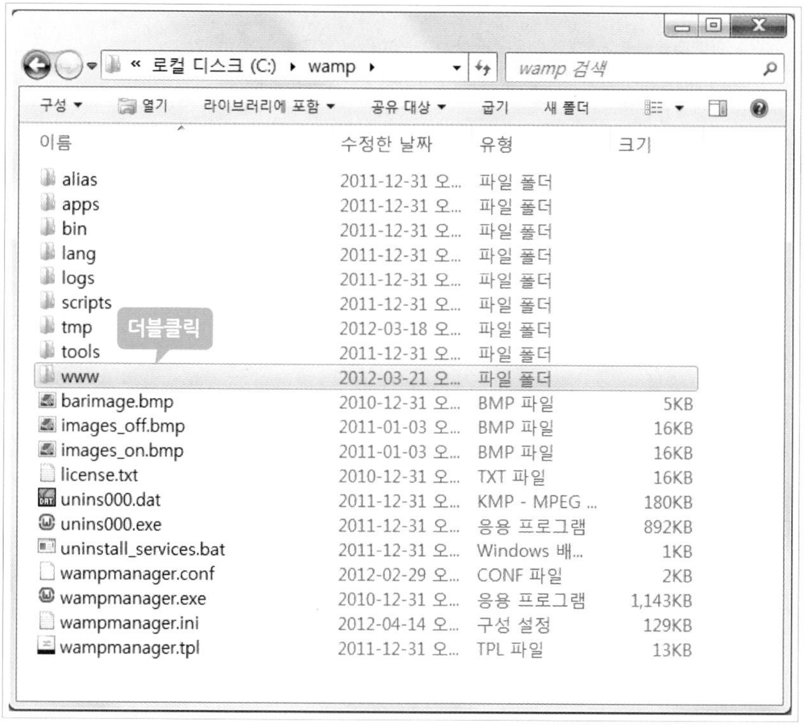

그림 1-14 wamp 서버 폴더에 워드프레스 붙여넣기

C:Wwamp 폴더로 이동하면 위와 같이 폴더와 파일이 보입니다. CMS 프로그램은 www 폴더에 설치해서 실행합니다. www 폴더를 더블클릭해서 들어간 후 Ctrl+V를 눌러 앞에서 복사해둔 워드프레스 파일을 붙여넣습니다. 여기서 폴더의 이름을 변경하면 다음 단계에서 주소를 입력할 때 해당 폴더 이름을 입력해야 합니다.

한글 언어파일 중 도움말 부분이 많이 번역되지 않았고 오역된 부분을 지속적으로 수정하고 있으며 현재까지 수정된 언어파일을 사용하면 설치 초기부터 한글로 나타나도록 수정했습니다. 추가로 번역한 부분이 한글 워드프레스 3.4 버전에는 반영됐지만 일부 글자들이 아직 영어로 나타납니다. 이곳(http://martian36.tistory.com/918)에서 언어 파일을 내려받아 wp-content/languages 디렉터리에 압축을 풀어 덮어쓰기 하면 됩니다. 3.5 버전부터는 이러한 오류가 나타나지 않을 것이므로 그대로 사용하면 됩니다.

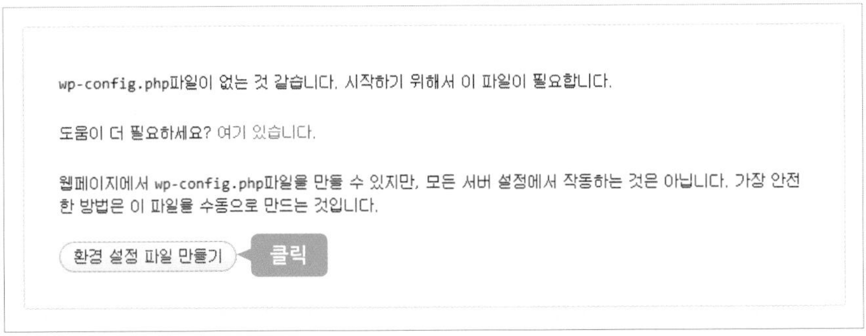

wp-config.php파일이 없는 것 같습니다. 시작하기 위해서 이 파일이 필요합니다.

도움이 더 필요하세요? 여기 있습니다.

웹페이지에서 wp-config.php파일을 만들 수 있지만, 모든 서버 설정에서 작동하는 것은 아닙니다. 가장 안전한 방법은 이 파일을 수동으로 만드는 것입니다.

환경 설정 파일 만들기 ← 클릭

그림 1-15 워드프레스 설정 파일 만들기

웹브라우저를 열고 주소창에 http://localhost/wordpress를 입력하고 엔터키를 치면 위와 같은 화면이 나옵니다. "환경 설정 파일 만들기"를 클릭하면 워드프레스 폴더에 있는 wp-config-sample.php 파일을 토대로 같은 폴더에 wp-config.php 파일이 만들어집니다. 이 설정 파일은 PHP 프로그램이 데이터베이스와 연결하는 데 필요한 파일로, 데이터베이스 이름과 비밀번호, 데이터베이스 접속 아이디를 만들게 됩니다. 내컴퓨터에서 로컬로 사용할 때는 비밀번호를 설정하지 않아도 되지만 웹호스팅 환경에 설치할 때는 반드시 미리 설정하고 웹서버에 업로드해야 합니다.

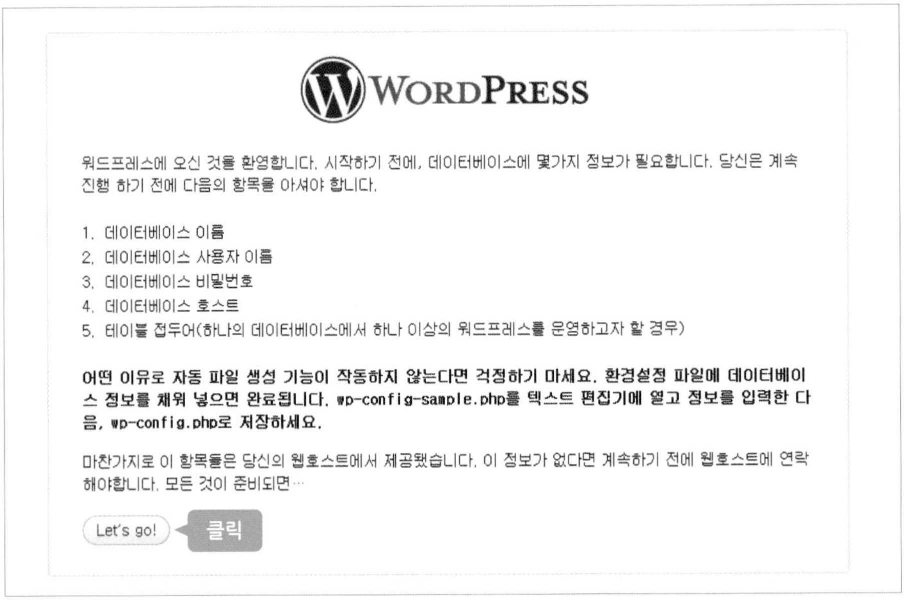

WORDPRESS

워드프레스에 오신 것을 환영합니다. 시작하기 전에, 데이터베이스에 몇가지 정보가 필요합니다. 당신은 계속 진행 하기 전에 다음의 항목을 아셔야 합니다.

1. 데이터베이스 이름
2. 데이터베이스 사용자 이름
3. 데이터베이스 비밀번호
4. 데이터베이스 호스트
5. 테이블 접두어(하나의 데이터베이스에서 하나 이상의 워드프레스를 운영하고자 할 경우)

어떤 이유로 자동 파일 생성 기능이 작동하지 않는다면 걱정하기 마세요. 환경설정 파일에 데이터베이스 정보를 채워 넣으면 완료됩니다. wp-config-sample.php를 텍스트 편집기에 열고 정보를 입력한 다음, wp-config.php로 저장하세요.

마찬가지로 이 항목들은 당신의 웹호스트에서 제공됐습니다. 이 정보가 없다면 계속하기 전에 웹호스트에 연락해야합니다. 모든 것이 준비되면…

Let's go! ← 클릭

그림 1-16 워드프레스 설치

앞의 내용을 보면 설치하기에 앞서 5가지가 필요하다고 합니다.

1. 데이터베이스 이름
2. 데이터베이스 사용자 이름
3. 데이터베이스 비밀번호
4. 데이터베이스 호스트네임
5. 데이터베이스 테이블 접두어

우선 데이터베이스를 미리 만들어야 하므로 위 화면은 그대로 두고 시스템 트레이에서 WAMP 아이콘을 클릭해서 phpMyAdmin을 선택하면 웹브라우저에 다음과 같은 화면이 나옵니다.

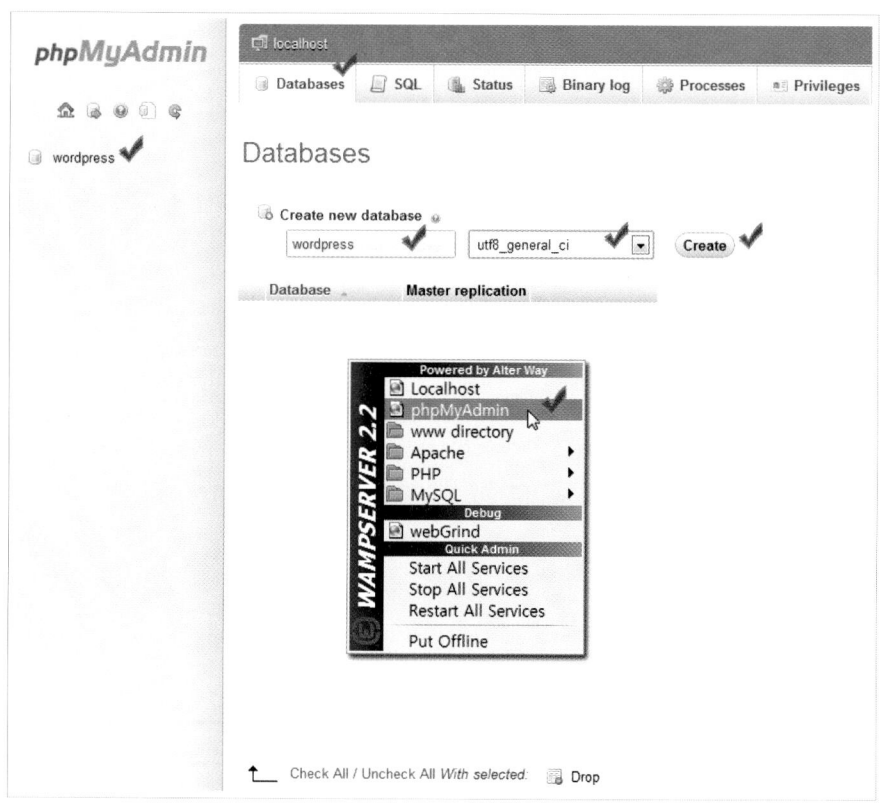

그림 1-17 phpMyAdmin에서 데이터베이스 만들기

여기서 Databases 탭을 클릭하고 Create new database의 첫 번째 칸에 원하는 데이터베이스 이름을 입력합니다. 두 번째 칸을 클릭해서 utf8_general_ci를 선택하고 Create 버튼을 클릭하면 왼쪽에 데이터베이스가 만들어집니다. 다시 설치 화면으로 가서 Let's go 버튼을 클릭합니다.

그림 1-18 워드프레스 설치(계속)

이전 단계에서 만든 데이터베이스 이름을 입력합니다. 데이터베이스의 최고 사용자 이름은 기본적으로 root로 돼 있고 비밀번호는 없습니다. root로 입력하고 비밀번호는 아무것도 나오지 않게 합니다. 웹호스팅 환경에 설치해서 사용하려면 비밀번호를 만들어야 하는데 로컬에서 시험용으로 사용할 때 워드프레스는 비밀번호가 없어도 사용할 수 있으므로 그냥 넘어갑니다. 나머지는 그대로 두고 전송 버튼을 클릭하면 워드프레스 폴더에 wp-config.php 파일이 만들어집니다.

그림 1-19 워드프레스 설치(계속)

설치 실행하기 버튼을 클릭하면 설치가 시작됩니다.

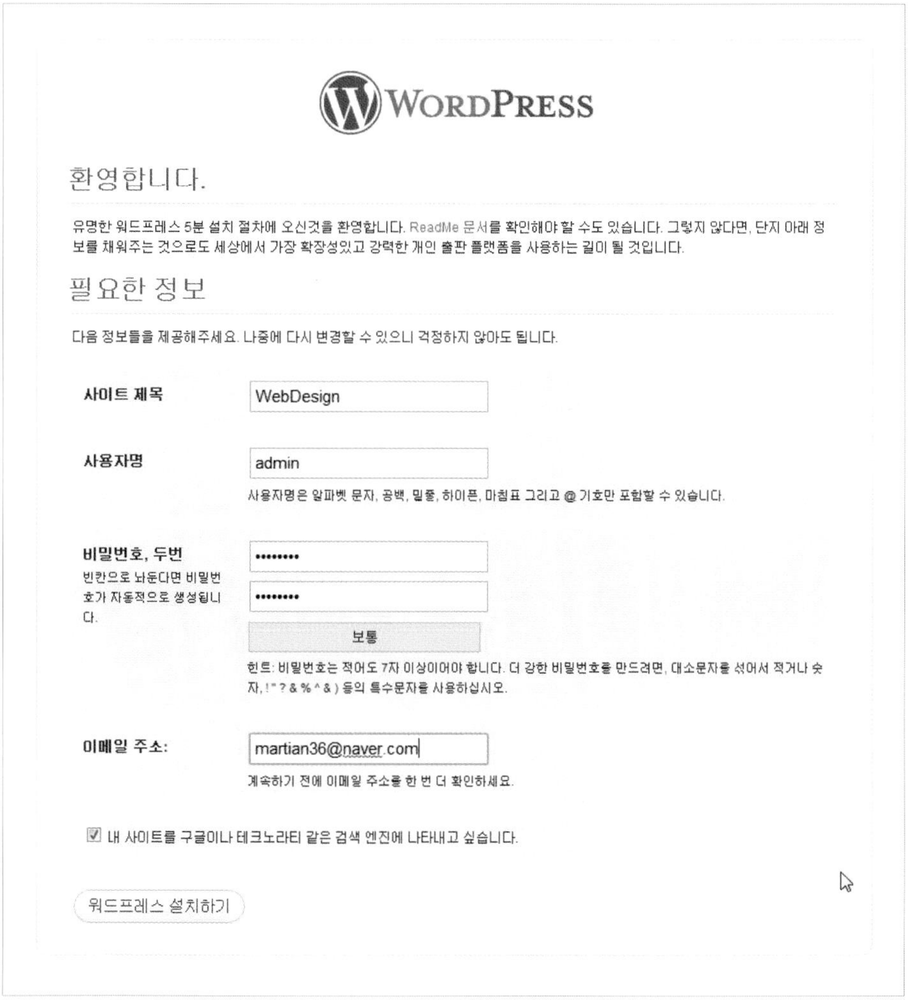

그림 1-20 **사용자 정보 입력**

원하는 사이트 제목과 사용자 이름을 입력합니다. 여기서 사용자명은 데이터베이스 사용자
명과 다릅니다. 웹사이트에 관리자로 로그인하기 위한 사용자 이름과 비밀번호입니다. 이메
일 주소도 입력한 후 "워드프레스 설치하기" 버튼을 클릭합니다.

그림 1-21 설치 완료

설치가 완료되고 로그인 버튼을 클릭해서 사용자명과 비밀번호를 입력해서 로그인하면 다음과 같은 워드프레스 관리자 화면이 나옵니다.

그림 1-22 알림판

03 데이터베이스와 phpMyAdmin, 워드프레스의 비밀번호 설정

이번에는 데이터베이스의 비밀번호를 설정하는 방법을 알아봅니다. 비밀번호를 변경할 때는
세 곳을 변경해야 합니다. 첫 번째로 MySQL 데이터베이스, 두 번째로 데이터베이스를 그래
픽 화면으로 보여주는 phpMyAdmin, 세 번째로 워드프레스 프로그램이 데이터베이스와 연
결할 수 있게 환경설정 파일을 변경합니다.

그림 1-23 mysql 비밀번호 설정

위 그림은 MySQL 데이터베이스에 연결해서 비밀번호를 만드는 과정입니다. 이 과정은 다음과 같은 순서로 진행합니다.

먼저 MySQL 데이터베이스의 비밀번호를 변경하겠습니다. 윈도우 시작 버튼을 클릭하면 하단에 입력창이 있습니다. "cmd"를 입력하고 엔터키를 누르면 명령 프롬프트가 나오고 커서가 깜박거립니다. cmd는 도스 명령어로 command의 약자입니다. 도스(DOS)는 마이크로소프트에서 개발한 운영체제로, 윈도우 버전이 나오기 전에 사용됐지만 필요에 의해 아직도 윈도우 프로그램에서 사용되고 있습니다

도스창이 나오면 커서가 깜박거리는 부분에 다음과 같이 입력합니다.

```
cd C:\wamp\bin\mysql\mysql5.5.20\bin
```

cd는 change directory를 의미하며, 현재 디렉터리를 바꾸는 명령어입니다. cd 다음에 WAMP 서버가 설치된 경로에서 mysql.exe가 있는 경로를 입력하고 엔터키를 치면 경로가 바뀝니다. 위 경로는 스택의 버전이 바뀌면 각 프로그램의 버전도 바뀌므로 mysql 다음에 오는 숫자도 바뀌게 되지만 경로는 항상 같습니다.

```
c:\wamp\bin\mysql\mysql5.5.20\bin>
```

위처럼 경로가 바뀌면 마지막에 다음과 같이 입력합니다.

```
mysql -u root mysql
```

위처럼 mysql 명령어를 입력하고 엔터키를 치면 mysql 데이터베이스에 로그인됩니다. 현재는 비밀번호가 없으니 사용자 아이디인 root만 입력하면 데이터베이스에 로그인됩니다. 그 다음으로 다음과 같은 명령을 입력합니다.

```
SET PASSWORD FOR root@localhost=PASSWORD('새로운 비밀번호');
```

이때 '새로운 비밀번호'라고 적힌 부분에 앞으로 사용할 비밀번호를 입력하고 엔터키를 치면 비밀번호가 설정됩니다.

```
 1    <?php
 2
 3    /* Servers configuration */
 4    $i = 0;
 5
 6    /* Server: localhost [1] */
 7    $i++;
 8    $cfg['Servers'][$i]['verbose'] = 'localhost';
 9    $cfg['Servers'][$i]['host'] = 'localhost';
10    $cfg['Servers'][$i]['port'] = '';
11    $cfg['Servers'][$i]['socket'] = '';
12    $cfg['Servers'][$i]['connect_type'] = 'tcp';
13    $cfg['Servers'][$i]['extension'] = 'mysqli';
14    $cfg['Servers'][$i]['auth_type'] = 'config';
15    $cfg['Servers'][$i]['user'] = 'root';
16    $cfg['Servers'][$i]['password'] = '';      비밀번호
17    $cfg['Servers'][$i]['AllowNoPassword'] = true;
18
19    /* End of servers configuration */
20
21    $cfg['DefaultLang'] = 'en-utf-8';
22    $cfg['ServerDefault'] = 1;
23    $cfg['UploadDir'] = '';
24    $cfg['SaveDir'] = '';
25
```

그림 1-24 phpMyAdmin 비밀번호 설정

두 번째 비밀번호 설정은 WAMP 최신 버전(2.4)에서는 필요 없으며 구버전을 사용할 경우
수정해줘야 합니다. C:\wamp\apps\phpmyadmin3.4.10.1 폴더에 보면 config.inc.php
파일이 있습니다. 이 폴더의 숫자도 버전이 업그레이드되면 바뀌게 됩니다. 이 파일을 텍스
트 에디터에서 열면 phpMyAdmin도 WAMP 서버를 설치할 때 기본적으로 비밀번호가 비
어 있는 상태로 설치된다는 사실을 알 수 있습니다. 앞에서 MySQL 데이터베이스에 설정한
것과 같은 비밀번호를 따옴표 사이에 입력하고 저장합니다.

여기까지 하면 MySQL 데이터베이스의 비밀번호는 변경됐습니다. 데이터베이스의 비밀번호
가 설정되면 익스프레스 엔진이나 그누보드 같은 다른 CMS 프로그램을 설치해서 사용할 수
있습니다. 하지만 워드프레스는 비밀번호가 없도록 설정돼 있어서 워드프레스가 열려 있는
웹브라우저에서 새로고침하면 데이터베이스와 연결할 수 없다고 나옵니다. 처음 워드프레스
를 설치할 때 wp-config.php 파일에 비밀번호가 설정돼 있지 않았기 때문입니다. 이 파일
을 열어 데이터베이스에 설정한 것과 같은 비밀번호를 설정하면 됩니다.

```
14   * @package WordPress
15   */
16
17  // ** MySQL settings - You can get this info from your web host ** //
18  /** The name of the database for WordPress */
19  define('WP_CACHE', true); //Added by WP-Cache Manager
20  define('DB_NAME', 'wordpress');
21
22  /** MySQL database username */
23  define('DB_USER', 'root');
24
25  /** MySQL database password */
26  define('DB_PASSWORD', '');        비밀번호
27
28  /** MySQL hostname */
29  define('DB_HOST', 'localhost');
30
31  /** Database Charset to use in creating database tables. */
32  define('DB_CHARSET', 'utf8');
33
34  /** The Database Collate type. Don't change this if in doubt. */
35  define('DB_COLLATE', '');
36
```

그림 1-25 워드프레스 비밀번호 설정

워드프레스 프로그램이 설치돼 있는 C:\wamp\www\wordpress 폴더로 이동하면 wp-config.php 파일이 오늘 날짜로 만들어져 있습니다. 이 파일을 텍스트 편집기에서 열면 26번째 줄에 비밀번호가 없는 상태로 나옵니다. 여기서 따옴표 사이에 데이터베이스에서 설정한 비밀번호를 입력하고 저장해야 워드프레스 프로그램이 데이터베이스와 연결할 수 있습니다. 하지만 이것만 설정해서는 안 되고 시스템 트레이에서 WAMP 서버의 아이콘을 클릭해서 Restart All Services를 클릭해 재시작하고 웹브라우저도 닫았다가 다시 열어야 합니다. 웹브라우저를 재시작하지 않으면 phpMyAdmin 화면에서 왼쪽에 이미 만들어진 데이터베이스만 나타나고 메인 화면에는 계속해서 비밀번호가 틀리다고 나옵니다. 시스템 트레이에서 WAMP 서버에 초록색 불이 들어오면 아이콘을 클릭하고 패널에서 phpMyAdmin을 선택해 데이터베이스 화면이 잘 나오는지 확인하세요. 그리고 같은 패널에서 Localhost를 선택한 다음 하단의 Your Projects 란에서 진행 중인 프로젝트를 클릭해 워드프레스 화면이 나오는지 확인합니다.

그리고 WAMP 서버에서 도스 콘솔창을 사용하려면 시스템 트레이에서 WAMP 서버 아이콘과 MySQL을 차례로 클릭하고 MySQL console을 선택하면 됩니다. 이를 선택하면 비밀번호만 입력하는 창이 나옵니다. 비밀번호를 입력하면 도스 콘솔창에서 데이터베이스와 연결됩니다. 윈도우 시작 메뉴에서 cmd 명령어를 입력해 명령 프롬프트를 띄웠을 때는 경로를 mysql.exe 파일이 있는 폴더로 변경하고 "mysql -u root -p 비밀번호 mysql"를 입력해야 했지만 이제는 비밀번호만 입력하면 데이터베이스에 로그인됩니다.

웹호스팅 환경에 워드프레스 설치하기

앞에서 워드프레스를 내 컴퓨터에 WAMP 서버를 설치해 서버 환경을 구성한 후 설치하는 방법을 알아 봤습니다. 이번에는 무료 웹호스팅 환경에 워드프레스를 설치하는 방법을 알아보겠습니다. 무료 호스 팅 서비스는 대부분 100MB 정도의 용량을 제공하기 때문에 지속적으로 블로그를 사용하기에는 용량 이 많이 부족합니다. 따라서 처음에는 무료로 사용하다가 필요에 따라 용량과 트래픽을 늘리면 됩니다. 이러한 웹호스팅 서비스 사이트는 아주 많지만 제가 이용한 무료 호스팅 사이트는 파란닷컴 비즈프리 (http://bizfree.paran.com/), 닷홈(http://www.dothome.co.kr/), 나야나(http://www.nayana. com/), 우비(http://woobi.co.kr/) 등이 있습니다.

01 웹호스팅 신청

여기서는 별도의 설치비가 없는 나야나(http://www.nayana.com/)에 무료 호스팅을 신청 해서 워드프레스를 설치해 보겠습니다.

그림 1-26 무료 호스팅 신청

우선 회원가입을 하고 메뉴바에서 호스팅 → 무료호스팅을 차례로 선택한 후 "신청하기" 버튼을 클릭합니다. 도메인이 있으면 400MB의 용량으로 신청할 수 있습니다. 무료 서비스의 내용은 업체의 사정에 따라 바뀔 수 있으므로 인터넷에서 무료 호스팅을 검색하면 새로운 업체도 많이 있습니다

그림 1-27 무료 호스팅 정보 입력

계정 아이디를 입력하고 중복 여부를 확인한 다음 계정 비밀번호와 DB 비밀번호를 다르게 해서 입력한 후 업로드할 솔루션으로는 "기본세팅"을 선택합니다. 아래에서 이용 안내와 주의사항을 읽어보고 "위 내용을 충분히 읽고 확인하였습니다."에 체크한 후 "신청하기" 버튼을 클릭합니다.

그림 1-28 신청 완료

나야나에 처음 가입하면 포인트가 제공되는데, 세팅이 완료되면 300포인트가 소진됩니다. 확인을 클릭하면 가입 정보가 나오고 하루가 지난 다음 재접속해서 세팅이 끝났는지 확인합니다.

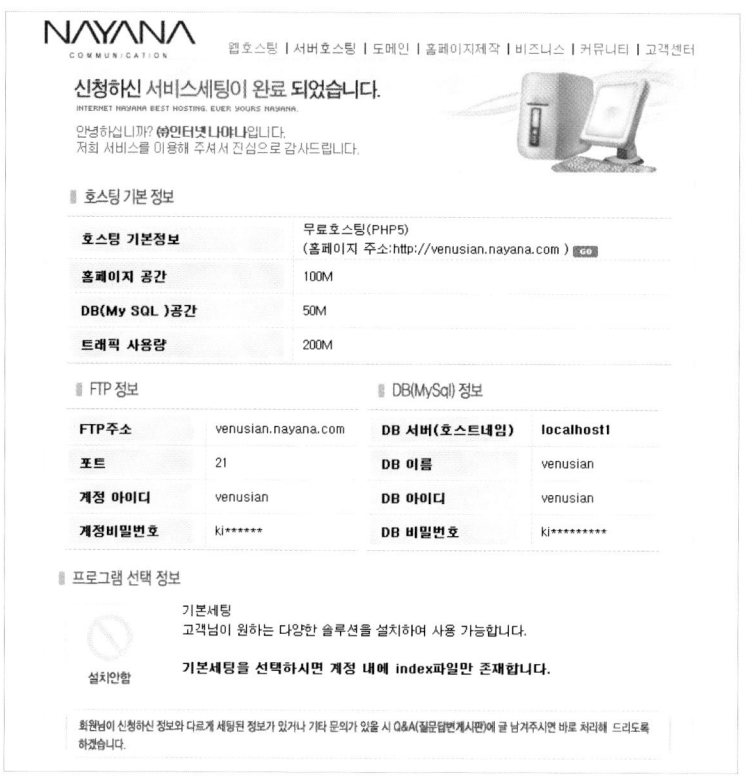

그림 1-29 이메일 통보 내용 1

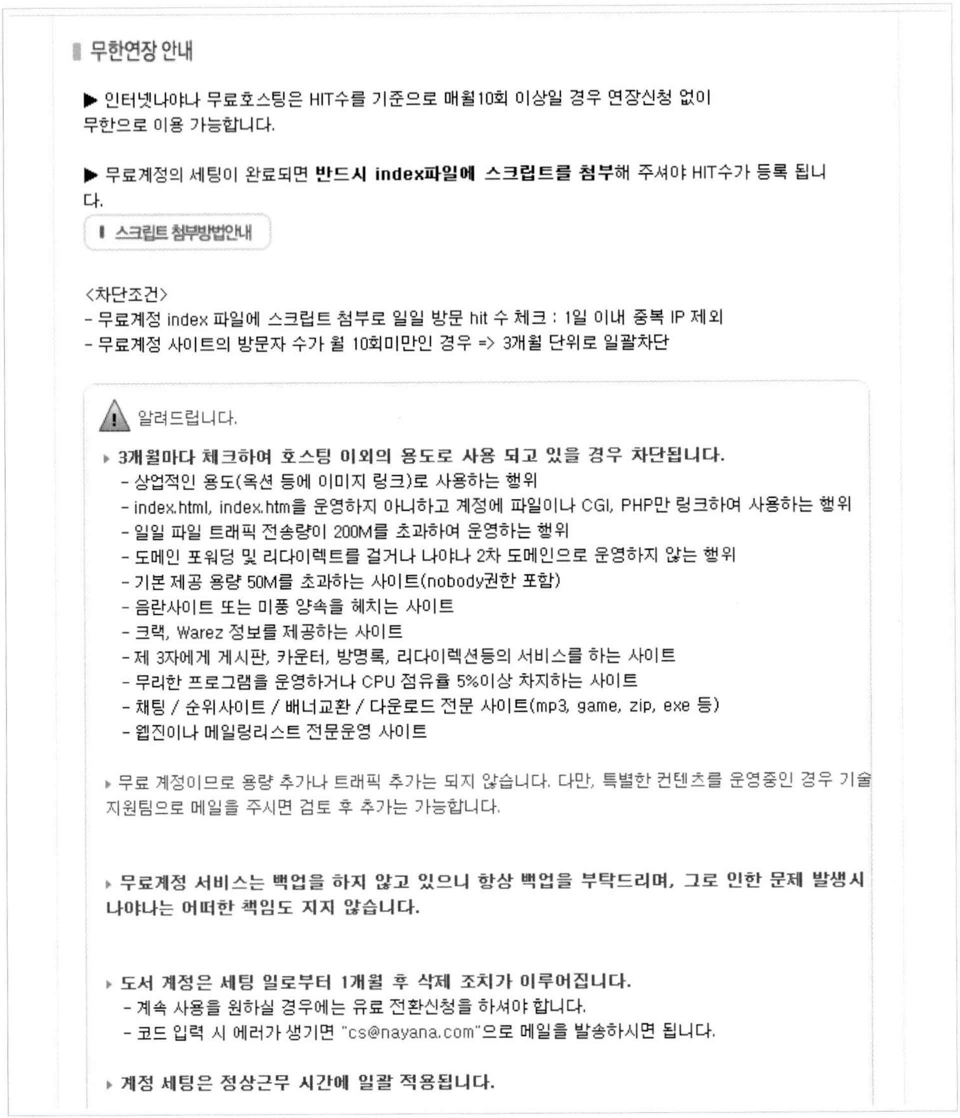

■ 무한연장 안내

▶ 인터넷나야나 무료호스팅은 HIT수를 기준으로 매월10회 이상일 경우 연장신청 없이 무한으로 이용 가능합니다.

▶ 무료계정의 세팅이 완료되면 **반드시 index파일에 스크립트를 첨부**해 주셔야 HIT수가 등록 됩니다.

▎ **스크립트 첨부방법안내**

〈차단조건〉
- 무료계정 index 파일에 스크립트 첨부로 일일 방문 hit 수 체크 : 1일 이내 중복 IP 제외
- 무료계정 사이트의 방문자 수가 월 10회미만인 경우 => 3개월 단위로 일괄차단

⚠ 알려드립니다.

▸ 3개월마다 체크하여 호스팅 이외의 용도로 사용 되고 있을 경우 차단됩니다.
 - 상업적인 용도(옥션 등에 이미지 링크)로 사용하는 행위
 - index.html, index.htm를 운영하지 아니하고 계정에 파일이나 CGI, PHP만 링크하여 사용하는 행위
 - 일일 파일 트래픽 전송량이 200M를 초과하여 운영하는 행위
 - 도메인 포워딩 및 리다이렉트를 걸거나 나야나 2차 도메인으로 운영하지 않는 행위
 - 기본 제공 용량 50M를 초과하는 사이트(nobody권한 포함)
 - 음란사이트 또는 미풍 양속을 헤치는 사이트
 - 크랙, Warez 정보를 제공하는 사이트
 - 제 3자에게 게시판, 카운터, 방명록, 리다이렉션등의 서비스를 하는 사이트
 - 무리한 프로그램을 운영하거나 CPU 점유율 5%이상 차지하는 사이트
 - 채팅 / 순위사이트 / 배너교환 / 다운로드 전문 사이트(mp3, game, zip, exe 등)
 - 웹진이나 메일링리스트 전문운영 사이트

▸ 무료 계정이므로 용량 추가나 트래픽 추가는 되지 않습니다. 다만, 특별한 컨텐츠를 운영중인 경우 기술지원팀으로 메일을 주시면 검토 후 추가는 가능합니다.

▸ 무료계정 서비스는 백업을 하지 않고 있으니 항상 백업을 부탁드리며, 그로 인한 문제 발생시 나야나는 어떠한 책임도 지지 않습니다.

▸ 도서 계정은 세팅 일로부터 1개월 후 삭제 조치가 이루어집니다.
 - 계속 사용을 원하실 경우에는 유료 전환신청을 하셔야 합니다.
 - 코드 입력 시 에러가 생기면 "cs@nayana.com"으로 메일을 발송하시면 됩니다.

▸ 계정 세팅은 정상근무 시간에 일괄 적용됩니다.

그림 1-30 이메일 통보 내용 2

이메일로 세팅이 완료됐다는 메시지가 도착했습니다. 보통 하루 정도 지나면 이메일이 오지만 빠른 경우는 몇 시간 만에 오기도 합니다. 이메일은 내용을 끝까지 잘 읽어 봐야 합니다.

내 홈페이지 주소가 나오고 GO 아이콘을 클릭하면 사이트로 이동하는데 안내 메시지가 있고 하단에 무한 연장을 위한 스크립트를 첨부하는 방법이 나옵니다. 나중에 워드프레스를 다

설치하고 난 후에 index.php 파일에 스크립트를 첨부하면 됩니다. 여기서 필요한 정보는 호스트 네임과 FTP 주소, 포트 번호, 계정 아이디, 계정 비밀번호, DB 아이디, DB 비밀번호입니다. 이러한 정보를 텍스트편집기에 복사해서 붙여넣습니다.

∩2 워드프레스 환경설정 파일 수정

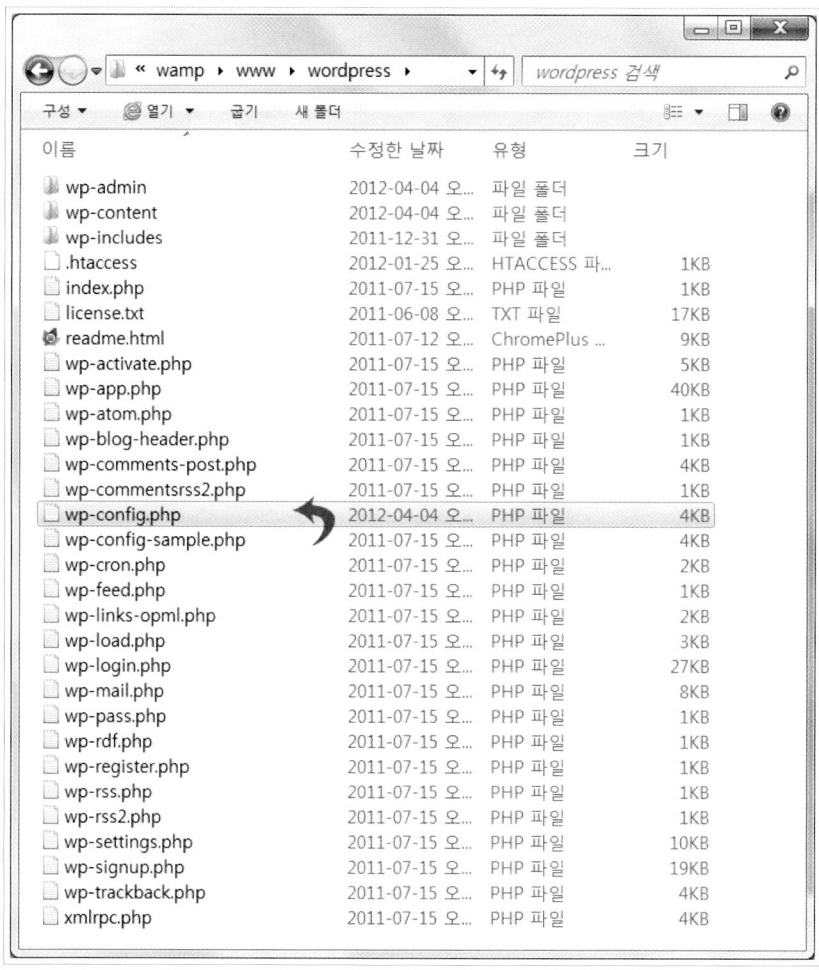

그림 1-31 wp-config.php 파일 만들기

앞에서는 내 컴퓨터의 서버에 워드프레스를 설치했는데, 이번에는 웹호스팅 환경에 새로 워드프레스를 올려보겠습니다. 내 컴퓨터에서 테마를 만들고 글을 작성한 경우에는 해당 글이 데이터베이스에 저장되므로 모든 내용을 웹호스팅에 올리려면 데이터베이스 내용까지 업로드해야 하지만 여기서는 사용하지 않은 워드프레스를 올리겠습니다. 한글판 워드프레스를 내려받아 압축을 풀고 wordpress 폴더로 들어가면 wp-config-sample.php라는 파일이 있습니다. 이 파일을 텍스트 편집기에서 열고 wp-config.php 파일로 새로 만들어야 합니다.

```php
17  // ** MySQL settings - You can get this info from your web host ** //
18  /** The name of the database for WordPress */
19  define('DB_NAME', 'database_name_here');          ← 데이터베이스 이름
20
21  /** MySQL database username */
22  define('DB_USER', 'username_here');               ← 데이터베이스 사용자 이름
23
24  /** MySQL database password */
25  define('DB_PASSWORD', 'password_here');            ← 데이터베이스 비밀번호
26
27  /** MySQL hostname */
28  define('DB_HOST', 'localhost');                    ← 호스트네임
29
30  /** Database Charset to use in creating database tables. */
31  define('DB_CHARSET', 'utf8');
32
33  /** The Database Collate type. Don't change this if in doubt. */
34  define('DB_COLLATE', '');
35
36  /**#@+
37   * Authentication Unique Keys and Salts.                         복사
38   *
39   * Change these to different unique phrases!
40   * You can generate these using the {@link https://api.wordpress.org/secret-key/1.1/salt/ We
41   * You can change these at any point in time to invalidate all existing cookies. This will
42   *
43   * @since 2.6.0
44   */
45  define('AUTH_KEY',         'put your unique phrase here');
46  define('SECURE_AUTH_KEY',  'put your unique phrase here');
47  define('LOGGED_IN_KEY',    'put your unique phrase here');
48  define('NONCE_KEY',        'put your unique phrase here');
49  define('AUTH_SALT',        'put your unique phrase here');
50  define('SECURE_AUTH_SALT', 'put your unique phrase here');
51  define('LOGGED_IN_SALT',   'put your unique phrase here');
52  define('NONCE_SALT',       'put your unique phrase here');
```

```
← C  🔒 https://api.wordpress.org/secret-key/1.1/salt/

define('AUTH_KEY',          'o.)C?OM??zKQaYwkuF%,o^F?XU|^#~d~-@XB*<#H<@eLIE]iqU@t O;8SA$OER#]');
define('SECURE_AUTH_KEY',   'q>3?)e[2N[#r]b`_4FX2cNgg-B=FmWMO<TQ~SInY+W!m1B-K`O*qCj$)qjUwvUfz');
define('LOGGED_IN_KEY',     'v +8m(yQVk+j$x^EWB2RMS-3(Co-pDc!VmEX34UpJ|pdU17FA+*Qo:O_[!VQo;cK');  ← 클릭 드래그
define('NONCE_KEY',         '_?,xQnrAjwKym8a[krG_qF4f.IL)PY0jArHgItph]ai8i7+l~<73/cY4U1FCB/Zi');
define('AUTH_SALT',         't1E(-T>S(p(ovo4rCM-8MZ*D_50()*Y;f[W#WPdfj-F!a(cmDWN4(yjp-0)!Q!KB');
define('SECURE_AUTH_SALT',  'Q},oOeU!n6CI=-`>K!`I.VY%d`.;*n-Y>j;gr@=].<bPKDBp7U;!y^AoyMj,td^L');
define('LOGGED_IN_SALT',    '-8xn3P1,Q!q/-(Qx&|ygd(H=nr[D{Zzg}*&5+Bb>HE+R[5 q1jSHvPqlaf6U`KnG');
define('NONCE_SALT',        'w/1_ *+bCzV;^B}S]2Q+ ||N3zN1Y/J/cQk$kiXw%BL-1qK9s[a+v,1U*Y6aw&mj');
```

그림 1-32 wp-config.php 파일 수정

19번째 줄부터 텍스트 편집기에 별도로 저장해둔 DB 아이디, 계정 아이디, DB 비밀번호, 호스트네임을 교체해줍니다.

45번째 줄의 인증키와 솔트(암호 코드)는 처음 설치할 때는 자동으로 만들어지므로 설정할 필요는 없지만 자주 변경해 주는 것이 좋습니다. 40번째 줄의 URL을 복사해서 웹브라우저의 주소창에 붙여넣은 다음 엔터키를 누르면 암호화된 문자열이 만들어집니다. 이것은 로그인 비밀번호를 암호화해서 해킹을 방지하는 데 쓰입니다. 생성된 각 암호화 문자열을 전체를 블록설정해서 복사합니다.

```
42    *
43    * @since 2.6.0
44    */
45   define('AUTH_KEY',         'put your unique phrase here');
46   define('SECURE_AUTH_KEY',  'put your unique phrase here');
47   define('LOGGED_IN_KEY',    'put your unique phrase here');
48   define('NONCE_KEY',        'put your unique phrase here');
49   define('AUTH_SALT',        'put your unique phrase here');
50   define('SECURE_AUTH_SALT', 'put your unique phrase here');
51   define('LOGGED_IN_SALT',   'put your unique phrase here');
52   define('NONCE_SALT',       'put your unique phrase here');
```

붙여넣기

텍스트 편집기로 가서 45번째 줄부터 52번째 줄까지 전체를 선택해서 붙여넣습니다. 이 과정을 마친 후 환경설정 파일을 저장합니다. 윈도우 탐색기로 가서 파일 이름에서 -sample을 제거하고 wp-config.php로 저장합니다.

∩3 파일질라 FTP 클라이언트를 이용해 웹호스팅 서버에 업로드하기

웹호스팅 서버에 파일을 올리려면 모든 파일을 압축해서 하나의 파일로 올리고 서버에서 압축을 푸는 방법이 있지만 이러한 방법은 웹호스팅 회사별로 지원하지 않는 경우도 있으므로 느리지만 가장 일반적인 방법으로 FTP 클라이언트를 이용합니다. 웹 개발자들이 많이 사용하는 FTP 클라이언트로 파일질라가 있습니다. 이름이 이상하게 들리지만 모질라 재단(개발자들이 많이 사용하는 웹 브라우저인 파이어폭스의 제작사)에서 만든 FTP 프로그램이라서 파일질라라고 이름을 지었나 봅니다.

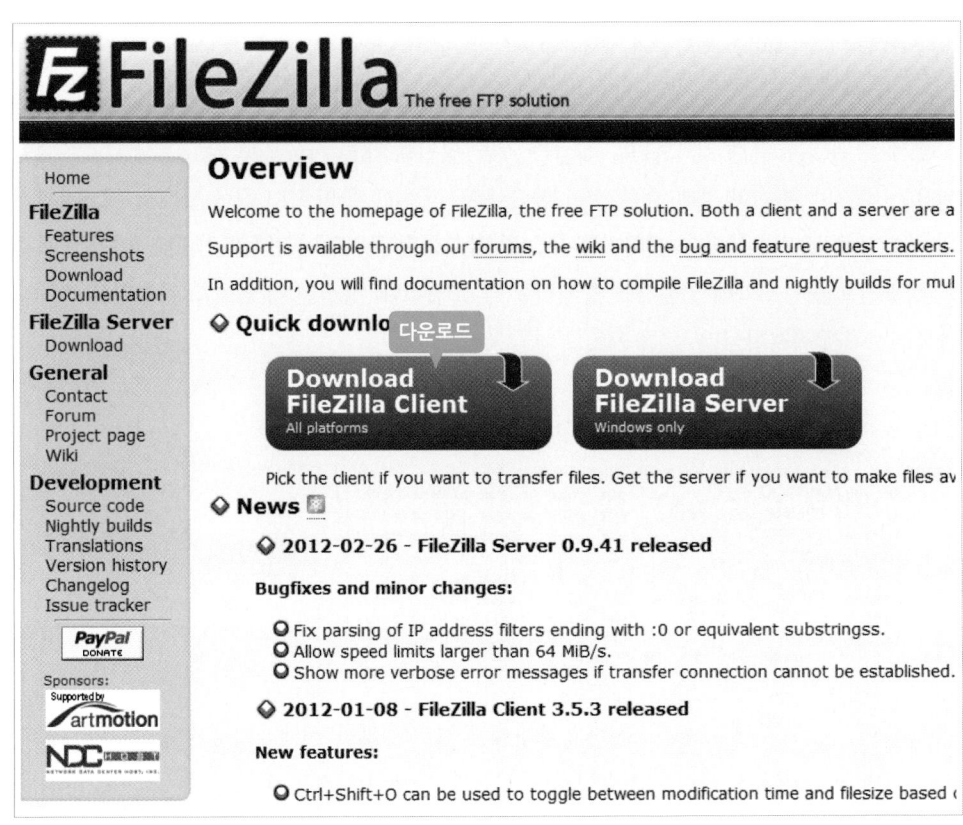

그림 1-33 파일질라 다운로드

이 프로그램은 가볍고 빠른 클라이언트용 FTP 프로그램이라서 많은 사람들의 사랑을 받는 프로그램입니다. 웹브라우저로 파일질라 프로젝트의 홈페이지인 http://filezilla-project. org로 들어가서 파일질라를 내려받아 설치합니다. 프로그램을 설치한 후 바탕화면에서 파일질라 아이콘을 클릭하면 다음과 같은 화면이 나타납니다.

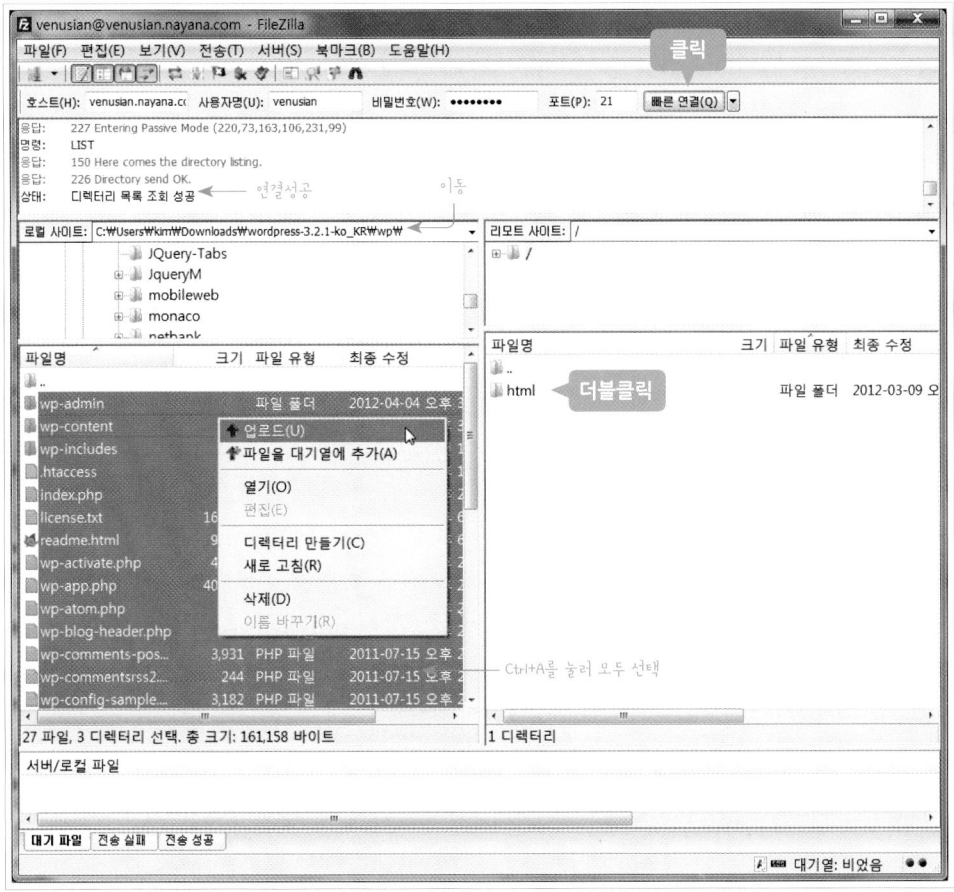

그림 1-34 파일질라로 업로드

메뉴바 아래의 공란에 FTP 주소, 계정 아이디, 계정 비밀번호, 포트 번호를 순서대로 입력하고 빠른 연결 버튼을 클릭하면 내 계정의 서버와 연결됩니다. 나중에 파일질라를 열어서 업로드할 경우 빠른 연결버튼 옆의 작은 세모를 클릭하면 목록이 있으니 이를 클릭하면 다시 입력할 필요가 없이 빠르게 접속할 수 있습니다. 로컬 사이트란에서 폴더를 이동해 워드프레스 프로그램이 있는 곳으로 이동하면 하단에 파일과 폴더가 나옵니다. 오른쪽의 리모트 사이트에는 html 폴더가 있습니다. 이 폴더를 더블클릭해서 들어가면 index.html 파일만 있습니다. 왼쪽의 공란을 클릭하고 Ctrl+A를 누르면 파일과 폴더가 모두 선택됩니다. 이 상태에서 마우스 오른쪽 버튼을 클릭해서 '업로드'를 선택하면 리모트 사이트로 업로드가 시작됩니다. 수분간 파일 업로드가 진행되고 하단에 대기 파일과 전송 실패한 파일 내역이 나옵니다. 전송 실패가 없는지 확인하고, 전송 도중 같은 파일이 있다는 메시지 창이 나오면 덮어쓰기를 선택합니다.

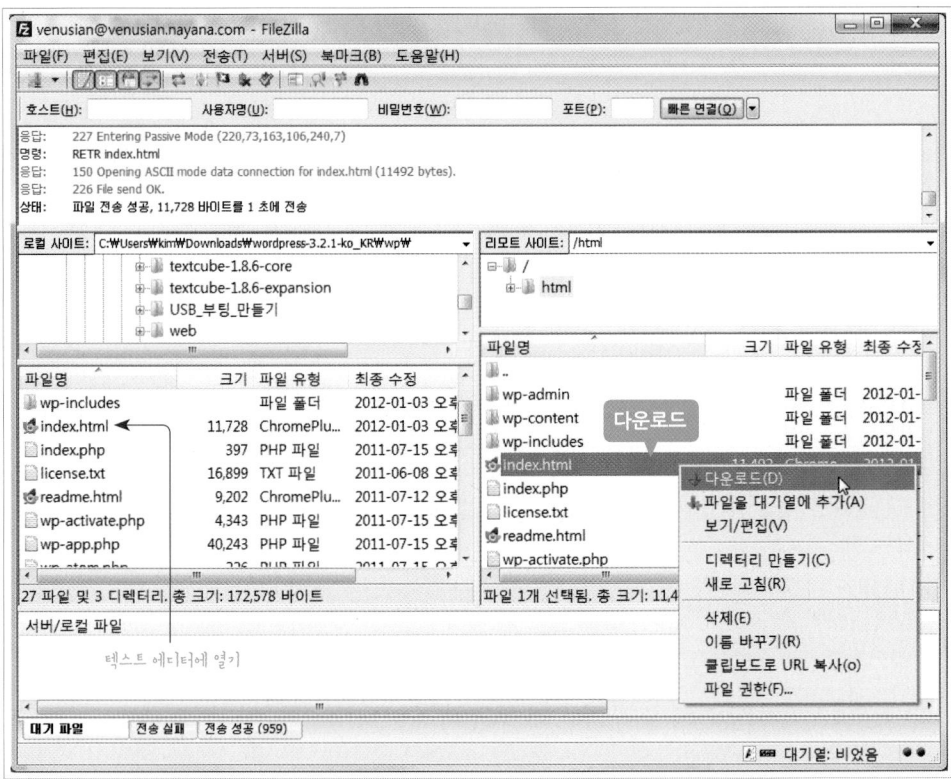

그림 1-35 index.php 파일 수정

파일 전송이 완료됐고 전송 실패는 없습니다. 이제 index.html 파일을 대상으로 마우스 오른쪽 버튼을 클릭해 '다운로드'를 선택한 다음 다시 같은 파일을 대상으로 마우스 오른쪽 버튼을 클릭한 후 '삭제'를 선택합니다. 이 파일에는 무한 연장을 위한 아이프레임 코드가 있는데, 이 코드를 index.php 파일에 첨부해야 합니다. 내려받은 index.html 파일을 텍스트 편집기에서 열었을 때 글자가 깨져서 나오면 파일을 닫고 삭제한 후 이메일 메시지를 참고합니다.

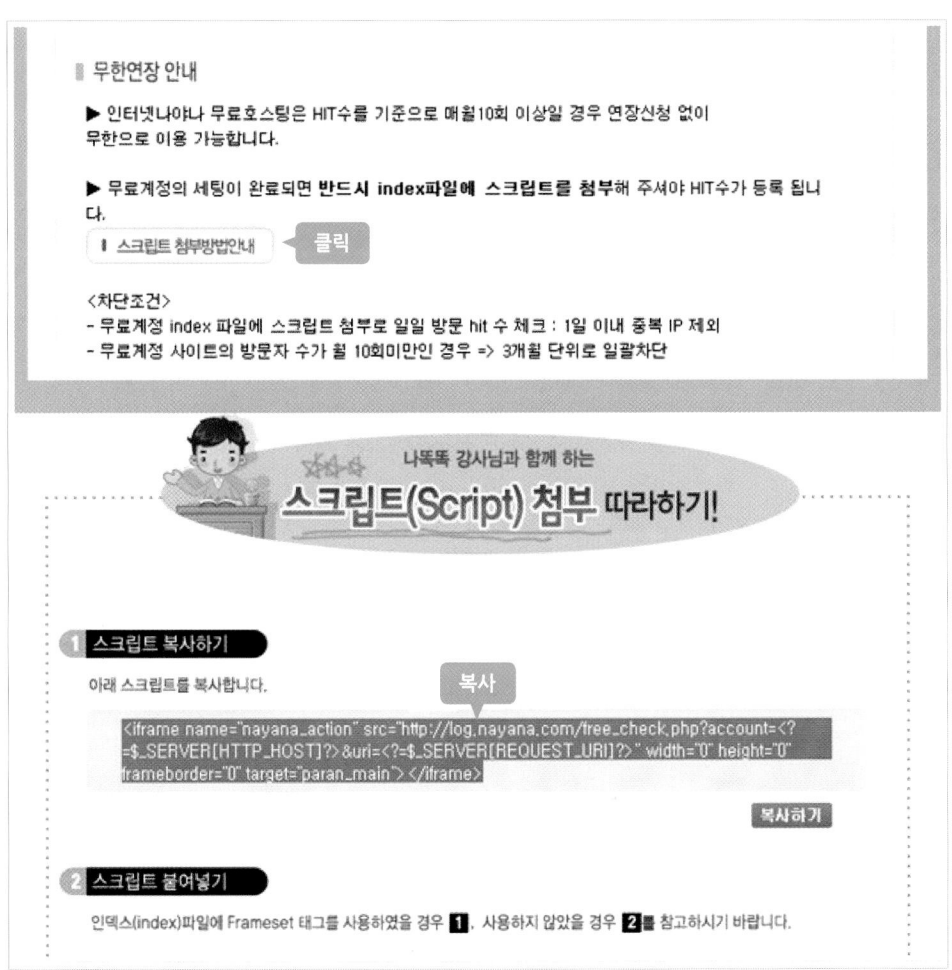

그림 1-36 스크립트 복사

앞서 나야나에서 보낸 이메일의 중간 부분에서 스크립트 첨부 방법 안내를 클릭하면 스크립트 코드가 나옵니다. 이 코드를 선택한 후 복사합니다.

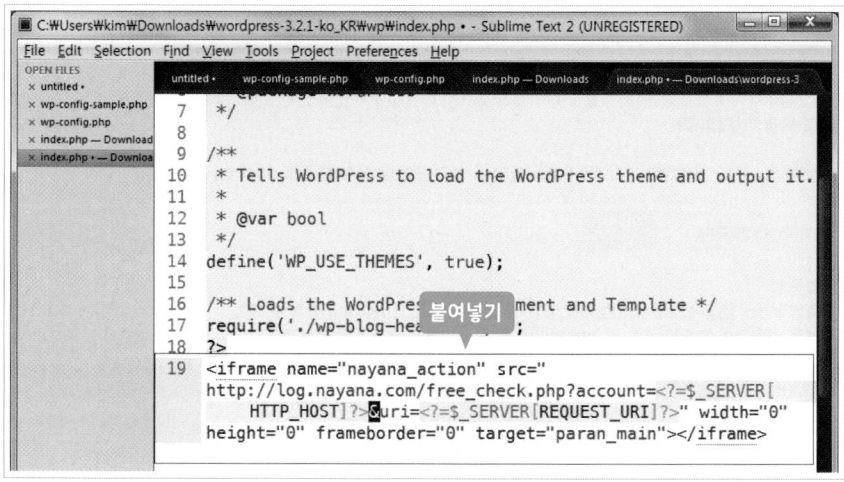

그림 1-37 스크립트 붙여넣기

index.php 파일을 텍스트 편집기에서 열고 하단의 마지막 줄에 복사한 아이프레임 코드를 붙여넣은 다음 파일을 저장합니다. 그러고 나서 다시 파일질라로 가서 파일을 업로드합니다.

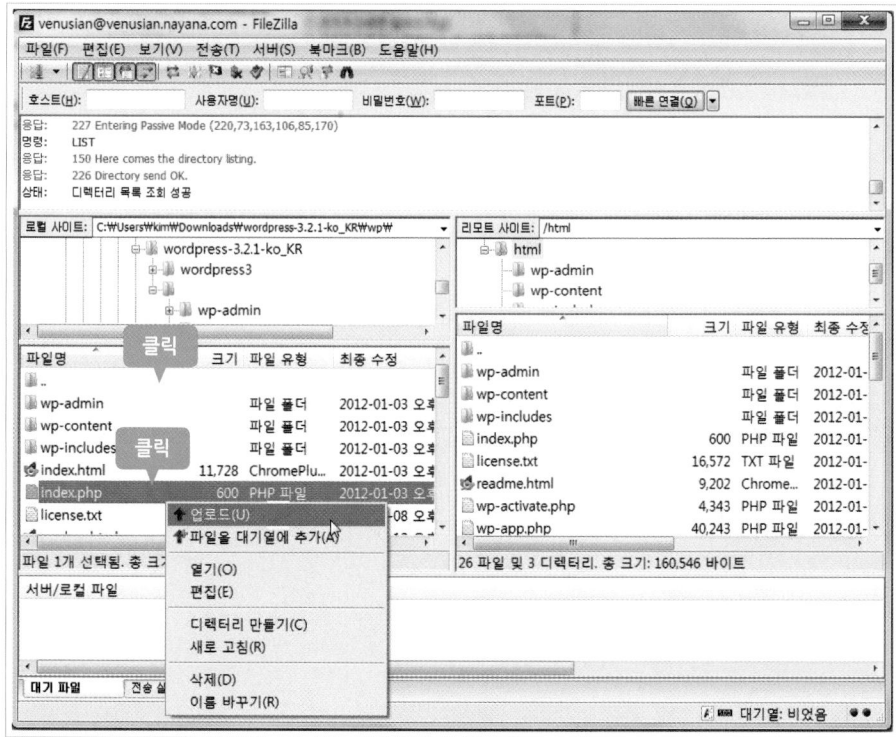

그림 1-38 index.php 업로드

index.php 파일을 저장했으나 수정일자는 그대로입니다. 빈 곳에 마우스 오른쪽 버튼을 클릭한 후 메뉴에서 '새로고침'을 선택하면 파일 용량과 수정일자가 변경되어 나올 것입니다. 이 파일을 선택하고 다시 마우스 오른쪽 버튼을 클릭해 '업로드'를 클릭하면 중복 파일이 있다는 메시지가 나옵니다. 이때 '덮어쓰기'를 클릭하고 '확인' 버튼을 클릭합니다. 리모트 창도 마찬가지로 마우스 오른쪽 버튼을 클릭해 '새로 고침'을 선택하면 용량과 수정일자가 바뀝니다. 이제 수정 작업은 끝났으니 워드프레스 설치 작업을 합니다.

∩⁄ 워드프레스 설치

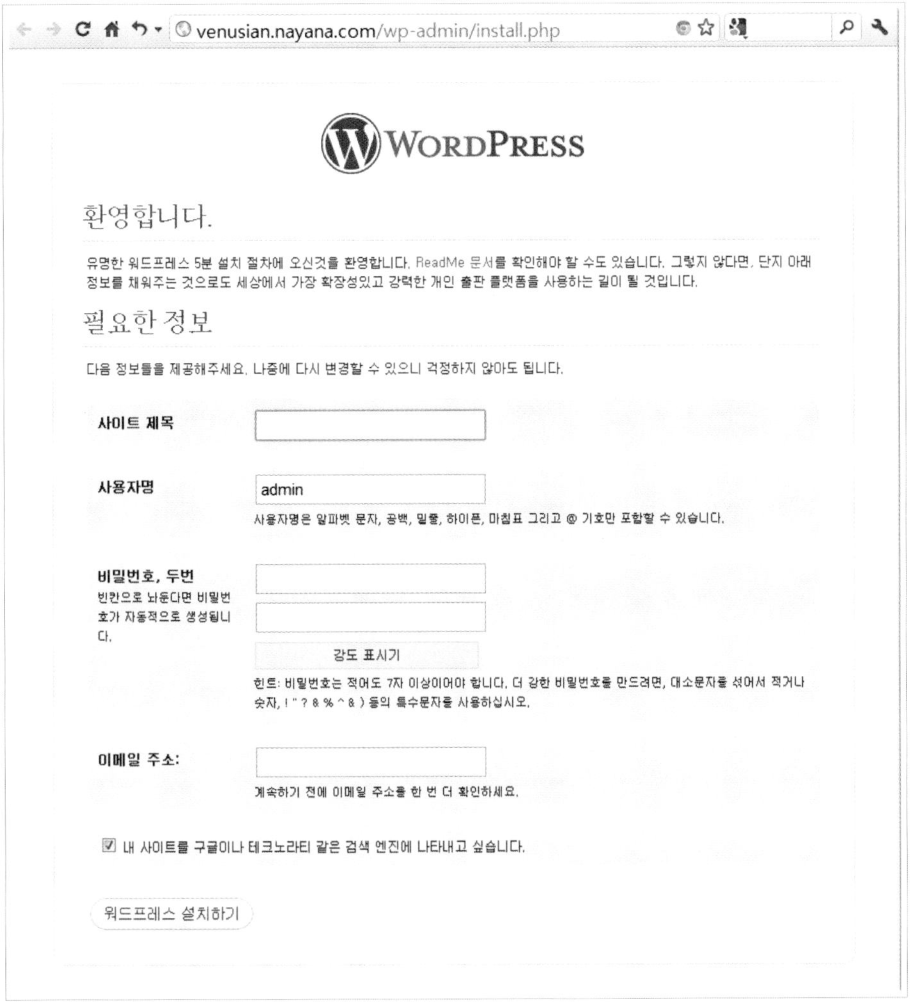

그림 1-39 웹호스팅 환경에 워드프레스 설치하기

웹브라우저 주소창에 내 홈페이지 주소를 입력하고 엔터키를 치면 워드프레스 설치 화면이
나옵니다. 사이트 제목을 지정하고 비밀번호와 이메일 주소를 입력한 후 '워드프레스 설치하
기' 버튼을 클릭합니다.

그림 1-40 설치 완료

몇 초 만에 설치가 완료되는군요. 이미 파일이 업로드
돼 있으니 워드프레스 프로그램이 데이터베이스를 만
드는 작업만 하면 되므로 빠르게 처리된 것입니다. 참
고로 데이터베이스에서는 처음에 11개의 테이블만 만
들어집니다. 로그인을 클릭합니다.

그림 1-41 로그인

비밀번호를 입력하고 로그인을 클릭하면 다음과 같은 관리자 화면이 나옵니다.

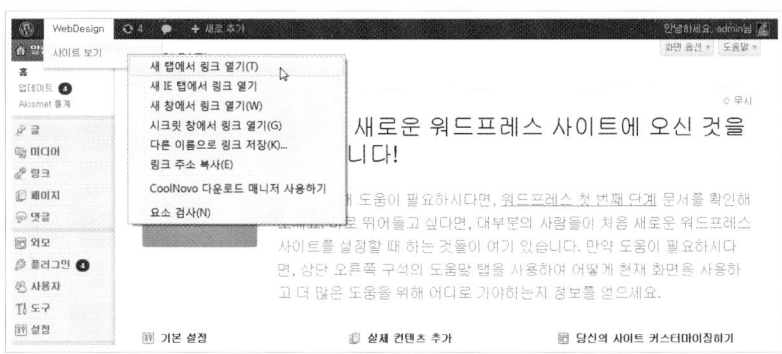

그림 1-42 알림판

사이트 제목을 대상으로 마우스 오른쪽 버튼을 클릭한 후 "새 탭에서 링크 열기"를 선택하면 방금 설치한 워드프레스 블로그의 초기 화면이 나옵니다. 초기에는 콘텐츠 영역과 관리 영역을 번갈아 보면서 관리영역에서 작업한 내용이 콘텐츠 영역에 어떻게 반영되는지 확인해야 하기 때문에 항상 두 화면을 동시에 열어놓고 작업하는 편이 좋습니다. 곧바로 콘텐츠 화면으로 이동하면 관리 화면으로 돌아와야 하는 불편을 덜 수 있고 바뀐 부분을 확인하려면 페이지를 새로고침하면 됩니다.

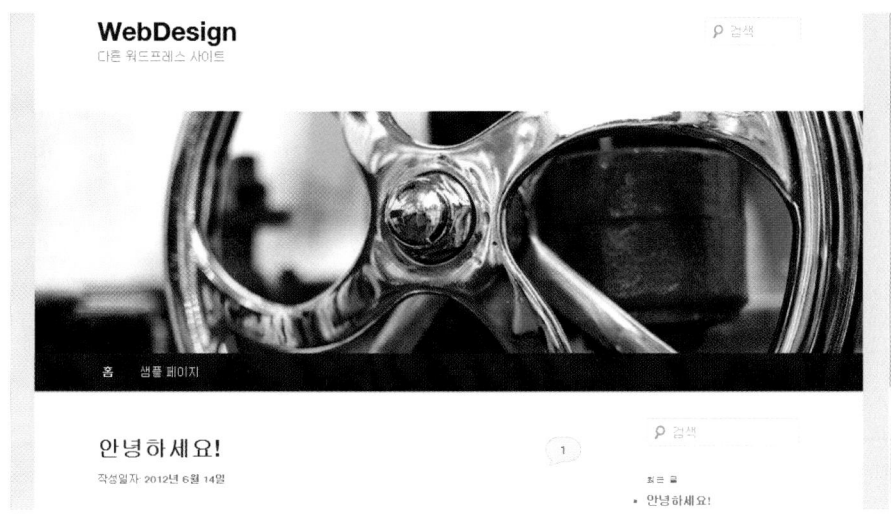

그림 1-43 블로그 초기 화면

워드프레스 블로그의 초기 화면이 나오고, 이것으로 무료 웹호스팅 환경에 워드프레스를 설치하는 작업이 모두 끝났습니다.

유료 웹호스팅 환경에 워드프레스 설치하기

무료 웹호스팅 환경은 용량도 100MB이고 트래픽 용량도 적어서 사용하기가 불편하므로 유료 웹호스팅 환경을 이용하는 편이 좋습니다. 이번에는 도메인 구입도 하고 하드디스크 용량도 3GB로 된 패키지를 구매해보겠습니다. 여기서 이용할 웹호스팅 서비스는 우비(www.woobi.co.kr)라는 웹호스팅 회사인데, 예전에 무료 서비스를 사용한 적이 있어서 다시 들어가보니 오랫동안 사용하지 않았는데도 삭제되지 않고 내용이 그대로 있더군요. 참 반가운 일입니다. 보통 일정 기간 사용하지 않으면 삭제되고 계정도 없어지거든요. 이곳의 웹호스팅 가격을 보니 매우 저렴합니다. 도메인 구입이 9,700원이고 3GB짜리 하드디스크 용량으로 패키지를 구입하니 4만원이 채 들지 않습니다.

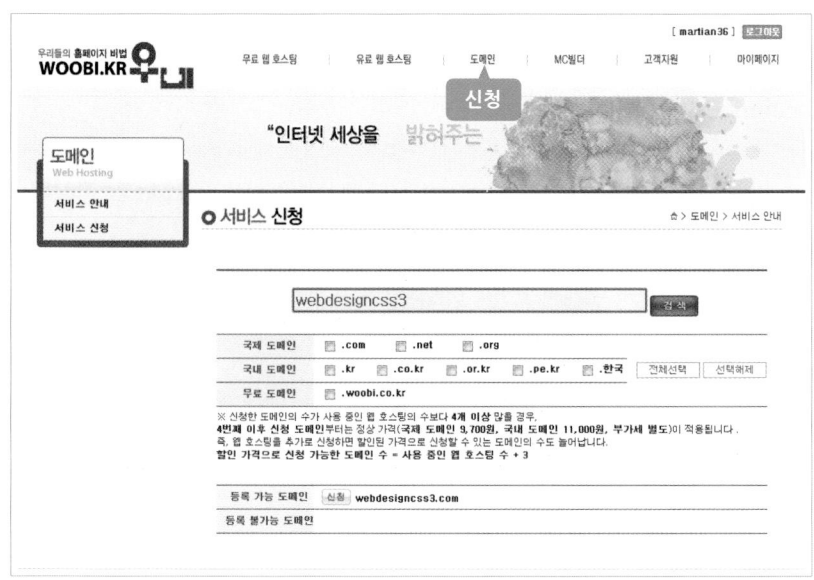

그림 1-44 도메인 검색 및 신청

홈페이지에 접속해 도메인을 선택하기 위해 상단 메뉴에서 도메인 → 서비스 신청을 차례로 클릭하면 위와 같은 화면이 나옵니다. 도메인은 블로그의 성격을 가장 잘 대변하는 이름으로 잘 지어야 합니다. 저는 웹디자인을 하고 있으니 webdesigncss3로 정했습니다. 이름을 입력하고 옵션 항목을 체크합니다. 여기서는 국제적으로 많이 사용되는 닷컴을 선택했습니다. 검색 버튼을 클릭하니 하단에 등록 가능 도메인에 이름이 나옵니다. 등록 불가능란에 나오면 다른 이름을 입력하고 다시 검색해야 합니다. 꼭 자신이 원하는 이름으로 하고 싶을 경우 옵션에서 다른 도메인 서픽스(suffix)를 선택해서 검색합니다. 참고로 이 서픽스의 선택도 중요하답니다. 가장 널리 알려지고 익숙한 것이 닷컴이거든요. 같은 도메인이라도 닷넷보다는 닷컴이 익숙하죠. 신청 버튼을 클릭하면 다음 화면으로 넘어갑니다.

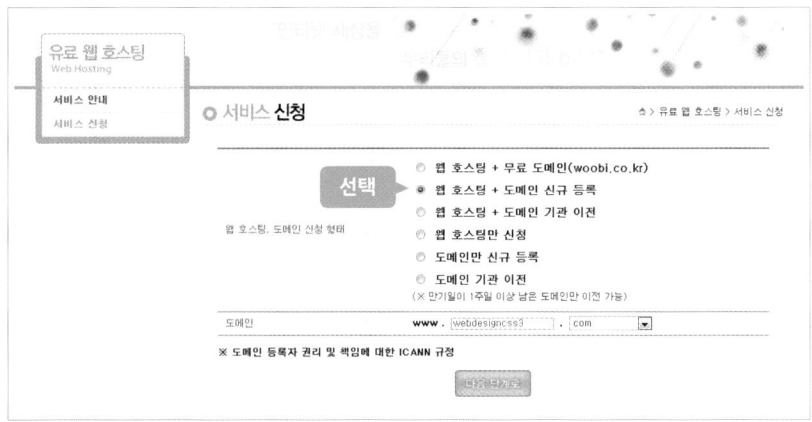

그림 1-45 패키지 선택

원하는 선택 항목을 체크하고 다음 단계로 넘어갑니다.

그림 1-46 이용약관 동의

이용약관에 동의합니다.

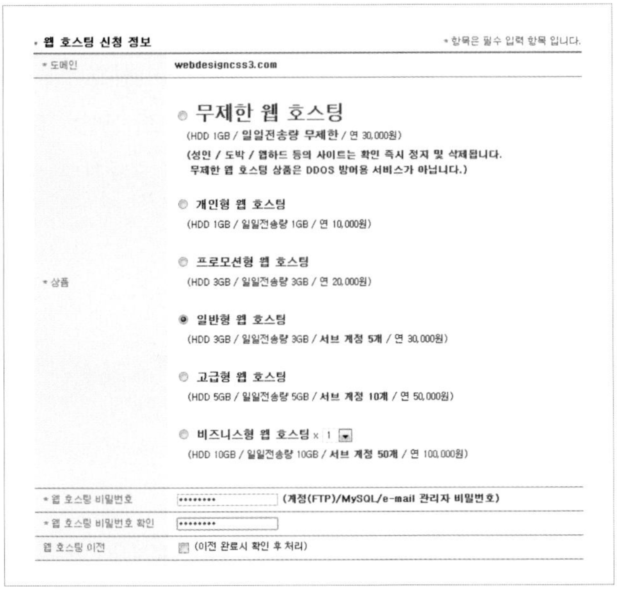

그림 1-47 웹호스팅 비밀번호 입력

웹호스팅 비밀번호를 두 번 입력합니다. 이 비밀번호는 FTP 계정과 MySQL 데이터베이스 비밀번호와 동일합니다.

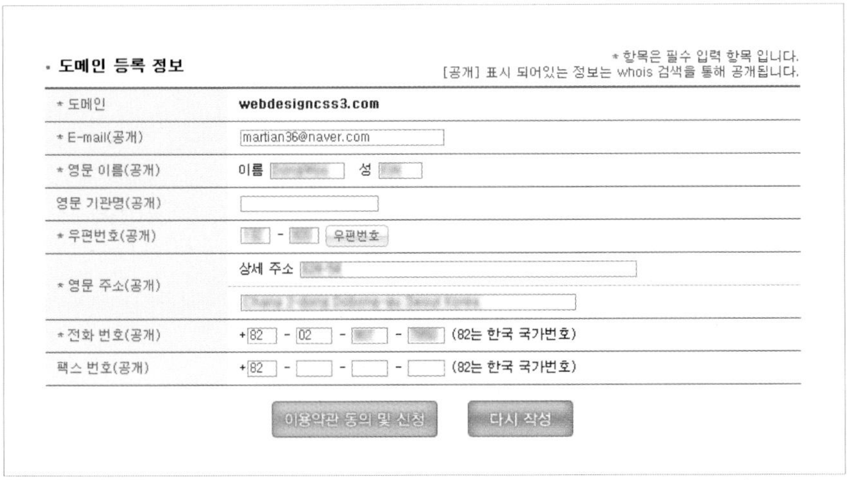

그림 1-48 개인정보 입력

개인정보는 회원가입 시 나오는 것이므로 별도로 입력하지 않아도 됩니다. 이용약관 동의 및 신청 버튼을 클릭합니다.

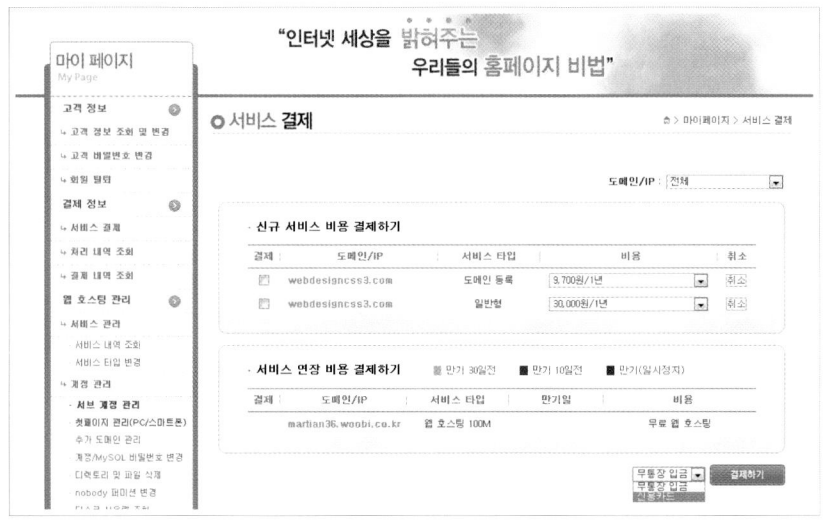

그림 1-49 결제

결제 항목에 체크하고 결제 방법을 선택한 후 "결제하기" 버튼을 클릭합니다. 무통장 입금을 선택하면 위 화면에서 바로 끝나고 금액을 입금하면 3시간 후에 웹호스팅이 개통되고 신용 카드로 결제하면 결제 시스템을 통과하는 데 좀 번거롭지만 결제 후에 바로 웹호스팅 계정이 개설됩니다. 신용카드 결제는 전자결제 시스템 프로그램이 설치돼 있어야 하므로 인터넷 익스플로러를 사용해야 합니다. 다른 브라우저를 사용한 경우 다시 인터넷 익스플로러로 로그인해서 결제하면 됩니다.

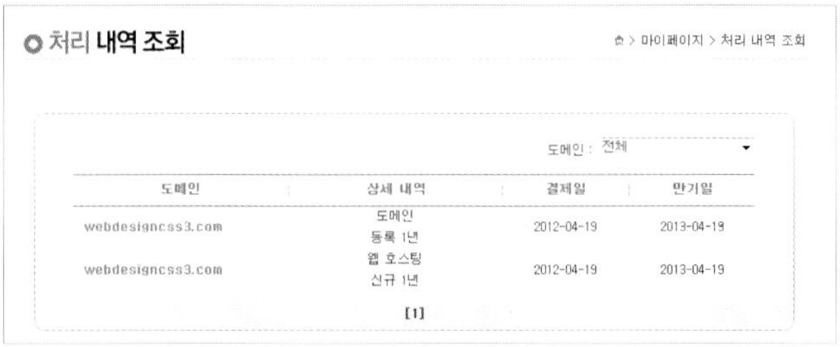

○ 처리 내역 조회   ⬆ > 마이페이지 > 처리 내역 조회

		도메인 : 전체 ▼	
도메인	상세 내역	결제일	만기일
webdesigncss3.com	도메인 등록 1년	2012-04-19	2013-04-19
webdesigncss3.com	웹 호스팅 신규 1년	2012-04-19	2013-04-19
	[1]		

그림 1-50 처리 내역

인터넷 쇼핑몰에서 결제할 때처럼 여러 단계를 거치면 결제가 정상적으로 처리됐다는 메시지가 나오고 위와 같이 처리 내역 조회 화면이 나옵니다.

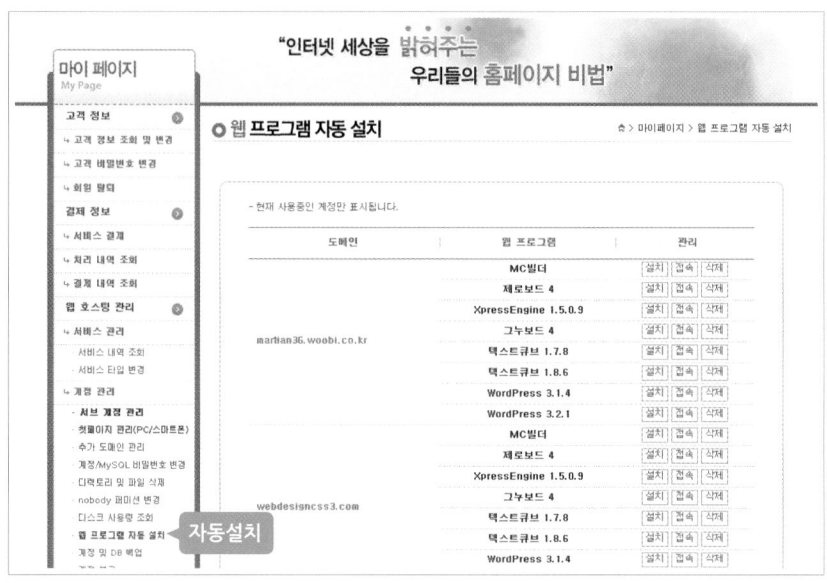

그림 1-51 웹프로그램 자동 설치

사이드바 메뉴에서 웹프로그램 자동 설치를 선택하면 워드프레스를 설치할 수 있지만 영문
버전이 설치됩니다. 여기서 설치하면 바로 사용할 수 있지만 관리자 화면이 영문으로 나와서
불편하죠.

그림 1-52 영문 버전 설치 시 설치 경로

영문 버전을 설치하면 wordpress 디렉터리가 만들어지고 이곳에 워드프레스가 설치되므로
도메인 외에 폴더 이름을 추가로 입력해야 블로그가 나옵니다. 그래서 워드프레스 폴더가 아
닌 루트 폴더에 한글 워드프레스를 설치해 보겠습니다.

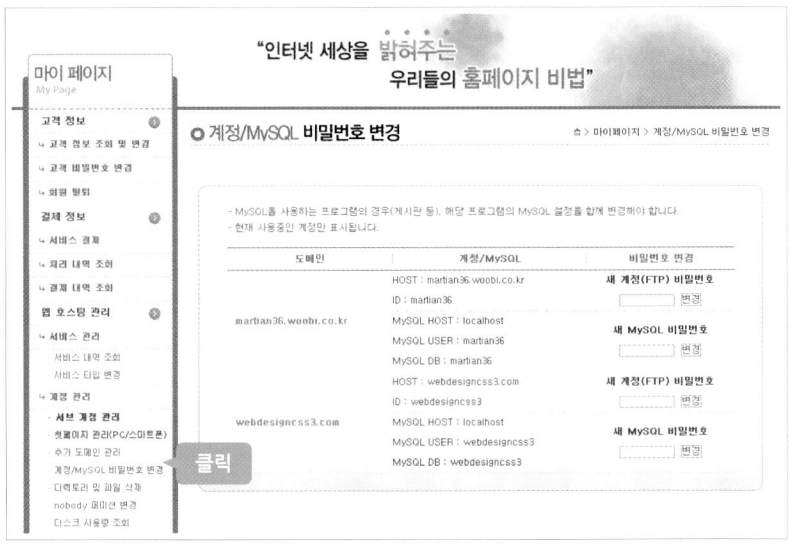

그림 1-53 서버 정보

사이드바 메뉴에서 계정/MySQL 비밀번호 변경을 선택하면 계정 정보가 나옵니다. 제 경우
는 무료 서비스를 사용했던 내역이 그대로 있습니다. 호스트네임과 아이디를 확인합니다. 이
아이디는 호스팅 회사의 로그인 아이디와는 다릅니다. 혼동하지 마세요. 파일질라로 업로드
할 때 필요한 정보입니다.

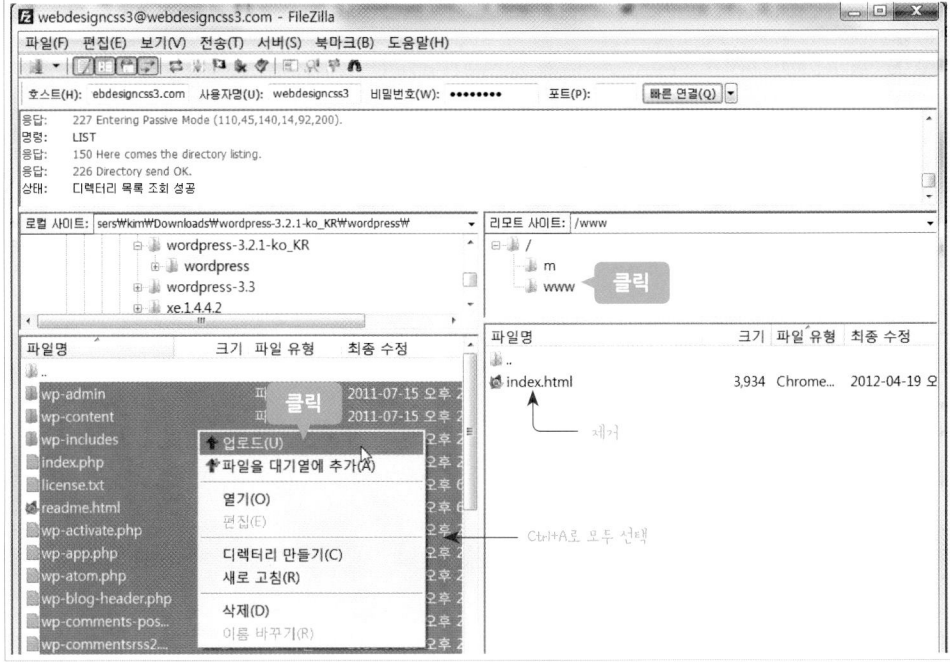

그림 1-54 파일질라로 업로드

앞에서 무료 웹호스팅 환경에 워드프레스를 설치할 때처럼 호스트네임, 아이디, 비밀번호를 입력하고 포트에는 21을 입력한 후 **빠른 연결** 버튼을 클릭해 로그인합니다. 그런 다음 리모트 사이트에서 루트 폴더를 클릭합니다. 웹호스팅 회사별로 다르지만 루트 폴더는 대개 www나 public_html인 경우가 대부분입니다. 루트 폴더를 선택하면 아래에 index.html 파일만 있습니다. 안내 메시지가 나오는 파일이니 마우스 오른쪽 버튼을 클릭한 후 '삭제'를 선택해 삭제합니다. 로컬사이트는 내 컴퓨터이니 워드프레스 한글 버전의 압축이 풀린 폴더로 이동하면 아래에 모든 파일이 나옵니다. 이 상태에서 Ctrl+A를 눌러 전체 파일과 폴더를 선택하고 마우스 오른쪽 버튼을 클릭해 '업로드'를 선택하면 리모트 사이트의 루트 디렉터리에 모두 전송됩니다. 이전에는 wp-config.php 파일을 만들어 전송했지만 이번에는 텍스트 편집기에서 이 파일을 직접 열어서 편집하고 저장하는 방법을 사용해봅니다.

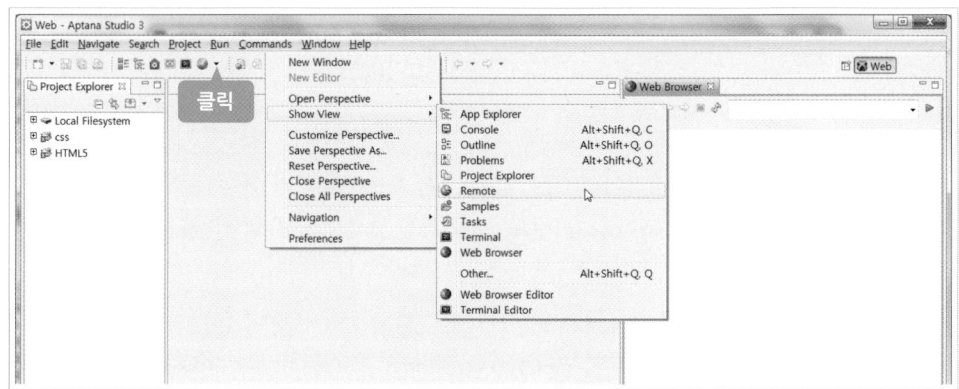

그림 1-55 앱타나 사용하기

앱타나 스튜디오는 무료이면서도 웹 개발툴로 사용하기 좋은 텍스트 에디터입니다. 웹브라우저에서 http://www.aptana.com/products/studio3으로 이동한 후 프로그램을 내려받아 설치하면 바로 사용할 수 있습니다. 앱타나 스튜디오는 나중에 테마를 수정할 때도 필요한 툴입니다.

프로그램을 처음 열면 어두운 배경으로 나옵니다. 색상 아이콘의 옆에 있는 작은 세모를 클릭하면 스킨을 바꿀 수 있습니다. 위 화면은 Mac Classic를 선택한 화면입니다. 이 프로그램의 장점은 무료임에도 다양한 기능을 제공한다는 것입니다. 특히 FTP로 직접 연결해 서버의 파일을 수정하고 저장하면 바로 적용되는 기능을 제공합니다. FTP로 서버와 연결하기 위해 메뉴에서 Window → Show View → Remote를 차례로 선택합니다.

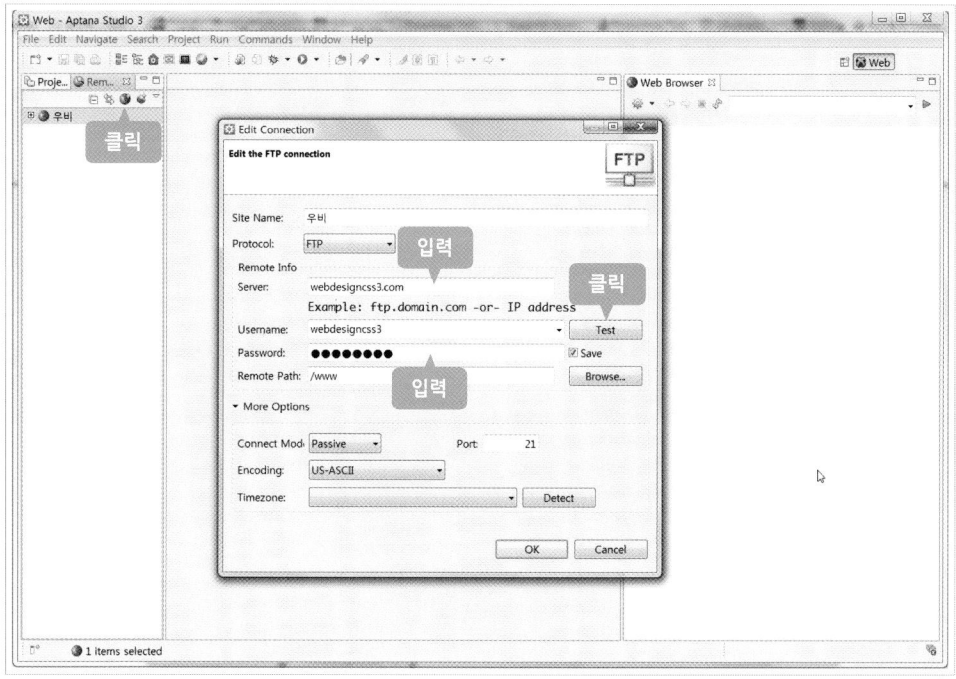

그림 1-56 앱타나 스튜디오에서 FTP 연결

왼쪽에 리모트 패널이 나타났습니다. 지구본 아이콘을 클릭하면 창이 나오고 Site Name 에 적당한 이름을 넣습니다. Remote info에 웹호스팅 정보에 해당하는 내용을 입력합니다. 웹호스팅 회사마다 다르므로 회사별로 제공하는 정보를 정확하게 입력합니다. 여기서 server는 예제에 나오듯이 ftp.가 들어가는 경우도 있지만 우비에서 제공하는 정보에는 이것이 없으므로 제공하는 대로만 입력하면 됩니다. Username과 Password에 각각 아이디와 비밀번호를 입력하고 아래에서 More Options를 클릭해 Port에 21을 입력하고 Test 버튼을 클릭하면 연결이 성공했다고 나옵니다. 연결이 실패한 경우는 위 정보를 잘못 입력한 경우이니 꼼꼼히 살펴서 입력하세요. 연결이 성공하고 창을 닫으면 Remote 패널에 사이트 이름과 아이콘이 나타납니다.

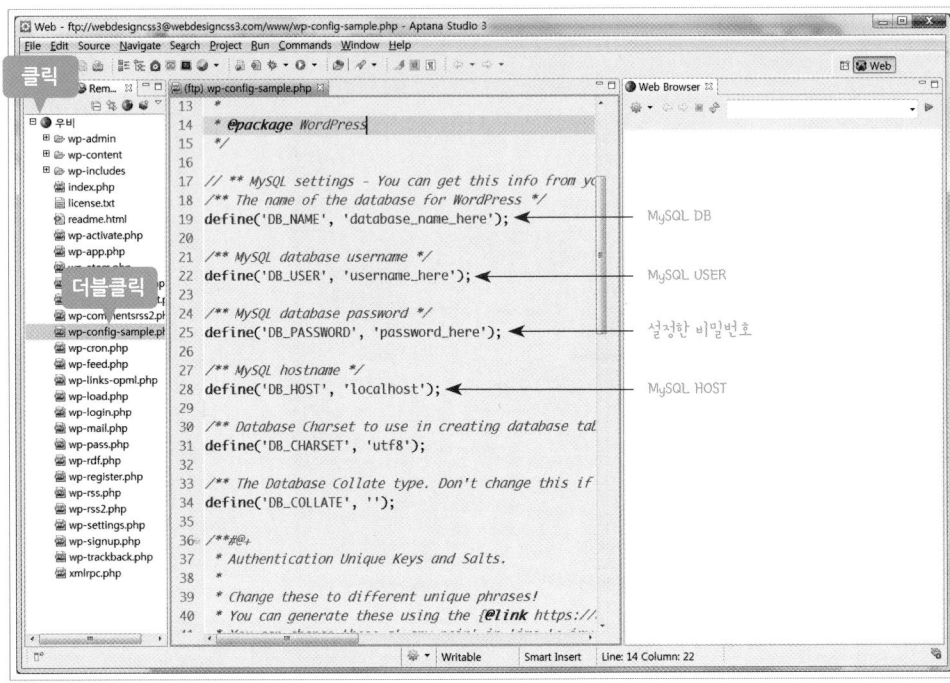

그림 1-57 wp-config 파일 수정

플러스 아이콘을 클릭하면 폴더가 펼쳐집니다. wp-config-sample.php 파일을 더블클릭
하면 해당 파일이 열립니다. 웹 호스팅 회사의 서버의 파일이 내 컴퓨터에서 직접 열리는
것입니다. 여기서 파일을 수정하고 저장하면 파일질라를 사용할 필요가 없습니다. 간단
한 수정은 이런 프로그램을 이용하고 많은 파일을 업로드할 때는 파일질라를 사용하는
편이 좋습니다. 앞에서 다룬 4가지 접속 관련 정보를 웹호스팅에서 제공하는 내용을 참
고해서 입력하고 아래로 내려서 해킹 방지용 암호화 키를 교체한 다음 Ctrl+S를 누르면
바로 저장됩니다. 다시 이 파일을 대상으로 마우스 오른쪽 버튼을 클릭하면 메뉴가 나오
는데, 여기서 Rename을 선택하면 이름을 수정할 수 있게 입력박스로 전환됩니다. 여기
서 -sample을 지우고 엔터키를 치면 수정됩니다. 여기까지 하면 서버에 파일이 수정돼서
저장되고 이제 설치만 하면 됩니다.

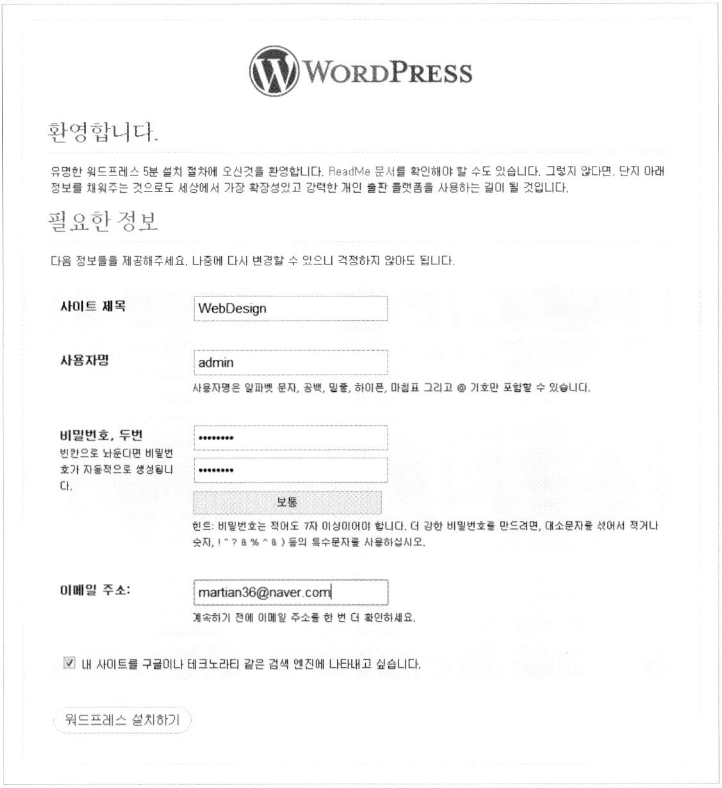

그림 1-58 워드프레스 설치

웹브라우저의 주소란에 내가 만든 도메인 이름을 입력하고 엔터키를 치면 워드프레스 설치 화면이 바로 나타납니다. 사이트제목, 사용자명, 비밀번호를 입력하고 이메일 주소를 입력한 다음 "워드프레스 설치하기" 버튼을 클릭하면 바로 설치됩니다. 다음 화면에서 로그인하면 설치가 완료되고 위에서 입력한 이메일 주소로 워드프레스로부터 이메일이 옵니다.

워드프레스닷컴에서 워드프레스 블로그 만들기 06

워드프레스는 두 가지 버전이 있습니다. 국내 포털사이트의 블로그처럼 가입형 블로그가 있고 블로그 프로그램을 내려받아 웹호스팅 서버에 설치하는 설치형 블로그가 있습니다. 가입형은 국내의 가입형 서비스와 마찬가지로 디자인을 마음대로 바꿀 수는 없고 정해진 스킨을 사용합니다. 하지만 스킨의 종류가 아주 다양하고 멋진 스킨이 많습니다. 외국에서는 스킨을 씸(Theme: 우리나라 말로 테마라고 합니다)이라고 합니다.

무료 가입형 워드프레스는 용량이 3GB인데 음악 파일이나 동영상을 올리거나 할 수 없고 글을 작성하고 이미지 파일만 올릴 수 있지만 워드프레스를 처음 사용하는 대부분의 사용자는 가입형 블로그로 시작합니다. 하지만 서버가 미국에 있어서 속도가 느립니다. 가입형 워드프레스에는 글과 이미지만 올릴 수 있으므로 3GB라는 용량은 대부분의 블로거는 평생 쓰고도 남을 양입니다. 용량이 모자라서 추가할 경우나 동영상, 음악 파일을 올리려면 추가 요금을 내야 합니다. 그리고 다른 단점은 블로그 관리자 화면에 광고가 나오고 아이템 구매를 유도하는 인터넷 상점(Store)이 자리 잡고 있다는 것입니다. 하지만 그만큼 설치형보다 편리하게 위젯을 설치할 수 있습니다.

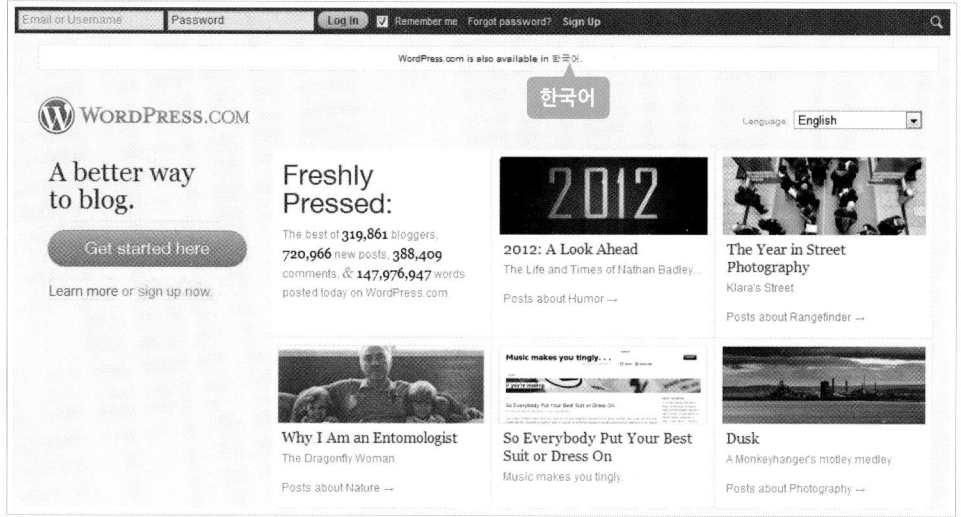

그림 1-59 워드프레스닷컴 홈페이지

워드프레스는 그 명성에 걸맞게 영어가 아닌 다른 언어로 블로그를 만들 수 있게 다양한 언
어를 지원합니다. 물론 한국어도 포함돼 있습니다. 홈페이지 상단에 보면 "WordPress.
com is also available in 한국어."라고 나옵니다. 웹브라우저 주소란에 http://wordpress.
com/을 입력하면 워드프레스닷컴(Wordpress.com)으로 이동합니다.

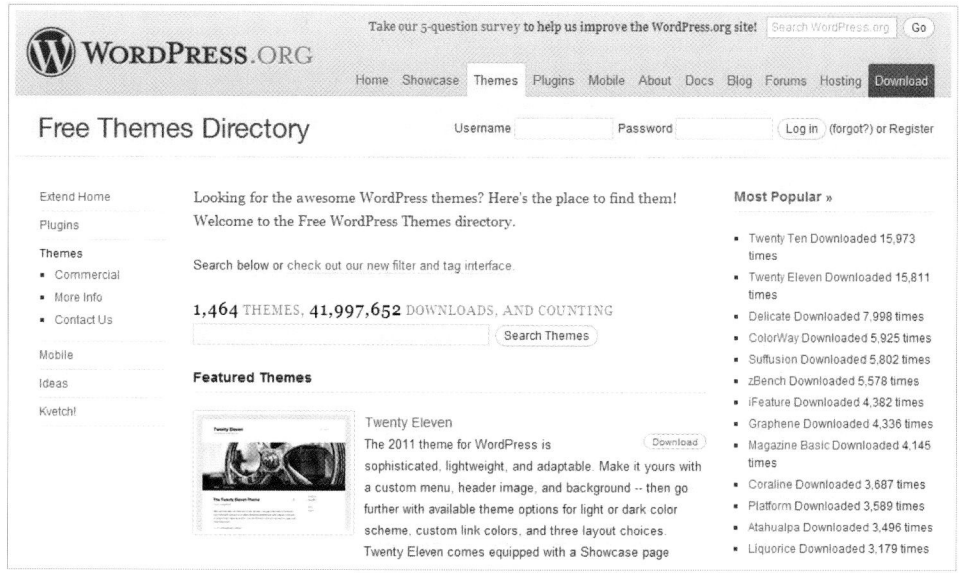

그림 1-60 워드프레스닷오그 홈페이지

워드프레스의 두 가지 버전 중 설치형 버전은 워드프레스닷오그(Wordpress.org)에서 운영하고 순수한 비영리 목적의 개발자를 위한 사이트입니다. http://wordpress.org/를 입력하면 홈페이지로 이동하며 다양한 소스와 포럼이 있고 무료로 내려받을 수 있는 씸(Theme)이 1464개나 됩니다. 참고로 현재까지 4천 2백만 번의 다운로드 횟수가 기록되고 있습니다. 워드프레스가 이렇게 인기가 있는 것은 관리자 화면을 사용하기가 편리하고 쉬우며, 디자인도 좋기 때문입니다.

그러면 이전 글에서 소개한 WAMP 서버를 이용해 설치형 버전의 워드프레스를 사용해보기 전에 미국의 워드프레스 홈페이지에서 블로그를 등록하고 사용하는 방법을 알아보겠습니다.

워드프레스닷컴에서 주황색 Get started here 버튼을 클릭하면 회원가입 페이지로 이동합니다.

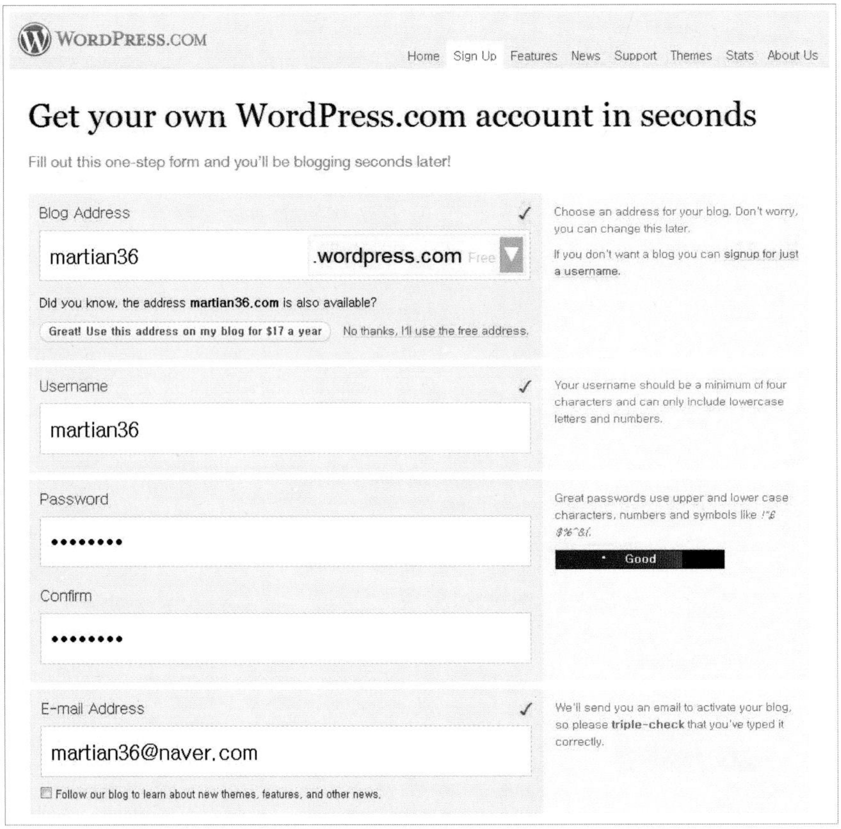

그림 1-61 가입 화면

블로그 주소를 입력하면 글자를 하나씩 칠 때마다 해당 주소를 사용할 수 있는지 알 수 있습니다. 아래에는 "Did you know, the address martian36.com is also available."이라는 문구가 나와서 도메인까지 구입하기를 유도합니다. 바로 밑에 가격도 나옵니다. "No thanks..."를 클릭하고 사용자 이름 필드를 클릭하면 주소로 입력한 것이 사용자 이름으로 입력됩니다. 사용자 이름을 다르게 하려면 다른 이름을 입력하면 다시 체크하게 됩니다. 이어서 비밀번호를 입력합니다. 이메일 주소는 인증용 링크가 발송되므로 정확하게 입력합니다. 정확한 주소인지 세 번 확인하라고 합니다. 워드프레스로부터 뉴스레터를 받고 싶으면 하단의 체크박스에 체크합니다.

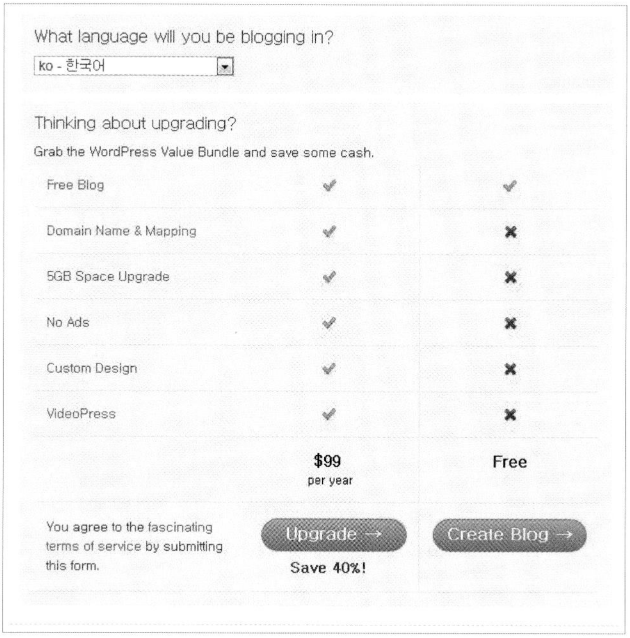

그림 1-62 가입 화면 2

워드프레스 블로그에 사용할 언어를 선택합니다. 다른 언어로 선택했더라도 나중에 블로그를 개설한 후에 변경할 수 있습니다. 이번에도 상업성 광고가 나옵니다. 여러 가지 옵션을 할인가에 모신답니다. 정중하게 사양하고 Create Blog 버튼을 클릭합니다.

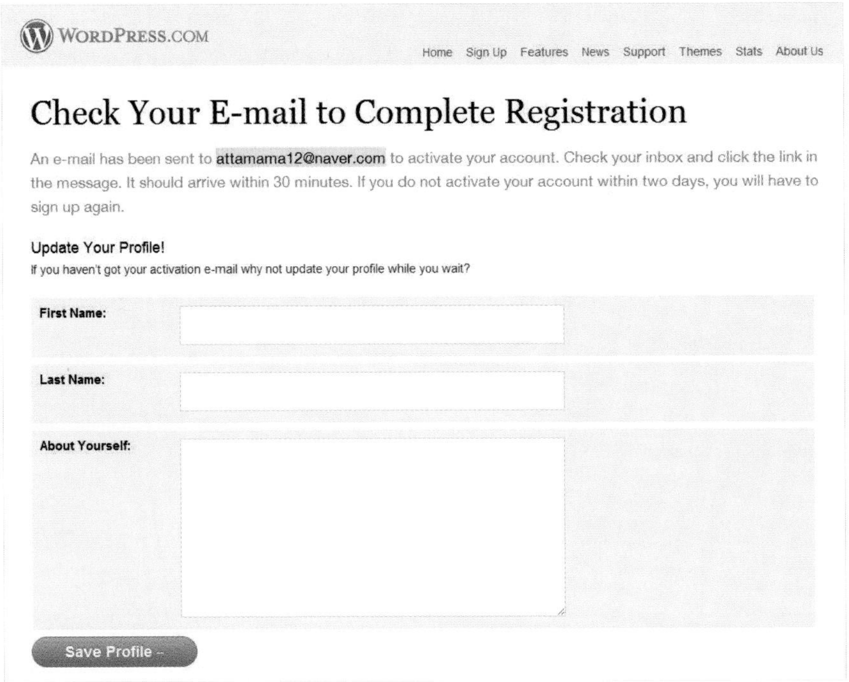

그림 1-63 이메일 확인

이메일 주소로 인증용 이메일을 발송했다고 합니다. 워드프레스 닷컴은 이메일 주소가 아이디를 대신하므로 하나의 이메일 주소로 한 번 가입하면 같은 아이디로 여러 개의 블로그를 만들 수 있습니다. 제가 쓰는 다른 이메일로 다시 가입합니다. 위 화면에서 프로필 작성은 안 해도 되고 무시합니다. 나중에 관리자 화면에서 하면 됩니다.

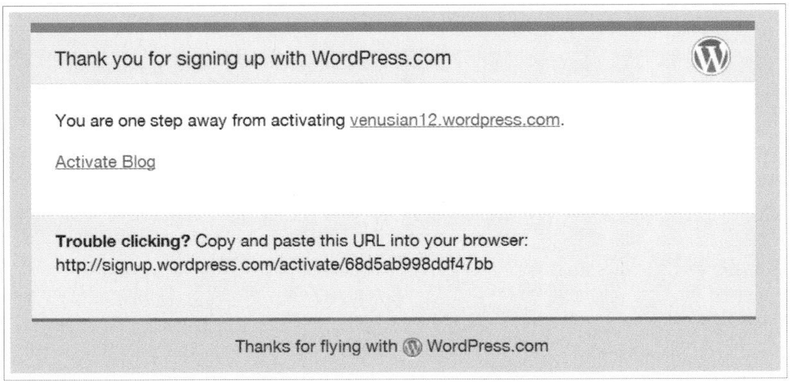

그림 1-64 내 이메일 확인

워드프레스에서 보낸 이메일을 열면 위와 같은 내용이 나옵니다. Activate Blog 버튼을 클릭하면 워드프레스 블로그 관리자 화면이 나옵니다.

그림 1-65 알림판

블로그 현황을 보면 글이 하나 있고 댓글도 있습니다. 샘플용으로 워드프레스에서 보낸 것입니다. 내 블로그 첫 화면을 보려면 우측 상단에서 아이디에 마우스를 올리면 팝업창이 나옵니다. 거기서 하단의 아이디를 클릭하면 블로그 첫 화면이 나옵니다. 관리자 화면에서 각종 위젯의 상단 바(블로그 현황 제목이 있는 부분)를 클릭해서 드래그하면 위치를 이동할 수 있어서 우선순위를 조정할 수 있습니다. 노란색이 있는 부분은 상업적인 광고이므로 오른쪽에서 Hide를 클릭하면 안 보이게 됩니다. 화면 좌측 메뉴의 Store를 클릭하면 뭔가 구입할 수 있는 상점이 나옵니다. 보다시피 전체가 한국말로 나오는 것이 아니라 일부 중요한 부분만 번역돼 있습니다. 아직 번역 작업 중입니다.

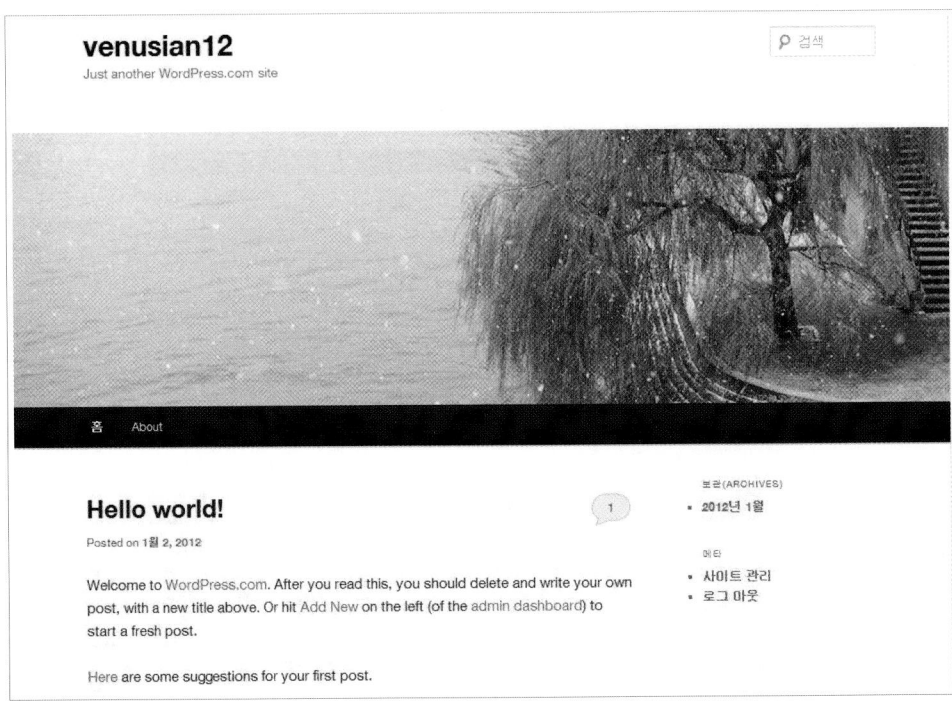

그림 1-66 블로그 첫 화면

블로그의 첫 화면입니다. 스킨을 바꾸기 위해 우측 메뉴에서 사이트 관리를 클릭합니다.

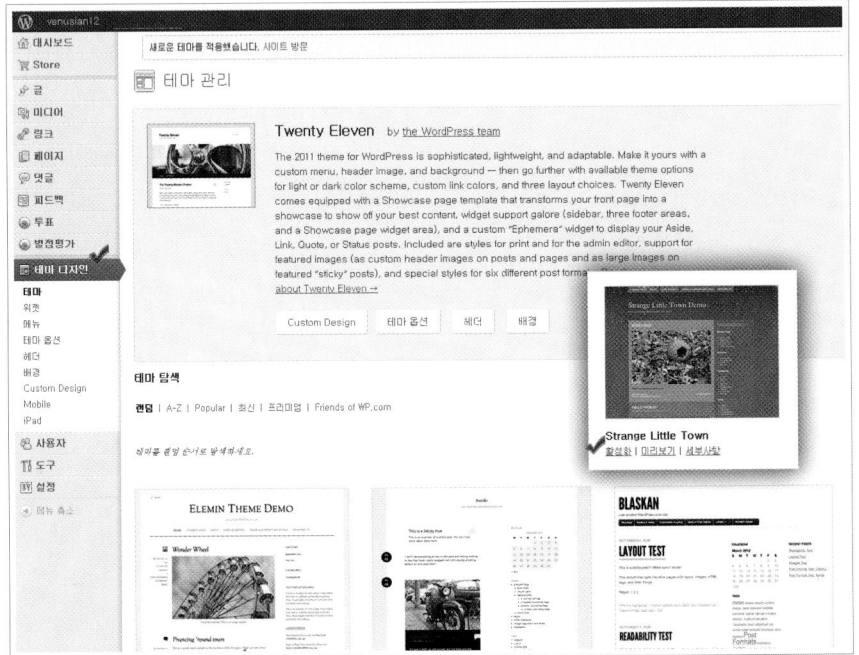

그림 1-67 테마 선택

좌측 메뉴에서 테마 디자인을 클릭하면 많은 스킨이 나옵니다. 처음 가입하면 나오는 스킨은 Twenty Eleven이라는 스킨입니다. 스킨 하단에 프리미엄이 붙어 있는 것은 구입해야 쓸 수 있습니다. 무료는 프리미엄이 없고 활성화 링크를 클릭하면 바로 바뀝니다. 저는 하단으로 내려서 Strange Little Town이라는 스킨을 활성화했습니다.

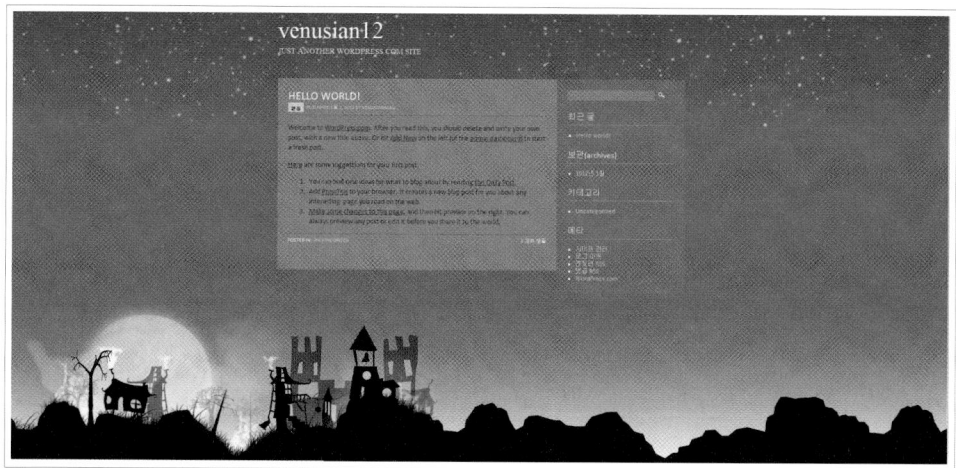

그림 1-68 블로그 초기 화면

블로그 첫 화면으로 가니 바뀌어 있습니다. 웹상에서 실행하다 보면 아주 느립니다. 미국의 서버와 연결해서 작업하는 것이고 수많은 사람들이 사용하므로 느릴 수밖에 없습니다. 우선 은 워드프레스 가입형 블로그란 이런 것이다. 라는 맛보기로 사용해 보시고, 사용법 등 자세 한 내용은 WAMP 서버에 설치된 설치형 버전으로 알아보겠습니다.

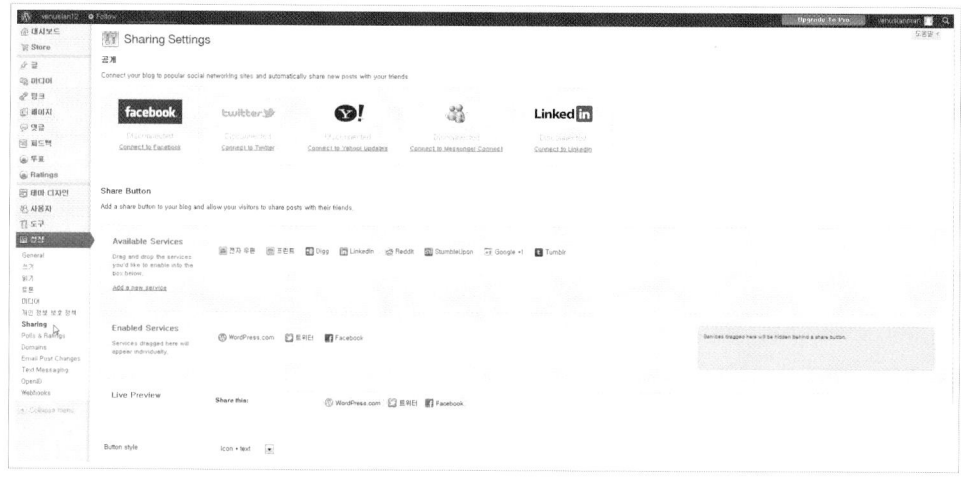

그림 1-69 소셜 네트워크

워드프레스의 가입형과 설치형의 또다른 차이점은 설정의 Sharing 부분입니다. 가입형은 소셜 네트워크 아이콘을 쉽게 설치할 수 있지만 설치형은 자신이 디자인해야 합니다. 설치형은 이 메뉴 자체가 없습니다.

워드프레스 홈페이지에서
테마 선택하기

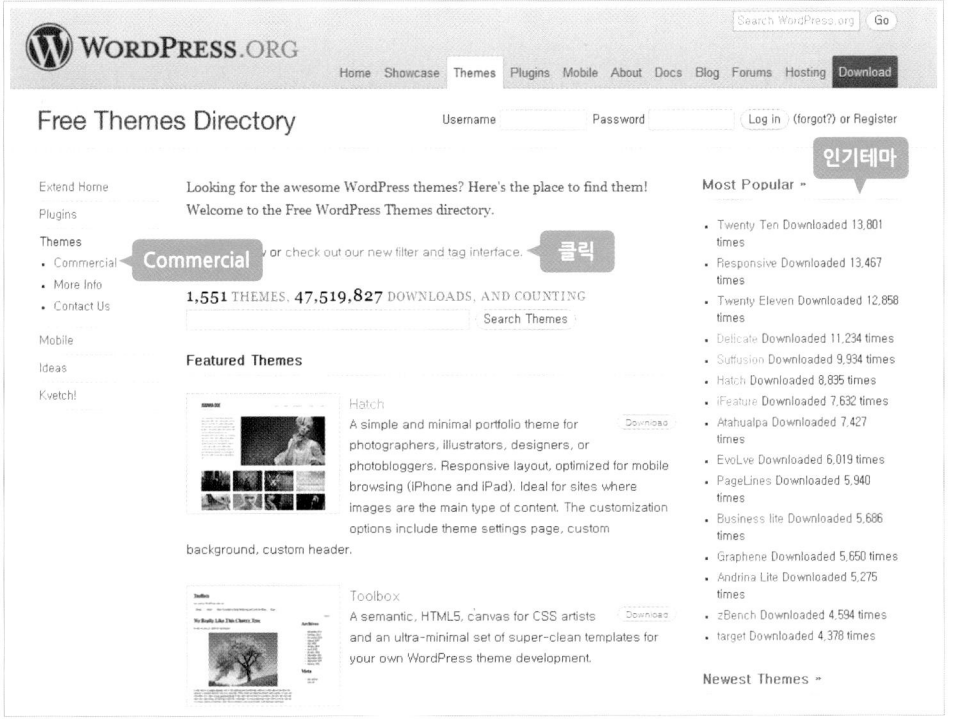

그림 1-70 워드프레스닷오그

워드프레스 홈페이지에는 1500여 개의 무료 테마가 있습니다. 웹브라우저의 주소란에 http://wordpress.org/extend/themes/를 입력하면 워드프레스 개발자 홈페이지의 테마 페이지로 이동합니다. 이곳은 워드프레스닷컴과 다른 곳임을 앞에서 말씀드렸습니다. 워드프레스 설치용 버전을 내려받는 사이트이고 개발자들이 많이 찾는 곳이며, 워드프레스에 관한 정보는 이곳을 방문하면 많은 정보를 얻을 수 있지만 영어로 되어 있다는 것이 흠이죠.

워드프레스닷오그(WordPress.org)는 상업성이 없는 순수한 개발자들을 위한 사이트이므로 무료 콘텐츠가 많습니다. 개발자들도 먹고살아야 하므로 좋은 테마는 이곳의 Commercial 영역에 업로드해서 판매하기도 합니다. 4월 현재, 1,551개의 무료 테마가 있고 그동안 4천 7백 만번의 다운로드가 있었습니다. 오른쪽을 보면 인기 있는 테마를 선택할 수 있고 새로운 테마를 선택할 수도 있습니다. 테마 이름을 알면 검색 창에서 검색해도 되고 필터링해서 원하는 테마를 찾을 수도 있습니다. "check out our new filter and tag interface"를 클릭해서 필터링할 수 있는 창으로 이동합니다.

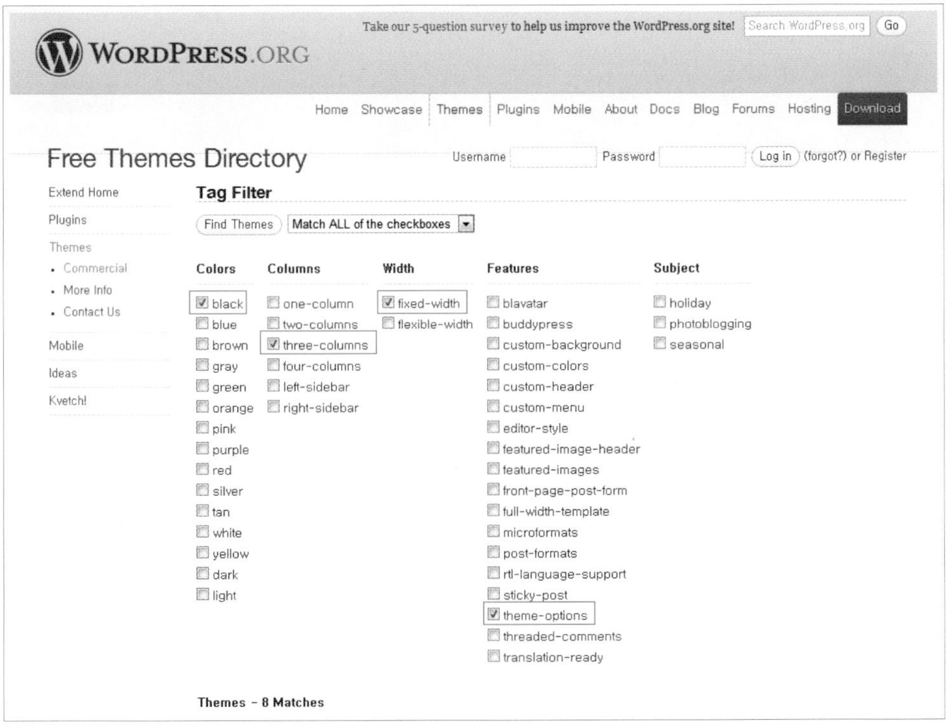

그림 1-71 **필터링**

컬러에서 black에 체크하고 컬럼에서 three-columns에 체크, fixed-width에 체크, theme-options에 체크한 다음 상단에서 Find Themes 버튼을 클릭하니 아래에 필터링된 테마가 나옵니다. 첫 번째 슬라이딩 도어를 클릭해서 들어가면 다운로드 버튼이 있습니다. 이 버튼을 클릭해서 찾기 쉬운 폴더에 내려받습니다.

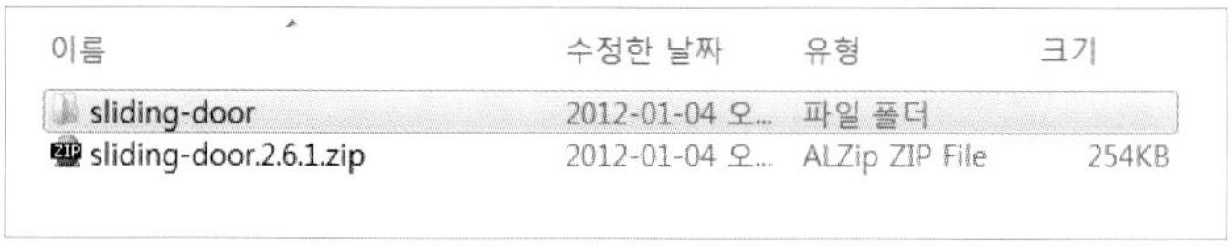

이름	수정한 날짜	유형	크기
sliding-door	2012-01-04 오...	파일 폴더	
sliding-door.2.6.1.zip	2012-01-04 오...	ALZip ZIP File	254KB

그림 1-72 압축 해제

파일의 압축을 푼 다음 폴더를 복사합니다.

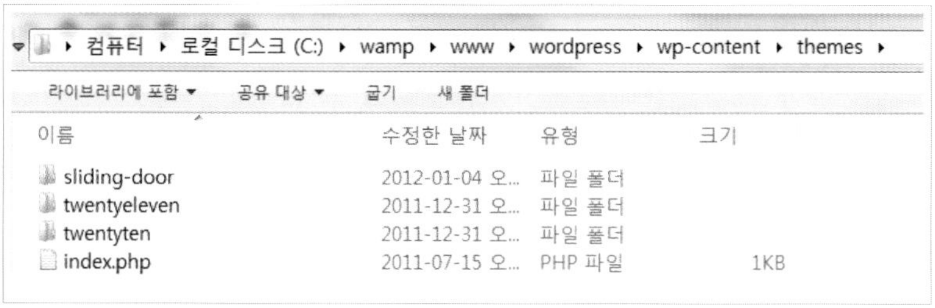

컴퓨터 ▸ 로컬 디스크 (C:) ▸ wamp ▸ www ▸ wordpress ▸ wp-content ▸ themes ▸			
라이브러리에 포함 ▾ 공유 대상 ▾ 굽기 새 폴더			
이름	수정한 날짜	유형	크기
sliding-door	2012-01-04 오...	파일 폴더	
twentyeleven	2011-12-31 오...	파일 폴더	
twentyten	2011-12-31 오...	파일 폴더	
index.php	2011-07-15 오...	PHP 파일	1KB

그림 1-73 wamp 서버로 이동

바탕화면에서 WAMP 서버 아이콘을 클릭해 서버 프로그램을 가동시키고 시스템 트레이에서 아이콘이 녹색으로 바뀌면 정상 작동하게 됩니다. 그런 다음 아래 폴더로 이동합니다.

C:\wamp\www\wordpress\wp-content\themes

여기서 앞에서 복사한 폴더를 붙여넣습니다.

그림 1-74 관리자 화면에서 테마 선택

웹브라우저에서 localhost/wordpress로 들어가면 블로그의 첫 화면이 나옵니다. 아직 새로운 테마를 적용하지 않았으므로 워드프레스 기본 테마로 나타납니다. 사이드바에서 로그인 링크를 클릭하거나 주소창에서 localhost/wordpress/wp-admin/ 을 입력하면 로그인 창이 나옵니다. 아이디와 비밀번호를 입력해서 로그인 한 후, 주 메뉴에서 외모를 클릭하면 테마 관련 화면이 나타납니다.

유료 테마 구매 **08**

01 워드프레스 테마의 중요성

워드프레스의 테마 수정

자신만의 고유한 블로그를 만들려면 테마의 선택이 아주 중요합니다. 내 블로그의 성격과 스타일을 가장 잘 나타낼 수 있는 레이아웃과 디자인을 선택해야 방문자가 호감을 갖게 됩니다. 나에게 맞는 디자인의 테마를 선택한다는 것이 쉬운 일이 아니고 이미 있는 무료 테마나 유료 테마를 선택했더라도 그대로 사용하기에는 부족함이 있을 것입니다. 원하는 곳에 로고를 배치하고 이미지를 넣고 싶다면 레이아웃 언어인 CSS를 약간은 알아야 합니다. 이 책의 후반부는 내가 원하는 디자인을 만들기 위한 과정으로 기존의 워드프레스 테마를 수정해 원하는 디자인을 만들기 위한 과정과 더 나아가 워드프레스 기본 템플릿을 선택해 전체 레이아웃과 디자인을 변경하고 원하는 데이터를 자유롭게 불러오는 과정도 소개합니다. 이러한 과정을 진행하려면 CSS에 관한 기본 지식이 있어야 합니다. 그렇다고 해서 CSS가 그리 어려운 언어는 아니며, CSS에 관한 기초적인 지식만으로도 충분히 디자인을 변경할 수 있습니다. 또한 데이터를 자유롭게 불러와서 정렬할 때는 PHP를 사용해야 하는데, 이때 워드프레스의 함수를 사용합니다. 복잡한 함수를 사용하는 것이 아니고 이미 있는 함수를 이용하는 것에 불과하므로 어려운 과정은 아닙니다.

위와 같은 단계를 거치기 전에 기존의 워드프레스 테마를 수정하지 않고 내 블로그의 성격에 맞는 디자인을 선택하는 과정을 살펴봅니다.

워드프레스 테마란?

테마는 원래 영어로 Theme이라고 합니다. 우리나라 말로 테마라고 하는 것은 우리나라에서는 Theme의 독일어인 Thema를 사용해왔기 때문에 더 익숙하기 때문일 것입니다. 워드프레스나 다른 외산 프로그램에서는 테마(Theme)라고 칭하지만 우리나라에서는 스킨으로 통하죠. 그래서 블로그 스킨이라고 하는 말이 더 익숙할 것입니다. 외국에서도 스킨이라는 말을 쓰기도 하지만 스킨은 블로그의 전체적인 디자인보다는 특정 부분의 디자인을 말할 때 사용합니다. 예를 들어, 달력 위젯을 사용할 경우 달력만의 디자인이 있는데 이 디자인을 스킨이라고 하죠. 워드프레스 관리자 화면인 알림판의 디자인도 스킨이라고 할 수 있습니다. 이러한 용어를 구분해서 사용하면 외산 블로그 프로그램을 사용할 때 혼란을 덜 수 있습니다.

테마 선택의 중요성

어떤 테마를 선택한다고 했을 때 가장 먼저 생각해야 할 것이 내 블로그의 성격입니다. 블로그는 아주 다양한 성격을 가지고 포스팅할 수 있지만 대부분이 어떤 특정 주제를 선택해서 포스팅하게 됩니다. 왜냐하면 블로그는 개인적인 성격이 강하기 때문이죠. 블로그의 어원을 보면 Web Log에서 유래한 단어라서 그럴 수밖에 없습니다. Log란 일기 또는 기록을 의미하며, 개인적인 다이어리라고 생각하면 이해하기 쉽습니다. 그러니 블로그란 "웹에 올리는 개인 일기"라고 풀이할 수 있습니다. 처음에는 이런 개념에서 출발했지만 오늘날의 소셜 네트워크에서는 기업의 블로그도 생겨나서 기업의 홍보 활동에서 적극 활용되고 있습니다.

이러한 블로그의 특성으로 인해 개인이 블로그를 운영할 때는 일반적으로 특정한 주제를 갖게 되므로 블로그의 테마도 그에 맞는 디자인으로 선택하는 것이 좋고 그래야 방문자에게 어필할 수 있는 블로그가 됩니다. 물론 기업 블로그도 해당 기업에 맞는 디자인을 선택해야겠죠.

02 테마 선택 시 고려할 사항

무료 테마와 유료 테마

인터넷에는 엄청나게 많은 워드프레스 테마가 있습니다. 지난 10년간의 기간 동안 워드프레스의 사용자는 수천만 명으로 늘어났습니다. 일부 통계에 의하면 2억이나 된다고 하지만 시험용으로 내려받은 것도 포함해서 그럴 것이고 실제 호스팅에 업로드해서 블로그를 운영하는 것만 포함한다면 수천만에 해당합니다. 이러한 사용자의 급증으로 워드프레스 관련 업종이 많이 생겨났습니다. 그중에서도 워드프레스 테마 디자이너가 대표적입니다. 워드프레스 테마를 전문적으로 제작해서 테마 템플릿을 만들어 판매하고 오래된 것은 무료로 전환하기도 합니다. 아마추어 디자이너들은 자신의 블로그 홍보를 위해 무료로 공개하기도 합니다. 무료 테마를 사용할 때 가장 중요시해야 할 사항은 테마의 코드 안에 링크가 삽입돼 있는 경우가 있으므로 주의해야 한다는 것입니다. 이것은 바로 악성코드에 해당합니다. 내부 파일에 단순히 HTML 코드로 링크된 것이므로 바이러스 프로그램도 잡아내지 못합니다. 그렇다고 수많은 파일을 일일이 검색할 수도 없는 노릇이니 가장 정평이 나 있는 무료 사이트에서 내려받아 사용하는 것만이 이러한 악성 코드를 내 블로그에 심어놓는 것을 방지하는 길입니다.

수많은 무료 테마가 있지만 디자인이 고급스러운 것은 그리 많지 않습니다. 그러니 멋진 디자인의 테마를 찾기란 쉬운 일이 아니죠. 그래서 무료 테마 사이트에서 인기 있는 테마를 선택하게 됩니다. 많은 사람들이 사용하는 테마는 좋은 디자인이기도 하지만 동시에 많은 사용자가 쓰기 때문에 개성이 떨어지죠. 비슷한 디자인이라면 어디서 본 것 같은 블로그가 됩니다. 블로그의 글 내용도 중요하지만 디자인이 비슷한 블로그는 그만큼 방문자가 호감을 갖지 못한다는 단점이 있습니다.

그래서 테마 디자인을 수정하지 않고 사용한다면 유료 테마를 선택하는 것이 좋습니다. 유료 테마는 1달러에 불과한 저렴한 것도 있지만 가격에 따라 디자인과 기능상의 차이가 많습니다. 보통 가격대는 30달러에서 100달러까지인데, 중간인 70달러 정도면 어느 정도 좋은 디자인에 해당합니다. 30달러면 보통에 해당하고 100달러 이상이면 고급에 속합니다. 하지만 가격이 그 이상인 것도 많습니다. 무슨 블로그 스킨이 이렇게 비쌀까, 라고 할 정도로 몇 천 달러에 해당하는 것도 있는데, 이러한 스킨은 사용자의 편의를 위해 각종 플러그인과 기능을 해당 테마만을 위해 별도로 개발한 것이라서 그렇습니다. 단지 디자인만 있는 것이 아니죠.

어떤 블로그는 별도의 디자이너를 고용해서 디자인 개발을 하기도 합니다. 워드프레스 테마 사이트를 보면 50달러 정도면 살 수 있는 테마를 몇 천 달러에 판매하는 옵션이 있는 것이 있습니다. 이것은 그 가격에 구매를 하면 더 이상 판매를 하지 않게 된다는 옵션입니다. 그 가격에 산 사람만이 소유할 수 있는 테마인 것이죠. 그 이전에 구매한 사람은 어떻게 처리할지는 저도 궁금합니다.

기능

테마의 가격이 많은 차이가 나는 이유 중 하나는 테마에 어떤 기능이 포함돼 있느냐입니다. 테마를 선택할 때 이 부분을 점검할 수 없는 것은 테마에 포함된 기능을 직접 사용해 볼 수가 없기 때문이죠. 설치를 하고 글을 포스팅한다거나 어떤 기능을 직접 실행해보지 않고서는 알 수가 없습니다. 그래서 어떤 블로그를 검색하던 도중 그 블로그의 디자인이 맘에 든다면 블로그 운영자에게 문의하거나 블로그 하단에 테마 제작자에 대한 링크가 있을 수 있으므로 디자이너에게 직접 문의할 수도 있습니다.

테마의 기능 가운데 중요한 것으로 CSS를 건드리지 않고도 디자인을 마음대로 바꿀 수 있게 하는 것이 있습니다. 프로그래밍 언어 중에서도 HTML 다음으로 쉬운 것이 CSS이지만 복잡한 것은 아주 어렵기도 합니다. 모든 웹브라우저에 똑같이 적용하는 것도 힘든 일이죠. 이러한 디자인 변경을 클릭 몇 번으로 할 수 있는 기능이 테마에 포함돼 있습니다. 거의 하나의 프로그램이라고 할 정도로 복잡한 기능이 있어서 여러 번 연습해야 익숙해집니다. 저 같은 CSS 디자이너는 그냥 코드를 변경하는 것이 더 쉽죠.

누가 디자인한 것인가

CSS를 할 줄 알면 누구든지 테마 디자인을 할 수 있으므로 테마는 아주 많습니다. 연습 삼아 만든 것도 있고 전문 디자이너가 만든 것도 있어서 디자인의 품질이 천차만별입니다. 단순히 스킨 디자인만 있는 테마는 많이 수정해야 할 수도 있습니다. 정평이 나 있는 디자이너는 블로그를 운영하고 있으므로 직접 방문해서 그 디자이너가 만든 테마를 선택하는 것이 쉬운 방법 중 하나입니다. 이러한 디자이너는 하나의 테마를 만들어도 계속 수정해서 새로운 버전을 만들기 때문에 어떤 기능이 추가되고 수정됐는지 기록하게 됩니다.

레이아웃

레이아웃은 로고나 메뉴, 사이드바 위젯 등 블로그의 구성요소를 배치하는 기술을 의미합니다. 이는 레이아웃 언어인 CSS가 담당하는데, 직접 수정하지 못할 경우에는 자신이 이상적으로 생각하는 레이아웃으로 된 테마를 선택해야겠죠. 요즘은 대부분의 블로그에 광고를 달기 때문에 광고를 어디에 어떤 크기로 배치할지도 고려해야 합니다. 어떤 테마는 구글 광고를 배치하기 위한 것도 있습니다. 큰 광고를 배치하려면 사이드바의 폭이 커야 좋습니다. 외국의 블로그는 본문에 광고를 배치하기도 하지만 이는 CSS에 관한 지식이 어느 정도 있어야 합니다. 외국에서는 드라마가 방영하는 도중에 광고가 나와도 별다른 거부감이 없지만 이런 중간 광고 문화는 우리나라에서는 짜증을 불러일으킵니다. 그래서 우리나라 블로그에서는 본문의 중간에 광고를 달면 광고로 도배한 블로그라는 악평을 받을 수도 있습니다. 광고는 특정 부분에만 올리는 것이 좋고 본문에는 콘텐츠만 있는 것이 바람직한 한국적 블로그 문화라고 생각합니다.

레이아웃을 말할 때 1단, 2단, 3단 레이아웃이라고 합니다. 이는 컬럼의 수에 따른 분류입니다. 1단 레이아웃은 이미지를 주로 사용하는 사진작가의 블로그 같이 예술 작품을 포스팅하기 위한 테마에 많이 사용됩니다. 글을 위주로 한 블로그는 2단이나 3단을 많이 사용하죠. 2단과 3단의 차이는 위젯을 많이 사용하면 사이드바에 배치하므로 사이드바의 공간이 많이 필요한데, 2단을 사용하면 1열만 있으므로 많이 배치할 수가 없습니다. 사이드바는 글을 선택하기 위한 태그 클라우드, 카테고리 등 방문자의 눈을 끌 수 있는 중요한 것을 배치하므로 큰 공간이 필요한 사이드바가 필요할 수도 있습니다. 3단 레이아웃을 사용하면 두 개의 컬럼은 사이드바로 사용하게 됩니다. 사이드바가 아래로 길게 늘어지는 경우는 없고 마우스로 두 번 정도 스크롤해서 내려가면 끝나는 정도가 사이드바의 길이로 바람직합니다. 본문 글이 길어지면서 사이드바도 계속 존재한다면 글 읽는 사람이 짜증날 것입니다. 그래서 어느 정도까지만 사이드바의 공간을 제한하는 것이 좋습니다. 어떤 블로그는 사이드바만 길게 있고 본문은 짧게 끝나는 경우도 있는데 효율적인 레이아웃이 되지 못합니다. 그래서 사이드바에 들어갈 내용이 많은 블로그는 3단 레이아웃을 사용하는 것이 좋습니다. 1단 레이아웃이라 해도 사이드바에 들어갈 각종 위젯은 하단의 Footer 영역 이전에 배치되므로 사용해볼 만합니다. 그 대신 방문자가 블로그에서 어떤 정보를 얻으려면 한참 스크롤해서 내려야 하는 불편을 주지 않도록 상단이나 하단으로 바로 이동할 수 있는 버튼을 마련하는 것도 좋습니다.

모든 웹브라우저 지원 여부

인터넷에 접속하기 위한 웹브라우저는 아주 다양한데, 그 중에서 인터넷 익스플러(이하 IE), 구글 크롬(쿨노보 포함), 파이어폭스, 애플 사파리, 오페라 등 5개의 웹브라우저를 5대 웹브라우저라고 합니다. 세계적으로 많이 사용하고 있기 때문이죠. 우리나라에서는 이러한 웹브라우저 가운데 IE를 가장 많이 사용하고 있습니다. IE는 CSS와 친하지 않고 외국 웹 디자이너에게는 악명 높기로 유명합니다. 왜냐하면 웹 표준에 근거한 CSS를 제대로 지원하지 않기 때문입니다. CSS는 웹 페이지에서 헤더, 푸터, 사이드바 등 구성요소를 배치하기 위한 언어인데, 다른 웹브라우저에서는 똑같이 나오더라도 유독 IE에서만 다르게 나오는 경우가 있어서 이를 위한 별도의 CSS를 작성해야 하고 어떤 경우에는 자바스크립트를 삽입해야 정확하게 나오는 것도 있습니다. 특히 옛날 버전의 IE 6은 마이크로소프트에서조차 퇴출 운동에 적극 나서고 있는 상황입니다. 최근의 IE 9 버전도 CSS의 최신 버전인 CSS3의 여러 가지 규정을 지원하지 않는 것이 많습니다.

해외에서는 이러한 IE의 시장 점유율이 아주 많이 떨어졌지만 국내는 그렇지 않습니다. 이러한 이유로 특히 해외 테마 사이트에서는 모든 웹브라우저에 잘 적용되는 테마를 선택해야 합니다. 해외에서는 IE를 무시하고 디자인하는 경우도 많고 최신 기술인 CSS3와 HTML5를 적용한 테마도 나오고 있습니다. 예를 들어 CSS3와 HTML5용 테마는 국내에서는 적용이 되지 않는다고 보시면 됩니다. 국내의 웹브라우저 사용자 중 많은 비율이 IE를 사용하고 있어서 이 웹브라우저로 접속을 하면 그림자 효과(box-shadow)나 둥근 모서리 효과(border-radius)가 적용되지 않습니다. IE 9에서는 이 같은 효과를 지원하지만 IE 사용자 가운데 50%를 IE 8 이하 버전의 사용자로 잡을 경우 이들이 내 블로그에 접속한다면 아름답지 못한 블로그를 접하게 될 것입니다. 즉, 디자인이 좋은 테마를 구입해서 설치했는데 IE 8 이하 버전에서만 보면 흉하게 보일 수도 있다는 것입니다. 그러자면 테마를 구입하기 위해 웹브라우저로 접속할 경우에는 IE 9 모드로 접속해서 선택하지 말고 IE 8 이하 모드로 접속하는 것이 좋습니다. IE 9 버전의 내부에는 세 가지 모드를 선택해서 사용할 수 있습니다. F12 키를 누르면 개발자 툴이 나오는데 이는 HTML 코드와 CSS 코드를 보면서 디자인할 수 있게 한 툴입니다. 하단에 패널이 나오면 메뉴에서 브라우저 모드를 선택할 수 있게 돼 있습니다. 여기서 IE 7로 선택해서 테마의 데모 화면을 보는 것이 좋습니다.

03 유료 테마 구매하기

우리나라에 워드프레스가 들어온 지는 오래됐지만 국내의 다른 소셜 네트워킹 프로그램 때문에 인기가 별로 없었습니다. 하지만 트위터와 페이스북 등 소셜 네트워크 서비스가 대중화되면서 해외에서 많은 인기를 끌고 있는 워드프레스도 각광받기 시작했습니다. 2년 전만 해도 국내에서 워드프레스라는 단어로 검색하면 검색 결과가 거의 없을 정도였습니다. 그래서 워드프레스용 테마를 국내에서 구매하기는 어려우므로 해외 사이트에서 구매하는 것이 적당합니다.

외국의 워드프레스 테마 사이트

워드프레스 테마도 결국 소프트웨어이므로 해외 사이트에서 신용카드로 구매하면 바로 내려받아 사용할 수 있습니다. 해외에는 유명한 테마 사이트가 아주 많은데, 그 중에서 일부 사이트를 소개하겠습니다.

– Theme Forest(http://themeforest.net/)

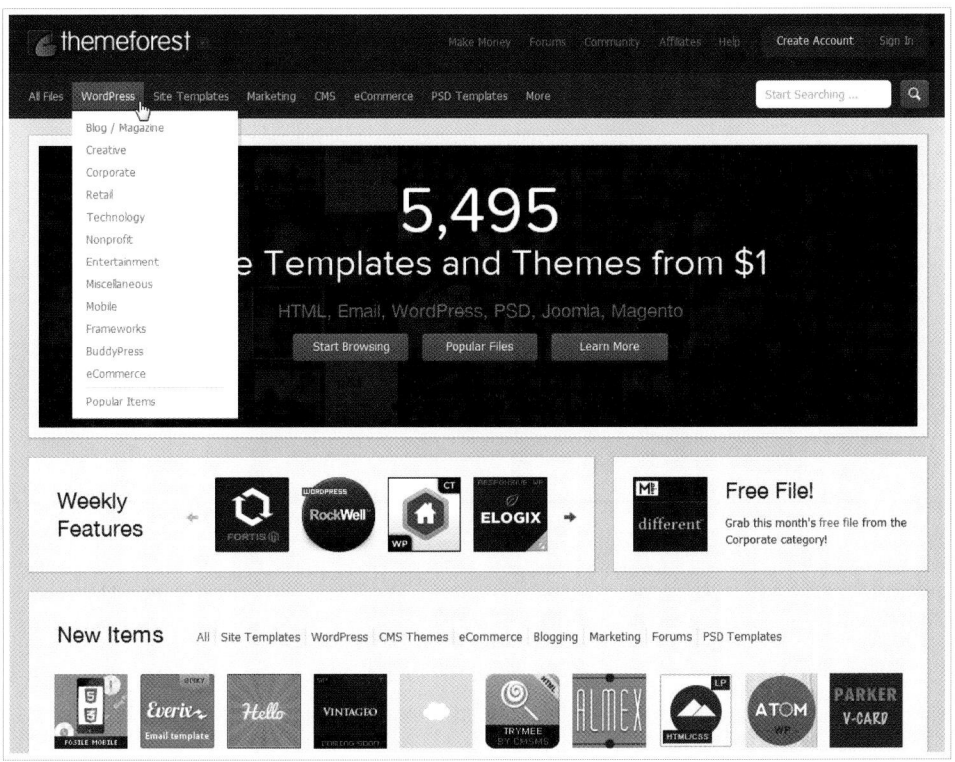

그림 1–75 씸포레스트

"이곳은 워드프레스 테마뿐 아니라 각종 웹사이트 템플릿, PSD 템플릿을 구매할 수 있는 곳입니다. 저가의 테마가 아주 많이 있고, 유료 테마를 무료로 공개하는 경우도 있습니다. 가격대가 30달러에서 40달러로 저렴한 편입니다.

– Woothemes(http://www.woothemes.com/)

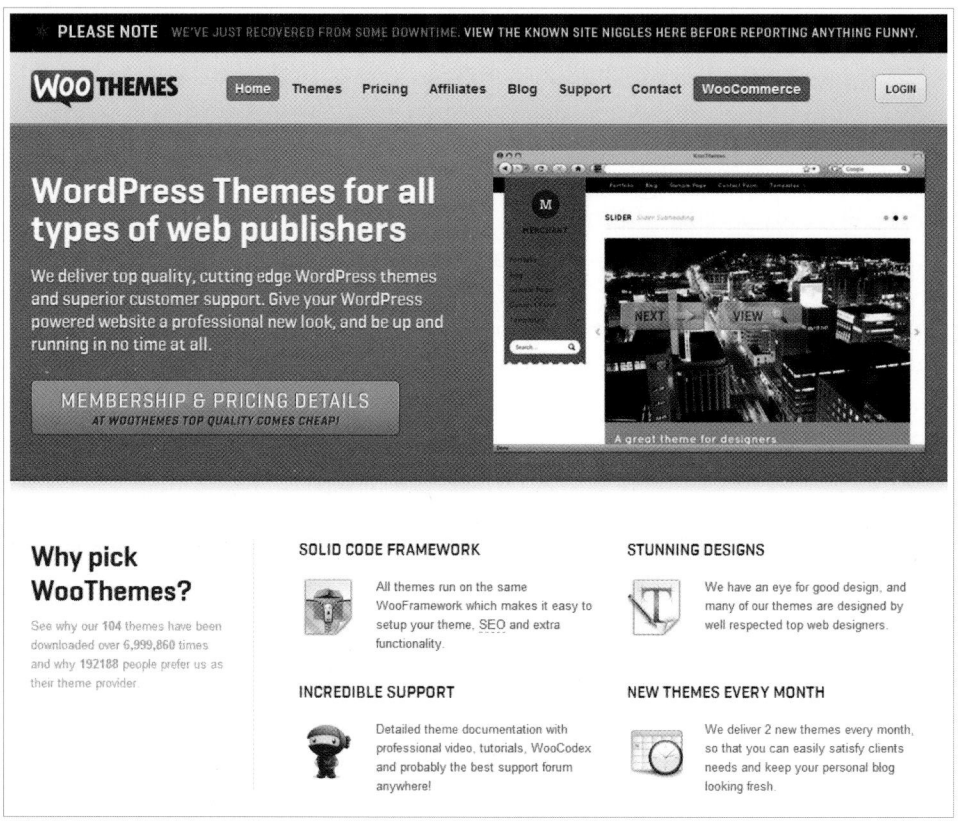

그림 1-76 Wootheme

이 사이트는 다른 사이트와는 달리 테마를 하나 사면 두 개를 보너스로 주고 클럽에 가입하면 모든 테마를 내려받을 수 있습니다. 워드프레스 블로그를 여러 개 운영한다거나 워드프레스 개발자나 디자이너에게 좋은 혜택이 될 수 있습니다.

하나의 테마를 스탠다드 패키지로 구입하면 70달러지만 보너스가 두 개이므로 하나에 25달러 정도 하는 셈입니다. 개발자 패키지는 150달러에 보너스가 세 개지만 이미지 파일을 편집해서 사용할 수 있게 포토샵 원본 파일인 PSD 파일까지 제공됩니다.

클럽에 가입할 경우 스탠다드는 초기 가입비가 125달러이고 매월 20달러를 내며, 개발자 클럽은 초기 가입비가 200달러이고 매월 25달러를 냅니다. 모든 테마를 내려받을 수 있고 매월 2개의 테마가 추가되며, 개발자 클럽은 포토샵 원본 파일을 사용할 수 있습니다.

-Elegant themes(http://www.elegantthemes.com/)

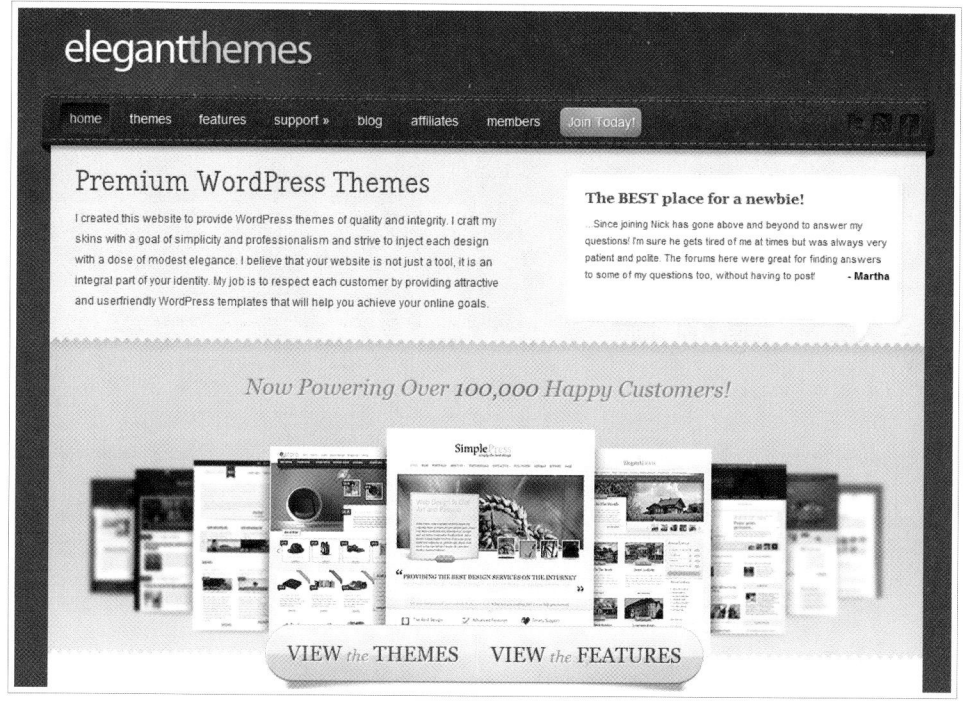

그림 1-77 Elegant Themes

좋은 테마가 있으면서도 회원으로 가입하고 연간 39달러를 지불하면 수십 개의 테마를 모두 사용할 수 있다고 합니다.

이상으로 3곳의 유료 테마 사이트를 소개했는데, 대부분의 테마 사이트가 개발자로 회원 가입을 하면 모든 테마를 사용할 수 있게 돼 있습니다.

기타 유료 사이트는 URL만 소개합니다.

http://www.premiumthemes.com/
http://www.organicthemes.com/
http://themeshift.com/
http://templatic.com/

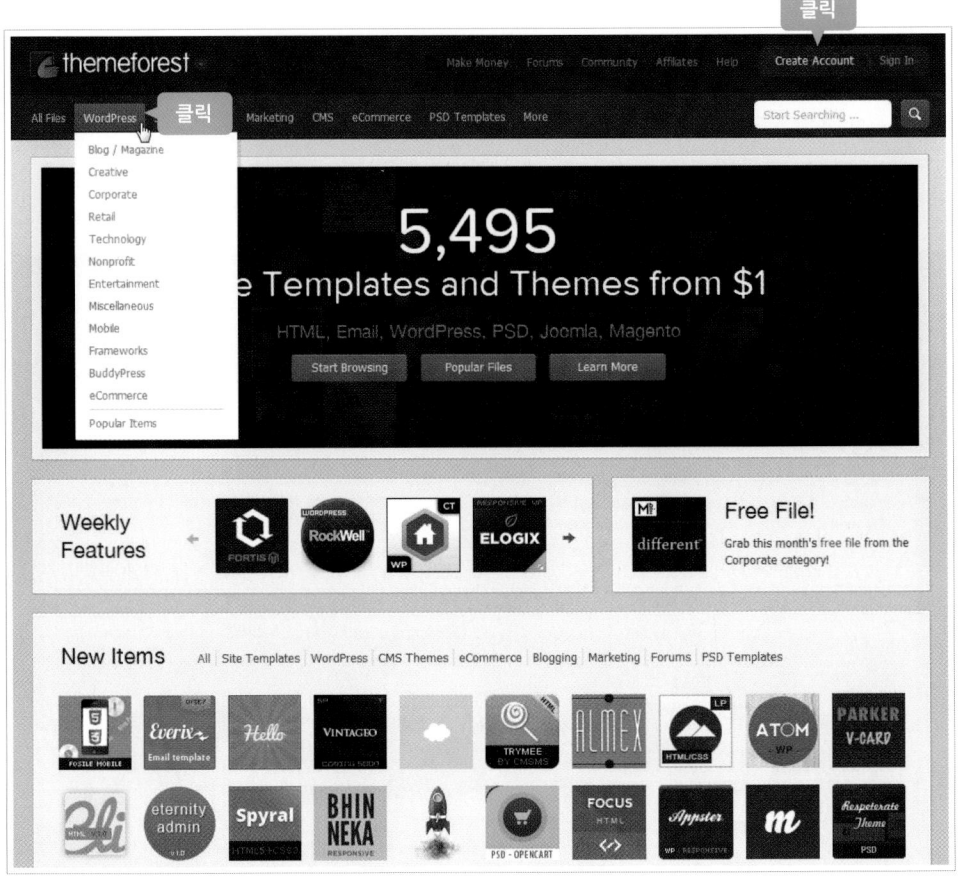

그림 1-78 씸포레스트에서 구매하기

이번에는 씸포레스트에서 테마를 구매하는 방법을 알아보겠습니다. 웹브라우저로 http://themeforest.net/에 들어가면 미국의 대표적인 테마 사이트 중 하나인 씸포레스트로 이동합니다. 씸포레스트에서는 고가의 테마가 아닌 보통 수준의 가격에 테마를 판매하고 있습니다. 씸포레스트는 워드프레스뿐 아니라 각종 템플릿을 대부분 저렴한 판매하는 것으로 유명한 템플릿 사이트입니다. 메뉴에서 워드프레스를 클릭하면 블로그의 성격별로 분류돼 있어 선택하기 편리합니다. 우선 계정을 만들어야 구매할 수 있으므로 화면의 우측 상단에서 Create Account를 클릭합니다.

themeforest
Make Money
Forums
Community
Affiliates
Help
Create Account
Sign In
All Files
WordPress
Site Templates
Marketing
CMS
eCommerce
PSD Templates
More
Start Searching ...
Home
Create an Account
Create Account
Sign In
Your Details
정보
All Fields Required
Username
venusian
Password
Strong
Minimum 8 characters
Re-enter password
Your email
martian36@naver.com
Re-enter email
martian36@naver.com
First name
eugine
Last name
kim
Why Sign Up?
It only takes a couple of minutes and your account will let you:
Deposit Cash & Download Files
Have Your Own Profile Page
Chat on the Forums
Sell Your Own Work
Refer Members to Make Money
Sign me up to the Envato monthly newsletter
shape
두 단어 입력:
shape vdshin
reCAPTCHA
stop spam. read books.
Create Your Account
두 단어
Terms and conditions

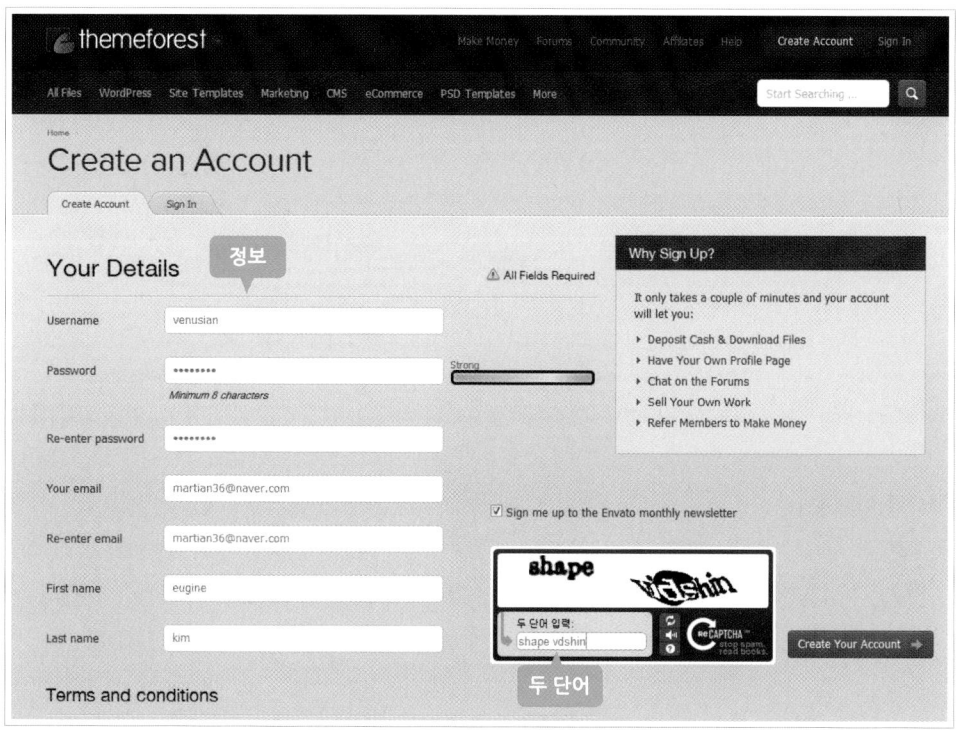

그림 1-79 계정 만들기

가입자 정보를 입력하고 하단의 캡차 창에 두 개의 단어를 입력합니다. 글자가 잘 안 보이는 경우, 두 단어 입력란 우측의 세 개의 아이콘 중 상단의 새로 고침 아이콘을 클릭하면 다른 글자가 나타납니다. 잘 보이는 것으로 선택하고 글자를 입력한 다음 Create Your Account 버튼을 클릭합니다.

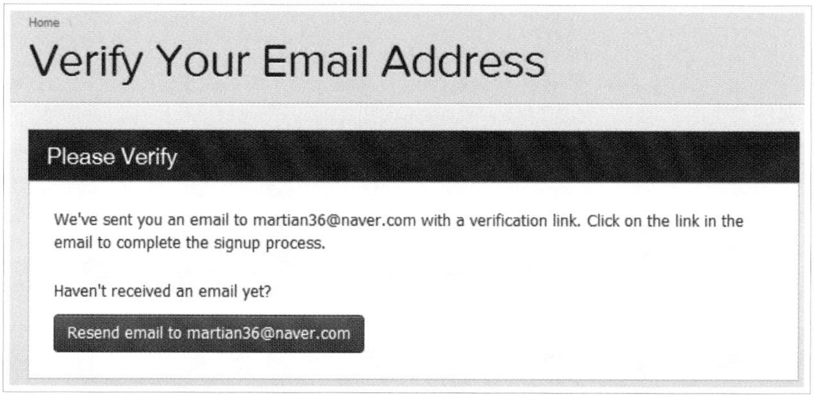

Home
Verify Your Email Address
Please Verify
We've sent you an email to martian36@naver.com with a verification link. Click on the link in the email to complete the signup process.
Haven't received an email yet?
Resend email to martian36@naver.com

그림 1-80 확인 이메일

입력한 이메일 주소로 확인 이메일을 보냈다고 합니다. 이메일을 열고 http://themeforest. net/signup/verify?로 시작하는 링크를 클릭하면 메일 확인을 거쳐 회원 가입이 완료됩니다.

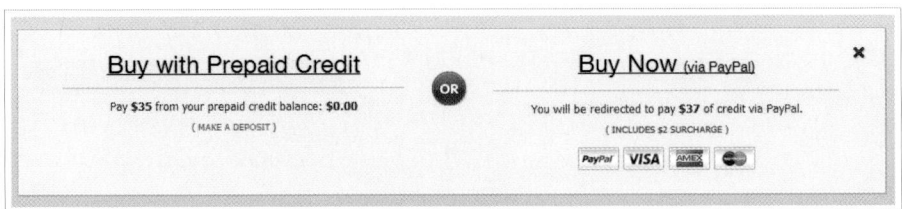

그림 1-81 적립금

테마를 선택하고 구매 버튼을 클릭하면 위와 같은 창이 나옵니다. 지속적인 구매를 유도하기 위해 가격 정책이 적립금제로 운영됩니다. 적립금제를 사용하지 않고 직접 구매를 할 경우는 2달러의 추가 금액을 내야 합니다. 적립금은 20달러부터 10달러 단위로 적립할 수 있습니다.

처음으로 포스팅하기 09

글을 포스팅하는 방법은 여러 가지가 있지만 블로그 초기 화면에서 포스팅하는 방법으로 시작하겠습니다. 상단 툴 바에는 여러 곳으로 이동할 수 있는 링크가 있습니다. 새로 추가 메뉴에 마우스를 올리면 세부 메뉴가 나옵니다. 여기서 "글"을 클릭하면 관리자 화면의 새 글 쓰기 창으로 바로 이동합니다.

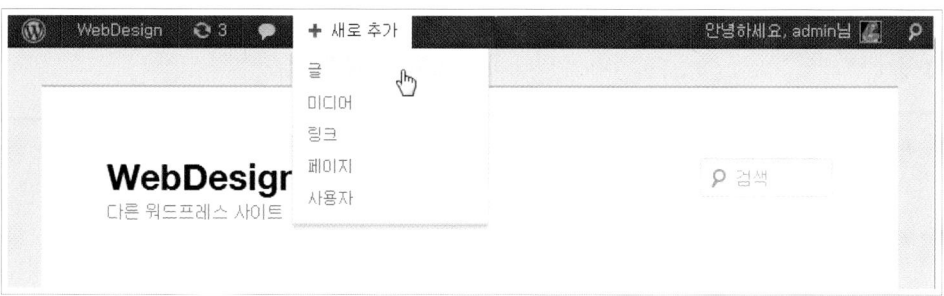

그림 1-82 새로운 포스팅 추가

그림 1-83 고유주소 변경

제목란에 제목을 입력하고 본문 입력란을 클릭하면 제목 밑에 고유주소라는 링크가 만들어집니다. 이 고유주소는 퍼머링크(Permalink)라고도 하는데 나중에 자세히 나오겠지만 한번 정하면 계속 유지하는 것이 좋습니다. 고유주소 변경을 클릭합니다. 그러면 새 탭에 고유주소 설정화면이 나타납니다.

그림 1-84 고유주소 설정

아무런 설정을 하지 않으면 기본값으로 설정돼서 웹브라우저의 주소란(URL)의 마지막에 "?p=숫자"로 표시되어 보는 사람이 무슨 의미인지 모르게 됩니다. 날짜와 이름이 나오게 하거나 월과 이름이 나오게 할 수도 있는데 제목의 이름이 나와서 보는 사람이 무슨 내용의 글인지 바로 알 수가 있지만 길어지는 단점이 있습니다. 참고로 저는 숫자를 사용하는데, 간단하고 숫자만 바꿔서 입력해도 해당 글로 바로 이동합니다. 또한 글을 다른 곳에 링크해도 간단하게 표현돼서 보기도 좋습니다. 선택을 하고 "변경사항 저장" 버튼을 클릭합니다.

그림 1-85 키친 싱크

페이지를 새로 고침하고 좌측의 메뉴에서 모든 글을 클릭하면 이전에 작성한 글 목록이 나옵니다. 작성 중이던 글도 저장돼 있으며, 이 글을 클릭해서 불러오면 고유주소가 숫자로 바뀌어 있습니다.

본문의 글을 작성하는 곳을 에디터라고 하는데, 일반 워드프로세서처럼 굵은 글자를 만들거나 이탤릭체로 만드는 아이콘이 있습니다. 가장 마지막에 놓인 아이콘은 키친싱크(Kitchen Sink)라고 하는데, 이것을 클릭하면 추가 아이콘을 볼 수 있습니다. 비주얼 탭 옆에 있는 HTML 탭은 작성한 글에 HTML 코드를 직접 삽입할 수 있는 곳입니다. 그래서 HTML 태그와 CSS에 대해 알면 글을 다양하게 편집할 수 있습니다. 에디터의 하단에는 작성된 글의 단어 수와 글이 수시로 저장되는 메시지가 나옵니다. 그 메시지 옆의 모퉁이에 희미하게 보이는 삼각형을 클릭해서 드래그하면 에디터의 높이를 조절할 수 있습니다. 이것도 기본으로 환경설정에서 설정하면 처음 높이를 설정할 수 있습니다. 이 기능은 HTML 보기에서는 작동하지 않습니다.

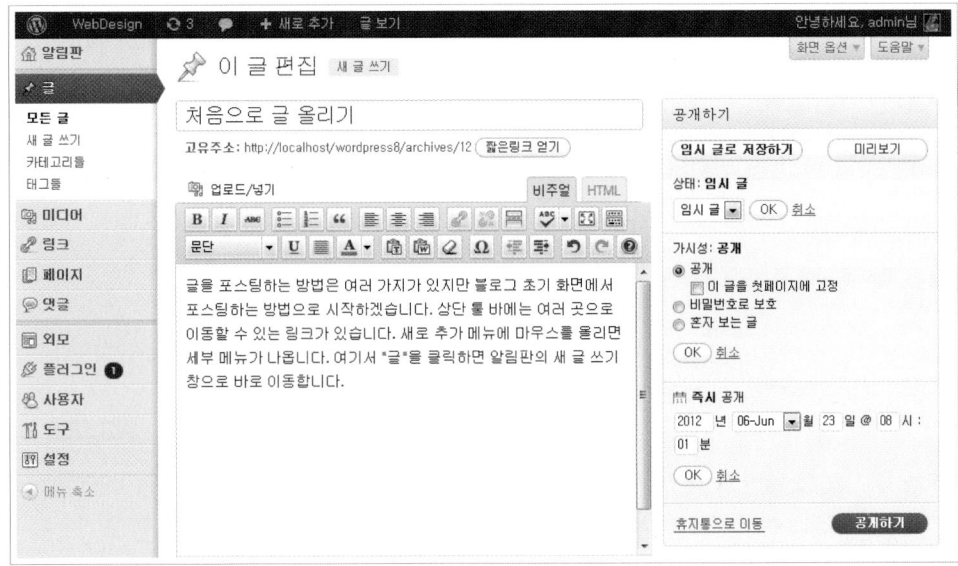

그림 1-86 임시 저장

글을 작성하고 나면 글을 발행하거나 임시로 저장할 수 있고 발행 예약도 할 수 있습니다. 에디터 옆에 이와 관련된 메뉴가 나열돼 있습니다. 글을 작성하다 보면 자동으로 저장되지만 시간 간격이 있으므로 바로 전에 작성한 것까지 저장하려면 "임시글로 저장하기" 버튼을 클릭합니다. "미리보기" 버튼을 클릭하면 블로그 화면에서 이제까지 작성한 글을 확인할 수 있습니다.

그다음 줄의 "상태"에서는 임시 글의 상태를 변경할 수 있습니다. 임시글이나 검토중으로 선택할 수 있습니다.

가시성 영역에서는 바로 글을 공개하거나 블로그의 첫 페이지에 고정할 수 있습니다. 그렇게 하면 다른 글이 추가되더라도 항상 첫 글로 고정됩니다. "비밀번호로 보호"를 선택하면 비밀번호를 넣어야 글을 볼 수 있습니다. 개인적인 글은 글 작성자만 볼 수 있어서 로그인 아이디로만 볼 수 있습니다. 이것은 워드프레스가 다중 사용자 체계이므로 당연한 기능입니다.

즉시 공개 영역에서는 날짜를 지정해 예약 발행을 할 수 있습니다.

"휴지통으로 이동"을 클릭하면 글이 삭제되지는 않고 휴지통에 저장됩니다. "공개하기" 버튼을 클릭하면 글이 최종적으로 발행됩니다.

지금까지 간단하게 글을 발행하는 방법을 알아봤는데, 글을 제대로 발행하려면 에디터의 여러 가지 기능이나 다중 사용자에 대한 글 작성 권한 등 포스트에 관한 설정에 대해 알아야 하고, 포스트와 페이지의 차이, 글 작성자의 프로필, 아바타 만들기, 카테고리와 태그 등 여러 가지 사항에 대해 잘 알아야 좋은 글이 보기 좋게 발행됩니다. 또한 한글 웹 폰트를 적용하면 가독성도 좋아져서 방문자가 편하게 글을 읽을 수 있습니다. 이러한 전반적인 내용에 대해서는 다음 장에서 자세히 알아보겠습니다.

2장
포스팅하기 전에
알아야 할 사항

워드프레스는

설치 후에 바로 글 쓰기를 시작할 수 있지만 워드프레스의 여러 기능들을 이해해 둘 필요가 있습니다. 그리고 기본적인 기능 외에 플러그인을 설치하면 확장된 기능을 사용할 수 있으며, 위젯을 사용하면 블로그 화면에서 방문자가 둘러보기 편하게 만들 수 있습니다. 회원 관리, 댓글 관리에 대해 알아두면 방문자를 늘릴 수도 있습니다. 먼저 이번 장에서 다룰 내용을 대략적으로 설명하겠습니다.

1. 관리자 화면의 개요

워드프레스의 모든 관리는 관리자 화면에서 이뤄집니다. 그러므로 관리자 화면에서 어떤 메뉴가 어디에 있는지 잘 알아놔야 관리하기가 쉽습니다. 블로그 화면에서 로그인 링크가 없을 때 로그인하는 방법을 비롯해 그라바타, 툴바, 주 메뉴에 대해서 알아봅니다.

2. 알림판

알림판은 처음 관리자 화면에 들어오면 보이는 화면으로 간단한 글 쓰기를 하거나 각종 관리 활동을 할 수 있습니다. 알림판에서의 빠른 글 쓰기, 화면 옵션 선택, 댓글 관리, 박스의 이동 방법을 다룹니다.

3. 설정

블로그 관리에서 중요한 부분이 설정입니다. 설정을 하지 않으면 글을 올리더라도 제대로 표현되지 않을 수도 있습니다. 날짜와 시간 표시를 제대로 해야 현재 시간이 나타납니다. 설정 부분만이라도 미리 해두면 바로 글쓰기가 가능합니다. 일반 설정, 쓰기 설정, 읽기 설정, 토론 설정, 그라바타 등록 방법, 미디어와 프라이버시 설정, 고유주소 설정에 대한 내용을 다룹니다.

4. 관리자 프로필 만들기, 회원 등록, 회원 관리

블로그를 회원 등록제로 할 경우 회원 관리가 필요합니다. 관리자 프로필은 주된 내용이 프로필 관련 내용보다는 "툴바 보이기" 같은 블로그를 관리할 때 필요한 블로그 관리자의 개별적인 사항을 다룹니다.

5. 댓글 관리

댓글이 많아지면 빠르게 관리하는 방법이 필요합니다. 또한 스팸도 많이 들어오므로 플러그인을 설치해 스팸 댓글을 방지하는 방법도 알아봅니다.

6. 고유주소 설정

웹브라우저의 주소창은 기본적으로 영문자와 알 수 없는 기호로 나타나는데, 이를 알아보기 쉽게 한글로 나타내는 방법을 알아봅니다.

7. 포스트(Post)와 페이지(Page)의 차이점과 페이지 만들기

포스트와 페이지는 블로그에서 하나의 화면을 차지하는 콘텐츠입니다. 워드프레스에서 중요한 이 두 용어의 차이점을 비롯해 페이지를 만드는 방법과 메뉴와 연결하는 방법을 알아봅니다.

8. 위젯 사용하기

위젯은 플러그인과 비슷하지만 블로그의 사이드 바나 푸터(footer)에 블로그와 관련된 내용을 찾기 쉽게 배치해서 사용하는 박스입니다. 이를 활성화해서 사용하는 방법을 알아봅니다.

9. 한글 웹폰트 사용하기

블로그 글을 좀 더 읽기 편하게 하고 전체 디자인을 보기 좋게 하려면 좋은 폰트를 사용하는 것이 좋으므로 이러한 웹폰트를 사용하는 방법을 알아봅니다.

10. 다중 사이트 블로그 만들기

워드프레스를 한 번 설치해서 여러 사람이 각자의 블로그를 사용할 수 있게 블로그 커뮤니티를 만들 수 있습니다. 다중 사이트를 만들고 설정하는 방법을 알아봅니다.

11. 플러그인

워드프레스를 설치하고 그대로 사용할 수 있지만 사용하다 보면 이런 기능은 없을까? 하고 찾아보면 없는 기능이 많습니다. 사용자의 취향에 따라 필요한 기능이 아주 다양하기 때문에 모든 기능을 설치해 놓을 수가 없죠. 그래서 개별적으로 만들어 사용할 수 있게 하고 있으며, 개인이 만든 플러그인은 천차만별이어서 이런 기능이 있었으면 좋겠다고 생각해서 플러그인을 찾아보면 거의 다 있습니다. 영어로 만들어진 플러그인이 대다수라서 플러그인을 찾을 때도 영어로 찾아야 하지만 몇 가지 필요한 플러그인을 찾아서 설치하는 방법과 사용법을 알아봅니다.

관리자 화면 개요 **01**

워드프레스의 최대 강점은 CMS 도구로서 관리자 화면이 사용자에 매우 친근한 환경이라는 것입니다. 관리자 화면의 전반적인 내용을 파악하기에 앞서 관리자 화면의 구조에 대해 살펴보겠습니다. 관리자 화면은 크게 세 부분으로 나뉩니다. 상단에 툴바가 있고 좌측에 주 메뉴, 그리고 중앙에는 이러한 메뉴의 링크를 클릭하면 해당 내용이 나타나는 영역이 있습니다.

01 로그인 주소

워드프레스에 로그인하면 처음 보이는 화면이 관리자 화면입니다. 관리자 화면은 영어로 대시보드(Dashboard)라고 해서 두 가지 용도로 사용됩니다. 하나는 로그인하고 처음 들어올 때 보이는 화면으로, 한글로는 "알림판"으로 번역돼 있는 메뉴가 하이라이트됩니다. 또 다른 용도는 관리자 화면 전체를 의미합니다. 어떤 메뉴를 클릭하더라도 나타나는 화면이 대시보드인 것입니다. 영어로는 두 가지 의미가 있지만 한글은 알림판과 관리자 화면으로 구분해서 사용하기로 합니다. 그러니 관리자 화면은 관리자로서 볼 수 있는 모든 화면을 말합니다.

회원가입이 허용된 경우 회원이 로그인하고 들어오면 보이는 것도 관리자 화면입니다. 회원도 회원 등급에 따라 자신만의 관리자 화면이 있어서 최저등급인 구독자인 경우에는 자신의 프로필을 수정한다거나 비밀번호를 변경하는 메뉴만 나옵니다. 로그인해서 들어오면 처음부터 관리자 화면이 나온다는 것이 이상하지만 이것이 워드프레스의 기본 구조이며, 별도의 플러그인을 설치하면 로그인 즉시 블로그 화면이 나오게 할 수 있습니다. 이러한 플러그인에 대해서는 플러그인 편에서 알아봅니다.

관리자 화면으로 들어오고 난 후 블로그 화면으로 이동한 경우, 로그인 메뉴가 없는 테마가 있습니다. 이것은 로그인이라는 메뉴를 잘 사용하는 메뉴가 아니므로 테마를 제작할 때 제외해서 그런 것입니다. 대부분의 한국형 블로그에서는 방문자가 로그인해야 블로그에 들어올 수 있는 시스템이 아니므로 로그인 메뉴를 제거하는 것도 좋은 방법입니다. 로그인 메뉴가 없을 경우 내 블로그의 관리자 화면에 들어올 수가 없어서 당황할 수 있습니다. 이럴 때는 주소 입력란의 도메인(www.mydomain.com) 다음에 /wp-admin/을 입력하고 이동하면 로그인 화면이 나오며, 자신의 로그인 아이디와 비밀번호를 입력하면 됩니다.

그림 2-1 관리자 화면

02 그라바타

위 그림은 관리자로 로그인하고 들어오면 나타나는 화면입니다. 우측의 그라바타는 워드프레스닷컴에서 운영하는 그라바타(http://en.gravatar.com/)라는 것으로, 이 사이트에 자신의 아바타를 한 번만 등록하면 등록한 이메일 주소로 인해 워드프레스와 관련된 곳에 방문해서 댓글을 입력할 때 이메일 주소를 입력하면 항상 아바타가 보이게 됩니다. 미국의 워드프레스닷컴에서 운영하는 그라바타에 등록했는데도 내 컴퓨터의 서버 환경에서까지 보이는 것입니다. 그라바타의 설정에 대해서는 이 장의 다른 항목에서 설명하겠습니다.

03 툴바

관리자 화면의 최상단에 있는 툴바는 항상 배치해두면 편리합니다. 이것은 기본적으로 관리자 화면에 배치돼 있고 블로그 화면을 볼 때는 안 보이게 설정할 수도 있습니다.

그림 2-2 **툴바 설정**

주 메뉴에서 "사용자", "당신의 프로필"을 차례로 선택하면 오른쪽에 세부 항목이 나옵니다. "툴바" 항목에서 "사이트를 볼 때 툴바 보이기"에 체크 해제하면 블로그 화면에서 나타나지 않습니다. 그런 다음 아래로 스크롤해서 저장 버튼을 클릭해야 설정이 적용됩니다. 이 저장 버튼의 이름은 각 화면마다 다르며 "당신의 프로필"에서는 "프로필 업데이트"로 표시됩니다.

04 주 메뉴(Main Navigation Menu)

주 메뉴는 상위 항목만 표시되고 메뉴에 마우스를 올리면 하위 메뉴가 우측에 나옵니다. 영어로 된 원래 명칭은 Main Navigation Menu이지만 이대로 번역하자면 "주 내비게이션 메뉴"가 되므로 여기서는 간단하게 줄여서 주 메뉴라고 하겠습니다. 주 메뉴에 검정색 바탕의 숫자가 표시된 것은 업데이트 사항이 있다는 의미입니다. 클릭하면 어떤 업데이트가 있는지 알 수 있습니다.

05 메뉴 축소

주 메뉴의 최하단에 메뉴 축소가 희미하게 보이는데, 이것을 클릭하면 주 메뉴가 축소되면서 아이콘만 보입니다. 이 아이콘에 마우스를 올리면 세부 메뉴가 나타납니다. 화면이 좁은 모니터에서 편리한 기능입니다.

알림판 02

01 화면 옵션

관리자 화면은 주 메뉴의 어떤 항목을 선택하느냐에 따라 나타나는 화면이 다릅니다. 관리자 화면에 들어오면 알림판이 처음으로 나타나는데, 알림판에서 관리자 화면의 총괄적인 내용을 하나의 화면에 볼 수 있고 "빨리 쓰기"에서 글을 작성할 수도 있으며, 여러 가지 박스가 있습니다. 박스가 많고 한 화면에 다 볼 수 없기 때문에 알림판에서는 화면에 나타나는 열의 수를 4개까지 만들 수 있습니다. 화면의 우측 상단에서 "화면 옵션"을 클릭하면 설정 화면이 내려옵니다. 기본으로 2개로 설정돼 있지만 넓은 화면의 모니터를 사용할 경우 이 숫자를 늘리면 스크롤하지 않아도 모든 항목을 한 화면에 볼 수 있습니다.

화면의 열은 알림판에서만 4개까지 설정할 수 있으며 주 메뉴의 다른 항목인 "새 글 쓰기"나 "페이지 만들기"와 같은 화면에는 2개의 열이 가능하고 그 외의 화면에서는 기본적으로 열 설정이 없습니다.

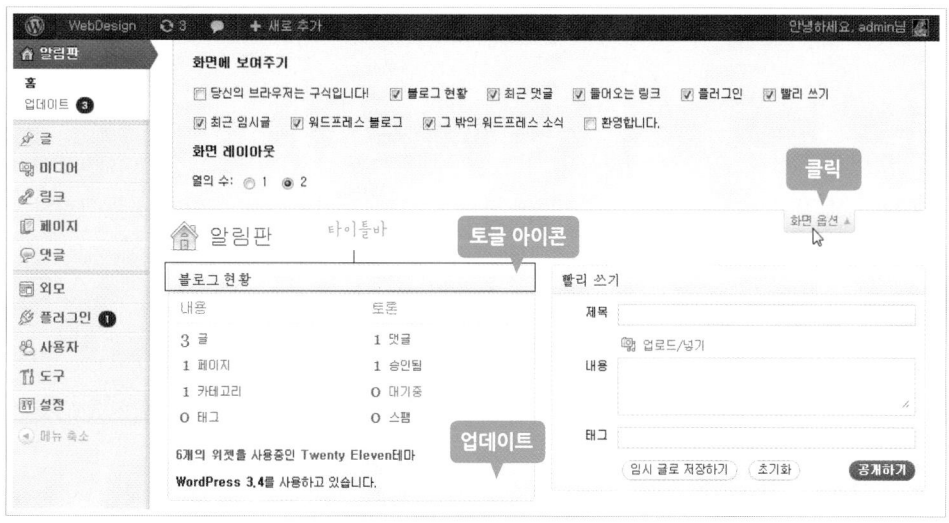

그림 2-3 알림판

위의 사진을 보면 열의 수가 2개로 나오지만 화면을 캡처하기 위해 좁혀서 그런 것이고 좌우로 늘리면 열의 수가 늘어납니다.

"화면에 보여주기" 항목에서 필요하지 않은 항목을 체크 해제하면 화면에서 제거됩니다. "화면 레이아웃"항목에서 열의 수를 선택하면 설정한 열의 수만큼 열이 나타납니다. 열의 수를 늘리면 빈 열과 점선의 상자가 나타나며 박스의 타이틀 바에 마우스를 올리면 커서가 십자형으로 바뀌고 클릭한 후 드래그해서 빈 열의 점선 박스에 배치하면 됩니다.

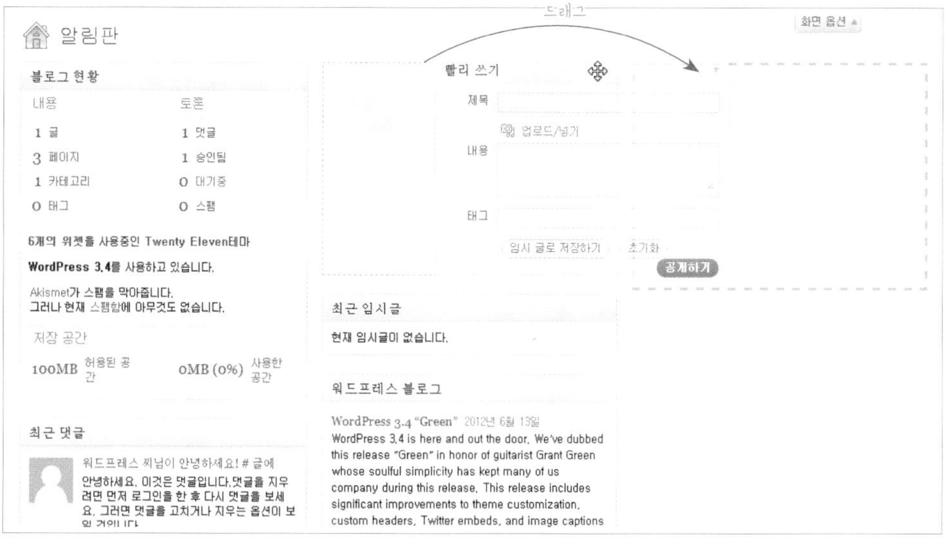

그림 2-4 박스 이동

02 타이틀 바

박스에는 박스의 제목이 있는 타이틀 바가 있습니다. 이곳에 마우스를 올리면 위에서 보이는 것처럼 커서가 십자형으로 바뀌어서 클릭한 후 드래그하면 박스를 이동할 수 있고 마우스가 박스 내부에 있을 경우 타이틀 바의 우측에 삼각형 토글 아이콘이 나타나서 이것을 클릭하면 박스의 내용을 축소할 수 있습니다. 타이틀 바를 클릭하면 세모 아이콘을 클릭한 것과 같이 박스의 내용이 감춰지거나 보이게 할 수 있습니다. 박스를 재배치할 경우 여러 개의 박스가 공간을 차지하므로 하단의 박스를 이동하기가 어렵습니다. 타이틀 바를 클릭하면 축소되므로 박스의 내용을 안 보이게 하고 타이틀 바만 클릭 드래그해서 이동하면 편리합니다.

03 블로그 현황

블로그 현황은 내 블로그의 현재 글의 수, 페이지수, 댓글 수 등 블로그의 전반적인 내용을 간략하게 볼 수 있으며, 제목을 클릭하면 해당 항목 화면으로 이동해서 세부 내용을 볼 수 있습니다.

블로그 현황에는 현재 사용되고 있는 워드프레스의 버전이 표시되고 새로운 정식 버전이 나오면 업데이트할 수 있게 버튼이 만들어집니다. 예전에는 이 업데이트는 영문 버전에만 해당되고 한글 버전 사용자는 업데이트하면 영문으로 전환되므로 업데이트하면 경고 문구가 나와서 할 수 없었습니다. 이것은 한글 언어파일이 업데이트가 되지 않아서 그랬던 것이지만 이제부터는 영문버전이 업데이트되면 시험버전(RC: Release Candidate) 단계에서 추가된 기능에 대한 용어와 도움말을 업데이트해서 한글 버전도 영문 버전이 출시됨과 동시에 업데이트해서 사용할 수 있게 할 것입니다. 자동으로 업데이트할 수 없는 경우는 수동으로 한글 워드프레스닷오그(http://ko.wordpress.org/)에서 별도로 내려받아 업데이트해야 합니다. 그냥 설치해서는 안 되고 몇 가지 과정을 거쳐야 하므로 부록 편에서 자세히 알아보겠습니다.

04 빨리 쓰기

관리자 화면에 들어와서 "빨리 쓰기"로 바로 글쓰기가 가능하지만 블로그에서 중요한 부분인 카테고리를 설정할 수가 없으므로 이곳에서 글을 쓰는 방법은 권장하지 않습니다. 글쓰기 링크가 여러 곳에 있으니 이 링크를 이용해 "새 글 쓰기" 화면에서 글을 작성하는 것이 바람직합니다.

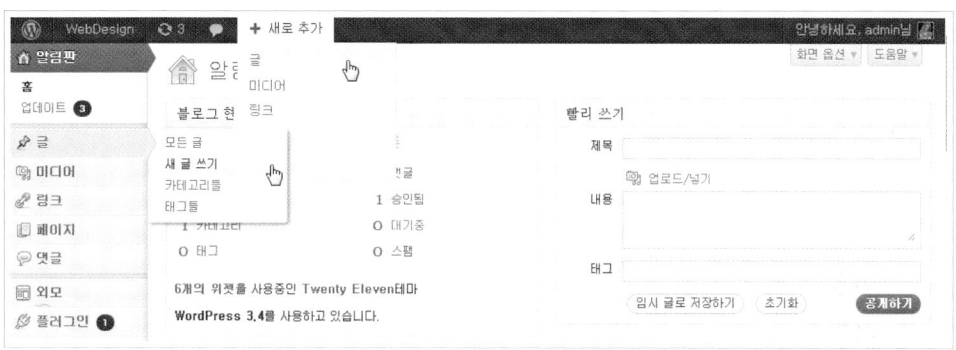

그림 2-5 새 글 쓰기

05 최근 댓글, 최근 임시글, 들어오는 링크, 워드프레스 블로그, 플러그인

"최근 댓글"의 "모두"를 클릭하면 댓글 화면으로 이동해서 댓글에 관한 세부 내용을 볼 수 있습니다. 스팸 설정으로 인해 승인을 기다리고 있는 댓글이 있고 승인된 내역이 있습니다. 스팸 설정으로 자동으로 스팸 처리된 댓글도 확인해서 스팸이 아닐 경우 일반 댓글로 처리할 수도 있습니다. 이와 관련된 내용은 스팸 관리 편에서 자세히 알아봅니다.

"최근 임시 글"은 글 작성 중 바로 발행하지 않고 임시 글로 저장한 글의 현황입니다.

"들어오는 링크"는 누가 내 블로그에 링크를 걸었는지 알 수 있으며, 이는 구글의 블로그 검색 서비스에 의해 자동으로 공급(Feed)됩니다.

"워드프레스 블로그" 박스에는 워드프레스 홈페이지에서 버전이 업데이트되거나 베타 버전이 발표됐다는 등의 내용이 나타납니다.

"플러그인"은 최근 개발된 플러그인 목록입니다.

그림 2-6 최근 댓글, 최근 임시글, 들어오는 링크, 워드프레스 블로그

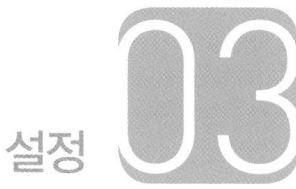

설정 03

스마트폰을 사면 사용법을 알아야 사용하기 편리하듯이 워드프레스를 시작하기 전에 각종 설정에 대해 자세히 알아두고 설정해두는 것이 사용자에게 편리합니다. 환경설정에는 일반 설정, 쓰기, 읽기, 토론, 미디어, 프라이버시, 고유주소 설정이 있습니다.

01 일반 설정

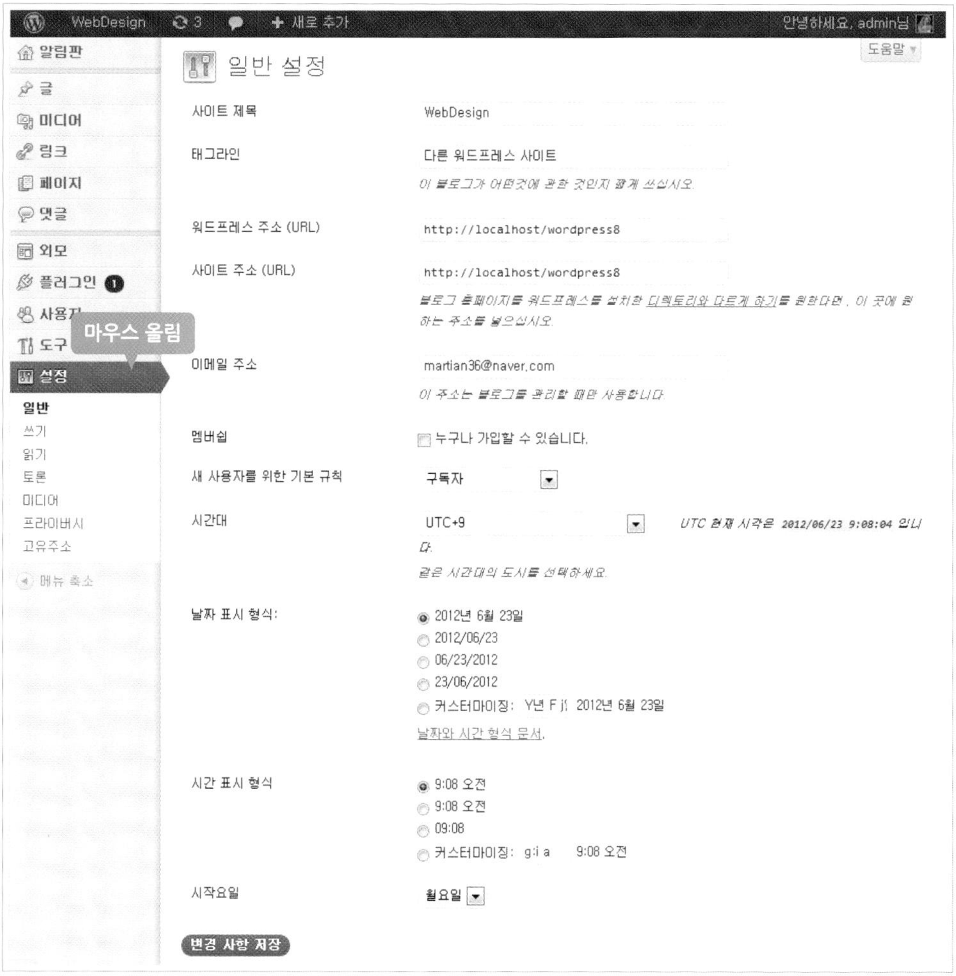
WebDesign
3
새로 추가
안녕하세요, admin님
도움말
알림판
글
미디어
링크
페이지
댓글
외모
플러그인 1
사용자
도구
마우스 올림
설정
일반
쓰기
읽기
토론
미디어
프라이버시
고유주소
메뉴 축소
일반 설정
사이트 제목
WebDesign
태그라인
다른 워드프레스 사이트
이 블로그가 어떤것에 관한 것인지 짧게 쓰십시오.
워드프레스 주소 (URL)
http://localhost/wordpress8
사이트 주소 (URL)
http://localhost/wordpress8
블로그 홈페이지를 워드프레스를 설치한 디렉토리와 다르게 하기를 원한다면, 이 곳에 원하는 주소를 넣으십시오.
이메일 주소
martian36@naver.com
이 주소는 블로그를 관리할 때만 사용합니다.
멤버쉽
누구나 가입할 수 있습니다.
새 사용자를 위한 기본 규칙
구독자
시간대
UTC+9
UTC 현재 시각은 2012/06/23 9:08:04 입니다.
같은 시간대의 도시를 선택하세요.
날짜 표시 형식:
2012년 6월 23일
2012/06/23
06/23/2012
23/06/2012
커스터마이징: Y년 F j일 2012년 6월 23일
날짜와 시간 형식 문서.
시간 표시 형식
9:08 오전
9:08 오전
09:08
커스터마이징: g:i a 9:08 오전
시작요일
월요일
변경 사항 저장

그림 2-7 일반 설정

주 메뉴에서 하단의 설정에 마우스를 올리고 "일반"을 클릭하면 우측에 일반 설정 화면이 나옵니다.

"사이트 제목"은 처음 워드프레스를 설치할 때 입력했더라도 이곳에서 다른 것으로 변경할 수 있습니다."

"태그라인"은 내 블로그를 표현하는 문구이며, 이것을 변경하지 않고 원래 있던 대로 "다른 워드프레스 사이트"처럼 그대로 사용하는 블로거들도 더러 있습니다. 자신의 블로그에 어울리는 특징적인 문구로 변경하세요.

"워드프레스 주소(URL)"와 "사이트 주소(URL)"는 도메인을 변경하고자 있는 것이 아니고 필요에 의해 루트 디렉터리에 설치한 것을 하위 디렉터리로 이동하거나 하위 디렉터리에 설치한 것을 루트로 이동하고자 할 때 필요합니다. 웹호스팅에 가입하고 설치한 경우 호스팅 회사의 가이드대로 설치하면 도메인 루트에 설치되는 것이 아니라 하위 디렉터리에 설치됩니다. 이러한 경우 워드프레스 주소가 "도메인/설치 디렉터리 이름/"으로 표시되므로 내 블로그에 접속할 때 wordpress라는 워드프레스가 설치된 디렉터리까지 입력해야 블로그에 접속됩니다. 하지만 1장에서 웹호스팅 서버에 워드프레스를 설치할 때 나온 대로 설치했다면 루트에 설치되므로 도메인 주소만 입력해도 블로그 화면이 나옵니다. 호스팅 회사의 가이드 대로 설치해서 폴더 명까지 입력해야 블로그 화면이 나오는 경우 "사이트 주소(URL)" 항목에서 wordpress를 제거하고 저장만 해서는 안 되고 여러 가지 사항을 변경해야 합니다.

"이메일 주소"는 워드프레스를 설치하거나 신규 회원이 가입할 때 이메일로 통보하기 위한 워드프레스 공식 이메일 주소가 됩니다. 또한 그라바타를 만들 때 이메일 주소를 사용하는데, 그라바타는 이메일 주소를 항상 따라다닙니다. 또한 플러그인에서 이메일 주소를 사용하는 경우도 이곳에 등록된 이메일 주소를 사용합니다.

대부분의 블로그는 회원 가입이라는 것이 없지만 워드프레스를 웹사이트로 운영하거나 다중 사이트를 운영할 경우에는 회원가입이 필요할 때도 있습니다. "멤버쉽"을 체크하면 회원 가입이 가능해지며, 아래 그림처럼 로그인 화면에 등록하기 링크가 만들어집니다. 회원에 대해 어떤 권한을 부여할지는 "새 사용자를 위한 기본 규칙"에서 설정합니다. 가입한 회원에 대해 일률적으로 "구독자"로 적용한 다음 각 사용자에 대해 "사용자 메뉴"에서 다른 권한을 부여할 수도 있습니다.

그림 2-8 로그인 화면의 등록하기 링크

"시간대"는 대한민국의 경우 UTC+9입니다. 도시명을 선택해도 됩니다.

"날짜 표시 형식"은 글의 발행 날짜를 표시하는 형식이므로 원하는 형식으로 설정하면 됩니다.

"시간 표시 형식"도 마찬가지입니다.

"시작요일"은 달력표시에 사용됩니다. 달력 위젯을 사이드바에 배치한 경우 달력이 나오고 시작요일이 표시됩니다. 설정을 마쳤으면 "변경 사항 저장" 버튼을 클릭합니다.

블로그를 관리할 때는 항상 관리자 화면과 블로그 화면으로 두 개 이상의 화면을 웹브라우저에 나오게 하고 관리하는 편이 편리합니다. 설정을 하고 나서 확인하려고 관리자 화면에서 벗어나 블로그 화면으로 가면 다시 관리자 화면의 원위치로 돌아가려면 불편하죠. 관리자 화면이 하나만 열린 상태에서 화면 상단의 툴바에서 사이트 제목을 대상으로 마우스 오른쪽 버튼을 클릭해 "새 탭에서 보기"를 선택하면 됩니다.

02 쓰기 설정

"쓰기" 메뉴를 클릭해서 "글쓰기 상자 크기"의 기본 높이를 설정하면 "새 글 쓰기" 화면에서 본문 텍스트 편집기의 크기가 설정됩니다. 여기서 설정했더라도 텍스트 편집기 박스의 우측 하단을 클릭한 후 드래그하면 아래로 늘릴 수 있습니다.

"기본 글 카테고리"는 아직 카테고리가 하나도 없는 경우, 선택 메뉴가 없으므로 "분류되지 않음"으로 나타납니다. "새 글 쓰기"에서 카테고리를 만든 다음 여기서 설정하면 새 글을 만들 때 항상 이 카테고리로 선택됩니다.

"기본 글 형식"은 새 글 쓰기에서 형식을 지정할 수 있는데, 이때 특정한 형식의 포맷이 지원됩니다. 이에 대해서는 다음 장에서 자세히 다루겠습니다.

"기본 링크 카테고리"에서 "블로그롤"은 내 블로그에서 다른 블로그나 웹사이트로 갈 수 있는 링크가 모인 북마크(즐겨찾기)를 말합니다.

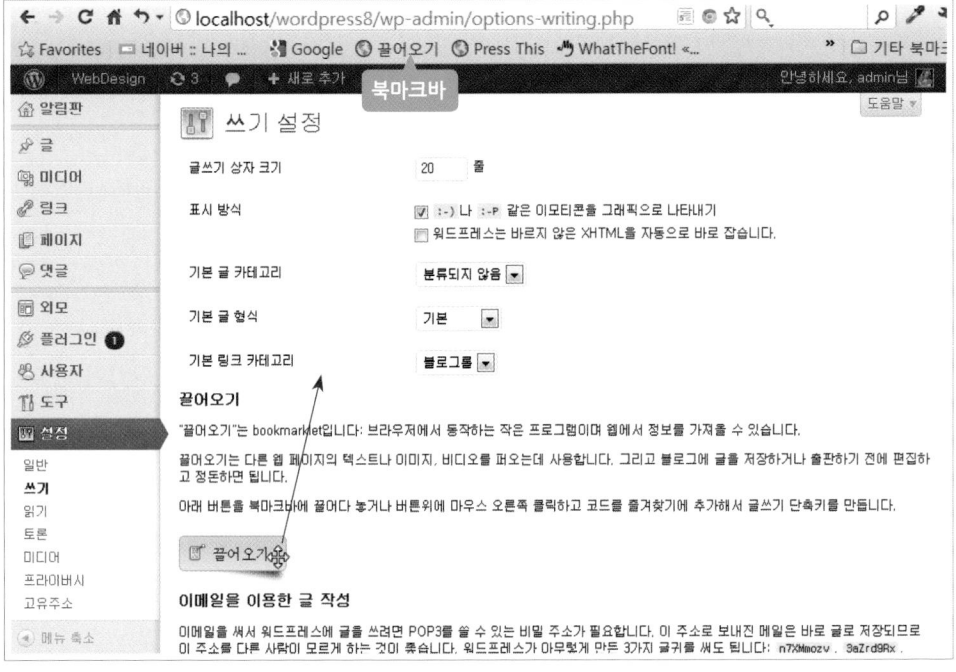

그림 2-9 쓰기 설정

"끌어오기" 버튼은 다른 블로그나 웹사이트를 검색할 때 해당 페이지의 내용(글, 이미지 등 콘텐츠)을 퍼올 수 있는 기능입니다. 사용법은 우선 끌어오기 버튼을 클릭 드래그해서 주소 창 아래에 있는 북마크(즐겨찾기) 바에 배치합니다. 다른 웹사이트를 보다가 글 내용을 복사하고 싶은 것이 있으면 글내용을 클릭 드래그해서 블럭 설정합니다. 북마크바의 "끌어오기"를 클릭하면 텍스트 편집 창이 열리면서 블럭 설정한 글이 편집 창에 나타나고 편집할 수 있는 상태가 됩니다.

이때 한 가지 유의할 점은 글의 저작권자가 퍼오기를 허용한 경우에만 끌어오기를 사용해야
한다는 것입니다. 웹페이지에서 글을 블럭 설정할 수 없는 경우에는 끌어오기 북마크를 클릭
하면 제목만 복사되고 링크가 만들어집니다. 아래 그림은 제 블로그의 글을 블럭 설정한 후
끌어오기 버튼을 클릭했을 때 나오는 화면입니다.

그림 2–10 끌어오기

위 화면에서 우측 영역을 보면 두 개의 버튼이 있는데 서로 어긋나 있고 그 아래의 "가장 많
이 사용함"이라는 글자도 어긋나 있습니다. 이것은 영문을 기준으로 레이아웃이 잡힌 화면에
한글로 된 글자가 많이 들어가서 생기는 현상입니다. 이처럼 글자수와 글자 크기 차이로 레
이아웃이 틀어지는 경우에는 CSS 코드를 편집해서 수정할 수 있습니다. 이러한 CSS 관련 작
업은 테마를 수정할 때 자주 하게 됩니다.

03 읽기 설정

읽기 설정에서는 블로그 초기 화면에 블로그의 최신 글을 나타나게 하거나 일정한 페이지가 나오게 할 수 있습니다. 워드프레스를 웹사이트 형태로 사용할 경우 전면 페이지를 블로그 글이 아닌 포털 역할을 하는 페이지로 만들고 블로그 글은 별도로 블로그 글 페이지에 나오게 할 수 있습니다. 이 때 사용하는 것이 "정적인 페이지" 항목입니다. 이에 대해서는 4장부터 나오는 테마 수정하기 편에서 자세히 알아봅니다.

"한 페이지당 보여줄 글의 수"를 설정하거나 RSS 피드의 글의 수를 설정할 수 있습니다. 페이지당 보여줄 글의 수는 블로그 글을 작성할 때 더보기 기능이나 다음 장에 나오는 요약과 특성이미지 기능을 사용한 경우에는 글의 일부만 나오게 되므로 페이지당 보여줄 글의 수를 설정하면 여러 개의 글을 보여줄 때 유용합니다.

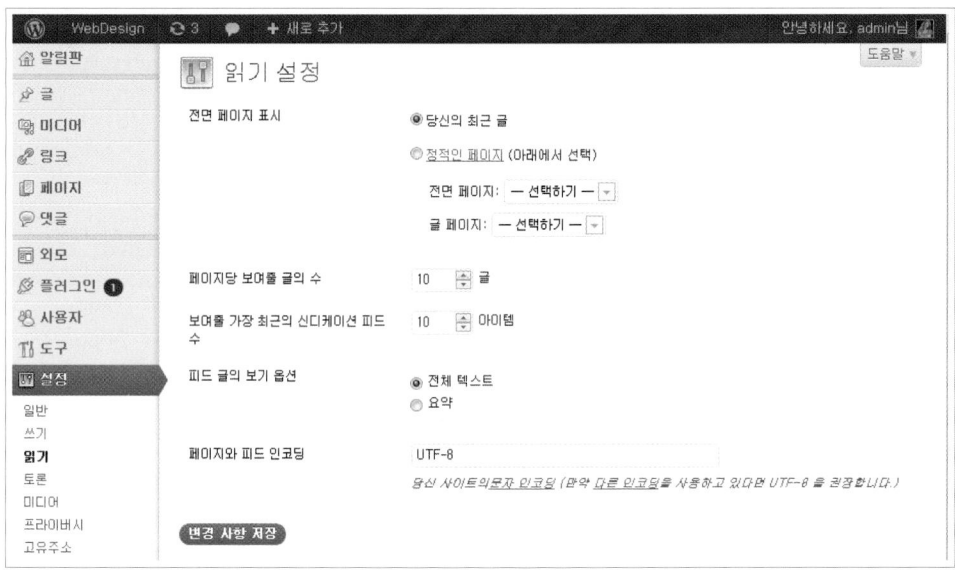

그림 2-11 읽기 설정

위에서 "당신의 최근 글"을 선택하면 최근에 작성한 글이 블로그의 초기 페이지에 표시됩니다. 이와 반대로 원하는 글을 항상 첫 페이지에 나오게 할 수도 있습니다. 블로그의 어떤 글을 항상 초기 화면에 나오게 하려면 먼저 주 메뉴에서 "모든 글"을 선택합니다. 글 목록이 나오면 원하는 글에 마우스를 올리면 "빠른 편집" 링크가 나오는데, 이 링크를 클릭한 후 "이 글을 붙박이로 만듦"에 체크하고 업데이트 버튼을 클릭하면 됩니다.

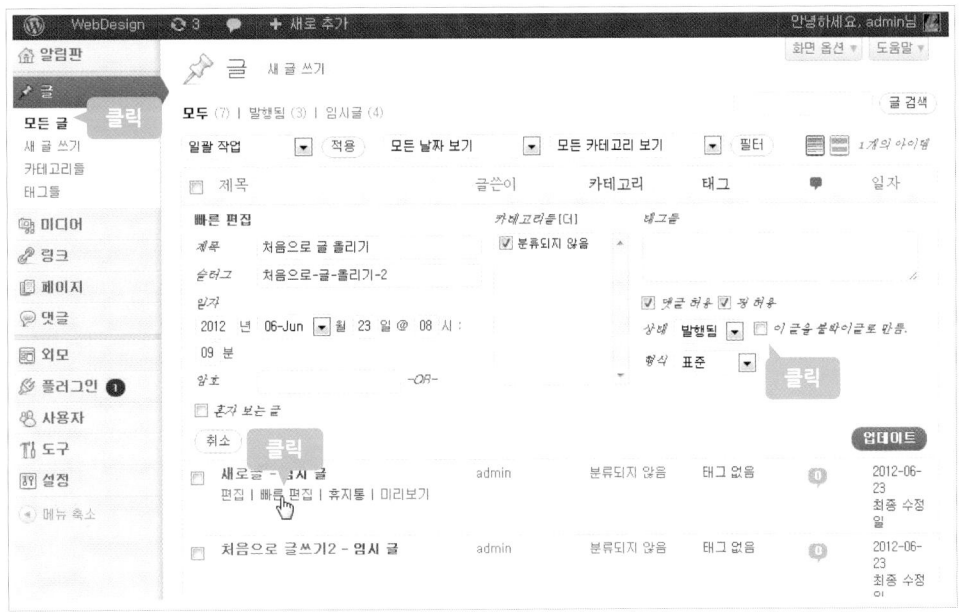

그림 2-12 **붙박이 글 만들기**

⌒4 토론 설정

블로그는 소통의 문화입니다. 그래서 토론 부분의 설정이 아주 많습니다. 토론 메뉴를 클릭하면 아주 긴 내용이 나오는데, 대부분 읽어보면 바로 알 수 있는 내용이므로 중요한 부분만 설명하겠습니다. 글을 작성할 때 글 내용에 링크가 많은 경우 다른 블로그에 핑(ping; 연결됐다는 신호)을 보내게 되는데, 이 경우 글을 저장하는 데 시간이 많이 걸립니다. 반대로 다른 블로그가 내 블로그를 링크했다는 사실을 알리는 것을 받아들일 수 있게 설정할 수 있습니다.

"항상 관리자가 승인해야 합니다"는 광고성 스팸을 방지하기 위한 설정입니다. 승인을 해야 댓글을 볼 수 있게 하면 스팸성 광고를 달려고 할 때 망설이게 됩니다. 댓글을 승인하기 전에는 "승인을 기다리는 댓글"로 나오므로 스팸이 무용지물이 됩니다.

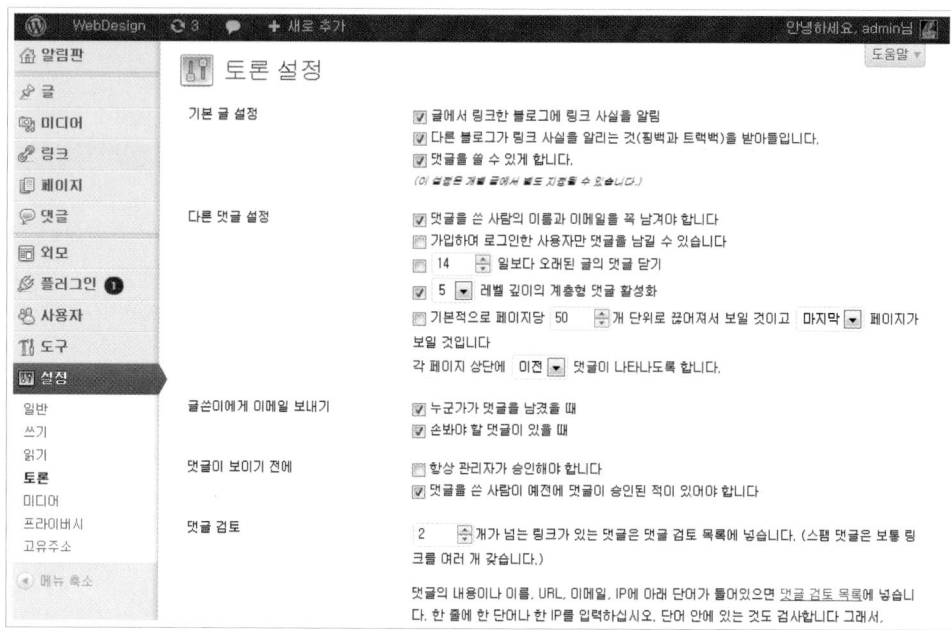

그림 2-13 토론 설정

토론 화면에서 계속 이어집니다. "아바타 표시"는 댓글에 나타나는 작은 이미지로 댓글 작성자의 아바타를 나타나게 합니다. 댓글을 다는 사람은 다양하므로 아바타의 이미지도 다양합니다. 그래서 보기 흉한 이미지나 유해 콘텐츠로 보이는 이미지가 있을 수 있으니 등급을 설정합니다. 최대 등급은 그라바타를 설정할 때 자신의 아바타가 어떤 부류에 속하는지 선택할 수 있습니다. 최대 등급을 G로 선택하면 그라바타가 다른 등급인 사람이 댓글을 달면 해당 그라바타가 표시되지 않습니다. 그라바타는 Globally Recognized Avatars의 약자이고 "세계적으로 인식할 수 있는 아바타"라는 의미입니다. 그라바타 사이트에서 아바타를 한 번 설정하면 세계의 어느 블로그에 들어가서 댓글을 달더라도 같은 아바타가 나타납니다.

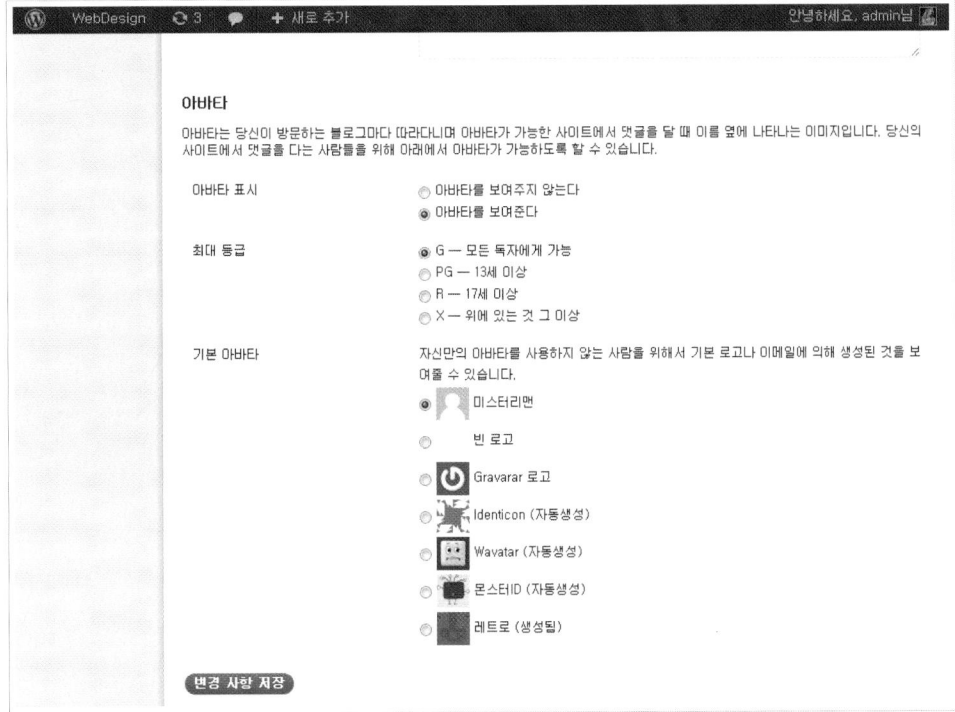

그림 2-14 아바타 설정

기본 아바타는 댓글 다는 사람이 아바타가 없을 경우 표시되는 자동 아바타입니다.

05 그라바타 등록

웹브라우저에서 http://ko.gravatar.com/를 입력해 그라바타 홈페이지로 이동합니다. 홈페이지는 영어로 돼 있는데, 하단의 Language를 클릭하면 한글이 나오지만 이것은 단어 단위로 번역한 내용일 뿐 전체 내용이 번역되어 나오지는 않습니다. 상단 메뉴에서 Sign-up을 클릭하면 아래의 좌측 상단 이미지처럼 나옵니다.

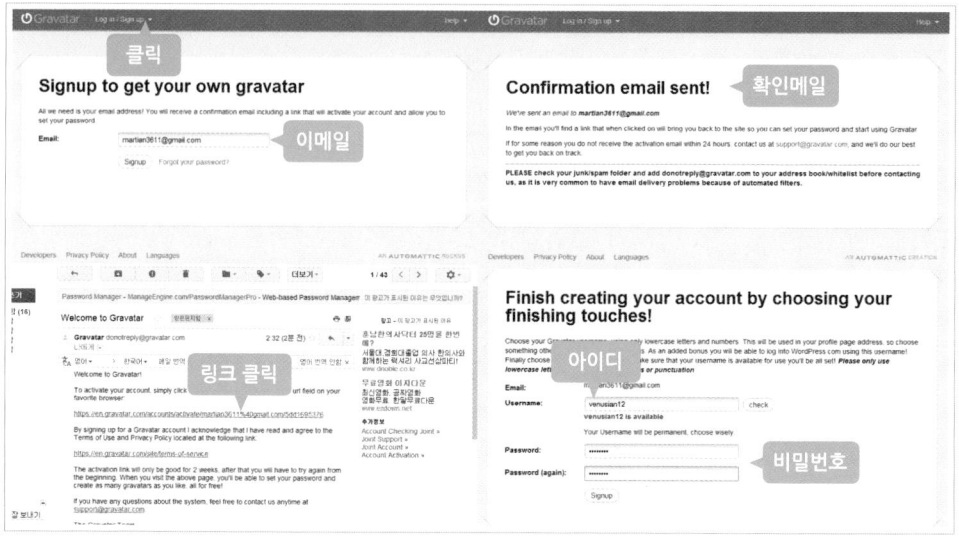

그림 2-15 그라바타 등록 1

워드프레스를 설치할 때 사용한 이메일 주소를 입력하고 Sign up 버튼을 클릭하면 내 이메일 주소로 확인 메일을 보냈다고 나옵니다. 이메일을 열고 첫 번째 링크를 클릭하면 다시 그라바타 홈페이지로 이동합니다. 아이디와 비밀번호를 입력하고 Sign up 버튼을 클릭하면 회원 가입이 완료됩니다.

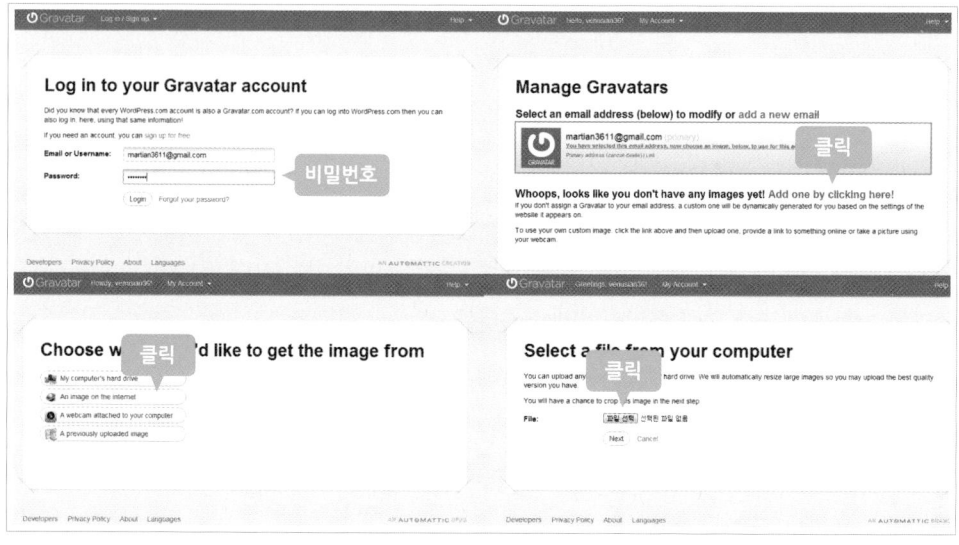

그림 2-16 그라바타 등록 2

비밀번호를 입력하고 Login 버튼을 클릭하면 다음 페이지로 이동합니다. 이미지가 등록돼 있지 않아 기본 아바타 이미지가 나옵니다. 여기서 Add one by clicking here! 링크를 클릭합니다. 다음 화면에서 My computer's hard drive 버튼을 클릭하고 다음 화면에서 파일 선택 버튼을 클릭한 다음, 내 컴퓨터에서 등록할 이미지를 선택합니다.

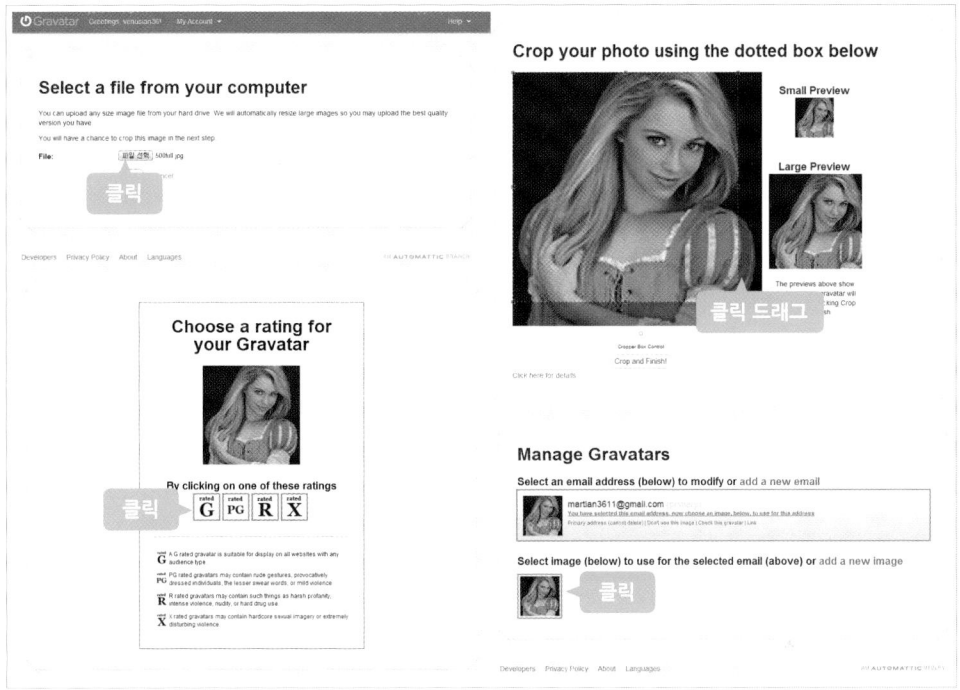

그림 2-17 그라바타 등록 3

파일이 업로드되면 파일 선택 버튼 옆에 이미지 파일의 이름이 나타납니다. Next 버튼을 클릭하고 다음 화면에서 이미지의 모서리에 위치한 조절점을 클릭한 후 드래그하는 식으로 크기를 조절해 사진의 얼굴 부분이 중앙에 오게 합니다. 그리고 나서 "Crop and finish"를 클릭하고 다음 화면에서 G를 클릭합니다. 자신의 아바타 이미지가 다른 범주의 이미지에 해당하면 다른 버튼을 클릭합니다. 이 등급은 영화같은 저작물에 표시되는 것과 같습니다. G는 Guided의 첫글자로 모든 일반인에 허용할 수 있는 등급, PG는 PG는 Parent Guided이며 보호자 지도가 필요한 등급, R은 Restricted이며 폭력, 누드 같은 이미지가 포함된 등급, X는 19금에 해당됩니다. 다음 화면에서 이미지를 클릭하면 등록이 완료됩니다.

06 미디어 설정

미디어 설정에서는 "새 글 쓰기"에서 사진 이미지를 첨부할 때 이미지 업로더 창 하단에 나오는 이미지의 크기를 설정합니다. 미디어 설정과 관련된 내용은 다음 장에서 미디어 업로드 부분을 참고하면서 직접 실행하면 이해하기 쉽습니다.

"이미지 크기"에서는 블로그에 사용될 이미지의 여러 가지 크기를 설정합니다. 워드프레스에서 이미지를 업로드하면 원본을 저장하면서 여러 가지 크기의 이미지를 자동으로 만들어 저장합니다. 입력란에 기본 수치가 입력돼 있지만 수정할 수 있으며 입력된 폭과 높이의 수치는 이미지의 가로 세로 최대 크기를 의미합니다. 정사각형의 이미지를 업로드한다면 문제가 없지만, 예를 들어 1000x500픽셀의 이미지를 업로드한다면 아래의 설정을 기준으로 했을 때, 중간크기의 경우 최대폭 600, 최대 높이 300으로 된 이미지가 만들어집니다. 가로 세로가 반대인 500x1000픽셀이라면 최대폭 300, 최대 높이 600의 이미지가 됩니다. 이것은 원본 이미지의 가로 세로 비율을 유지하면서 최대 수치를 반영하기 위한 것입니다.

작은 사진(썸네일)의 경우 체크박스가 있는데, 이곳에 체크하면 원본 이미지의 가로 세로 비율을 무시하고 150x150의 크기의 이미지를 만듭니다. 만일 체크 해제한 상태에서 업로드한다면 위의 예에서 300x150, 또는 150x300의 크기로 이미지를 만듭니다.

그림 2-18 미디어 설정

임베드 항목의 자동 임베드는 예를 들어 유튜브 동영상을 블로그에 올리는 경우를 들 수 있습니다. 가령 동영상을 블로그에 올리려면 링크를 복사해서 붙여 넣어야 하는데 유튜브의 "공유" 링크를 클릭하면 두가지 링크 코드가 있습니다. 하나는 짧은 코드이고 다른 하나는 소스코드입니다. 자동 임베드에 체크하면 소스코드가 아닌 짧은 코드만 블로그에 붙여 넣어도 유튜브의 동영상 파일을 임베드한다는 것입니다. 최대 임베드 크기에서 폭을 비워두면 블로그 화면의 글 영역 너비에 맞춰서 동영상의 넓이가 나타납니다. 이에 대해서도 제3장의 유튜브를 이용해서 비디오 파일 업로드하기 편에서 자세히 다룹니다.

파일 업로드 항목은 업로드된 미디어파일의 저장 디렉터리를 설정합니다. 워드프레스는 디렉터리를 별도로 만들지 않아도 파일을 업로드하면 자동으로 만드는데 wp-content 디렉터리에 uploads 디렉터리를 만듭니다. 자동으로 만들지 않고 원하는 이름과 디렉터리를 이곳에서 설정할 수 있습니다. 만든 디렉터리는 워드프레스가 파일을 저장할 수 있도록 파일권한을 777이나 755로 설정해야 합니다. 파일질라로 접속한 후 기존에 있는 디렉터리를 대상으로 마우스 오른쪽 버튼을 클릭했을 때 나오는 메뉴에서 "디렉터리 만들기"를 선택하고 이름을 입력해서 만든 다음, 다시 오른쪽 마우스 클릭해서 파일 권한을 선택하고 숫자값에 숫자를 입력합니다.

내가 올린 파일들을 년/월 별로 분류하기에 체크하면 워드프레스가 uploads 디렉터리에 자동으로 년/월 디렉터리를 만들고 파일을 분류해서 저장합니다.

∩7 프라이버시 설정

프라이버시 메뉴는 내 블로그 글이 검색엔진에서 검색되는 것을 설정합니다. 이곳에서 설정하더라도 검색 노출되는 것은 검색엔진에 따라 다릅니다.

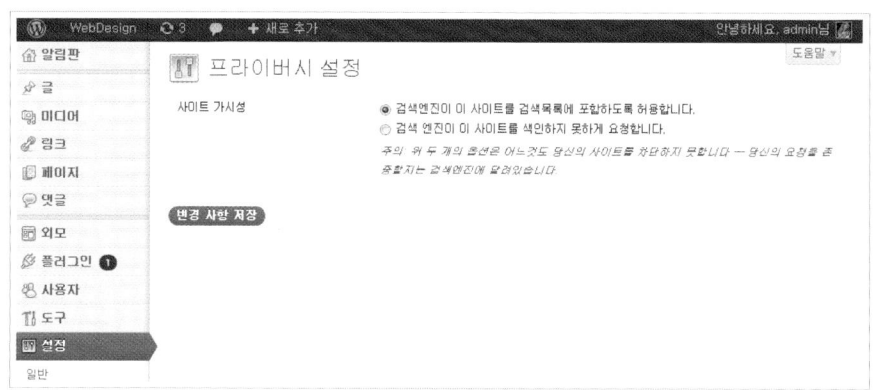

그림 2-19 프라이버시 설정

08 고유주소 설정

고유주소에서는 블로그 글의 주소가 웹브라우저의 주소창에 나타나는 방식을 설정합니다.
글을 작성할 때 제목을 입력하고 나면 글 주소가 자동으로 생성되는데 바로 이 주소의 형태
를 결정합니다. 고유주소 설정은 한 번 정하면 계속 유지되게 해야 하고, 이미 설정한 내용을
변경할 경우 기존에 다른 블로그에서 링크한 주소로는 해당 글을 찾을 수 없게 되고 검색엔
진에서도 등급이 상실되므로 신중하게 접근해야 합니다. 이와 관련된 내용은 별도의 항목에
서 자세히 설명하겠습니다.

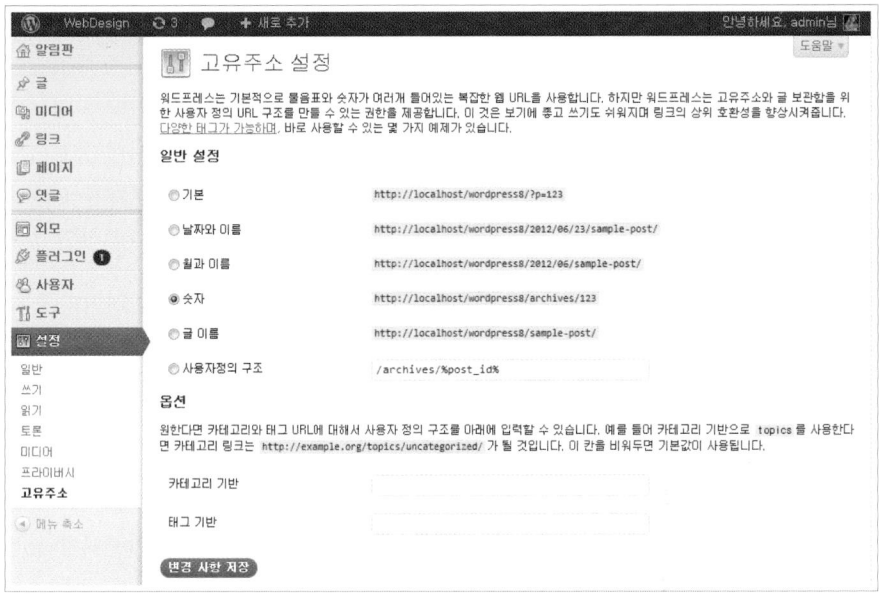

그림 2-20 고유주소(Permalink) 설정

관리자 프로필 만들기, 회원 등록, 회원 관리

워드프레스를 이용하면 블로그뿐 아니라 웹사이트도 만들 수 있습니다. 블로그는 소통을 위한 인터넷 도구가 되기도 하지만 사업적인 목적의 웹사이트에서는 프로필이 방문자에게 사이트 소유자에 대한 정보를 제공하는 수단이 됩니다. 워드프레스닷컴에서 가입형 블로그 서비스로 블로그나 웹사이트를 만들면 전화번호까지 입력할 수 있지만 설치형 블로그는 전화번호 입력란이 없습니다. 이번에는 워드프레스 블로그 관리자의 정보를 입력할 수 있는 프로필과 회원 등록, 회원 정보 관리에 대해 알아보겠습니다.

01 관리자 프로필 등록

워드프레스에서 관리자의 프로필은 구글이나 야후! 같은 검색엔진에 노출되므로 개인정보는 제거하고 신중하게 작성해야 합니다. 먼저 사용자 메뉴에서 "당신의 프로필"을 클릭하면 우측에 화면이 나옵니다.

비주얼 편집기는 기본적으로 체크돼 있지 않은데, 이를 체크하면 "새 글 쓰기" 화면에서 본문 입력 상자의 상단에 아이콘이 달라지고 HTML 편집기 위주로 나옵니다. 메뉴가 글자로 나와서 바로 알아볼 수 있지만 다양한 편집 기능을 제공하는 비주얼 편집기를 사용하는 편이 편리합니다.

관리자 색상은 파랑을 선택하면 파란색의 스킨으로 변합니다. 이 스킨은 2007년 이전에 사용된 색상이고 회색의 스킨은 그 이후에 추가됐습니다. 관리자 화면의 색상은 기본적으로 두 가지 색상만 선택할 수 있지만 플러그인을 설치하면 여러 가지 색을 추가할 수 있습니다.

키보드 단축키는 댓글 관리 화면에서 댓글을 선택할 때 사용합니다. 여기에 체크하고 댓글 관리화면으로 가서 J나 K 키를 누르면 댓글이 여러 개 있는 경우 첫 번째 댓글이 선택되고 J 키를 누르면 아래의 댓글로 내려가서 선택되고 K 키를 누르면 위로 올라가서 댓글이 선택됩니다. 스크롤해서 선택할 때 편리한 기능입니다. 이와 관련된 내용은 댓글 관리에서 자세히 다루겠습니다.

툴바는 이전 버전에서는 관리자 화면에서 보이게 하는 것이 선택사항이었지만 현재는 기본적으로 나타나고 블로그 화면에서는 선택사항으로 바뀌었습니다.

"사용자명"은 변경할 수 없고 블로그 화면에서 다른 이름으로 나오게 할 수 있습니다. 다음 항목의 이름이나 성, 닉네임을 입력하면 "공개적으로 표시할 이름"에서 선택할 수 있게 이름이나 성, 닉네임이 나타납니다. 한글을 입력할 수도 있습니다.

"연락처"의 이메일은 워드프레스와 공식적으로 연결되는 이메일이므로 정확한 이메일 주소를 입력해야 합니다. 댓글이 달리거나 새로운 사용자가 가입하는 경우 이 이메일로 통보됩니다.

"웹사이트"는 타 웹사이트가 있는 경우 주소를 입력합니다.

AIM(America Online Instant Messenger)이나 야후!의 IM, Jabber/구글 토크 같은 채팅 프로그램에서 사용하는 사용자 아이디를 입력할 수 있습니다.

그림 2-21 관리자 프로필

"자신에 대하여" 항목에서는 개인정보를 입력할 수 있으며 "비밀번호"는 아주 중요한 사안이므로 자주 바꿔야 합니다. 해커가 자신의 블로그를 마케팅하기 위해 워드프레스 블로그를 해킹한다고 하니 영문자나 숫자뿐 아니라 특수 기호를 섞어가면서 보안에 신경 써야 합니다.

이렇게 변경하고 나면 반드시 "프로필 업데이트" 버튼을 클릭해야 변경이 완료됩니다.

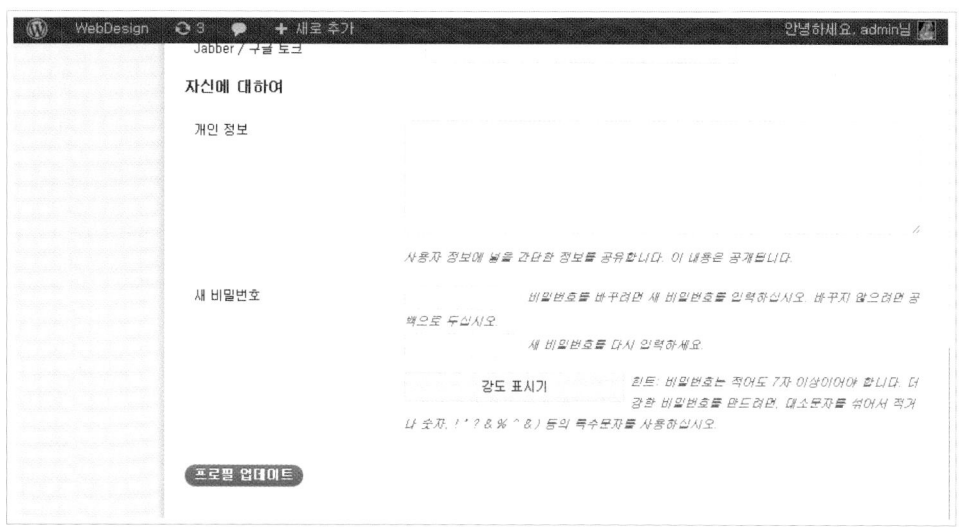

그림 2-22 자신에 대하여

02 회원 등록

워드프레스 환경설정에서 일반 설정 항목에 새 사용자를 위한 기본 규칙을 선택하는 부분이 있었습니다. "멤버쉽"에 체크하지 않으면 로그인 화면에서 아래와 같은 "등록하기" 링크가 나타나지 않습니다. "멤버쉽"에 체크돼 있어야 이 링크가 활성화되며, 회원 가입을 하면 일반 항목에서 설정한 관리자의 이메일 주소로 통보되며 회원에게도 등록한 이메일로 사용자 아이디와 임시 비밀번호가 통보됩니다.

가입자는 이메일에 첨부된 블로그 링크를 클릭하면 블로그로 이동해 사용자 이름과 비밀번호를 입력하고 로그인한 후 자신의 프로필 변경 페이지로 들어가서 새로운 비밀번호로 변경할 수 있습니다.

그림 2-23 등록하기 링크

∩3 사용자 레벨과 권한

방문자가 워드프레스 블로그에 가입하지 않고 블로그를 이용할 수도 있지만 구독자로 회원 가입을 하는 경우 특정 부분의 글에 접근할 수 있는 권한을 갖게 되므로 일반 이용자와는 다른 혜택을 줄 수 있습니다. 나중에 기여도에 따라 더 높은 권한을 부여해서 글을 작성한다거나 블로그 레이아웃을 변경하는 권한까지 줄 수 있습니다. 이번에는 워드프레스에서 사용되는 회원의 권한에 대해 알아봅시다.

- **구독자(Subscriber)** – 회원 등록을 하면 기본적으로 받는 지위입니다. 구독자는 대시보드에 접근해서 자신과 관련된 프로필이나 개인정보만 변경할 수 있습니다. 즉, 자신의 로그인 비밀번호, 이메일 주소, 사용자 아이디 등을 변경할 수 있습니다. 워드프레스 데이터베이스는 방문자의 방문 기록을 저장하기 때문에 방문자의 정보 변경을 완료하지 않아도 나중에 추가로 변경할 수 있습니다.

- **후원자(Contributor)** – 구독자의 지위 말고도 파일을 업로드하거나 자신의 포스트에 대해 글쓰기, 편집, 관리를 할 수 있습니다. 하지만 발행(Publish)은 불가능하고 블로그 관리자(Administrator)가 열람하고 발행 여부를 결정하게 됩니다.

- **글쓴이(Author)** – 후원자의 지위와 더불어 자신의 포스트를 발행할 수 있습니다.

- **편집자(Editor)** – 글쓴이의 지위와 더불어 댓글, 카테고리, 링크를 관리할 수 있고 페이지를 편집할 수 있으며, 다른 글쓴이의 포스트를 편집할 수 있습니다.

- 관리자(Administrator) – 관리자는 블로그에서 할 수 있는 모든 옵션이나 설정을 변경할 수 있습니다.
- 최고 관리자(Super Admin) – 최고 관리자는 다중 사이트(Multisite feature) 블로그를 사용하는 경우 활성화되는 지위로, 관리자 기능에 다중 사이트를 관리하는 기능이 추가됩니다.

04 새 사용자 추가

관리자로서 사용자를 추가할 수 있는 화면입니다. 주 메뉴에서 "사용자 추가하기" 링크를 클릭하고 사용자명과 이메일을 입력한 다음, 비밀번호를 두 번 입력한 뒤 권한을 선택하고 "새로운 사용자 추가 버튼"을 클릭하면 바로 추가됩니다. "비밀번호 전송" 항목의 "새로운 사용자에게 이 비밀번호를 이메일로 보냅니다."의 체크박스를 체크해야 이메일로 비밀번호와 사용자명이 전송됩니다. 추가된 사용자가 로그인 후에 이름과 성과 같은 기타 정보를 추가 입력하면 됩니다.

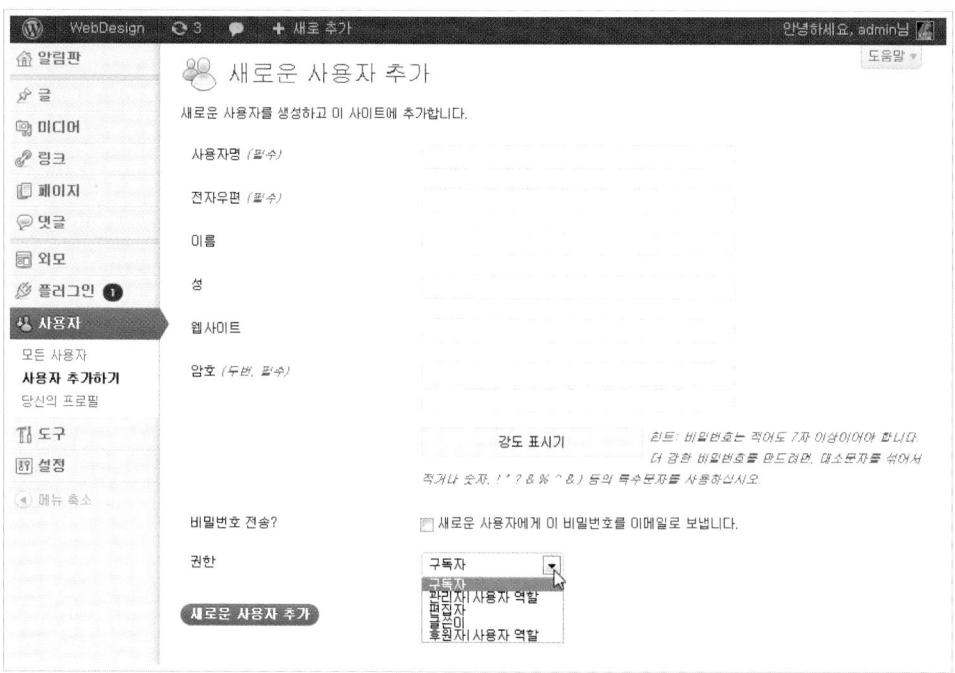

그림 2-24 새 사용자 추가

05 회원 정보 관리

가입 회원의 정보는 관리자가 변경할 필요는 없지만 상황에 따라 관리자가 변경해야 할 때가 있습니다. 아래 그림과 같이 회원의 등급을 승격시키거나 강등시킬 수 있습니다.

그림 2-25 회원 정보 관리

회원이 이메일 주소를 사용할 수 없는 경우가 발생할 수 있습니다. 이러한 경우 회원으로부터 이메일 주소에 대한 변경 요청이 발생하는데, 관리자가 이메일 주소를 변경하고 변경 통보를 해주면 됩니다. 또한 이메일 주소를 사용할 수 없으면 비밀번호를 분실했을 때 워드프레스의 비밀번호 변경 통보에 대한 이메일에 접근할 수 없으므로 비밀번호를 재설정해서 통보해줘야 할 경우도 발생합니다. 하지만 대부분의 경우 변경된 이메일만 등록하면 로그인 화면에서 비밀번호 분실로 인한 재발급 요청을 하면 변경된 이메일로 비밀번호 재설정 통보가 갑니다.

로그인 화면에서 비밀번호 분실 신고를 하면 아래와 같은 이메일이 발송됩니다. 하단의 주소를 이용해 블로그에 접속하면 비밀번호 재설정 화면이 나옵니다.

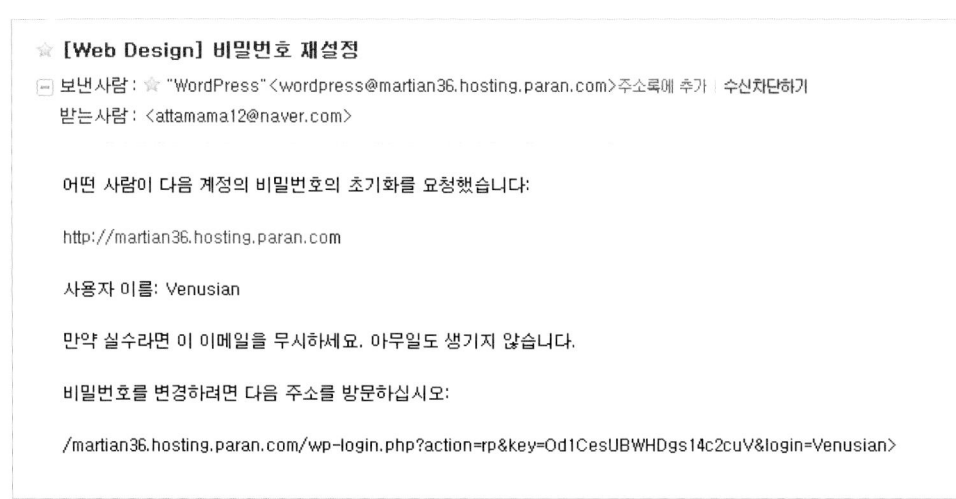

그림 2-26 비밀번호 재설정

아래의 화면에서 새 비밀번호를 두 번 입력하면 비밀번호가 변경됩니다.

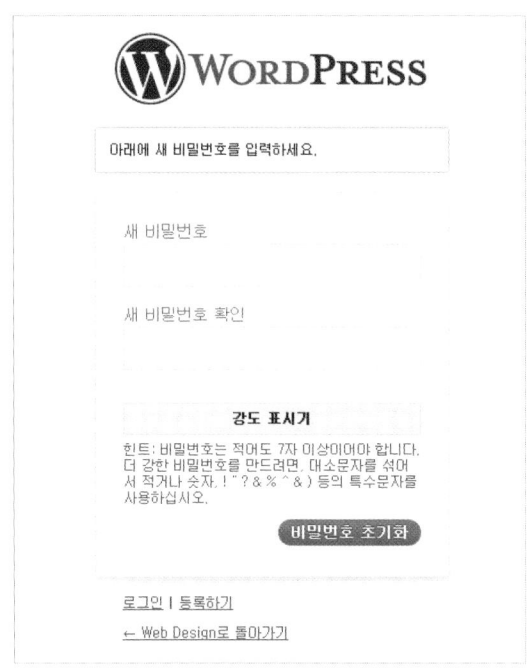

그림 2-27 비밀번호 초기화

댓글 관리 05

∩1 알림판과 댓글 관리 화면에서 댓글 관리하기

댓글 관리는 알림판과 댓글 관리 화면에서 관리할 수 있습니다. 티스토리 블로그의 글을 데이터 백업해서 이동해 왔더니 글과 댓글이 많아졌습니다. "최근 댓글" 박스의 타이틀바 우측에 있는 설정을 클릭하면 박스에 나오는 댓글 수를 설정할 수 있고 작은 세모를 클릭하면 댓글이 안 보이게 할 수 있습니다. 특정 댓글을 대상으로 설정하려면 댓글 위에 마우스를 올렸을 때 메뉴가 나옵니다. 스팸이라고 판단되면 바로 "승인하지 않기"를 클릭하고 "응답"을 클릭하면 댓글을 입력할 수 있는 텍스트 편집기가 나옵니다. 이곳에서도 댓글을 관리할 수 있지만, 주 메뉴에서 댓글을 선택하면 댓글만 있는 화면으로 이동해서 큰 화면에서 관리할 수 있습니다.

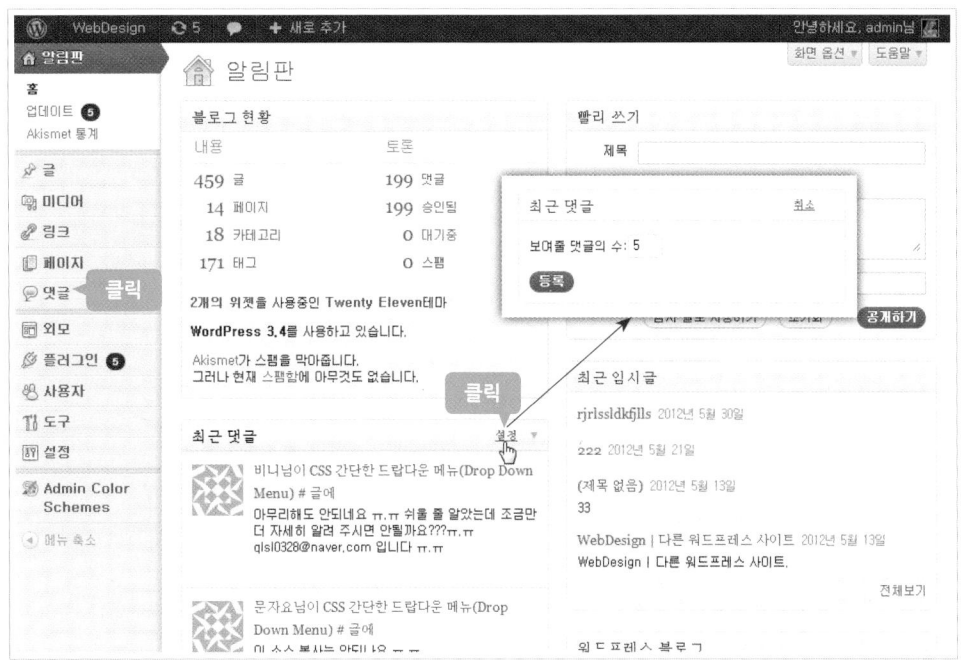

그림 2-28 댓글 관리

주 메뉴의 댓글 메뉴 항목에 짙은 회색으로 된 숫자가 있는 것은 해당 메뉴에 아직 확인하지 않은 항목이 있다는 의미입니다. 현재 노란색 배경의 댓글이 있는데, 이것은 승인되지 않아서 지연된 리뷰를 의미합니다. 각 댓글의 좌측에 있는 체크박스를 체크하고 상단의 일괄 작업을 클릭하면 드롭다운 메뉴가 나옵니다. 여기서 일괄적으로 승인하거나 승인하지 않기 등을 선택해서 일괄 처리할 수 있습니다. 휴지통에 보낸 것이 있을 경우, "휴지통"을 클릭하면 휴지통 화면이 나오고 영구 삭제하거나 다시 원상복구할 수도 있습니다. 아울러 댓글에 마우스를 올리면 여러 가지 메뉴가 나오는데, 응답을 클릭하면 텍스트 편집기가 나와서 댓글을 달 수 있습니다. "빠른 편집"을 클릭하면 댓글을 편집할 수 있는 창이 아래에 나오고, "편집"은 별도의 화면이 나옵니다.

우측의 "댓글이 달린 글" 항목의 숫자를 클릭하면 해당 글에 달린 모든 댓글을 볼 수 있는 화면으로 이동합니다.

그림 2-29 댓글 화면에서 댓글 관리

휴지통 링크 아래에 있는 "모든 댓글 형식 보기"를 클릭하면 댓글을 형식별로 볼 수 있습니다. 핑은 타 블로그에서 내 글에 트랙백을 걸어서 핑이 온 댓글을 말합니다.

02 댓글 관리 키보드 단축키

관리자 프로필을 등록하는 곳에서 키보드 단축키 활성화 항목이 있었습니다. 이 단축키는 워드프레스에서 댓글을 관리할 때 사용하는 것으로 키보드 단축키를 이용하면 빠른 작업이 가능합니다.

그림 2-30 댓글관리 단축키

댓글이 선택되지 않은 상태에서 J나 K를 누르면 최상단의 댓글이 선택되고 배경이 옅은 파란색으로 바뀝니다. J 키를 누르면 아래의 댓글이 선택되고 K를 누르면 위의 댓글이 선택됩니다. 댓글이 많을 경우 J 키를 계속 누르면서 점검하다가 맨 아래에 왔을 때 J 키를 누르면 다음 페이지로 넘어가고 다음 페이지의 최상단에서 K 키를 누르면 이전 페이지의 최하단으로 이동합니다.

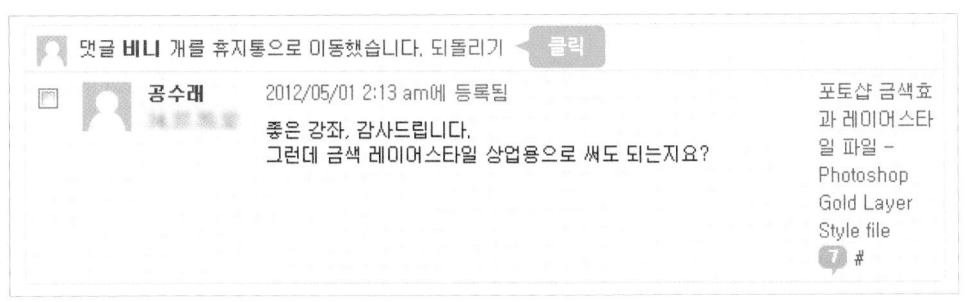

그림 2-31 삭제 취소

이 두 개의 키는 오른쪽 손가락으로 제어하고 왼쪽 손가락은 A, S, D, Z 키를 사용합니다. A는 승인(Approval), S는 스팸(Spam), D는 삭제(Delete)입니다. Z는 취소키이며, D 키를 눌러 댓글이 삭제되면 위와 같이 휴지통으로 이동했다고 나오고 다음 댓글이 선택됩니다.

K 키를 눌러 위로 이동하면 방금 휴지통으로 보낸 글이 선택됩니다. Z키를 누르면 해당 댓글이 복구됩니다.

U는 Unapproval(불승인)이고, R 키를 누르면 댓글 밑에 응답창이 나옵니다. Q는 빠른 편집창이 나오게 하는 단축키입니다.

X 키를 누르면 선택된 댓글의 체크박스가 체크됩니다. 여러 개의 댓글을 선택해서 일괄 작업할 때 편리합니다. 체크된 댓글에 대해 다시 X 키를 누르면 체크가 해제됩니다. 이 키로 여러 개의 댓글을 체크해서 선택하고 다음의 키를 누르면 한 번에 작업이 이뤄집니다.

예를 들어, J 키와 K 키를 사용해 댓글을 선택하면서 X 키를 누르면 체크박스에 체크됩니다. 여러 개의 댓글이 체크된 상태에서 Shift+A를 누르면 이들 댓글들이 한번에 승인이 이뤄집니다. 즉 Shift 키는 일괄 작업에 해당하는 단축키인 것입니다.

```
Shift+A = 승인
Shift+S = 스팸
Shift+D = 삭제
Shift+U = 불승인
Shift+T = 휴지통
Shift+Z = 휴지통에서 복구
```

03 스팸 관리 플러그인 설치하기

블로그에 스팸이 들어오는 이유는 검색 엔진이 사이트에 대한 링크가 많을수록 해당 사이트에 높은 등급을 부여하기 때문입니다. 이를 목적으로 스패머들은 스팸을 자동으로 보내는 프로그램을 만들어 자신의 웹사이트 링크가 포함된 스팸을 최대한 많은 블로그에 보내는 것입니다. 스팸 댓글을 보면 자신의 사이트로 연결하는 링크가 있으므로 스팸을 판단하기가 아주 쉽습니다. 스팸 댓글의 관리는 워드프레스에 포함되어 기본적으로 설치되는 아키스밋(Akismet) 플러그인이 사용됩니다. 이 플러그인을 설치해서 정상적으로 작동시키려면 아키스밋 키(Akismet Key)가 필요합니다. 아키스밋 플러그인은 워드프레스의 창립자인 매트 뮬렌베그(Matt Mullenweg)가 운영하는 워드프레스닷컴의 오토매틱(Automattic)이 만들어낸 스팸방지 플러그인으로, 가입형인 워드프레스닷컴에서는 기본적으로 설치되어 사용되지만 워드프레스를 설치형으로 사용하면 별도로 키를 입력해서 설치해야 합니다.

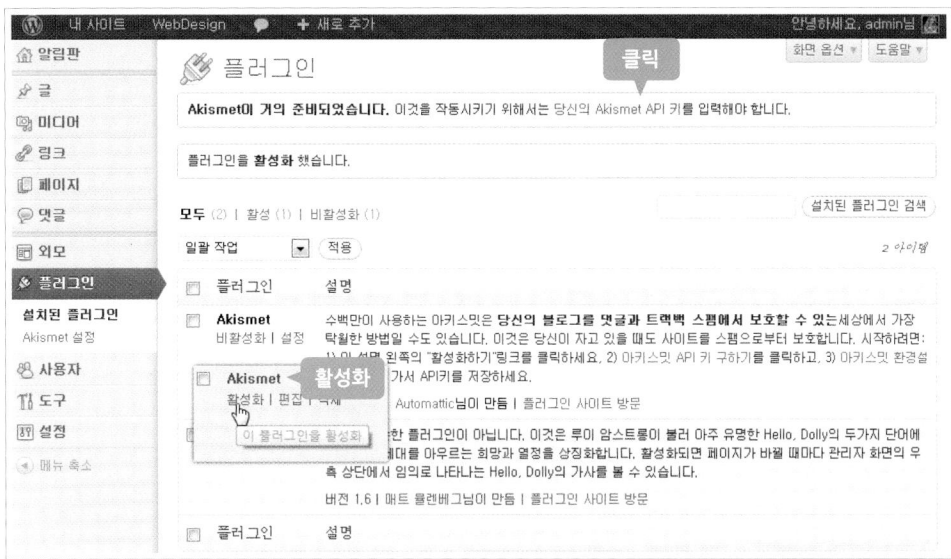

그림 2-32 스팸 방지 플러그인인 아키스밋

관리자 페이지의 주 메뉴에서 플러그인을 클릭하면 아키스밋 플러그인이 보입니다. 여기서 활성화를 클릭하면 플러그인이 설치되고 아키스밋 API 키가 필요하다고 나옵니다. 이 링크를 클릭해서 다음 화면으로 이동하면 아키스밋 API 키를 입력하라고 나옵니다.

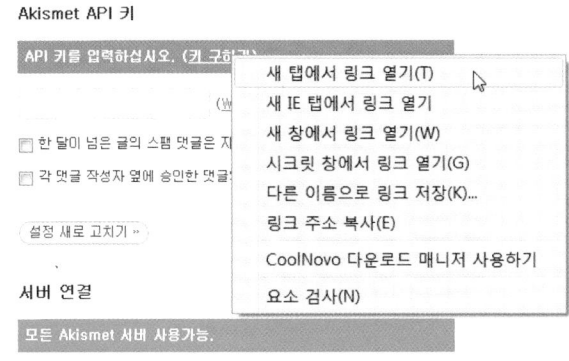

그림 2-33 아키스밋 키 구하기

키 구하기 링크에 마우스 오른쪽 버튼을 클릭해서 "새 탭에서 링크 열기"를 클릭하면 웹브라우저의 다른 탭에 아키스밋 홈페이지가 열립니다.

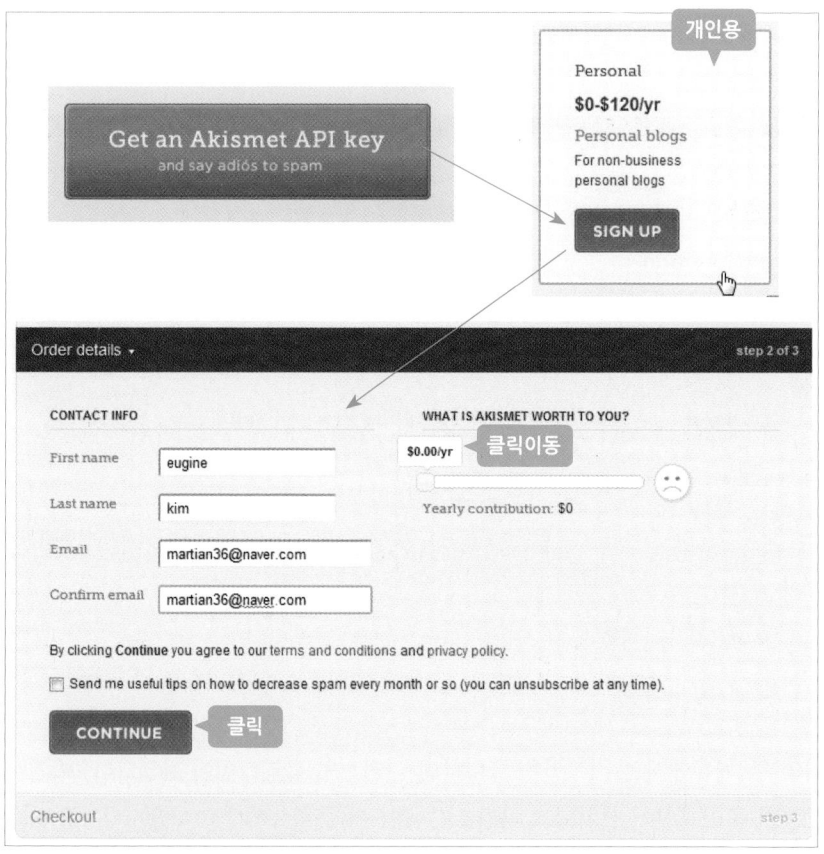

그림 2-34 아키스밋 키구하기 정보입력

홈페이지에서 "Get an Akismet API key"를 클릭하면 다음 화면으로 넘어갑니다. 개인용 (Personal) $0~120/yr을 선택하고 다음 화면으로 갑니다. 가격을 정하는 슬라이더를 좌측으로 이동해 $0으로 만들고 이름과 이메일 주소를 입력한 다음 CONTINUE 버튼을 클릭하면 다음 화면에서 "Done!"이라고 나오고, 이메일을 확인하라고 합니다.

이메일을 확인하면 API 키가 보이는데, 이 키를 블록 설정해서 복사합니다. 블록 설정할 때 앞뒤로 공간이 붙지 않도록 주의합니다. 빈 공간도 키의 일부로 인식되므로 잘못된 키로 판단할 수 있습니다.

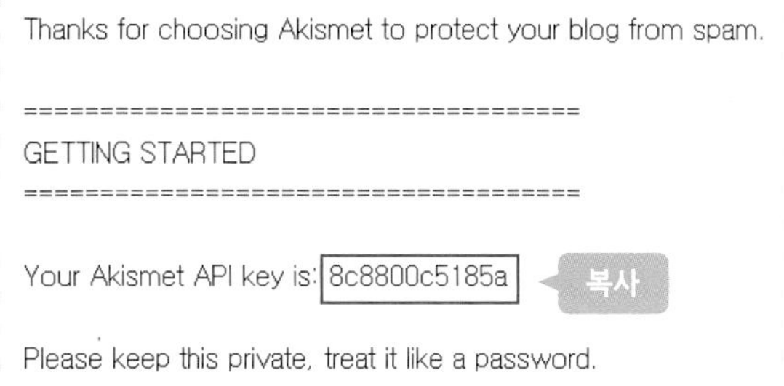

Thanks for choosing Akismet to protect your blog from spam.

=======================================
GETTING STARTED
=======================================

Your Akismet API key is: 8c8800c5185a ◀ 복사

Please keep this private, treat it like a password.

그림 2-35 아키스밋 키 복사

다시 관리자 화면으로 돌아와서 키를 붙여 넣습니다. 키 아래의 두 옵션은 체크해 둡니다. 발
행한 지 한 달이 넘은 글에 들어온 스팸은 자동으로 삭제되게 하고, 승인한 댓글의 수를 표시
하게 하면 댓글의 작성자에 숫자가 나옵니다. 신뢰도가 높은 댓글 작성자이므로 승인을 빠르
게 할 수 있습니다. "설정 새로 고치기" 버튼을 클릭하면 "당신의 키가 확인되었습니다. 행복
한 블로깅 되십시오~"라고 나옵니다. 이제부터는 스팸 걱정 없이 블로그 활동을 할 수 있다
고 합니다.

그림 2-36 아키스밋 키 붙여넣기

스팸이 들어오면 아키스밋 플러그인이 자동으로 스팸 댓글로 보내고 15일간 보관하고 있다가 데이터베이스에서 삭제하므로 가끔씩 정상적인 댓글이나 트랙백이 포함돼 있는지 확인해야 합니다. 댓글 화면에서 스팸 링크를 클릭해 들어가서 스팸 여부를 확인한 다음 스팸 아님을 클릭하면 원상 복구됩니다.

그림 2-37 스팸 재분류

고유주소(Permalink) 설정 06

01 고유주소와 검색엔진 최적화

워드프레스를 설치하고 처음으로 글을 올리기 전에 가장 먼저 해야 할 일 중 하나가 고유
주소를 설정하는 것입니다. 워드프레스는 본래 검색엔진에 최적화돼 있지만 완벽하진 않
습니다. 워드프레스 설정에서 고유주소는 기본적으로 아래 그림처럼 글 주소의 마지막에
"?p=123"처럼 알 수 없는 문자와 숫자로 돼 있습니다. 이 주소는 데이터베이스에 저장된 글
의 아이디로서, 보는 사람도 그렇고 검색엔진에서도 어떻게 처리해야 할지 난감합니다. 워드
프레스가 이처럼 알 수 없는 코드를 기본 주소로 한 것은 데이터베이스에서 아이디를 그대로
불러오는 것으로 다른 설정을 할 필요가 없어 간편하기 때문입니다. 검색엔진은 사람이 알
수 있는 글자로 돼 있는 것을 인식하도록 설계돼 있으니 글 주소도 그렇게 만드는 것이 좋습
니다.

주 메뉴에서 "설정" → "고유주소 설정"을 클릭하면 다음과 같은 화면이 나옵니다.

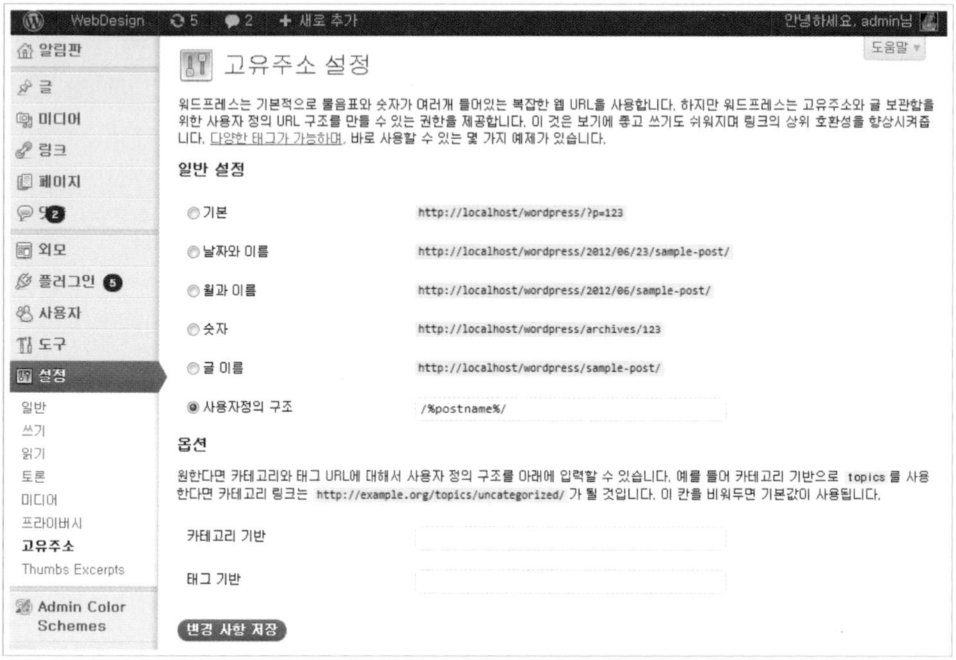

그림 2-38 고유주소 설정에 대한 기본 화면

고유주소에 글의 제목이 나타나게 하는 것이 가장 좋은 방법이며, 위의 화면에서 두 번째와 세 번째, 또는 다섯번째 항목을 선택하면 됩니다. sample-post라고 돼 있는 것이 글의 제목에 해당합니다. 앞의 두가지 방법을 사용하면 글이 발행된 날짜나 월이 표시되는데, 글을 자주 발행하지 않는다거나 글이 오래된 경우는 방문자가 읽으려 하지 않을 수도 있어서 이런 표기법이 좋지 않을 수도 있습니다. 위의 이미 설정된 구조 외에 다른 구조를 원할 경우 마지막 항목의 "사용자 정의 구조"를 사용합니다. 글 이름만 나타나게 하는 /%postname%/을 사용하면 "도메인/글제목"의 형태로 나타나는데, 글 제목만 있으면 작동되지 않는다는 문제점이 발생할 수 있어서 이를 방지하기 위해 다음과 같이 글 아이디나 연도를 추가로 입력하면 됩니다.

/%year%/%postname%/
/%post_id%/%postname%/

이와 같이 사용자 정의 구조로 주소를 정하는 방법은 아래의 코드를 사용하며, 중복해서 사용할 수도 있습니다. 하지만 마지막에는 하나의 글을 표시하는 /%postname%/이나 /%post_id%/를 반드시 넣어야 합니다.

%year% – 글을 발행한 연도입니다. 4자리 숫자를 사용합니다.

%monthnum% – 글을 발행한 월로서 두 자리 숫자를 사용합니다. 2월은 02입니다.

%day% – 글을 발행한 날짜로서 두 자리 숫자입니다.

%hour% – 글을 발행한 시간으로 두 자리 숫자입니다.

%minute% – 글을 발행한 분으로 두 자리 숫자입니다.

%second% – 글을 발행한 초로 두 자리 숫자입니다.

%post_id% – 글의 고유 아이디이며, 발행되는 글의 순서로 자동으로 매겨집니다.

%postname% – 글 제목입니다.

%category% – 글이 속한 카테고리 이름입니다.

%author% – 글 발행자의 이름입니다.

글의 고유주소를 기본 설정 이외의 구조로 설정하기만 해서는 안 되고 별도의 설정을 해야합니다. 워드프레스는 기본적으로 글 아이디를 사용하므로 다른 고유주소 구조를 사용한다면 아파치 서버에서 mod_rewrite 모듈이 활성화돼 있어야 하고 워드프레스가 설치된 디렉터리에 .htaccess 파일이 들어 있어야 합니다. 고유주소 설정 화면에서 사용자 정의 구조로 설정하고 "변경사항 저장" 버튼을 클릭하면 내 컴퓨터에서 WAMP 서버를 사용할 경우 .htaccess 파일이 워드프레스 설치 폴더에 자동으로 추가됩니다. 이는 아파치 서버가 내 컴퓨터에 설치돼 있어서 가능한 것이고 웹호스팅 환경에서는 워드프레스가 파일을 추가할 수 있도록 파일 권한을 수정해줘야 합니다. 어떤 경우는 직접 .htaccess 파일을 추가해야 할 수도 있습니다.

02 WAMP 서버에서 모듈의 활성화, 웹호스팅 서버에 .htaccess 파일 추가하기

내 컴퓨터에서 WAMP 서버의 아이콘을 클릭하고 Apache → Apache modules를 클릭하면 세로로 긴 모듈 목록이 나옵니다. 하단에서 세모 아이콘을 클릭해 목록을 위로 올리면 rewrite_module이 나오는데, 이를 클릭하면 모듈이 활성화되면서 WAMP 서버가 재가동됩니다.

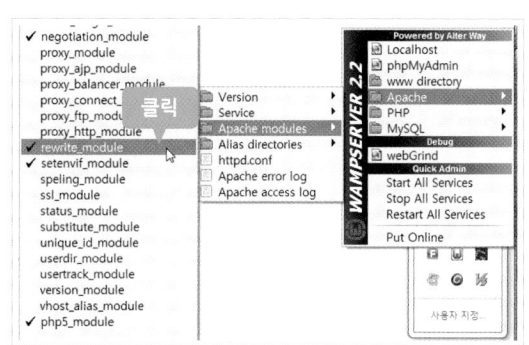

그림 2-39 rewrite 모듈의 활성화

내 컴퓨터에서 워드프레스를 사용하는 경우에는 이 작업만 하면 글 주소가 한글로 바로 나오지만 웹호스팅 환경에서는 상황이 다릅니다.

웹호스팅 환경에서는 고유주소를 사용자 정의 구조로 설정하고 변경 사항 저장 버튼을 클릭하면 바로 아래에 .htaccess 파일을 만들어서 추가하라고 나옵니다. 이것은 웹호스팅 서버의 루트 디렉터리의 쓰기 권한이 없을 경우 나타납니다. 파일질라로 접속해서 루트 디렉터리에 마우스 오른쪽 버튼을 클릭했을 때 나오는 메뉴에서 "파일 권한"을 선택하고 나오는 팝업창에서 숫자값을 777로 입력하고 "하위 디렉터리로 이동"에 체크하면 대부분 문제가 해결됩니다. 이때부터는 워드프레스가 직접 파일을 만들어서 내용을 입력할 수 있습니다.

그림 2-40 .htaccess 파일 만들기

파일 권한을 바꿀 수 없는 경우는 파일을 직접 만들어 루트 디렉터리에 업로드해야 합니다. 위 그림에 나온 안내 대로 코드가 있는 부분을 클릭하고 Ctrl+A를 누르면 코드 전체가 선택됩니다. 이를 텍스트 편집기를 열어 붙여넣은 다음 htaccess.txt로 저장합니다. 보통 파일 확장자는 세 개의 글자로 구성되고 점 앞에 파일명이 있지만 이 파일은 점 앞에 파일명이 없고 점 뒤에 이름이 있습니다. 점으로 시작하는 파일은 보통 숨겨진(hidden) 파일로서 보이지 않습니다. 곧바로 .htaccess 파일을 만들어서 업로드하면 보이지 않기 때문에 일반 텍스트 파일을 나타내는 확장자를 붙여놓는 것입니다.

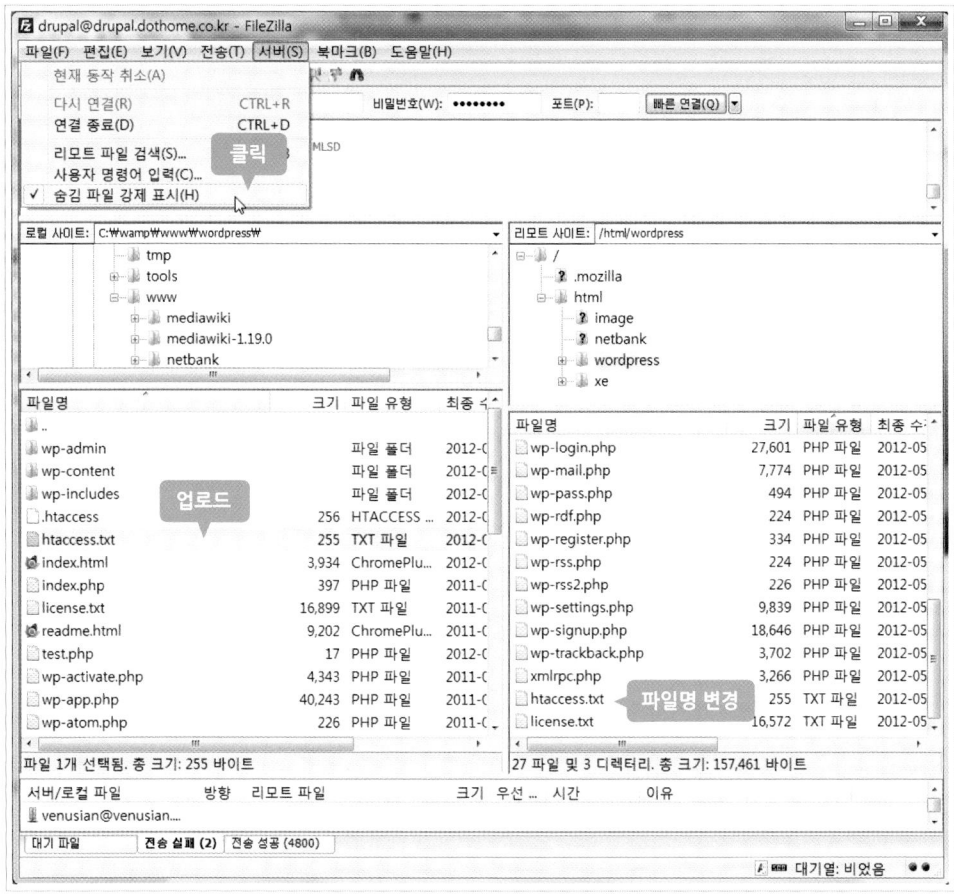

그림 2-41 파일 업로드

파일을 업로드하고 파일명을 바꾸고 나면 이 파일이 보이지 않게 되므로 파일질라를 열고 메뉴에서 "서버" → "숨김 파일 강제 표시"를 차례로 선택합니다. 내 컴퓨터에서 htaccess.txt 파일을 대상으로 마우스 오른쪽 버튼을 클릭하면 메뉴가 나오는데, 이 메뉴에서 "업로드"를 클릭해서 워드프레스가 설치된 디렉터리에 업로드합니다. 업로드된 파일을 대상으로 마우스 오른쪽 버튼을 클릭해 "이름 바꾸기"를 선택하고 .htaccess로 지정합니다. 다시 이 파일을 대상으로 마우스 오른쪽 버튼을 클릭한 후 "파일 권한"을 선택해 파일 권한이 644로 돼 있는지 확인하세요. 다른 퍼미션으로 돼 있으면 관리자 이외의 사람이 접근할 수가 있습니다.

웹브라우저의 새 탭에서 블로그 초기 화면을 열고 글 제목에 마우스를 올리면 툴팁과 링크 정보가 한글로 나오는지 확인한 다음 제목을 클릭해서 주소 창에 한글로 나오는지 확인합니다. 현재 일부 웹호스팅 회사는 툴팁과 링크 정보는 한글로 나오지만 글 제목을 클릭해서 인터넷 주소 창에서 보면 한글로 나오지 않고 아래와 같이 퍼센트 인코딩된 알 수 없는 글자로 나옵니다.

http://webdesigncss3.com/%E3%F9%FA%D0/

여러 호스팅 사이트를 시험해 봤는데 우비(http://www.woobi.co.kr/), 나야나(http://www.nayana.com/), 아이비로(http://www.ivyro.net/)는 퍼센트 인코딩된 글자로 나오고 파란닷컴(http://www.paran.com/)과 닷홈(http://www.dothome.co.kr/)은 한글로 나왔습니다. 특히 스마트 호스트(http://www.smarthost.cc/)라는 곳은 해외 서버를 사용하는지 외산 서버 관리 프로그램이 사용되고 있는데 .htaccess의 파일을 업로드하지 않아도 한글 주소가 제대로 나옵니다. 이처럼 각 호스팅 환경의 설정이 제각각이므로 현재 이용 중인 호스팅 회사에 문의해서 해결하면 됩니다. 참고로 저는 세 군데의 호스팅 회사에 문의했는데 모두 다른 내용의 답변이 왔습니다. 우비의 경우에는 알려준 대로 .htaccess 파일에 다음의 코드를 삽입하니 한글과 한문이 제대로 나왔습니다. 하지만 이를 다른 호스팅 환경에 적용했을 때 제대로 동작하지 않았습니다.

```
<IfModule mod_url.c>
    CheckURL Off
</IfModule>
```

그림 2-42 블로그 화면에서 확인

한글 주소가 나오더라도 다른 웹브라우저는 한글이 제대로 나오지만 인터넷 익스플로러는 위와 같은 작업을 하더라도 퍼센트 인코딩된 주소로 나옵니다. 고유주소를 한글로 만드는 것은 중요하지만 번거롭고 안 되는 부분도 있으니 기본 설정으로 사용하거나 숫자로 사용하는 것이 좋을 듯합니다.

03 글 제목 슬러그 만들기

워드프레스에서 슬러그란 도메인명 다음에 오는 글자를 말합니다. 검색엔진은 글 제목을 중요하게 생각하므로 가급적 글 제목을 길게 해서 키워드를 많이 삽입하게 됩니다. 예를 들어,

"워드프레스에서 고유주소를 검색엔진에 최적화하는 방법 알아보기"라고 길게 제목을 설정했다면 글 주소의 슬러그도 이대로 나타납니다. 하지만 검색엔진은 키워드만 중요시하며, 주소 창에도 이렇게 길게 나오면 보기에도 좋지 않습니다. 그래서 새 글을 쓸 때 글 제목 부분의 슬러그를 수정할 수 있게 해놓았습니다.

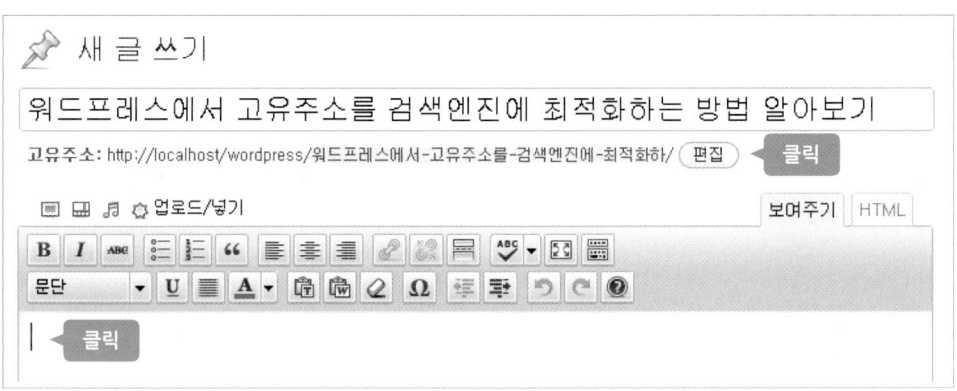

그림 2-43 고유주소 최적화

새 글 쓰기 창에서 제목을 입력하고 본문 입력란을 클릭하면 제목 아래에 고유주소가 나타납니다. 제목이 길어서 다 나오지도 않습니다. 편집 버튼을 클릭해서 키워드만 입력합니다. "워드프레스 고유주소 검색엔진 최적화"라고 수정합니다.

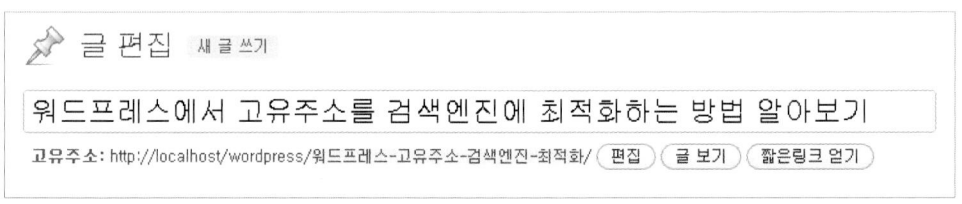

그림 2-44 슬러그 수정 후

긴 제목의 슬러그가 키워드만 남고 간결해졌습니다. 글을 입력할 때 키워드 사이에 빈칸만 띄우고 저장하면 대시가 자동으로 만들어집니다. 글을 발행하고 웹브라우저에서 어떻게 보이는지 확인해 보세요. "글보기"와 "짧은 링크 얻기" 버튼은 글 발행 후 "글 편집"에 들어왔을 때 보이는 버튼입니다. 짧은 링크 얻기 버튼을 클릭하면 고유주소 기본 설정에서처럼 "?p=123"의 형태로 나타나는 주소를 다시 만들 수 있습니다.

포스트와 페이지의 차이점과 페이지 만들기

07

01   포스트와 페이지의 차이

워드프레스에는 두 종류의 콘텐츠가 있습니다. 하나는 포스트(Post)이고 다른 하나는 페이지(Page)입니다. 블로그에서 포스트는 글을 올리는 행위를 의미하기도 하고 하나의 글 자체를 의미하기도 합니다. 워드프레스에서 페이지는 메뉴와 연관됩니다. 메뉴를 클릭하면 블로그 글이 나오는 것이 아니라 블로그 소개 글인 About 페이지와 같은 페이지가 나옵니다. 워드프레스에서 페이지란 하나의 독립된 레이아웃이라고 보는 것이 좋습니다. 이 페이지에는 블로그 글이 아닌 글 목록이 나올 수도 있고 태그 목록이 나올 수도 있습니다. 이러한 페이지에는 대부분 댓글 달기나 트랙백이 나타나지 않습니다. 하지만 반드시 정해진 것은 아니라서 연락처(Contact) 페이지에 댓글 달기가 있을 수 있습니다. 또한 사이드바가 나타나지 않게 페이지를 만들 수도 있습니다.

포스트	페이지
동적이다(Dynamic) - 시간상 역순으로 나열됨 포스트 목록이 있음 카테고리 글보관함(Archive)이 있음 태그가 있음 월별 글보관함이 있음 최근 포스트 목록이 있음 RSS 피드가 있음 검색 결과에 나옴	정적이다(Static) - 독립적으로 나타남 페이지 목록이 없음 글보관함이 없음 태그가 없음 월별 글보관함이 없음 최근 포스트 목록이 없음 RSS 피드가 없음 검색 결과에 나옴
뉴스 블로그	About page Contact page FAQ

위의 표에서처럼 포스트는 최신 글이 순서상 가장 먼저 나타납니다. 이러한 포스트는 블로그 글이나 뉴스 항목 등 업데이트될 수 있고 변동 가능한 글입니다. 반면 페이지는 내 소개에 관한 글, FAQ 등 업데이트되지 않고 변함이 없는 글이 있는 장소입니다. 워드프레스 블로그의 전형적인 형태는 블로그를 방문하면 초기 화면에 블로그 글이 나오고 카테고리, 글 보관함이나 월별 글 보관함이 있지만 워드프레스로 웹사이트를 제작할 수도 있기 때문에 초기 화면이 블로그 포스트가 아닌 정적인 페이지가 나오게 할 수도 있습니다. 이 정적인 페이지는 블로그 글이나 포트폴리오, 상품 상세 페이지로 갈 수 있는 관문 역할을 합니다.

02 페이지 만들기

워드프레스 관리자 화면의 주 메뉴에서 페이지 → 새 페이지 추가를 클릭하면 우측에 새 글 쓰기와 같은 형태의 화면이 나옵니다. "화면 옵션"을 클릭하면 설정 화면이 내려오고 글을 작성할 때 추가할 수 있는 옵션이 나옵니다. 각 옵션의 체크박스를 체크하면 하단에 박스가 추가됩니다. "화면 레이아웃" 항목에서는 기본적으로 열의 수가 2개인데 열의 수를 1로 체크해서 하나만 나오게 하면 우측 열이 좌측 열의 아래로 내려가고 글 입력 화면이 넓어집니다. 다시 열의 수를 두 개로 하면 자동으로 원상 복구됩니다. 이전 버전에서는 이동된 메타박스를 일일이 이동해야 했는데 편리해졌습니다.

그림 2-45 페이지 만들기 화면

제목 입력란에 "블로그 소개"를 입력하고 본문을 클릭하면 새 글 쓰기처럼 제목 밑에 고유주소가 나타납니다. 편집을 클릭해서 웹브라우저의 주소 창에 나타날 이름을 바꿀 수 있고 띄어쓰기를 하면 대시(-)가 자동으로 입력됩니다. 이것은 URL에서 빈칸을 허용하지 않기 때문입니다. 여기서는 내 소개에 관한 글을 입력합니다. 텍스트 편집 창 아래의 토론 박스에는 댓글 허용이나 트랙백 허용이 있는데, 자기 소개 글에 댓글이 있으면 어색하니 체크 해제합니다. 이처럼 페이지는 상황에 따라 토론 부분의 댓글을 입력할 수 없게 할 수 있습니다. 사용자 정의 필드는 글을 작성할 때 글쓴이의 기분 상태나 현재 하고 있는 일에 관한 메모 형식의 짧은 글을 추가할 수 있고 이것도 마찬가지로 블로그 소개 페이지에서는 필요하지 않을 것입니다.

그림 2-46 페이지 내용 입력

이렇게 글을 작성하고 미리보기를 클릭하면 페이지를 미리 볼 수 있습니다. 공개하기 버튼을 클릭하면 글이 발행됩니다. 1장에서 간략하게 새 글 쓰기에 대해 알아봤듯이 공개하기 박스의 내용은 새 글 쓰기와 같습니다. 이와 관련한 내용은 다음 장에서 새 글 쓰기에 관해 설명할 때 자세히 알아보겠습니다. 페이지 속성 박스에서 "상위"는 페이지가 메뉴와 관련이 있으므로 메뉴의 상하관계를 정할 수 있습니다. 블로그 소개 페이지는 홈 메뉴의 하위 메뉴로 설정할 수도 있지만 여기서는 "상위 없음"으로 우선 설정해 둡니다. "템플릿" 항목에서 기본 템플릿을 선택하면 사이드바가 나오지 않게 할 수 있습니다. "순서" 항목은 블로그 화면에서 페이지의 순서를 정합니다. 순서의 숫자가 많을수록 메뉴에서 우측으로 이동합니다. 즉, 페이지가 여러 개인 경우 메뉴의 좌측부터 알파벳 순으로 순서가 정해지는데 이러한 순서에서 벗어나 어느 하나의 페이지 메뉴를 우측으로 이동하고 싶으면 순서의 숫자를 높이면 됩니다. "특성 이미지"는 이미지를 추가하고 항상 일정한 위치에 나오게 할 수 있습니다. 이것도 다음 장에서 다룰 새 글 쓰기에서 나옵니다. 화면 좌측 상단의 블로그 제목(여기서는 WebDesign)을 대상으로 마우스 오른쪽 버튼을 클릭해 "새 탭에서 열기"를 선택하면 "블로그 소개"라는 메뉴가 추가된 화면이 나옵니다.

그림 2-47 페이지 옵션 설정

"블로그 소개"를 클릭하면 작성한 글 내용이 보입니다. 기본 템플릿으로 설정했을 때 사이드바가 나오지 않게 설정했기 때문에 사이드바가 나타나지 않습니다.

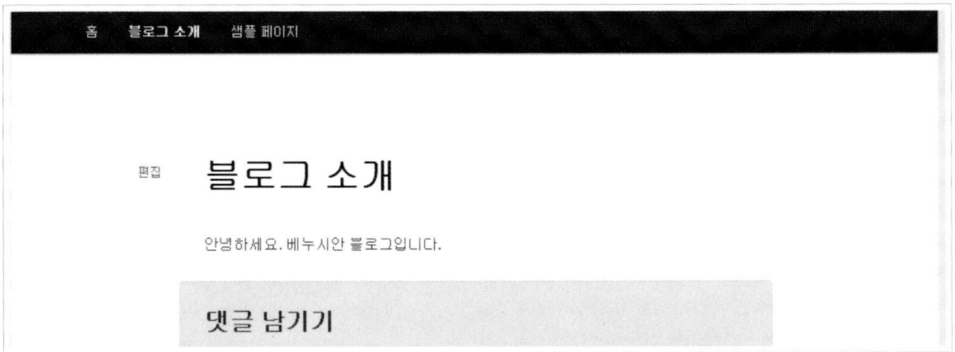

그림 2-48 블로그 소개 페이지

03 메뉴의 상하 관계

새로운 페이지를 하나 더 만듭니다. 여기서는 "프로필"이라는 제목을 입력하고 본문에 내용도 입력합니다. 페이지 속성 박스에서 상위 항목의 선택 박스를 클릭하면 이전에 만든 페이지 제목이 나옵니다. 이 선택 박스에서 블로그 소개 항목을 상위 메뉴로 선택하면 부모/자식 관계가 만들어지고 프로필 페이지는 블로그 소개 메뉴의 하위 메뉴로 등록됩니다.

그림 2-49 상위 메뉴

하위 메뉴로 등록되면 아래와 같이 블로그 소개의 하위에 메뉴가 나옵니다. 프로필 메뉴를 클릭하면 프로필 페이지가 나오고 주소창도 순차적인 주소 형태로 나옵니다.

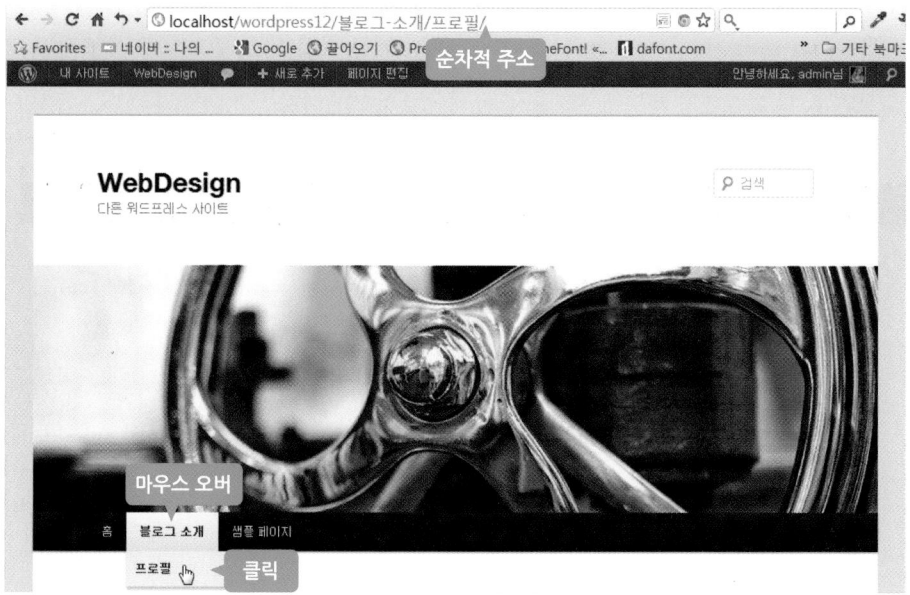

그림 2-50 페이지의 하위 메뉴

부모/자식 관계를 설정하지 않고 "상위 없음"을 선택하면 아래와 같이 블로그 소개와는 관계가 없는 별도의 메뉴로 등록됩니다. 페이지를 계속 만들다 보면 알파벳 순서에 의해 메뉴가 나오는데, 이 순서를 수정하려면 원하는 페이지의 순서로 숫자를 변경합니다. 주 메뉴에서 "모든 페이지"를 선택하고 페이지 목록 중 하나에 마우스를 올리면 메뉴 링크가 나타납니다. "빠른 편집"을 클릭하면 편집 화면이 나타납니다. 블로그 소개 페이지의 순서 숫자를 2로 변경하고 블로그 화면에서 보면 프로필 페이지보다 오른쪽에 위치합니다.

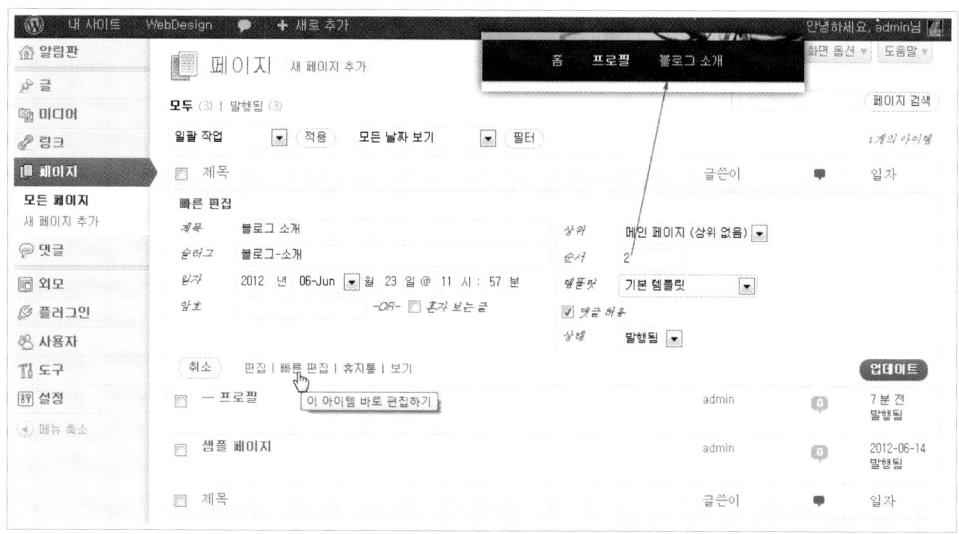

그림 2-51 메뉴의 순서 수정

여기서 "편집"을 클릭하면 페이지 만들기와 같은 화면의 편집 모드로 들어가지만 빠른 편집으로 하면 여러 개를 같은 화면에서 편집할 수 있습니다. 페이지 관리를 쉽게 하는 방법을 하나 알려드리자면 "순서"의 수치를 10 단위로 입력하는 것입니다. 페이지의 순서를 10 단위로 입력하면 나중에 다른 페이지의 순서를 변경할 때 숫자가 겹칠 경우 두 개 이상의 순서를 변경해야 하기 때문에 순서 숫자에 여유를 주면 수정하기가 편해집니다.

위젯 사용하기 08

위젯은 각종 블로그 프로그램에서 다른 의미의 용어로 사용되고 있습니다. 티스토리는 사이드바에 있는 카테고리나 최근 글 같은 기본적으로 사용되는 요소로서 추가하거나 제거할 수 있는 부분을 모듈이라고 하고 위젯뱅크에서 코드를 복사해서 임의로 추가할 수 있는 부분을 위젯이라고 합니다. 익스프레스 엔진이나 드루팔에서는 모듈이 블로그 프로그램에 보조적으로 사용되는 작은 프로그램으로서 티스토리의 모듈과 성격이 다릅니다.

이러한 위젯이나 모듈은 성격상 같은 부류에 속하고 플러그인과 같은 개념입니다. 플러그인이란 기본적인 프로그램에 그 프로그램의 사용을 확대하기 위해 사용하는 작은 프로그램으로, 설치하고 배치만 하면 바로 사용할 수 있습니다. 워드프레스에도 별도의 플러그인 개념이 있는데, 사실 위젯이나 플러그인이나 블로그의 기능을 확대하는 면에서는 같은 역할을 하는 것이죠. 그러니 큰 개념으로 말하자면 플러그인이라 할 수 있고 사이드바에서 기본적으로 사용하는 프로그램은 위젯이라고 합니다. 위젯을 배치할 수 있는 곳에 플러그인도 배치할 수 있습니다.

위젯은 PHP 프로그램의 함수를 이용해 데이터베이스에서 데이터를 불러내는 복잡한 작업을 하지만 워드프레스에서는 사용하기 쉽게 돼 있습니다. 관리자 화면에서 박스 형태로 존재하므로 언제든지 원하는 위젯을 클릭한 후 드래그해서 사이드바 영역이나 푸터 영역에 붙이면 바로 사용할 수 있습니다. 예전에는 사이드바 영역에 주로 배치할 수 있었지만 지금은 푸터, 헤더, 콘텐츠 영역에도 배치할 수 있어서 사실상 위젯은 모든 영역에 배치할 수 있습니다.

01 위젯 설정하기

위젯의 종류는 다양하고 테마에 따라서도 다릅니다. 어떤 테마에 있는 위젯이 다른 테마에는 없을 수도 있습니다. 또한 플러그인을 위젯으로 배치해서 사용할 수도 있습니다.

워드프레스를 처음 설치하면 기본 테마인 Twenty Eleven이 나타나고 사이드바에 기본적인 위젯이 나옵니다. 처음에 나오는 것이 글 보관함인 아카이브 위젯이고, 그 다음이 메타 위젯

입니다. 이러한 위젯의 순서를 바꾸거나 이름을 변경하거나 다른 위젯을 추가하려면 상단의
툴바에서 "블로그 제목", "위젯"을 차례로 클릭합니다.

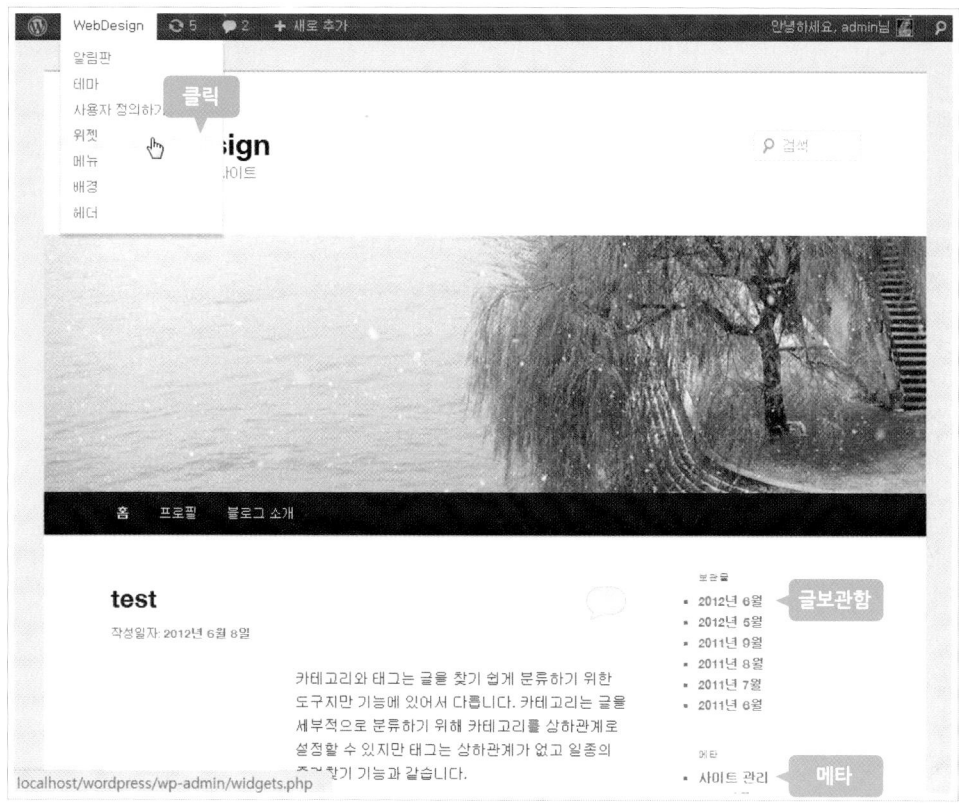

그림 2-52 위젯 사용하기

위젯 화면은 크게 네 부분으로 나뉩니다. 오른쪽의 위젯 영역에는 처음에 기본적으로 아무런
위젯도 없습니다. 워드프레스는 위젯을 설정하지 않아도 기본적인 위젯이 나오게 돼 있고 위
젯을 하나라도 배치하면 기본 위젯이 사라지고 모든 위젯을 제거하면 다시 기본 위젯이 나타
납니다.

화면 중앙에는 "사용할 수 있는 위젯"과 그 아래에 "비활성화 위젯"이 있고 오른쪽에 위젯 영
역이 있습니다. 상단의 화면 옵션을 클릭하면 "접근 모드 활성화"가 있습니다. 이것은 위젯을
클릭한 후 드래그하는 식으로 위젯 영역에 배치할 수 없는 경우에 사용하며, 이에 대해서는
별도로 설명하겠습니다. "사용할 수 있는 위젯"과 "비활성화 위젯" 박스의 상단에는 타이틀

바가 있고 우측에는 삼각형의 아이콘이 있는데, 평상시에는 옅은 색으로 보이다가 타이틀바에 마우스를 올리면 짙은 색이 됩니다. 이것은 박스의 내용을 축소하는 아이콘으로, 클릭하면 "사용할 수 있는 위젯" 영역이 줄어들어 "비활성화 위젯" 영역이 위로 올라오므로 이 영역의 위젯을 선택한 후 클릭해서 드래그하는 식으로 위젯 영역에 배치하기가 편해집니다.

그림 2-53 위젯 화면의 네 가지 영역

∩2 위젯 편집하기

위젯의 타이틀 바(예를 들어, 검색 위젯)에 마우스를 올리면 이동할 수 있게 커서가 십자형으로 바뀝니다. 이를 클릭한 후 드래그해서 우측 위젯 영역의 메인 사이드바에 놓으면 배치가 끝납니다. 위젯을 클릭한 후 드래그해서 배치하더라도 원래의 위젯이 남아 있는 것은 다른 영역에도 추가로 배치할 수 있게 하기 위해서입니다. 이 상태에서 블로그 화면에서 새로 고침해서 보면 검색 위젯이 나타나면서 기존에 있던 기본 위젯이 사라진 것을 볼 수 있습니다.

위젯을 위젯 영역에 올려놓기만 해도 위젯이 활성화됩니다. 타이틀 이름을 바꾸고 위젯을 설정하는 방법을 알기 위해 사용할 수 있는 위젯 영역에서 카테고리 위젯을 메인 사이드바에 올립니다.

위젯은 위젯 영역에 올리면 바로 내용을 편집할 수 있게 펼침 상태가 됩니다. 이 상태에서 블로그 화면을 새로고침해서 보면 카테고리 제목이 나옵니다. 테마에 따라 한글이 기본적으로 나오지 않는 경우도 있는데, 이럴 때는 영어로 제목을 입력해야 합니다. 글씨도 작게 나오는데 이것도 테마에 따라 다릅니다. 글씨가 작게 나오는 테마를 선택한 경우에는 글씨의 크기를 CSS에서 변경하면 되며 "위젯 글자 스타일링하기"에서 다룹니다.

그림 2-54 카테고리 위젯 수정하기

체크박스에 체크한 후 "저장하기" 버튼을 클릭하고 블로그 화면에서 새로 고침해서 보면 "드롭다운 방식으로 보여주기"에 체크했으므로 목록 형태가 아닌 드롭다운 형태로 나옵니다. "닫기" 링크와 타이틀 바의 세모 아이콘은 같은 역할을 하며, 위젯 편집 영역을 안 보이게 합니다. 삭제를 클릭하면 위젯 영역에서 제거되는데, 위젯에서 편집하거나 설정해 놓은 것이 다 사라지므로 이럴 때 사용하는 것이 비활성화 위젯 영역으로 클릭한 후 드래그하는 것입니다.

위젯의 내용을 편집하고 사용하다가 제거하기 위해 삭제를 클릭하거나 "사용할 수 있는 위젯 영역"으로 클릭한 후 드래그하면 편집 내용이 모두 사라집니다. 편집 내용을 보존하려면 비활성화 위젯 영역으로 이동해야 합니다. "사용할 수 있는 위젯" 영역의 타이틀 바에서 세모 아이콘을 클릭하면 화면이 줄어들면서 아래의 "비활성화 위젯"이 올라와서 이동하기가 수월해집니다. 여기서는 카테고리 위젯을 클릭한 후 드래그해서 비활성화 위젯 영역에 올리면 작업이 끝납니다.

아울러 두 개의 카테고리 위젯이 있는데, 하나는 기존에 있던 편집되지 않은 위젯이고 다른 하나는 편집된 위젯입니다. 타이틀 이름이 그대로 있고 세모 아이콘을 클릭하면 편집한 내용이 그대로 있습니다. 이처럼 간단한 위젯은 저장하지 않고 제거해도 다시 설정하는 데 시간이 오래 걸리지 않습니다. 반면 텍스트 위젯은 블로그를 소개하거나 이미지를 넣을 수 있고, HTML 코드만 알면 이미지에 링크를 걸 수도 있습니다. 여기서 편집해 놓은 위젯은 삭제하기보다는 비활성화 위젯 영역에 보관해 두면 언제든지 다시 사용할 수 있습니다. 그러면 이번에는 텍스트 위젯에 대해 알아봅시다.

그림 2-55 비활성화 위젯으로 저장하기

03 텍스트 위젯 사용하기

텍스트 위젯은 사이드바에 다양한 형태로 요소를 만들 수 있는 위젯입니다. 블로그의 소개글을 올린다거나 트위터 연결 버튼을 만드는 등 다양한 용도로 사용할 수 있습니다. 텍스트 위젯을 메인 사이드바 영역에 올려놓으면 편집 화면이 펼쳐집니다. 제목을 입력하고 글 내용을 입력합니다. 문단 사이에 단락을 만들려면 "단락을 자동으로 추가합니다."에 체크합니다. 저장하기 버튼을 클릭하는 것도 잊지 마세요.

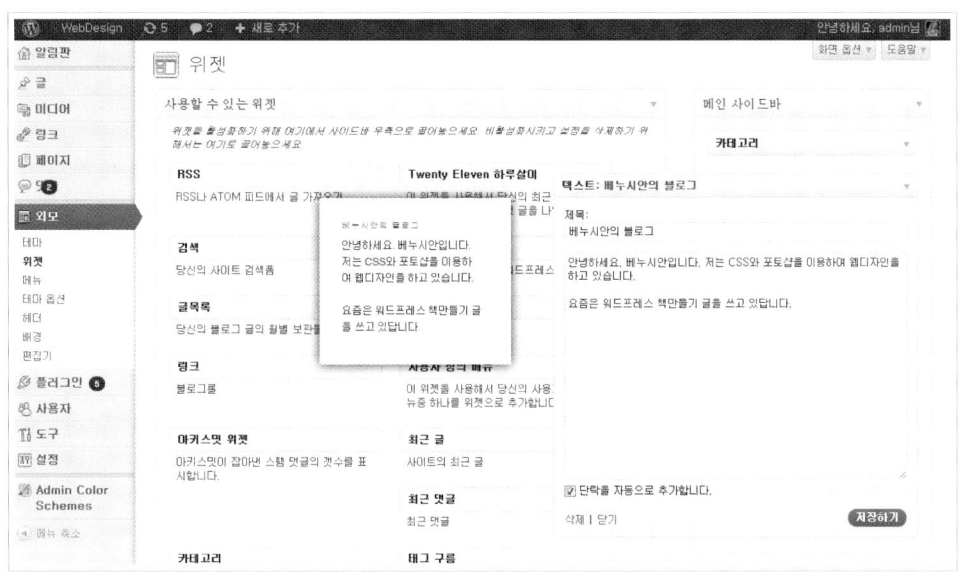
그림 2-56 텍스트 위젯 사용하기

텍스트 위젯에는 이미지도 삽입할 수 있습니다. 이미지를 사용하려면 워드프레스에 이미지가 저장돼 있어야 합니다. 이 부분은 다음 장에 나오는 이미지 편집을 참고해서 이미지를 이미지 라이브러리에 업로드하고 이미지의 URL을 복사해서 HTML의 〈img src="URL"〉을 사용해서 삽입하면 됩니다.

∩/, 접근 모드 활성화

위젯을 위젯 영역에 클릭해서 드래그할 수 없는 상황이 있을 수 있는데, 시력이 안 좋아서 스크린 리더(인터넷 화면의 글 내용을 읽어주는 도구)나 스마트폰을 사용하거나 오래된 웹브라우저를 사용할 때는 접근 모드 활성화를 이용하면 됩니다. 화면 상단에서 화면 옵션을 클릭하면 접근 모드 활성화 링크가 있습니다. 이 링크를 클릭하면 각 위젯의 타이틀 바에 "추가" 또는 "편집" 링크가 나옵니다. 이를 클릭하면 내용을 편집하거나 위젯 영역의 어떤 위치로 배치할지 설정하는 화면이 나옵니다. 위젯 영역에 배치해서 편집할 때와 같은 내용이 나오고 하단에는 어떤 영역으로 보낼 것인지 선택할 수 있게 돼 있습니다.

위젯 카테고리

제목:

☐ 드랍다운 방식으로 보여주기
☐ 보여줄 글 수
☐ 계층도 보여주기

이 위젯의 사이드바와 사이드바의 위치를 선택하세요.

사이드바	위치
◉ Main Sidebar	— 선택 — ▾
◯ Showcase Sidebar	— 선택 — ▾
◯ Footer Area One	— 선택 — ▾
◯ Footer Area Two	— 선택 — ▾
◯ Footer Area Three	— 선택 — ▾
◯ 비활성화 위젯	

취소   위젯 저장

그림 2-57 접근 모드 활성화

∩5 위젯 글자 스타일링하기

블로그 화면에서 위젯의 제목을 보면 하위 목록에 비해 글자의 크기가 아주 작습니다. 글자
스타일을 수정하려면 스타일시트를 손봐야 합니다. 글자의 크기를 정하는 설정이 스타일시
트의 어떤 부분에서 적용되는지 알아보려면 웹브라우저의 개발자 툴을 사용하면 됩니다. 그
러자면 먼저 글자 위에 마우스 오른쪽 버튼을 클릭하면 메뉴가 나옵니다. 메뉴에서 "요소 검
사"를 선택하면 하단에 HTML 코드와 스타일시트 창이 나옵니다. 인터넷 익스플로러를 사용
할 경우 이 같은 방법으로는 할 수 없고 F12 키를 누르면 마찬가지로 하단에 창이 나오며 메
뉴바 아래에 있는 화살표 커서를 선택하고 글자에 클릭하면 해당 스타일시트를 볼 수 있습
니다. 스타일시트 창을 보면 .widget-title이라는 클래스 선택자에 대한 폰트 설정이 나옵니

다. 색상은 #666으로 회색이고, 폰트 사이즈는 10픽셀입니다. 우선 이것이 어떻게 보이는지 보려면 "10px"이라고 적힌 부분을 더블클릭해서 수치를 수정할 수 있습니다. 15px로 수정하고 엔터 키를 치면 글자의 크기가 커집니다. 그런데 이렇게 한다고 해서 수정되는 것은 아니며, 최종적으로 워드프레스의 CSS를 수정해야 합니다. 우측에 보면 스타일시트 파일의 이름과 파일 안에서의 줄 번호가 나오는데, 이 위치를 어딘가에 적어 둡니다. 이 파일을 텍스트 편집기에서 열고 폰트를 수정해야 하는데, 스타일시트 파일의 정확한 위치를 알려면 HTML 코드가 있는 좌측의 Resources 메뉴를 클릭합니다.

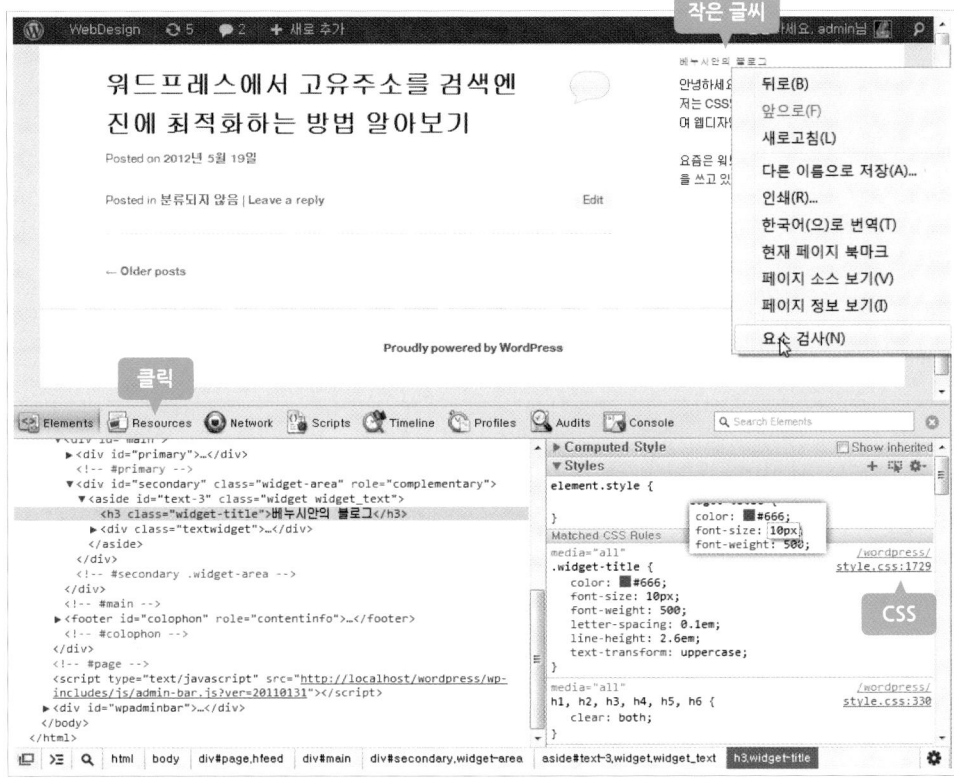

그림 2-58 CSS 수정

Frames 아래에서 우측으로 향한 세모를 클릭하면 세모가 아래로 향하면서 폴더가 펼쳐집니다. 아래로 내려가서 style.css에 마우스를 올리면 스타일시트가 있는 URL이 툴팁으로 나타납니다. 워드프레스에는 파일이 많으므로 파일의 위치를 찾으려면 이렇게 해야 빠르게 찾을 수 있습니다.

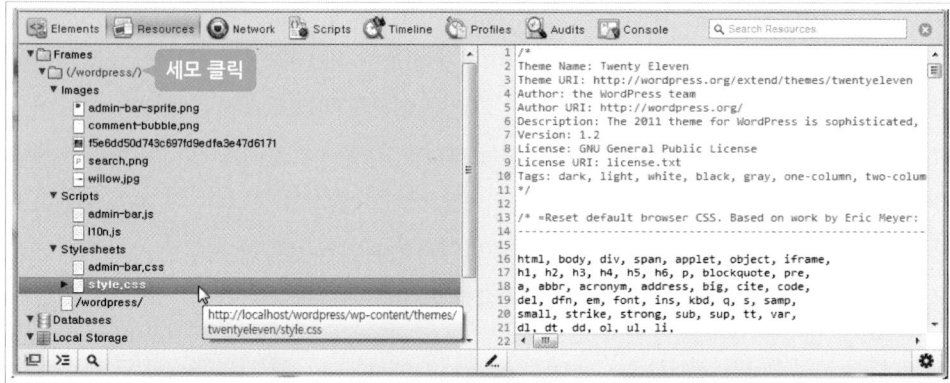

그림 2-59 스타일시트 파일의 위치

CSS 팁

클래스 선택자 – 스타일시트에서 HTML 코드에 명령을 내리려면 대상이 있어야 하는데, CSS에서는 선택자를 사용해 명령을 받는 대상 요소에 삽입합니다. 선택자에는 아이디 선택자, 클래스 선택자, 태그 선택자가 있고 아이디나 클래스는 HTML의 코드 안에 id="아이디 이름"이나 class="클래스 이름"과 같이 별도로 삽입해주지만 태그 선택자는 HTML의 태그를 대상으로 하므로 별도의 선택자를 삽입하지 않아도 됩니다.

그림 2-58에서 텍스트 위젯 제목에 대해 다음과 같은 HTML 코드가 삽입돼 있습니다.

```
<h3 class="wiget-title">베누시안의 블로그</h3>
```

위에서 h3는 태그입니다. CSS에서는 태그를 선택자로 사용할 수 있죠. 하지만 별도로 class="wiget-title"라는 코드를 삽입해서 CSS에서 "베누시안의 블로그"라는 글자에 대해 명령을 내렸습니다. 이렇게 하는 이유는 h3라는 태그에 대해서만 명령을 내리면 블로그의 모든 h3 태그가 지정된 요소에 명령이 전달되기 때문입니다. 대신 특정 부분에만 명령을 전달하기 위해 클래스 선택자를 사용한 것입니다. 카테고리나 다른 위젯의 제목 글자에는 이 클래스 선택자가 삽입돼 있습니다. 그러면 h3 태그가 지정된 요소 중에서도 이 클래스 선택자가 지정된 요소에만 명령이 전달됩니다.

아이디 선택자는 클래스 선택자처럼 여러 개의 요소에 명령을 전달하는 것이 아닌 단 하나의 요소에만 사용됩니다. 그래서 웹페이지에서 오직 하나뿐인 요소, 예를 들면 header라든가 footer에 사용되므로 많이 쓰이지는 않습니다. 즉 class="header"처럼 지정하고 CSS에서 명령을 내려서 클래스 선택자로 사용해도 소기의 목적을 달성할 수 있고 이미 사용된 선택자를 다른 곳에 사용할 경우 추가로 CSS에서 선언하지 않아도 되는 유연성이 있기 때문입니다. 아이디 선택자는 자바스트립트에서 대상을 정해서 명령을 내릴 경우에 반드시 아이디 선택자가 필요하므로 이럴 때는 아이디 선택자가 사용됩니다. 이러한 아이디 선택자와 클래스 선택자의 사용법은 테마 만들기의 CSS 기초 부분에서 자세히 다룹니다.

현재 Twenty Eleven이라는 테마를 사용하고 있으므로 WAMP 서버에서 툴팁에 나타난 경로를 찾아서 폴더로 들어가면 style.css 파일이 있습니다. 이 파일을 텍스트 편집기에서 엽니다.

텍스트 편집기에서 Ctrl+G를 누르면 입력 창이 나옵니다. 대부분의 텍스트 편집기는 단축키가 같습니다. 줄 번호 1729를 입력하고 엔터 키를 치면 해당 줄로 이동합니다. 폰트 사이즈는 18픽셀로, 폰트 웨이트는 bold로, color는 #333으로 수정하고 저장합니다.

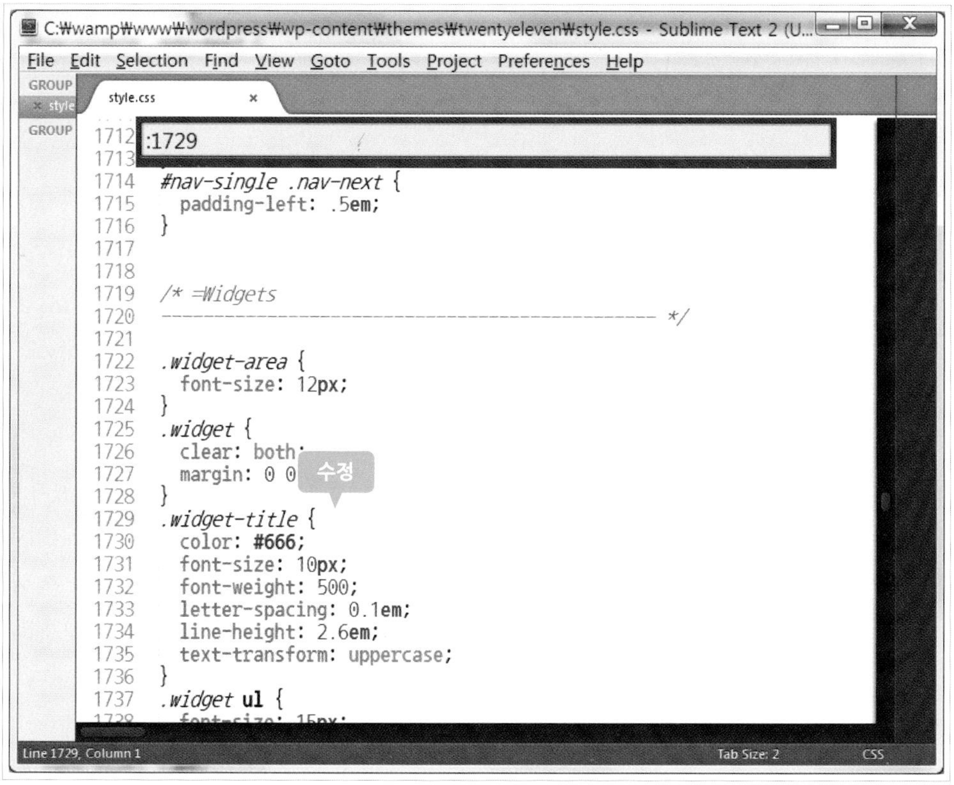

그림 2-60 폰트 크기와 색상 수정

CSS 팁

색상 코드는 6개의 16진수 숫자를 사용합니다. 16진수는 0부터 시작해 9 다음에 A, B, C, D, E, F까지 16개의 숫자를 사용합니다. 모니터의 색상은 R(Red), G(Green), B(Blue)의 세 가지 색상을 조합해서 표현되며, 각 색상을 숫자로 표시합니다. 이때 각 색상은 두 자리의 16진수로 표현하므로 00은 가장 어두운 색이고 FF는 가장 밝은 색입니다. 색상의 두 자리 숫자가 같으면 검정색과 흰색, 그 사이의 색인 회색을 표현할 수 있습니다. 예를 들어, 검정색은 "000000"으로 R(00), G(00), B(00)이 되며, 각 색의 가장 어두운 색이므로 검정색이 되는 것입니다. 가장 밝은 색의 조합인 "FFFFFF"는 흰색이 되고 중간 색인 회색을 나타내려면 다른 숫자를 넣으면 됩니다. 중간 정도의 회색은 "888888"을 넣으면 되며 색상 코드가 같은 숫자는 한 자리 숫자로 줄여서 사용할 수 있으므로 "000"이나 "FFF" 또는 "888"로 지정하면 됩니다. 그러니 이러한 단색의 색상 코드는 코드를 알지 못해도 숫자의 크기를 감안해서 입력하면 됩니다. 영문 숫자는 소문자를 사용해도 됩니다.

색상 코드에 대해 덧붙이자면 두 자리의 16진수는 00에서 시작해 FF에서 끝나므로 총 256가지의 색입니다. 색상 코드의 구성은 R(두 자리수),G(두 자리수),B(두 자리수)로 되므로 세가지 색상에 대해서 두자리의 색상 코드를 적용하면, 256X256X256=16,777,216가지의 색이 나옵니다. 이는 모니터가 표현할 수 있는 색의 최대 한계입니다. 빨간색을 만들자면 ff0000으로 R을 가장 밝게 하고 나머지 두 개의 색은 가장 어둡게 하면 됩니다. 녹색이나 파란색도 같은 방법으로 하면 00ff00, 0000ff가 되겠죠. 색상의 숫자가 0f8922라면 어떤 색이 나올까요? 0f나 22는 어두운 색이고 89는 녹색의 중간 정도의 밝은 색이니 어두운 녹색이 나옵니다. 이처럼 6개의 16진수 숫자로 표현된 색상 코드를 보면 어떤 색인지 대략 짐작할 수 있습니다.

블로그 화면에서 새로 고침하면 글자의 크기와 색상이 바뀝니다. 클래스 선택자를 사용하고 있으므로 .widget-title을 사용하는 요소는 모두 스타일이 바뀌어서 위에 있는 카테고리도 글자의 크기가 바뀝니다. 클래스 선택자는 CSS에서 스타일 적용 대상을 지정하는 방법으로, 하나 이상의 여러 개의 요소를 대상으로 CSS 스타일을 선언할 때 사용합니다. 앞으로 테마 디자인 수정할 때 많이 나오며, 기초적인 CSS에 대해서도 다룰 예정입니다.

그림 2-61 폰트 수정 완료

글자의 크기와 색상이 달라졌습니다. 폰트는 대부분 기본으로 설치돼 있는 굴림체가 많이 사용되지만 웹폰트를 사용하면 보기 좋은 디자인의 블로그가 되겠죠. 다음 절에서는 웹폰트를 사용해 워드프레스의 전체 폰트를 바꾸는 방법을 알아봅니다.

한글 웹폰트 사용하기

웹디자인에서 폰트의 선택은 아주 중요합니다. 글을 읽을 때의 가독성과 글자의 생김새는 디자인에 많은 영향을 미치기 때문이죠. 한글 완성형은 글자 수가 많지만 가장 많이 쓰는 글자가 2350개이므로 대부분의 폰트는 이 개수만큼 글자를 만듭니다. 그런데 가독성이나 디자인 측면에서 좋은 폰트를 선택하기란 쉽지 않습니다. 왜냐하면 내 컴퓨터에 설치된 폰트가 방문자의 컴퓨터에도 설치돼 있다는 보장이 없기 때문이죠. 내 컴퓨터에 있는 나눔 고딕체 폰트를 CSS 스타일시트에서 선언하고 블로그의 새 글 쓰기에서 굴림체로 글을 작성하더라도 글을 저장하고 나면 설정된 나눔고딕 폰트로 보입니다. 하지만 방문자의 컴퓨터에 이 폰트가 없다면 기본적으로 설치된 굴림체와 돋움체로만 보입니다. 그렇다면 내가 열심히 디자인한 블로그의 웹페이지가 다른 사람에게는 다르게 보인다는 것인데, 결국 하나마나한 디자인을 한 셈입니다.

웹폰트는 방문자의 컴퓨터에 폰트가 설치돼 있지 않아도 웹폰트 사이트에 링크를 걸어놓고 CSS로 인식하게 하면 어느 컴퓨터에서나 내가 선언한 폰트로 보이는 아주 훌륭한 역할을 합니다. 또한 그것이 비영리적인 웹사이트인 블로그에서 무료로 사용할 수 있다면 누구든 사용하고 싶어질 것입니다.

01 모빌리스 웹폰트 사이트에서 링크 복사

모빌리스 웹폰트 사이트는 웹디자인에서 타이포그래피가 중요해지면서 다양한 폰트의 사용이 증대되어 웹사이트 작업 시 쉽게 웹폰트를 사용할 수 있도록 만들어진 웹폰트 서비스입니다. CSS3의 @fontface 룰을 이용하면 폰트를 자신의 서버에 저장하고 스타일시트에서 인식시켜주면 원하는 폰트를 방문자의 화면에 나타나게 할 수는 있습니다. 하지만 우리나라에서 많이 사용되는 인터넷 익스플로러의 경우 9버전에서, 그것도 폰트 확장자가 eot인 것만 적용되므로 @fontface 룰을 적용해서 사용하기도 어렵습니다. 또한 폰트를 구매해도 사용권에는 웹폰트 사용이 포함돼 있지 않으므로 우리나라에서 웹폰트 사용은 아주 제한적입니다. 구글 웹폰트(http://www.google.com/webfonts)는 아주 다양한 폰트를 구매해서 웹폰트로 사용할 수 있게 하고 있지만 영문만 해당됩니다.

모빌리스 웹폰트 서비스는 현재 베타 서비스로 상업적으로 사용해도 되는 폰트를 대상으로 서비스를 하고 있습니다. 폰트 사용은 무료지만 이 웹폰트 서비스를 이용하는 것은 유료이고 비영리 사이트인 블로그는 무료로 이용할 수 있습니다. 일반 폰트를 웹서버에 저장해 두고 사용자는 링크만 걸어주면 되므로 아주 간편합니다. 이 사이트에 있는 폰트는 다양하지 않아 선택의 폭이 좁지만 네이버에서 개발해서 무료로 공개한 나눔체는 가독성이나 웹디자인 측면에서 아주 훌륭한 폰트이며 많이 사용되고 있습니다.

나눔체는 총 6종이며 나눔 고딕, 나눔 명조, 나눔 붓글씨, 나눔 펜, 나눔 코딩, 나눔 에코가 있으며, 이 가운데 앞의 4종이 모빌리스 웹폰트 서비스로 사용할 수 있습니다. 여기서는 나눔 고딕체를 블로그에 삽입하는 방법을 알아봅니다.

웹브라우저에서 모빌리스 웹폰트 사이트의 나눔고딕 페이지(http://api.mobilis.co.kr/webfonts/?font_group=Nanum)로 이동합니다. 일반적으로 사용하는 폰트 굵기인 NanumGothicWeb을 클릭합니다.

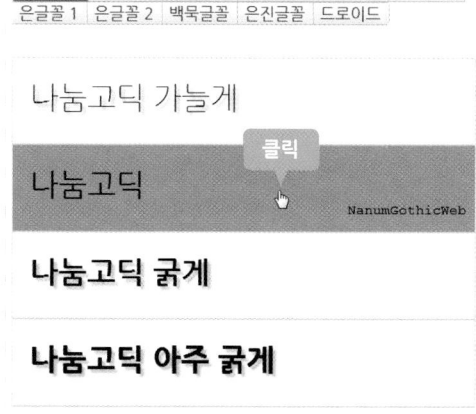

그림 2-62 나눔고딕

"웹폰트 사용 방법"이라고 적힌 부분으로 스크롤바를 내려서 〈head〉…〈/head〉 사이의 〈link~~~/〉 부분을 블럭 설정해서 복사합니다.

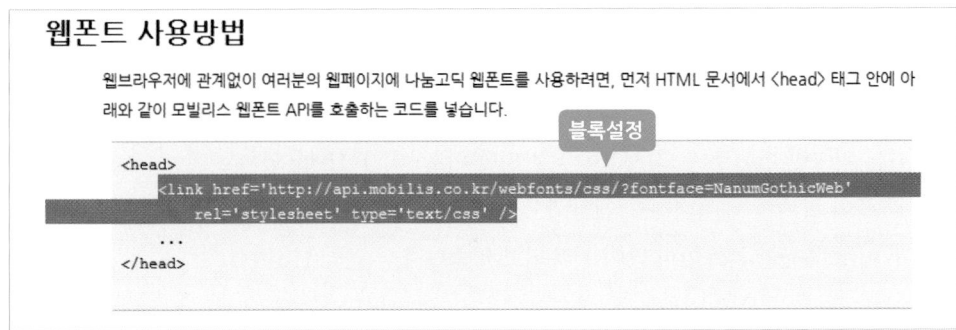

∩2 워드프레스 편집기에서 편집하기

그동안 외부 텍스트 편집기를 사용했는데, 이번에는 워드프레스 관리자 화면에서 파일을 수정해봅시다. 워드프레스에는 내장된 편집기가 있어서 CSS 파일도 수정할 수 있지만 외부 텍스트 편집기처럼 코드가 색상별로 나오지 않아서 코드를 알아보기 힘듭니다. 하지만 편집할 내용이 간단하다면 내장된 편집기를 사용하는 것도 좋은 방법입니다.

주 메뉴에서 "테마 디자인", "편집기"를 차례로 선택하고 화면 우측의 템플릿 부분에서 "헤더(header.php)"를 찾아 클릭하면 중앙에 파일 내용이 나타납니다. 헤더 파일은 하단에 있으니 스크롤해서 내리면 마지막 부분에 있을 것입니다. 다음으로 스타일시트 링크인 <link rel="stylesheet"~~~> 앞에 커서를 두고 엔터 키를 치면 새로 한 줄이 생깁니다. 앞에서 복사해온 링크를 방금 만든 빈 공간에 붙여 넣습니다. 참고로 폰트를 선언하는 스타일시트 이전에 웹폰트 링크를 삽입해야 CSS에서 인식하므로 아무 곳에나 삽입해서는 안 됩니다. 마지막으로 "파일 업데이트" 버튼을 클릭합니다.

내 컴퓨터에서 작업할 때는 파일을 항상 수정할 수 있어서 아래처럼 파일 업데이트 버튼이 나오지만 웹호스팅에서 작업할 때는 이 버튼이 나오지 않는 경우가 있습니다. 이것은 스타일시트 파일의 수정권한 설정이 되어 있지 않은 상태입니다. 파일질라로 접속해서 해당 파일을 찾아 마우스 오른쪽 버튼을 클릭해서 나오는 메뉴에서 "파일권한"을 선택하고 숫자값에 "777"을 입력해야 워드프레스에서 수정할 수가 있고 파일 업데이트 버튼이 나타납니다.

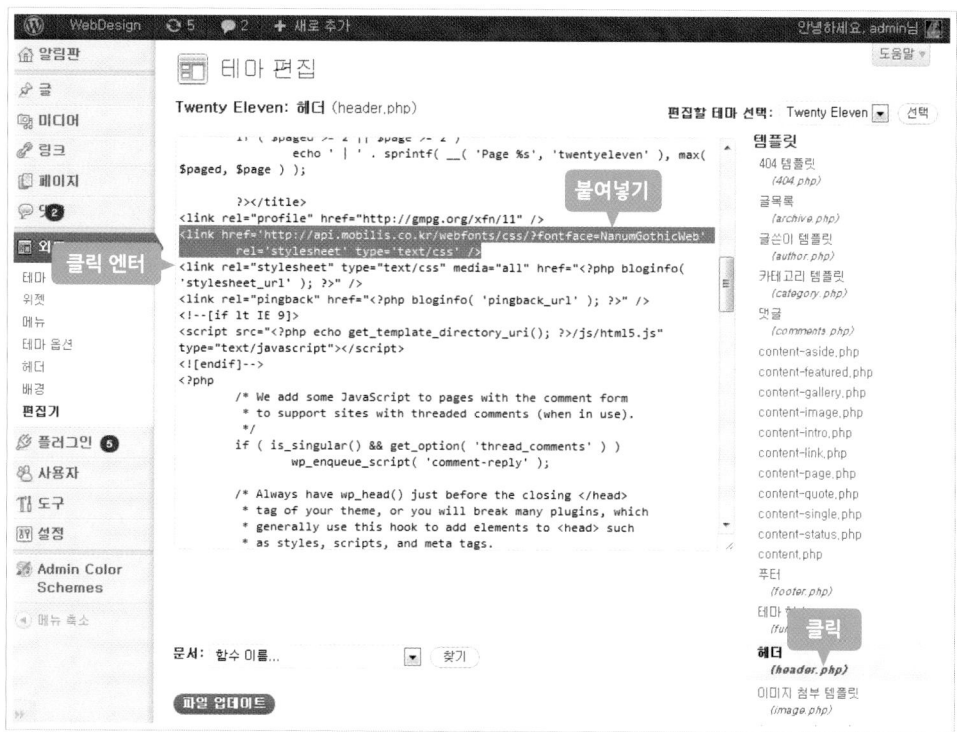

그림 2-64 테마 편집기 사용

이번에는 스타일시트 파일인 style.css 파일을 찾아 클릭합니다. Ctrl+F를 누르면 화면 우측
상단에 찾기 입력상자가 나옵니다. "font"를 입력하면 검색 결과가 128개가 나오고 스크롤해
서 내려서 노란색 배경의 font: 다음에 폰트 이름이 선언된 곳을 찾습니다. CSS의 구문에 대
해서는 나중에 자세히 다루겠지만 처음에 선택자(타겟)가 나오고 그다음의 중괄호 안에 이
선택자에 대한 명령을 선언합니다. 이때 명령을 내리는 부분은 속성과 값으로 분류됩니다.
여기서 font는 속성이고, 15px이나 폰트 이름은 값에 해당합니다.

폰트 이름이 처음 나오는 곳이 body, input~~ 부분입니다. "Helvetica Neue" 바로 앞에
커서를 두고 "NanumGothicWeb, 맑은고딕, "을 입력합니다(따옴표 제외). 맑은고딕, 다음
에 한 칸을 띄우고 나눔고딕 폰트의 이름부터 한 칸 띄운 곳까지 블록 설정해서 복사합니다.
맑은 고딕은 윈도우 비스타 버전 때부터 윈도우 기본 폰트로 포함돼 있으니 많은 컴퓨터에
설치돼 있을 것입니다. 맑은 고딕을 첨부하는 이유는 웹폰트 서버가 작동하지 않을 경우 맑
은고딕이 나오게 하기 위해서입니다.

그리고 나서 아래로 스크롤해서 다음으로 폰트가 선언된 곳을 찾습니다.

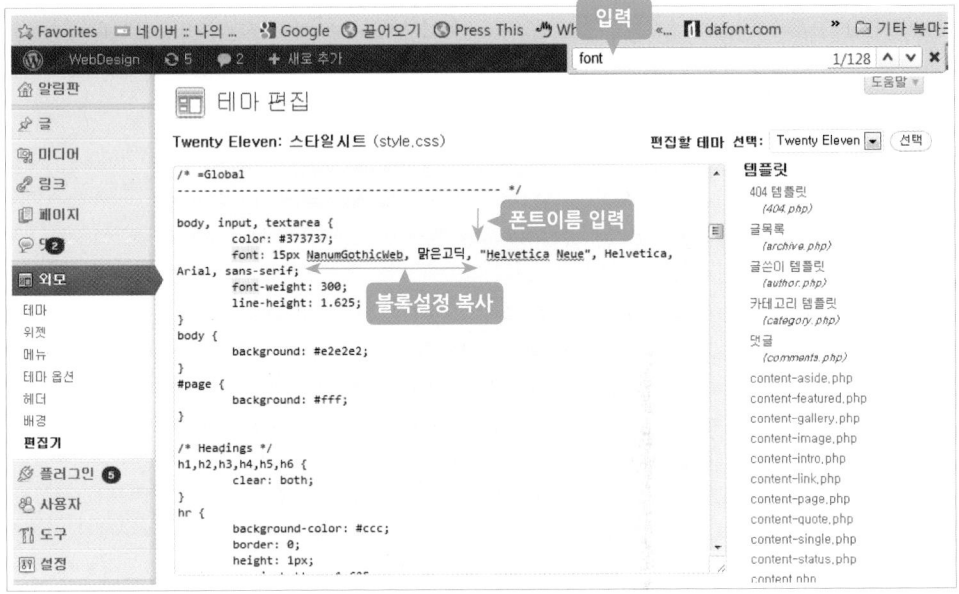

그림 2-65 폰트 이름 입력

그다음에 나오는 곳이 blockquote cite입니다. 이곳의 폰트 이름 앞에 커서를 두고 앞에서 복
사해둔 내용을 붙여 넣습니다. pre나 code는 코딩용 폰트가 사용되므로 제외합니다. 다시 아
래로 스크롤해서 .gallery-caption까지 붙여 넣으면 더는 폰트가 선언된 곳이 없습니다. 파일
업데이트 버튼을 클릭하고 블로그 화면에서 새로 고침하면 글자가 나눔고딕체로 바뀝니다.

```
}
blockquote cite {
        color: #666;
        font: 12px NanumGothicWeb, 맑은고딕, "Helvetica Neue", Helvetica, Arial, sans-serif;
        font-weight: 300;
        letter-spacing: 0.05em;
        text-transform: uppercase;
}
pre {
        background: #f4f4f4;
        font: 13px "Courier 10 Pitch", Courier, monospace;
        line-height: 1.5;
        margin-bottom: 1.625em;
        overflow: auto;
        padding: 0.75em 1.625em;
}
code, kbd {
        font: 13px Monaco, Consolas, "Andale Mono", "DejaVu Sans Mono", monospace;
}
abbr, acronym, dfn {
        border-bottom: 1px dotted #666;
        cursor: help;
```

그림 2-66 폰트 적용을 제외하는 부분

영문도 나눔고딕체로 바뀌는지 요소 검사를 해봅니다. 영문에 마우스 오른쪽 버튼을 클릭해 요소 검사를 선택하고 우측의 스타일시트 패널에서 스크롤해서 내리면 body 태그에 선언된 폰트 이름을 확인할 수 있습니다.

주의할 점은 테마를 업데이트하면 모든 파일이 업데이트되므로 스타일시트나 헤더 파일에 삽입한 코드가 사라진다는 것입니다. 헤더 파일에는 링크 파일을 다시 첨부하면 되고 스타일 시트는 백업해 두고 테마를 업데이트한 후 백업한 파일을 붙여 넣으면 됩니다.

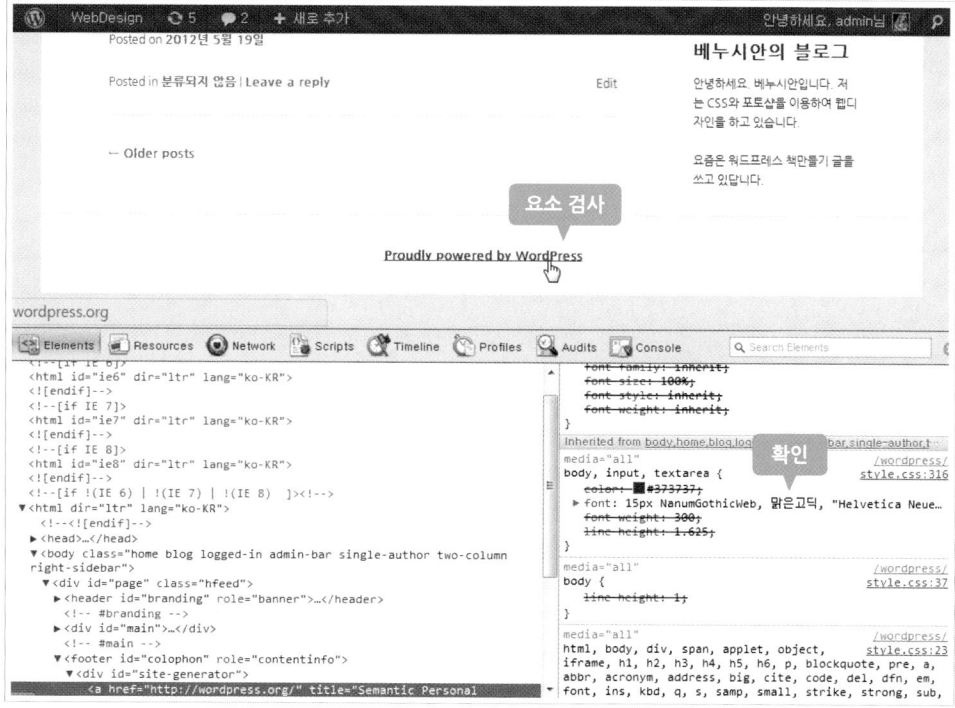

그림 2-67 영문 폰트 검사

만일 빠진 글자가 있다면 해당 글자를 요소 검사해서 타겟 이름을 알아낸 후 스타일시트 편집기에서 이 이름으로 검색해서 폰트 이름을 삽입하면 됩니다.

다중 사이트(Multisite) 블로그 만들기

10

2010년에 나온 워드프레스 3.0 버전부터 워드프레스에 내장된 다중 사이트 기능으로 한 번의 설치로 원하는 수만큼 블로그를 만들 수 있게 바뀌었습니다. 그 이전에는 워드프레스 MU(Multi Users)라는 별도의 프로그램을 설치해야 했는데 두 프로그램의 코드 베이스가 거의 비슷하고 사용하기도 번거로워서 개발자들에게도 인기가 없었습니다. 그러다가 워드프레스 MU와 워드프레스가 병합되면서 한 번의 설치로 다중 사이트가 바로 가능해졌기 때문에 사용자 수가 증가했고 각종 플러그인이 개발되는 등 활성화되기에 이르렀습니다.

다중 사이트의 대표적인 예는 워드프레스닷컴입니다. 하나의 워드프레스 프로그램 설치로 수백만 명이 워드프레스를 사용하고 있습니다. 이처럼 워드프레스의 다중 사이트 기능은 많은 사용자가 개별적으로 단독 워드프레스를 사용할 수 있고 네트워크 관리자가 설치해 놓으면 테마나 플러그인을 개별적으로 사용할 수 있습니다. 이를 이용하면 가족 단위의 블로그 사이트를 만들거나 블로그 커뮤니티도 구성할 수 있습니다. 학교에서 블로그를 만들면 반별로 개별적인 블로그를 만들 수 있게 됩니다.

개별 블로그의 수는 제한이 없지만 다중 사이트를 만들고자 할 경우 어떤 형태로 만들 것인지 규모나 가입자의 수를 감안해서 서버를 선택하는 등 계획을 세워야 합니다. 소규모의 다중 사이트라면 공유 서버를 사용해도 좋지만 대규모의 다중 사이트는 대역폭이나 하드디스크 용량, 웹서버의 관리 기능 등 여러 가지 문제점이 있으므로 단독 서버를 운영하는 것이 좋습니다. 공유 서버는 공동주택처럼 하나의 서버를 다수의 사용자가 웹서버(Apache)와 PHP

프로그램을 공유하므로 모든 사용자에게 공통된 설정이 적용됩니다. 그래서 웹서버 설정을 임의로 변경할 수가 없죠. 하지만 단독 서버를 사용하면 웹서버와 PHP의 환경설정을 변경할 수 있어서 사용이 자유롭습니다.

다중 사이트의 URL 형태는 서브 도메인 형태와 서브 폴더 형태가 있습니다. 서브 도메인은 주 도메인 앞에 사용자의 아이디가 위치하는 것으로 현재 무료 호스팅 계정에서 볼 수 있고 서브 폴더는 주 도메인 뒤에 사용자의 아이디가 있는 기존 무료 호스팅 계정에서 볼 수 있습니다.

서브 도메인 형태 : http://myblog.mysite.com
서브 폴더 형태 : http://www.mysite.com/myblog

워드프레스는 위의 두 가지 형태의 URL을 사용할 수 있어서 설정 시 이를 선택할 수 있습니다. 서브 도메인 형태의 다중 사이트는 워드프레스를 도메인의 루트에 설치해야 가능하므로 내 컴퓨터에서 다중 사이트를 시험할 수 없습니다. wamp 서버의 루트는 www이기 때문이죠. 내 컴퓨터에 설치하려고 설정에 들어가면 아래 그림과 같은 경고 메시지가 나옵니다.

방법이 전혀 없는 것은 아니지만 localhost.localdomain을 만들어야 하고 고유주소 구조가 변경되어 기존의 링크가 깨지기 때문에 페이지를 클릭하면 찾을 수 없다고 나오기도 합니다. 서브 디렉터리 형태는 WAMP 서버나 웹호스팅에서 가능하지만 이메일 통보를 확인하기 위해서 여기서는 웹호스팅에서 진행합니다.

그림 2-68 내 컴퓨터에 다중 사이트를 설치했을 때 나타나는 경고

01 다중 사이트 만들기

워드프레스는 기본적으로 다중 사이트를 만들 수 있는 상태로 출시되지만 여러 가지 설정을 해야 사용할 수 있으므로 비활성화돼 있습니다. 설정만 해주면 잠자고 있던 다중 사이트 기능이 비로소 제 역할을 할 수 있습니다. 설정은 워드프레스를 설치할 때 사용한 wp-config. php 파일을 변경하는 작업부터 시작합니다. 다중 사이트를 만들고 나서 이 기능을 사용하지 않으려면 설치할 때 삽입한 코드를 제거하고 데이터베이스의 내용도 제거하면 됩니다. 다중 사이트 기능을 제거하는 방법에 대해서는 부록에서 알아보겠습니다.

wp-config.php 파일의 수정

워드프레스가 설치된 폴더에서 wp-config.php 파일을 텍스트 편집기에서 열고 다음 그림과 같이 코드를 삽입합니다. 1장에서 사용한 앱타나 스튜디오를 이용해 파일을 열고 코드를 삽입합니다. 데이터베이스 이름과 데이터베이스 사용자의 아이디가 있는 부분 아래에 define('WP_ALLOW_MULTISITE', true);를 삽입하고 저장합니다. 워드프레스에 내장된 편집기는 테마만 편집할 수 있어서 시스템 파일은 수정할 수 없습니다. 파일을 저장한 다음 관리자 화면으로 들어갑니다. 앱타나 스튜디오는 다른 코드를 추가해야 하므로 열어둔 채로 그대로 둡니다.

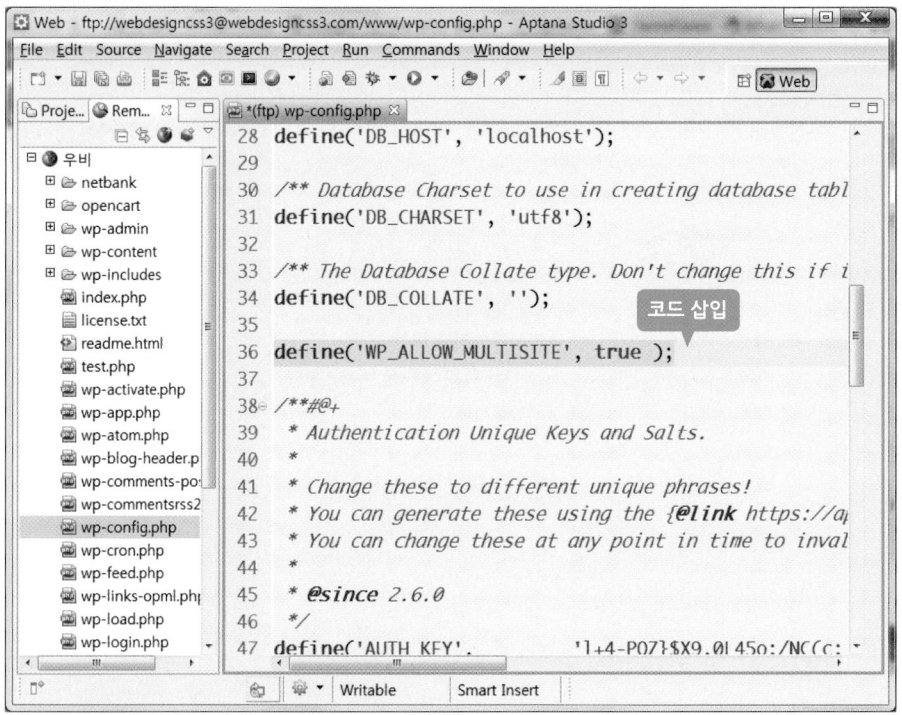

그림 2-69 웹호스팅 서버에서 파일 수정

서브 디렉터리의 선택

우선 관리자 화면에서 플러그인 메뉴를 선택해 현재 사용 중인 모든 플러그인을 비활성화합니다. 그런 다음 "도구" 메뉴를 클릭하면 "네트워크 설정" 메뉴가 추가돼 있습니다. 이를 클릭하면 우측에 "네트워크 생성" 화면이 나옵니다. 아래 그림은 웹호스팅 서버의 루트 디렉터리에 워드프레스를 설치했을 때의 화면입니다. 루트에 워드프레스를 설치하면 서브 도메인을 만들어 추가로 만든 블로그를 이 서브 도메인으로 사용할 수 있습니다. 웹호스팅 환경에 따라 다르지만 우비호스팅의 경우 3GB의 용량을 사용하면 5개의 서브 도메인을 만들 수 있지만 아래의 메시지에서 볼 수 있듯이 가상호스트 기능을 사용하려면 웹서버인 아파치에 접근해서 수정할 수 있어야 하는데 공유 서버는 접근을 허용하지 않습니다. 또한 워드프레스를 설치한 후 30일이 지나면 서브 도메인으로만 설치할 수 있습니다. 여기서는 서브 디렉터리에 블로그를 추가하는 방법으로 진행합니다.

아래 화면에서 서브 디렉터리에 체크한 다음 네트워크 제목을 입력합니다. 제목은 하나의 블로그가 아니라 블로그 네트워크의 이름입니다. 관리자 이메일을 입력하고 "설치" 버튼을 클릭합니다.

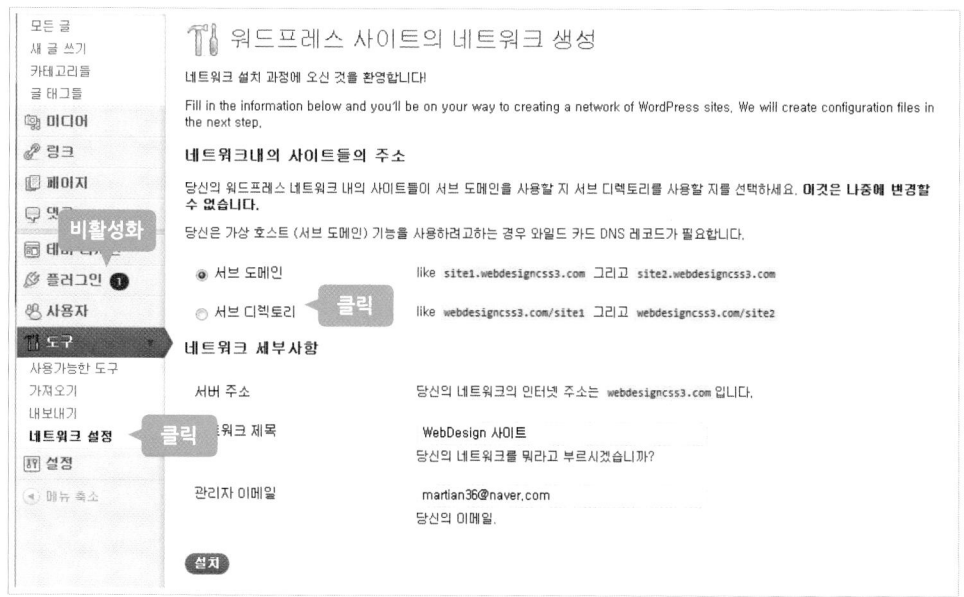

그림 2-70 네크워크 설정

blogs.dir 디렉터리 만들기, 코드 복사해서 붙여넣기

다음 화면은 좀 복잡해 보이지만 디렉터리 하나를 만들고 두 개의 파일을 수정하는 내용입니다. 여기서는 wp-config.php 파일과 .htaccess 파일에 아래에 나오는 코드를 삽입하기만 하면 되므로 간단합니다. .htaccess 파일은 고유주소 설정 편에서 만들었으니 이 파일을 열고 코드를 삽입하면 되고 아직 만들지 않았다면 파일을 새로 만들어 아래의 코드를 삽입하고 저장하면 됩니다. 새로 만들기는 이 과정 다음에 나옵니다.

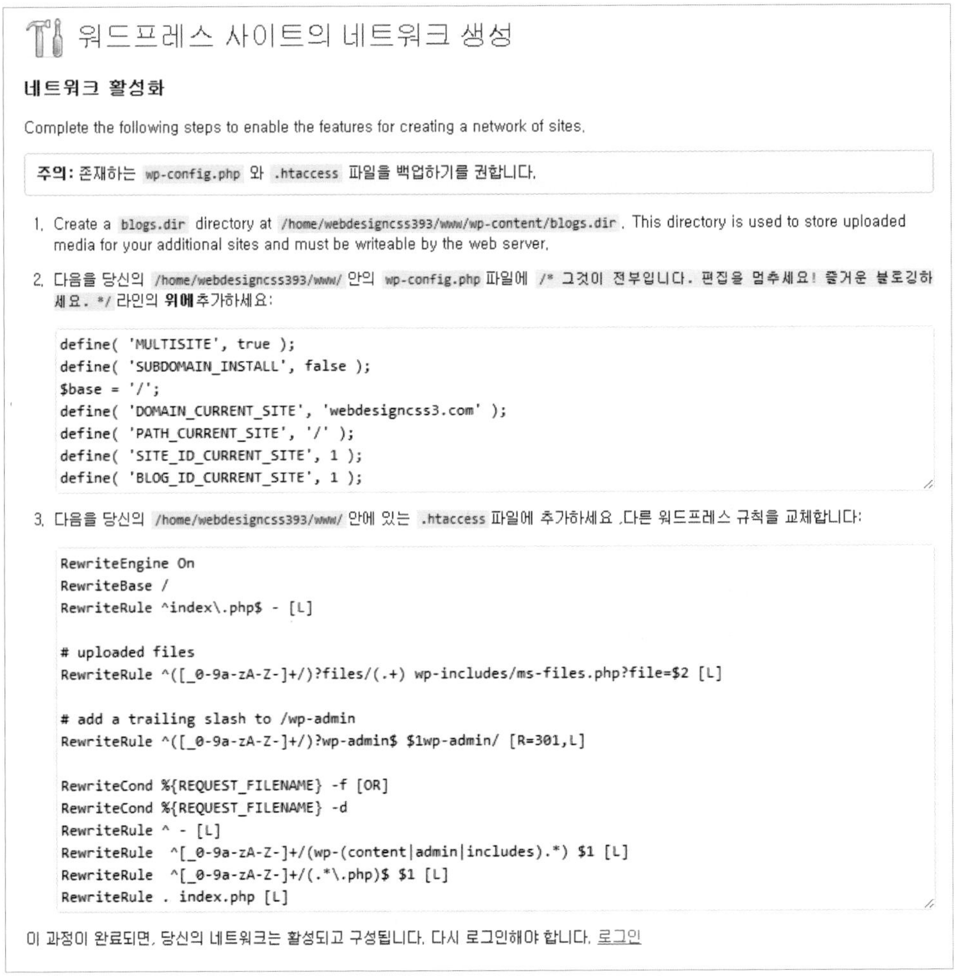

🔧 워드프레스 사이트의 네트워크 생성

네트워크 활성화

Complete the following steps to enable the features for creating a network of sites.

> **주의:** 존재하는 `wp-config.php` 와 `.htaccess` 파일을 백업하기를 권합니다.

1. Create a `blogs.dir` directory at `/home/webdesigncss393/www/wp-content/blogs.dir`. This directory is used to store uploaded media for your additional sites and must be writeable by the web server.

2. 다음을 당신의 `/home/webdesigncss393/www/` 안의 `wp-config.php` 파일에 `/* 그것이 전부입니다. 편집을 멈추세요! 즐거운 블로깅하세요. */` 라인의 **위에** 추가하세요:

```
define( 'MULTISITE', true );
define( 'SUBDOMAIN_INSTALL', false );
$base = '/';
define( 'DOMAIN_CURRENT_SITE', 'webdesigncss3.com' );
define( 'PATH_CURRENT_SITE', '/' );
define( 'SITE_ID_CURRENT_SITE', 1 );
define( 'BLOG_ID_CURRENT_SITE', 1 );
```

3. 다음을 당신의 `/home/webdesigncss393/www/` 안에 있는 `.htaccess` 파일에 추가하세요. 다른 워드프레스 규칙을 교체합니다:

```
RewriteEngine On
RewriteBase /
RewriteRule ^index\.php$ - [L]

# uploaded files
RewriteRule ^([_0-9a-zA-Z-]+/)?files/(.+) wp-includes/ms-files.php?file=$2 [L]

# add a trailing slash to /wp-admin
RewriteRule ^([_0-9a-zA-Z-]+/)?wp-admin$ $1wp-admin/ [R=301,L]

RewriteCond %{REQUEST_FILENAME} -f [OR]
RewriteCond %{REQUEST_FILENAME} -d
RewriteRule ^ - [L]
RewriteRule ^[_0-9a-zA-Z-]+/(wp-(content|admin|includes).*) $1 [L]
RewriteRule ^[_0-9a-zA-Z-]+/(.*\.php)$ $1 [L]
RewriteRule . index.php [L]
```

이 과정이 완료되면, 당신의 네트워크는 활성되고 구성됩니다. 다시 로그인해야 합니다. 로그인

그림 2-71 wp-config.php 파일과 .htaccess 파일의 수정

우선 위 화면의 첫 번째 항목에서 blogs.dir을 만들라고 합니다. 이 디렉터리는 추가되는 블로그에서 업로드한 미디어 파일이 저장되는 곳입니다. 앱타나 스튜디오에서 wp-content 디렉터리를 대상으로 마우스 오른쪽 버튼을 클릭하면 메뉴가 나옵니다. 여기서 New, Folder를 차례로 클릭하면 새 폴더의 이름을 입력하는 창이 나오는데, blogs.dir을 입력하고 OK 버튼을 클릭하면 폴더가 만들어집니다. 그리고 나서 wp-content 디렉터리를 더블클릭하면 폴더가 펼쳐지고 blogs.dir 디렉터리가 만들어졌는지 확인합니다. 디렉터리와 폴더는 같은 개념이나 서버의 경우는 대부분 디렉터리라는 이름을 주로 사용합니다. 폴더는 마이크로소프트가 도스에서 윈도우 환경으로 넘어올 때 만든 용어입니다.

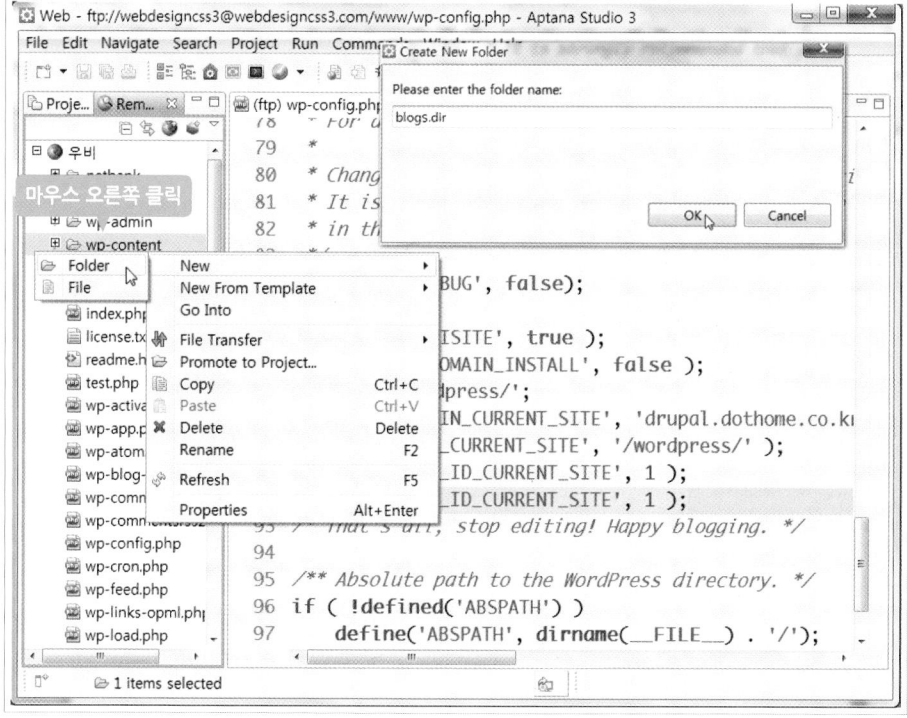

그림 2-72 blogs.dir 디렉터리 만들기

그다음에 wp-config.php 파일을 수정합니다. 관리자 화면에서 두 번째 항목의 코드를 블록 설정해서 복사합니다.

아래 그림처럼 하단으로 스크롤해서

```
/* That's all, stop editing! Happy blogging. */
```

라고 돼 있는 곳의 바로 위에 빈 줄을 만들고 붙여 넣은 다음 저장합니다.

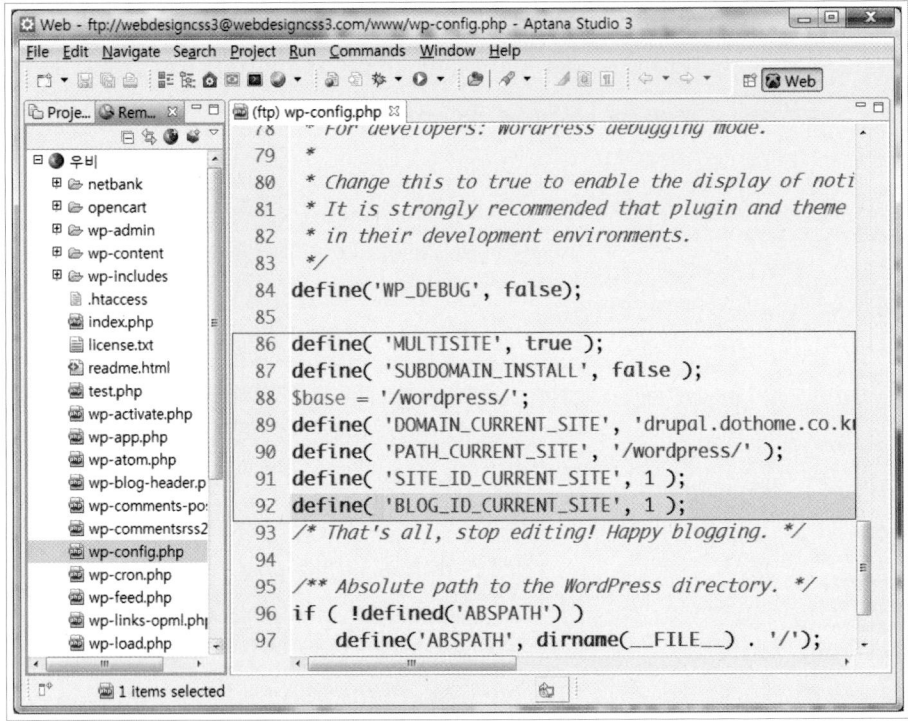

그림 2-73 wp-config.php 파일의 수정

.htaccess 파일은 숨김 파일이므로 앱타나 스튜디오에서도 보이지 않습니다. 사이드 창에서
우측 상단의 작은 세모를 클릭하고 Customize View를 클릭하면 창이 나옵니다. Filters 탭
에서 .*files에 체크돼 있는 것을 해제하고 OK 버튼을 클릭하면 숨김 파일이 보입니다. 이
파일을 더블클릭하면 편집 창에 나타나는데, 기존의 코드를 관리자 화면에 있는 아래의 코드
로 바꿔줍니다. <IfModule mod_rewrite.c>과 </IfModule> 사이의 내용을 교체하면 됩니다.

```
# BEGIN WordPress
<IfModule mod_rewrite.c>
RewriteEngine On
```

```
RewriteBase /wordpress/
RewriteRule ^index\.php$ - [L]

# uploaded files
RewriteRule ^([_0-9a-zA-Z-]+/)?files/(.+) wp-includes/ms-files.php?file=$2 [L]

# add a trailing slash to /wp-admin
RewriteRule ^([_0-9a-zA-Z-]+/)?wp-admin$ $1wp-admin/ [R=301,L]

RewriteCond %{REQUEST_FILENAME} -f [OR]
RewriteCond %{REQUEST_FILENAME} -d
RewriteRule ^ - [L]
RewriteRule ^[_0-9a-zA-Z-]+/(wp-(content¦admin¦includes).*) $1 [L]
RewriteRule ^[_0-9a-zA-Z-]+/(.*\.php)$ $1 [L]
RewriteRule . index.php [L]
</IfModule>
# END WordPress
```

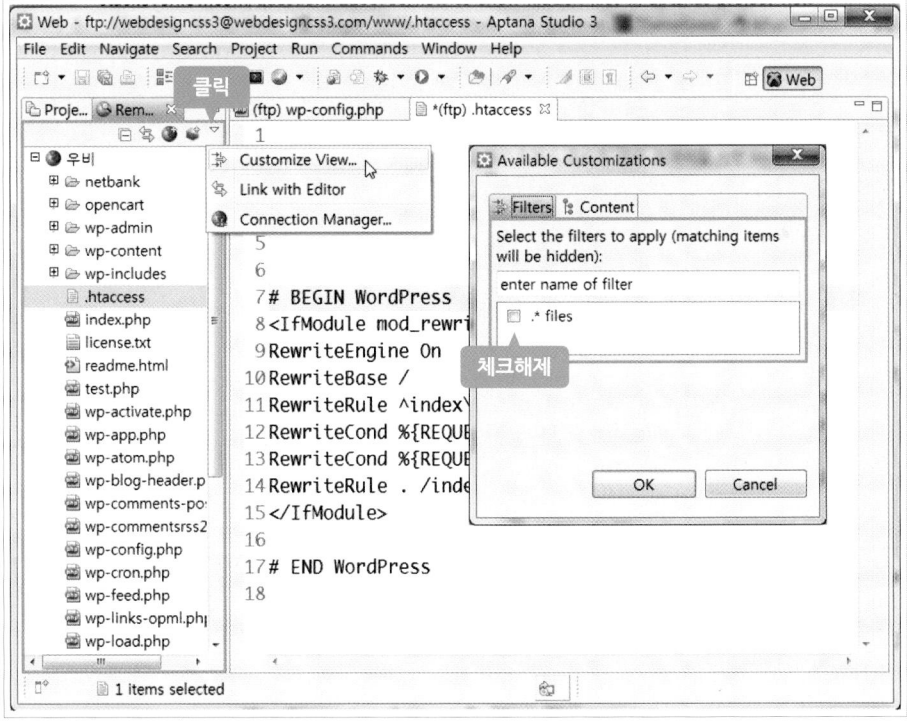

그림 2-74 .htaccess 파일의 수정

.htaccess 파일 새로 만들기

고유주소를 설정하지 않아서 .htaccess 파일이 없다면 파일을 새로 만듭니다. 위의 내용을
참고해서 숨김 파일을 보이게 설정하고 워드프레스가 설치된 디렉터리를 대상으로 마우스
오른쪽 버튼을 클릭합니다. 아래 그림에서 워드프레스가 루트에 설치돼 있으므로 최상위 디
렉터리가 선택됐습니다. 메뉴에서 New, File을 차례로 클릭하면 새 파일의 이름을 입력하는
상자가 나옵니다. 여기서 .htaccess로 입력하고 Finish를 클릭하면 빈 파일이 만들어집니다.
디렉터리에서 이 파일을 더블클릭해서 연 다음, 다음 코드를 입력하고 "코드가 들어갈 곳"에
관리자 화면에서 복사해온 코드를 붙여 넣고 저장합니다.

```
# BEGIN WordPress
<IfModule mod_rewrite.c>
```

코드가 들어갈 곳

```
</IfModule>
# END WordPress
```

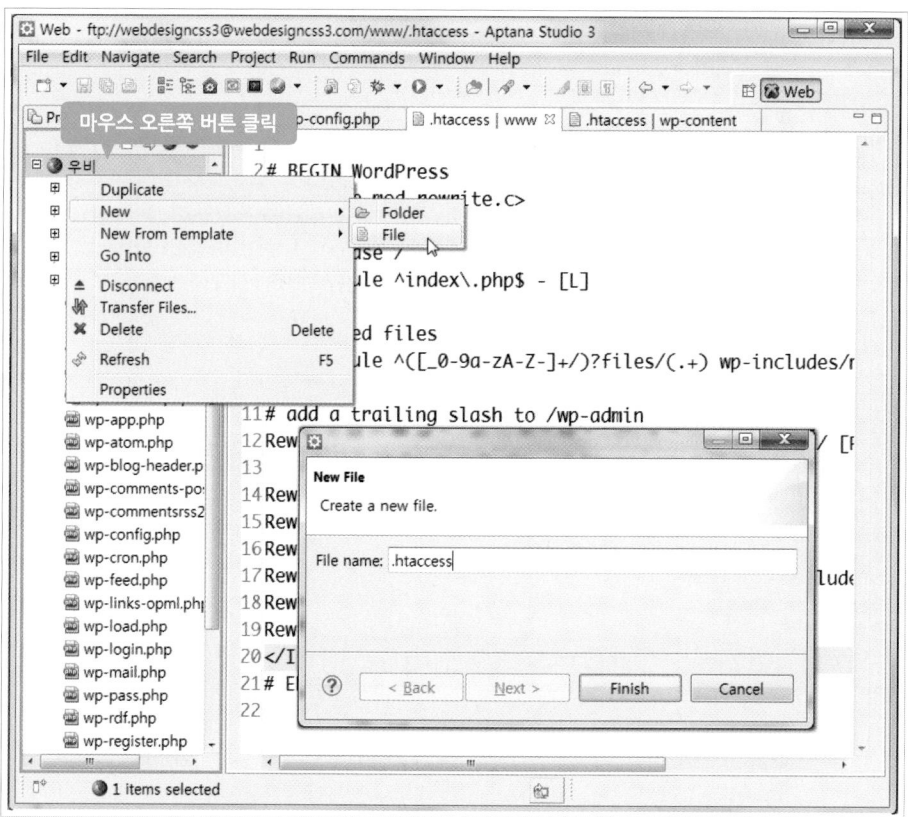

그림 2-75 .htaccess 파일이 없는 경우

여기까지 하고 난 다음 관리자 화면의 최하단 우측을 보면 로그인 링크가 있으며, 모든 설정이 완료되면 다시 로그인하라는 메시지가 나옵니다. 이 링크를 클릭해서 로그인하고 들어옵니다.

∩2 네트워크 관리

다중 사이트를 이용하면 블로그라는 의미에서 웹사이트의 개념으로 범위가 확장됩니다. 이는 하나의 블로그가 아닌 여러 개의 블로그가 모인 커뮤니티가 되므로 웹사이트로 볼 수 있죠. 그래서 명칭도 다중 블로그가 아닌 다중 사이트가 되는 것입니다.

로그인해서 들어오면 별로 바뀐 것이 없어 보입니다. 주 메뉴에 내 사이트가 추가된 것이 보이고 툴바의 좌측에 "내 사이트" 항목이 추가돼 있습니다. 그리고 이전에 도구 메뉴에 있던 "네트워크 설정"은 없어졌습니다. "내 사이트"가 두 곳에 있는데 알림판 메뉴에 속해 있는 "내 사이트"를 클릭하면 내가 블로그 관리자로서 추가한 모든 블로그의 목록이 나오고 툴바의 내사이트 → 네트워크 관리자를 클릭하면 네트워크 관리자 화면으로 이동합니다. 네크워크 관리자 화면에서 다시 내 블로그로 돌아오려면 툴바의 내 사이트 → 사이트 제목을 클릭하면 됩니다.

다중 사이트를 사용하면 사이트 관리자와 네트워크 관리자라는 두 개의 관리자 지위가 생기는데, 사이트 관리자는 처음에 만든 블로그의 관리자로서의 역할이고 네트워크 관리자는 내 블로그뿐 아니라 다중 사이트에서 만들어진 블로그까지 관리하는 최고 관리자의 역할에 해당합니다. 다시 말해, 내 블로그에서만 관리하면 사이트 관리자(Site Admin)이고 "네트워크 관리자"로 들어가면 타인의 블로그도 관리할 수 있는 최고 관리자(Super Admin)가 됩니다. 다중 사이트 가입자는 나뿐만 아니라 모든 가입자가 추가로 얼마든지 블로그를 만들 수 있는데, 이렇게 추가된 블로그 내역은 알림판 메뉴에 속한 "내 사이트"를 클릭했을 때 나타납니다. 그러므로 네트워크 관리자 화면에서 회원 등록을 못하게 설정하면 이 다중 사이트에서는 나만 여러 개의 블로그를 만들 수 있게 됩니다. 이번에는 네트워크 관리자로서 설정 가능한 각종 설정에 대해 알아봅시다.

그림 2-76 내 사이트와 네트워크 관리자

사이트 관리

"네트워크 관리자"를 클릭하면 네트워크 관리 화면으로 들어오며, 다중 사이트와 관련된 내용을 총괄적으로 설정할 수 있습니다. 네트워크 관리자 화면에서 처음 보이는 화면은 "알림판"으로, 기존의 블로그 화면과 약간 다른데 블로그 현황 부분에 다중 사이트의 현황이 나옵니다. 여기서 새로운 사이트나 사용자를 만들거나 검색할 수 있습니다. 주 메뉴는 아주 다릅니다. 사이트 메뉴에서는 모든 사이트 목록을 볼 수 있고 "새로 추가"를 클릭하면 새로운 블로그를 개설할 수 있습니다. 실제로는 블로그이지만 다중 사이트에서는 사이트라고 표현합니다.

우선 "새로 추가"를 클릭해서 사이트를 만듭니다. 사이트 주소로는 영문과 숫자를 사용할 수 있으며, 개별 블로그의 URL 경로가 됩니다. 사이트 제목은 개별 블로그의 헤더 부분에 나오는 블로그 제목입니다. 관리자 이메일은 블로그 주인이 될 가입자의 이메일을 입력합니다. 이를 시험하고자 다른 이메일 주소를 입력합니다. 다중 사이트를 시험하려면 이메일 주소가 여러 개 필요합니다. "사이트 추가" 버튼을 클릭하면 이메일로 가입 사실이 통보되고 링크 주소와 로그인 아이디, 비밀번호가 첨부됩니다.

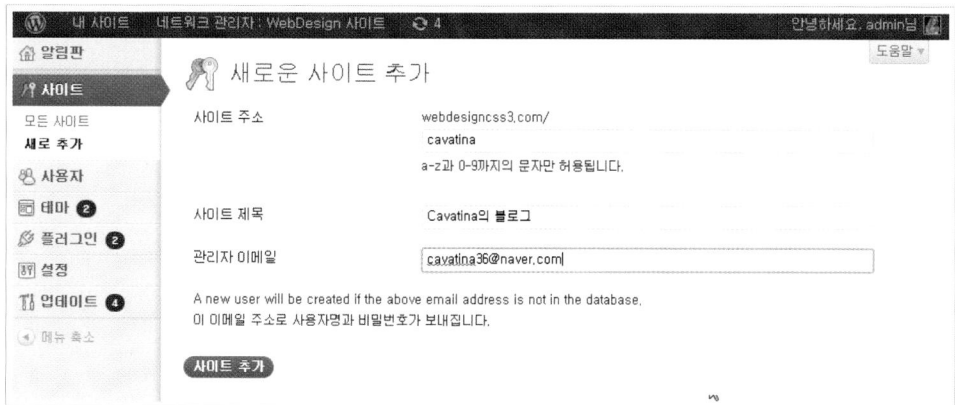

그림 2-77 사이트 추가

통보된 아래 이메일의 헤더를 보면 "보낸 사람"이 워드프레스이고 이메일 주소도 워드프레스에서 기본으로 설정된 것인데, 받는 사람이 답장을 보내려면 알 수 없는 주소로 인해 반송됩니다. 이를 수정하려면 이어서 설명할 코드만 삽입하면 됩니다.

그림 2-78 이메일 주소 통보

테마 파일이 있는 폴더에 보면 function.php이 있는데, 이곳의 마지막에 코드를 삽입합니다. function.php 파일은 앱타나 스튜디오를 열고 wp-content, themes, twenty eleven, function.php를 차례대로 더블클릭하면 됩니다. 파일이 열리면 마지막에 다음과 같은 코드를 삽입(첨부파일 이용)한 다음 저장하면 됩니다. 사이트를 추가하거나 사용자를 추가하면 이메일이 보내지는데, 이것은 내 컴퓨터인 로컬호스트에서는 시험할 수 없고 실제 웹사이트에서 유료 계정으로만 이메일을 보낼 수 있습니다.

```
function res_fromemail($email) {
    $wpfrom = get_option('admin_email');
    return $wpfrom;
}
function res_fromname($email){
    $wpfrom = get_option('blogname');
    return $wpfrom;
}
add_filter('wp_mail_from', 'res_fromemail');
add_filter('wp_mail_from_name', 'res_fromname');
```

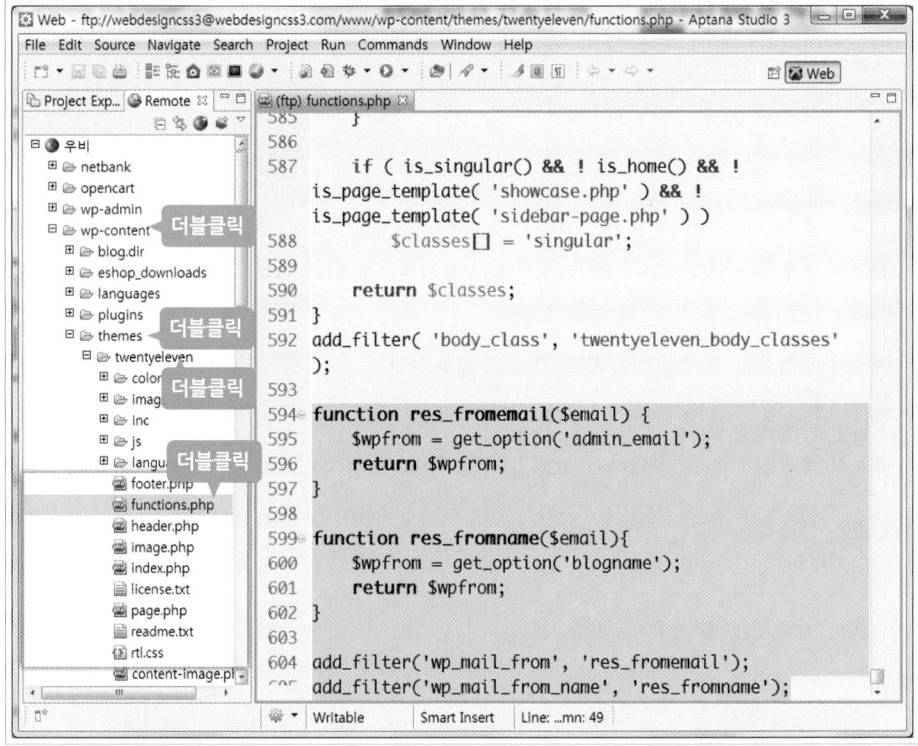

그림 2-79 이메일 헤더 수정

여러 개의 시험용 블로그를 만들거나 삭제하고, 사이트 목록에 나오는 메뉴를 실험해 봅시다. 주 메뉴에서 "모든 사이트"를 클릭하면 만든 블로그 목록이 나옵니다. 사이트 목록에서 특정 사이트 위에 마우스 커서를 올리면 여러 가지 메뉴가 나타납니다. 각 메뉴의 내용은 다음과 같으니 실제로 실험해 보는 것이 좋습니다.

그림 2-80 **모든 사이트 화면**

편집

편집을 클릭하면 여러 개의 탭이 나옵니다.

- **정보**: 개별 사이트의 정보를 수정할 수 있습니다. 특히 속성 항목에서 체크박스를 체크해서 상태를 변경할 수 있습니다. 기본적으로 "공개"에 체크돼 있습니다.
- **사용자**: 최고 관리자로서 해당 사이트를 관리할 수 있습니다. 이미 존재하는 사용자나 새로운 사용자를 추가하거나 삭제할 수 있습니다. 존재하는 사용자를 추가한다는 것은 다중 사이트의 다른 사이트 사용자일 경우 이 사이트의 사용자로 추가한다는 뜻입니다.
- **테마**: 해당 블로그의 테마를 개별적으로 활성화할 수 있습니다. 테마 관리는 나중에 나올 테마 항목에서 설명할 예정이며, 여기서는 개별 블로그에 대해 테마를 활성화하는 방법을 알아봅니다.

아래 그림에서 볼 수 있듯이 테마에 "활성" 링크가 있을 경우, 이를 클릭하면 테마가 활성화됩니다. 즉, 네트워크 관리 화면의 주 메뉴에서 테마 항목을 클릭하면 기본적으로 두 개의 테마가 있는데, 하나(Twenty Eleven)는 활성화돼 있고 다른 하나(Twenty Ten)는 비활성화돼 있지만 두 테마가 네트워크에 있는 것으로 보입니다. 하지만 개별 블로그에는 네트워크 관리화면에서 활성화된 테마만 보입니다. 아래 화면에는 활성화된 테마가 목록에 없습니다. 이미 활성화돼 있기 때문이죠. 아직 활성화되지 않은 테마인 Twenty Ten에 "활성" 링크가 있으며, 이를 클릭하면 해당 블로그에만 이 테마가 추가되어 해당 블로그 관리자는 자신의 테마 항목에서 테마를 선택할 수 있게 됩니다. 이처럼 테마 탭에서는 개별 블로그에 대해 테마를 추가할 수 있습니다.

그림 2-81 테마 관리

설정

이 탭을 클릭하면 해당 블로그와 연결된 데이터베이스의 항목을 수정할 수 있지만 여기서 수정하는 일은 드뭅니다. 왜냐하면 네트워크의 최고 관리자는 각 블로그로 들어가 모든 항목을 수정할 수 있기 때문입니다.

알림판

알림판을 클릭하면 해당 블로그의 소유자가 보는 화면과 같은 화면이 보입니다. 알림판에 관해서는 앞에서 설명했으므로 생략합니다.

비활성화

이 링크를 클릭하면 새 화면에 확인 화면이 나타납니다. 이것은 해당 블로그가 문제가 있을 경우 공개를 보류하는 기능으로 다시 복구할 수 있습니다.

그림 2-82 사이트 비활성화

위 화면에서 확인을 클릭하면 네트워크에서는 보이지 않게 비활성화되지만 완전히 제거되는 것은 아니며, "모든 사이트"에 들어가서 활성화 링크를 클릭하면 다시 살아납니다.

그림 2-83 사이트 활성화

보관물

이 링크를 클릭하면 "당신은 사이트 /블로그 이름/을(를) 보관하려고 합니다."라는 메시지가 나옵니다. "확인"을 클릭하면 보관물로 저장되고 방문자가 이 사이트를 방문하면 "이 사이트는 보관되었거나 정지되었습니다."라는 메시지가 나타납니다. 이 또한 "모든 사이트"에서 "보관 해제"를 클릭하면 원래대로 복구됩니다.

스팸

이 링크를 클릭하면 "당신은 사이트 /블로그 이름/을(를) 스팸 처리하려고 합니다."라는 메시지가 나오고 "확인"을 클릭하면 위의 보관물처럼 일시 정지됩니다. 이 블로그를 방문하면 보관물과 같은 메시지가 나타납니다. 해제하려면 "모든 사이트"에서 "스팸 아님" 링크를 클릭합니다.

삭제

이 링크를 클릭하면 "당신은 사이트 /블로그 이름/을(를) 삭제하려고 합니다"라는 메시지가 나오고 이전의 링크와는 달리 완전히 삭제됩니다. 복구도 불가능합니다.

방문

이 링크를 클릭하면 해당 사이트의 블로그 화면으로 이동합니다.

사용자 관리

"사용자" 메뉴에서는 사용자를 관리하거나 사용자를 추가할 수 있습니다.

사용자 관리

주 메뉴에서 "모든 사용자"를 클릭하면 다중 사이트 내의 모든 사용자 목록을 볼 수 있습니다. 특정 사용자 이름에 마우스를 올리면 "편집"과 "삭제" 링크가 나타납니다. 편집을 클릭하면 "사용자 프로필"과 같은 화면이 나타나서 해당 블로그의 관리자 프로필을 수정할 수 있습니다. 블로그 명의자가 보는 화면과 다른 점은 아래 그림처럼 이름 항목에 최고 관리자의 권한을 부여한다는 내용이 나타난다는 점입니다. 이 체크박스를 체크하면 해당 사용자가 최고 관리자의 지위를 받게 되며 나와 똑같은 권한을 갖게 됩니다.

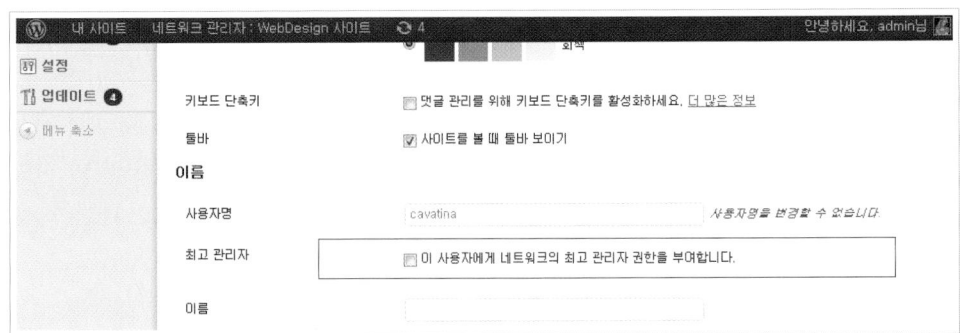

그림 2-84 사용자의 최고 관리자 지위 부여

삭제를 클릭하면 다음과 같은 화면이 나옵니다. 삭제하는 사용자의 모든 글과 링크를 지우거나 다른 사용자의 글로 이동할 수 있는데, 대부분의 경우 최고 관리자를 선택하면 됩니다.

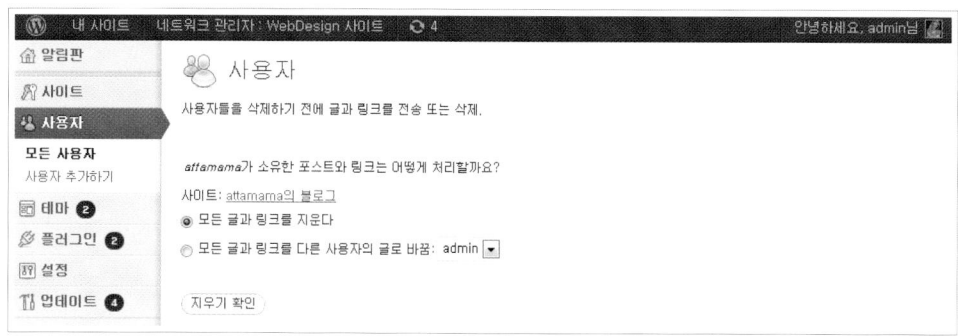

그림 2-85 **사용자 삭제**

사용자 추가하기

사용자 추가하기 화면에서는 사용자 이름과 이메일 주소를 입력하고 사용자 추가 버튼을 클릭하면 입력한 이메일 주소로 이메일이 전송됩니다. 여기서 추가하는 사용자는 다중 사이트의 단순한 사용자에 불과하며, 사용자 아이디와 임시 비밀번호, 다중 사이트의 대표 도메인 URL이 메일에 첨부됩니다.

테마

설치된 테마

처음 워드프레스를 설치하면 두 개의 테마(Twenty Ten, Twenty Eleven)가 기본적으로 설치되고 Twenty Eleven이 활성화돼 있습니다. 다중 사이트를 만들기 전에는 관리자 화면의 주 메뉴에서 "테마"를 선택하면 워드프레스에 설치된 테마가 모두 보이고 다른 테마를 활성화할 수도 있었지만 이제 테마 관리는 네트워크 관리자로 넘어가서 내가 만든 블로그인데도 최고 관리자의 통제를 받게 됩니다.

"설치된 테마" 항목을 클릭하면 네트워크에 설치된 테마가 보입니다. 현재 Twenty Eleven만 활성화돼 있어 "네트워크 비활성화" 링크가 보입니다. 다른 테마의 "네트워크 활성" 링크를 클릭하면 다중 사이트 내의 블로그에 전부 적용되어 개별 블로그에서 테마를 선택하고 활성화할 수 있습니다.

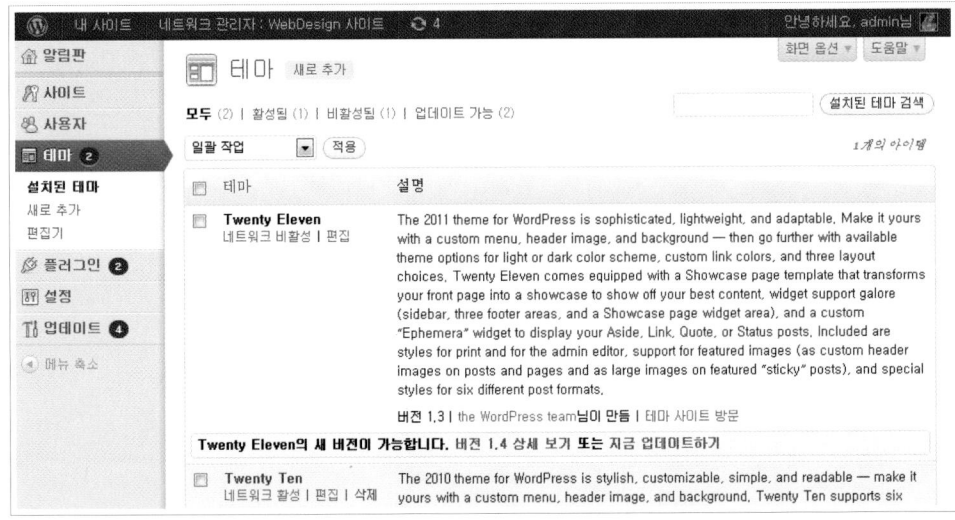

그림 2-86 설치된 테마

새로 추가

새로운 테마는 최고 관리자만이 추가할 수 있습니다. 테마를 추가하는 방법은 네트워크 관리자 화면에서 "테마", "새로 추가"를 차례로 클릭하거나 최고 관리자인 경우 자신의 블로그 화면에서 주 메뉴의 "외모"를 선택하면 네트워크 관리에서 활성화된 테마만 나타납니다. 현재설치된 테마 아래를 보면 "존재하는 테마" 항목이 있고 항목 설명에 "활성"과 "설치" 링크가보입니다. 여기서 "활성"을 클릭하면 네트워크 관리자 화면의 "모든 사이트", "편집", "테마"를 차례로 클릭했을 때와 같은 화면이 나와서 개별 블로그의 테마를 활성화할 수 있는 화면으로 이동합니다. "설치"를 클릭하면 네트워크 관리자 화면의 "테마", "새로 추가"를 클릭한것과 같은 다음 화면으로 이동합니다.

처음에 나오는 화면이 검색 링크입니다. 테마 이름을 알고 있는 경우 테마를 검색하거나 특성 필터를 이용해 체크박스에 체크한 다음 하단에서 "테마 찾기" 버튼을 클릭하면 테마가 나타납니다. "업로드" 링크는 테마가 압축된 파일을 내려받아 내 컴퓨터에 저장하고 설치하는방법입니다. "특성" 링크를 선택하면 특성화된 테마를 선택할 수 있고 "최근" 링크는 최근에출시된 테마, "최근에 업데이트됨" 링크는 최근에 업데이트된 테마를 보여줍니다.

내 사이트   네트워크 관리자 : WebDesign 사이트   4

알림판
사이트
사용자
테마 2
설치된 테마
새로 추가
편집기
플러그인 2
설정
업데이트 4
메뉴 축소

테마 설치

검색 | 업로드 | 추천 | 최근 | 최근에 업데이트됨

키워드로 테마 검색

[   ] (검색)

특성 필터
특정 기능 기준으로 테마 찾기

색상
☐ 검정   ☐ 파랑   ☐ 갈색
☐ 회색   ☐ 녹색   ☐ 주황색
☐ 분홍색   ☐ 보라색   ☐ 빨간색
☐ 은색   ☐ 황갈색   ☐ 흰색
☐ 노란색   ☐ 검정   ☐ Light

열
☐ 1 열   ☐ 2 열   ☐ 3 열
☐ 4 열   ☐ 좌측 사이드바 ☐ 우측 사이드바

폭
☐ 고정 폭   ☐ 유동 폭

특성
☐ Blavatar   ☐ 버디프레스   ☐ 사용자정의 배경
☐ 사용자정의 색상 ☐ 사용자정의 헤더   ☐ 사용자 정의 메뉴
☐ 편집기 스타일   ☐ 특성 이미지 헤더 ☐ 특성 이미지
☐ 첫 페이지 글   ☐ 전체 폭 템플릿   ☐ 마이크로 포맷
☐ 글 형식   ☐ RTL 언어 지원   ☐ 붙박이 글
☐ 테마 옵션   ☐ 쓰레드 댓글   ☐ 번역 준비완료

주제
☐ 휴일   ☐ 포토 블로깅   ☐ 계절

그림 2-87 새로운 테마 추가

플러그인

테마와 마찬가지로 플러그인 메뉴에서 플러그인을 네트워크 활성화하면 전체 다중 사이트
에 플러그인이 활성화됩니다. 일부 플러그인은 네트워크 활성화하면 에러가 발생하는 경우
가 있으므로 네트워크에서는 설치만 하고 각 사이트에서 개별적으로 활성화해야 합니다. 플

러그인의 설치와 종류에 대해서는 다음 절인 플러그인 편에서 알아봅니다. 특히 이 플러그인 메뉴는 "설정" 메뉴를 클릭하고 최하단의 "관리자 메뉴 활성" 항목에서 플러그인 체크박스에 체크해야 나타납니다.

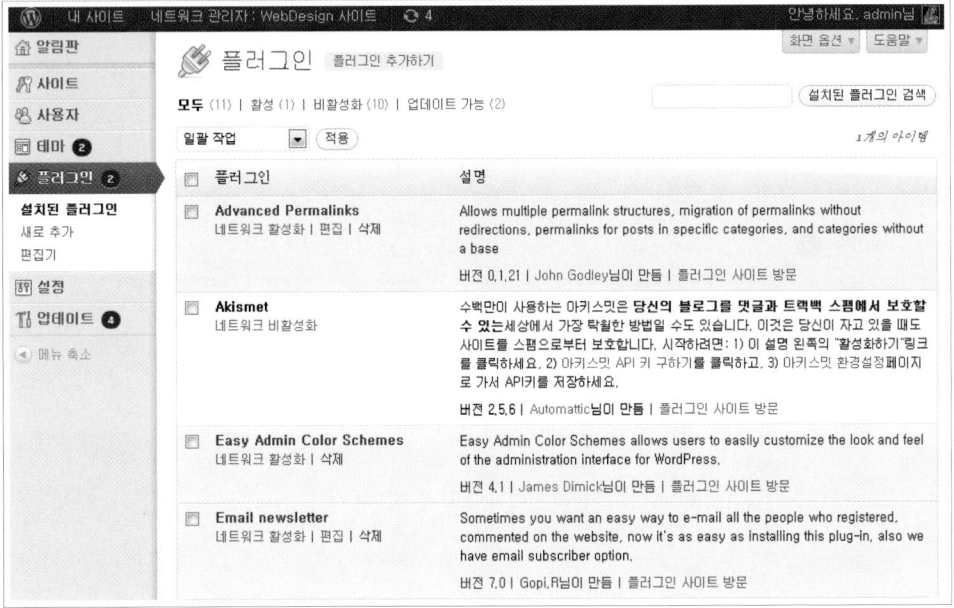

그림 2-88 플러그인

스팸 방지 플러그인인 아키스밋은 다중 사이트에서 한 번만 API키를 받아 설치하면 전체 사이트에 모두 적용됩니다. 기존에 사용하던 아키스밋 API 키를 wp-config.php 파일에 다음과 같이 삽입하면 됩니다. 앱타나 스튜디오에서 이 파일을 열고 다중 사이트 만들 때 삽입한 코드 다음에 삽입합니다.

```
define('WP_DEBUG', false);

define( 'MULTISITE', true );
define( 'SUBDOMAIN_INSTALL', false );
$base = '/';
define( 'DOMAIN_CURRENT_SITE', 'webdesigncss3.com' );
define( 'PATH_CURRENT_SITE', '/' );
define( 'SITE_ID_CURRENT_SITE', 1 );
define( 'BLOG_ID_CURRENT_SITE', 1 );
```

```
/** Define WordPress.com API Key */
define('WPCOM_API_KEY','your_api_key');

//* That's all, stop editing! Happy blogging. */
```

설정

네트워크 관리 화면에 있는 "설정" 메뉴에는 "네트워크 설정"과 "네트워크 설치"라는 하위 메뉴가 두 개 있습니다. 네트워크 설정은 실제 네트워크 설정을 수정하는 화면이고, 네트워크 설치는 처음 다중 사이트를 만드는 과정에서 삽입한 두 가지 코드가 보존돼 있는 화면입니다. "네트워크 설정"을 클릭하면 아래와 같이 긴 화면이 나옵니다.

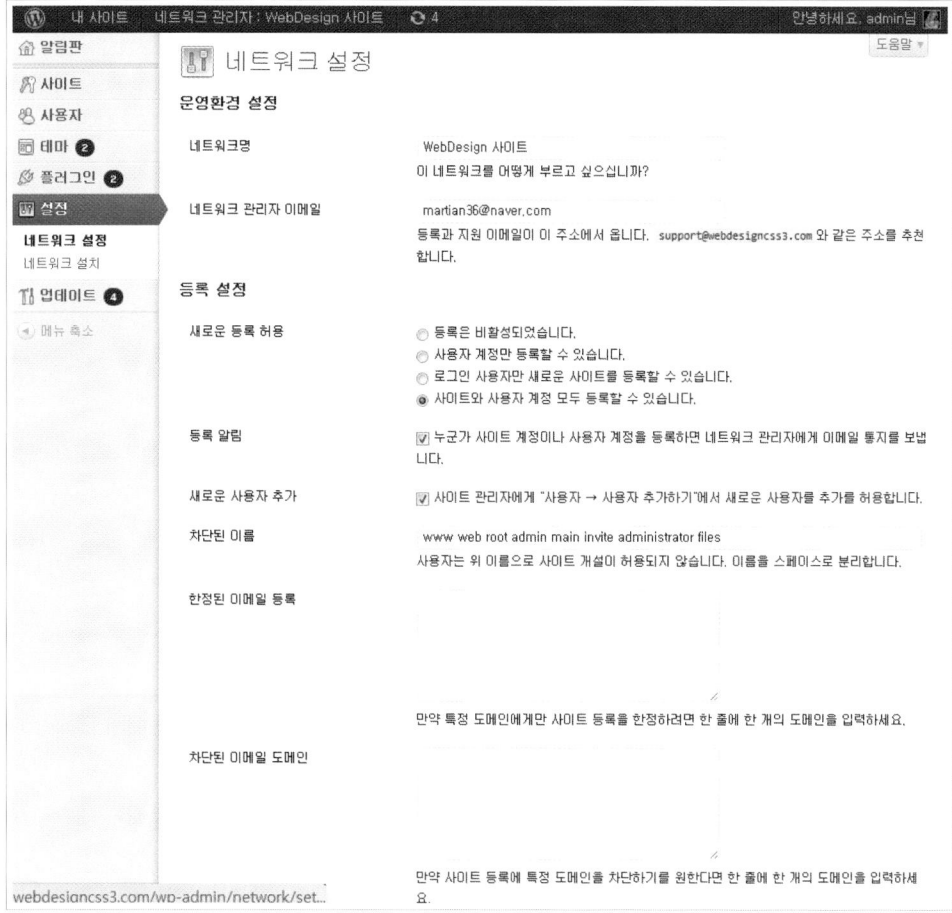

그림 2-89 네트워크 설정

운영환경 설정

- **네트워크명:** 다중 사이트의 전체 네트워크에 사용되는 사이트 이름입니다. 이메일을 포함한 모든 통신 수단에서 사이트 제목으로 나타납니다. 입력 박스에 원하는 이름을 입력해서 수정할 수 있습니다.

- **네트워크 관리자 이메일:** 새로운 회원이 등록하거나 블로그 개설을 하면 등록자에게 이메일이 보내지며, 아래의 "등록 설정" 항목에서 "등록 알림"에 체크하면 최고 관리자에게도 등록 통지 이메일이 옵니다.

등록 설정

- **등록은 비활성화 되었습니다.:** 이곳을 클릭하면 방문자가 사이트 계정 등록은 물론 사용자 계정 등록도 허용되지 않습니다.

- **사용자 계정만 등록할 수 있습니다.:** 사이트를 만들 수 있는 사이트 계정은 안 되고 사용자로만 등록할 수 있다는 의미입니다.

- **로그인 사용자만 새로운 사이트를 등록할 수 있습니다.:** 사용자 계정에 등록해서 이미 사이트를 사용 중인 사용자만 사이트를 개설할 수 있다는 뜻입니다. 새로운 가입자가 사이트를 받으려면 블로그 초기화면에서 등록하기를 클릭해서 사용자명과 이메일을 입력하고 다음 화면에서 블로그 제목을 입력합니다. 이후에 링크가 있는 이메일이 보내지는데, 받은 이메일에서 링크를 클릭하면 블로그 화면에서 계정이 활성화됐다는 메시지와 사용자명, 임시 비밀번호가 나타나고 다시 이메일이 옵니다. 두 번째 이메일에는 등록자의 블로그 링크와 사용자명, 비밀번호, 로그인 링크가 첨부됩니다. 이처럼 이 항목을 선택하면 사용자 가입과 사이트 활성화라는 두 단계의 번거로운 절차를 거칩니다.

- **사이트와 사용자 계정 모두 등록할 수 있습니다.:** 말 그대로 다중 사이트를 전면 개방하는 것입니다.

- **새로운 사용자 추가:** 개별 블로그의 사이트 관리자에게 사용자를 추가할 수 있는 권한을 부여하는 것입니다.

- **차단된 이름:** 사이트 등록자가 최고 관리자(admin)를 사칭하거나 명칭의 혼란을 방지하고자 특정한 단어를 사용하지 못하게 합니다. 입력한 단어는 한 단어씩 입력하고 스페이스바를 눌러 빈칸으로 분리합니다.

- **한정된 이메일 등록:** 예를 들어, 학교나 회사와 같은 특정 커뮤니티의 경우 학생만 가입하거나 회사의 직원만 가입하게 할 수 있는데, 이러한 가입자는 특정 URL을 가진 이메일 주소가 있습니다. 이런 이메일 주소만 가입이 허용됩니다.

- **차단된 이메일 도메인:** 위의 경우와는 반대로 입력란에 입력한 이메일의 도메인은 등록할 수 없게 합니다.

새 사이트 설정

새 사이트 설정은 새 사이트가 개설되면 워드프레스를 처음 설치할 때 워드프레스로부터 환영 이메일이 온다거나 첫 글, 첫 댓글이 자동으로 만들어지는 것처럼 사이트 등록자에게도 내 다중 사이트 명의로 똑같은 기능을 하게 합니다. 기존 내용을 수정해서 사용할 경우 전체가 보이지 않으므로 글 입력란을 클릭하고 Ctrl+A를 눌러 전체를 선택해서 복사한 다음 텍스트 편집기에서 붙여 넣고 편집한 후 다시 복사해서 글 입력란에 붙여 넣으면 됩니다.

- **환영 이메일**: 사이트 등록이 완료되면 등록자에게 환영 이메일을 보냅니다. 이미 만들어진 기본 레이아웃을 사용할 수도 있지만 나만의 독특한 문구를 넣을 수도 있습니다. 하지만 아래의 변수는 그대로 사용합니다. 문장을 작성하고 적절한 곳에 변수를 배치하면 됩니다.

    SITE_NAME: 내 워드프레스 사이트의 이름을 나타내는 변수입니다.

    BLOG_URL: 새로운 등록자의 블로그 URL을 나타내는 변수입니다.

    USERNAME: 새로운 등록자의 사용자명을 나타내는 변수입니다.

    PASSWORD: 새로운 등록자의 비밀번호를 나타내는 변수입니다.

    BLOG_URLwp-login.php: 새로운 등록자의 블로그로 이동할 수 있는 하이퍼링크가 있는 URL을 나타내는 변수입니다.

    SITE_NAME: 내 워드프레스 사이트 이름이 나타나는 변수입니다.

- **환영 사용자 이메일** : 사용자 계정의 경우는 블로그를 개설하는 것이 아니므로 블로그로 이동하는 URL을 사용하지 않습니다. 하지만 로그인할 수 있는 링크 URL을 추가합니다.

    LOGINLINK – 사용자 계정 등록자가 로그인할 수 있는 링크가 있는 URL을 나타내는 변수입니다.

- **처음 글**: 사이트 계정 등록자가 다중 사이트에서 워드프레스를 개설하면 자동으로 만들어지는 글입니다. SITE_URL은 다중 사이트의 링크가 있는 URL입니다. 한글로 된 부분을 수정하면 됩니다.

처음 글은 단순히 인사말을 입력할 수도 있지만 처음 로그인했을 때 데시보드에 니다니므로 사이트의 소개나 이용법, 규칙, 허용된 용량, 금지된 행동 등 등록자가 꼭 알아야 할 정보를 입력해두면 좋습니다. 여기서도 환영 이메일 부분에 나온 변수를 사용할 수도 있습니다.

- **첫 페이지**: "처음 글" 부분을 응용하면 됩니다. 첫 페이지의 입력란은 기본 내용이 없으며, 처음 글의 내용을 복사해서 사용합니다. 아무것도 입력하지 않을 경우 페이지는 만들어지지 않습니다.
- **첫 댓글**: 처음 글의 첫 댓글로 추가됩니다.
- **첫 번째 댓글 작성자**: 첫 댓글의 작성자를 입력합니다.
- **첫 댓글 URL**: 첫 번째 댓글 작성자의 블로그 URL을 입력합니다.

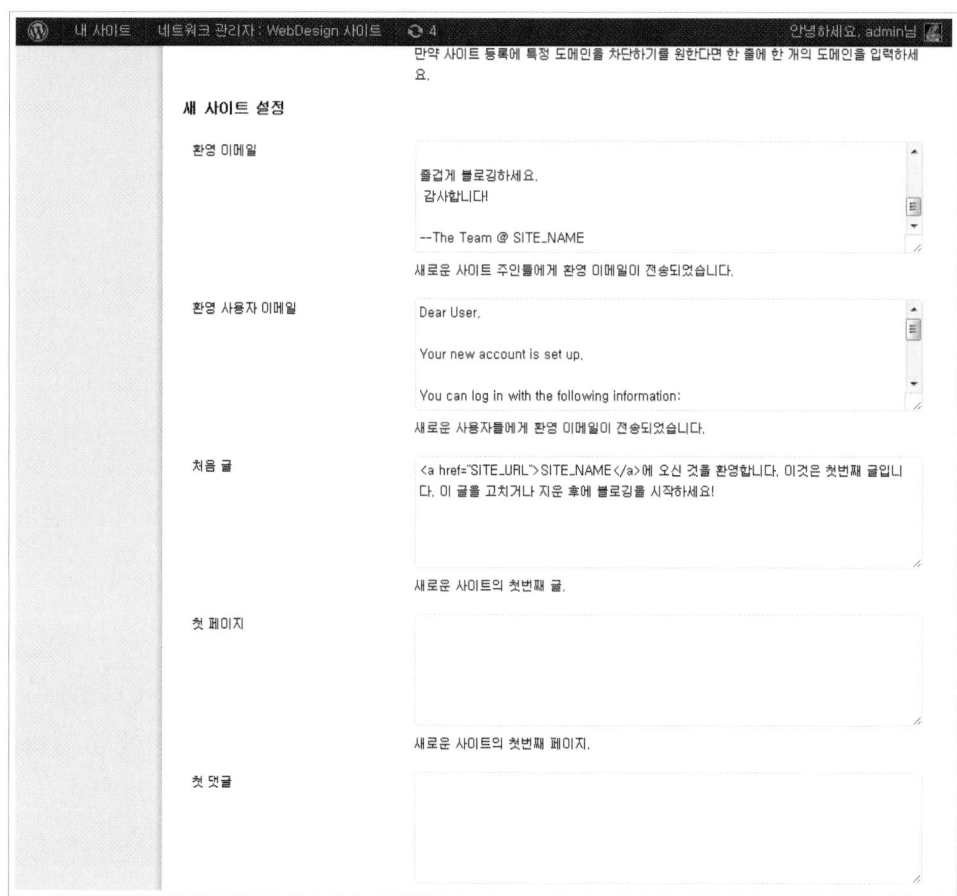

그림 2-90 새 사이트 설정

업로드 설정

업로드 설정은 사이트 등록자에게 포스트와 페이지 만들 때 사용 가능한 파일의 형태와 용량, 종류를 사이트 전체에 대해 설정할 수 있습니다.

- **미디어 업로드 버튼**: 이곳의 체크 박스에 체크하면 새 글 쓰기와 페이지 만들기 화면에서 글 입력 박스 상단에 업로드 버튼이 나타납니다.

- **사이트 업로드 공간**: 단위는 MB이고 기본적으로 10MB로 돼 있습니다. 이 용량은 하나의 사이트가 사용할 수 있는 최대 용량이며, 용량이 적을 수 있으므로 늘려야 하고 입력란을 비워두면 제한이 없어집니다.

- **업로드 파일 타입**: 사이트 이용자가 포스트나 페이지를 만들 때 사용할 수 있는 미디어 파일의 형태를 정의합니다. 이곳에 없는 파일 형태는 사용할 수 없으므로 새로운 파일 형태를 추가하거나 특정 유형의 파일

을 제한하려면 이 목록에서 제거하면 됩니다. 기본적으로 .jpg, .jpeg, .png, .gif, .mp3, .mov, .avi, .wmv, .midi, .mid, and .pdf로 설정돼 있습니다.

- **최대 업로드 파일 용량**: 한 번에 업로드할 수 있는 파일의 최대 용량입니다. 기본적으로 1,500KB로 돼 있고 단위는 KB입니다.

언어 설정

다중 사이트를 만들고 나면 기본 언어가 영어로 설정되므로 한국어로 설정을 변경해야 사이트 등록자가 한글로 사용할 수 있으며, 개별적으로 "설정", "일반설정"에서 수정할 수도 있습니다.

메뉴 설정

플러그인 메뉴는 기본적으로 사이트 최고 관리자를 제외한 사이트 개설자에게는 사용할 수 없게 돼 있습니다. 이곳에서 체크박스에 체크해야 각 사이트의 플러그인 메뉴가 활성화돼서 나타납니다.

한 가지 꼭 잊지 말아야 할 것은 마지막의 "변경사항 저장" 버튼을 클릭해야 모든 것이 저장된다는 것입니다. 특히 이 설정 페이지는 입력하는 부분이 많아서 저장하지 않고 다른 페이지로 이동하면 작업한 내용이 사라집니다.

그림 2-91 **업로드 설정**

업데이트

업데이트 메뉴를 클릭하면 가능한 업데이트(Available) 화면이 나오는데, 일반 블로그 화면의 대시보드의 주 메뉴에서 업데이트 메뉴를 클릭했을 때와 같은 화면입니다. 이곳에서 업데이트를 하면 모든 사이트에 적용되며, 워드프레스는 영어 버전으로 업데이트되므로 한글 버전을 사용하는 경우 업데이트해서는 안 됩니다. 새로운 한글 버전이 나오면 수동으로 업데이트해야 합니다.

한글 버전을 새로 업데이트하는 방법은 부록에서 다루며, 업데이트하고 난 다음 네트워크 업데이트 화면에서 한 번의 클릭으로 전체 사이트가 업데이트됩니다. 업데이트를 진행하는 과정에서 개별 사이트에 대한 업데이트가 되지 않아 중지될 경우 해당 블로그 링크가 나타납니다. 그러면 링크를 클릭해서 블로그로 이동한 후 대시보드에서 업데이트하면 됩니다.

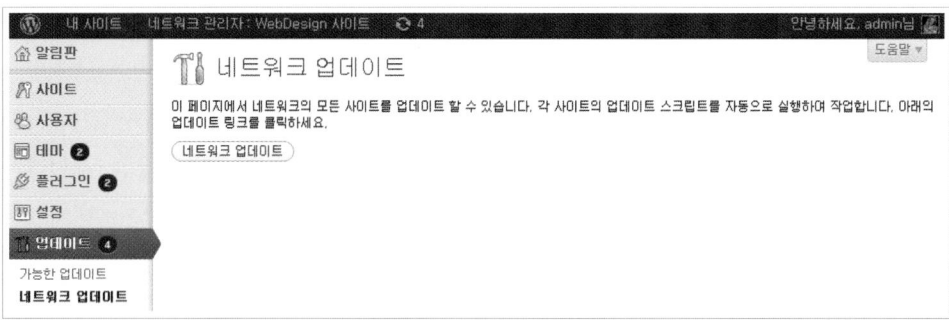

그림 2-92 업데이트

플러그인 11

워드프레스를 설치하고 그대로 사용할 수 있지만 사용하다 보면 이런 기능은 없을까? 하고 찾아보면 없는 기능이 많습니다. 사용자의 취향이나 필요한 기능이 아주 다양하기 때문에 모든 기능을 설치해 놓을 수가 없죠. 그래서 개별적으로 만들어 사용할 수 있게 해 뒀으며, 개인이 만든 플러그인은 천차만별이어서 이런 기능이 있었으면 좋겠다고 생각해서 플러그인을 찾아보면 거의 다 있습니다. 인기 있는 플러그인은 만드는 사람도 많아서 종류가 다양합니다.

01 워드프레스 기본 플러그인

워드프레스에는 기본적으로 두 개의 플러그인이 설치돼 있습니다. 하나는 스팸 댓글 방지를 위한 아키스밋이고, 아키스밋에 대해서는 앞에서 알아봤습니다. 다른 하나는 헬로우 달리(Hello Dolly)인데, 헬로우 달리는 워드프레스에서 어떤 기능을 하는 프로그램도 아닌데 왜 기본으로 포함돼 있을까요?

플러그인은 PHP 프로그래밍 언어로 만들기 때문에 이 언어만 알면 원하는 플러그인을 누구든지 만들 수 있습니다. 워드프레스에 플러그인이 처음 도입됐을 때 워드프레스 창시자인 매트 뮬렌베그(Matt Mullenweg)는 아주 단순한 플러그인인 헬로우 달리라는 플러그인을 만들어 워드프레스의 기본 플러그인으로 넣었습니다. 이 플러그인을 활성화하면 관리자가 로그인할 때 우측 상단에 루이 암스트롱의 노래인 헬로우 달리의 가사가 몇 구절 나타납니다. 별 의미는 없지만 이것을 넣은 이유는 플러그인은 누구든지 원하는 기능을 쉽게 만들 수 있다는 사실을 알려주기 위해서였죠. 워드프레스의 플러그인 화면에 보면 이에 대한 간단한 소개가 나오며 단순한 플러그인이 아니라 Hello Dolly라는 두 단어에 함축된 전 세대를 아우르는 희망과 열정을 상징화하는 것이라고 합니다. 이 아이디어는 성공적이어서 이와 비슷한 플러그인이 수십 개 생겨나기도 했습니다.

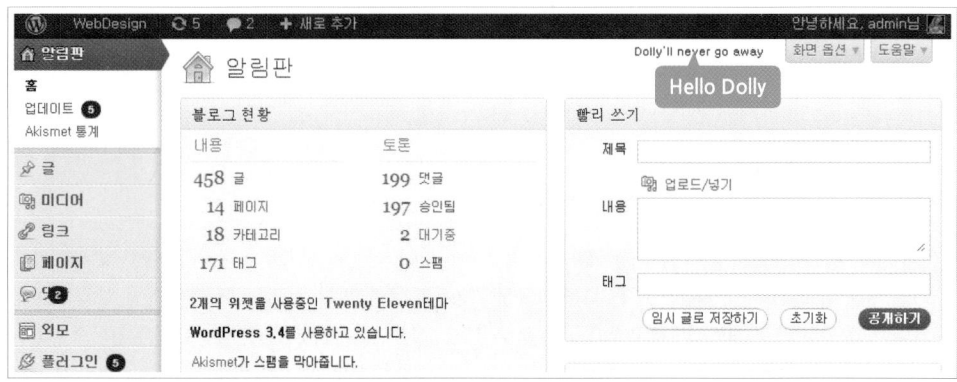

그림 2-93 헬로우 달리 플러그인

워드프레스의 플러그인은 수많은 개발자들의 참여로 활성화되어 현재까지 2만 개에 가까운 플러그인이 만들어졌고 다운로드 횟수는 3억을 넘습니다. 개발자들이 플러그인을 만든다고 해서 모두 다 워드프레스 홈페이지에 공식적으로 등록되는 것은 아니어서 실제 플러그인의 숫자는 더 많습니다.

02 유료 플러그인과 무료 플러그인

테마도 유료와 무료가 있듯이 플러그인도 마찬가지입니다. 유료인 것도 대부분 일부 기능이 무료이며, 모든 기능을 사용하려면 돈을 지불하게 돼 있습니다. 플러그인 개발자도 먹고살아야 하니 전면 무료로 개방할 수는 없죠. 무료 기능을 사용해 보고 마음에 들면 개발자 지원을 위해 최소한 평가를 해주는 것이 좋고 기부하는 것도 좋은 방법입니다. 어떤 플러그인의 코드를 보면 참 대단한 작업을 했다는 생각이 드는 것이 있습니다. 가끔 플러그인 설정 페이지에 광고가 나오기도 하는데, 이를 클릭하는 것만으로도 개발자에게 도움이 된답니다. 테마도 그렇지만 무료와 유료 플러그인에서 가장 차이가 나는 부분은 업데이트와 지원입니다. 워드프레스가 업그레이드되면 플러그인도 업데이트돼야 하는데 그대로 두면 사용할 수가 없죠. 또한 사용법이나 문제가 발생할 경우의 대처법 등 지원이 필요합니다. 그래서 테마나 플러그인 전문 개발자들은 정기적인 업데이트와 지원을 하고 있습니다. 무료인 경우에도 이런 방식을 취하는 플러그인이 많습니다. 오픈소스 프로젝트에서 가장 문제시되는 점은 시간과 경제적인 이유로 지속적인 개발이 이뤄지지 않는다는 것입니다. 그러니 프로그램 사용자가 적절한 대가를 지불하거나 프로그램을 평가해주는 것은 프로젝트가 발전할 수 있는 길이 됩니다.

03 플러그인 사용하기

플러그인을 사용하려면 두 가지 방법이 있습니다. 플러그인 압축 파일을 내려받아 플러그인 폴더에 압축을 푸는 방법과 블로그에서 직접 내려받아 설치하는 방법입니다. 이 두 가지 방법을 각각 사용해도 되지만 병합해서 사용하는 편이 훨씬 편합니다. 검색은 워드프레스 홈페이지나 구글을 이용하고 설치는 두 번째 방법을 이용하는 것입니다.

워드프레스 홈페이지에서 내려받아 설치하기

워드프레스 홈페이지인 워드프레스닷오그에는 2만 개에 가까운 플러그인이 있습니다. 이곳에 있는 것은 워드프레스에서 공인한 것이지만 누구나 올릴 수 있는 것이어서 검증을 거친 것은 아닙니다. 그래서 단순히 내려받아 설치하기보다는 설치하기 전에 플러그인을 검증하는 갖가지 방법을 알아두면 쉽게 선택할 수 있습니다.

웹브라우저에서 http://wordpress.org/extend/plugins로 이동합니다. 1년 전만 해도 등록된 플러그인이 1만 2천여 개에, 내려받은 회수는 1억 4천 정도였는데 엄청 늘어났습니다. 원하는 기능을 나타내는 단어를 검색 창에 입력하고 검색하면 수많은 항목이 나타납니다. 여기서는 소셜네트워크 아이콘을 설치하기 위해 "social network button"을 입력하고 검색합니다. 무려 27개의 페이지나 나옵니다. 모든 항목을 열고 특징을 살펴보기란 어려운 일이죠. 그래서 어떤 것이 사용하기 좋은지 인기 있는 플러그인을 선택해 봅니다. 우측에 인기 플러그인이 있지만 몇 개만 나옵니다. 그래서 좌측의 플러그인 카테고리에서 Most Popular 링크를 클릭하면 1,181개의 페이지가 나옵니다. 이 방법으로는 더 어렵습니다. 사실 워드프레스 홈페이지에서 원하는 좋은 플러그인을 찾아낸다는 것은 아주 힘든 일입니다. 그래서 구글에서 검색하면 더 빠르게 찾을 수 있습니다.

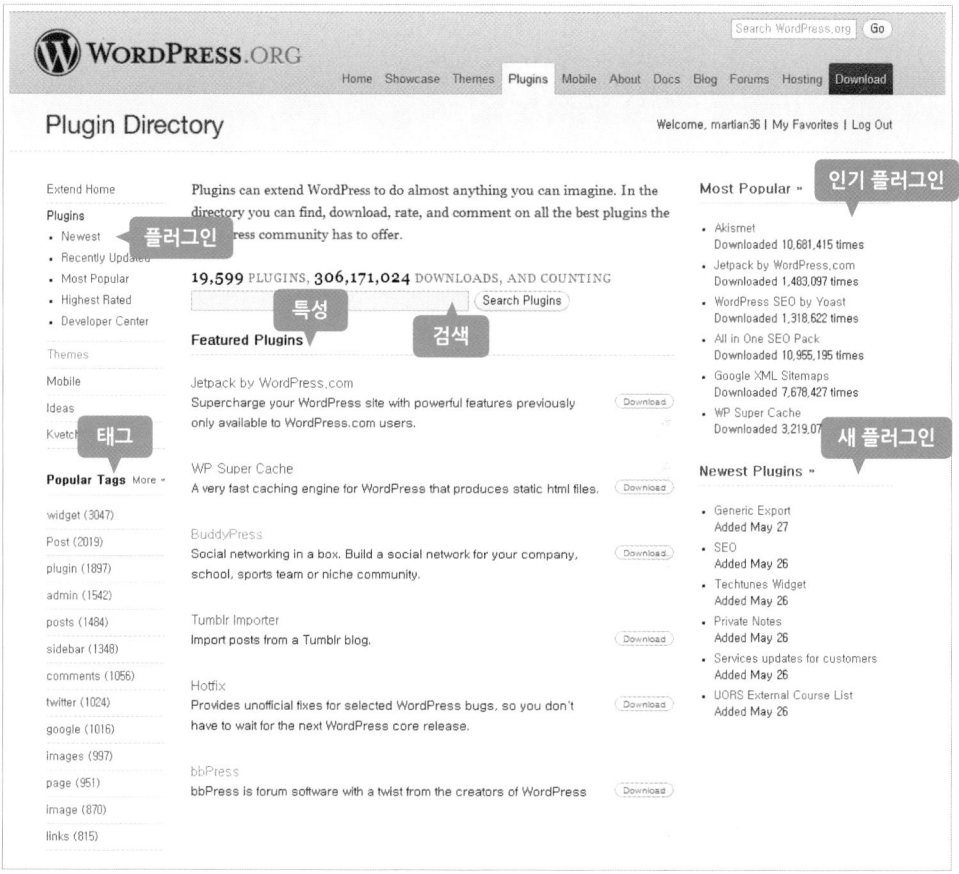

그림 2-94 워드프레스 홈페이지에서 검색한 모습

영문 구글에서 검색어를 입력하면 평가 별 표시와 무료 여부, 투표 수 등 갖가지 정보가 포함된 목록이 나옵니다. 구글에서 검색할 때는 "wordpress"를 검색어로 추가해야 검색 범위가 좁혀집니다. 별이 많다고 해서 무조건 좋은 것은 아니지만 어느 정도 신뢰성이 있다고 볼 수 있습니다. 보통 평가를 잘 하지 않기 때문입니다. 투표도 마찬가지입니다. 제 경우에는 여러 가지 플러그인을 내려 받아 설치해 보니 "Social Sharing Toolkit"이란 이름의 플러그인이 마음에 들더군요. 그래서 여기서는 이 플러그인을 설치해 보겠습니다. 이 단어로만 검색하면 검색 결과의 최상단에 나타납니다. 링크를 클릭해서 들어가면 워드프레스 홈페이지가 나옵니다.

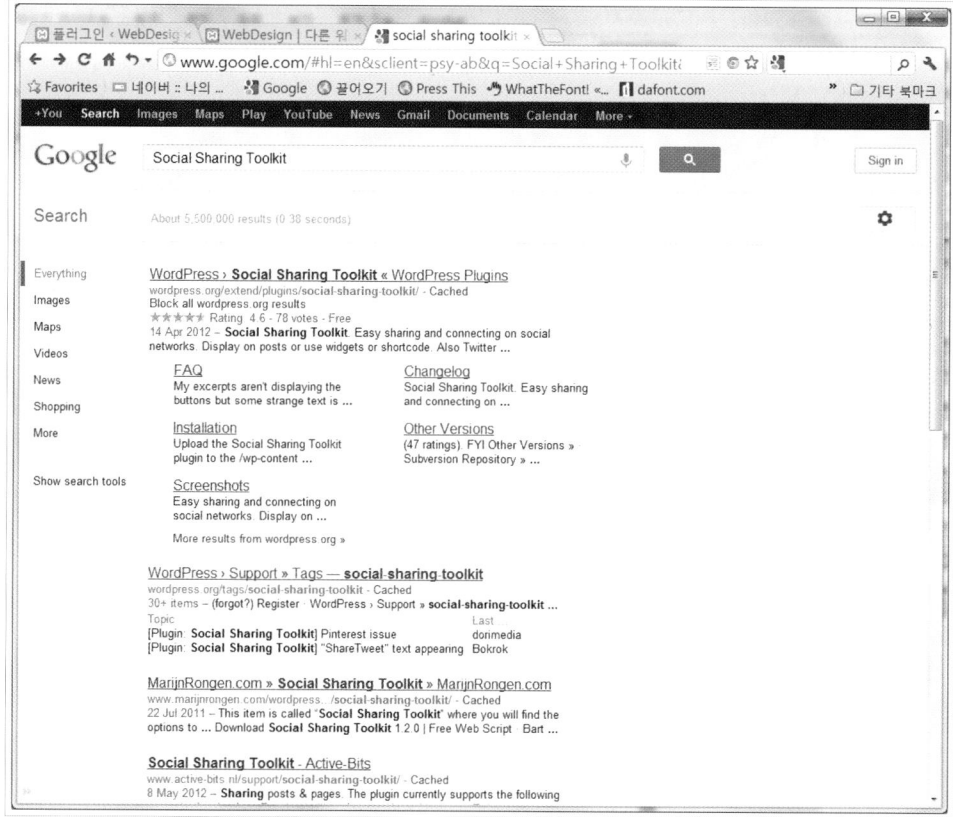

그림 2-95 **구글에서 플러그인을 검색한 결과**

가장 먼저 확인할 것이 내 워드프레스의 버전과 이 플러그인이 호환되는지 여부입니다. 한글 워드프레스는 현재 3.4 버전이며, 이 플러그인은 3.0 이상이면 된다고 합니다. 최근 4월 14일에 업데이트됐으니 지원도 활발합니다. 다운로드 횟수도 십만에 가깝습니다. 평가도 별다섯 개에 가깝고 저도 사용해 보고 평가를 했습니다. 이런 평가는 좋다는 의미가 되므로 많은 사람들이 내려받아 사용할 것이고 개발자 홈페이지에 한 번이라도 더 접속할 수 있으며, 이런 활동은 개발자에게 힘을 실어주며 기부를 받을 기회도 생깁니다. 그러니 평가는 중요한 활동입니다. 참고로 평가는 회원으로 등록해야 가능합니다. 홈페이지에 링크가 없으므로 http://wordpress.org/support/register.php로 이동하면 회원 가입을 할 수 있고 가입한 이후에는 플러그인을 평가할 수 있는 별이 나타납니다.

해당 페이지에서 각 탭을 클릭하면 설치 방법이나 질문과 답변, 스크린샷, 버전 업데이트 내역 등 여러 가지 정보를 볼 수 있습니다. 이런 내용은 내 블로그에서도 볼 수 있습니다. 여기까지 확인한 다음에는 내 블로그로 이동합니다. 만일 여기서 파일을 내려받아 설치한다면 주황색 버튼을 클릭하고 압축 파일을 내려받습니다. 그런 다음 플러그인 폴더에 압축을 풀고 관리자 화면의 플러그인 페이지에서 활성화하면 바로 사용할 수 있습니다. 하지만 쉬운 방법으로 다음 과정을 진행합니다. 플러그인 제목을 블록 설정해서 복사하고 내 워드프레스 플러그인 페이지로 갑니다.

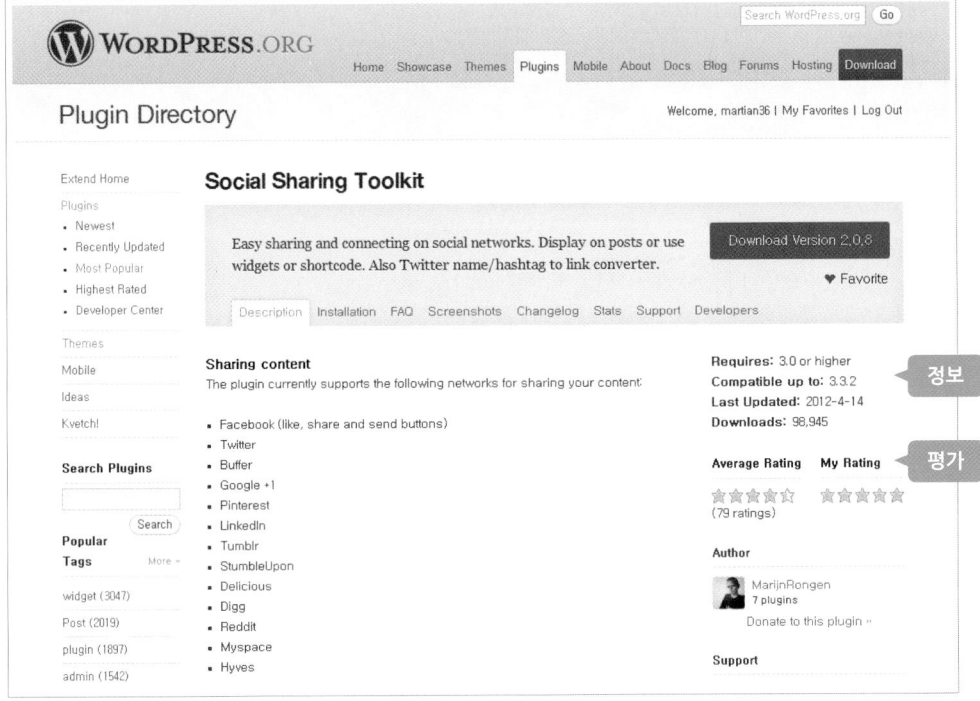

그림 2-96 플러그인 정보

블로그에서 직접 설치하기

관리자 화면에서 "플러그인", "플러그인 추가하기"를 클릭하고 검색 창에서 검색합니다. 플러그인을 설치하기 전에 항상 세부사항을 확인합니다. 앞에서 확인했지만 웹브라우저에서 검색하고 확인하는 절차를 거치지 않고 블로그에서 검색해서 설치할 경우에는 정보를 확인하지 않은 상태이니 확인 절차를 거칩니다.

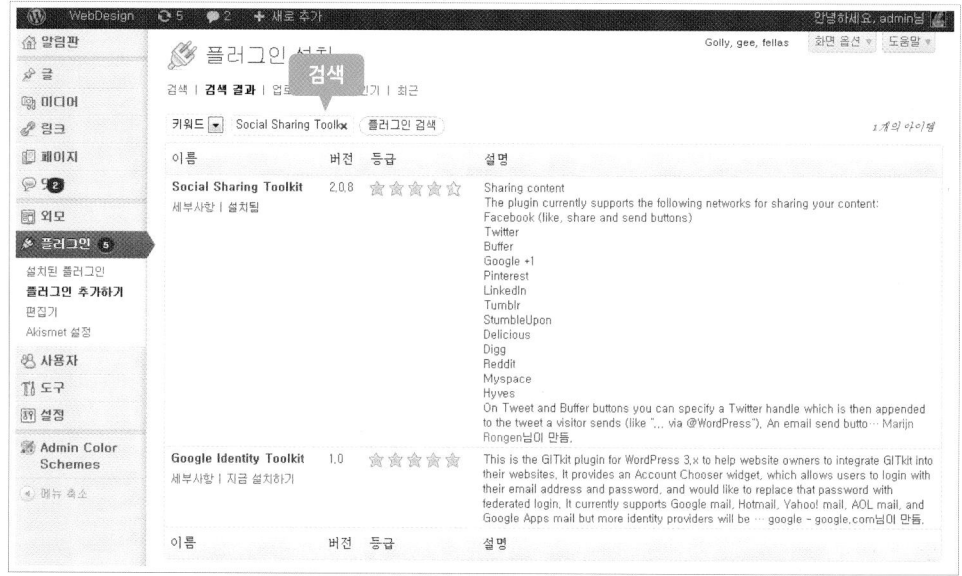

그림 2-97 블로그에서 플러그인 검색

가장 먼저 세부사항에 대해 나옵니다. 플러그인은 개별적으로 만들어 설치하는 것이므로 한글로 나오지 않습니다. 유일하게 한글로 나오는 곳이 우측 패널입니다. 저는 이미 설치했으므로 주황색 배경에 "최신 버전이 설치됨"으로 나오지만 설치하지 않은 경우 "설치하기" 버튼으로 나옵니다. FYI는 "For Your Info"를 의미하며, 플러그인 정보를 나타냅니다. Installation 탭을 클릭하면 설치 방법이 나옵니다. 스크린 샷 탭을 클릭합니다.

그림 2-98 블로그에서 본 플러그인 페이지

이 화면에서는 플러그인을 설치하고 나면 관리자 화면에서 어떻게 나오는지 미리 볼 수 있습니다. 이 정보가 또한 중요합니다. 인터페이스를 통해 관리하기 편리한지 확인할 수 있기 때문이죠. 이미지를 보니 우측에 플러스 아이콘이 있어서 클릭해서 이동도 할 수 있습니다. Changelog 탭은 버전이 바뀌면서 어떤 내용이 추가됐는지 알 수 있습니다. 여러 가지 탭을 확인한 다음, 마음에 들면 "설치하기" 버튼을 클릭합니다. 플러그인 설치는 이 화면에서 해도 되고 우측 상단의 X 아이콘을 클릭해서 빠져나간 후 목록에서 "지금 설치하기" 링크를 클릭해도 됩니다.

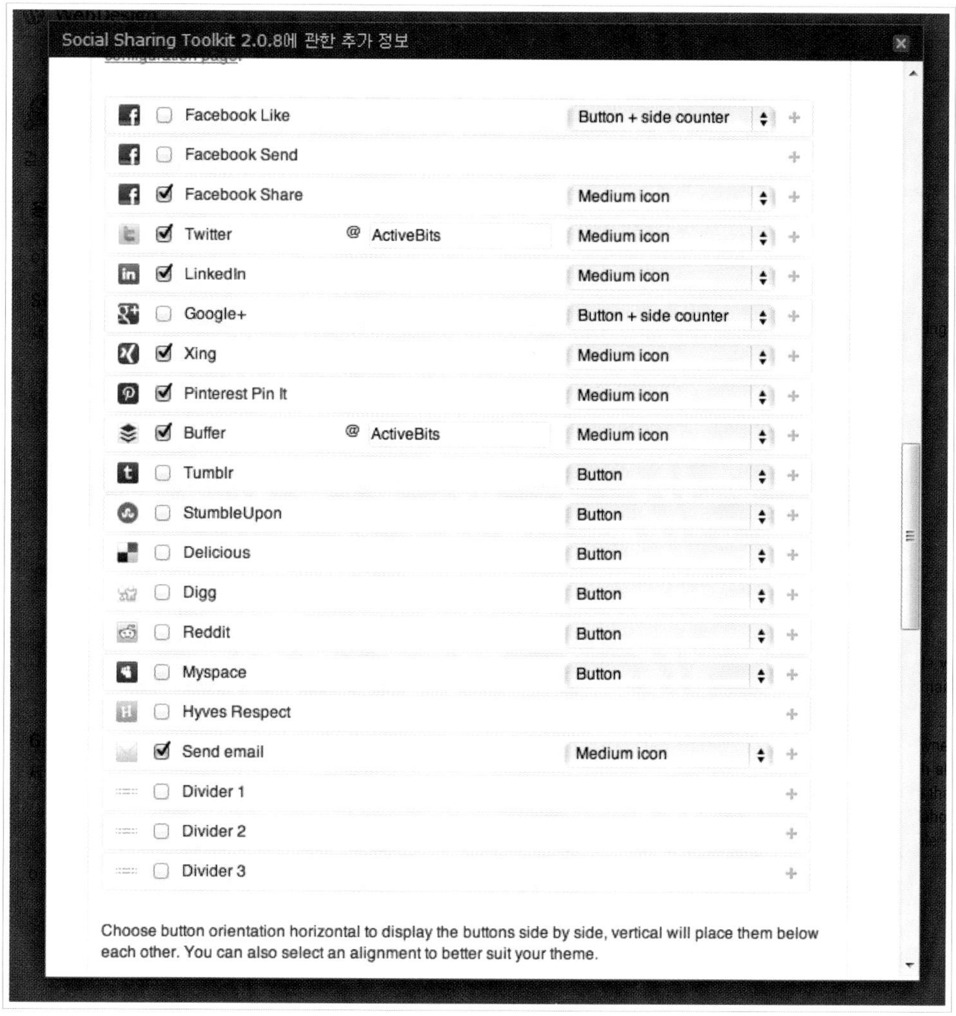

그림 2-99 플러그인 스크린샷

설치 버튼을 클릭하면 압축 파일을 내려받아 설치까지 끝냅니다. 파일을 내려받아서 설치하면 압축을 풀고 붙여 넣는 등 조금 번거로운 면이 있습니다. 더구나 웹호스팅을 사용한다면 파일질라로 업로드까지 해야 하죠. 플러그인 활성화 링크를 클릭하면 활성화되고 플러그인을 사용할 수 있게 됩니다.

 플러그인 설치중: Social Sharing Toolkit 2.0.8 One of your ol(

http://downloads.wordpress.org/plugin/social-sharing-toolkit.2.0.8.zip에서 설치 패키지 다운로드중.

업데이트 압축 푸는 중.

플러그인을 설치.

플러그인 **Social Sharing Toolkit 2.0.8**를 성공적으로 설치했습니다.

플러그인을 활성화 | 플러그인 페이지로 돌아가기

그림 2-100 플러그인 설치

플러그인을 활성화한 후, 주 메뉴에서 "설정", "Social Sharing Toolkit"을 클릭하면 일반 설정이 나옵니다. 영어인 것을 번역해서 한글로 나오는데, 이 플러그인을 사용할 경우 첨부파일에서 "소셜네트워킹 버튼 추가 플러그인 언어파일"을 플러그인 폴더(워드프레스가 설치된 디렉터리 〉 \wp-content\plugins\social-sharing-toolkit\languages)에 붙여 넣으면 됩니다.

버튼 위치에서 콘텐츠 이전에 배치할지 이후에 배치할지 선택하고 포스트나 페이지에도 나타나게 할 것인지 선택합니다. Enable shortcode는 글 본문 중에 원하는 곳에 [social_share/]를 삽입하면 소셜 네트워크 버튼이 나타납니다.

일반 설정에서 설정하고 각 탭에서 버튼을 활성화합니다. 콘텐츠 탭은 글의 본문에 버튼을 삽입하는 설정이고, 짧은 코드 탭은 위에서 설정한 shortcode에 대한 버튼입니다. 위젯 공유와 위젯 팔로우는 워드프레스의 위젯을 사이드 바에 배치하고 버튼을 설정합니다. 위젯 팔로우의 경우에는 자신의 소셜 네트워크 아이디를 기입합니다.

그림 2-101 일반 설정

아래 그림은 버튼을 설정하고 난 후 블로그 화면에서 보이는 버튼의 위치입니다. 콘텐츠에서
설정한 경우 포스트 이전에 배치했고 짧은 코드는 본문 중에, 위젯 공유와 위젯 팔로우는 사
이드바에 배치했습니다. 위젯은 주 메뉴의 위젯 설정 화면에 가면 박스가 만들어져 있습니
다. 이를 위젯 영역에 배치하면 됩니다.

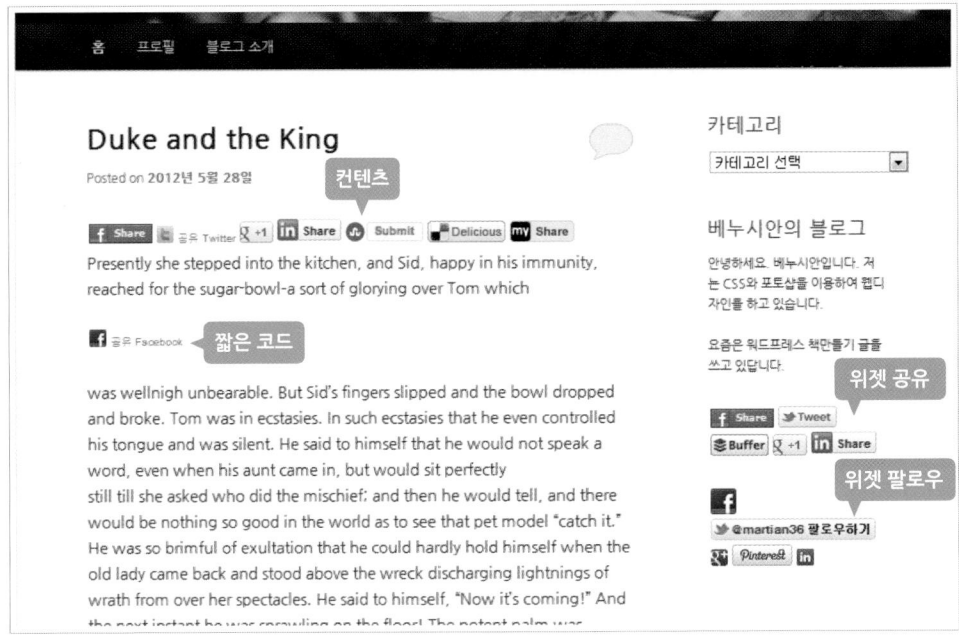

그림 2-102 설정 후 나타나는 버튼의 위치

플러그인은 이처럼 복잡한 설치 과정을 거치는 것도 있지만 설치만 해도 작동하는 것도 있고 기능에 따라 천차만별입니다. 여러 가지 유용한 플러그인 목록은 부록에서 다루기로 하고 두 가지 플러그인만 간략히 설명하겠습니다.

로그인 시 블로그 화면으로 이동하는 플러그인

워드프레스에서 로그인하고 나면 기본적으로 관리자 화면으로 들어가게 돼 있습니다. 이것은 관리자나 일반 사용자나 마찬가지입니다. 그래서 일반 사용자의 경우에는 로그인 후에 바로 블로그 화면으로 이동하게 하는 것이 바람직합니다.

플러그인 검색 화면에서 Peter's Login Redirect로 검색하면 플러그인이 나타납니다. 플러그인을 설치하고 나서 주 메뉴의 "설정", "Login/logout redirects"를 차례로 선택하면 설정 화면이 나타납니다. 이 화면에서는 블로그 사용자 아이디별로 설정할 수 있고 사용자 등급으로도 설정할 수 있습니다. All other users에 설정하면 관리자를 포함한 모든 사용자에 해당됩니다. URL과 Logout URL에 블로그 초기 화면의 주소를 입력하고 Update 버튼을 클릭하

면 설정이 완료됩니다. 그러고 나면 관리자도 로그인 후에는 블로그 초기 화면으로 이동하고
로그아웃한 후에도 마찬가지입니다.

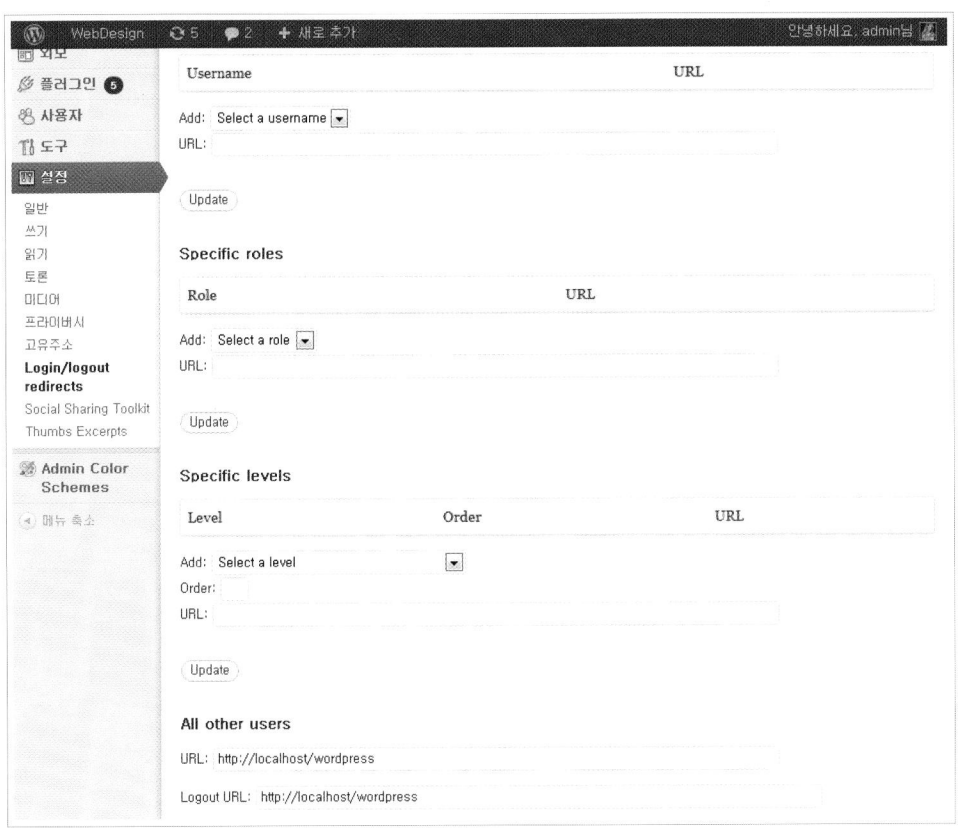

그림 2-103 Peter's Login Redirect 플러그인

블로그에 임시글을 만드는 플러그인

블로그 디자인을 한다거나 워드프레스를 시험하고자 할 때 글을 입력하고 여러 개의 포스트
를 만들어야 할 때가 있습니다. 이러한 경우 일일이 글이나 페이지를 만들기 번거로운데, 이
어서 설명할 플러그인을 설치하고 설정만 하면 자동으로 글이나 페이지가 만들어집니다.

"WP Dummy Content"로 검색해서 설치한 다음 "설정", "Dummy Content"를 선택하면
설정 화면이 나타납니다. 설정 화면에서는 페이지와 글에 대해 설정할 수 있으며, 시험 삼아

글을 20개 만들어 봅시다. 글의 상태는 발행(Published)으로 하고 글의 시간 간격은 하루(1 Day Apart)로 설정한 다음 Aaaand …ENGAGE 버튼을 클릭하면 글이 발행됩니다.

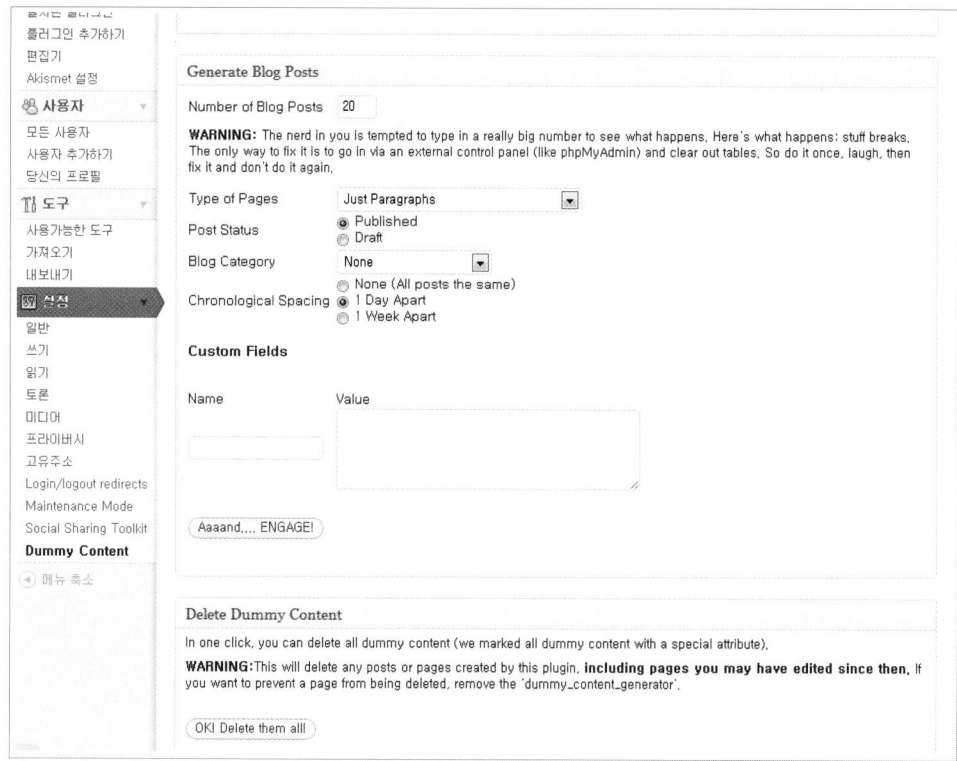

그림 2-104 Dummy Content

페이지도 만들었더니 메뉴에 포함돼 있습니다. 페이지를 만들 때는 Page Parent에서 이미 있는 메뉴를 선택하면 서브 메뉴로 등록됩니다. 여기서는 프로필 메뉴를 부모로 선택했더니 서브 메뉴로 나타납니다. 임시 페이지나 글을 삭제하려면 설정 화면에서 Delete Dummy Content 항목의 OK! Delete them all! 버튼을 클릭하면 됩니다. 주의할 점은 이러한 임시 글이나 페이지 이후에 작성된 정상적인 콘텐츠들도 삭제된다는 것입니다.

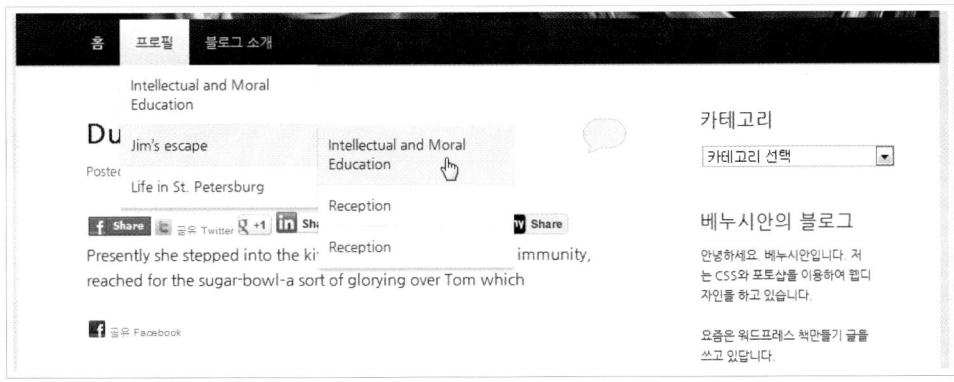

그림 2-105 임시 페이지

3장
포스팅하기

1장에서

블로그에 글을 올리기 위해 워드프레스를 설치해 글 쓰는 환경을 만들었고, 2장에서는 좀 더 쉽게 블로그를 관리하기 위한 설정을 했습니다. 먼 길을 거쳐서 이제 블로그에 글을 올리는 일이 남았습니다. 물론 블로그를 더 멋지게 보이려면 테마를 수정하는 일이 남았지만 이것은 다음 장에서 다루겠습니다. 이번 장에서는 글 작성에 필요한 도구를 소개합니다. 이번 장에서 나올 내용을 간추려 보면 다음과 같습니다.

블로그를 통해 어떤 콘텐츠를 생산할 것인가: 구글과 같은 검색엔진은 검색 결과로 노출된 페이지의 순위를 정하기 위해 평가를 합니다. 블로거들은 좋은 내용을 올려서 자신의 글이 검색 결과의 상단에 나타나도록 동분서주합니다. 대부분의 블로그는 구글 애드센스 광고를 설치하기 때문에 자신의 글이 검색 결과의 상단에 위치하면 더 많은 수입을 올릴 수 있습니다. 검색엔진 최적화가 도움이 되지만 가장 중요한 것은 글의 충실한 내용입니다. 여기서는 어떤 글을 어떻게 써야 하는지 간단히 알아봅니다

새 글 쓰기: 블로그가 다른 웹사이트와 다른 점은 글 위주로 웹페이지가 만들어진다는 것입니다. 블로그의 어원이 인터넷 일기장(Weblog)이라는 점에서 실생활에서 찾아볼 수 있는 가장 좋은 예가 잡지입니다. 다양한 주제를 배정해서 카테고리를 형성하고 지속적으로 글을 발행하며 월별 글 보관함이 만들어집니다. 또한 태그라는 주제를 만들어 연관된 글을 찾기 쉽게 합니다. 글만 있으면 단조롭기 때문에 이미지, 오디오, 비디오 등 멀티미디어가 사용됩니다. 글의 내용도 중요하지만 보기 좋은 디자인을 위해 비주얼 편집기와 HTML 편집기가 사용됩니다. 여기서는 워드프레스에서 글 쓰기와 관련된 모든 도구를 알아봅니다.

링크: 링크는 블로그 운영자뿐 아니라 방문자에게 좋은 정보를 가진 사이트로 연결할 수 있는 즐겨찾기 목록입니다. 링크를 만들어 주 메뉴에 배치할 수도 있고 링크 목록을 위젯을 이용해 사이드바나 푸터 영역에 배치할 수도 있습니다.

사용자 정의 메뉴: 페이지를 만들면 메뉴가 추가되지만 사용자 정의 메뉴는 페이지뿐 아니라 카테고리, 링크, 글 형식 등 워드프레스에서 만들어지는 모든 콘텐츠에 대해 메뉴를 만들 수 있습니다. 사용자 정의 메뉴는 메뉴바에 배치할 수도 있고 사이드바에 배치할 수도 있습니다.

테마: 어떤 테마를 설치하느냐에 따라 테마를 관리하는 방법이 모두 다르지만 워드프레스의 기본 테마인 Twenty Eleven의 테마 관리 방법을 알아봅니다. 특히 워드프레스가 3.4 버전으로 업데이트되면서 추가된 실시간 미리보기 기능 덕분에 활성화되지 않은 테마도 미리보기하면서 테마의 모양을 바꿀 수 있습니다.

무엇을 쓸 것인가? 01

01 블로거는 인터넷 콘텐츠의 주 생산자

블로그에 글을 올리는 것은 다양한 소셜 네트워크 서비스 중에서도 가장 어려운 일에 속합니다. 트위터나 페이스북 같은 소셜 네트워크 서비스는 글 내용이 길지 않고 맞춤법이 틀리거나 특별한 내용이 아니더라도 무엇이든 올릴 수가 있죠. 즉, 내용이나 형식에 구애받지 않는 장점이 있습니다. 단점이라면 한번에 그치는 글이라는 점입니다. 글이라고는 할 수 없고 쪽지에 불과해서 시간이 지나면 효력이 상실되는 내용의 글입니다. 그만큼 글의 수도 많아서 일일이 찾아보기도 어렵고 인터넷 검색도 힘듭니다.

블로그의 시작은 인터넷이 시작한 것과 같다고 해도 과언이 아닙니다. 인터넷에서 자신을 알리고 싶어하는 본능이 HTML로 홈페이지를 만들게 됐고 더 효율적인 방법으로 블로그 프로그램이 만들어졌습니다. 웹 2.0은 공유라는 개념을 도입했고 이때부터 소셜 네트워크 서비스가 발전하기 시작했습니다. 웹 2.0 플랫폼이 나오기 전에는 정보는 정보 전달자와 수요자가 별개였지만 이후로는 정보의 전달자가 수요자를 겸하고 있습니다. 즉, 내 정보를 전달하고 남의 정보도 얻는 정보의 공유가 시작된 것입니다. 21세기의 주된 정보 전달자는 뉴스 미디어가 아닌 바로 일반인입니다.

세계 최대의 검색엔진인 구글은 블로그를 아주 좋아합니다. 우리나라 포털의 검색엔진도 마찬가지지만 검색어에 따라 광고가 우선적으로 나오기도 합니다. 검색엔진이 블로그 글을 좋아하는 이유는 수많은 사람들이 올리는 글이 다양하고 신선하기 때문입니다. 구글에서 검색해서 나오는 글의 우선순위는 대부분 블로그의 글들입니다. 웹디자인이나 워드프레스에서 필요한 정보는 구글만 통하면 다 해결됩니다. 단 영어로 된 정보가 대부분이라는 것이 흠입니다.

∩2 콘텐츠의 생산

구글 검색을 해보면 검색어에 가장 적절한 정보가 높은 순위로 나타나서 두 페이지 정도만 봐도 대부분 원하는 결과를 찾을 수 있습니다. 하지만 국내 검색엔진은 그렇지 않습니다. 정보도 부족하고 좋은 정보라 해도 높은 순위에 있는 경우가 드물어서 한참을 찾아야 합니다. 정보의 전달자로서 국내 블로그는 아직 부족한 점이 많습니다. 정보의 종류는 많지만 높은 순위를 차지하고 많은 블로거들이 택하는 주제가 맛집이더군요. 맛집 소개에 관한 글이 이렇게 많은 것을 보면 우리나라는 먹는 데 소비를 많이 하는 것 같습니다. 더 다양하고 깊이 있는 정보가 필요하다고 봅니다.

정보의 전달자로서 블로거는 자신이 잘할 수 있고 잘 알고 있는 전문적인 정보를 글로 표현하는 것이 가장 좋은 방법입니다. 이보다 쉬운 방법은 없겠지만 대부분의 사람들은 전문 지식이 없습니다. 전문 지식을 갖고 있는 사람이 한국에서 블로그에 글을 올리는 일은 드뭅니다. 바쁘기 때문이기도 하지만 전문적인 정보를 공유하기 싫어한다고나 할까요. 이런 점에서 외국 블로그를 살펴보면 참 대단하다는 생각이 듭니다. 고급 정보가 무료라는 게 의심스러울 정도입니다.

그렇다면 어떤 글을 어떻게 올려야 좋을지 궁금해집니다. 제 경우에는 웹디자인을 위해 가장 먼저 포토샵을 시작했고 그다음에 PHP, CSS, HTML5, 자바스크립트(제이쿼리) 등 웹디자인과 관련된 분야를 넓혀 나갔습니다. PHP를 공부하던 중 워드프레스와 드루팔, 익스프레스엔진 등 PHP로 만들어진 콘텐츠 매니지먼트 시스템(CMS) 프로그램을 알게 됐습니다. 여러 가지를 하다 보니 어느 하나 전문적으로 잘하는 것은 없습니다만 이런 공부를 하면서 알게 된 지식을 정리해서 블로그에 올리는 것은 잘합니다.

이처럼 자신이 전문적으로 잘 알지 못해도 내가 관심이 있거나 취미로 하고 있는 일을 정리해서 블로그에 올리면 좋은 글이 됩니다. 글을 작성하면서 정보의 정확성을 위해 더 찾아보고 확인한 정보를 올리려는 책임감으로 인해 지식은 깊이를 더하게 됩니다. 내 글을 누군가 보고 정보로 삼으려면 글을 대충 올려서는 안 되기 때문이죠. 취미가 직업이 된다면 이보다 좋은 직업이 없습니다. 취미를 살려서 깊이 있는 공부를 하다 보면 직업이 됩니다.

내 블로그의 글을 모아서 책을 만든다고 생각하고 글을 쓰면 블로그 글은 원고가 됩니다. 사실 티스토리에 블로그를 만들어 포토샵에 관한 글을 쓰면서 PDF로 책을 만들 계획이었습니다. 포토샵은 제가 경험한 분야 중에서 가장 잘 아는 분야이기 때문입니다. 포토샵 관련 글이 200개를 넘다 보니 더는 쓸 내용이 없어서 그다음으로 잘 아는 CSS와 워드프레스에 대해 글을 쓰기 시작했습니다. 6개월 정도 쓰고 나서 다른 분야로 넘어가려고 했더니 계획에 차질이 생겼습니다. CSS와 워드프레스 글을 본 분들이 의뢰가 들어오기 시작한 것이죠. 그래서 포트폴리오 소셜 네트워크 서비스 디자인을 담당하게 됐고 출판사에서는 워드프레스에 관한 책을 만들자는 제안이 들어왔죠. 취미로 시작한 포토샵을 발전시켜서 웹디자인을 공부하게 됐고 이제는 직업이 됐습니다. 밤새도록 작업해도 싫증이 안 나는 일이 직업이 됐으니 이보다 좋은 직업은 없으리라 생각합니다.

이 책을 보시는 여러분들도 잘 할 수 있는 것에 대한 글을 만들어 블로그에 올려보세요. 방문자가 들어와 보고 좋아할 겁니다. 그러면 더 좋은 글을 쓸 힘이 납니다. 글재주가 없다고요? 저는 글을 잘 쓰지 못해서 원고를 작성해서 출판사에 보내면 모든 게 수정돼서 돌아옵니다. 처음엔 당황스럽고 이런 사람이 책을 만들 수 있을 것인가, 라는 의문이 들고 용기가 안 났지만 한편으로는 이런 생각도 들더군요. "나는 글을 쓰는 사람이 아니라 정보를 전달하는 사람이다. 정보 전달은 글 쓰는 능력이 없어도 된다"고 말이죠. 맞는 얘기죠?

새 글 쓰기 화면 개요

워드프레스에서 글(포스트) 만들기는 페이지 만들기와 같은 편집기를 사용합니다. 2장에서 포스트와 페이지의 차이점을 알아봤는데 두 가지 콘텐츠가 지닌 고유의 차이점 말고는 포스트를 만드는 것이나 페이지를 만드는 것이나 모두 같은 방식으로 만들어집니다. 1장의 마지막 부분에서 포스트 만들기에 대해 간략하게 알아봤는데 실제로 포스트를 만들면서 편집기에 나오는 여러 가지 메타박스의 사용법을 알아봅니다.

새 글 쓰기 화면으로 가는 방법은 두 가지가 있습니다. 툴바 메뉴에서 "새로 추가"에 마우스를 올리고 드롭다운 메뉴의 "글"을 클릭하거나, 주 메뉴의 "글"에 마우스를 올리고 플라이아웃 메뉴 (Flyout Menu: 좌측이나 우측에 나타나는 메뉴)에서 "새 글 쓰기"를 선택합니다.

글이란 하나의 작품을 만드는 것과 같아서 새 글 쓰기에는 아주 다양한 옵션 상자가 있습니다. 워드프레스는 기본적으로 몇 개의 옵션 상자만 나타나는데 화면의 우측 상단에서 화면 옵션을 클릭하면 화면에 이러한 옵션 상자를 추가로 나타나게 할 수 있습니다. 모든 옵션에 대해 알아볼 것이므로 "화면에 보이기"의 모든 체크박스에 체크하면 화면 아래에 하나씩 나타납니다. 화면 레이아웃은 기본으로 열의 수가 2개이고 좁은 화면에서는 하나를 선택합니다.

새 포스트를 만들기 위해 제목란에 제목을 입력하고 본문 입력란에 클릭하면 제목 아래에 고유주소가 나타납니다. 본문 입력상자는 글 상자(Post Box)라고도 하지만 페이지 만들기 화면에도 같은 글 상자가 있으므로 "텍스트 편집기"라고 해야 합니다.

그림 3-1 새 글 쓰기 화면

편집기 상단에는 사진이나 동영상을 첨부할 수 있는 미디어 업로드 버튼이 있습니다. 이에 관해서는 미디어 추가하기 절에서 설명합니다. 편집기의 우측 상단에는 "비주얼"과 "HTML" 편집기를 선택할 수 있는 탭이 있습니다. 대부분 비주얼 편집기를 사용하겠지만 어느 정도 HTML과 CSS를 배우게 되면 HTML 편집기를 사용해 글을 더 멋지게 만들 수 있습니다. 이에 대해서는 다음 절에서 편집기의 툴바에 대해 자세히 알아봅니다.

편집기 우측과 하단에는 화면옵션에서 선택한 각종 옵션 상자가 있는데 이런 상자를 메타박스(Metabox)라고 합니다. 모듈박스나 패널이라고도 하는데, 워드프레스 공식사이트에서는 메타박스로 칭합니다.

새 글 쓰기 화면에 있는 도구와 각 메타박스의 기능을 간략히 살펴보면 다음과 같습니다.

- 공개하기: 글을 발행하거나 임시글로 저장할 수 있고 비밀 글로 할 수도 있으며, 글의 날짜를 과거로 소급하거나 예약할 수 있습니다.

- 편집기: 비주얼 편집기와 HTML 편집기가 있으며 비주얼 편집기에서는 주로 글을 작성하고 상단의 도구 아이콘을 이용해 글 모양을 다듬을 수 있습니다. HTML 편집기를 이용하면 HTML 코드를 직접 입력해 더 풍부하게 글 모양을 바꿀 수 있습니다.

- 미디어 파일 업로더: 이미지, 비디오, 오디오 파일을 내 컴퓨터나 URL을 통해 업로드하거나 갤러리를 만들수 있고 이미지 파일을 편집하거나 미디어 파일을 관리할 수 있습니다.

- 카테고리와 태그: 글을 주제별로 분류해서 카테고리를 설정하고 소주제인 태그를 첨부해 원하는 글을 찾기 쉽게 합니다.

- 요약: 글을 요약해서 정리한 글을 만들고 나타낼 수 있습니다. 특성 이미지와 연계하면 블로그 글 화면에서 썸네일 이미지와 글 요약이 나타난 글 목록을 만들 수 있습니다.

- 특성 이미지: 글 페이지의 대표 이미지를 만듭니다.

- 글 형식: 6개의 기본적인 글 형식을 만들어서 다양한 블로그 글로 표현할 수 있습니다.

- 토론: 댓글 달기나 핑백, 트랙백을 허용할 수 있습니다.

- 트랙백 보내기: 트랙백은 내블로그에 글을 작성해서 타인의 블로그에 댓글을 다는 방법입니다.

- 댓글: 댓글이 달린 글에 댓글을 추가하거나 댓글에 댓글을 달 수 있습니다.

- 슬러그: 인터넷 URL을 사람이 알기 쉬운 일반 글자로 수정합니다.

- 글쓴이: 타인을 위해 글 작성을 할 경우 글쓴이를 변경할 수 있습니다.

- 사용자 정의 필드: 글 내용 중 글 작성자의 기분을 묘사할 수 있습니다.

- 리비전: 저장된 글의 전체 과정이 나타나고 원하는 저장 글을 불러내서 재편집할 수 있습니다.

공개하기 메타박스 03

1장의 마지막 절에서 "처음으로 포스팅하기"를 설명할 때 간략히 다뤘지만 여기서 자세히 알아보겠습니다. 공개하기 메타박스는 상태, 가시성, 예약의 세 가지 옵션이 있습니다. 하단에는 파란색 배경의 공개하기 버튼이 있는데 이것은 상황에 따라 "업데이트"와 "예약" 버튼으로 바뀝니다. 즉, 이미 발행된 글을 수정할 경우 이 버튼은 업데이트로 바뀝니다. 또한 예약 날짜를 정하면 "예약" 버튼으로 나타납니다. 메타박스의 상단에는 "임시 글로 저장하기" 버튼이 있는데 이것은 완료되지 않은 글을 저장할 때 사용하고 나중에 다시 편집해서 발행할 수 있습니다. "미리 보기"는 말 그대로 웹브라우저에서 어떻게 보이는지 확인할 때 사용합니다.

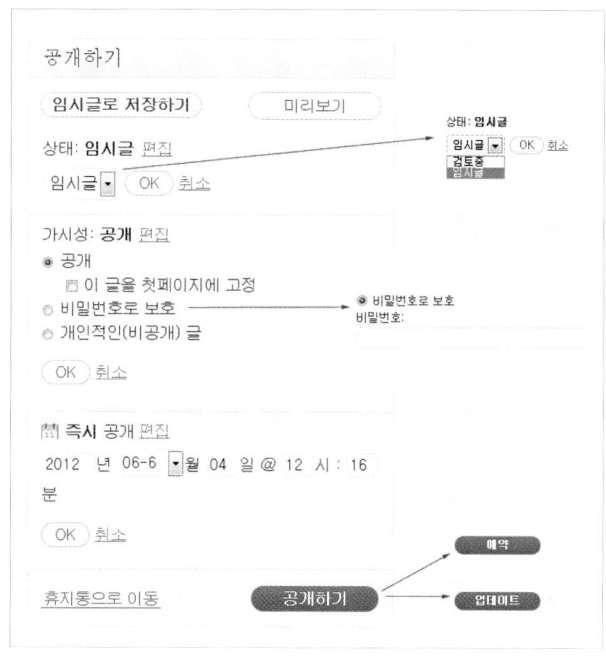

그림 3-2 공개하기 메타박스

01 상태

글의 상태는 4가지가 있습니다. 글의 상황에 따라 다른 상태로 변경하고자 할 때 사용하는 것이므로 처음에는 모두 나타나지 않고 글의 상태에 따라 변경하고자 할 때 다른 메뉴가 나타납니다. "상태" 옆에 있는 "편집" 링크를 클릭하면 메뉴 박스와 OK 버튼, 취소 링크가 나옵니다. 수정하고 나면 OK를 클릭하고, 수정하지 않으려면 취소 링크를 클릭하면 닫힙니다.

- **임시 글**: 글이 처음 작성되면 임시 글로 표시됩니다. 이는 공개되지 않아서 작성자 외에는 볼 수가 없습니다.
- **검토 중**: 다중 사용자가 있는 블로그의 경우 글을 공개할 권한이 있는 사람은 관리자와 편집자가 있지만 글을 작성할 수 있는 사람은 이 둘 외에 글쓴이도 있습니다. 글쓴이는 글을 작성만 하고 공개할 수가 없으므로 글을 작성한 후에는 검토 중으로 선택하면 글을 검토할 권한이 있는 사람에게 검토할 목록에 글이 나타납니다. 이들이 글을 검토하고 공개를 합니다.
- **예약**: 작성 중인 글이나 이미 발행된 글이라도 다음에 나오는 예약을 통해 미래의 날짜로 변경할 수가 있는데 예약 상태의 글은 이 부분에 예약이라고 표시됩니다. 그러니 일반적인 상태에서는 이 메뉴가 보이지 않습니다.
- **공개됨**: 글을 공개하고 나면 바로 공개됨으로 표시되고 이미 공개된 글을 수정하고자 들어오면 이 부분이 공개됨으로 나타납니다. 이를 다시 검토 중이나 임시 글로 변경할 수 있습니다.

02 가시성

이 옵션은 글을 공개하고 나면 누가 볼 수 있는지를 결정할 수 있습니다. 평상시는 "공개"로 나타나지만 "편집" 링크를 클릭하면 3가지 옵션이 나타납니다.

- **공개**: 가장 일반적인 가시성으로 이 부분에 체크돼 있으면 모든 사람이 글을 볼 수 있습니다. 공개는 추가 옵션이 있는데 해당 글을 블로그 전면에 붙박이 글로 만들 수 있습니다. 블로그의 글은 시간적 순서에 의해 최근에 발행된 글이 가장 먼저 나오게 돼 있지만 이 옵션을 사용하면 해당 글이 항상 처음에 나옵니다.
- **비밀번호 보호**: 이 부분에 체크하면 바로 아래에 비밀번호 입력란이 나타납니다. 이 옵션은 비밀번호를 부여해 이 글을 보고자 하면 해당 글에 설정된 비밀번호를 입력해야 합니다. 글 작성자의 사적인 글을 만들 수도 있지만 뉴스레터를 발행할 경우 비밀번호를 첨부해 뉴스레터의 URL을 이메일로 보내면 일반에게는 공개하지 않고 이메일을 받은 사람만 볼 수 있습니다. 나중에 시간이 지난 다음 이 글을 삭제하면 됩니다.
- **개인적인 글**: 이 옵션을 선택하면 공개되지 않고 관리자와 편집자만 볼 수 있고 그들의 알림판에 나타납니다. 멤버쉽 설정을 한 경우 여러 가지 레벨의 회원이 있는데 각 레벨에 대해 글을 볼 수 있게 하려면 별도의 플러그인을 설치하면 됩니다. 이와 관련된 내용은 부록의 유용한 플러그인 편에서 다룹니다.

03 즉시

편집 링크를 클릭하면 날짜를 수정할 수 있는 메뉴가 나타납니다. 사실 예약이라고는 하지만 이 옵션을 이용하면 이미 발행한 글이라도 과거의 날짜로 돌릴 수 있습니다. 글이 어떤 순서에 의해 발행되기를 원할 때 나중에 발행한 글을 순서의 가운데로 놓을 수 있으니 편리합니다.

위에서 모든 옵션을 설정하고 나면 해당 항목의 OK 버튼을 클릭만 해서는 안 되고 항상 공개하기, 업데이트, 예약 버튼을 클릭해야 합니다.

편집기 04

워드프레스의 텍스트 편집기는 오픈소스 프로그램인 TinyMCE라는 편집기를 사용합니다. 이 텍스트 편집기는 본래 다양한 기능이 있어서 워드프로세서의 수준에 이를 만큼 기능이 많지만 워드프레스에서 여러 가지 기능을 생략하고 단순하게 만들어 사용하고 있습니다. 그래서 별도의 플러그인을 설치하면 원래의 기능을 가진 편집기를 사용할 수도 있습니다.

워드프레스의 텍스트 편집기는 기본적으로 두 가지를 제공합니다. 하나는 비주얼 편집기이고 다른 하나는 HTML 편집기입니다. 2장에서 비주얼 편집기를 사용하지 않도록 설정할 수 있었는데, 대부분의 경우 비주얼 편집기를 사용하는 것이 편리하지만 잘 사용하지 않는 HTML 편집기를 추가해놓은 이유는 이를 이용하면 어느 편집기에서도 구현할 수 없는 다양한 편집이 가능해지기 때문입니다. 이는 HTML 코드와 CSS에 대해 어느 정도 알아야 가능합니다. 이번 절에서는 편집기의 세부 내용과 HTML 편집기를 이용해 간단하게 링크 아이콘을 삽입하는 방법을 알아봅니다.

01 비주얼 편집기

워드프레스는 글을 작성할 때 공통적으로 많이 쓰이는 도구를 편집기 상단의 첫 줄에 배치하고 추가 도구를 사용하고자 할 때는 첫 줄의 우측 끝에 있는 키친 싱크(Kitchen Sink)라는 아이콘을 클릭하면 두 번째 줄에 도구 모음이 나오도록 해놓았습니다. 이 아이콘을 한번 클릭해 놓으면 다시 새 글 쓰기에 들어왔을 때 두 번째 도구모음이 나타납니다. "키친 싱크"라는 용어가 생소하지만 그 유래를 보면 영어의 관용적 표현입니다. "Everything but Kitchen Sink"는 영어에서 잡동사니를 의미합니다. 직역하면 "부엌의 싱크대를 제외한 모든 것"을 의미하는데, 그렇다면 "Kitchen Sink"는 잡동사니가 아니란 얘기죠. 잡다한 도구를 제외한 필요한 도구만 모아놨다는 정도로만 이해하면 되겠습니다. 아래 사진은 키친 싱크 아이콘을 클릭했을 때의 도구모음의 모습입니다. 각 도구의 명칭과 기능에 대해 알아봅니다.

그림 3-3 텍스트 편집기 툴바

- **굵게(Bold)**: 텍스트 편집기의 글자를 블록 설정하고 이 아이콘을 클릭하면 굵은 글자로 바뀝니다. 미리 이 아이콘을 클릭해 놓고 글자를 치면 이후로는 모두 굵은 글자가 됩니다.

- **이탤릭체(Italic)**: 위와 같은 방법으로 이 아이콘을 클릭하면 기울어진 글자가 됩니다.

- **취소선(Strikethrough)**: 글자의 가로 중앙에 가로선을 만들어 취소된 글자임을 표시합니다.

- **순서 없는 목록(Unordered List)**: 목록을 만들고 블록 설정하고 이 아이콘을 클릭하면 목록의 앞에 네모가 만들어져서 목록임을 표시합니다. 미리 아이콘을 클릭하고 목록을 만들 수도 있습니다. 이때 엔터키를 치면 자동으로 네모가 만들어집니다.

- **순서 있는 목록(Ordered List)**: 위와 마찬가지로 하면 네모 대신 숫자가 만들어집니다.

- **인용(Blockquote)**: 인용이라고 번역돼 있지만 실제로 인용은 "quote"로 문장 중에 사용됩니다. Blockquote는 문장에서 벗어나 좌우가 안으로 들여쓰기가 되며 이탤릭 글자로 나타납니다. 이것은 글을 강조하거나 특별히 눈에 띄게 할 때 사용합니다. 블록 설정을 하지 않아도 문단을 선택하고 아이콘을 클릭하면 선택된 문단은 인용 처리됩니다.

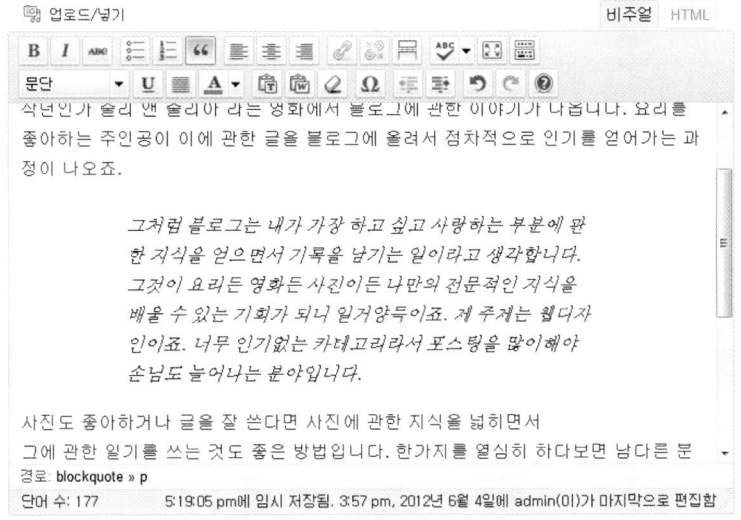

그림 3-4 인용

- **좌측정렬:** 선택된 문단을 좌측을 기준으로 정렬합니다. 이미지도 해당됩니다. 이것도 인용과 마찬가지로 블록 설정을 하지 않아도 문단 내부를 클릭해 놓고 아이콘을 클릭하면 됩니다. 아래 두 가지도 같습니다.

- **중앙정렬:** 중앙을 기준으로 글자가 배치됩니다.

- **우측정렬:** 우측 기준선을 기준으로 글자가 배치됩니다.

- **링크:** 글자를 블록 설정하면 이 아이콘이 활성화됩니다. 아이콘을 클릭하면 아래처럼 팝업 창이 나오고 URL에 인터넷 주소를 입력하면 링크된 글자를 클릭했을 때 해당 주소로 이동합니다. 제목란에 글을 입력하면 링크에 마우스를 올렸을 때 링크가 무엇을 의미하는지 툴팁(말풍선)이 나타나게 할 수 있습니다. "새 창/탭에 링크 열기"에 체크하면 링크가 있는 창이 아닌 새 창이 열리고 이동합니다. "또는 기존의 컨텐츠에 링크하기" 글자를 클릭하면 아래로 늘어나면서 새로운 내용이 나타납니다. 목록에서 선택하거나 글이 많은 경우 목록이 길어지므로 검색창에서 검색해서 원하는 글을 찾을 수 있습니다. 링크하고자 하는 글을 클릭하면 URL에 해당 글의 주소가 입력됩니다. 이어서 "링크 추가" 버튼을 클릭하면 링크 삽입이 완료됩니다. 링크를 추가하고 나면 편집기 안에서 파란색 글자로 나오고 마우스를 올리면 밑줄이 나타나면서 툴팁이 나옵니다.

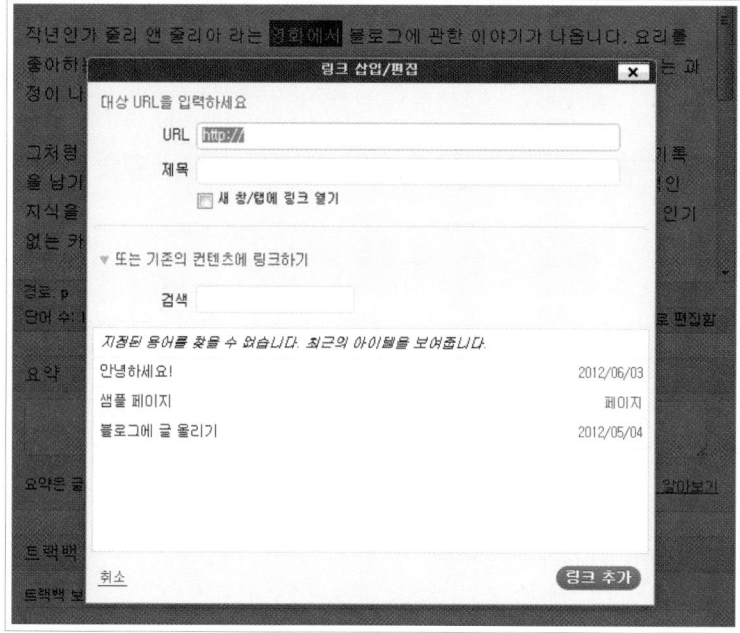

그림 3-5 링크 추가

- **링크 해제:** 편집기의 글자가 링크 설정된 경우 링크 글자를 클릭하면 링크 해제 아이콘이 활성화됩니다. 클릭하면 링크가 제거됩니다.

- **더보기:** 블로그 화면에서 일정부분만 보여주고 더보기 링크를 클릭하면 전체 내용을 볼 수 있게 하는 기능입니다. 문단의 마지막을 클릭하고 이 아이콘을 클릭하면 "More"가 수평선과 함께 나타납니다. 공개하기 버튼을 클릭하고 블로그 화면에서 보면 "계속 읽기" 링크가 추가돼 있고 이 링크를 클릭하면 전체 글이 나타납니다. 이것을 삭제하려면 "More" 글자에 클릭하면 블록 설정이 됩니다. Delete 키를 누르면 제거됩니다. 또는

HTML 탭을 클릭해서 편집기 화면에서 〈!-- more --〉 태그를 삭제하고 업데이트 버튼을 클릭하면 더보기 링크가 삭제됩니다.

그림 3-6 더보기

- **철자 검색기 토글**: 문장의 철자를 검색해서 오타를 찾아내지만 한글은 지원하지 않습니다.

- **전체화면 보기**: 이 아이콘을 클릭하면 흰색 배경에 글자만 나와서 글 쓰기에 집중할 수 있습니다. 툴바도 몇 가지 도구만 나왔다 사라지지만 마우스를 올리면 다시 나타납니다.

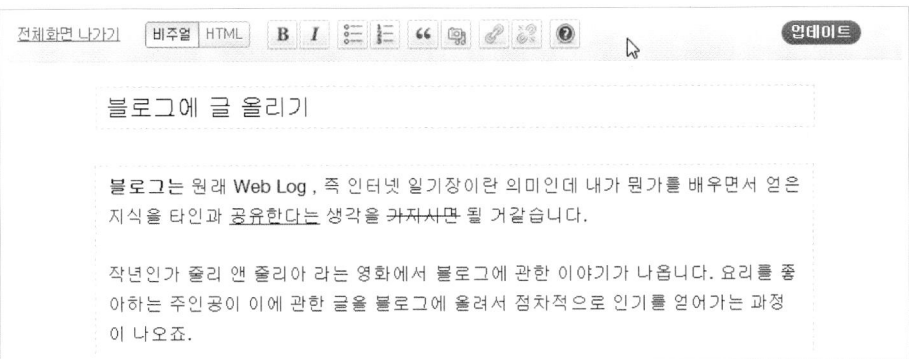

그림 3-7 전체 화면

- **키친 싱크**: 이전에 설명했듯이 두 번째 도구 모음 줄이 나타나게 합니다.

- **글 형식 메뉴**: 글자를 블록 설정하고 이 메뉴에서 원하는 글 형식을 선택하면 글자의 크기가 바뀝니다.

- **밑줄**: 글자에 밑줄을 만듭니다.

- **전체 정렬**: 문단은 기본적으로 좌측 정렬되도록 설정돼 있습니다. 문단의 한 부분을 클릭하고 이 아이콘을 클릭하면 좌측뿐 아니라 우측까지 정렬됩니다. 아래의 문단을 보면 글자 수가 다르므로 들쭉날쭉하지만 이 기능을 선택하면 문단의 우측 끝이 정렬됩니다.

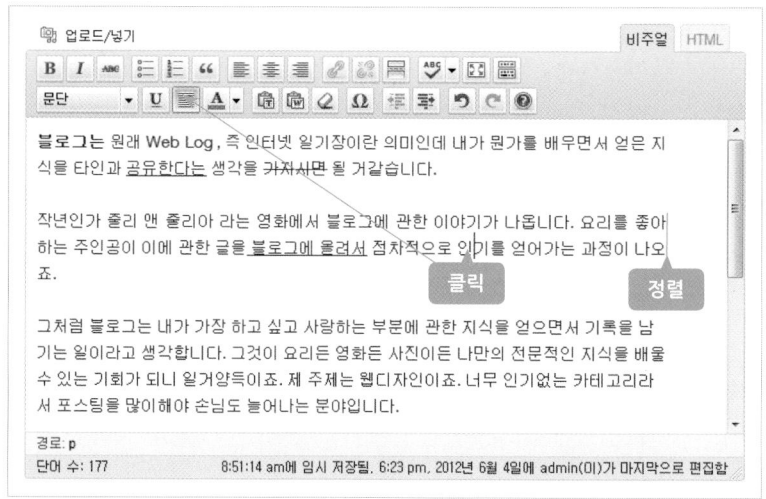

그림 3-8 전체 정렬

- **텍스트 색상 선택**: 글자를 블럭 설정하고 이 아이콘을 클릭해 색상을 선택하면 글자 색이 바뀝니다. "더 많은 색상"을 클릭하면 1,600만 가지 색을 선택할 수 있습니다. 색상 코드를 안다면 6자리로 된 16진수 코드를 입력합니다.

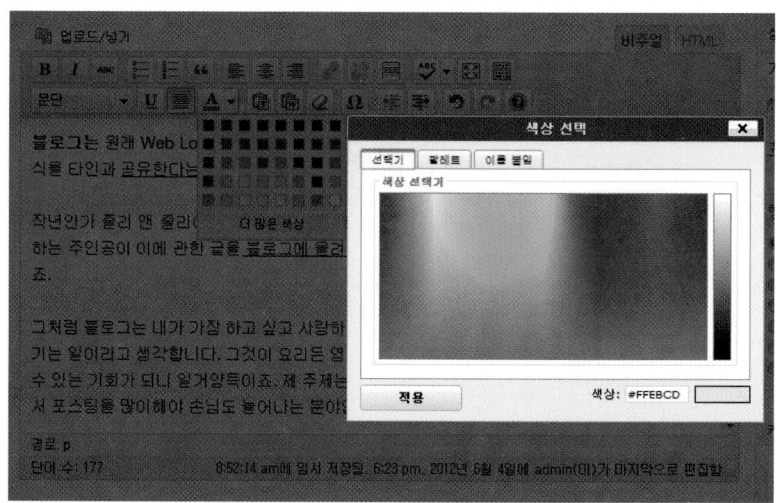

그림 3-9 글자 색상

- **일반 텍스트로 붙여 넣기**: 글을 다른 곳에서 복사해올 경우 글자는 대부분 이미 글 형식이 지정돼 있습니다. 예를 들어, 글자의 크기나 색상과 같은 각종 형식이 설정된 것을 이 아이콘을 클릭했을 때 나오는 창에 붙여 넣고 저장하면 모든 형식이 제거된 채 글자만 입력됩니다.

- **워드에서 붙여 넣기:** 마이크로소프트 워드에서 만들어진 글도 글 형식이 설정돼 있습니다. 워드에서 글자를 복사해서 붙여 넣으면 HTML 코드와 숨겨진 글자가 있어서 그대로 나타납니다. "워드에서 붙여 넣기" 아이콘을 클릭하면 창이 나타나고 이곳에 붙여 넣고 저장하면 됩니다.

- **형식 제거:** 각종 형식이 지정된 글을 한번에 제거할 때 사용합니다. "굵게"와 "이탤릭" 등의 글 형식이 설정돼 있는 경우 블록 설정하고 이 아이콘을 클릭하면 한번에 제거되지만 취소선 같은 일부 형식은 개별적으로 제거해야 합니다.

- **사용자 정의 문자 삽입:** 이 아이콘을 클릭하면 키보드로 입력할 수 없는 글자 표가 나타납니다. 여기에 없는 특수 문자는 한글의 특수문자를 입력하는 것과 비슷한 방법으로 Alt 키를 사용합니다. Alt 키를 누르고 키보드의 숫자판의 숫자를 누른 후 Alt 키를 놓으면 문자가 나타납니다. 숫자를 알아야 사용할 수 있으며, 숫자에 해당하는 글자의 표는 이곳(http://rmhh.co.uk/ascii.html)을 참고하세요.

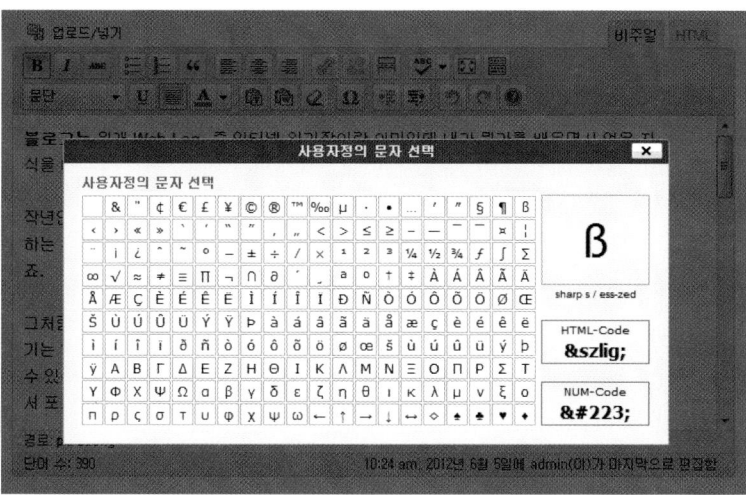

그림 3-10 사용자 정의 문자

- **내어 쓰기와 들여 쓰기:** 글을 선택하고 들여쓰기 아이콘을 클릭하면 두 글자만큼 우측으로 이동하고 내어 쓰기 아이콘이 활성화됩니다. 내어 쓰기 아이콘을 클릭하면 다시 원위치로 이동합니다.

- **되돌리기와 다시 하기:** 되돌리기는 편집기에서 실행한 내용을 취소합니다. 계속 클릭하면 지금까지 실행한 내역이 모두 취소되며 다시 하기 아이콘은 취소한 내용을 원상 복구합니다.

- **도움말:** 편집기 사용 시 필요한 도움말이 나옵니다. 특히 핫키 탭을 클릭하면 위에서 설명한 아이콘의 단축키가 있습니다. 많이 쓰이는 단축키는 외워두면 글을 편집할 때 유용합니다. 특히 "페이지 자름 태그 추가(Alt+Shift+P)"는 긴 내용의 글에서 일정한 부분마다 이 단축키를 사용하면 ⟨!-- More Page --⟩ 태그가 추가됩니다. 이것을 삽입한 곳을 기준으로 페이지가 만들어지고 하단에 페이지 번호가 나타납니다. 번호를 클릭하면 해당 페이지로 이동합니다.

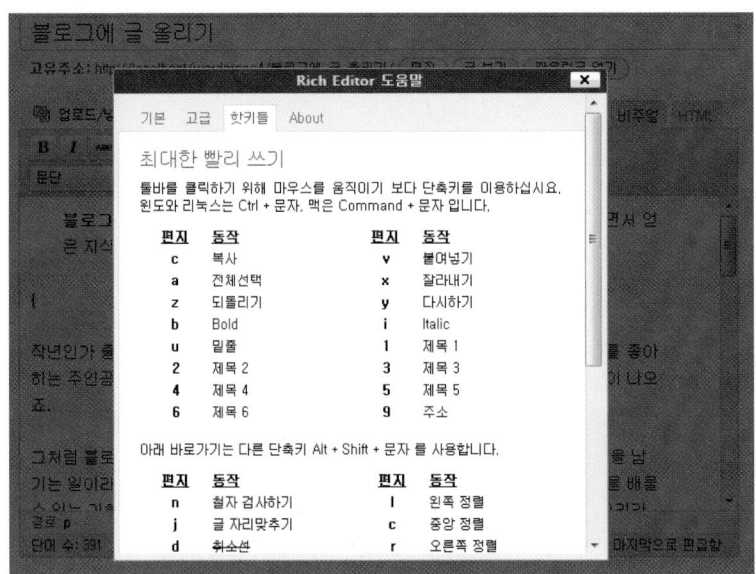

그림 3-11 **도움말**

∩2 HTML 편집기

비주얼 편집기에서 작업한 후 HTML 탭을 클릭해서 편집기 내부를 보면 HTML 코드가 삽입
돼 있습니다. 비주얼 편집기에서는 보이지 않던 것이 각종 도구 아이콘을 클릭하면서 만들어
진 것들입니다. 호수 위의 우아한 백조의 움직임 아래에는 바쁜 발 동작이 있듯이 HTML 코
드는 지저분합니다. HTML 편집기에서 직접 코딩하는 것을 하드 코딩이라고 하며 개발자들
은 이러한 작업을 손을 더럽힌다(get your hand dirty)고 표현합니다. 하지만 손을 더럽히
는 것은 글을 멋지게 만듭니다.

비주얼 편집기에서는 할 수 없었던 모든 작업을 할 수 있는 곳이 HTML 편집기입니다. 비주
얼 편집기를 위지위그(WYSWYG: What You See is What Your Get)라고는 하지만 실제
로는 그렇지는 않습니다. 비주얼 편집기에서 작성한 글이라도 스타일시트에서 명령을 받기
때문이죠. 비주얼 편집기에서 아무리 글 형식을 정하더라도 스타일시트에서 본문 글에 대해
명령을 내렸다면 스타일시트의 명령대로 나오게 됩니다.

여기서는 HTML 코드와 CSS를 이용해 링크에 링크 아이콘을 삽입하는 방법을 알아보겠습니다.

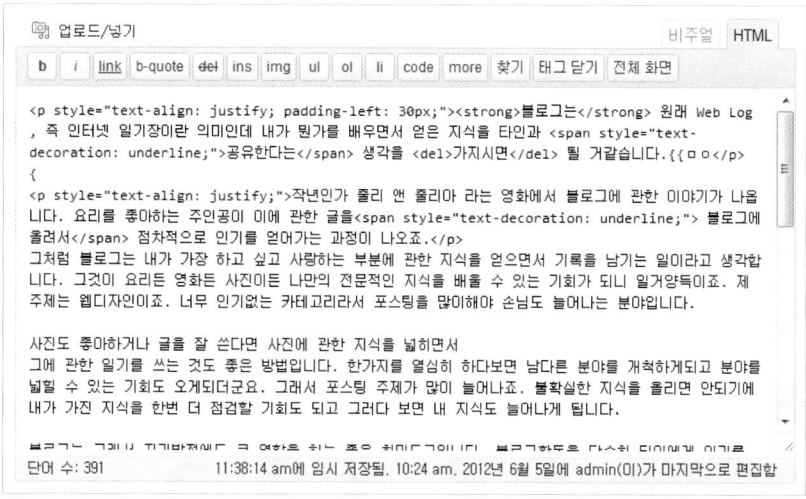

그림 3-12 HTML 편집기

링크 아이콘은 서버에 업로드해 두고 스타일시트에서 명령을 내린 다음 본문 내 링크에 HTML 코드를 삽입하면 되고, 언제든 필요한 곳에 코드만 삽입하면 재사용할 수 있습니다. 첨부 파일에서 link-icon.png를 서버의 워드프레스가 설치된 디렉터리에서 wp-admin/ images 디렉터리에 저장합니다. 내 컴퓨터의 경우 wamp 서버가 설치된 곳에서 "www/ wordpress/wp-admin/images"에 저장합니다. 이 디렉터리는 관리자 화면에 사용되는 이 미지가 저장돼 있는 곳으로 테마의 변경에 상관없이 항상 접근할 수 있는 디렉터리입니다.

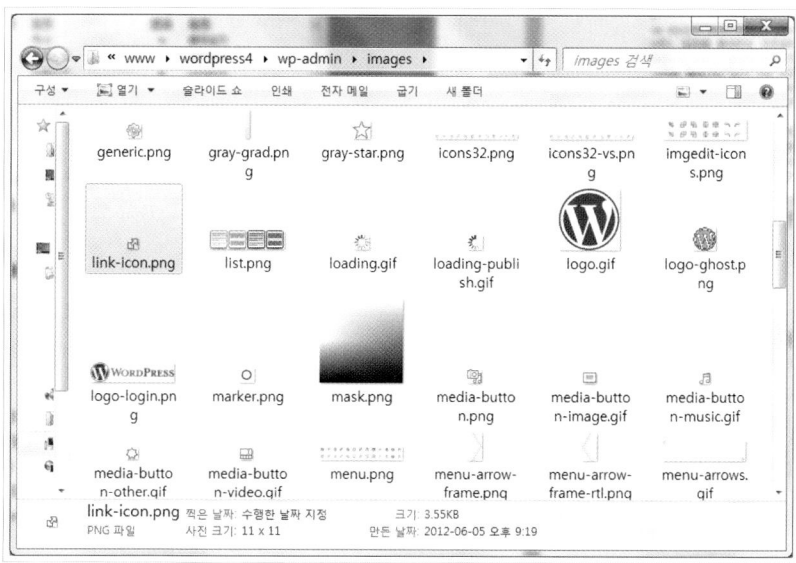

그림 3-13 관리자 이미지 디렉터리

새 글 쓰기 화면에서 글을 작성하고 글자를 블록 설정해서 링크 아이콘을 클릭합니다. URL 에 인터넷 주소를 입력합니다. 여기서는 아이콘을 무료로 내려 받을 수 있는 사이트(http:// www.iconfinder.com/)를 입력했습니다. 제목을 입력한 다음, "새 창/탭에 링크를 열으세요."에 체크하고 저장합니다.

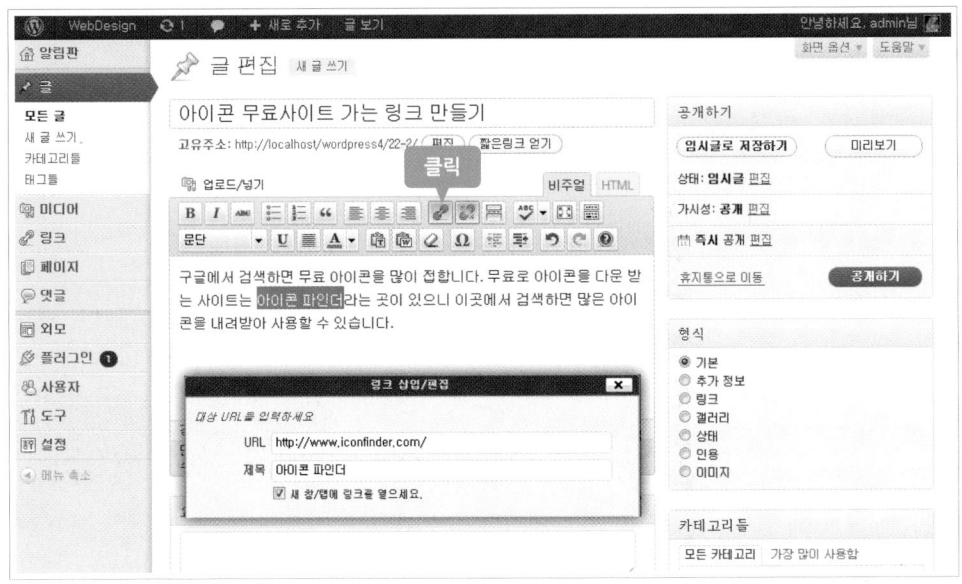

그림 3-14 링크 만들기

HTML 탭을 클릭하면 글에 링크 코드가 삽입돼 있습니다. a는 링크를 만드는 HTML 태그 이고 태그 다음에 나오는 title이나 target은 이 태그에 고유하게 사용되는 속성입니다. title 은 링크에 마우스를 올렸을 때 나타나는 툴팁(말풍선)을 만드는 속성이며 값으로 원하는 글 자를 입력합니다. target은 링크를 클릭했을 때 현재 창(탭)에서 열릴지 새 창(탭)에서 열 릴지 정하는 속성입니다. 값으로 _blank를 입력하면 다른 탭에서 링크 페이지가 열리게 하 고 현재 탭에서 열리게 하려면 _self를 입력합니다. target="_blank" 다음에 한 칸 띄고 class="mylink"를 삽입합니다. 클래스 선택자에 대해서는 제 2장에서 간략하게 알아봤듯이 스타일시트에서 명령을 받는 대상에 삽입되어 중개자 역할을 합니다. 여기서 스타일시트의 명령을 받은 대상은 a 태그가 됩니다.

주 메뉴에서 "외모"에 마우스를 올리면 플라이아웃 메뉴가 나옵니다. "편집기"를 마우스 오 른쪽 버튼을 클릭하면 메뉴가 나오며 "새 탭에서 열기"를 선택하면 새 탭에 워드프레스 내장 편집기가 열립니다. 이렇게 하면 편집 중인 새 글 쓰기 화면을 벗어나지 않고도 다른 관리자 화면을 열어 작업을 할 수 있습니다.

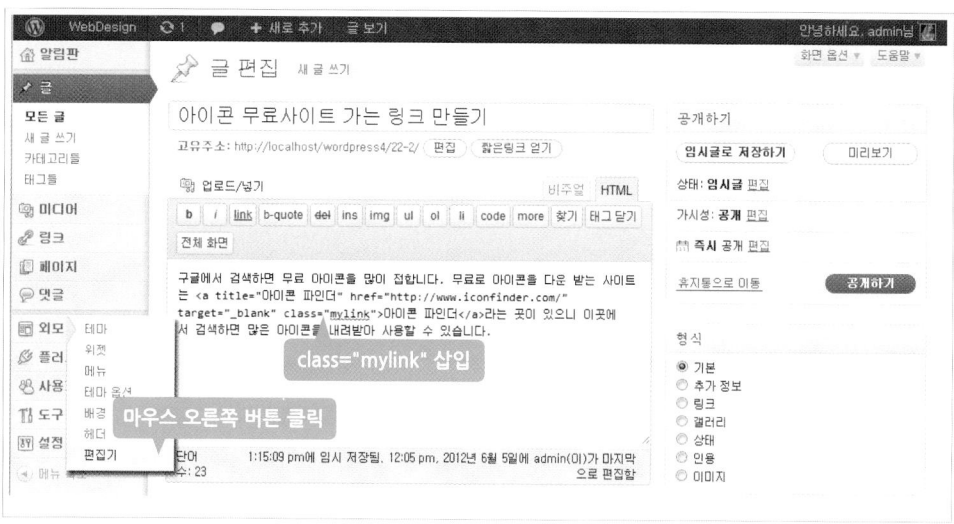

그림 3-15 HTML 코드 삽입

스타일시트가 화면에 나오고 HTML 편집기에서 삽입한 클래스 선택자에 대해 명령을 선언하기 위해 적당한 위치를 정합니다. 스타일시트의 어느 곳에나 삽입할 수 있지만 찾기 쉽게 새로 삽입되는 코드는 최하단에 입력합니다. 스크롤바를 내려서 마지막 중괄호 다음에 클릭하고 엔터키를 누른 다음, 점(콤마)을 찍고 선택자의 이름을 입력합니다. 선택자의 이름은 독특하고 고유한 이름으로 정합니다. 이미 있는 이름이라면 명령이 다른 곳에 전달 될 수도 있습니다. 선택자 이름 앞에 점을 찍는 것은 클래스 선택자라는 표시입니다. 아이디 선택자는 샵(#;파운드 싸인; Pound sign)을 사용합니다.

```
.mylink {
        padding-right:13px;
        color:#373737;
        background:url(/wordpress4/wp-admin/images/link-icon.png) no-repeat 100% 50%;
}
```

선택자 이름 다음에 한 칸 띄고 중괄호 시작을 입력한 다음 엔터 키를 누르고 탭 키를 누른 다음 속성과 값을 입력합니다. 다른 코드와 구별하기 위해 아래 그림처럼 내 스타일시트라는 이름으로 구분선을 입력해 두는 것도 좋습니다. 스타일시트에서 슬래시와 별표는 주석에 사

용되는 문자입니다. 코드의 설명을 입력하기 위한 것으로 스타일시트에서는 무시되는 글자
이며 /*와 */ 사이에 들어가는 모든 글자는 무시됩니다.

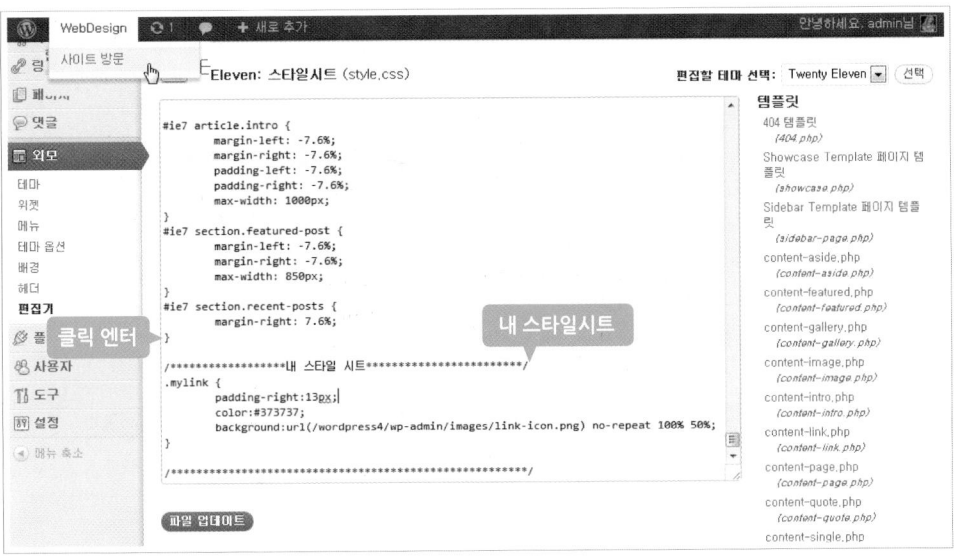

그림 3-16 스타일시트 편집

이번에는 여기서 사용된 속성과 값에 대해 설명하겠습니다.

```
padding-right: 13px;
```

패딩은 글자가 있는 공간에 추가적인 공간을 만들어 아이콘이 들어갈 자리를 만들어줍니다.
글자의 오른쪽에 들어갈 것이므로 right가 추가됐습니다. 아이콘의 가로폭이 13픽셀이므로
이 수치를 입력합니다. 어떤 요소의 공간을 늘리는 방법에 margin이라는 것이 있는데, 이것
은 다른 요소와의 관계에서 공간을 만듭니다.

```
color : #373737;
```

스타일시트에서 color의 속성은 글자의 색을 설정합니다. 현재 테마에서 사용되는 링크의 색
상은 그림 3-16의 버튼 색처럼 파란색인데 별도로 색을 정하면 정해진 색으로 나옵니다. 여
기서는 링크가 없는 글자의 색인 #373737로 정했습니다. 링크가 있다는 표시로 파란색을 사
용하지만 링크 아이콘이 있으므로 추가적인 표시는 필요하지 않아서 일반 글자의 색으로 정
했습니다.

```
background: url(/wordpress4/wp-admin/images/link-icon.png) no-repeat 100% 50%;
```

아이콘은 이미지이므로 이미지를 삽입할 때 스타일시트에서는 배경에 삽입됩니다. url은 이미지가 있는 주소를 의미하며, 괄호 안에 경로를 입력합니다. 경로의 입력 방법은 상대 주소와 절대 주소가 있으며 절대 주소를 사용하면 사이트를 관리하는 데 편리합니다. 절대 주소와 상대 주소에 대해서는 별도로 설명하겠습니다.

no-repeat이라는 값은 반복하지 말라는 명령입니다. 글자가 있는 공간은 "아이콘 파인더"이므로 이 값을 설정하지 않으면 글자의 처음부터 끝까지 이 이미지가 반복해서 배경으로 나옵니다. 100%와 50%는 이미지의 가로, 세로 포지션입니다. 앞의 값은 가로의 포지션으로 가장 좌측은 0%이고 가장 우측은 100%입니다. 두 번째 값인 50%는 세로의 포지션으로 50%로 지정했으니 최상단과 최하단의 중앙에 위치합니다. 글자의 상하 폭이 크지 않지만 중앙에 오도록 설정한 것입니다.

위와 같이 입력하고 화면 하단에서 "저장하기" 버튼을 클릭하면 스타일시트에 저장됩니다. 글 편집 탭을 클릭해서 편집기로 돌아와서 공개하기 버튼을 클릭하면 버튼이 업데이트로 바뀌고 제목 아래에 글보기 버튼이 나타납니다. 이것을 클릭하면 새 탭에서 발행된 글을 볼 수가 있습니다. 새 탭을 열고 블로그 화면을 보면 아이콘 파인더라는 글자는 파란색이 아닌 검정색으로 바뀌었고 링크 아이콘이 삽입됐습니다. 글자에 마우스를 올리면 밑줄이 나타나고 툴팁이 나옵니다. 링크를 클릭하면 새 탭이 열리면서 해당 사이트로 이동합니다.

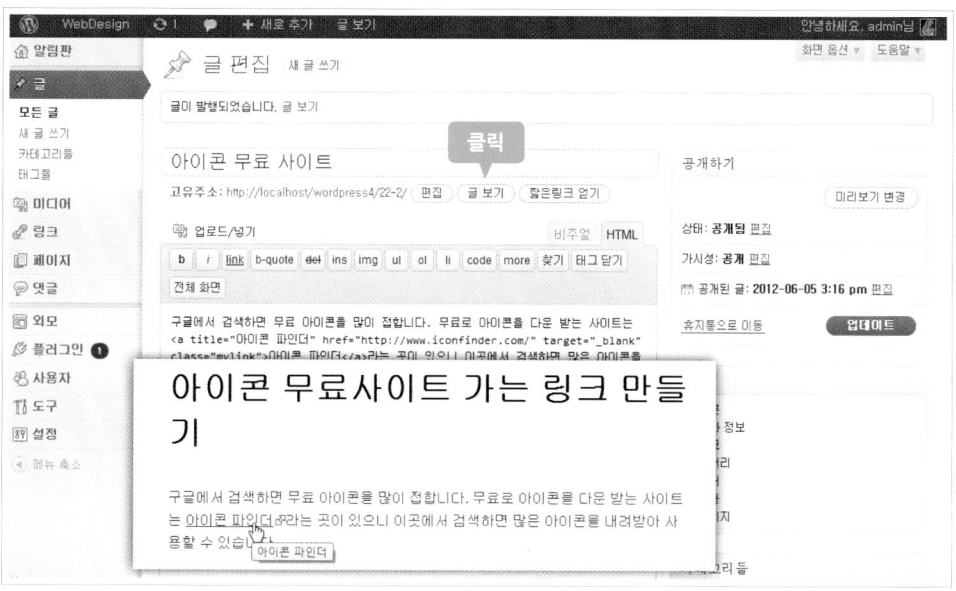

그림 3-17 글 저장

지금까지 HTML 편집기에서 코드를 삽입하고 스타일시트에서 명령을 내리는 방법을 알아 봤는데, 스타일시트의 명령은 스타일시트에서 내리기도 하지만 HTML 편집기에서 직접 삽 입할 수도 있습니다. 스타일시트를 사용하는 방법은 세 가지가 있습니다. 하나는 주로 많 이 쓰이고 웹표준으로 정한 외부 스타일시트(External Stylesheet) 방식이고 두 번째 방법 은 HTML 페이지의 head 태그에 삽입하는 임베디드(Embeded) 스타일시트(예: <head>스타 일시트</head>)를 이용하는 방법이며, 세 번째 방법은 HTML 태그에 직접 삽입하는 인라인 (Inline) 스타일시트(예: <p style="color: red;">)를 이용하는 방법입니다.

웹표준으로 정한 외부 스타일 방식은 콘텐츠와 스타일시트를 완전히 분리해서 HTML 페이 지에는 콘텐츠만 보이게 하고 모든 스타일시트는 CSS 파일로 head 태그에 링크를 걸어 콘 텐츠를 통제하는 방법입니다. 이렇게 하면 페이지의 로딩 속도가 빠르고 하나의 스타일시트 로 모든 페이지를 통제할 수 있기 때문에 아주 효율적입니다. 외부 스타일시트는 웹사이트 에 접근했을 때 한 번만 로딩되고 해당 사이트에서 다른 페이지로 이동할 때는 이미 로딩된 스타일시트가 저장돼 있어서 계속 사용되므로 속도가 빠릅니다. 반면 임베디드와 인라인 스 타일시트 방식은 페이지마다 스타일시트가 포함돼 있어서 페이지를 이동할 때마다 로딩해야 하므로 속도가 느립니다.

하지만 제한적으로 일부분의 페이지에서 인라인 방식을 사용한다면 외부 스타일시트를 수정 하지 않아도 되므로 간편하게 스타일을 수정할 수 있습니다. 특히 워드프레스의 HTML 편집 기가 있으므로 이 편집기에서 직접 스타일시트를 삽입할 수 있습니다. 웹사이트에 여러 개의 스타일시트 방식을 사용할 경우 적용되는 순서가 있는데, 인라인 〉임베디드 〉외부 스타일 시트의 순으로 인라인 방식이 최우선적으로 적용됩니다.

인라인 방식의 스타일시트는 HTML 코드의 태그 안에서 style="" 속성을 사용합니다. 쌍따 옴표 안에 외부 스타일시트의 중괄호 안에 들어가는 형식을 그대로 넣으면 됩니다. 여기서는 글자의 색상과 크기를 변경하는 명령을 내렸습니다.

```
style="color:red; font-size:20px;"
```

색상 코드는 이름이 있는 경우 영어 이름을 사용해도 됩니다. 한 종류의 명령이 끝나면 반드 시 세미콜론으로 달아야 하고 가능한 한 공백을 둬서 구분하기 쉽게 합니다. 이렇게 하고 저 장한 다음 블로그 화면을 보면 글자의 크기와 색상이 바뀐 것을 확인할 수 있습니다. 글자의 색은 외부 스타일시트에서 이미 선언됐지만 인라인 스타일시트가 우선 적용되므로 글자색이 변한 것입니다.

이처럼 스타일시트를 한 번만 사용할 때는 인라인 방식으로 설정하면 테마의 편집기를 사용하지 않아도 되므로 간편합니다.

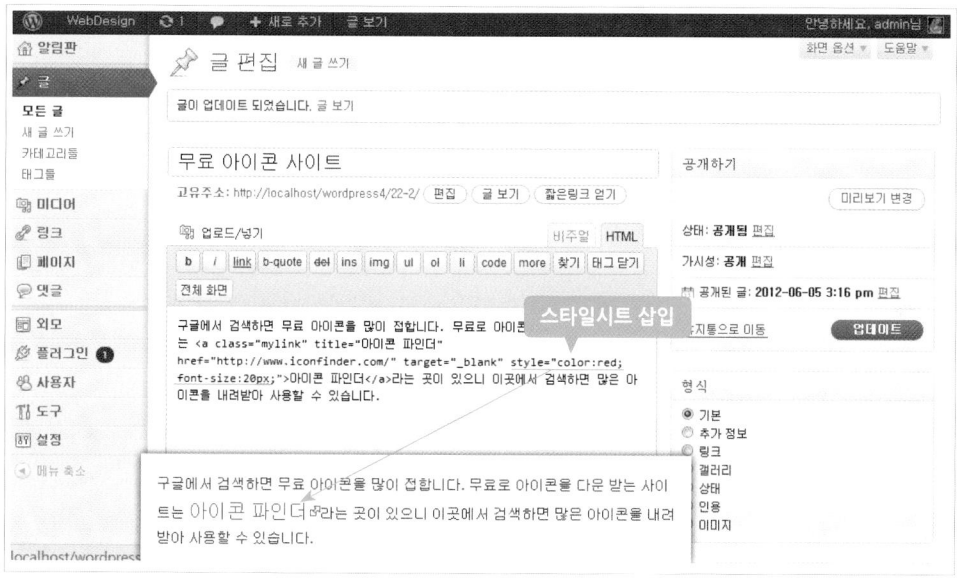

그림 3-18 스타일시트 삽입

CSS 팁

절대 주소(Absolute URL)와 상대 주소(Relative URL)

스타일시트에서 배경 이미지를 사용할 때나 head 태그에 링크를 삽입할 때는 파일의 참조를 위해 URL을 사용합니다. 여기엔 두 가지 방식이 있는데 바로 절대 주소와 상대 주소를 이용하는 것입니다. 이는 기준이 되는 파일과 참조하는 파일의 관계를 어떤 식으로 연결하는가를 나타냅니다.

절대 주소는 도메인을 기준으로 모든 파일의 위치를 정합니다. 예를 들어, 도메인이 myhome이라면 이것을 기준으로 참조할 파일이 있는 디렉터리를 순서대로 나열합니다. 이전에 link-icon.png 라는 파일을 스타일시트에서 참조하기 위해 절대 주소를 사용했습니다. 워드프레스가 내 컴퓨터의 WAMP 서버에 있으므로 도메인은 localhost이고 서브 디렉터리가 wordpress4였습니다. 그래서 다음과 같이 도메인을 기준으로 절대 주소가 만들어집니다.

```
/wordpress4/wp-admin/images/link-icon.png
```

절대 주소를 사용하면 항상 주소 앞에 슬래시(/)를 추가합니다. URL의 가장 앞에 있는 슬래시는 루트를 의미하므로 loclahost입니다. 워드프레스를 웹호스팅의 루트에 설치했다면 절대 주소는 다음과 같습니다.

```
/wp-admin/images/link-icon.png
```

이것은 다음과 같이 전체 URL을 적용한 것과 같습니다.

```
http://www.myhome.com/wp-admin/images/link-icon.png
```

상대 주소는 기준 파일의 위치를 기준으로 디렉터리의 구조가 만들어집니다. 위와 같은 위치에 있는 이미지 파일을 참조하려면 기준이 되는 파일인 style.css 파일이 테마 디렉터리에 있으므로 최상위 디렉터리로 거슬러 올라가서 다시 wp-admin-images 디렉터리로 내려갑니다. 상위 디렉터리로 올라갈 때는 점 두 개와 슬래시(../)를 사용합니다. style.css 파일이 wp-content/theme/twenty-eleven 디렉터리에 있으므로 점과 슬래시 조합이 3개 필요합니다. 3개의 디렉터리를 거슬러 올라가서 다시 내려갈 때는 디렉터리명을 입력합니다. 그래서 다음과 같이 됩니다.

```
../../../wp-admin/images/link-icon.png
```

디렉터리 구조가 간단할 때는 상대 주소를 사용하면 속도도 빠르고 간단하지만 위와 같이 구조가 복잡하면 절대 주소를 사용하는 편이 좋습니다. 또한 스타일시트 파일의 위치가 변동될 경우에는 절대 주소를 사용하는 것이 파일을 관리하는 데 편리합니다. 절대 주소를 사용한 스타일시트는 서버의 어떤 디렉터리에 위치하더라도 항상 루트로부터 시작해서 파일을 참조하므로 URL을 변경할 필요가 없기 때문입니다. 상대 주소를 사용했다면 거슬러 올라가는 점과 슬래시를 모두 변경해줘야 합니다.

미디어 파일 업로드 05

01 미디어 설정

워드프레스에서 업로드가 가능한 파일은 여러 가지가 있지만 웹호스팅에서 지원하지 않으면 업로드가 불가능합니다. 현재 워드프레스에서 사용 가능한 파일 형태는 다음과 같습니다.

- 이미지 파일: .jpg .jpeg .png .gif
- 문서 파일: .pdf .doc, .docx .ppt, .pptx, .pps, .ppsx .odt .xls, .xlsx
- 비디오 파일: .mp3 .m4a .ogg .wav
- 오디오 파일: .mp4, .m4v (MPEG−4) .mov (QuickTime).wmv (Windows Media Video) .avi .mpg .ogv (Ogg) .3gp (3GPP) .3g2 (3GPP2)

주 메뉴에서 설정 → 미디어 설정을 차례로 클릭하면 미디어 설정 화면이 나타납니다. 이미지 크기 부분에서 작은 사진, 중간 크기, 최대 크기가 있는데 입력박스에 이미 숫자가 입력돼 있습니다. 이는 이미지 업로더에서 어떤 크기의 사진을 업로드해도 이곳에서 정해진 크기로 자동으로 잘라서 저장된다는 뜻입니다. 저장되는 디렉터리는 wp-content → uploads

입니다. 이 디렉터리는 처음에는 없지만 이미지를 업로드하면 자동으로 만들어집니다. 내 컴퓨터에서는 자동으로 만들어지지만 웹호스팅의 경우는 wp-content 디렉터리가 쓰기가 가능해야 합니다. 파일질라로 들어가서 이 디렉터리를 대상으로 오른쪽 마우스 버튼을 클릭했을 때 나오는 메뉴에서 파일 권한을 선택해 숫자값을 "777"로 설정합니다.

작은 사진 항목에서 기본적으로 체크돼 있는 "썸네일을 정확한 크기로 잘라냅니다"를 체크 해제하고 파일을 업로드해봅니다.

그림 3-19 미디어 설정

새 글 쓰기에서 제목과 본문 글을 작성하고 이미지가 들어갈 곳에 클릭한 다음, "업로드/넣기" 링크를 클릭하면 팝업창이 나타납니다.

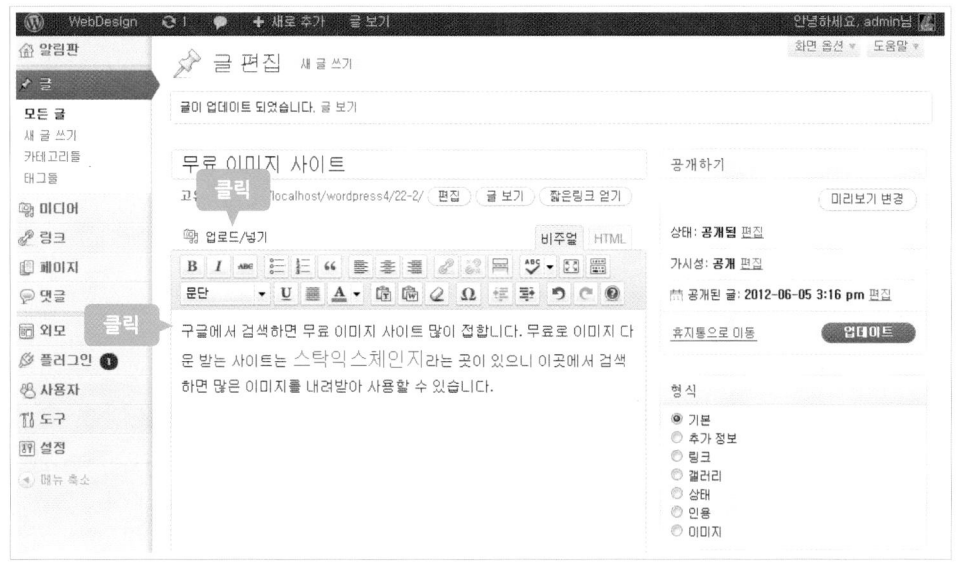

그림 3-20 이미지 삽입

∩∩ 내 컴퓨터에서 업로드하기

워드프레스의 파일 업로더는 기본적으로 플래시 기반의 프로그램을 사용합니다. 플래시가 작동하지 않는 웹브라우저를 사용하는 경우는 업로드가 되지 않으므로 아래에 있는 브라우저 업로드 링크를 클릭하면 일반적으로 사용되는 파일 업로더가 다른 화면에 나타납니다. 해당 화면에는 다시 기본 업로더로 갈 수 있는 "새 업로더 사용하기" 링크가 있습니다.

최대 파일 업로드 파일 용량은 내 컴퓨터에서 사용할 경우는 서버 환경설정을 변경할 수 있으므로 얼마든지 가능하지만 공유 서버를 사용하는 웹호스팅의 경우는 정해진 수치 외에는 변경되지 않습니다. 외국 서버의 경우 공유 서버라 하더라도 서버 환경을 변경할 수 있게 php.ini 파일 삽입을 허용하는 곳도 있습니다(블루호스트: http://www.bluehost.com/). 이곳은 월 5달러의 사용료로 거의 모든 것이 무제한입니다. 내 컴퓨터에서 사용할 경우 다음의 코드를 .htaccess 파일을 열고 하단에 입력한 다음 저장하면 됩니다.

```
php_value upload_max_filesize 10M
```

보통 WAMP 서버 설정은 기본이 8MB이며, 10의 숫자에 해당하는 곳에 수치를 변경하고 저장합니다.

파일을 윈도우 탐색기에서 끌어다 붙여 넣을 수 있지만 웹브라우저를 축소해야 합니다. 파일 선택을 클릭하면 탐색기 창이 나오고 원하는 파일을 선택해서 더블클릭하거나 우측 하단에서 열기 버튼을 클릭하면 업로드됩니다. 파일 이름에 한글이 있으면 업로드 시 에러가 납니다. 여러 개의 파일을 선택할 수도 있으며 Shift 키를 누르거나 Ctrl 키를 눌러 원하는 파일을 클릭하면 선택됩니다. 프로그레스바가 잠시 나왔다가 사라지면 하단에 파일의 세부 사항이 나옵니다. 이 파일은 크기가 1200x1800 픽셀입니다. 스크롤바를 내려서 하단으로 이동합니다.

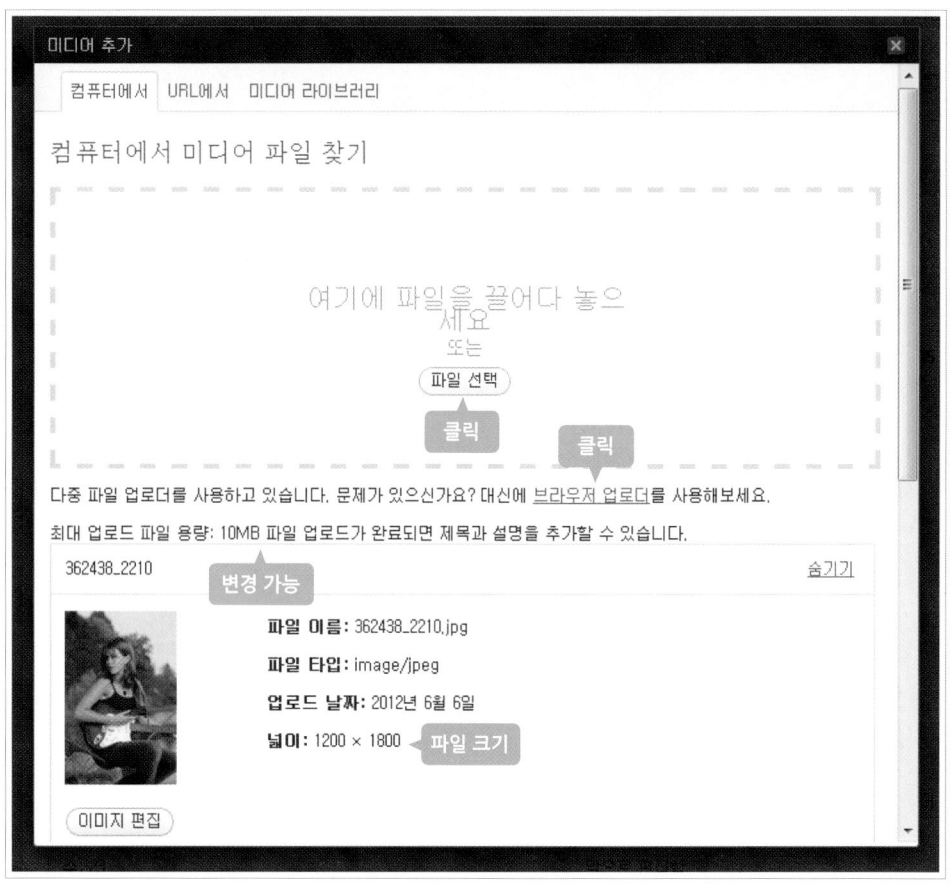

그림 3-21 **파일 업로더**

작은 이미지 아래에 이미지 편집이 있는데 이것은 다음 항목에서 설명하겠습니다. 제목과 대체 텍스트를 입력합니다. 제목은 이미지에 마우스를 올렸을 때 툴팁으로 나타나고 특히 대체 텍스트는 검색엔진 최적화에 중요하므로 꼭 입력하는 습관을 들여야 합니다. 이것은 이미지가 어떤 이유로 인해 보이지 않을 때 대신해서 나오는 내용으로서 이미지를 설명하는 내용을 주로 지정합니다. 또 시력이 좋지 않아서 스크린리더를 사용하는 분들에게는 이미지 설명이 꼭 필요합니다. 스크린리더는 사진을 읽지 못하지만 대체 텍스트를 읽습니다. 아울러 검색엔진은 검색 목록에 넣을 때 대체 텍스트를 카테고리화하므로 대체 텍스트를 입력해 두면 검색엔진에 노출되는 데 도움이 됩니다.

캡션은 이미지 아래에 나타나는 이미지에 대한 설명입니다. "설명"은 이미지의 내용을 참고하기 위한 것으로 중요한 것은 아닙니다. 링크 URL은 이미지를 클릭하면 이동할 인터넷 주소입니다. 주소를 입력하면 이미지에 마우스를 올렸을 때 링크가 있다는 표시로 커서가 포인터로 바뀝니다. 옵션 버튼이 3개 있는데 없음을 선택하면 이미 있는 URL이 제거됩니다. 파일 URL을 선택하면 이미지를 블로그 화면에서 클릭했을 때 원래의 이미지가 나타납니다. 첨부 글 URL을 선택하면 이미지가 있는 글로 이동합니다. 다른 곳으로 이동하고자 하면 해당 인터넷 주소를 입력합니다.

정렬에서 왼쪽을 선택하면 이미지가 왼쪽으로 오고 글이 오른쪽으로 와서 이미지를 감쌉니다. 오른쪽을 선택하면 그 반대로 됩니다.

다음 항목으로 크기가 나오는데 미디어 설정에서 "썸네일을 정확한 크기로 잘라냅니다"에 체크해제했으므로 작은 사진 크기가 이미지 원본의 비율 대로 작게 나옵니다. 만약 미디어 설정에서 체크를 했다면 150×150픽셀로 잘라질 것입니다. 다른 사이즈도 이미지 원본의 비율 대로 크기가 변경돼서 저장됩니다. 이미지를 업로드만 해도 wp-content 폴더에 uploads 디렉터리가 만들어지고 하위 디렉터리로 연도와 월이 만들어지며 월 디렉터리 안에 여러 가지 크기의 이미지가 저장됩니다. 특히 헤더 이미지로 사용되는 이미지 사이즈인 1000×280픽셀의 이미지도 자동으로 만들어집니다. 원하는 크기의 라디오 버튼에 체크합니다.

본문 삽입 버튼을 클릭하면 창이 없어지면서 본문에 삽입되며, '특성 이미지로 사용' 링크를 클릭하면 특성 이미지 메타박스에 이미지가 추가됩니다. 특성 이미지에 관해서는 나중에 좀 더 자세히 설명하겠습니다. 이 두 가지 버튼과 링크를 선택하지 않고 모든 변경 사항 저장을 클릭하면 미디어 갤러리에 저장됩니다.

넓이 : 1200 × 1800

이미지 편집

제목　　　　　*　362438_2210

대체 텍스트

이미지 텍스트, 예제: "모나리자"

캡션

설명

링크 URL　　　http://localhost/wordpress4/22-2/362438_2210-2/

없음　파일 URL　첨부 글 URL

링크 URL을 입력하거나 presets중에서 선택하십시오

정렬　　　◉ ▣ 없음　◯ ▣ 왼쪽　◯ ▣ 중앙　◯ ▣ 오른쪽

크기　　　◯ 작은 사진(썸네일) *(100 × 150)*

◉ 보통 *(200 × 300)*

◯ 큰 *(584 × 876)*

◯ 전체 크기 *(1200 × 1800)*

본문 삽입　　특성 이미지로 사용　　삭제

모든 변경 사항 저장

그림 3-22 파일 세부내용

본문 삽입 버튼을 클릭하고 나오면 설정된 대로 좌측에 삽입되고 글은 우측으로 가서 이미지를 감싸고 있습니다. 이미지를 클릭하면 다시 편집할 수 있게 이미지 아이콘과 삭제 아이콘이 나타납니다. 보다시피 툴팁과 캡션이 설정대로 나타납니다. 이미지가 저장된 디렉터리에 보면 파일 이름에 파일 사이즈가 첨부되어 저장돼 있습니다.

미디어 업로더는 특별히 본문에 삽입하지 않아도 업로드만 하면 미디어 라이브러리에 저장됩니다. 이것은 주 메뉴에서 미디어 → 라이브러리를 선택하면 볼 수 있으며 새 글 쓰기의 미디어 업로드 링크를 클릭하고 미디어 라이브러리 탭을 선택해도 나타납니다.

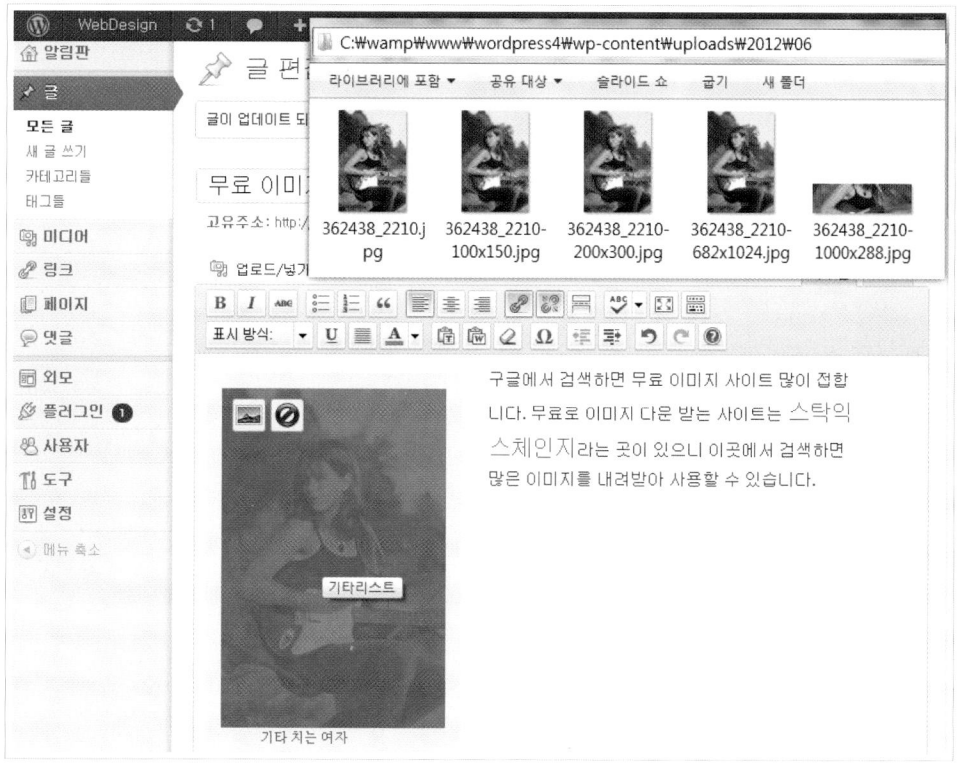

그림 3-23 이미지 재편집

미디어 라이브러리에는 파일이 종류별로 분류되어 저장돼 있습니다. 필터링해서 목록을 볼 수 있고 미디어 검색창에서 검색할 수 있습니다. 목록의 우측에 있는 "보기" 링크를 클릭하면 세부 내용이 나오는데 다른 곳에 사용할 경우에 대비해 제목이나 대체 텍스트, 캡션이 비어 있는 상태입니다.

그림 3-24 미디어 라이브러리

⋂З URL에서 업로드하기

인터넷상의 미디어를 올리는 것은 내 컴퓨터에서 올리는 것과 비슷하지만 원본이 워드프레스에 저장되지 않고 해당 웹페이지의 서버에 저장된 것을 단지 URL을 입력해서 불러오는 것입니다. 그러므로 해당 웹페이지에서 이미지를 제거한다거나 서버가 작동하지 않을 때는 이미지를 불러올 수 없습니다. 또한 타인의 이미지를 무단으로 사용하는 것은 불법이므로 허용된 범위 내에서 사용할 수 있습니다. URL에서 이미지를 업로드하려면 미디어 업로드 링크를 클릭하고 URL에서 탭을 선택합니다. 불러오고자 하는 이미지가 있는 웹페이지에서 이미지를 대상으로 마우스 오른쪽 버튼을 클릭하고 "링크 주소 복사"를 선택하면 클립보드(내 컴퓨터의 임시저장소)에 주소가 저장됩니다.

URL 항목에 붙여 넣으면 하단의 본문 삽입 버튼이 활성화됩니다. 각 입력 항목을 채우고 이미지 연결 항목에서 해당 웹페이지의 URL을 인터넷 주소창에서 복사해서 붙여 넣습니다. 본문 삽입 버튼을 클릭하고 저장합니다. 공개하기 버튼을 클릭하고 블로그 화면에서 이미지를 클릭하면 해당 웹페이지로 이동합니다.

그림 3-25 URL에서 올리기

이미지 갤러리 만들기

워드프레스에 내장된 이미지 갤러리 만들기는 작은 이미지를 나열하고 작은 이미지를 클릭하면 다른 페이지에 큰 이미지를 나타나게 하는 단순한 형태입니다. 제이쿼리를 이용한 애니메이션이 가능한 슬라이드 이미지 갤러리는 플러그인을 설치하면 다양하게 표현할 수 있습니다.

이미지 업로드 창에서 여러 개의 이미지를 업로드하고 하단에서 "모든 변경 사항 저장" 버튼을 클릭하면 상단에 갤러리 탭이 나타나면서 업로드된 파일의 개수가 표시됩니다. 이미지 목록의 행에 마우스를 올리면 커서가 십자형으로 바뀌고 클릭한 후 드래그해서 위치를 변경할 수 있습니다. 목록 우측의 작업 부분의 입력란에서 숫자를 입력해 이미지의 순서를 변경할수도 있고 갤러리 설정 항목에서 각종 설정을 할 수 있습니다. 썸네일 연결에서 이미지 파일을 선택하면 썸네일 이미지를 클릭했을 때 웹브라우저의 빈 공간에 이미지만 나타나고 첨부페이지를 선택하면 워드프레스의 화면에서 하나의 페이지에 큰 이미지로 나타납니다. 다른 항목은 순서와 열의 수를 정하는 옵션이므로 원하는 대로 선택하고 모든 변경 사항 저장 버튼을 클릭한 다음, 하단에서 갤러리 추가 버튼을 클릭하면 새 글 쓰기 창에 이미지가 없는 갤러리 화면이 나타납니다. 공개하기 버튼을 클릭한 후 블로그 화면에서 보면 작은 크기의 이미지가 나열되고 이 이미지를 클릭하면 위에서 설정한 대로 큰 이미지가 나타납니다.

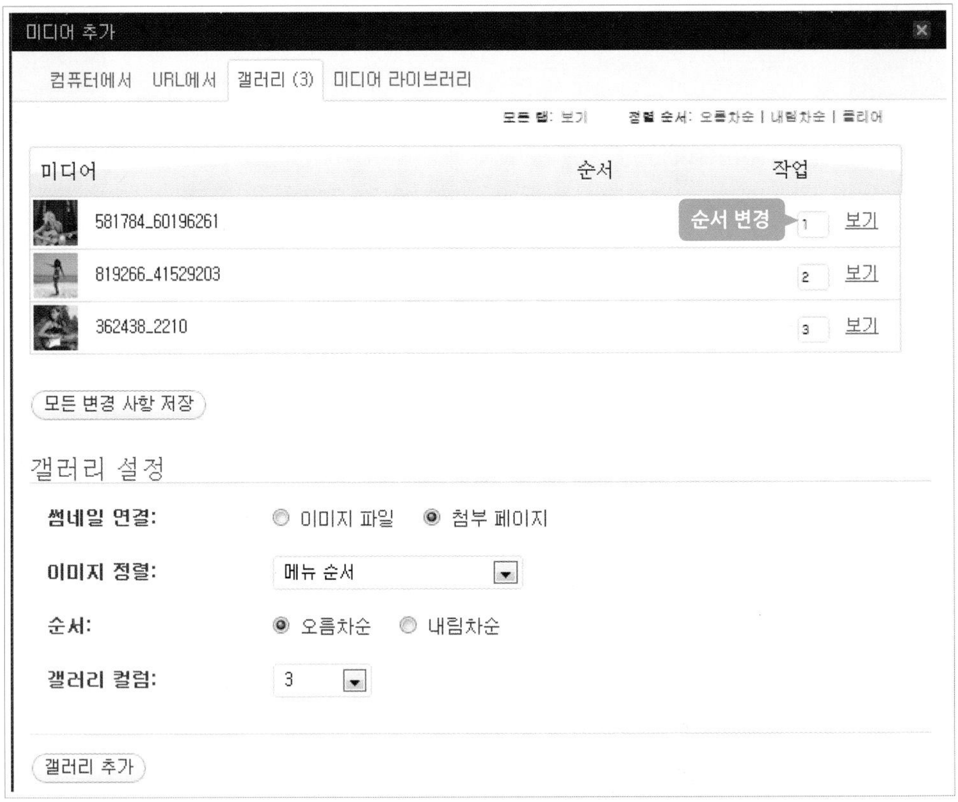

그림 3-26 이미지 갤러리

05 이미지 편집

워드프레스에 내장된 이미지 편집기를 이용하면 간단한 이미지 편집을 할 수 있습니다. 이미지를 새로 업로드하면 썸네일 이미지 아래에 "이미지 편집" 버튼이 있습니다. 또는 이미 저장된 이미지를 편집하려면 "미디어 라이브러리" 탭을 클릭하고 이미지 목록에서 "보기" 링크를 클릭하면 버튼이 나옵니다. 이것을 클릭하면 이미지 편집기가 열립니다.

그림 3-27 이미지 편집

자르기

이미지 위에서 클릭하고 대각선 방향으로 드래그하면 자르기 툴이 나오고 자르기 아이콘이 활성화됩니다. 또한 오른쪽 창의 "선택"에 자르기 툴의 크기가 나타납니다. 이미지 자르기(도움) 링크를 클릭하면 자세한 설명이 나옵니다. 이미 그려진 자르기 툴을 이동하려면 방향키를 사용하면 되고, 1픽셀씩 이동하려면 Shift 키를 누른 상태에서 이동하면 됩니다. 또는 마우스를 자르기 툴의 안에 올리면 커서가 십자형으로 바뀌는데 이를 클릭한 후 드래그하면 위치를 옮길 수 있습니다. 이미 그려진 자르기 툴의 크기를 방향키로 조절할 수 있습니다. Ctrl 키를 누르고 상하좌우 방향키를 누르면 자르기 툴의 우측과 하단이 축소되거나 확장되면서 크기가 변경됩니다.

이미지 위에 클릭한 후 드래그해서 자르기 툴을 만들 때 Shift 키를 누르면 "화면 비율" 란에 입력한 비율대로 자르기 툴이 그려집니다. 또한 이미지의 주변에 있는 조절점을 클릭한 후 드래그해서 조절할 수도 있고 자르기 툴이 그려진 상태에서 "선택" 란에 수치를 입력하면 자르기 툴의 크기가 바뀝니다. 조절이 끝나면 자르기 아이콘을 클릭합니다.

이미지 비례

이미지 오른쪽의 이미지 비례 링크를 클릭하면 세부 내용이 나옵니다. 원본 크기가 나오고 가로입력란에 수치를 입력하면 원본의 가로 세로 비율에 맞춰서 세로 크기가 자동으로 나타 납니다. 스케일" 버튼을 클릭하면 크기가 조절됩니다.

그림 3-28 이미지 편집기

자르기 아이콘 우측에는 이미지 회전, 이미지 뒤집기 아이콘이 있고 그다음이 되돌리기, 다시 하기 아이콘입니다. 이미지 회전은 시계 방향, 반 시계 방향으로 회전할 수 있습니다. 이미지 뒤집기는 수평, 수직 방향으로 이미지를 뒤집을 수 있습니다. 되돌리기는 이전 작업을 취소하며, 다시 하기는 취소한 것을 원상 복구합니다. 이미지 편집이 끝나면 저장하기 버튼을 클릭합니다. 이미지를 저장하면 이미 사용된 글에는 반영이 안 되고 미디어 라이브러리에 저장됩니다.

06 미디어 라이브러리

주 메뉴의 미디어를 클릭하면 미디어 라이브러리와 파일 올리기 메뉴가 있습니다. 파일 올리기는 새 글 쓰기 화면에서 미디어 업로더를 클릭했을 때 나오는 화면과 같습니다. 또한 미디어 라이브러리의 화면도 미디어 업로더의 미디어 라이브러리 탭에 나오는 것과 거의 같습니다. 여기서는 다른 점을 알아보겠습니다.

우선 큰 차이점은 미디어 라이브러리의 화면에는 첨부하지 않은 미디어에 관한 링크가 나온다는 것입니다. 또한 첨부 목록이 있어서 해당 미디어가 어느 글에 첨부됐는지 알 수 있고 제목을 클릭하면 글을 볼 수 있습니다. 또한 이 화면에서는 여러 개의 미디어를 선택해 일괄 처리를 할 수 있습니다.

그림 3-29 미디어 라이브러리

07 비디오, 오디오 파일 올리기

비디오, 오디오 파일은 동영상, 음악파일이나 음성 녹음 파일 등을 올릴 수 있으며, 블로그 화면에서 플레이어가 나오지 않고 링크가 나타납니다. 이 링크를 클릭하면 플레이어가 나타나면서 실행됩니다. 미디어 업로더는 모든 미디어를 올릴 수 있으므로 새 글 쓰기 화면에서 이 링크를 클릭해서 이미지 업로드 방법과 마찬가지로 파일을 업로드합니다.

내 컴퓨터에서 비디오나 오디오 파일을 올릴 때, 파일의 용량이 큰 경우 웹호스팅에서 최대 파일 업로드 용량을 제한하고 있습니다. 파일 용량은 최대 파일 업로드 용량과 최대 포스트 사이즈가 있으며 이들 중 작은 수치가 최대로 업로드할 수 있는 용량입니다. 이는 호스팅 업체마다 다릅니다. 이 밖에도 워드프레스로 다중 사이트를 운영하면 최고 관리자가 최대 파일 업로드 용량을 제한할 수 있습니다.

파일 업로드 용량의 제한을 받더라도 관리자는 파일질라를 통해 서버에 파일을 업로드할 수 있으므로 꼭 필요한 경우에는 다음과 같은 방법으로 대용량 파일을 올리고 글에 첨부할 수 있습니다.

1. 파일질라를 열고 미디어 파일을 wp-content > uploads 폴더에 업로드합니다.
2. 업로드한 파일을 대상으로 마우스 오른쪽 버튼을 클릭한 후 메뉴에서 "클립보드로 URL복사"를 클릭합니다.
3. 새 글 쓰기 화면에서 미디어 업로더를 클릭한 후 업로더 창이 나오면 "URL에서" 탭을 선택하고 "오디오, 비디오, 또는 다른 파일" 라디오 버튼에 클릭합니다.
4. URL 입력란에 복사한 URL을 붙여 넣습니다. ftp URL과 http URL은 형태가 다르므로 필요 없는 부분을 제거하고 맨 앞의 ftp를 http로 수정합니다.
5. 본문 삽입 버튼을 클릭하면 본문에 링크가 만들어집니다.

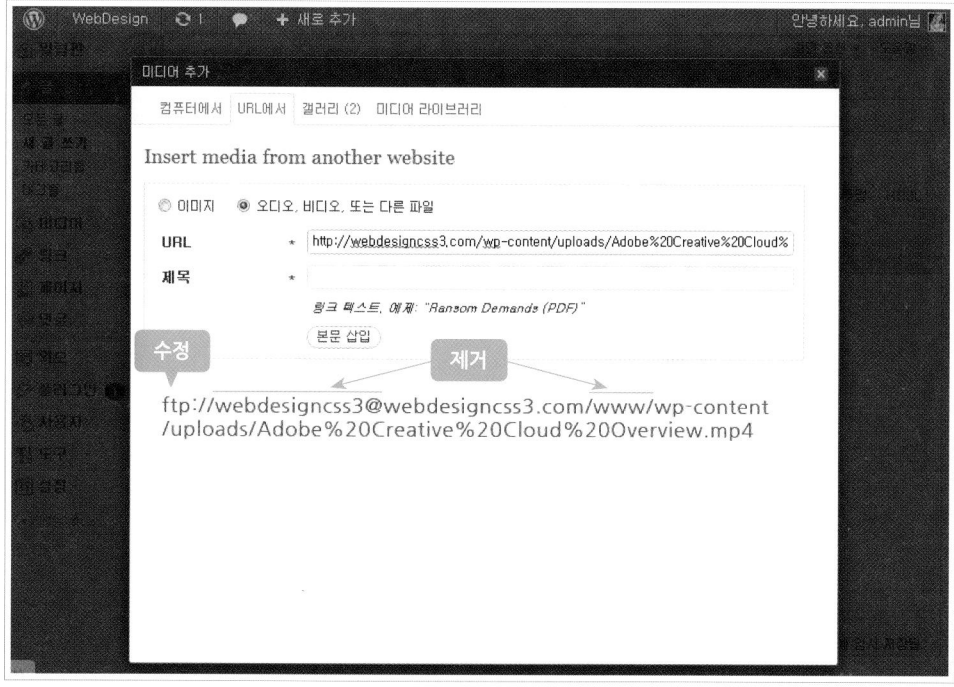

그림 3-30 기타 미디어 파일 올리기

공개하기 버튼을 클릭해서 발행하고 블로그 화면에서 본문의 미디어 제목 링크를 클릭하면
까만 화면에 플레이어가 나오고 실행됩니다. 워드프레스는 자체 미디어 플레이어를 지원하
지 않기 때문에 링크만 나오며, 링크를 클릭해야 다른 화면에서 실행됩니다. 비디오 파일은
비디오 화면도 함께 나옵니다.

그림 3-31 오디오 파일 실행

08 유튜브 동영상 올리기

동영상 파일은 용량이 크고 대부분의 경우 웹호스팅의 파일 업로드 용량을 초과합니다. 꼭 올려야 할 파일은 위와 같은 방법으로 올릴 수 있지만 일반적으로 유튜브를 이용합니다. 구글의 비디오 업로드 사이트인 유튜브를 이용하면 유튜브에 공개도 하고 공개된 비디오의 링크만 가져와서 블로그에 올리면 블로그의 하드디스크 용량도 차지하지 않으며 블로그 화면에서 직접 실행되므로 여러 가지 이점이 있습니다. 또한 다른 사람이 업로드한 비디오 파일도 링크를 가져와서 올릴 수 있습니다.

유튜브는 계정을 만들면 업로드 가능 파일의 크기는 20GB이고 15분 이내의 파일만 가능하다는 단점이 있지만 휴대폰으로 본인임을 인증하면 12시간짜리 파일도 업로드할 수 있습니다. 최대 파일 용량을 업로드할 경우 웹브라우저가 최신 버전만 가능하고 구형 웹브라우저는 2GB까지 업로드할 수 있습니다. 웹브라우저의 버전에 따라 업로드 파일 용량이 차이가 나는 것입니다.

유튜브는 구글 계정을 만들면 구글과 관련된 유튜브, 구글 애드센스 등 모두 사용할 수 있습니다. 특히 구글 애드센스는 실명으로 가입하고 전화번호도 입력해야 본인 확인 절차를 거칩니다. 블로그를 운영하면 구글 애드센스 광고 삽입은 필수 사항이죠. 좋은 블로그를 만들면 손님이 많아져서 소소한 용돈벌이도 됩니다. 테마를 수정할 때 구글 애드센스 광고를 삽입하는 방법이 나오므로 구글 계정을 실명으로 가입하는 것이 좋습니다.

구글 크롬을 열고 인터넷 주소창에 http://www.youtube.com/를 입력하면 유튜브 홈페이지가 나옵니다. 상단에서 계정 만들기 링크를 클릭하면 아래와 같은 화면이 나옵니다. 모든 내용을 안내 툴팁에 따라 입력하고 자동 가입 방지를 위한 두 단어 입력에서 글자가 잘 안 보이는 경우가 많으므로 새로고침 아이콘을 클릭해 잘 보이는 글자를 선택합니다. 다음 단계를 클릭하면 프로필 입력 화면이 나오는데 다음 단계를 클릭하면 설정 완료가 됩니다. 다시 유튜브 홈페이지로 돌아와서 상단에서 업로드 링크를 클릭하면 녹색 배경에 "본인확인제로 인하여 한국에서 ~~"라는 메시지가 나옵니다. 안내된 내용대로 하단으로 이동한 후 "위치" 링크를 클릭해 다른 나라를 선택합니다.

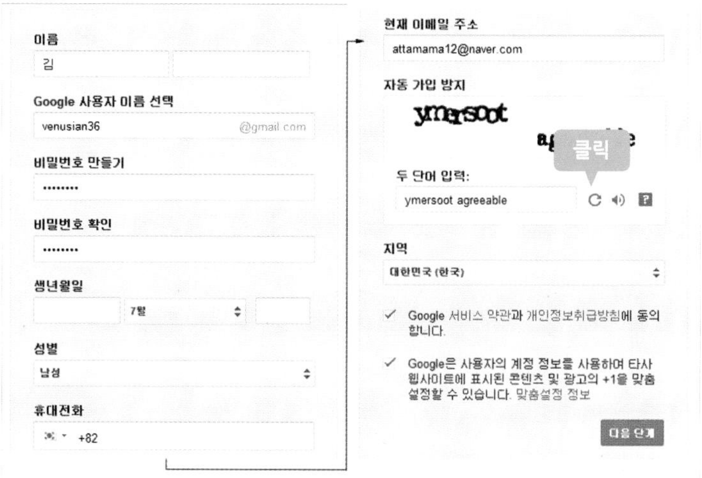

이름

김

Google 사용자 이름 선택

venusian36   @gmail.com

비밀번호 만들기

•••••••

비밀번호 확인

•••••••

생년월일

          7월   ▲▼

성별

남성   ▲▼

휴대전화

☀ ▾   +82

현재 이메일 주소

attamama12@naver.com

자동 가입 방지

ymersoot   ~~~~~~    클릭

두 단어 입력:

ymersoot agreeable   C ◀)) ?

지역

대한민국 (한국)   ▲▼

✓ Google 서비스 약관과 개인정보취급방침에 동의
합니다.

✓ Google은 사용자의 계정 정보를 사용하며 타사
웹사이트에 표시된 콘텐츠 및 광고의 +1을 맞춤
설정할 수 있습니다. 맞춤설정 정보

다음 단계

그림 3-32 유튜브 계정 만들기

다시 업로드 링크를 클릭하면 아래와 같은 화면이 나옵니다. 하단에서 15분 이상의 파일을 올리려면 링크를 클릭해 휴대폰 전화번호를 입력하면 인증번호가 문자로 오고 6개의 숫자를 입력하면 간단히 끝납니다. "컴퓨터에서 파일 선택" 버튼을 클릭하고 동영상 파일을 선택하면 다음 단계로 이동합니다. 주의할 점은 저작권이 있는 동영상 파일을 업로드하면 비공개로 하더라도 구글로부터 제재를 받을 수 있다는 것입니다. 자신이 만든 동영상 파일을 사용하지 않고 시험하려면 첨부파일의 시험용 비디오를 사용하세요.

You Tube   [   ] 🔍   카테고리 TV 프로그램 **업로드**   👤 Venusian36 ▾

동영상 파일 업로드

⬆

컴퓨터에서 파일 선택

기타 업로드 및 제작 방법

⬆ 여러 파일 업로드
'Ctrl' 키를 누른 상태로 파일을 선택하
면 파일을 두 개 이상 선택할 수 있습니
다.

⚫ 웹캠 녹화
지금 동영상을 녹화하고 YouTube에 게
시하여 여러분의 생각을 공유하세요.

업로드를 시작하려면 이 페이지의 아무 위치로나 동영상 파일을 끌어옵니다.

한도 늘림

다양한 형식의 HD 동영상 업로드(최대 15분) 한도를 늘립니다.

그림 3-33 동영상 파일 업로드

동영상 파일 업로드가 진행되는 화면이 나옵니다. 업로드가 끝나면 제목을 수정하거나 설명을 입력하고 동영상을 분류하기 위한 태그와 카테고리 등을 입력하거나 선택합니다. 제목 아래에 링크를 클릭하면 유튜브 동영상을 볼 수 있는 화면이 나옵니다.

그림 3-34 동영상 업로드

동영상 화면의 하단에서 공유 버튼을 클릭하면 공유할 수 있는 링크가 나옵니다. 워드프레스 관리자 화면의 설정 → 미디어에서 "자동임베드"에 체크돼 있으면 좌측의 링크 주소를 복사하면 되지만 그렇지 않은 경우 "소스 코드"를 클릭해서 아래에 나오는 코드를 복사합니다. 이 소스코드에는 가로 세로 사이즈가 입력돼 있는데 다른 사이즈를 원할 경우 아래에서 썸네일을 선택하고 코드를 복사합니다. 사이즈의 수치는 블로그에 붙여넣고 변경할 수도 있으나 원본 동영상의 가로/세로 비율에 맞게 변경해야 화면이 일그러지지 않습니다.

그림 3-35 비디오 링크 복사

새 글 쓰기 창에서 HTML 탭을 클릭해서 코드를 붙여 넣습니다. 다시 비주얼 탭을 클릭했을 때 노란 화면이 나오는 것이 정상입니다. 공개하기 버튼을 클릭하고 블로그 화면에서 보면 비디오가 잘 나옵니다.

그림 3-36 코드 붙여넣기

웹호스팅 팁

이용 중인 웹호스팅 회사에서 서버에 어떤 설정을 해뒀는지 일일히 웹호스팅 회사에 문의하기는 번거롭습니다. 하지만 간단한 파일을 하나 만들어 파일질라를 이용해 루트 디렉터리에 업로드한 후 이 파일을 실행하면 서버의 설정 정보를 알 수 있습니다.

간단한 텍스트 편집기에 다음과 같은 코드를 입력하고 파일명을 test.php로 저장한 다음, 파일질라로 서버의 루트에 이 파일을 업로드합니다.

```
<?php phpinfo() ?>
```

인터넷 주소창에서 내 도메인/test.php를 입력하면 서버 설정 정보가 다음과 같은 형식으로 나옵니다. Ctrl+F를 눌러 검색창에 max를 입력하면 최대 용량과 관련된 내용이 나오는데, 제 사이트의 경우 최대 파일 업로드 용량이 20MB이고 최대 포스트 용량은 30MB입니다. 이 밖에도 아파치 서버의 설정에서 어떤 모듈이 활성화돼 있는지 module로 검색하면 나옵니다. 열에서 우측이 마스터 설정이고 좌측이 로컬, 즉 내 서버 설정입니다. 이러한 서버 설정은 변경이 가능한 경우 호스팅 회사에 요청하면 되지만 안 되는 경우도 있습니다. 제 경우에는 최대 업로드 용량을 늘릴 수 없었고 다중 사이트를 사용했을 때 서브 도메인이 가능한지 문의했는데 사용이 불가능했습니다. 서브 도메인을 사용하기 위해서는 서버설정을 수정해야하므로 단독 서버를 운영할 경우는 가능합니다.

ignore_user_abort	Off	max	2/42 ∧ ∨ ✖
implicit_flush	Off		Off
include_path	.:/usr/share/pear:/usr/share/php		.:/usr/share/pear:/usr/share/php
log_errors	Off		Off
log_errors_max_len	1024		1024
magic_quotes_gpc	On		On
magic_quotes_runtime	Off		Off
magic_quotes_sybase	Off		Off
mail.add_x_header	On		On
mail.force_extra_parameters	no value	**최대 파일 업로드 용량**	no value
mail.log	no value		no value
max_execution_time	30		30
max_file_uploads	20		20
max_input_nesting_level	64		64
max_input_time	60		60
memory_limit	64M		128M
open_basedir	no value	**최대 포스트 용량**	no value
output_buffering	no value		no value
output_handler	no value		no value
post_max_size	30M		30M
precision	14		14
realpath_cache_size	16K		16K
realpath_cache_ttl	120		120
register_argc_argv	On		On
register_globals	On		On
register_long_arrays	On		On

그림 3-37 웹호스팅 서버 정보

카테고리와 태그 06

블로그에 글을 올리다 보면 처음에는 글이 별로 없어서 글을 종류별로 분류할 필요를 못 느낍니다. 하지만 점차 글의 수가 늘어나면 자신이 쓴 글인데도 찾으려면 한참 걸리고 그제서야 글을 분류해 놓아야겠다는 생각이 들게 되죠. 워드프레스는 이러한 글의 분류를 위해 다양한 형태의 옵션을 제공합니다. 워드프레스에서 글을 작성하면 기본적으로는 시간상 역순으로 분류를 해놓습니다. 즉, 가장 나중에 쓴 글이 맨 첫 페이지에 보이게 됩니다. 글은 년도별, 월별, 일자별로 분류되며, 검색 입력란에 검색어를 이용해 찾을 수도 있습니다.

가장 보편적으로 사용하는 방법은 글과 관련된 주제를 카테고리로 정한 다음, 주제에 해당하는 글을 이 카테고리에 포함시키는 방법입니다. 또한 글 중에 나오는 키워드를 태그로 지정하면 해당 태그에 속하는 모든 글을 모아서 볼 수 있습니다. 이처럼 카테고리와 태그는 글 작성자나 방문자가 글을 찾기 쉽게 만들기 위한 방법이지만 검색엔진 최적화를 위해서도 필요합니다. 정리가 잘된 카테고리와 태그는 검색엔진 목록에 포함되어 검색 순위에서 상단에 올리는 데 도움이 됩니다.

01 카테고리

워드프레스에서 카테고리는 글의 주제를 의미합니다. 예를 들어, 내 블로그에 맛집에 관한 글이 있다면 "맛집"은 카테고리가 되고 내 글의 주제가 됩니다. 카테고리는 상하관계를 지정할 수 있으므로 하위 카테고리를 만들 수 있으며, 맛집이 상위 카테고리라면 "강남구 맛집"은 하위 카테고리가 됩니다. 이 주제는 정하기 나름이라서 맛집의 하위 카테고리로 "삼겹살"이 될 수도 있습니다. 어떤 카테고리든 주제가 될 수 있지만 해당 카테고리를 선택했을 때 보이는 글은 항상 주제에서 벗어나지 않아야 방문자에게 혼란을 주지 않습니다.

워드프레스를 처음 시작하면 카테고리가 없는 것으로 생각되지만 기본 카테고리가 있습니다. 워드프레스를 설치하고 나면 자동으로 글이 만들어지고 "안녕하세요"라는 제목의 글을 처음 접하게 되는데 모든 글은 카테고리가 있어야 하므로 "분류되지 않음"이라는 카테고리가 만들어져 있고 워드프레스에 의해 자동으로 생성된 처음 글은 이 카테고리로 분류됩니다. 마찬가지로 글을 작성한 후 카테고리를 선택하지 않고 저장하면 이 카테고리로 분류됩니다. 그러므로 "분류되지 않음" 카테고리는 워드프레스의 기본 카테고리라고 할 수 있습니다.

새 카테고리 만들기

워드프레스에서 카테고리는 새 글 쓰기에서 글을 작성하면서 만들 수도 있고 글을 쓰기 전에 카테고리 메뉴에서 미리 만들어 놓을 수도 있습니다. 새 글 쓰기 화면에서는 카테고리 메타 박스에서 "새 카테고리 추가하기" 링크를 클릭하면 입력란과 상위 카테고리를 선택할 수 있습니다. 카테고리를 입력하고 상위 카테고리를 정하면 카테고리의 상하관계가 설정됩니다. 새 카테고리 추가하기 버튼을 클릭하면 카테고리가 추가되지만 슬러그나 설명을 입력할 란이 없어서 대부분의 경우는 이 화면에서는 기존에 있는 카테고리를 선택할 때 사용합니다. '가장 많이 사용함' 탭을 클릭하면 이전에 사용한 카테고리를 선택할 수 있습니다.

새 카테고리를 미리 입력해 놓을 경우 주 메뉴에서 글 → 카테고리들 메뉴를 선택하면 슬러그와 설명을 입력할 수 있습니다. 이 화면에서 새 카테고리 추가하기 버튼을 클릭하면 우측의 카테고리 목록에 추가되는 것이 보입니다. 카테고리 목록에 마우스를 올리면 카테고리 이름 밑에 링크 메뉴가 나타납니다. "분류되지 않음" 카테고리에 삭제 링크가 없는 것은 기본 카테고리이기 때문입니다. 현재는 추가된 카테고리에 글이 없지만 글이 있는 경우 목록 우측에 숫자가 나타나고 만약 이 카테고리를 삭제하면 여기에 포함된 글들도 삭제되는 것이 아니고 기본 카테고리인 "분류되지 않음"으로 재분류됩니다.

그림 3-38 카테고리 만들기

"설명" 부분은 주로 관리자가 참고하기 위한 것인데, 어떤 테마는 카테고리에 마우스를 올렸을 때 설명 내용이 보이면서 방문자에게 해당 카테고리에 관한 정보를 제공하기도 합니다.

카테고리 이름 변경하기

카테고리의 이름을 변경하면 해당 카테고리에 있던 글들도 모두 카테고리가 변경됩니다. 기존에 있던 카테고리로 변경은 할 수 없으며, 새 카테고리 이름을 만들고 새로 분류해야 합니다. 기존의 카테고리 이름을 사용하면 변경은 되지만 기존의 슬러그 이름을 사용할 수 없으며, 두 개의 동일한 이름의 카테고리가 존재하므로 혼동됩니다. 기존의 카테고리로 글을 이동하려면 주 메뉴에서 글 → 모든 글을 선택한 후 빠른 편집을 선택해서 개별 글에 대해 카테고리를 변경해야 합니다. 이 부분에 대해서는 "모든 글 화면"에서 알아보고 카테고리 이름을 변경하는 방법을 알아보겠습니다.

주 메뉴에서 글 → 카테고리들을 클릭하고 우측의 카테고리 목록에 마우스를 올리면 링크 메뉴가 나타납니다. 편집이나 제목을 클릭하면 편집 화면으로 이동하고 빠른 편집을 클릭하면 바로 아래에 제목과 슬러그만 편집할 수 있는 창이 나오고 보기를 클릭하면 해당 카테고리의 글들을 볼 수 있는 블로그 화면이 나타납니다. 제목을 클릭해서 편집 화면으로 이동합니다. 이름을 변경하고 슬러그를 입력합니다. 슬러그는 인터넷 주소창에 나타나는 글자이므로 가능한 한 짧게 표시합니다. 하이픈을 넣지 않아도 공백을 두면 자동으로 생깁니다. 위에서 상위 카테고리를 선택하면 편집하고 난 후에 카테고리 목록에서 하위 카테고리를 나타내기 위해 상위 카테고리의 아래에 제목이 우측으로 들어간 상태로 나타납니다. 설명도 입력할 수 있으며, 편집을 완료하면 업데이트 버튼을 클릭합니다.

그림 3-39 카테고리 변경

카테고리의 글을 다른 카테고리로 이동하기

어떤 카테고리의 글을 다른 카테고리로 이동하려면 모든 글 편집 화면에서 개별적으로 수정 해야 하지만 일괄 처리를 할 수 있습니다. 다만 일괄 처리를 하면 카테고리가 추가될 뿐이고 이전의 카테고리는 그대로 존재하므로 이동이라기보다는 카테고리 추가에 해당합니다.

- 글 하나의 카테고리 변경: 주 메뉴에서 글 → 모든 글을 선택합니다. 하나의 글을 카테고리 변경하려면 목록 에서 빠른 편집을 선택한 다음 창이 바뀌면 카테고리 목록에서 체크해서 선택하고 업데이트를 클릭합니다.

- 여러 개의 글을 한번에 변경: 글 목록에서 좌측 끝의 여러 개의 체크박스에 체크한 다음, 상단의 일괄 처리 드롭다운 목록에서 편집을 선택합니다. 오른쪽의 적용 버튼을 클릭하면 체크한 글 목록이 "대량 편집"에 나 타나고 카테고리에서 원하는 카테고리를 선택한 다음 업데이트 버튼을 클릭하면 됩니다. 현재까지는 카테고 리가 추가될 뿐이고 이전 카테고리는 제거되지 않으므로 글이 두 개의 카테고리에 속하게 됩니다. 이전의 카 테고리를 제거하려면 개별 글에서 빠른 편집을 선택합니다. 카테고리 항목에 두 개의 카테고리에 체크돼 있 는데, 제거하려는 항목에 체크 해제한 다음 업데이트를 클릭하면 됩니다.

그림 3-40 여러 개의 글을 대상으로 카테고리 변경하기

02 태그

카테고리가 주제를 기준으로 분류된다면 태그는 소주제(micro category)로 분류된다고 할 수 있습니다. 글의 키워드는 소주제이고 글에는 많은 키워드가 있을 수 있으며, 글에 나오지 않더라도 관련 글과 연결하기 위해 관련 글의 키워드를 포함할 수 있으므로 태그는 원하는 만큼 삽입할 수 있습니다.

 태그와 카테고리의 차이점은 카테고리는 상위 카테고리를 설정할 수 있지만 태그는 상, 하위 태그라는 것이 없다는 것입니다. 사이드바에 태그 클라우드 위젯을 배치해서 태그 목록에 있는 태그를 선택하거나 글의 하단에서 해당 글의 태그 목록 중 하나를 클릭하면 그 태그가 포함된 모든 글을 볼 수 있습니다.

태그 만들기

 태그 만들기는 카테고리 만들기와 비슷하지만 대부분의 경우 미리 만들지 않고 글 작성 시 글 내용 중 키워드를 추출해서 만드는 것이 좋습니다. 새 글 쓰기 화면에서 태그 메타박스를 사용해 태그를 만들면 한번에 여러 개의 태그를 만들 수 있지만 태그 만들기 화면에서는 하나씩만 만들 수 있습니다. 다만 이 화면에서 만들면 슬러그와 설명을 추가할 수 있습니다.

새 글 쓰기 화면에서 글 작성 후 태그 메타박스에서 태그를 콤마로 분리해서 원하는 만큼 입력한 다음, 오른쪽의 추가 버튼을 클릭하면 아래 목록에 추가됩니다. 각 태그의 이름 앞에 있는 X 아이콘을 클릭하면 제거됩니다. "인기 태그 중에서 선택" 링크를 클릭하면 그동안 사용한 태그 목록을 볼 수 있습니다. 현재는 사용한 태그가 없어서 "태그가 없습니다"로 나옵니다. 새 글 쓰기 화면에서 태그를 만들더라도 글을 발행해야 태그 목록에 추가됩니다.

주 메뉴의 글 → 태그들을 클릭하면 태그를 추가하거나 편집할 수 있는 화면이 나타납니다. 카테고리 만들기 화면과 다른 점은 태그를 만들어 사용하고 나면 "새 태그 추가" 항목 위에 기존에 사용한 태그 목록이 클라우드 형태로 나타납니다. 또한 상하위 태그가 없으므로 상위 메뉴가 나타나지 않습니다. 새 태그 추가에서 이름, 슬러그, 설명을 입력하고 새 태그 추가 버튼을 클릭하면 태그가 만들어집니다.

태그 목록의 하단에 보면 " 태그에서 카테고리 변환기" 링크가 있는데, 카테고리 만들기 화
면의 카테고리 목록에도 "카테고리에서 태그 변환기"가 있습니다. 카테고리와 태그가 글의
분류 기능이라는 점에서 같은 작업을 하므로 이 둘 간의 변환이 가능해서 별도의 플러그인을
설치하면 변환이 가능합니다. 이 링크를 클릭하면 바로 변환하는 것이 아니라 변환기 플러그
인을 설치하는 페이지로 갑니다.

그림 3-41 태그 만들기

태그와 카테고리를 서로 변환해서 사용하는 경우가 있을지는 모르지만 자세한 설명은 생략
하고 이 링크를 클릭하면 가져오기 페이지로 이동하며, 태그 카테고리 변환기 링크를 클릭하
면 플러그인 설치 화면이 나타납니다. 잘 사용하지는 않는지 업데이트된 지 오래 됐습니다.
"지금 설치하기"를 클릭해서 설치한 후, 하단에서 "플러그인을 활성화 & 가져오기 도구 실

행" 링크를 클릭하면 아래와 같은 화면이 나옵니다. 상단에 두 개의 버튼이 있어서 둘 중 하나를 클릭하면 카테고리와 태그의 상호 변경이 가능한 페이지가 나타납니다. 원하는 곳에 체크하거나 Check All 버튼을 클릭하고 하단에서 Convert Categories to Tags나 Convert Tags to Categories 버튼을 클릭하면 변환됩니다.

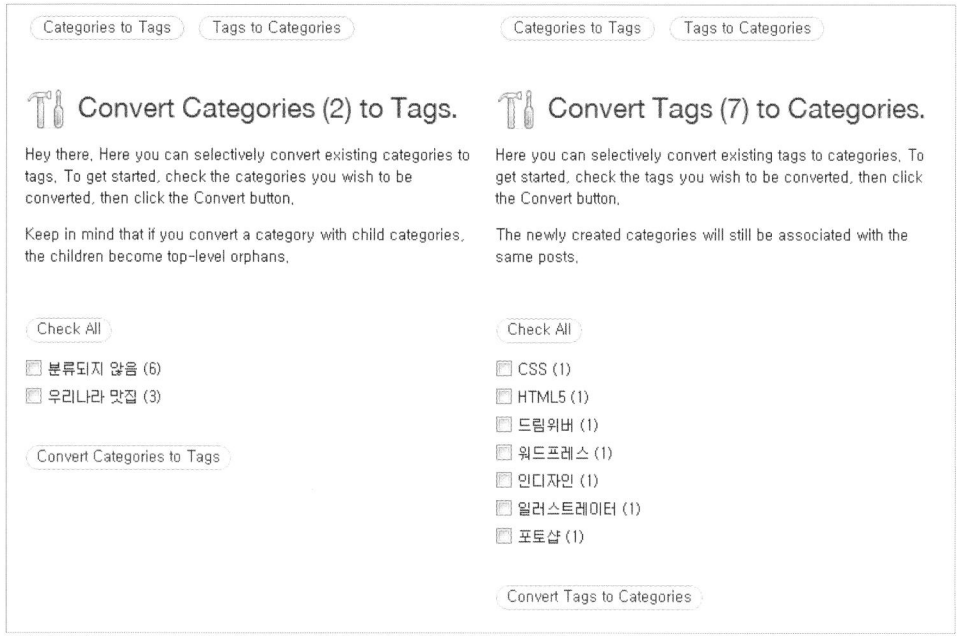

그림 3-42 태그 카테고리 변환기

요약 메타박스 07

요약은 말 그대로 글 내용을 간추려서 요약한 내용을 적어 넣는 곳입니다. 더보기 기능과 비슷하지만 더보기는 글 내용의 처음부터 시작해 더보기 태그가 있는 곳까지 나타나고 이미지가 포함돼 있으면 이미지도 나타나는 데 반해 요약은 글 요약만 나타납니다. 요약은 기본적으로 글 화면에 나타나는 것이 아니라 RSS 피드 페이지에서 글의 요약으로 나타나거나 모든 글 화면에서 요약 아이콘을 클릭하면 나타납니다. 요약 글은 기본적으로 55개의 단어가 나타나게 돼 있고 요약란에 입력하지 않은 경우 글의 처음부터 55개의 단어가 나옵니다.

더보기를 사용할 경우 글의 요약이 아니라 글의 일부를 나타내고 더보기를 원할 경우 계속 읽기를 유도하는 기능이지만 요약은 글의 요지를 입력해서 글 전체의 내용을 간략하게 표시하기 위한 것입니다.

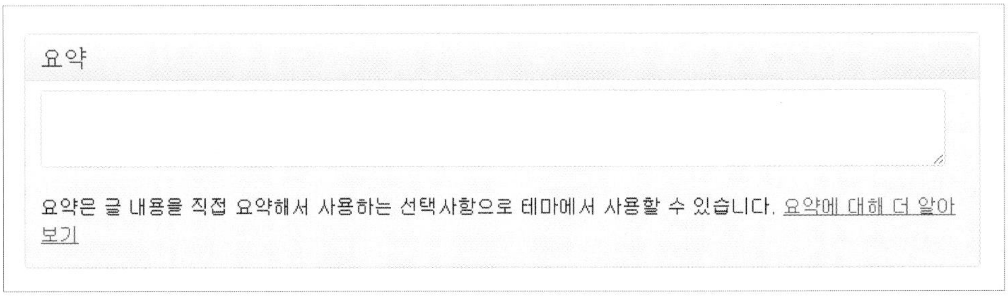

요약

요약은 글 내용을 직접 요약해서 사용하는 선택사항으로 테마에서 사용할 수 있습니다. 요약에 대해 더 알아보기

그림 3-43 요약 메타박스

요약 글은 주 메뉴의 모든 글 화면에서 요약 보기 아이콘을 클릭하면 글 제목 아래에 나타납니다.

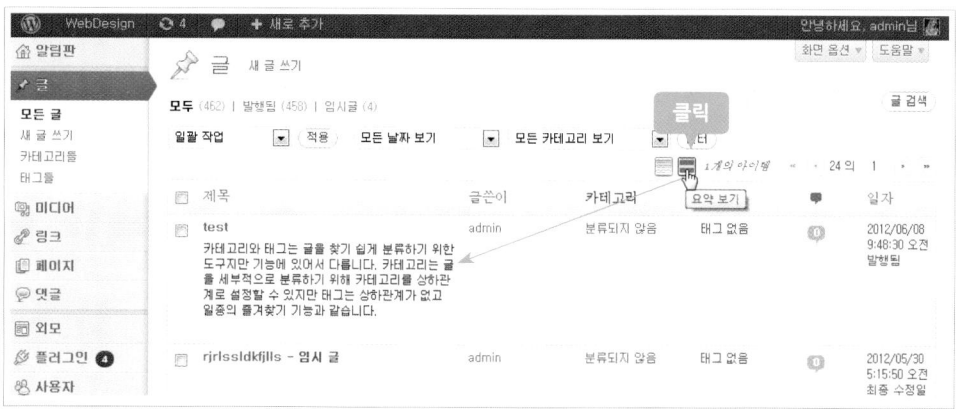

그림 3-44 요약보기

블로그 글 화면에서 요약 글이 나오고 썸네일 이미지가 나오게 하는 방법은 대부분의 블로그
에서 사용하는 방법인데 요약 기능과 다음 절에 나오는 특성 이미지 기능을 이용해 이 기능
을 코드에 추가하자면 복잡하지만 플러그인을 사용하면 간편하게 설치해서 구현할 수 있습
니다. 이 방법을 사용하면 페이지 뷰(Page View)를 높일 수 있어서 블로그 평가에 도움이 되
고 글 로딩 시간을 줄일 수 있습니다. 이 플러그인(Thumbnail for Excerpts)은 5장에서 사
용합니다.

특성 이미지 08

특성 이미지는 블로그의 글에서 대표적인 이미지로 사용하기로 선택된 이미지를 의미합니다. 워드프레스 버전 2.9에 처음 도입될 때는 명칭이 글 썸네일(Post Thumbnail)이었지만 글뿐만 아니라 페이지의 헤더에도 사용될 수 있으므로 특성 이미지로 바뀌었습니다. 이것은 테마에 따라 활성화돼 있지 않을 수도 있고 활성화되어 글 쓰기 화면에서 메타박스가 나오더라도 특정 코드를 삽입해야 사용 가능할 수도 있습니다. 즉, 테마에 따라 사용 방법이 다릅니다. 기본 테마인 Twenty-Eleven에는 헤더 이미지에 사용할 수 있게 돼 있어서 특성 이미지를 삽입하면 헤더 이미지가 변경되며, 해당 글의 제목을 클릭했을 때 나오는 글의 페이지에서 헤더 이미지로 나옵니다. 그래서 메뉴를 클릭해서 나오는 페이지에서 헤더 이미지가 다르게 나오게 하려면 해당 페이지에서 특성 이미지만 삽입해도 되고, 글에 특성 이미지가 나오게 하려면 별도의 코드를 삽입해야 합니다.

특성 이미지는 이전 항목의 요약과 사용하면 아래와 같이 블로그에서 많이 사용하는 블로그 목록을 첫 페이지에 만들 수 있습니다. 대부분의 블로그는 글 제목과 대표 이미지가 나오고 간략하게 글의 내용이 나와서 방문자로 하여금 글을 더 보기 위해 제목을 클릭하거나 계속 읽기 링크를 클릭하게 해서 페이지 뷰를 높일 수 있는 방법입니다. 앞에서 말했듯이 플러그인을 사용하면 간단하고 전체 블로그 글에 대해 한번에 설정할 수 있지만 워드프레스에서 이 두 가지 기능을 이용한다는 것을 알아보기 위해 실제 코드를 삽입해서 만들어 보겠습니다. 이 기능을 사용하려면 주 메뉴 → 설정 → 읽기에서 "페이지당 보여줄 글의 수"에서 목록으로 나타날 개수의 수를 입력해둬야 목록이 만들어집니다.

포토샵 리터칭 – 힐링브러시툴(Healing Brush Tool)을 이용한 얼굴 피부보정(잡티 제거)

작성일자: 2011년 8월 30일

포토샵 리터칭 – 힐링브러시툴(Healing Brush Tool)을 이 용한 얼굴 피부보정(잡티제거) 의 고유링크

힐링브러시(Healing Brush Tool)는 자체적으로 지니고 있는 블렌딩 기능으로 인해 복사해올 곳과 복사되는 곳의 색상, 명 암, 텍스쳐를 서로 혼합해서 가장 적합한 텍스쳐를 만들어내 지만 이렇게 자동으로 만들어내는 것은 한계가 있습니다. 이 전 글 에서 넓은 범위를 힐링브러시로 리터칭하다보니 얼룩 이 생기는 것도 그런 이유입니다. 또한 복사하기 위해 선택해 주는 곳에 장애물이 있거나하면 얼룩이 심해지므로 도장툴 을 사용할지 힐링브러시툴을 사용할지 판단을 해야합니다.

...

카테고리: 포토샵/리터칭 | 태그: it, 리터칭, 포토샵, 힐링브러시툴 | 댓글 남기기

그림 3-45 특성 이미지와 요약 메타박스 사용 예

워드프레스에서 글의 내용을 데이터베이스에서 추출해서 페이지에 표시하는 역할은 테마마 다 다르지만 기본 테마인 Twenty-Eleven에서는 content.php에서 담당합니다. 이 테마와 같이 있는 Twenty-Ten에서는 loop.php에 동일한 코드가 있습니다. 여기서는 Twenty-Eleven 테마를 예로 들어 설명하겠습니다.

워드프레스 루트 디렉터리에서 wp-content/themes/twenty-eleven으로 들어가면 content.php 파일이 있습니다. 이 파일을 텍스트 편집기에서 열고 Ctrl+F를 누르면 검 색창이 나오는데, entry-content를 입력하고 검색하면 아래와 같이 나타납니다. <div class="entry-content"> 마지막에 커서를 두고 엔터 키를 친 다음 빈 줄에 다음과 같은 코드 를 입력합니다.

```
<?php the_post_thumbnail( 'thumbnail' );?>
```

위 코드의 구성에 대해서는 별도의 박스에서 설명하기로 하고 우선 이 코드의 기능에 대 해 설명하자면 the_post_thumbnail()은 특성 이미지를 사용하겠다는 워드프레스의 명령어 입니다. 워드프레스에서는 이러한 코드를 아주 많이 사용하는데 정식 명칭은 "템플릿 태그

(Template Tag)"라고 합니다. 워드프레스가 사용하는 프로그래밍 언어인 PHP에서는 데이터베이스에서 데이터를 조합하거나 스스로 계산해서 어떤 결과를 보여주는 기능을 함수(function)가 담당합니다. function은 영어로 "기능"이라는 뜻이죠. 워드프레스는 워드프레스만의 고유의 함수를 만들어 사용하는데, 이를 템플릿 태그라고 합니다.

괄호 안에 들어가는 것은 매개변수(Parameter)로서 여기서는 thumbnail이 지정돼 있습니다. 이것은 주 메뉴 → 설정 → 미디어 설정에서의 썸네일 이미지의 크기입니다. 기본적으로 가로 세로 150픽셀로 돼 있죠. 좀 더 큰 사이즈인 medium을 입력하면 대표 이미지가 300X300픽셀의 크기로 나타납니다.

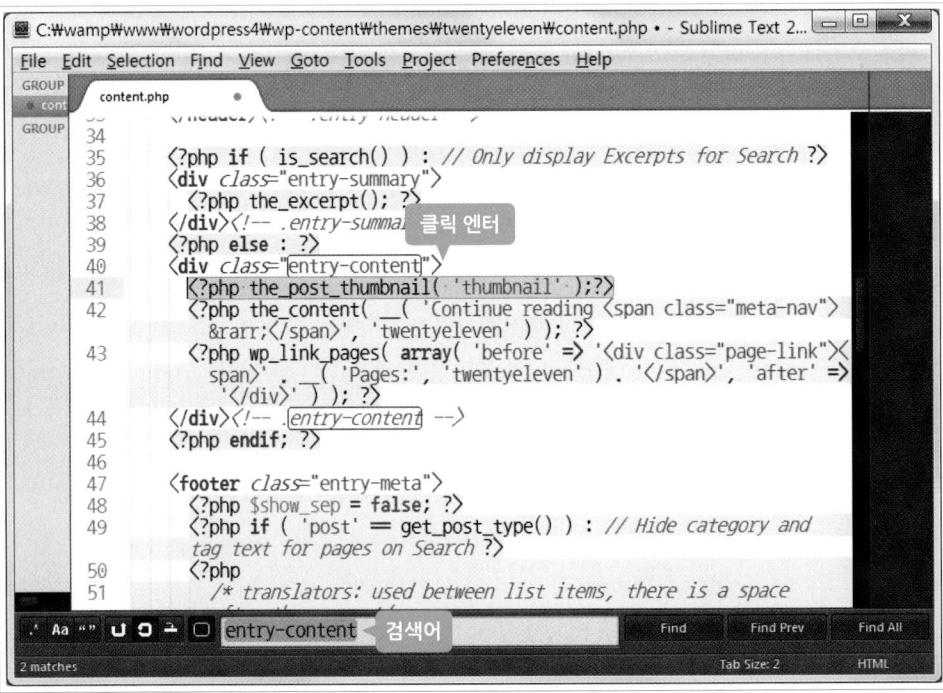

그림 3-46 특성 이미지 코드 입력

그다음 줄에 블로그 글을 표시하는 코드가 있습니다. 바로 <?php the_content(); ?>로, 이것도 템플릿 태그입니다. 파라미터가 추가돼 있어서 좀 복잡해 보입니다만 이 부분의 코드를 제거하고 요약 기능을 하는 또 다른 템플릿 태그인 <?php the_excerpt(); ?>을 삽입합니다. 여기까지 작업하고 파일을 저장하면 PHP에서 수정할 작업은 없습니다.

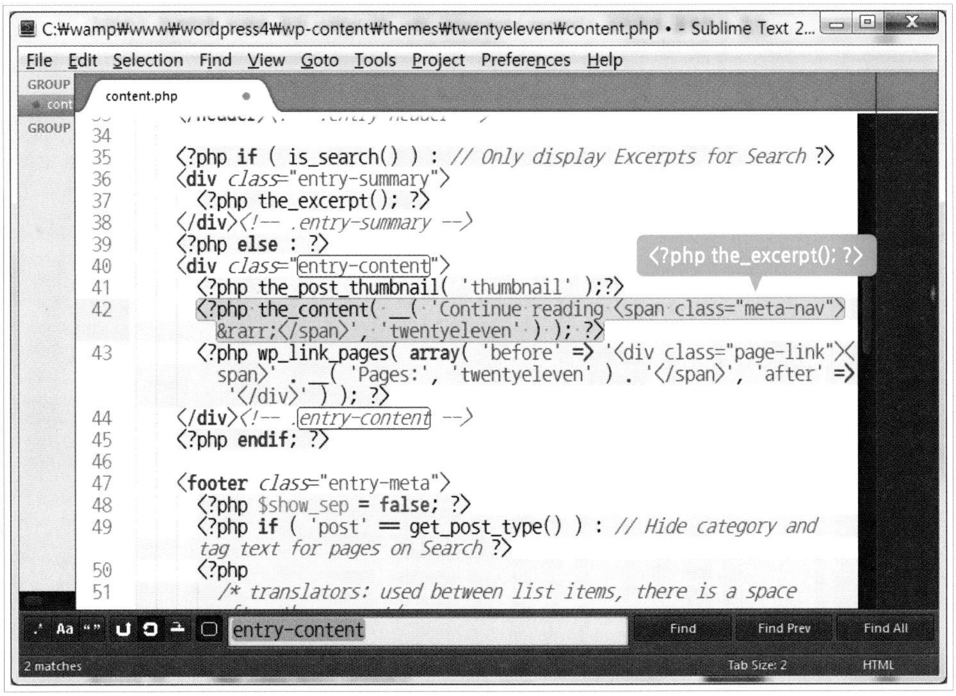

그림 3-47 요약 코드 입력

블로그의 새 글 쓰기 창에서 글을 작성하고 특성 이미지 메타박스에서 특성 이미지 설정을 클릭하면 미디어 업로더 창이 나타납니다. 내 컴퓨터나 미디어 라이브러리에서 파일을 선택하고 하단에서 "특성 이미지로 사용" 링크를 클릭하고 창을 닫으면 특성 이미지 메타박스에 이미지가 추가됩니다. 공개하기 버튼을 클릭하면 글이 발행되고 제목 아래의 글 보기 버튼을 클릭하면 새 탭에서 블로그 창이 나타납니다. 그런데 특성 이미지가 블로그 글에 있는 것이 아니라 헤더 이미지에 삽입되어 나타납니다. 특성 이미지 기능은 기본 테마에서 기본적으로 헤더 이미지에 설정돼 있기 때문에 위와 같은 과정을 거치면 헤더 이미지와 블로그 대표 이미지로 두 곳에 나타납니다. 현재 페이지는 블로그 글 목록에서 제목이나 계속 읽기 링크를 클릭했을 때 나타나는 화면입니다. 메뉴에서 "홈"을 클릭하면 블로그 목록이 나타나고 글 요약과 특성 이미지가 나타납니다.

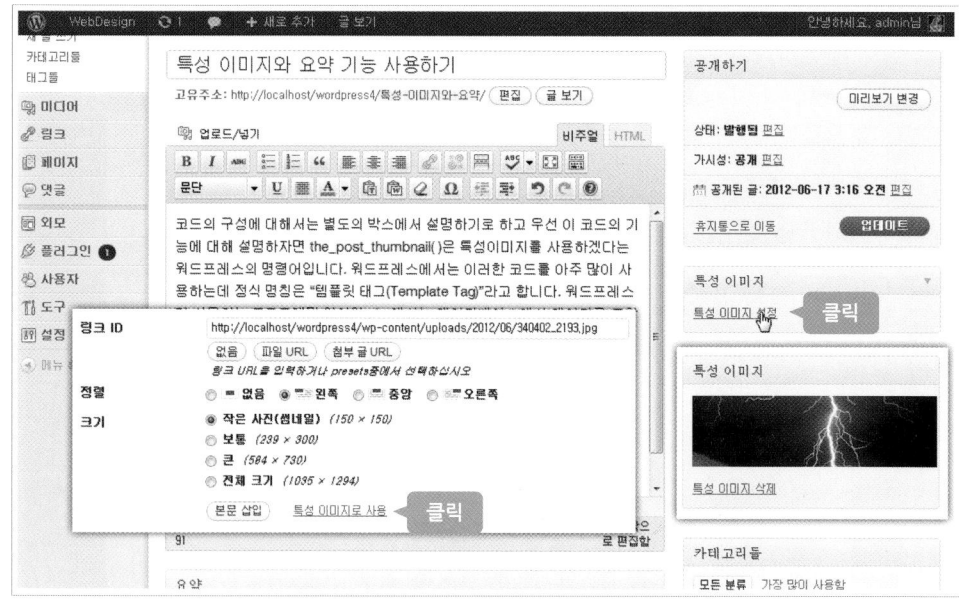

그림 3-48 글 작성

홈 메뉴를 클릭하니 첫 번째 글로 대표 이미지와 요약이 나오고 계속 읽기 링크가 만들어졌는데, 글이 이미지 옆에 있는 것이 아니라 아래로 내려가 있습니다. 이미지 오른쪽에 오게 하려면 스타일시트에서 이를 수정해야 합니다. 이미지를 대상으로 마우스 오른쪽 버튼을 클릭한 후 '요소 검사'를 선택해서 스타일시트에서 어떤 부분을 수정해야 하는지 살펴봅니다.

.entry-content img, .comment-content img, .widget img를 수정해야 하는데 3개의 클래스에 대해서는 동시에 명령이 선언돼 있습니다. 이곳에 스타일시트 명령을 추가하면 entry-content 클래스의 이미지뿐 아니라 다른 두 곳에도 명령이 전달돼서 의도하지 않은 결과가 나올 겁니다. 스타일시트를 열어봅니다.

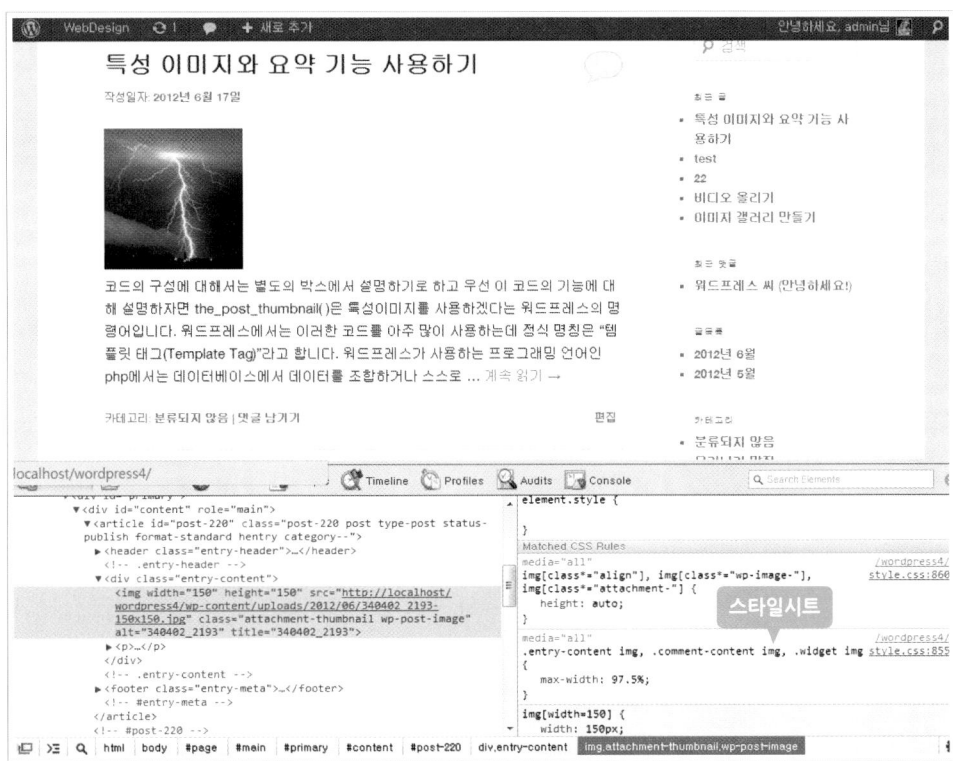

그림 3-49 스타일시트 수정

주 메뉴 → 외모 → 편집기를 선택하면 스타일시트 편집 화면이 나타납니다. Ctrl+F를 눌러 entry-content img로 검색하고 첫 번째 스타일시트 명령이 끝나는 중괄호에 커서를 둔 후 엔터 키를 눌러서 빈칸을 만들고 다음 코드를 삽입합니다.

```
.entry-content img {
        float: left;
        margin-right: 15px;
}
```

이미 entry-content img에 대해 스타일시트가 선언됐지만 스타일시트 선언은 여러 번 할 수 있고 같은 명령이라면 가장 나중에 한 명령이 우선합니다. 하지만 여기서는 위에서 한 명령과 다르므로 서로 충돌하지는 않습니다. 선택자를 보면 클래스 선택자와 img 태그가 함께 지정돼 있습니다. 이것은 entry-content 클래스 안에 있는 img 태그에 대해서만 명령을 전달하겠다는 의미입니다. float는 이미지와 글이 있을 때 글이 이미지를 감싸게 하는 스타일시트 속성입니다. 값으로 left가 있으면 이미지는 왼쪽으로 붙습니다. 만약 right로 지정하면 이미지가 오른쪽으로 붙고 글이 왼쪽에 나타납니다. margin은 글과 이미지의 간격을 띄우기 위한 스타일시트 속성으로, 이미지가 왼쪽에 있으니 오른쪽에 마진을 둬야 하므로 –right가 추가됐습니다. 적당한 값은 15픽셀입니다. 스타일시트 수정화면 하단에서 파일 업데이트 버튼을 클릭하고 블로그 화면에서 보면 글이 이미지를 감싸고 있습니다.

간단하면서도 복잡한 과정을 거쳐서 하나의 특성 이미지를 만들었지만 앞에서 언급했듯이 플러그인을 사용하면 모든 글에 대해 한번에 설정할 수 있습니다. 워드프레스의 이런 기능이 어떤 역할을 한다는 것을 알아두면 워드프레스를 이해하는 데 도움이 됩니다.

그림 3-50 스타일시트 수정

PHP 팁

워드프레스에서 사용하는 프로그래밍 언어는 PHP이므로 워드프레스의 파일에서 PHP 코드가 많이 나옵니다. HTML 코드가 각진 괄호 〈〉를 사용하듯이 PHP도 정해진 규칙이 있습니다. 다음과 같이 PHP 코드는 여는 각진 괄호와 물음표, php로 시작하고 마지막에는 세미콜론과 물음표, 닫는 각진 괄호로 끝납니다.

```
<?php the_post_thumbnail( 'thumbnail' ); ?>
```

워드프레스를 이해하고 원하는 대로 블로그를 만들려면 PHP를 많이 알 필요는 없지만 위와 같은 코드가 PHP 코드라는 사실을 알아두면 다음 장부터 나오는 테마 수정과 관련된 내용에 익숙해질 것입니다. 워드프레스의 템플릿 태그는 영어로 돼 있지만 이름을 보면 그 기능을 알 수 있게 쉬운 단어로 표현돼 있습니다. 이러한 태그는 대부분 직접 입력하지 않고 워드프레스닷오그의 Codex 페이지나 구글에서 검색한 후 복사해서 사용합니다. 이 책에서도 코드는 별도 파일로 제공됩니다.

글 형식 09

워드프레스 3.1 버전부터 글 형식(Post Format)이 도입됐는데 처음엔 추가 정보, 갤러리, 기본으로 세 가지였습니다. 기본은 다른 글 형식을 선택하지 않았을 때 기본적으로 선택돼 있는, 형식이 없는 글 형식입니다. 그래서 글 형식은 2가지라고 볼 수 있으며 최신 버전에서는 링크, 상태, 인용, 이미지가 추가되어 총 7종입니다. 워드프레스는 기본적으로 총 10개의 글 형식이 있어서 function.php에 추가만 하면 모두 활성화됩니다. 테마에 따라 글 형식이 없는 경우도 있는데 코드를 추가하면 활성화됩니다.

```
// Add support for a variety of post formats
    add_theme_support( 'post-formats', array( 'aside', 'chat', 'gallery', 'image',
'link', 'quote', 'status', 'video', 'audio' ) );
```

function.php 파일을 열고 92번째 줄에 보면 위와 같은 내용이 있으며 나머지 부분을 추가하면 새 글 쓰기 화면에 모든 항목이 나타납니다.

01 글 형식의 종류

글 형식은 블로그 글의 형식을 만들어 주는 기능이고 각 글 형식에 따라 이미 정해진 형태의 글이 만들어집니다. 이들 글 형식에 대해 간략히 알아보고 몇 가지 예를 들어 보겠습니다.

- **추가 정보**: 제목을 붙이더라도 제목이 표시되지 않으며 카테고리나 태그도 만들어지지 않습니다. 단편적인 생각이나 아이디어를 기록한 짧은 글로 사용됩니다.
- **오디오**: 소리 파일이 있는 글은 대부분 글이 짧아서 오디오 글 형식을 사용합니다.
- **채팅**: 채팅에서 오가는 글 내용을 그대로 옮긴 경우에 사용합니다. 채팅글 형태를 유지하고자 할 때 사용됩니다. 쪽지 글도 포함합니다.
- **갤러리**: 갤러리는 글이 별로 없고 이미지만 있는 경우가 대부분이며, 이 글 형식을 사용하면 이전 항목에서 알아본 특성 이미지와 요약 글의 형태로 나타나며 이미지를 클릭하면 갤러리 전체 이미지가 나옵니다.

갤러리

이미지 갤러리 만들기

작성일자: 2012년 6월 6일

*이 갤러리는 3개의 사진을 **포함**하고 있습니다.*

카테고리: **분류되지 않음, 우리나라 맛집** | 댓글 남기기   편집

그림 3-51 **갤러리 글 형식**

- **이미지**: 이미지만 있는 글에서 이 형식을 선택하면 이미지 테두리나 캡션 부분이 형태가 다르게 나타납니다.
- **링크**: 웹 서핑하던 중 중요한 정보가 있는 사이트를 발견했는데, 특별히 글로 표현하고 싶지는 않고 단순히 링크만 걸고 싶을 때 제목과 본문에 링크를 만들어 놓습니다.
- **인용**: 블로그 글 목록 중에 인용에 해당하는 짧은 글을 삽입할 때 유용합니다. 인용 글에 대한 출처를 추가하기도 합니다.
- **상태**: 트위터의 짧은 글처럼 블로그의 상태나 어떤 프로젝트의 진행 상황을 짧게 기록합니다.
- **비디오**: 오디오처럼 글은 없고 동영상만 있을 경우 사용합니다. 유튜브와 같은 동영상을 삽입하면 블로그 화면에서 바로 재생할 수 있습니다.

∩2 Twenty-Eleven 테마의 하루살이 위젯

글 형식은 글이 하나의 완성된 글이 아닌 짧은 글일 경우 많이 사용하며, 특히 추가 정보, 상태, 인용, 링크처럼 짧은 글만 있는 경우에는 위젯 화면의 사용할 수 있는 영역에 있는 하루살이 위젯을 사용해 사이드바에 배치하면 블로그에서 공지사항과 같은 역할을 할 수 있습니다.

아래처럼 새 글 쓰기 화면에서 제목을 입력하고 본문에 링크를 만듭니다. 링크만 있고 다른 내용은 없으니 하나의 글로 만들기는 어색하죠. 그래서 글 형식 메타박스에서 링크를 선택합니다. 이런 식으로 짧은 글에 대해 여러 가지 글 형식을 만듭니다. 블로그의 상태를 나타내는 블로그 공사 중이라는 내용으로, 글 형식으로는 상태를 선택합니다. 모든 글을 공개하고 나면 블로그 화면에 나타나지만 짧은 글이라서 보기에 무슨 내용인지 알 수가 없죠. 그래서 기본 테마의 위젯인 하루살이를 사용합니다.

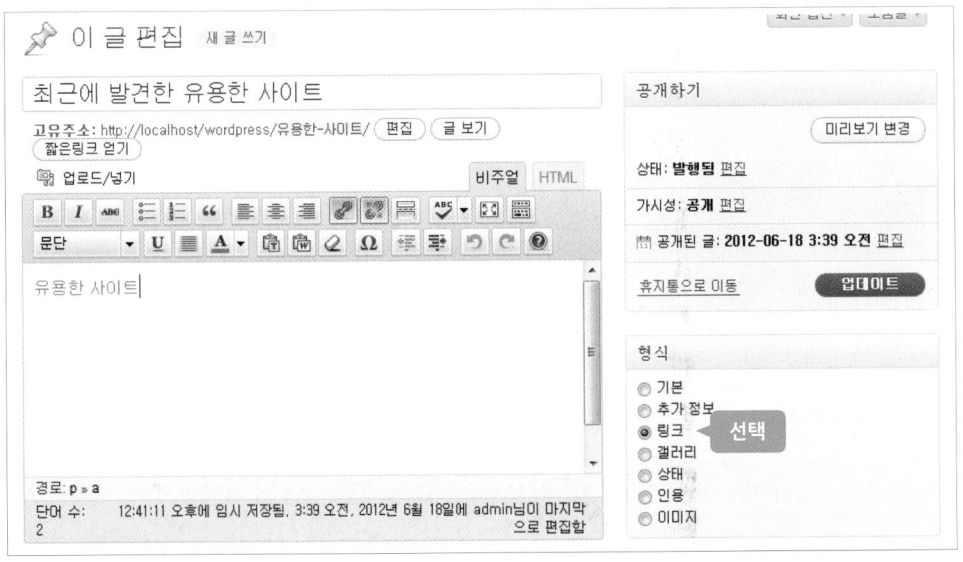

그림 3-52 링크 글 형식의 사용

주 메뉴 → 외모 → 위젯을 선택하고 사용할 수 있는 위젯 영역에서 하루살이 위젯을 메인 사이드바에 배치한 다음, 블로그 화면에서 보면 사이드바에 하루살이 위젯이 나타납니다. 이 위젯은 글 형식을 추가 정보, 상태, 인용, 링크로 선택한 것만 목록에 나타나며, 링크라 하더라도 반드시 링크를 넣으라는 것은 아니고 다른 글을 넣어도 되지만 링크만 있는 경우는 하루살이 목록에서 링크를 클릭했을 때 링크된 사이트로 바로 이동합니다. 링크가 아닌 다른 내용을 넣었다면 목록을 클릭했을 때 블로그 화면에 글이 나타납니다. 이처럼 어떤 형식의 글이라도 하루살이에 배치하고 싶으면 글 형식을 위 네 가지 중 하나를 선택하면 되고 위젯 박스의 제목도 하루살이가 아닌 공지사항이나 오늘의 베스트 등 원하는 이름으로 입력하면 됩니다.

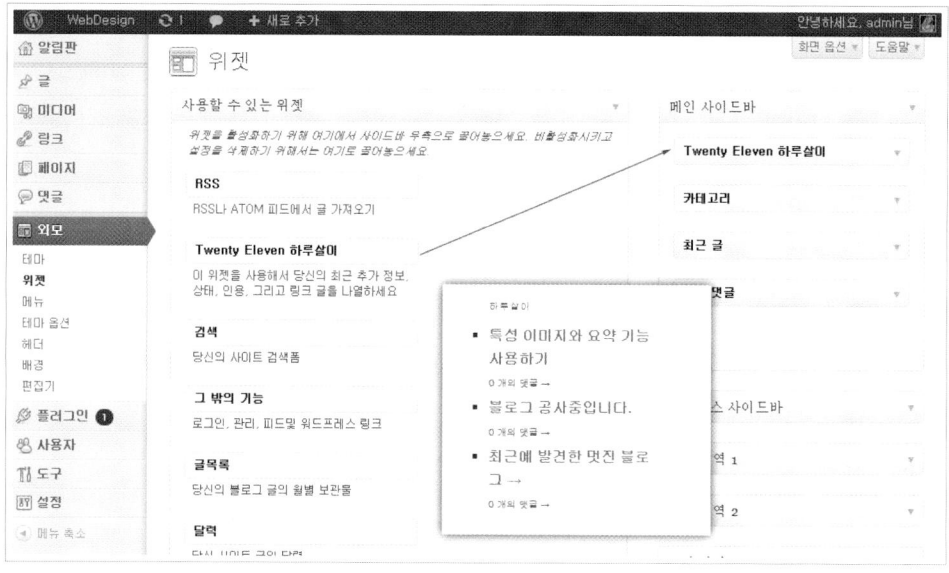

그림 3-53 하루살이 위젯

기타 메타박스 10

01 토론

주 메뉴 → 설정 → 토론 화면의 기본 설정 항목에서 "댓글을 쓸 수 있게 합니다"에 체크했더라도 새 글 쓰기 화면에서 댓글을 허용하지 않도록 설정할 수 있습니다. 핑백과 트랙백도 마찬가지입니다. 대부분의 경우 댓글을 허용하는 것이 바람직하므로 항상 체크된 상태로 놔두는 것이 좋고 이 메타박스는 잘 사용하지 않으므로 화면 옵션 탭에서 이 항목에 체크 해제해서 새 글 쓰기 화면에 나타나지 않게 하는 것이 좋습니다.

토론

☑ 댓글 허용.
☑ 이 페이지에 트랙백과 핑백을 허용합니다.

트랙백 보내기

트랙백 보내기 ⟨ 트랙백 링크 ⟩

(여러개의 URL을 빈칸으로 나누세요.)

트랙백은 구형 블로그 시스템에 글을 링크했음을 알리는 방법입니다. 다른 워드프레스 블로그에 링크하면 핑백을 이용하여 해당 사이트에 자동으로 통지됩니다. 이때는 다른 작업이 필요없습니다.

안녕하세요!   ①

작성일자: 2012년 5월 12일

워드프레스에 오신 것을 환영합니다. 이것은 첫번째 글입니다. 이 글을 고치거나 지운 후에 블로깅을 시작하세요!

Trackback-URL

카테고리: 분류되지 않음 | 1개의 댓글   편집

```
43        </div><!-- .entry-content -->
44        <?php endif; ?>
45        <p><a href="<?php trackback_url(display); ?>"> Trackback-URL </a></p>
46        <footer class="entry-meta">
47            <?php $show_sep = false; ?>
48            <?php if ( 'post' == get_post_type() ) : // Hide category and tag
```

그림 3-54 토론과 트랙백 보내기 메타박스

그림 3-56 기타 메타박스

∩５ 글쓴이

글쓴이 메타박스는 주 메뉴 → 사용자 → 당신의 프로필에서 설정한 공개적으로 표시할 이름에서 선택한 이름이 나타납니다. 멤버쉽이 가능하게 해서 블로그에서 여러 사람이 글을 작성하거나 편집이 가능할 경우 이 메타박스에 권한이 있는 사람의 사용자명이 나타납니다. 타인을 위해 글을 작성할 경우 이곳에서 선택함으로써 해당 사용자 명의로 글을 발행할 수 있습니다.

∩６ 사용자 정의 필드

사용자 정의 필드는 2장의 페이지 만들기 편에서 잠깐 언급한 적이 있는데 이것은 데이터베이스에 필드를 만들고 어떤 정보를 저장하는 데 사용되며 사용 방법에 따라 간단하게 블로그 글쓴이의 기분 상태를 표시할 수 있지만 코드를 수정해야 하고 번거롭습니다. 사용법이 어렵다는 점에 비해 사용의 효율성이 적습니다. 어떤 테마의 경우에는 해당 테마에 있는 특정한 기능을 사용하는 방법을 알려주기 위해 사용자 정의 필드를 사용하기도 합니다만 많이 사용하지 않는 기능이므로 화면 옵션 탭에서 체크를 해제해 두는 편이 좋습니다.

07 리비전

워드프레스에서 글을 작성하다 보면 텍스트 편집기 하단에 자동으로 저장된다는 메시지가 나타납니다. 이것은 워드프레스의 자동 저장 기능으로 리비전 메타박스에 저장되는 시간이 나오며, 링크를 클릭하면 해당 시간에 저장된 글로 복원할 수 있습니다.

이것은 어떤 글을 수정했는데 나중에 보니 잘못 수정한 경우 다시 수정하기 전의 글을 볼 수 있으므로 편리합니다. 리비전에 대한 설정은 워드프레스 루트 디렉터리에 있는 config.php 파일에 다음과 같은 코드를 삽입하면 사용 가능합니다.

```
define('AUTOSAVE_INTERVAL', 120 );  // 단위:초 기본시간:60초
define('WP_POST_REVISIONS', false ); // 리비전 기능 제거
define('WP_POST_REVISIONS', 3); // 리비전 저장 개수 설정
```

아래 화면은 리비전 메타박스의 저장된 링크를 클릭했을 때 나오는 화면입니다. 작업열에서 복원을 클릭하면 저장된 글이 복원됩니다.

리비전 비교

리비전 비교

예전	새로운	생성된 일자	글쓴이	작업
○	●	2012년 6월 6일 @ 15시:05분 [현재 리비전]	admin	
●	○	2012년 6월 6일 @ 15시:05분	admin	복원
○		2012년 6월 6일 @ 14시:55분	admin	복원
○		2012년 6월 6일 @ 14시:54분	admin	복원
○		2012년 6월 6일 @ 14시:53분	admin	복원
○		2012년 6월 6일 @ 14시:48분	admin	복원
○		2012년 6월 6일 @ 14시:48분	admin	복원
○		2012년 6월 4일 @ 15시:25분	admin	복원
○		2012년 6월 4일 @ 15시:24분	admin	복원

그림 3-57 리비전 복원

링크 11

링크 리스트는 내가 자주 방문하는 사이트나 블로그의 링크를 목록을 만들어 사이드바에 배치해 나뿐만 아니라 방문자에게도 유용한 정보를 제공할 수 있습니다. 워드프레스에서 기본적으로 제공하는 링크 목록을 블로그롤이라고 하며 이전에 알아본 글 카테고리처럼 링크 카테고리의 역할을 합니다. 웹사이트에는 아주 유용한 정보가 많으며 방문한 사이트의 링크를 추가하다 보면 링크가 많아져서 관리하기가 어렵습니다. 이를 사이트의 유형별로 나누어 카테고리를 만들어 관리하면 방문자도 찾기 쉽습니다. 이번에는 링크를 관리하기 위해 링크 카테고리를 만들고 링크를 추가하는 방법을 알아보겠습니다.

⋂1 링크 카테고리 만들기

링크 카테고리 만들기는 글 카테고리 만들기와 별 차이가 없습니다. 글 카테고리에 대해서는 이미 알아봤으므로 자세한 설명은 생략하고 간략하게 설명하겠습니다.

주 메뉴 → 링크 → 링크 카테고리를 클릭하면 링크 카테고리를 만들 수 있는 화면이 나타납니다. 이름, 슬러그, 설명을 입력하고 "새로운 링크 카테고리 추가" 버튼을 클릭하면 링크 카테고리 목록에 추가됩니다. 블로그롤은 글 카테고리에서 "분류되지 않음"이라는 카테고리가 삭제할 수 없는 기본 카테고리인 것처럼 여기서도 기본 링크 카테고리이므로 삭제할 수 없으며, 이 카테고리를 클릭하면 워드프레스가 기본적으로 제공하는 링크 목록을 볼 수 있습니다. 우측에 보면 링크 열에 7개의 링크가 추가돼 있습니다.

그림 3-58 링크 카테고리

∩2 새 링크 만들기

주 메뉴 → 링크 → 링크 만들기를 클릭합니다. 이름, 웹주소는 필수 사항이므로 반드시 입력합니다. 설명은 필수사항은 아니지만 링크에 마우스를 올리면 설명이 나타나므로 방문자에게 링크에 대한 정보를 제공할 수 있습니다. 이 세 가지 항목은 제목 바에 마우스를 올리면 커서에 변화가 없지만 아래의 박스는 십자형으로 바뀌어서 클릭한 후 드래그해서 다른 곳에 배치할 수 있고, 한번 클릭하면 박스의 내용이 축소되고 나중에 이 화면에 들어와도 그 상태를 유지합니다. 잘 사용하지 않는 박스는 이 방법을 사용하거나 화면 옵션 탭에서 체크해제해서 안 보이게 할 수 있습니다.

블로그 화면에 나타날 이름을 입력하고 웹주소는 해당 사이트의 주소창에서 복사해서 붙여넣습니다. 카테고리를 선택하지 않은 경우 기본 카테고리인 블로그롤에 포함됩니다. 카테고리 상자의 하단에서 새 카테고리 링크를 이용해 카테고리를 추가할 수 있습니다.

그림 3-59 링크 만들기

타겟에서 _blank에 체크하면 새 창이나 탭에서 링크 사이트가 열리며, 대부분의 경우 이곳에 체크합니다. 현재의 페이지에서 링크 사이트가 열릴 경우, 내 블로그에 다시 오려면 이전 페이지 가기 아이콘을 클릭해야 하는데 링크 사이트에서 이곳저곳을 둘러 보다가 다시 돌아오기 번거로워서 방문자가 링크로 인해 완전히 떠나버릴 수 있습니다.

링크 대상자 관계(XFN)는 XHTML Friendship Network의 약자로 링크로 친분 관계를 나타낼 수 있는 방법입니다. "정체성"은 자신의 다른 사이트일 경우 체크합니다. "정체성"부터 "애정"까지 원하는 부분에 체크하면 "관계" 란에 영문으로 글자가 나타나고 HTML 코드의 a 태그에 rel=""이라는 속성이 추가됩니다. 이 따옴표 사이에 설정한 내용이 추가되므로 검색엔진이 링크의 의미를 이해하게 됩니다. 사람이 읽을 수 있는 글자이면서도 기계인 검색엔진도 읽고 이해하게 되므로 의미 있는 사이트가 됩니다.

고급 박스에서 이미지 주소란에는 링크 사이트의 대표적인 이미지를 선택한 후 마우스 오른쪽 버튼을 클릭하고 "이미지 URL 복사"를 클릭해서 붙여 넣습니다. 어떤 이미지는 이 메뉴가 나타나지 않으므로 반드시 "이미지 URL 복사"가 나오는 이미지만 선택합니다. RSS 주소는 링크 사이트의 RSS 아이콘을 대상으로 마우스 오른쪽 버튼을 클릭해서 "링크 주소 복사"를 선택하고 붙여 넣습니다. 노트는 내가 알아볼 수 있는 설명입력란입니다. 등급은 내가 평가를 내리고 숫자를 선택합니다. 이렇게 설정하고 화면 우측에서 저장하기 박스에서 "이 링크를 비공개 글로 남겨둡니다"에 체크하면 나만 볼 수 있습니다. 저장하기 버튼을 클릭한 다음 블로그 화면에서 보면 이미지가 나오고 링크 제목과 평가가 나타납니다. 이미지가 나타나게 하는 것은 사이드바에 사용하지 않고 링크만 있는 페이지를 만들 경우에 사용합니다. 링크 목록을 블로그에 나타나게 하려면 링크 위젯을 사용하며 다음 항목에서 설명하겠습니다.

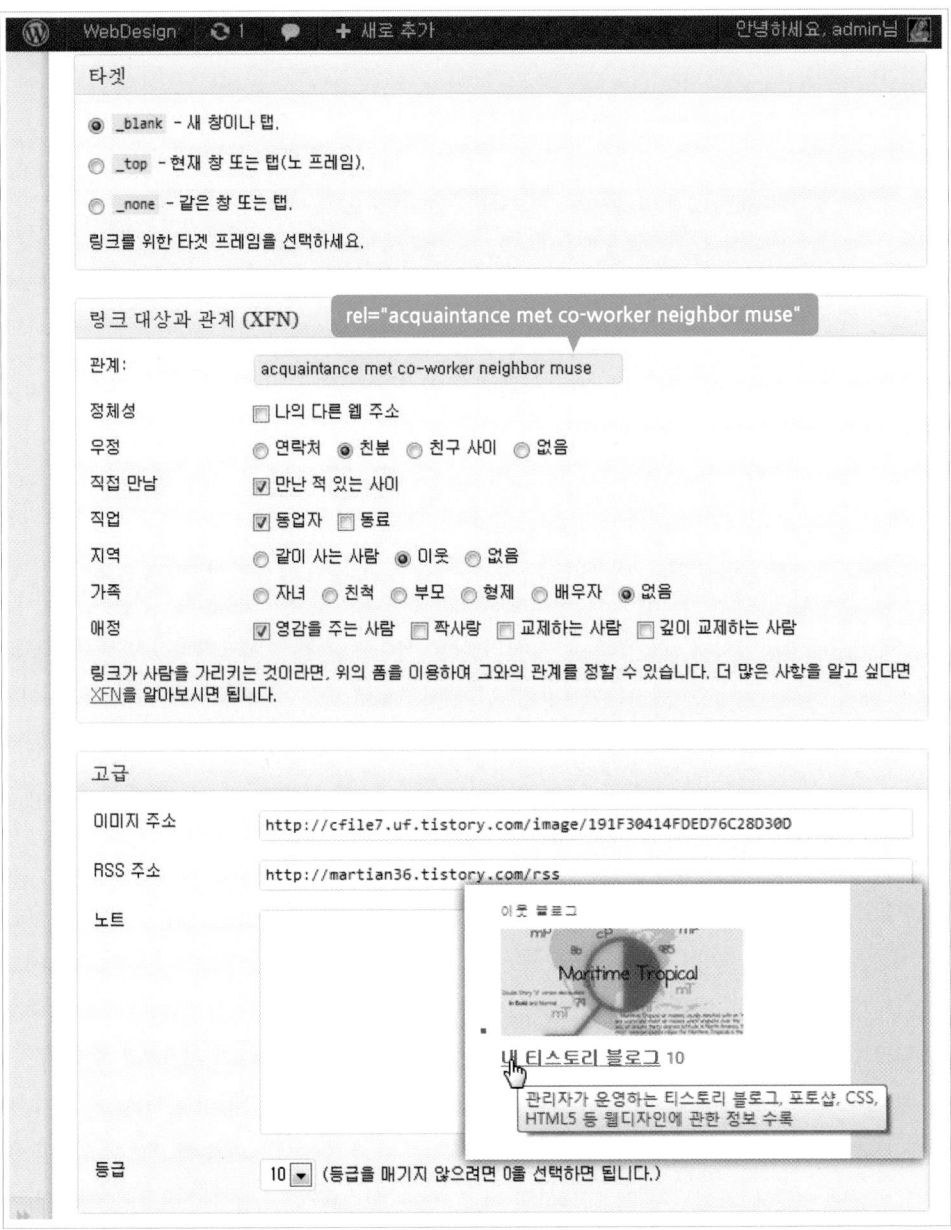

그림 3-60 링크 만들기의 추가 내용 입력

03 링크 편집

모든 링크 메뉴를 클릭하면 링크를 편집할 수 있는 화면이 나타납니다. 워드프레스에서 기본
적으로 제공된 링크는 좋은 참고 자료가 있는 사이트지만 모두 영어로 돼 있습니다. 링크 제
목을 클릭하거나 링크 행에 마우스를 올리고 편집 링크를 클릭하면 새 링크 만들기 화면과
같은 화면이 나타나고 편집할 수 있습니다. 카테고리 열의 링크 카테고리를 선택하면 해당
카테고리에 있는 모든 링크 목록만 있는 화면이 나타납니다.

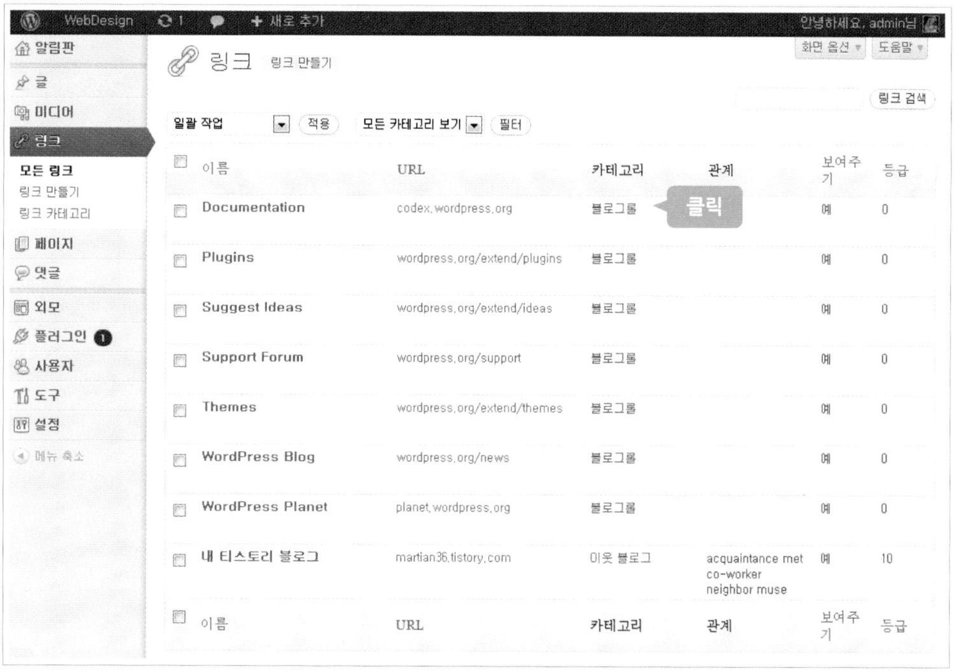

그림 3-61 링크 편집

04 링크 목록을 사이드바에 설치하기

주 메뉴 → 외모 → 위젯을 선택하고 "사용할 수 있는 위젯 영역"에서 링크 위젯을 클릭한 후
드래그해서 메인 사이드바에 배치하면 링크 편집창이 열립니다. 여기서 표시할 링크 카테고
리를 선택합니다. 블로그롤은 기본 링크 카테고리이므로 제외될 수 없습니다. 정렬에서 어떤

기준으로 정렬할지 선택합니다. 네 가지 체크박스에서 링크 이미지가 있는 경우 링크 이미지 보기에 체크해제해야 공간을 많이 차지하지 않습니다. 링크 설명을 추가한 경우 링크 설명 보기도 체크해제합니다. 그렇게 하지 않으면 링크 제목 아래에 설명이 나오므로 공간을 차지하며, 마우스를 올리면 설명이 나오므로 충분합니다. 설정한 다음, 저장하기 버튼을 클릭하고 블로그 화면에서 확인합니다.

그림 3-62 링크 위젯

사용자 정의 메뉴 12

메뉴는 사이트의 방문자로 하여금 콘텐츠에 쉽게 접근할 수 있게 하는 도구이며, 웹디자인에서도 아주 중요한 요소 중 하나입니다. 대부분의 방문자가 글을 보고 마음에 들면 내 블로그에서 다른 글을 찾아 보려고 할 것이고 가장 먼저 찾는 것이 메뉴입니다. 그래서 메뉴를 잘 보이는 곳에 배치하고 웹페이지의 하단 푸터나 사이드바에도 배치합니다. 웹디자이너들은 메뉴 바를 더 멋지게 만들기 위해 제이쿼리를 이용해 애니메이션이 되는 메뉴를 만들고 있습니다.

2장의 페이지 만들기 부분에서 페이지를 생성하면 메뉴가 자동으로 만들어지고 페이지를 추가해서 다른 메뉴의 하위 메뉴를 만드는 방법을 알아봤습니다. 메뉴는 페이지와 관련이 있기 때문에 페이지를 만들면 메뉴는 자동으로 만들어지는 것입니다. 블로그의 카테고리 글이나 어떤 특정한 링크를 만들어 외부 사이트로 연결하는 메뉴를 만들고자 할 때는 사용자 정의 메뉴를 사용하며, 이를 이용하면 블로그의 어떤 콘텐츠라도 메뉴에 포함시킬 수 있습니다.

블로그에서 메뉴와 비슷한 기능을 하는 것 가운데 카테고리가 있는데 메뉴와의 차이점은 카테고리는 글을 분류하기 위한 것이고 메뉴는 글뿐만 아니라 태그, 페이지, 링크, 글형식 등 링크가 가능한 것이면 어떤 것이라도 메뉴를 만들 수 있으며 카테고리도 포함된다는 것입니다. 그만큼 메뉴는 광범위한 개념입니다. 그러면 사용자 정의 메뉴를 이용해 메뉴를 만드는 방법을 알아보겠습니다.

01 메뉴 만들기

주 메뉴에서 외모 → 메뉴를 선택하면 메뉴 만들기 화면이 나타납니다. 두 개의 열이 보이고 좌측열은 아직 메뉴가 없으므로 비활성화돼 있고 우측 열에서 메뉴를 만들면 활성화됩니다. 우측 열의 메뉴 이름에 메뉴 이름을 입력하고 메뉴 생성 버튼을 클릭하면 아래의 이미지처럼 화면이 바뀝니다. 좌측 열은 희미하게 보이는 사용자 정의 링크 메타박스 위에 "테마 위치"라는 메타박스가 새로 만들어지면서 모든 메타박스가 활성화됩니다. 테마 위치 메타박스의 기본 메뉴를 클릭하면 바로 전에 만든 메뉴 이름이 있습니다. 이를 선택하고 저장하기 버튼을 클릭하면 새 메뉴가 생성됩니다. 이 버튼을 클릭하고 나면 블로그 화면의 기본 메뉴는 사라지고 안 보입니다. 메뉴 아이템이 현재는 없는 상태인 것이죠. 이제부터 메인 메뉴에 원하는 메뉴를 추가할 수 있습니다.

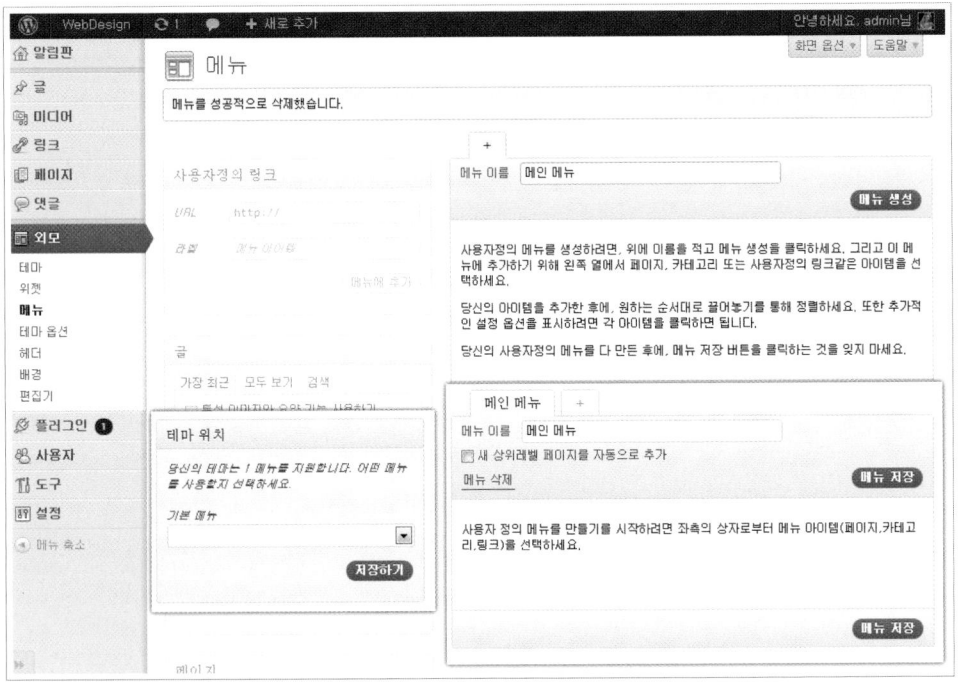

그림 3-63 메뉴 만들기 화면

화면 옵션 탭을 클릭하고 보이지 않는 메타박스를 보이게 해서 다양한 옵션에서 메뉴를 만들 수 있습니다. 사라진 기본 메뉴를 복구하려면 페이지 메타박스에서 모두 보기를 선택하고 전체 선택 링크를 클릭합니다. "메뉴에 추가 버튼"을 클릭하면 오른쪽에 메뉴가 만들어지고 "메뉴 저장" 버튼을 클릭하면 기본 메뉴 복구가 완료됩니다.

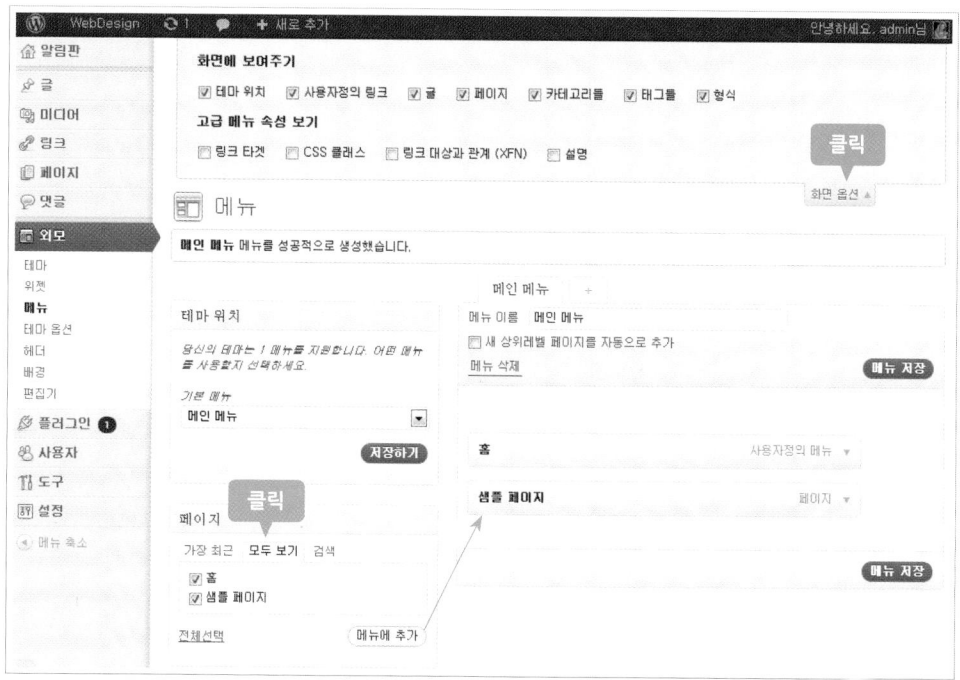

그림 3-64 기본 메뉴 복구

오른쪽 열에서 메뉴의 제목 오른쪽에 있는 세모 아이콘을 클릭하면 메뉴를 편집할 수 있게 아래로 펼쳐집니다. 블로그 화면에서 표시될 메뉴 이름인 내비게이션 라벨을 수정할 수 있습니다. 샘플 페이지는 "나의 블로그"로 수정하고 각 "제목 속성" 입력란에 메뉴의 특징적인 문구를 입력하면 메뉴에 마우스를 올렸을 때 툴팁으로 나타납니다. 이것은 방문자에게 메뉴가 어떤 것이라는 설명을 제공하며 검색엔진 최적화에도 도움이 되므로 항상 입력하는 것이 좋습니다.

카테고리 메타박스에서 원하는 카테고리를 선택하고 "메뉴에 추가" 버튼을 클릭하면 메뉴 박스에 추가됩니다. 사용자 정의 링크 메타박스에서 외부 링크 주소(예를 들어 http://wordpress.org)를 입력하고 라벨을 입력합니다. 메뉴에 추가하고 제목 속성을 입력한 다음 메뉴 저장 버튼을 클릭합니다. 이처럼 한번에 여러 개의 메뉴를 추가하고 제목 속성을 편집한 다음 한번에 메뉴 저장을 클릭하면 됩니다. 블로그 화면에서 새로고침하고 메뉴에 마우스를 올리면 툴팁이 나타납니다.

그림 3-65 메뉴 추가

02 메뉴 이동 배치

메뉴를 이동 배치하려면 제목 바를 클릭한 후 드래그해서 원하는 위치에 배치합니다. 메뉴를 다른 메뉴의 하위 메뉴로 배치하려면 클릭해서 오른쪽으로 이동하면 점선 사각형이 만들어질 때 마우스를 놓으면 됩니다. 메뉴 저장 버튼을 클릭하고 블로그 화면에서 보면 하위 메뉴로 나타납니다.

그림 3-66 메뉴의 이동

03 사이드바에 메뉴 배치

사이드바에 메뉴를 추가하려면 새로운 메뉴를 만들고 위젯을 이용해 사이드바에 추가합니다. 메뉴 화면의 오른쪽 열에서 메인 메뉴 탭 오른쪽에 있는 플러스 탭을 클릭하면 새로운 메뉴 이름을 입력할 수 있는 공간이 나타납니다. 여기서 이름을 입력하고 메뉴 저장 버튼을 클릭합니다. 이번에는 왼쪽 열에서 글 형식을 메뉴로 추가해 봅시다. 형식 메타박스에서 전체 선택을 클릭하고 메뉴에 추가 버튼을 클릭하면 모두 메뉴에 추가됩니다. 그러고 나서 메뉴 저장 버튼을 클릭합니다.

그림 3-67 사이드 메뉴 추가

주 메뉴에서 위젯 메뉴를 클릭하고 "사용할 수 있는 위젯 영역"에서 사용자 정의 메뉴를 클릭한 후 드래그해서 메인 사이드바에 배치합니다. 제목을 입력하고 메뉴 선택에서 사이드바 메뉴를 선택하고 저장하기 버튼을 클릭하면 완료됩니다.

그림 3-68 사용자 정의 메뉴 위젯 추가

테마 13

워드프레스의 테마는 테마에 따라 설정 방법이 모두 다릅니다. 테마에 따라 위젯도 다르고 메뉴 항목이 없을 수도 있습니다. 기본 테마인 Twenty-Eleven은 메뉴의 "외모" 항목에서 코드를 수정하지 않고도 테마를 변경할 수 있지만 대부분의 테마는 별도의 항목을 추가해서 다양한 설정을 할 수 있게 하고 있으며, 특히 유료 테마의 경우는 아주 복잡한 설정까지 포함돼 있습니다. 이것은 1장에서 알아봤듯이 블로그는 블로그 글의 주제에 따라 그에 맞는 테마를 사용해야 하고 사용자의 취향에 따라 원하는 테마가 다양해서 그에 맞는 설정이 필요하기 때문입니다.

유료 테마든 무료 테마든 사용자의 마음에 드는 테마를 찾기는 어렵고, 찾았더라도 설치하고 보면 설정 화면에서 설정하거나 코드를 직접 수정해야 원하는 모양이 나오는 경우가 많습니다. 다음 장부터는 기본 테마를 바탕으로 자식 테마(Child Theme)를 만들어 PHP 코드를 추가하거나 스타일시트를 수정해서 원하는 테마를 만드는 과정을 알아보겠습니다. 그러한 과정의 전 단계로 테마 관리에 대해 관리자 화면에서 할 수 있는 것을 알아두면 다음 장에서 테마를 수정할 때 도움이 됩니다. 또한 테마 수정을 하지 않더라도 관리자 화면에서 일부나마 수정하는 방법은 알아두는 것이 좋습니다.

워드프레스 기본 테마는 다양한 기능이 기본적으로 갖춰져 있어 이를 수정해서 사용하도록 권장하고 있습니다. 그래서 최초 모양은 단순하지만 원하는 대로 디자인을 변경할 수 있습니다. 테마의 디자인 변경은 파일을 직접 변경하면 나중에 업데이트할 때 모두 원상 복구되므로 자식 테마를 만들어 이 자식 테마를 대상으로 변경하는 것이 좋습니다. 자식 테마는 부모 테마를 기반으로 만들어지며, 수정 내용만 추가하면 자식 테마의 내용이 우선 적용되므로 파일을 관리하기가 수월합니다.

∩1 테마 관리

주 메뉴 → 외모 → 테마를 선택하면 테마 관리 화면이 나타납니다. 워드프레스 3.4 버전에서 두드러지게 바뀐 점은 테마를 실시간으로 미리 보기하면서 수정할 수 있다는 것입니다. 이 화면의 상단에는 현재 설치되어 활성화된 테마가 있고 테마 소개 내용 아래에 여러 가지 링크 메뉴가 있습니다. 이곳의 메뉴는 주 메뉴에 있는 것과 같고 "사용자 정의하기" 링크를 클릭하면 별도의 화면에서 테마의 실제 화면을 보면서 수정할 수 있는 화면이 나타납니다.

하단의 "존재하는 테마들"에는 설치는 돼 있지만 활성화되지 않는 테마가 나열됩니다. 활성화되지 않아도 각 테마의 하단에 있는 "실시간 미리보기" 링크를 클릭하면 활성화된 테마처럼 미리보기 하면서 테마를 수정할 수 있습니다. 이 링크를 클릭해서 수정해봅니다.

그림 3-69 테마 관리

화면 좌측에서 제목 오른쪽에 있는 세모 아이콘을 클릭하면 설정 화면이 나타납니다. 테마 이름이 나온 곳은 테마를 소개하는 내용입니다. "사이트 제목과 태그라인"에서는 주 메뉴의 일반 설정에 나오는 사이트 제목과 태그라인을 수정할 수 있습니다. 색상과 레이아웃에서는 주 메뉴의 테마옵션 항목에서 설정하는 것과 같은 내용이 나옵니다. "헤더 이미지"와 "배경 이미지"는 주 메뉴의 헤더와 배경에서 설정하는 내용의 일부가 있습니다. "내비게이션"은 블로그 화면에 메뉴가 여러 개 있는 경우 선택할 수 있습니다. "정적인 전면 페이지"는 주 메뉴의 읽기 설정에서 전면 페이지 설정에 관한 내용입니다.

이처럼 테마 관리에서 사용자 정의하기 화면은 테마 설정 부분을 한곳에 모아서 간단한 설정을 할 수 있게 만든 화면이며, 테마에 따라 설정할 수 있는 항목이 다릅니다.

그림 3-70 사용자 정의

02 테마 옵션

테마 옵션에서 색상표는 블로그 화면을 두 가지 색상으로 변화시킬 수 있는 항목입니다. 기본으로 돼 있는 밝음은 배경이 밝고 글자가 어두운 색입니다. 어둠을 선택하면 배경은 어두운 색에 글자가 밝은 색으로 나타납니다. 링크 색상은 링크가 있는 표시로 글자 색을 파란색으로 만듭니다. 웹브라우저는 전통적으로 링크 색상을 파란색으로 설정해 놓고 밑줄까지 만듭니다. 이곳에서 링크된 글자의 색을 변경할 수 있습니다. 밑줄은 웹페이지를 지저분하게 만드는 요인이므로 대부분의 경우 사용하지 않도록 디자인할 때 기본적으로 없애는 추세입니다.

기본 레이아웃으로는 세 가지가 있으며 사이드바를 좌측이나 우측에 배치할 수 있고 아예 없앨 수도 있습니다. 선택의 기준은 콘텐츠가 항상 앞서는 콘텐츠 좌측 배열이 가장 무난하며, 사이드바에 중요한 내용이 있다거나 글자를 오른쪽에서 왼쪽으로 사용하는 아랍권에서는 콘텐츠 우측 배열을 사용합니다. 사이드바 없음을 선택하면 콘텐츠 폭이 줄어들고 사이드바가 사라집니다. 첨부 파일에서 기본 테마의 자식 테마 중 하나인 "Twenty Eleven Layouts"를 설치하면 더 다양한 레이아웃으로 변경할 수 있습니다.

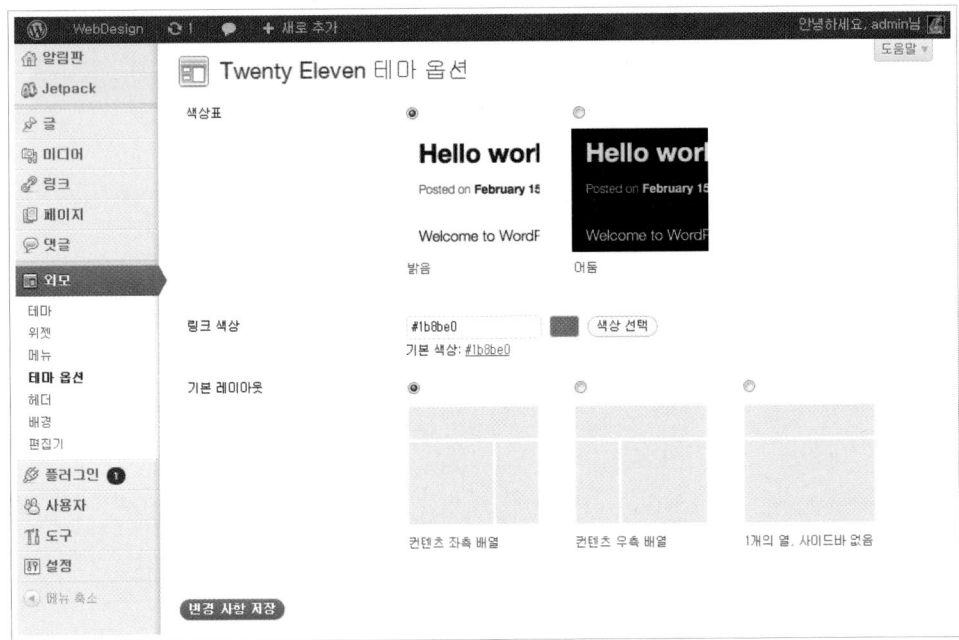

그림 3-71 테마 옵션

03 사용자 정의 헤더

기본 테마의 헤더는 상단에 사이트 이름과 태그라인 그리고 검색창이 있습니다. 그 아래에 헤더 이미지와 메뉴바가 있는 구조인데, 기본 테마에서 제공하는 사용자 정의 헤더를 이용하면 여러 가지 옵션을 적용할 수 있습니다. 헤더 이미지는 기본적으로 여러 개의 이미지가 설치돼 있고 페이지가 바뀔 때마다 다른 이미지가 나타나게 하는 구조입니다. 또한 특성 이미지 부분에서 알아봤듯이 특성 이미지 기능을 사용하면 적용한 페이지의 헤더 이미지도 함께 적용되어 블로그 글에서 대표 이미지로 사용할 이미지가 동시에 헤더 이미지로도 사용됩니다. 이것이 가능한 이유는 하나의 이미지를 업로드하면 정해진 사이즈로 자동으로 저장하기 때문입니다.

헤더 이미지를 변경하려면 헤더 메뉴에서 이미지 선택하기 항목의 파일 선택을 클릭하면 내 컴퓨터의 브라우저 창이 열립니다. 원하는 이미지를 선택하고 업로드 버튼을 클릭하면 자르기 화면으로 넘어갑니다. 아래에 있는 미디어 라이브러리에서 이미지 선택하기 버튼을 클릭하면 이미 업로드된 이미지를 사용할 수 있습니다. 여기서 선택하면 이미 잘라진 이미지가 사용되므로 자르는 과정이 생략됩니다.

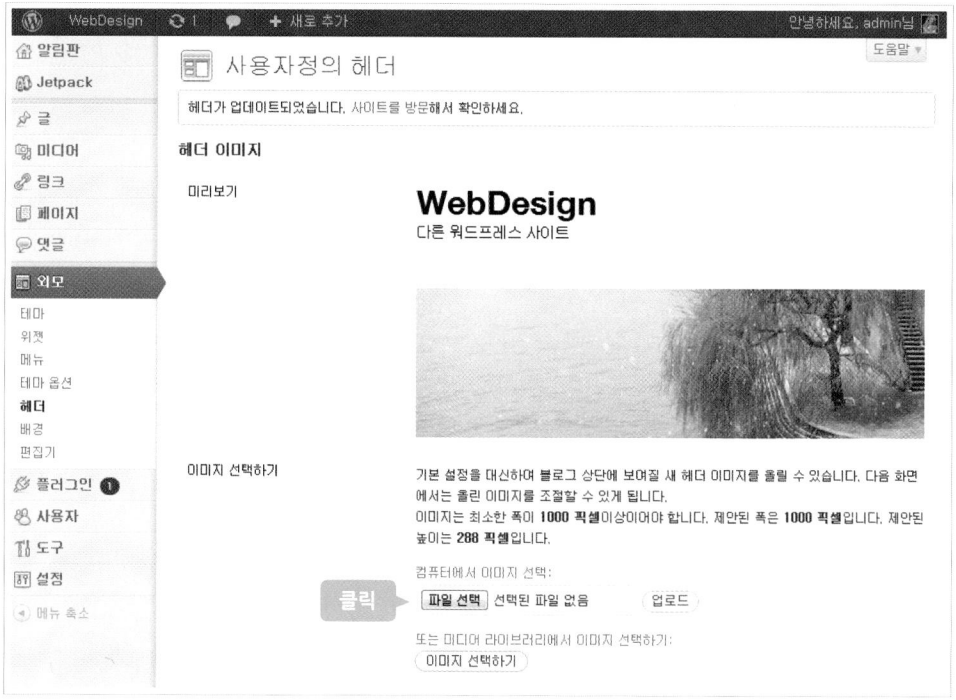

그림 3-72 **사용자 정의 헤더**

기본 사이즈가 1000X288픽셀이므로 자르기 툴이 이 크기로 나타납니다. 자르기 툴의 내부를 클릭한 후 드래그해서 원하는 곳에 배치하고 조절점을 클릭한 후 드래그하면 자르는 위치를 조절할 수 있습니다. 높이가 기본인 288픽셀이지만 조절점을 위로 늘려서 높여도 됩니다. 조절이 완료되면 하단에서 "자르고 공개하기" 버튼을 클릭합니다.

그림 3-73 헤더 이미지 자르기

사용자 정의 헤더 이미지를 업로드하면 하나의 이미지가 있을 때는 랜덤이라는 옵션이 없지만 둘 이상의 이미지가 업로드되면 기본 이미지처럼 랜덤으로 나타나게 하거나 고정된 하나의 이미지로 나타나게 할 수 있습니다. 하나의 이미지만 나타나게 하려면 이미지 좌측의 라디오 버튼을 클릭하면 됩니다. 랜덤은 페이지가 바뀔 때마다 임의의 이미지가 나오게 하는 기능입니다.

그림 3-74 랜덤 이미지

헤더 이미지 삭제 버튼을 클릭하고 저장하면 설정 화면에서 헤더 이미지가 제거되고 블로그 화면에서도 헤더 이미지만 나타나지 않습니다. 헤더 이미지를 없애면 블로그를 헤더 부분의 높이를 줄여서 사용할 수 있습니다.

헤더 텍스트 항목의 "이미지와 함께 헤더 텍스트 보이기"를 체크 해제하면 사이트 이름과 태그라인이 제거되면서 검색창이 메뉴바로 배치되고 블로그의 상단은 헤더 이미지가 상단으로 나타나게 됩니다.

글자 색상 항목의 색상 선택을 클릭하면 색상환이 나타나서 헤더 텍스트의 색상을 변경할 수 있고 원본 헤더 글자 복원 버튼을 클릭하면 변경한 색상을 초기화할 수 있습니다.

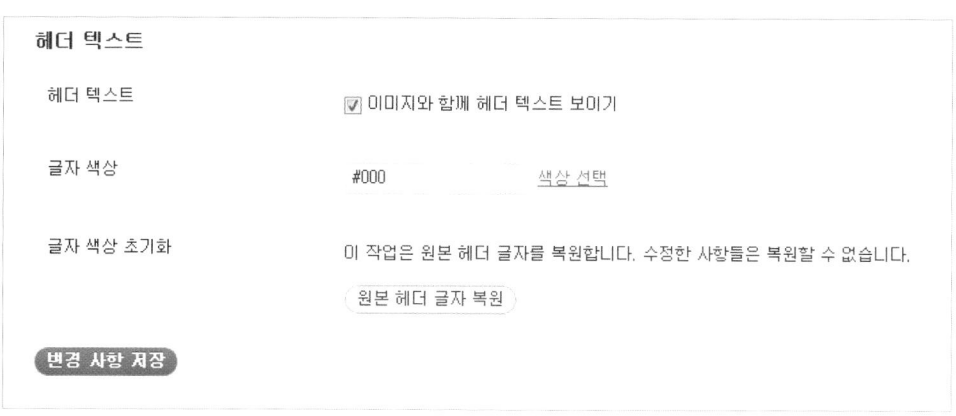

그림 3-75 헤더 텍스트 변경

04 사용자 정의 배경

배경 메뉴를 선택하면 배경을 사용자 정의할 수 있습니다. 처음 화면은 표시 옵션이 나타나지 않지만 배경으로 사용할 이미지를 업로드하고 나면 나타납니다. 대부분의 경우에 배경 이미지는 큰 사진 파일을 사용하지 않습니다. 작은 이미지를 사용해 상하좌우로 반복하게 하며 큰 사진 파일을 사용하면 페이지가 로딩될 때 시간이 걸리기 때문입니다. 어떤 사이트는 3MB나 되는 사진 파일을 사용한 곳을 볼 수 있었는데, 방문자로 하여금 다시는 오지 말라는 잘못된 디자인입니다. 상하좌우로 반복해도 서로 이어지는 이미지를 패턴이라고 하며, 포토샵으로 직접 만들거나 패턴 사이트에서 만들어 사용할 수 있습니다. 아래의 패턴은 무료 패턴 사이트에서 만든 것으로 자세한 내용은 제 블로그 글(http://martian36.tistory.com/828)을 참고하시면 됩니다. 아래의 미리보기 화면은 패턴이 이어지지 않은 것으로 나오지만 실제 블로그 화면을 보면 정상적으로 나타납니다.

파일을 업로드한 후에 표시 옵션의 각 라디오 버튼을 클릭해보면 어떤 의미인지 알 수 있습니다. 반복 항목에서 반복 안 함에 클릭하고 위치 항목에서 왼쪽을 선택하면 이미지가 왼쪽에 치우쳐서 배치됩니다. 위치 항목은 배경 이미지의 위치를 지정합니다. 반복 항목은 반복에 체크하면 상하좌우로 반복되고 수평 반복은 좌우 방향으로만 반복되며, 수직 반복은 상하 방향으로 반복됩니다. 패턴을 사용하면 항상 "반복"에 체크해야 합니다. 만일의 경우 큰 사진 파일을 사용하고 싶다면 위치는 "중앙"에, 반복은 "반복"에 체크하고 사용하면 됩니다. 큰 이미지를 사용할 경우에도 포토샵에서 웹페이지용으로 파일을 최적화하면 같은 크기의 파일이라도 최소 용량으로 줄일 수 있습니다.

첨부는 화면을 스크롤할 때 배경 이미지가 고정되느냐 함께 스크롤되느냐의 차이입니다. 배경 이미지를 사용하지 않을 경우에는 기본 색상인 흰색이 사용되므로 원하는 경우 배경 색상의 색상 선택을 클릭해서 다른 색으로 설정할 수 있습니다.

그림 3-76 사용자 정의 배경 이미지

CSS 팁

워드프레스에서 배경 이미지의 표시 옵션은 스타일시트에서 background 속성을 사용합니다. 블로그 화면에서 배경에 마우스 오른쪽 버튼을 클릭하고 요소 검사를 하면 다음과 같이 스타일시트에 선언돼 있습니다.

```css
body.custom-background {
    background-color: #F1F1F1;
    background-image: url('http://localhost/wordpress4/wp-content/uploads/2012/06/32
304EFFFFE0_180.png');
    background-repeat: repeat;
    background-position: top left;
    background-attachment: scroll;
}
```

body.custom–background에서 .custom–background는 사용자 정의 배경 설정에 대한 클래스 선택자입니다. HTML 코드의 body 태그에 class="custom–background"가 추가됩니다.

- background–color는 배경 색상을 설정하는 속성입니다. 값으로 16진수 색상 코드가 사용됐습니다.
- background–image는 배경 이미지를 설정하는 속성입니다. 이미지가 있는 위치를 표시하기 위해 url(주소/파일이름.확장자)라는 값을 사용합니다.
- background–repeat는 배경 이미지를 사용할 경우 반복 여부에 대한 속성을 설정합니다. no–repeat를 사용하면 반복 안 함이고 repeat-x는 좌우 반복, repeat-y는 상하 반복입니다.
- background–position는 배경 이미지의 위치입니다. 여기서는 XY 좌표로 두 가지 값을 사용합니다. X 좌표로는 left, center, right이고 Y 좌표로는 top, center, bottom을 사용하며, 값으로 center, center를 사용했다면 이미지가 가로 세로 정중앙에 배치됩니다. 세밀한 위치를 정하려면 단위로 픽셀이나 퍼센트(%)를 사용할 수 있습니다. 50%, 50%를 사용했다면 center, center에 상응하며, 30%, 70%를 사용하면 화면 비율로 좌측에서 30%에 해당하는 위치, 위에서 70%에 해당하는 위치에 배치됩니다.
- background–attachment는 화면을 스크롤할 때의 고정 여부인데 fixed를 사용하면 콘텐츠는 스크롤되더라도 배경은 고정돼 있습니다.

위 모든 사항을 한 줄의 단축형 표현으로 만들어 사용하는 것이 편리합니다. 위 내용을 그대로 한 줄로 표현하면 다음과 같습니다.

```css
body.custom-background {
    background: #F1F1F1 url('주소/파일이름.png') repeat top left scroll;
}
```

복잡해 보이던 것이 한 줄로 간단하게 정리됐습니다. 속성은 background를 사용하고 콜론 다음에 각종 값을 나열하면 됩니다. 마지막으로 끝에 세미콜론을 지정해서 값이 끝났음을 표시합니다.

이번 장에서 글 쓰기에 관련된 모든 사항에 대해 알아봤습니다. 워드프레스를 사용할 때 필요한 기본적인 내용이며, 테마를 수정하지 않고 사용할 경우 필요한 사항입니다. 1장의 테마 선택 부분에서 언급했듯이 블로그에서는 글도 중요하지만 글의 주제에 맞는 테마 디자인을 선택해서 방문자로 하여금 계속 머물 수 있는 공간을 마련해주는 것은 방문자를 위한 배려입니다. 성공한 블로그에서 가장 우선시되는 것이 글의 내용입니다. 하지만 글의 내용에 걸맞게 테마 디자인이 잘 돼 있다면 금상첨화입니다. 다음 장부터는 기본 테마를 이용해 자식 테마(Child Theme)을 만들고 템플릿 태그와 스타일시트를 추가해서 원하는 디자인을 만드는 과정을 진행하겠습니다.

다음 장을 준비하기 위해 중간 중간에 스타일시트를 수정해서 블로그 모양을 변경하기도 하고 팁을 삽입하기도 했습니다. 데이터베이스에서 원하는 데이터를 추출해서 표시하기 위해 템플릿 태그를 사용해 보기도 했습니다. 이미 앞에서 언급했듯이 워드프레스에서 테마를 만들기 위해 처음부터 끝까지 코드를 입력할 필요는 없고, 이미 있는 코드를 붙여넣기만 하면 되는 것입니다. 스타일시트도 테마를 수정하는 데 필요한 것은 그리 많지 않습니다. 웹페이지에서 어떤 요소를 배치하기 위해 가장 많이 사용하는 것이 margin과 padding입니다. 요소 간의 간격을 조절하는 것만으로도 좋은 디자인이 나올 수 있습니다.

다음 장에서는 CSS의 기초부터 시작해 테마의 기본 구조와 템플릿 태그의 종류, 사용법 등 워드프레스를 사용하면서 디자인을 변경하거나 원하는 데이터를 원하는 위치에 배치하는 데 필요한 방법을 설명하겠습니다. 이 책에서 심도 있는 내용을 모두 다루기는 어렵지만 직접 해보면서 연구하고 여러 번 반복하다 보면 워드프레스가 쉬운 도구임을 새삼 느낄 수 있을 것입니다.

4장
테마 만들기

워드프레스 테마는 전문적인 웹디자이너만 만들 수 있는 것이 아닙니다. 이제 갓 HTML 을 배우기 시작한 웹 초보자들도 얼마든지 만들 수 있습니다. 복잡하게 만들 자면 시간이 걸리겠지만 구조가 간단한 테마는 HTML 코드만 입력할 줄 알아도 시작할 수 있습니다. CSS도 그리 많이 필요하지 않습니다. 이번 장에서는 HTML과 기초적인 CSS를 이용해 단순한 구조의 테마를 만들어봅니다. 간단한 테마를 처음부터 끝까지 직접 코딩해서 만들면 HTML과 CSS에 대해 이해할 수 있을뿐더러 PHP 로 만들어진 워드프레스의 템플릿 파일과 템플릿 태그에 대해서도 이해할 수 있기 때문에 나중에 이미 만들어 진 테마를 수정해서 사용하는 데 도움이 됩니다.

워드프레스 테마는 간단하게 만들자면 아래처럼 index.php 파일에 템플릿 태그 몇 개와 style.css 파일에 테마 이름만 선언해주면 됩니다. 이것은 워드프레스에서 자랑하는 세상에서 가장 간단한 테마입니다.

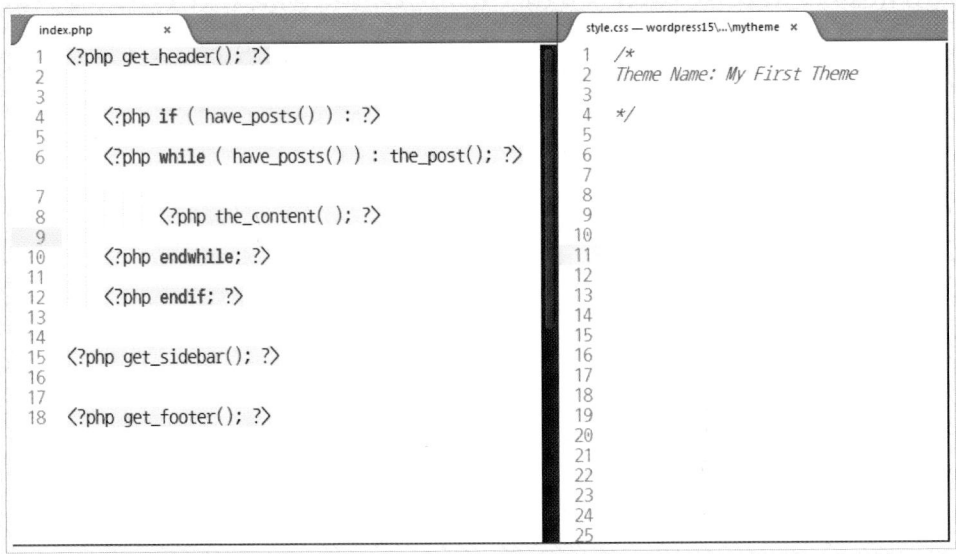

그림 4-1 세상에서 가장 간단한 워드프레스 테마

위와 같이 하더라도 데이터베이스에서 콘텐츠를 가져와 웹브라우저 화면에 표시합니다. 메뉴도 나오고 글목록, 블로그롤, 페이지 링크 등 필요한 것은 다 나타납니다. 그만큼 워드프레스 테마는 단순하다는 의미인데 보기 좋게 만들기 위해 많은 파일들이 필요한 것입니다.

테마를 만드는 첫 번째 단계는 우선 HTML로 뼈대를 만들고 CSS로 요소를 배치하는 것입니다. 그런 다음 HTML의 콘텐츠 부분에 워드프레스 템플릿 태그를 삽입하면 기본적인 테마가 완성됩니다. 이 장에서는 우선 간단한 테마를 만들어보고 다음 장에서는 워드프레스의 기본 테마인 Twenty Eleven을 기초로 자식 테마를 만들어 전혀 새로운 테마를 만들겠습니다. 또한 트위터 부트스트랩을 이용해 더욱 쉽고 빠르게 레이아웃을 만들고 버튼과 아이콘을 삽입해 멋진 테마를 만들 것입니다. 다음 장의 내용을 이해하려면 이번 장의 내용을 이해하는 것이 중요합니다. CSS의 기초가 있어야 하고 템플릿 구조를 알아야 이해할 수 있기 때문입니다. CSS에 자신이 있는 분은 템플릿 태그를 이용해 템플릿 파일 만드는 과정만 봐도 됩니다.

이번 장은 두 가지 내용으로 구성돼 있는데 바로 기초적인 CSS와 템플릿 파일 만들기입니다. CSS는 다음 장에도 계속 나오지만 기초적인 레이아웃을 위한 지식을 기반으로 웹페이지를 만들고 이 웹페이지에 워드프레스 템플릿 태그를 삽입해서 테마를 만듭니다. 템플릿 파일 만들기는 워드프레스의 테마를 이해하는 데 필요한 과정이며, 다음 장에서는 기본 테마를 기준으로 테마를 수정하는 작업이 나옵니다. 이번 장에서 만든 테마를 사용할 수도 있지만 실제 웹사이트에서 사용할 수 있는 여러 가지 기능이 포함된 테마를 사용하는 것이 좋습니다. 구성 내용을 보면 다음과 같습니다.

웹 프로그래밍 언어

웹페이지를 만드는 데 필요한 프로그래밍 언어에 대해 알아봅니다. 워드프레스는 PHP 언어로 만들어졌지만 테마를 만들기 위해 PHP를 직접 사용하는 것은 아니고 PHP로 만들어진 템플릿 태그를 HTML과 CSS로 만들어진 웹페이지에 삽입하면 됩니다. 그러므로 주로 알아야 할 HTML과 CSS에 대해 살펴봅니다.

HTML

웹페이지의 뼈대를 구성하는 각종 HTML 태그에 대해 알아보고 특히 HTML5의 새로운 태그인 의미 요소의 역할에 대해 알아봅니다.

HTML5와 CSS를 이용한 레이아웃

CSS는 웹페이지의 레이아웃을 만드는 데 필요한 언어로서 HTML과 CSS를 이용해 테마의 기본 레이아웃을 만듭니다.

워드프레스 테마 구조

워드프레스가 여러 개의 테마 파일 중 어떤 파일을 선택해서 웹페이지를 표시하는지는 템플릿 계층구조에 의해 결정됩니다. 이 템플릿 계층구조를 이용하면 원하는 디자인의 템플릿 파일을 만들어 블로그에 나타낼 수 있습니다. 또한 워드프레스 설치 폴더의 내용과 테마를 만드는 데 필요한 최소 구성요소인 템플릿 태그와 템플릿 태그로 구성된 템플릿 파일에 대해 알아봅니다.

템플릿 파일 만들기

HTML5와 CSS로 만들어진 테마의 기본 레이아웃을 분리해 템플릿 파일로 만들고 각종 템플릿 태그를 배치해 데이터베이스에서 데이터를 불러오는 작업을 합니다. 이때 하나의 index.php 파일에서 여러 개의 템플릿 파일이 파생되는 과정이 진행됩니다.

Font Awesome 폰트 아이콘 삽입하기

다음 장에서 다룰 트위터 부트스트랩을 이용해 레이아웃 및 각종 아이콘과 버튼을 삽입하기 위한 전 단계로서 폰트아이콘을 사용하는 방법을 알아봅니다. 아이콘은 보통 투명 이미지(PNG 파일)를 사용하지만 폰트로 만들어진 아이콘을 사용하면 아이콘의 색상은 물론 크기까지 자유롭게 바꿀 수 있습니다.

웹 프로그래밍 언어 01

웹페이지는 여러 가지 프로그래밍 언어를 사용합니다. 이 가운데 워드프레스는 HTML, CSS, PHP, 자바
스크립트를 사용합니다. 여기에 데이터베이스 언어인 MySQL을 추가할 수도 있지만 테마 만들기에서
직접 다루는 것은 아니므로 제외합니다.

01 PHP와 자바스크립트

PHP와 자바스크립트는 스크립트 언어입니다. 스크립트 언어란 사람이 쓰는 언어를 기계(컴
퓨터)가 인식할 수 있게 컴파일하는 과정을 거치지 않아도 되는 프로그래밍 언어를 말합니
다. 이에 반해 사람이 만든 프로그램을 컴퓨터가 인식하도록 컴파일 과정을 거치는 언어를
컴파일 언어라고 하며, C, C#, C++, 자바가 있습니다. 그러므로 자바와 자바스크립트는 전
혀 다른 언어입니다. PHP는 서버측에서 사용되는 언어이고 자바스크립트는 클라이언트(사
용자) 측에서 사용되는 언어입니다. PHP는 웹 서버에 기본으로 설치돼 있고 내 컴퓨터에서
WAMP 서버를 설치할 때도 PHP가 함께 설치됩니다. 그러면 자바스크립트는 어디에 설치돼
있는 것일까요? 주로 웹브라우저에서 사용되기 때문에 웹브라우저에 기본으로 내장돼 있습
니다. 하지만 자바스크립트로 만든 개별 플러그인은 웹 서버에 저장돼 있고 웹페이지에 자바
스크립트가 사용될 경우 서버에서 사용자의 컴퓨터로 전송됩니다. 자바스크립트는 웹페이지
뿐 아니라 다른 프로그램에도 사용됩니다. 포토샵에서 확장 프로그램을 만들 때도 자바스크
립트를 사용하며, PDF에도 사용됩니다.

이 같은 스크립트 언어는 대부분 C 언어를 기초로 하고 있어서 구문 구조가 비슷합니다. 예를 들어 C 언어의 반복 작업 명령어의 하나인 while 구문은 PHP와 자바스크립트에서도 사용됩니다.

PHP

PHP는 워드프레스에서 사용하는 기본 언어로 동적(Dynamic) 웹페이지를 만드는 데 사용됩니다. 동적인 웹페이지란 정적(Static) 웹페이지에 반대되는 개념으로, 여러 개의 콘텐츠를 데이터베이스에 저장해 두고 원하는 데이터만을 꺼내서 보여주는 웹페이지를 말합니다. 그러므로 웹페이지 레이아웃이 하나만 있어도 수많은 페이지를 만들 수 있습니다. 이에 반해 정적인 웹페이지는 데이터베이스를 사용하지 않고 콘텐츠가 있는 여러 개의 웹페이지를 만들어 놓고 서로 연결하기 위해 하이퍼링크를 사용합니다. 콘텐츠를 추가하려면 새로운 웹페이지를 만들어야 하고 수정하기도 어렵습니다. 인터넷 초기의 웹페이지가 이런 형태였고 기초적인 HTML을 배울 때 많이 사용하며 콘텐츠를 자주 업데이트할 필요가 없는 회사 소개용 웹사이트를 만들 때도 사용합니다. PHP는 웹페이지의 각 데이터에 특정한 이름을 붙여 데이터베이스에 저장하고 필요할 때마다 불러내는 역할을 합니다. 데이터를 수정해야 할 경우 웹페이지를 수정하는 것이 아니라 데이터베이스에 있는 콘텐츠만 수정하면 되므로 페이지를 쉽고 편리하게 관리할 수 있습니다.

워드프레스 코어 파일은 PHP로 돼 있지만 테마를 만들기 쉽게끔 워드프레스에서 사용되는 각종 데이터에 대해 특정한 이름을 만들어 놓고 필요할 때 이 이름을 지정하면 웹페이지에 나타낼 수 있습니다. 예를 들어 블로그 이름을 불러내려면 `<?php bloginfo('name'); ?>`을 사용하면 됩니다. 블로그의 본문 글을 불러내려면 `<?php content(); ?>`를 사용합니다. 이처럼 특정한 코드만 알면 테마를 만들 수 있습니다. 이러한 특정한 코드를 템플릿 태그(Template Tag)라고 합니다.

자바스크립트

PHP와 같은 종류의 스크립트 언어인 자바스크립트는 PHP와 거의 비슷한 구조여서 둘 중 어느 하나만 알면 다른 언어를 배우기가 쉽습니다. 자바스크립트는 서버에서 동작하는 것이 아니라 인터넷 사용자의 컴퓨터에서 동작합니다. PHP와 마찬가지로 데이터를 다룰 수 있을 뿐더러 HTML의 요소에 대해 동작을 지정할 수 있습니다. 가장 많이 사용되는 부분이 요소의 애니메이션입니다. 예를 들어, 이미지를 이동시킨다거나(슬라이딩 배너) 클릭한 후 드래그래서 위치를 변경한다거나 하는 효과를 들 수 있습니다. 워드프레스의 관리자 화면에서 주 메뉴에 마우스를 올리면 세부 메뉴가 나타나는 것도 자바스크립트에 의한 것입니다. 메타박스를 클릭한 후 드래그해서 이동할 수 있는 것도 자바스크립트로 만들어진 기능입니다.

PHP와 자바스크립트는 테마 만들기에 필요한 언어는 아닙니다. 이것들은 코어 파일에 사용되는 것이고 테마 만들기에서 필요한 것은 다음에 나오는 HTML과 CSS, 그리고 템플릿 태그입니다. 테마를 멋지게 만들려면 자바스크립트도 필요하지만 제이쿼리 플러그인을 사용하면 간편하게 애니메이션 배너를 만들 수 있습니다. 구글에서 검색해 보면 제이쿼리 플러그인이 많이 나오는데, 이 가운데 원하는 것을 찾아서 내려받아 사용하면 됩니다.

02 HTML과 CSS

이 두 가지 언어는 프로그래밍 언어라고 할 수 없을 정도로 구조가 간단합니다. HTML은 웹페이지의 구조를 만들고 CSS는 웹페이지의 요소를 배치하고 장식하는 역할을 합니다. 건물로 치자면 HTML은 철근과 콘크리트가 되고 CSS는 페인트와 벽지 등 실내 장식에 해당합니다.

HTML

HTML은 다음과 같이 간단한 구조로 돼 있습니다. 태그, 속성, 값입니다.

```
<img src=http://example.com/images/sample.jpg alt="내 사진" title="샘플이미지">
```

img는 태그이고 src, alt, title은 속성, URL, 내 사진, 샘플이미지는 각 속성에 대한 값입니다. 모든 HTML 태그는 각각 다른 속성과 값을 사용합니다. 태그는 아주 많지만 모두 알아야 하는 것은 아니고 많이 사용하는 것만 알아도 웹페이지를 만드는 데 충분하며, 필요할 때마다 익히면 됩니다. HTML 태그는 요소(Element)라고도 하는데 웹페이지에서 콘텐츠를 담기 위한 단순한 상자(container)입니다. 위에서 예를 든 img 태그는 이미지를 담기 위한 요소입니다.

HTML5 이전에는 이러한 태그가 특정한 역할을 하지 않았지만 이후에는 태그에 의미를 부여해서 웹페이지에서 중요한 역할을 하게 했습니다. 의미 요소로 진화한 것입니다. 즉, 웹페이지를 만들때 가장 많이 쓰는 〈div〉 태그를 지양하고 〈nav〉이나 〈article〉 등 의미가 있는 요소가 추가된 것입니다. 이전의 태그는 일반 상자(container)에 불과했지만 이제는 특정한 의미를 지닌 본문 상자(article), 메뉴 상자(nav)가 된 것입니다. 그래서 이러한 HTML5의 요소를 의미 요소(Semantic Element)라고 합니다.

의미 요소는 어떤 역할을 할까요? HTML5가 아직 웹표준으로 승인된 것은 아니지만 모바일 기기의 영향으로 웹표준으로 되기 위해 웹브라우저들이 지속적인 업그레이드를 하고 있습니다. 최소한 두 개의 웹브라우저에서 HTML5 요건을 충족하면 표준으로 되기 때문이죠. HTML5는 다양한 콘텐츠가 담긴 웹페이지를 만드는 데 사용되는 강력한 도구이므로 개발 속도에 박차를 가하고 있는 것입니다. 이전의 검색엔진은 웹페이지에 가장 먼저 나오는 것을 중요시해서 웹디자이너들은 웹페이지의 글 제목, 글 내용이 먼저 나오게 배치했지만 HTML5가 표준이 된다면 콘텐츠의 순서가 중요한 것이 아니라 어떤 태그를 사용해야 할지가 중요해질 것입니다. 즉 〈header〉와 〈article〉 같은 의미 요소가 중요시되는 것입니다.

CSS(Cascading Style Sheet)

CSS는 웹페이지의 요소를 배치하거나 아름답게 장식하기 위한 레이아웃 언어입니다. 이름에서 캐스케이딩이란 다단계 폭포를 의미하고 스타일시트는 스타일이 있는 종이를 말합니다. CSS에서 다단계는 여러 개의 명령이 있으면 가장 마지막에 선언한 명령이 우선적으로 적용된다는 의미입니다. 스타일은 많은 소프트웨어 프로그램에서 글자나 레이아웃의 형태를 바꾸는 데 사용합니다. 워드프로세서에도 스타일이 있어서 글자의 형태를 바꾸거나 레이아웃을 설정할 때 사용됩니다. 포토샵에도 스타일이 있고 인디자인에도 스타일이 사용됩니다. 마찬가지로 CSS는 웹디자인을 위한 스타일입니다.

CSS가 처음 나타난 것은 HTML과 거의 같은 시기였지만 십여 년간을 푸대접 받았습니다. 왜냐하면 전 세계적으로 인터넷 익스플로러(Internet Explorer, 이하 IE)가 웹브라우저 시장을 장악했기 때문입니다. 지금도 그렇지만 IE는 웹표준을 무시하고 개발됐습니다. 웹브라우저 시장에서 승리한 IE는 경쟁자가 없었기 때문에 웹표준을 지킬 필요가 없었습니다. 2004년에 파이어폭스가 나오면서 IE보다 나은 웹브라우저로 인정받아 인기를 끌기 시작했고, 구글 크롬이 나오면서 웹브라우저 시장은 변화하기 시작했습니다. 이들은 웹표준을 착실히 지켰기 때문에 CSS를 적용하면 제대로 표현됐고 웹 개발자들이 이들 웹브라우저를 우선적으로 사용하면서 일반인까지 사용이 확대됐습니다.

전 세계적으로 90% 이상을 차지했던 IE의 점유율은 계속 떨어져 현재는 30%대를 기록하고 있지만 우리나라에서는 상황이 아주 다릅니다. 전자상거래 표준에 마이크로소프트의 ActiveX를 사용했기 때문에 모든 웹개발자들이 IE를 모델로 웹개발을 해왔습니다. 현재도 전자상거래는 IE가 아닌 다른 브라우저로는 할 수 없는 곳이 대부분입니다. 마이크로소프트는 ActiveX를 지원 중단했는데도 우리나라는 계속 사용하고 있습니다. 그래서 IE의 점유율이 아직 70%대에 있습니다.

우리나라에서 IE의 점유율이 떨어지지 않는 또 다른 이유는 컴퓨터의 보급율이 높기 때문입니다. 모든 가정에 최소한 컴퓨터 한 대는 있는데 높은 사양을 요구하는 게임이나 그래픽 프로그램을 사용하지 않는 이상 인터넷 접속만 가능하면 바꾸지 않겠죠. 구형 컴퓨터는 대부분 윈도우 XP가 설치돼 있을 것이고, 윈도우 XP에서는 IE 9버전을 사용하지 못합니다. IE는 최신 버전에 와서야 웹표준을 지키고 있습니다. 다른 웹브라우저는 최신 버전이라도 XP에 설치할 수 있는데, IE9 버전을 XP에 사용하지 못하게 한 것은 세계 최대의 소프트웨어 회사로서는 꼼수 정책이라고밖에는 생각이 들지 않습니다. 즉, 더 좋은 웹브라우저를 사용하려면 돈을 내고 최신 운영체제로 업그레이드하라는 것입니다. 더 나은 운영체제를 사용하자면 하드웨어도 바꿔야 합니다. 이번에 새로 나올 IE 10도 윈도우 8에서만 작동한다고 합니다.

테마를 만들 때 웹브라우저가 중요한 이유는 블로그 방문자가 어떤 웹브라우저를 사용하는가에 따라 해당 웹브라우저에 맞게 디자인해야 할 수도 있기 때문입니다. 우리나라의 IE 점유율이 아직까지 높은 상태이고 마이크로소프트에서도 퇴치 운동을 하고 있는 IE6 버전 사용자가 아직 3.7% 수준에 머무르고 있습니다. 이전 버전의 IE에서는 CSS3의 둥근 모서리 (border-radius), 그림자 효과(box-shadow), 그래디언트 등 포토샵을 사용하지 않고도 웹페이지를 멋지게 만들 수 있는 기능을 사용해도 제대로 표시되지 않습니다. 외국에서는 옛날부터 이러한 IE의 비표준적 행태에 대해 자바스크립트나 별도의 CSS로 IE 핵(Hack: 우아하지는 않지만 문제를 효과적으로 해결하기 위한 코드)을 만들어 사용해 왔는데, 이제는 IE를 완전히 무시하고 디자인하고 있습니다. 외국의 IE 점유율은 대체로 낮은 편이고 이전 버전의 IE에 맞춰서 디자인하기란 여간 번거로운 일이 아니기 때문입니다.

이 책에서는 IE를 무시하고 테마 디자인을 할 것입니다. 둥근 모서리나 그림자 효과, 그래디언트 효과를 이전 버전의 IE에서도 나타나게 하려면 포토샵을 사용해야 하는데, 그러자면 책의 내용도 늘어납니다. 그래서 여기서는 웹브라우저로 구글 크롬을 사용하며, 사용하기 쉬운 IE 핵은 기본적으로 추가하겠습니다.

CSS3

CSS3는 CSS2.1의 확장 버전으로 CSS2.1이 HTML 요소의 배치를 위한 효과를 강조한 도구였지만 CSS3는 이 효과를 더욱 멋지게 표현하기 위한 도구라고 할 수 있습니다. CSS3부터는 CSS 항목(Specification)을 개별적으로 개발하는 방식이 아니라 모듈 형태로 그룹지어 개발하는 방식을 취합니다. 그리고 하나의 모듈에는 많은 항목이 있고 하나의 모듈은 독립체로 개발됩니다. 이러한 모듈에는 선택자(Selectors), 텍스트(Text), 배경(Background) 등 여러 가지가 있습니다. 모듈 형태의 이점은 모든 CSS 항목이 완료되기를 기다리지 않아도 단계별로 웹표준을 발표할 수 있다는 것입니다. 즉, 하나의 모듈만 완료되더라도 다음에 나오는 개발 단계를 단독으로 진행할 수 있기 때문에 웹브라우저에 적용하거나 사용할 수 있는 시점을 앞당길 수 있다는 것입니다. 주요 내용을 알아보면 다음과 같습니다.

이미지를 사용하지 않는 시각적 효과

이전 단계의 CSS에서는 이미지 파일을 사용해야 가능했던 시각적 효과를 코드만으로도 표현할 수 있습니다. 이러한 효과로 둥근 모서리(rounded corners), 그림자 효과(drop shadows), 반투명 배경(semitransparent backgrounds), 그래디언트(gradients), 이미지 테두리(images for borders)가 있습니다. 새로 추가된 속성은 주로 배경(Background)이나 테두리(Border), 컬러, Image Values 모듈에 있습니다.

박스 변형(Box transformations)

이 또한 시각적 효과를 위한 모듈로 박스의 위치를 조정한다거나 2D, 3D 공간 효과를 위한 모듈입니다. 예를 들면, 회전(Rotating), 확대 축소(Scaling), 기울이기(Skewing)가 여기에 해당합니다.

폰트 모듈

이제 폰트의 사용은 방문자의 컴퓨터에 내장된 폰트에 의존하지 않아도 됩니다. @font-face는 폰트 파일을 서버에 업로드해서 웹디자이너가 원하는 폰트로 모든 방문자에게 동일한 폰트를 보여줄 수 있습니다.

강력한 선택자

CSS3에서는 십수 개의 새로운 선택자를 도입했습니다. 대부분 pseudo-class와 attridute 선택자들입니다. HTML 요소의 특정한 부분을 타게팅하므로 웹디자인을 할 때 다양한 선택자는 자유로운 디자인을 가능하게 합니다.

트랜지션과 애니메이션(Transitions and animations)

CSS3의 트랜지션은 하나의 스타일에서 다른 스타일로 부드럽고 점진적인 변화를 가능하게 합니다. 예를 들면, 마우스 오버 시 버튼 색상에 점진적인 변화를 줄 수 있습니다. 이는 단순한 애니메이션 효과이지만 트랜지션 모듈에 포함되고 애니메이션 모듈은 별도의 모듈로서, 좀더 복잡한 스타일의 변화나 동작을 가능하게 합니다. 이제 플래시나 자바스크립트가 필요하지 않습니다.

미디어 쿼리(Media Queries)

미디어 쿼리 모듈은 여러 개의 스타일시트를 여러 종류의 화면 크기에 따라 변화할 수 있게 만들어 줍니다. 모바일 웹 시대에 적합한 모듈입니다.

다중 컬럼 레이아웃(Multiple-column layouts)

CSS3는 다중 컬럼 레이아웃이 쉽도록 새로운 모듈을 개발했습니다. 다중 컬럼 레이아웃은 하나의 그룹에 있는 텍스트가 신문처럼 여러 개의 컬럼으로 나뉠 수 있게 하는 모듈입니다. 유연한 박스 레이아웃(Flexible Box Layout)은 기존의 position이나 float가 하는 것보다도 신축성 있게 여러 개의 블럭을 수평이나 수직으로 나열할 수 있는 모듈입니다. 이 밖에도 Template Layout이나 Grid Positioning과 같은 실험적인 모듈이 있습니다.

아래 표에서 보면 CSS Transform은 Working Draft(초안)로 돼 있지만 웹브라우저에는 적용돼 있어서 사용할 수 있습니다. 아직 W3C의 최종 Recommendation을 거치지 않았는데도 사용할 수 있다는 의미죠. 웹브라우저에 이러한 단계의 CSS를 사용하려면 아래처럼 웹브라우저에 독특한 접두어(Prefix)를 붙여서 사용하면 됩니다.

```
transform: rotate(30deg);
-ms-transform: rotate(30deg); /* IE 9 */
-webkit-transform: rotate(30deg); /* Safari and Chrome */
-o-transform: rotate(30deg); /* Opera */
-moz-transform: rotate(30deg); /* Firefox */
```

TABLE OF SPECIFICATIONS

Ordered from most to least stable:

Completed	Current	Upcoming	Notes	
CSS Snapshot 2010	NOTE	–	Latest stable CSS	☐☐
CSS Snapshot 2007	NOTE	–		☐☐
CSS Color Level 3	REC	REC	See Errata	☐☐
CSS Namespaces	REC	REC		☐☐
Selectors Level 3	REC	REC		☐☐
CSS Level 2 Revision 1	REC	REC	See Errata	☐☐
CSS Level 1	REC	–	Unmaintained, see Snapshot	☐☐

Stable	Current	Upcoming	Notes	
Media Queries	REC	REC		☐☐
CSS Style Attributes	CR	PR		☐☐

Testing	Current	Upcoming	Notes	
CSS Backgrounds and Borders Level 3	CR	PR		☐☐
CSS Image Values and Replaced Content Level 3	CR	PR		☐☐
CSS Marquee	CR	PR		☐☐
CSS Multi-column Layout	CR	CR		☐☐
CSS Speech	CR	PR		☐☐
CSS Mobile Profile 2.0	CR	PR	Status unknown	☐☐
CSS TV Profile 1.0	CR	?	Status unknown	☐☐

Refining	Current	Upcoming	Notes	
CSS Transforms	WD	WD		☐☐
CSS Transitions	WD	WD		☐☐
CSS Values and Units Level 3	LC	CR		☐☐
CSS Print Profile	LC	?	Status unknown	☐☐

Revising	Current	Upcoming	Notes	
CSS Animations	WD	WD		☐☐
CSS Flexible Box Layout	LC	PR		☐☐
CSS Fonts Level 3	WD	LC		☐☐
CSS Paged Media Level 3	LC	LC	Inactive	☐☐
CSS Text Level 3	WD	WD		☐☐
CSS Basic User Interface Level 3	CR	LC		☐☐
CSS Writing Modes Level 3	WD	WD		☐☐
CSSOM View	WD	WD		☐☐

그림 4-2 CSS 개발 단계

HTML5와 CSS3는 아직 표준은 아니지만 IE를 제외한 대부분의 웹브라우저에서 지원합니다. IE9 버전도 지원하기는 하지만 제한적입니다. 캔아이유즈닷컴(http://caniuse.com/)에 가면 CSS뿐 아니라 현재 개발 중이거나 발표된 웹 프로그래밍 언어의 사용이 웹브라우저별로 어디까지 사용 가능한지 확인할 수 있습니다.

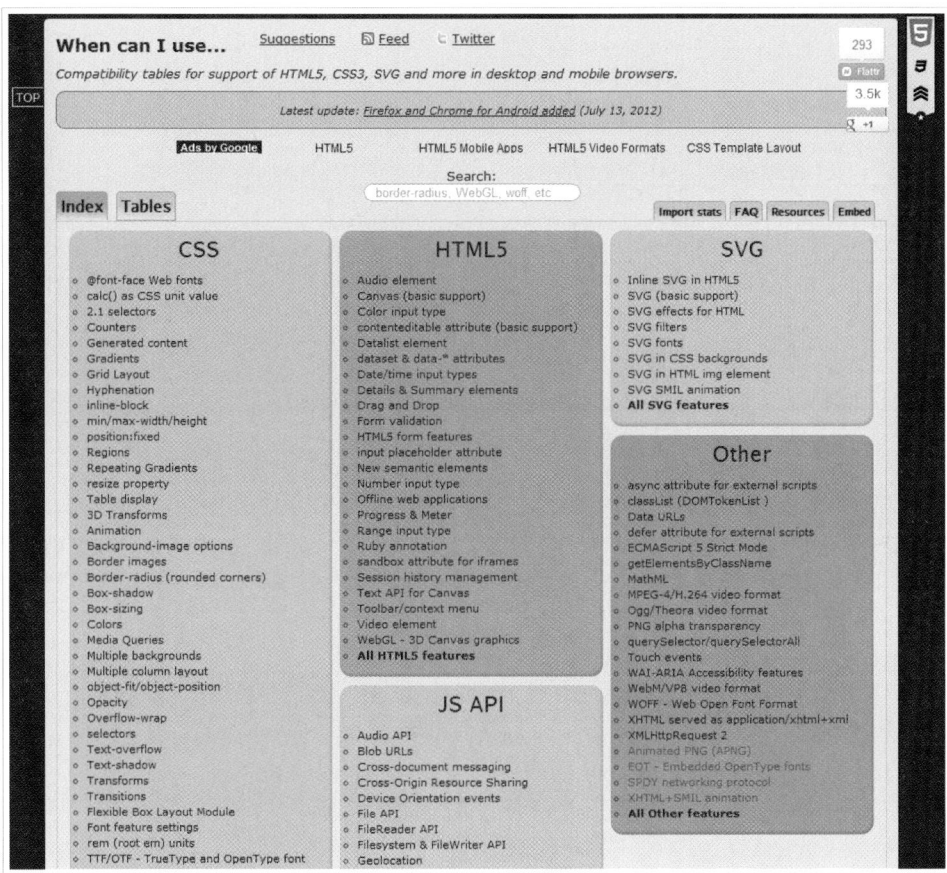

그림 4-3 캔아유즈닷컴 - 웹프로그래밍언어 사용 가능여부 확인

각 항목을 선택하면 5대 브라우저의 어떤 버전에서 사용 가능한지 확인할 수 있고 모바일 웹 브라우저에 대해서도 나옵니다. CSS3의 애니메이션 부분을 보면 구글 크롬, 애플 사파리, 파이어폭스 등은 많은 버전이 지원하지만 인터넷 익스플로러는 아직 발표도 안 된 10 버전에서만 지원되고 있습니다.

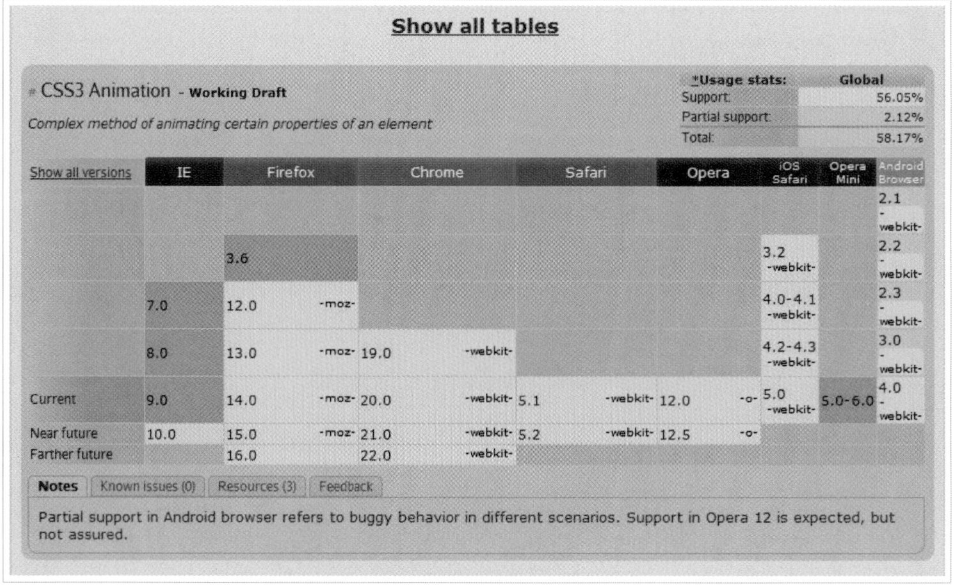

Show all tables

CSS3 Animation - Working Draft

Complex method of animating certain properties of an element

*Usage stats:	Global
Support:	56.05%
Partial support:	2.12%
Total:	58.17%

Show all versions	IE	Firefox		Chrome		Safari		Opera		iOS Safari	Opera Mini	Android Browser
												2.1 -webkit-
		3.6								3.2 -webkit-		2.2 -webkit-
	7.0	12.0	-moz-							4.0-4.1 -webkit-		2.3 -webkit-
	8.0	13.0	-moz- 19.0		-webkit-					4.2-4.3 -webkit-		3.0 -webkit-
Current	9.0	14.0	-moz- 20.0		-webkit- 5.1		-webkit- 12.0		-o-	5.0 -webkit-	5.0-6.0	4.0 -webkit-
Near future	10.0	15.0	-moz- 21.0		-webkit- 5.2		-webkit- 12.5		-o-			
Farther future		16.0	22.0		-webkit-							

Notes | Known issues (0) | Resources (3) | Feedback

Partial support in Android browser refers to buggy behavior in different scenarios. Support in Opera 12 is expected, but not assured.

그림 4-4 캔아이유즈닷컴 – 웹브라우저별 사용 가능 여부 확인

W3C의 웹개발 단계

2011년 9월 W3C(World Wide Web Consortium)에서 CSS4의 선택자 모듈에 관한 초안(Working Draft)을 발표했습니다. 이것이 웹브라우저에 적용되면 웹디자인이 훨씬 편리해질 것입니다. W3C는 웹표준을 관리하기 위한 세계적인 기관으로 40여개 국가의 여러 기업, 기관들이 참여해 웹에 사용되는 각종 웹 언어를 개발하고 시험하기 위해 단계별 발표를 합니다. Working Draft는 이러한 여러 단계 가운데 초기에 속하는 단계입니다. 단계별 수준은 다음과 같습니다.

초안(Working Draft)

웹 커뮤니티의 리뷰를 위해 발표되는 단계로 리뷰를 통해 수정이 가해지고 여러 단계의 Working Draft를 거칠 수 있습니다.

최종 보고서(Last Call)

리뷰 보고서를 위한 마감시간이 정해진 Working Draft입니다. 개발자 그룹의 의도대로 모듈이 작동하는 단계이지만 이후에도 중요한 수정이 가해지거나 다음 단계로 넘어가기 위한 계획에 포함될 수도 있습니다.

추천 후보(Candidate Recommendation)

모듈이 충분한 조건을 갖추고 안정적이며 웹브라우저 제작자에게 적용을 권장할 만하고 개발자들도 상시 사용 가능한 수준의 단계로, 이때부터는 웹브라우저별로 달려있는 접두어(Prefix)를 뗄 수 있습니다. 이 단계에서도 수정이 가해질 수도 있지만 심각한 수준의 수정은 아닙니다.

제안된 추천(Proposed Recommendation)

최종 서명을 위한 W3C Advisory Committee에 보내질 정도로 성숙해서 충분한 리뷰를 거친 단계입니다. 이 단계 이후로는 수정할 일이 거의 없습니다.

추천(Recommendation)

완성, 종료를 의미하며 "표준"이라고 말할 수 있는 단계입니다.

HTML 02

01 HTML의 간략한 역사

HTML이 처음으로 나온 것은 1990년대 초이고 이 시기에 현재까지 사용되는 HTML에 관한 모든 내용이 만들어졌습니다. 한해에 3번의 버전업이 될만큼 활성화됐죠. 그러다 1999년에 HTML4.01이 나오고 나서 암흑기에 들어갑니다. 왜냐하면 W3C에서 차세대 웹언어를 개발하고자 했기 때문입니다. 확장성 언어인 XML과 HTML을 결합한 언어인 XHTML1.0이 나오게 됐고, XHTML2.0을 개발하고자 했으나 실패했습니다. XML은 eXtensible Markup Language의 약자로 확장 가능한 마크업 언어입니다. 확장 가능하다는 의미는 태그가 정해진 것이 아니라 사용자가 마음대로 만들 수 있다는 것이지만, 대신 아주 엄격한 코드를 요구합니다. 그것은 속성값으로 반드시 쌍따옴표(Double quote)를 사용해야 하고 마감 태그(Closing tag)를 반드시 붙여야 하며, 마감 태그를 사용하지 않는 〈img〉 같은 태그에는 반드시 끝에 슬래시를 넣어야 한다는 등의 엄격한(Strict) 규칙입니다. 이러한 엄격한 규칙 탓에

XHTML의 사용을 권장하기 위해 Doctype에 Transitional이 있습니다. 이것은 Strict에 비해 코드 작성이 관대합니다.

W3C의 주관으로 XHTML2.0이 개발됐는데, 이것은 전혀 새로운 웹언어를 만들기 위한 것이라서 이전의 HTML과 호환되지 않았습니다. 이러한 새로운 언어를 사용하게 된다면 이전에 만들어진 웹페이지에는 접근조차 할 수 없는 상태가 되고 맙니다. 물론 변환은 가능하겠지만 수많은 웹페이지를 변환하자면 적지 않은 시간과 비용이 들 겁니다.

그래서 웹브라우저 개발회사인 오페라에서 몇몇 사람들이 모여서 이전의 HTML4.01을 잇는 새로운 웹언어를 개발하기 시작했습니다. 정식 개발이 아닌 가욋일(extra work)에 의한 것이었지만 곧 이어서 파이어폭스 개발사인 모질라 출신의 개발자도 참여했고 애플과 비공개적으로 개발이 진행됐습니다. 이 개발자 그룹은 이름이 아주 길어서 약자로 많이 사용합니다. WHATWG(Web Hypertext Application Technology Working Group, 약자는 발음할 때는 웟웍이라고 읽습니다)이 구성되면서 오페라의 이안 힉슨(Ian Hickson)이 책임자가 되어 개발을 진행했는데, 이때 나온 것이 웹 2.0입니다. UCC나 블로그, 유튜브, 등 소비자 중심의 웹 참여가 이들의 아이디어에서 나온 것입니다. 힉슨이 구글로 가면서 구글에서 풀타임으로 정식 개발을 하게 됩니다. 이때도 HTML5라는 이름은 나오지 않았고 Web Application 1.0으로 불렸습니다.

W3C는 전 세계 40여 개국이 참여하고 각 국가의 소프트웨어 개발사, 하드웨어 개발사는 물론 정부, 학계 등 330여 개의 기관이 있어서 의사결정이 아주 둔하고 시간이 오래 걸립니다. 1996년에 나온 CSS도 2011년에 와서야 Recommentation이라는 최종 표준 승인이 났을 정도입니다. 이런 국제기관이 일부 개인들로부터 시작한 웹언어 개발을 승인하게 된 것은 그동안 개발해 온 XHTML2.0이 엉망이 되어 작동하지 않게 됐기 때문입니다. 마침내 W3C에서 생각을 돌려 WHATWG의 HTML 개발을 인정하게 됩니다. 그래서 2006년 W3C에서 새로운 HTML 개발자 그룹을 결성하고 WHATWG에서 개발한 내용을 기반으로 사용하기로 결정합니다. 이때부터 HTML은 다시 두 갈래로 나뉩니다.

W3C는 2008년 WHATWG의 HTML을 HTML5로 명명하고 2009년에 8단계의 Working Draft 발표를 거친 XHTML2.0의 개발 포기를 선언합니다. 대외적으로 널리 알리기 위해 로고도 만들고 티셔츠도 제작하는 등 홍보에 적극적이었습니다. 위에서 두 갈래로 나뉘었다는 것은 WHATWG에서는 HTML5라는 이름을 인정하지 않고 이름을 그냥 HTML로 사용하려고 하기

때문이죠. 그리고 그들이 처음 제시한 것과는 별개의 항목이 HTML5에 추가되기도 했습니다. 그들이 생각하기에는 HTML은 계속 진화를 하고 있고 현재의 HTML5는 HTML의 개발 단계에서 스냅샷에 불과합니다. 그래서 로고에 HTML-the living standard라고 적혀 있는 것입니다.

2008년에 Working Draft로 발표된 HTML5는 2012년에 Candidate Recommendationd으로 승격되고 2022년에 가서야 Proposed Recommendation으로 승인될 것이라고 했습니다. 그러니 HTML5는 아직 시험 중인 버전일 뿐입니다. 하지만 2011년에 웹브라우저들이 CSS3와 HTML5를 적용하기 위해 적극 나서서 버전업을 했습니다. 파이어폭스는 무려 10단계, 그리고 구글 크롬은 12단계의 버전업이 이뤄졌습니다. 그래서 W3C에서도 승인을 서둘러 2014년에는 Proposed Recommendation 단계로 승인할 것이라고 합니다. 그래도 최종 표준이 되려면 Recommendation이 남아있죠.

사실 W3C의 승인은 별로 중요하지는 않습니다. 웹브라우저에서 얼마만큼 적용하는가가 문제입니다. 최종 표준 승인의 필요사항으로 최소한 두 개의 웹브라우저가 HTML5의 모든 항목이 완벽하게 작동하도록 적용해야 한다는 조건이 있습니다. 그래서 웹브라우저 회사에서는 적용을 서두르고 있습니다.

∩2 HTML5의 추가된 태그

HTML5에는 30여 개의 태그가 새로 추가됐고 CSS로 가능하거나(〈font〉) 문제가 되는 태그(〈frameset〉)는 지원하지 않게 됐습니다. 지원이 되지 않는다는 것은 완전히 폐기되어 기존에 이 태그를 사용한 웹페이지가 엉망이 된다는 것은 아니고 더이상 표준으로 인정하지 않지만 웹브라우저에서는 작동이 가능하며 되도록이면 사용하지 말라는 의미입니다. 이전부터 사용하지 말 것을 권장한 태그로는 CSS로 할 수 있거나 문제가 있는 것으로 반대(Deprecated) 의견을 제시한 것이 있고 완전히 폐기(Obsolete)된 것도 있지만 웹브라우저는 계속 지원하는 경향이 있습니다. 표준에서 제외됐더라도 사용할 수는 있다는 것이죠.

```
<img src="image.jpg" alt="My picture" />
```

위 태그는 이미지 태그입니다. 태그는 흔히 요소(element)로 사용됩니다. 같은 용어로 사용되기도 하지만 정확히 말하자면 태그 안에는 요소가 있고 속성이 있습니다. 〈h1〉 태그에서

h1은 요소입니다. 속성은 요소를 새롭게 정의해서 다른 형태로 변경할 수가 있고 CSS의 선택자가 될 수도 있습니다. 예를 들어 img 태그의 alt 속성에 대해 CSS에서 [alt] {color:red;}로 정의하면 이미지의 alt 텍스트는 모두 빨간색으로 나옵니다. 이처럼 태그 안에는 요소와 속성이 있지만 대부분 태그와 요소를 동의어로 사용합니다.

새로운 태그의 특징으로는 우선 멀티미디어 지원을 하기 위해 〈video〉 태그와 〈audio〉 태그가 추가됐습니다. 또한 동양의 글자 표현을 위해 〈ruby〉, 〈rp〉, 〈rt〉 등이 추가됐습니다. 새로운 태그는 주로 CSS3와 자바스크립트를 이용해 소기의 목적을 달성합니다. 〈canvas〉 같은 경우에는 그래픽을 자유롭게 그려내기 위한 태그인데, 자바스크립트를 사용해 제어할 수 있습니다. 따라서 이 태그를 자유롭게 사용하려면 자바스크립트에 대한 해박한 지식이 있어야 합니다. 하지만 일정한 규칙이 있기 때문에 많은 지식이 없어도 어느 정도의 그래픽을 그릴 수 있습니다. 어떤 태그는 내장된 자바스크립트를 사용해서 표현하기도 합니다. 예를 들면 〈datalist〉 태그의 경우 파이어폭스와 오페라만 지원하지만 아주 유용합니다.

```
<label>여행가고 싶은곳은?<br />
        <input type="text" name="wishlist" list="tour">
        <datalist id="tour">
                <option value="Paris">
                <option value="Rome">
                <option value="New York">
        </datalist>
</label>
```

위와 같이 입력하고 파이어폭스에서 입력란을 클릭하면 아래와 같이 옵션 리스트가 나옵니다.

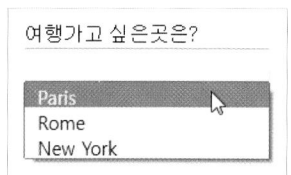

그림 4-5 〈datalist〉 태그의 일부 웹브라우저 지원

또한 〈head〉 태그에 자바스크립트나 제이쿼리 코드를 삽입하기 위해 <script type="text/javascropt"></script>를 사용했지만 HTML5에서는 속성을 없애고 <script></script>처럼 태그만 사용할 수 있습니다. 이는 스타일시트도 마찬가지라서 <style></style>만 사용해도 됩니다.

의미있는 체계적인 코딩을 위해 〈header〉, 〈hgroup〉, 〈article〉, 〈section〉, 〈aside〉, 〈footer〉라는 태그가 새로 만들어졌습니다. 예전에는 이것들이 〈div〉 태그 안에서 아이디나 클래스 선택자의 이름으로 사용됐습니다. 〈div〉 태그는 아무 의미없는 컨테이너에 불과한 데 반해 위와 같은 태그는 의미가 있습니다. 이러한 의미는 검색엔진에 도움이 됩니다. 검색엔진은 그동안 〈h1〉과 같은 헤딩 태그와 콘텐츠를 중심으로 검색의 포인트를 맞췄지만 이제는 이러한 태그가 중시될 것입니다. 아직은 HTML5가 표준 단계가 아니므로 검색엔진이 어떻게 나올지는 모르겠지만 그동안의 행태로 봐서는 중요 내용이 들어갈 〈header〉나 〈article〉에 촛점이 맞춰질 것으로 생각합니다.

새로운 태그가 등장했지만 기존에 있던 태그도 변화가 있습니다. 바로 태그가 재정의된 것입니다. 기존에는 〈i〉 태그가 〈em〉 태그와 같이 이탤릭체로 표현되기 때문에 코드를 좀 더 잘 찾기 위해 눈에 띄는 〈em〉 태그를 사용했습니다. 하지만 그러한 정의가 수정되어 같은 형식의 이탤릭체로 나오지만 〈em〉 태그는 글자의 강조를 위해 사용하고 〈i〉 태그는 글 중에 소리를 나타낸다거나 분위기를 표시하는 데 사용한다고 재정의했습니다. 이는 스크린리더를 사용하는 분들에게는 중요한 변화입니다.

태그 사용법에서도 변화가 있습니다. 예를 들어, 테이블을 만들 때 사용하는 〈tr〉 태그는 마감 태그인 〈/tr〉을 사용하지 않아도 됩니다. 그동안 HTML4에서도 생략해도 제대로 나왔는데 XHTML의 영향으로 마감 태그는 반드시 포함시켜야 했죠. HTML5에서도 이를 생략해도 됩니다. 이뿐만 아니라 〈/td〉, 〈/p〉의 마감 태그도 사용하지 않아도 됩니다. 이들 태그 다음에는 항상 새로 시작하는 다른 태그가 있기 때문에 웹브라우저가 자동으로 나타내줍니다. 하지만 사용하는 것이 좋습니다. 나만을 위한 코딩이 아니고 팀원과 코딩을 한다거나 이를 생략해도 된다는 사실을 모르는 분들에게는 혼란을 일으킬 수 있기 때문입니다. 초보인 분들은 코딩이 잘못돼서 제대로 표시되지 않을 때는 이러한 마감 태그가 안 들어가서 잘못된 것으로 오해할 수도 있습니다.

HTML5의 코딩은 자유롭습니다. 〈body〉와 〈head〉 태그를 사용하지 않아도 doctype을 선언하고 meta 태그에서 charset만 선언해도 웹브라우저는 콘텐츠를 나타내줍니다.

```
<!DOCTYPE. html>
        <meta charset="utf-8" />
<label>여행가고 싶은곳은?
        <input type="text" name="wishlist" list="tour">
```

```
        <datalist id="tour">
                <option value="Paris">
                <option value="Rome">
                <option value="New York">
        </datalist>
 </label>
```

위처럼 닥타입과 메타 태그에서 charset만 있어도 제대로 나옵니다. 〈body〉와 〈html〉 태그가 없어도 웹브라우저가 대신 표시해줍니다. 하다못해 닥타입 위에 〈p〉가 설마 나올까?〈/p〉를 입력해도 잘 나옵니다. 하지만 이런 것은 시험일뿐 제대로 된 코딩을 해야겠죠. HTML5는 닥타입 선언도 짧고 자유롭다는 것을 보여주려고 한 것입니다.

지원하지 않는 태그로 〈font〉, 〈center〉 태그와 같이 CSS에서 충분히 소화할 수 있는 태그는 사라졌습니다. 또한 〈frameset〉도 사라졌죠. 이것은 하나의 웹페이지에 여러 개의 웹페이지가 존재하는 것이 되므로 인쇄할 때도 문제가 되고 검색엔진 최적화에도 도움이 되지 못합니다. 그래서 레이아웃에서 테이블과 함께 사용하지 말 것을 권장한 태그입니다. 테이블 태그는 데이터 나열에서는 아직 유효하고 유용하게 사용됩니다.

HTML이나 CSS에 관해 배울 수 있는 가장 좋은 곳은 W3 School(http://www.w3schools.com/html5/html5_reference.asp)입니다. 이곳에서 태그의 링크를 클릭하면 해당 페이지로 이동하고 상단에서 Translate를 클릭해서 Korean을 선택하면 한글로도 볼 수 있어서 웹디자인을 배우는 데 최적의 사이트입니다.

05 HTML5의 태그

HTML5의 태그를 살펴보면 다음과 같습니다. New는 새로 추가된 태그입니다. 태그가 많지만 주로 사용하는 태그는 30개 내외입니다.

태그	설명
〈!--...--〉	주석을 정의합니다.
〈!DOCTYPE〉	문서 형식을 정의합니다.
〈a〉	하이퍼링크를 정의합니다.
〈abbr〉	abbreviation(생략)을 정의합니다.

태그	설명
`<article>`New	Article을 정의합니다. HTML의 요소 중 중요한 본문 내용이 있는 곳에 사용합니다. 한 웹페이지의 여러 곳에 사용할 수도 있습니다.
`<aside>`New	메인 콘텐츠의 2차적 콘텐츠입니다. 주로 사이드바에 사용합니다.
`<audio>`New	음향 콘텐츠를 정의합니다.
`<b>`	텍스트를 굵게 정의합니다.
`<blockquote>`	다른 부분에서 인용된 부분을 정의합니다.
`<body>`	문서의 body를 정의합니다.
` `	줄바꿈을 정의합니다.
`<button>`	클릭 가능한 버튼을 정의합니다.
`<canvas>`New	주로 자바스크립트를 이용해 그래픽을 만듭니다.
`<caption>`	테이블 캡션을 정의합니다.
`<code>`	모노스페이스(폭이 일정한) 폰트로 컴퓨터 코드를 정의합니다.
`<div>`	문서에서 일반적인 컨테이너 역할을 합니다.
`<em>`	강조 텍스트(이탤릭체)를 정의합니다.
`<embed>`New	외부 애플리케이션이나 인터렉티브 콘텐츠(플러그인)의 컨테이너입니다.
`<fieldset>`	form 태그 안의 서로 연관있는 요소를 그룹화합니다.
`<figcaption>`New	figure 요소의 캡션을 정의합니다.
`<figure>`New	이미지 태그와 같은 요소를 정의합니다.
`<footer>`New	문서의 footer를 정의합니다. 예전에는 웹페이지에서 footer가 하나만 있을 수 있었지만 웹페이지 전체에 대한 footer뿐 아니라 `<article>` 태그 안에서도 `<footer>` 태그를 사용할 수 있습니다.
`<form>`	데이터 입력 가능한 form에 대해 정의합니다.
`<h1>` to `<h6>`	제목글자를 정의합니다.
`<head>`	문서내의 정보에 대해 정의합니다.
`<header>`New	문서나 섹션의 헤더에 대해 정의합니다. footer와 마찬가지로 여러 곳에 사용할 수 있습니다.
`<hgroup>`New	h1~h6 요소를 그룹화합니다.
`<hr>`	콘텐츠의 전환을 위한 수평선을 만듭니다.
`<html>`	HTML 문서의 루트입니다.
`<i>`	텍스트의 일부분에 대해 음성이라거나 어떤 분위기라는 것을 표시합니다.
`<iframe>`	인라인 프레임에 대해 정의합니다.

태그	설명
`<img>`	이미지에 대해 정의합니다.
`<input>`	form 입력 부분에 대해 정의합니다.
`<label>`	입력 요소의 레이블을 정의합니다.
`<legend>`	fieldset, figure, details 요소의 캡션을 정의합니다.
`<li>`	목록 아이템을 정의합니다.
`<link>`	문서와 외부 소스의 관계를 정의합니다.
`<map>`	사용자측 이미지맵을 정의합니다.
`<meta>`	HTML 문서의 메타데이터를 정의합니다.
`<meter>`	숫자로 표시된 내용을 그래픽 게이지로 표시합니다.
`<nav>`	내비게이션 링크를 정의합니다.
`<object>`	임베디드 오브젝트를 정의합니다.
`<ol>`	일정한 순서대로 나열된 목록을 정의합니다.
`<optgroup>`	드롭다운 목록에서 옵션 항목의 그룹을 정의합니다.
`<option>`	드롭다운 목록의 옵션 항목을 정의합니다.
`<p>`	단락을 정의합니다.
`<param>`	오브젝트의 파라미터를 정의합니다.
`<pre>`	이미 포맷된 텍스트를 보존합니다.
`<progress>`	작업의 진행내역을 애니메이션 그래픽으로 표시합니다.
`<q>`	짧은 인용을 정의합니다.
`<s>`	글자 중앙에 수평줄을 그어(strike) 삭제된 텍스트를 정의합니다.
`<script>`	사용자측 스크립트를 정의합니다.
`<section>`	문서의 섹션을 정의합니다.
`<select>`	드롭다운 목록을 정의합니다.
`<small>`	작은 텍스트를 정의합니다.
`<source>`	video, audio 등 멀티미디어 요소의 리소스를 정의합니다.
`<span>`	문서의 인라인 요소 부분을 정의합니다.
`<strong>`	중요한 텍스트를 정의합니다. 글자를 굵게 만듭니다.
`<style>`	문서의 CSS 정보를 정의합니다.
`<sub>`	보통의 글자보다 작고 아래에 위치한 글자를 정의합니다.

태그	설명
⟨sup⟩	보통의 글자보다 작고 줄의 상단에 위치한 글자를 정의합니다.
⟨table⟩	테이블을 정의합니다.
⟨tbody⟩	테이블 바디의 콘텐츠를 정의합니다.
⟨td⟩	테이블 셀을 정의합니다.
⟨textarea⟩	form 입력 부분의 textarea를 정의합니다.
⟨tfoot⟩	table의 footer를 정의합니다.
⟨th⟩	table의 제목 셀을 정의합니다.
⟨thead⟩	table의 제목 콘텐츠를 정의합니다.
⟨time⟩New	날짜와 시간을 정의합니다.
⟨title⟩	문서의 타이틀을 정의합니다.
⟨tr⟩	table의 행을 정의합니다.
⟨track⟩New	media 요소(video, audio)의 텍스트 트랙을 정의합니다.
⟨ul⟩	순서가 없는 목록을 정의합니다.
⟨video⟩New	동영상이나 영화를 정의합니다.
⟨wbr⟩New	단어가 긴 경우 줄이 바뀔 때 단어가 끊어질 수 있게 합니다.

표 4-1 HTML5 태그

HTML5와 CSS를 이용한 레이아웃 03

이번 절에서는 하나의 웹페이지를 만들면서 사용되는 HTML 태그와 CSS에 대해 자세히 다루고자 합니다. 웹페이지 하나를 만들지만 여러 가지 시도도 해보고 각종 HTML 태그와 CSS의 기능에 대해 알아볼 것이므로 긴 내용이 될 것이며 이 하나의 웹페이지로 워드프레스의 테마가 시작됩니다.

01 기본 웹페이지 만들기

앱타나 스튜디오를 열고 Window → Show View를 차례대로 클릭하고 Project Explorer 와 Web Browser를 선택하면 창이 나타납니다. 각 창의 우측 상단에 있는 작은 수평 바 아 이콘을 클릭하면 창이 축소됩니다. 축소되면 아이콘이 두 개 생기는데, 첫 번째 아이콘은 원 래의 창으로 복구시키고 두 번째 아이콘은 창을 에디터 화면에 겹치면서 보이게 합니다.

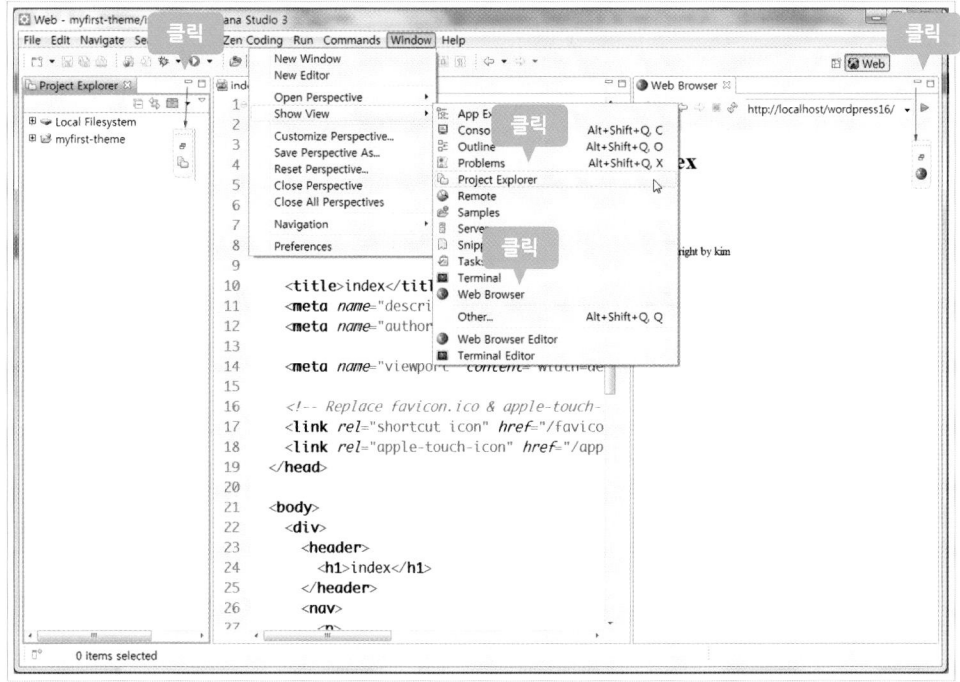

그림 4-6 앱타나 스튜디오 - 사용할 창 보이기

Project Explorer 창에서 Local Filesystem의 플러스 아이콘을 클릭해 워드프레스가 설치된 wamp 폴더로 들어가서 경로를 따라 themes 폴더까지 갑니다. themes 폴더를 대상으로 마우스 오른쪽 버튼을 클릭해 New → Folder를 차례로 클릭하고 새로 만들 테마 이름(myfirst-theme)을 입력합니다. 새 테마 폴더를 대상으로 마우스 오른쪽 버튼을 클릭하고 Promote to Project를 선택하면 창이 나타납니다. Finish 버튼을 클릭하면 Local Filesystem 아래에 그림 4-7과 같이 프로젝트 폴더가 만들어집니다. 화면이 축소되어 상단이 안보이고 메뉴를 선택할 수 없는 경우 창 아래의 테두리를 클릭해서 드래그한 후 화면 하단으로 당기고 마우스를 놓으면 다시 나타납니다.

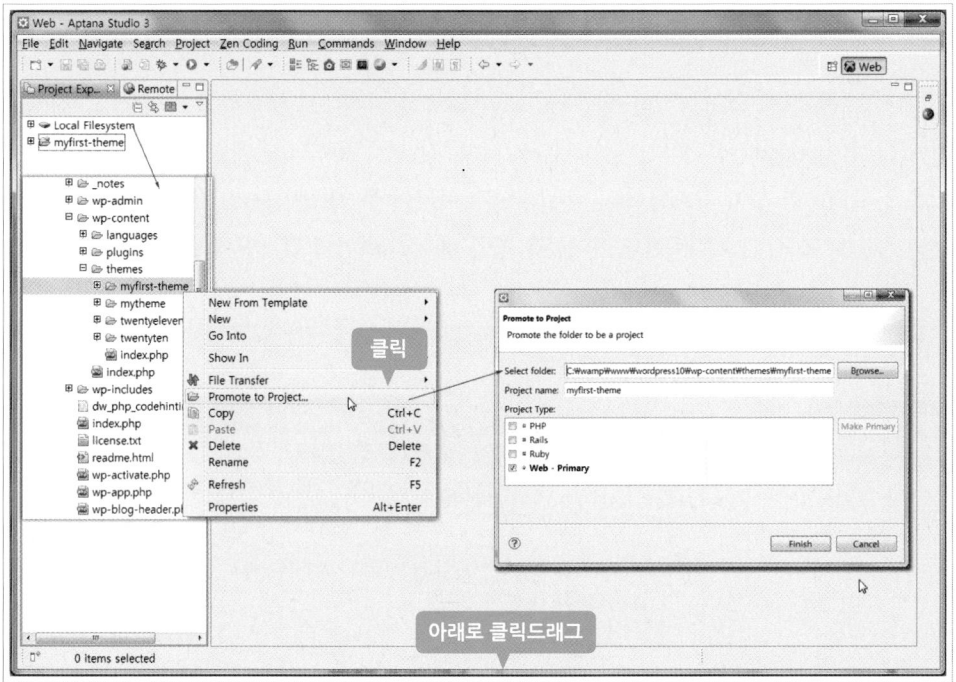

그림 4-7 프로젝트 폴더 만들기

프로젝트 폴더를 대상으로 마우스 오른쪽 버튼을 클릭하고 New From Template → HTML → HTML 5 Template을 차례로 선택하면 창이 나타납니다. index.php로 입력하고 Finish 버튼을 클릭하면 기본적인 코드가 있는 HTML5용 파일이 만들어집니다.

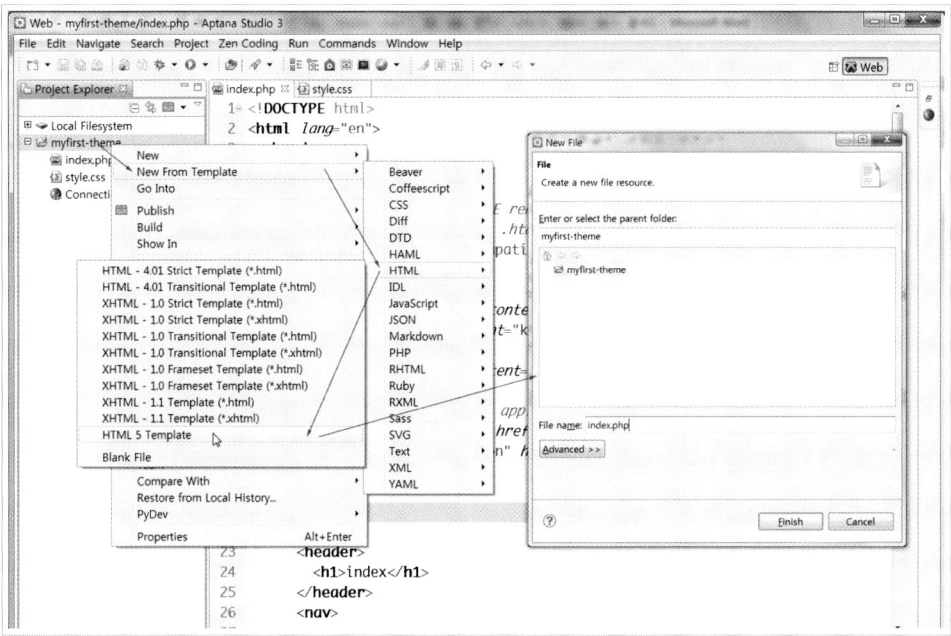

그림 4-8 HTML5 템플릿 파일 만들기

같은 방법으로 이번에는 HTML이 아닌 CSS를 선택해 style.css 파일을 만듭니다.

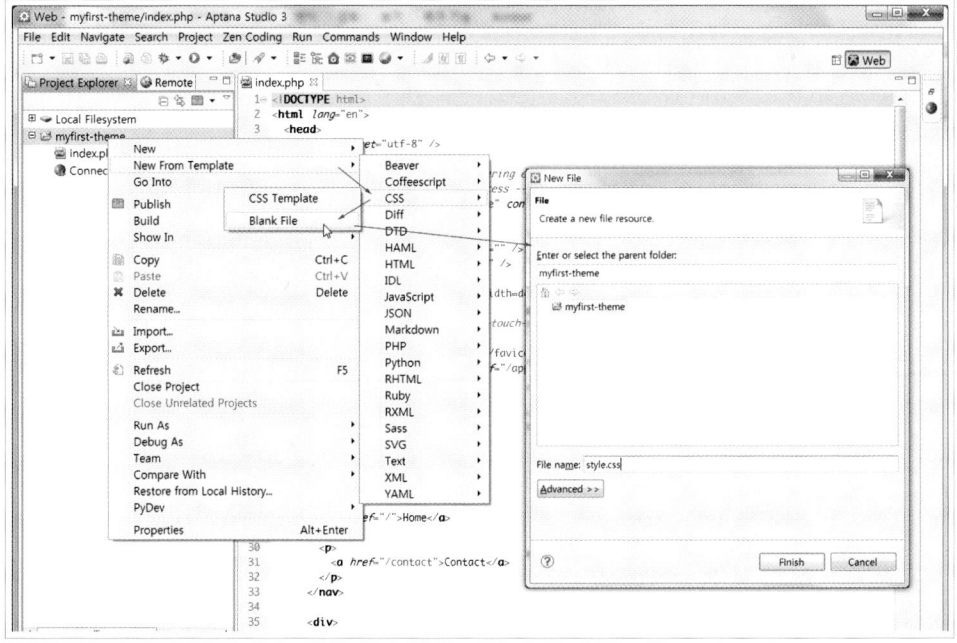

그림 4-9 style.css 파일 만들기

화면의 편집창 상단에 파일 이름이 포함된 두 개의 탭이 있는데 하나의 탭을 클릭한 후 드래그해서 창의 우측이나 좌측 끝으로 이동하면 가상의 선이 만들어지며 마우스를 놓으면 탭창이 분리되어 두 개의 창을 나란히 볼 수 있습니다.

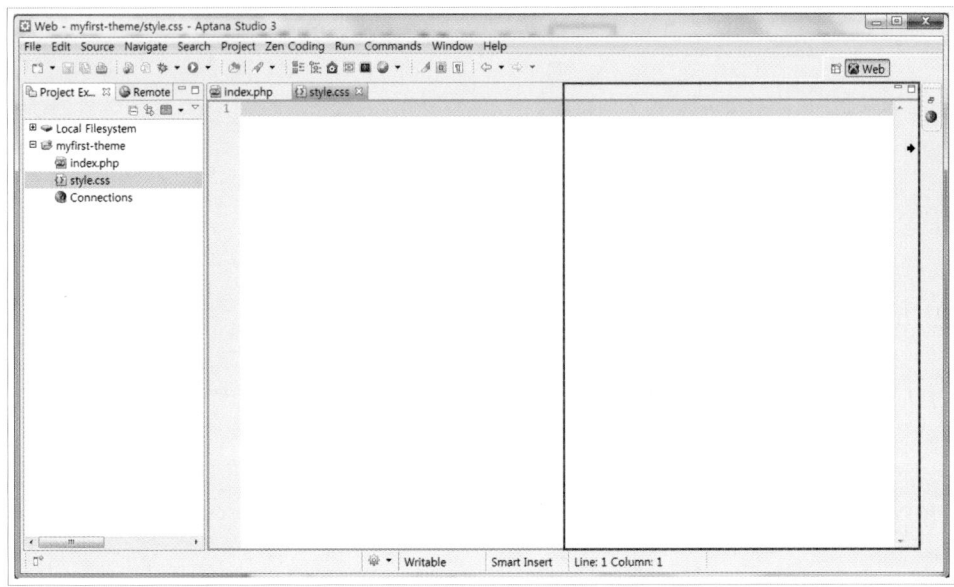

그림 4-10 탭창 나누기

스타일시트 탭을 선택하고 첨부 파일에서 다음의 코드를 복사해서 붙여 넣습니다.

```
/*
Theme Name: My First Theme
Theme URI: http://example.com/
Description: 〈내가 처음으로 만든 워드프레스 테마〉
Author: 〈내 이름〉
Author URI: http://example.com//
Version: 1.0
Tags: black, blue, white, two-columns, fixed-width, custom-header, custom-background,
threaded-comments, sticky-post, translation-ready, microformats, rtl-language-support,
editor-style, custom-menu (optional)

*/
```

Theme Name, *Theme URI* 같은 항목의 제목은 수정할 수 없지만 각 항목에 해당하는 내용은 원하는 대로 수정할 수 있습니다. 제목이 다른 글자로 바뀌면 워드프레스가 테마로 인식하지 못합니다. 내용을 수정하고 나면 파일을 저장합니다. 이제 두 개의 파일이 만들어졌으니 워드프레스 관리자 화면에서 외모 → 테마를 선택하면 현재의 테마 아래에 스크린샷이 없는 테마가 나타납니다. 활성화 링크를 클릭하고 새 탭에서 블로그 화면을 보면 글자가 몇 개 나타납니다. 주소창에서 주소를 복사해서 앱타나에 들어와 내장 웹브라우저의 주소창에 붙여넣고 엔터키를 치면 같은 내용이 나타납니다.

index.php 탭을 열고 수정을 시작합니다. 언어 코드는 한글 코드인 ko를 입력하고 〈title〉 태그에는 블로그 이름을 입력합니다. 이것은 워드프레스 관리자 화면의 설정 부분에서 내 사이트 이름에 해당합니다.

이미 〈link〉 태그가 두 개 있는데, 두 번째 태그의 끝 부분을 클릭하고 엔터키를 친 다음 link를 입력하고 키보드의 탭키를 누르면 스타일시트를 링크할 수 있게 코드가 자동으로 만들어집니다. href=""의 따옴표 안에 자신의 블로그 테마가 있는 폴더의 경로와 스타일시트 이름을 입력합니다. 제 경우는 다음과 같습니다.

```
http://localhost/wordpress/wp-content/themes/myfirst-theme/style.css
```

〈header〉 태그 안의 〈h1〉 태그의 제목도 바꿔주고 저장한 다음 웹브라우저 창에서 새로고침 아이콘을 클릭하면 변경되어 나타납니다. 현재 편집창을 보면 줄의 내용이 길어서 전부 보이지 않고 에디터 하단에 스크롤바가 나타나서 이를 우측으로 이동해야 코드를 볼 수 있습니다. 이런 경우에는 편집 창에 마우스 오른쪽 버튼을 클릭하고 Word Wrap을 선택하면 전체가 나타납니다.

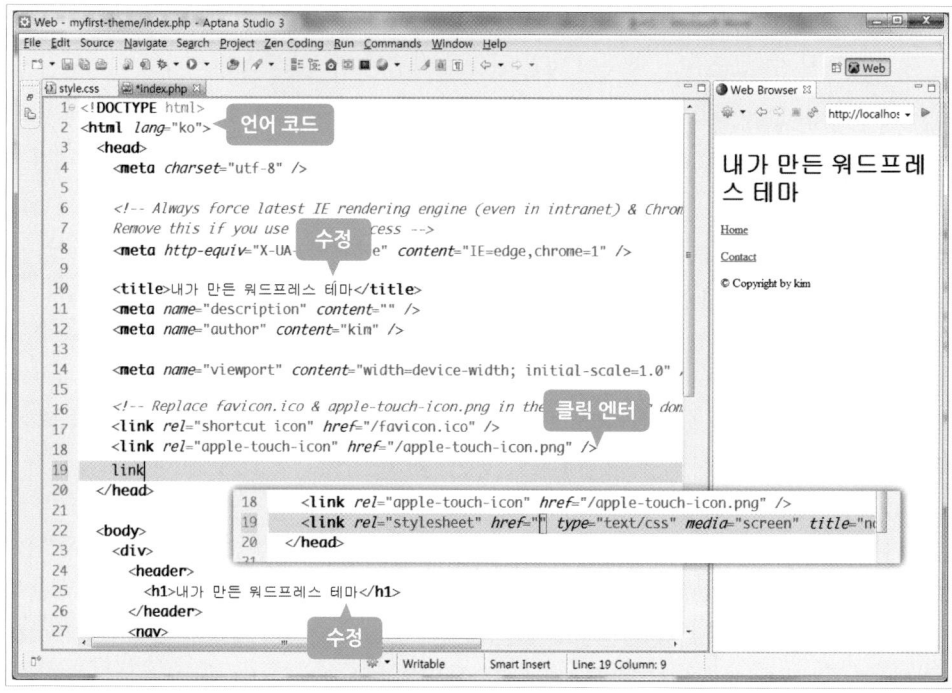

그림 4-11 코드의 수정

에디터 창에서 HTML 태그를 입력하는 방법은 원하는 코드를 그대로 입력할 수도 있지만 텍스트 편집기에 따라 태그를 시작하는 각진 괄호 없이 태그 하나를 입력하고 키보드의 탭을 누르면 자동으로 완성되게 해놓은 경우가 많습니다. 앱타나도 이런 방법을 사용합니다. 스타일시트 링크를 입력할 때 link만 입력하고 탭키를 누르면 URL만 입력해도 되듯이 다른 태그도 마찬가지입니다. "h1"을 입력하고 탭키를 누르면 <h1></h1>가 자동으로 만들어지면서 태그 사이에 커서가 위치해서 글자를 입력할 수 있습니다.

웹사이트의 제목과 부제목은 h1 태그와 h2 태그로 만들며 이 두 개의 태그는 또한 〈hgroup〉이라는 태그로 감싸야 합니다. 현재는 h1 태그에 제목만 있으므로 〈hgroup〉 태그를 우선 만듭니다. 〈header〉 태그 아래에 hgroup 태그를 삽입해야 하므로 〈header〉 다음에 클릭하고 엔터키를 치면 빈 줄이 만들어집니다. "hgroup"를 입력하고 탭키를 누르면 〈hgroup〉</ hgroup〉 태그가 완성됩니다.

```
<header>
  <hgroup></hgroup>
```

```
      <h1>HTML</h1>
   </header>
```

마감 태그인 `</hgroup>`를 블록설정해서 Ctrl+X를 눌러 잘라낸 다음 `<h1>` 태그 끝 부분을 클릭하고, 엔터키를 치면 빈줄이 만들어집니다. Ctrl+V를 눌러 붙여넣습니다.

```
<header>
   <hgroup>
   <h1>HTML</h1>
   </hgroup>
</header>
```

다시 `<h1>` 태그 마지막에 클릭한 후 엔터키를 치고 빈 줄에 `<h2>` 태그를 만들고 부 제목을 입력합니다.

```
<header>
   <hgroup>
   <h1>내가 만든 워드프레스 테마</h1>
   <h2>워드프레스 테마 만들기</h2>
   </hgroup>
</header>
```

`<hgroup></hgroup>` 태그는 heading group이라는 의미로 주제목과 부제목을 감싸는 역할을 하고 검색엔진으로 하여금 웹페이지에서 중요하게 인식할 수 있게 합니다.

`<nav>…</nav>` 태그 안의 내용은 제거하고 ul 태그를 입력하고 탭키를 치면 `<ul></ul>`가 됩니다.

```
<nav>
   <ul></ul>
</nav>
```

커서가 `<ul>`커서`</ul>` 태그 사이에 있을 때 엔터키를 치면 마감 태그가 아래로 내려가서 위아래로 정렬되고 다른 내용을 입력할 수 있습니다.

```
<nav>
   <ul>

   </ul>
</nav>
```

이때 li를 입력하고 탭키를 치면 li 태그가 만들어집니다.

```
<nav>
  <ul>
    <li></li>
  </ul>
</nav>
```

커서가 `<li></li>` 중간에 있을 때 a를 입력, 탭키를 치면 〈li〉 태그 사이에 앵커 태그가 만들어집니다.

```
<nav>
  <ul>
    <li><a href=""></a></li>
  </ul>
</nav>
```

커서가 `<a href="">커서</a>`처럼 a 태그의 중간에 있을 때 "홈"이라는 내용을 입력합니다. 메뉴가 될 부분입니다. 앵커 태그의 따옴표 안에는 임시로 #를 입력해 줍니다.

이처럼 하나의 태그 이름만 입력하고 탭키를 누르면 나머지 코드는 자동으로 만들어집니다. 이번에는 하나의 줄을 복사해서 다음 줄에 붙여넣는 방법을 알아보겠습니다.

방금 전에 만든 코드의 줄번호(아래 이미지에서 31번)를 클릭하고 그다음 번호까지 드래그하면 커서가 아래로 내려가면서 줄이 선택됩니다. 줄이 선택됐다는 표시로 줄에 파란색 배경이 나타납니다.

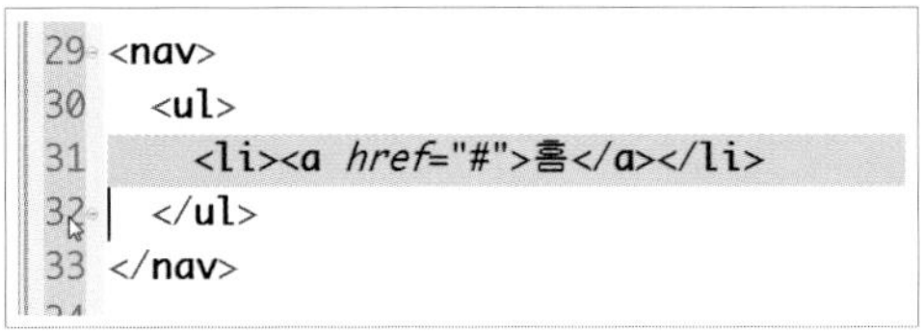

```
29  <nav>
30    <ul>
31      <li><a href="#">홈</a></li>
32    </ul>
33  </nav>
```

그림 4-12 줄 선택하기

Ctrl+C를 눌러 복사하고 커서가 있는 곳(32번 줄)에 클릭한 다음 Ctrl+V를 누르면 〈/ul〉 태그가 아래로 내려가면서 내용이 복사됩니다. 다시 Ctrl+V를 여러 번 눌러 4개가 만들어지도록 복사해 넣고 이름을 각각 포토샵, CSS, 워드프레스로 변경해줍니다.

```
29  <nav>
30    <ul>
31      <li><a href="#">홈</a></li>
32      <li><a href="#">홈</a></li>
33    </ul>
34  </nav>
```

그림 4-13 줄 내용 복사하기

〈/nav〉 태그 아래의 빈 〈div〉 태그 부분은 위의 방법으로 아래 그림처럼 만들어줍니다.
〈div〉 태그 안에 id="content"를 추가해줍니다. 이 부분은 웹페이지의 본문 영역입니다.
article 태그와 p 태그를 만들어 주고 글을 입력합니다. 〈body〉 태그 바로 아래의 〈div〉
태그에도 id="container"를 추가하고 〈header〉 태그와 〈nav〉 태그를 〈div id="head-
container"〉..〈/div〉으로 감싸줍니다.

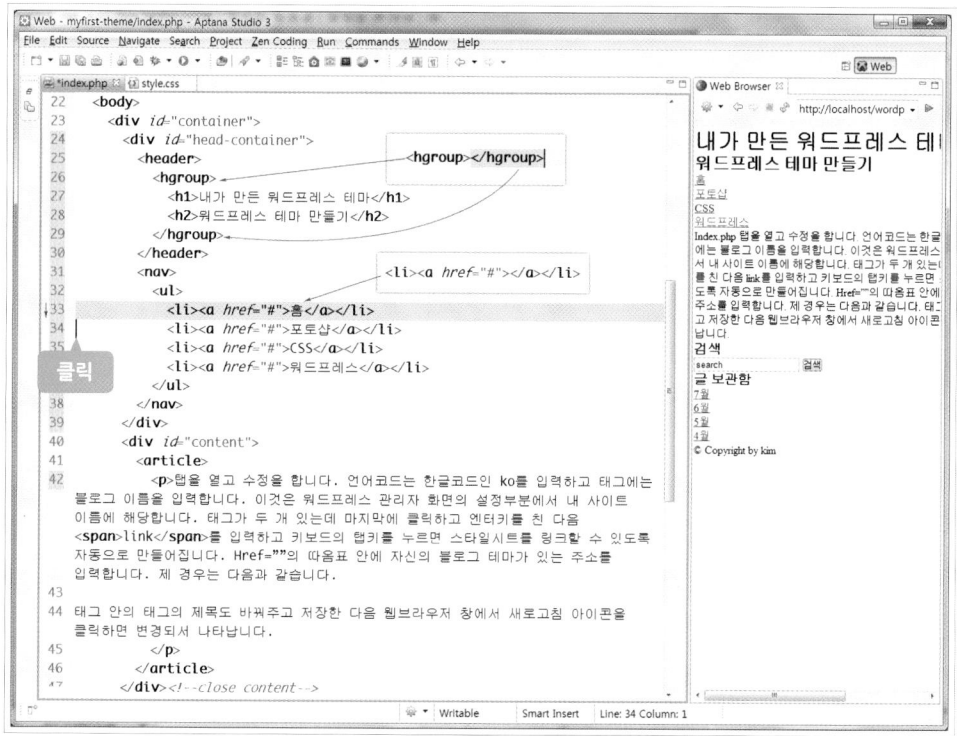

그림 4-14 헤더, 콘텐츠 영역 수정

사이드바에 해당하는 widget 영역도 위의 방법처럼 만들면 됩니다. 입력을 완료한 후 저장하고 웹브라우저 창에서 새로고침하면 아래 그림의 우측처럼 나타납니다. 이로써 하나의 웹페이지가 완성됐으며 이를 토대로 CSS를 이용한 레이아웃을 만들고 테마 만들기에 사용될 것입니다. 워드프레스는 이처럼 하나의 페이지만 만들면 이를 복사해서 다른 파일도 만들 수 있습니다.

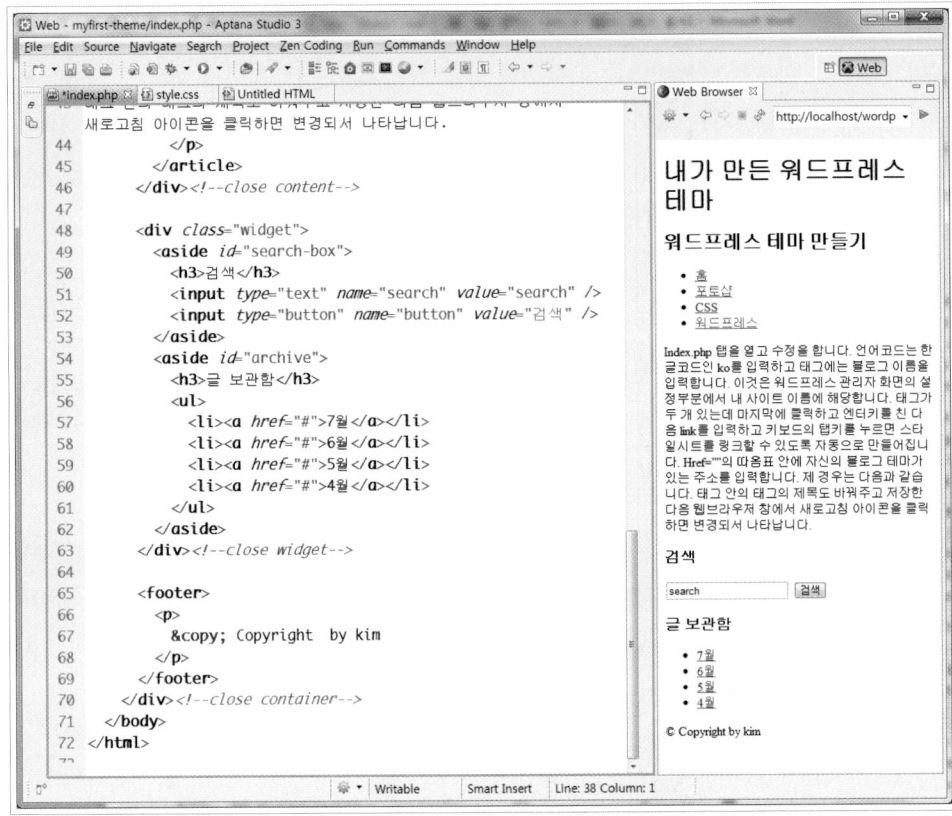

그림 4-15 사이드바 영역 수정

02 태그 선택자, 블럭 요소

웹페이지는 HTML(Hyper Text Markup Language)이라는 언어와 CSS(Cascading Style Sheet)라는 두 가지 웹프로그래밍 언어로 레이아웃을 만듭니다. HTML은 콘텐츠(Content)를 담당하고 CSS는 프리젠테이션(Presentation)을 담당합니다. 뭔가 발표할 때 프리젠테이션을 하게 되는데, 적당히 글씨만 쳐서 올리면 보는 사람이 즐겁게 보지 않기 때문에 색상도 넣고 배경색도 넣고, 테두리도 만들게 됩니다. 이러한 작업을 웹페이지에서는 CSS가 담당합니다.

태그 선택자

웹페이지에서는 태그를 사용해 콘텐츠의 특성을 지정합니다. 제목은 〈h1〉∼〈h6〉 태그를 사용하고 문장은 〈p〉 태그를 사용하죠. HTML에서는 이러한 태그를 요소(Element)라고 합니다. 요소에는 블럭 요소와 인라인 요소가 있습니다. CSS에서 스타일을 정할 때 여러 가지 타겟을 선택하는 방법이 있는데, 그 중 하나가 HTML의 요소를 대상으로 스타일을 선언하는 방식으로 Type Selector(타입 선택자, 또는 태그 선택자)라고 합니다.

태그는 기본적으로 고유의 특성이 있습니다. 〈h1〉 태그는 크기를 정하지 않아도 제목용 태그이기 때문에 기본적으로 글자가 크게 나옵니다. 아래에서 보듯이 〈h1〉∼〈h6〉 태그는 크기가 순차적으로 작아지지만 굵기는 bold로 나오게 됩니다. 하지만 〈p〉 태그는 기본적으로 아무런 스타일이 없습니다. HTML 코드만 사용하던 시절에는 이런 식으로 글자의 크기를 정했지만 CSS를 사용하면서 글자의 크기는 원하는 대로 정할 수 있습니다. 즉, 기본적으로 정해진 글자의 크기 같은 스타일은 완전히 무시합니다. h1 태그라 해도 표시되는 글자의 크기가 마음에 들지 않으면 수정하는 것입니다. h6의 태그라 해도 h1 태그의 글자 크기로 만들 수도 있습니다. CSS에서 글자의 크기를 지정하면 지정한 대로 크기가 나옵니다. 그만큼 HTML에서의 고유의 특성은 의미가 없습니다. 다만 중요한 것은 검색엔진이 이러한 h 태그를 중요시한다는 것이죠. 그것도 순서대로 정렬된 의미있는(Semantic) HTML 페이지를 아주 좋아합니다. 즉 h1 태그 다음에 소제목이 나오면 h2 태그를 쓰고, 그다음 소제목이 나온다면 h3를 쓰는 등 이러한 태그를 중요시해서 사용하면 검색엔진이 마음에 들어하므로 검색 결과에서 높은 순위를 차지할 가능성이 높아집니다.

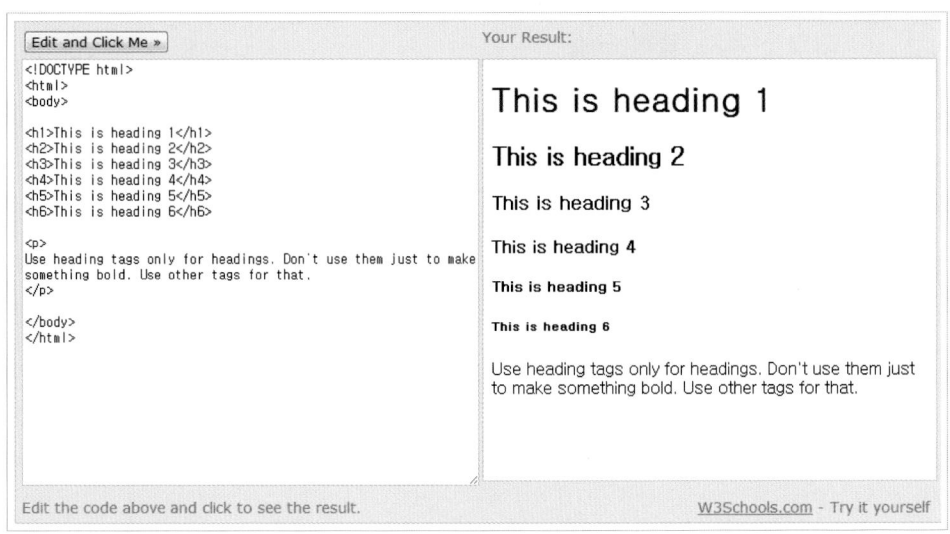

그림 4-16 제목 태그

블럭 요소와 인라인 요소

블럭 요소는 웹페이지에서 줄의 좌우 공간을 다 차지한다고 해서 블럭 요소라고 합니다. 앱타나에서 스타일시트 탭을 선택하고 h1 태그 선택자에 대해 배경 속성과 값을 다음과 같이 입력합니다.

```
h1 {background:red;}
```

파일을 저장하고 웹브라우저 창에서 새로고침하면 h1 태그의 글자 배경이 빨간색으로 나옵니다. 이것은 화면이 늘어나거나 줄어들어도 화면 좌우 끝까지 공간을 차지합니다. 웹브라우저 좌측의 경계선에 마우스를 올리면 좌우 화살표가 나타나고 좌측으로 클릭한 후 드래그하면 영역이 늘어나면서 글자의 배경색도 늘어납니다. 이러한 블럭 요소의 좌우에는 다른 요소가 들어갈 수 없습니다. 〈p〉 태그도 마찬가지로 블럭 요소입니다. 좌우에 공간이 부족하면 아래로 줄이 내려가죠. 이와는 반대로 인라인 요소라는 것은 블럭 요소에 포함되는 요소로 글자가 있는 공간만 차지합니다.

이번에는 index.php 페이지의 〈p〉 태그 안에 있는 하나의 단어에 대해 〈span〉〈/span〉 태그로 감싸준 다음 스타일시트에서 span { background:red; }로 배경색상을 설정해줍니다. 해당 글자가 빨간색 배경이 됐지만 좌우의 모든 공간을 차지하지 않습니다. 이 〈span〉 태그가 인라인 요소입니다. 이처럼 인라인 요소는 블럭 요소에 포함되어 일부의 글자에 특성을 부여할 때 사용됩니다.

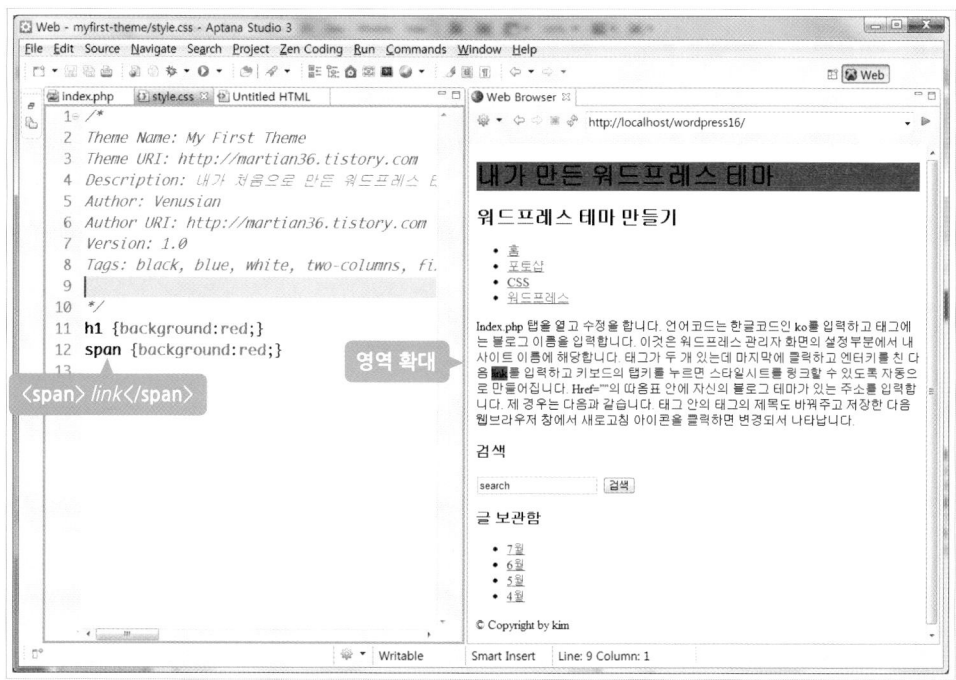

그림 4-17 블럭 요소

그러면 이러한 블럭 요소와 인라인 요소는 항상 변함이 없느냐 하면 꼭 그렇지도 않습니다. CSS를 사용하면 변경 가능하므로 블럭 요소가 인라인 요소가 될 수 있고 인라인 요소는 블럭 요소가 될 수 있습니다. 그러니 HTML 태그의 기본적인 특성이 여기서도 CSS에 의해 무참히 무너집니다. h1, h2 태그에는 이번에는 속성을 display:inline;으로 span 태그에는 display:block;으로 입력하고 저장한 다음 새로고침했습니다. h1, h2의 글자는 글자가 있는 공간만큼만 배경이 나오고 span 태그의 글자는 화면의 좌우를 다 채우고 있습니다. 이처럼 요소의 원래 특성이 CSS에 의해 변경될 수 있습니다.

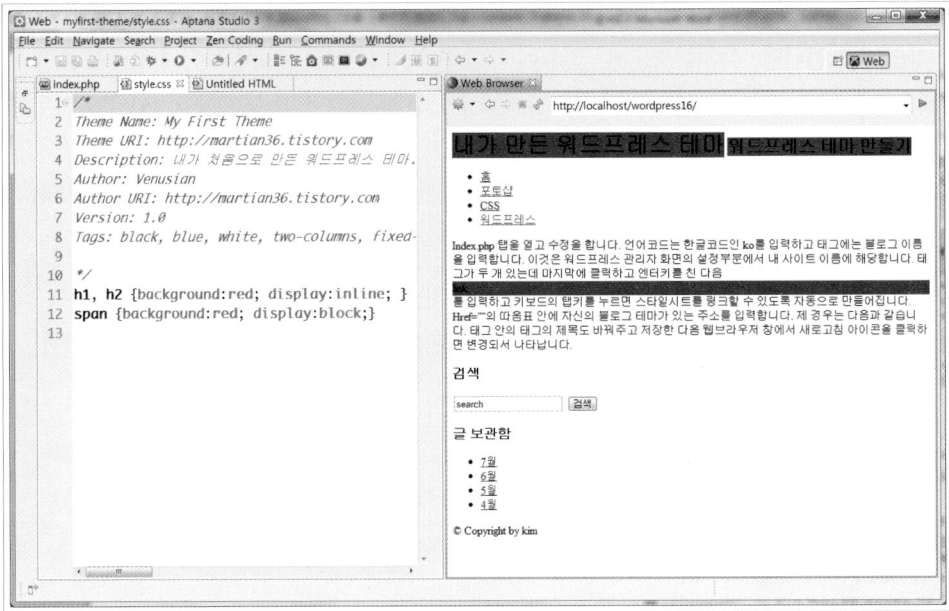

그림 4-18 블럭 요소와 인라인 요소의 전환

블럭 요소나 인라인 요소가 서로 변경할 수 있기 때문에 어떤 요소가 블럭 요소고 인라인 요소인지 알 필요가 없다고 생각할 수도 있겠지만 태그의 기본적인 성질을 파악해야 나중에 편집도 할 수 있고 문제점을 빨리 찾을 수도 있습니다.

태그를 블럭 요소와 인라인 요소로 구분해보면 다음과 같습니다.

블럭 요소:

태그	설명
HTML5의 새로운 태그	article, aside, details, figcaption, figure, footer, header, hgroup, nav, section 등 HTML5의 새로운 의미 요소
⟨div⟩	일반적으로 사용하는 다른 요소를 담을 수 있는 상자입니다.
⟨h1⟩ … ⟨h6⟩	제목으로 사용됩니다.
⟨p⟩	문단에 사용됩니다.
⟨ul⟩, ⟨ol⟩, ⟨dl⟩	비슷한 종류의 항목을 나열할 때 사용합니다.
⟨li⟩, ⟨dt⟩, ⟨dd⟩	위 항목의 세부 항목을 나열할 때 사용합니다.
⟨table⟩	테이블 형태의 데이터 나열에 사용합니다.

태그	설명
`<blockquote>`	삽입문에 사용합니다.
`<pre>`	특수 형태의 글자를 보존할 때 사용합니다.
`<form>`	글 양식이 있고 글 입력 내용을 데이터베이스에 저장할 때 사용합니다.

표 4-2 블록 요소

인라인 요소:

태그	설명
`<span>`	일부 글자에 대해 스타일을 정할 때 사용합니다.
`<a>`	링크를 걸때 사용합니다.
`<strong>`	글자를 볼드체로 두껍게 만들 때 사용합니다.
`<em>`	글자를 이탤릭체로 기울어지게 만들 때 사용합니다.
`<img>`	이미지를 삽입할 때 사용합니다.
` `	빈줄을 만들 때 사용합니다.
`<input>`	글 입력란을 만들 때 사용합니다.

표 4-3 인라인 요소

HTML5의 IE 핵

HTML5의 새로운 의미 요소는 구버전의 웹브라우저에서 지원하지 않으므로 HTML5의 새로운 중요 요소인 article, aside, hgroup, header, footer, figure, figcaption, nav, section을 블럭 요소로 인식하지 못합니다. HTML5는 HTML4와 호환되도록 설계됐지만 웹브라우저가 업그레이드를 하지 않으니 이들 요소를 인식하지 못하는 것이죠. 그래서 HTML5 버전으로 웹페이지를 만들 때는 이것들을 블럭 요소로 인식하도록 설정해야 합니다.

```
article, aside, hgroup, header, footer, figure, figcaption, nav, section {
    display: block;
}
```

위와 같이 설정하고 난 다음에는 일반 태그처럼 사용하면 됩니다.

```
article {
    font-family: 굴림, Helvetica, sans-serif;
    font-size: 12px;
}
```

또한 IE 구버전에서 태그로 인식하게끔 다음의 코드를 〈/head〉 이전에 삽입합니다.

```
<!--[if lt IE 9]>
<script src="http://html5shiv.googlecode.com/svn/trunk/html5.js">
</script>
<![endif]-->
```

위 코드는 레미 샤프(Remy Sharp)라는 개발자가 만든 코드인데, 방문자가 접속하면 구글의 CDN(Content Distribution Network)에서 로드됩니다. 직접 내려받아(http://code.google.com/p/html5shiv/) dist 폴더에 있는 파일(html5shiv.js)을 내 서버에 저장하고 링크를 걸어 사용할 수도 있습니다. 용량은 3KB로 이미 위 코드를 사용한 웹페이지를 방문한 사람이 내 웹사이트에 들어오면 다시 다운로드하지 않아도 되므로 속도가 빨라지죠. 더구나 구글 서버는 잠시도 쉬지 않고 돌아가므로 접속이 끊어질 염려도 없습니다.

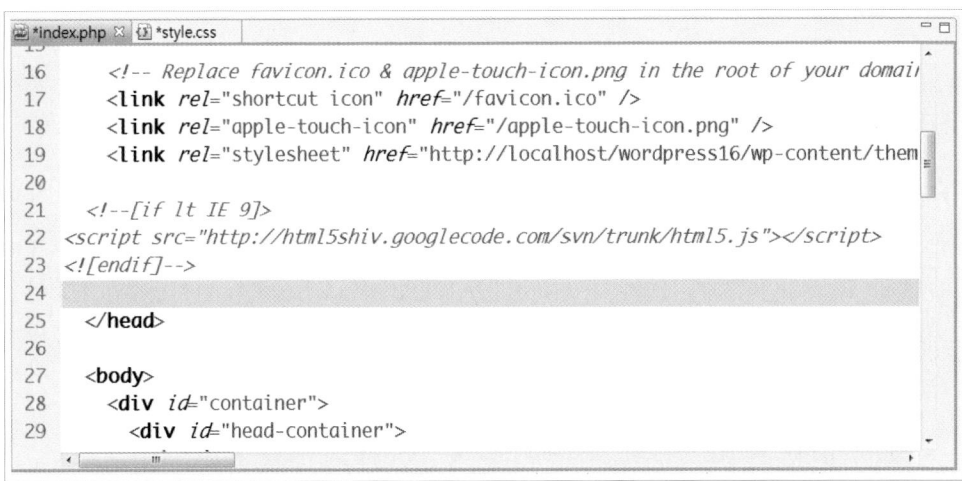

그림 4-19 IE 핵 삽입

이렇게 한다고 해서 완벽하게 해결되느냐 하면 꼭 그렇지도 않습니다. IE에서는 자바스크립트를 사용한 웹페이지를 열었을 때 자바스크립트를 사용할지 묻는 메시지창이 나타나기도 하고 사용자가 자바스크립트를 사용하지 않도록 일부러 설정해 놓은 경우도 있습니다. 이렇게 되면 의미 요소는 CSS에서 통제가 되지 않고 다른 요소는 통제가 되므로 웹페이지가 엉망이 되어버릴 겁니다. 아예 CSS가 전체 요소에 대해서 통제를 하지 않는다면 HTML의 코드 순서대로 나오니 보는 데는 지장이 없죠. 하지만 일부만 CSS가 적용된 화면을 보신 분은 이런 상황이 어떤지 아실 겁니다. 상황에 따라 흰 화면만 나오기도 하고 메뉴만 나오기도 하는 등 아주 다양하게 엉망이 되죠.

이런 경우에 대비하는 또 다른 방법이 있습니다. 그야말로 참으로 우아하지 않은 핵입니다.

```
<div class="article">
    <article>
        <section></section>
    </article>
</div>
```

이러면 IE도 꼼짝없이 CSS로 통제됩니다. CSS에서도 article 앞에 점 하나만 더 찍어 클래스 선택자로 사용하면 됩니다. 하지만 태그마다 〈div〉 클래스를 더해줘야 하죠. 우아하지 않더라도 어쩔 수 없답니다.

요소의 이동

HTML로 코딩하면서 가장 흔하고 많이 쓰이는 것이 〈div〉 태그입니다. div는 영어로 Division을 의미하는데, 이것은 대표적인 블록 요소 가운데 하나입니다. 블록 요소란 웹페이지에서 좌우공간을 다 차지해서 이 요소 외에 다른 요소가 옆에 오면 아래로 내려버리는 성질이 있습니다. 그래서 CSS로 스타일을 적용하지 않은 웹페이지를 보면 글자의 나열과 이미지만 나오고 위에서 아래로 HTML 코드 순서대로 나타납니다.

아래 그림은 웹페이지에 스타일을 적용하지 않고 본 화면입니다. 인터넷 익스플로러에서 보기 → 스타일 → 스타일 없음을 차례대로 선택하면 됩니다. HTML의 블록 요소는 이런 성질 때문에 보기 좋게 레이아웃을 잡기 위해 초기 웹디자이너들은 〈table〉 태그를 사용해 레이아웃을 만들었습니다. 테이블 레이아웃은 적용하기는 쉽지만 레이아웃을 변경하거나 어떤 요소를 다른 곳에 배치하고자 하면 테이블을 다시 만드는 게 편할 정도로 상당히 복잡해집니다.

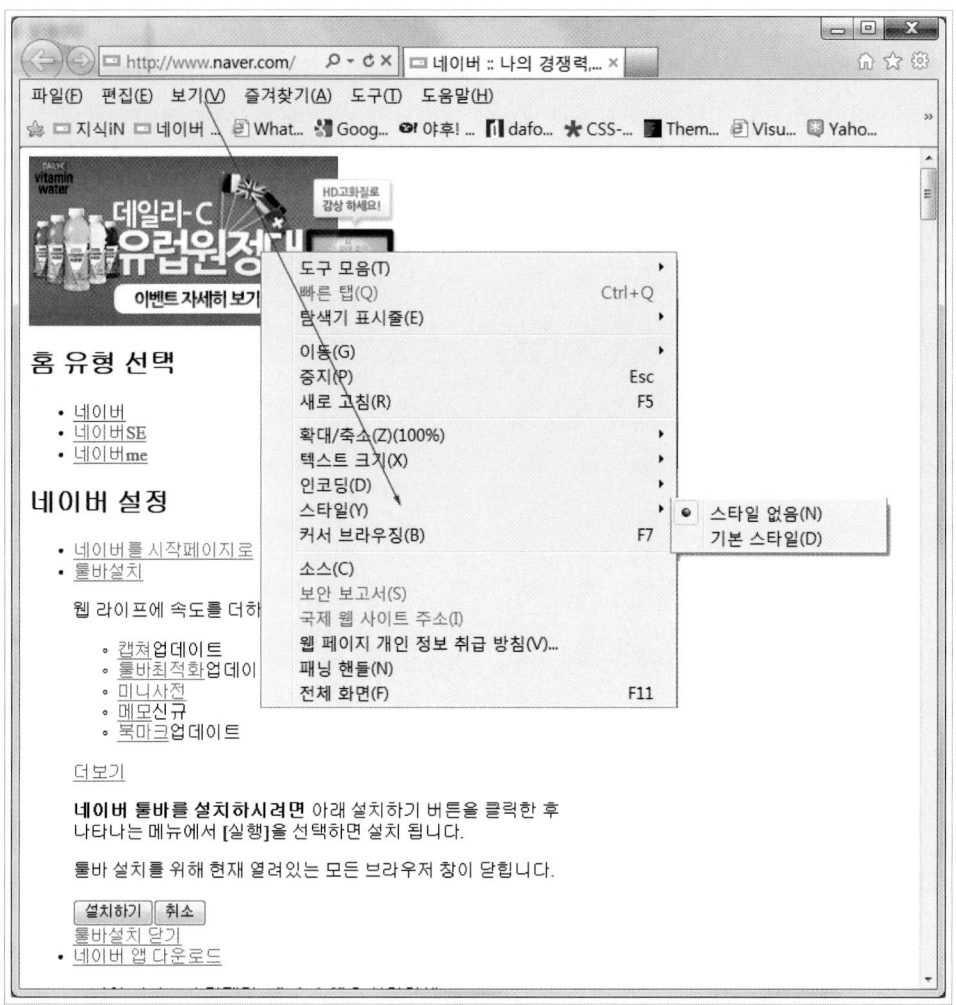

그림 4-20 스타일을 적용하지 않은 웹페이지

CSS의 스타일시트를 적용해 레이아웃을 만들 때는 블럭 요소인 〈div〉 태그를 이용합니다. 블럭 요소라고 해서 좌우 공간을 다 차지하지만 width라는 속성과 값을 부여하면 차지하는 공간을 제한할 수 있습니다. 다른 요소와는 달리 〈div〉이라는 요소는 블럭 요소라는 성질 외에는 어떤 특성이 없습니다. 〈h1〉 태그는 이전 글에서 봤듯이 글자가 크게 나오는 역할을 하고 〈p〉 태그는 문단을 나누게 되면 두 문단 사이에 공간이 생기는 특성이 있지만 〈div〉 태그는 어떤 특성이 없습니다. 이 태그 안에 무엇이 오느냐에 따라 그 크기에 맞춰 크기가 변하는 아주 자유로운 태그입니다. 그래서 스타일시트를 적용한 레이아웃에서는 ⟨div⟩ 태그를 사용하고 웹디자인은 ⟨div⟩에서 시작해서 ⟨/div⟩으로 끝난다고 할 정도로 이 태그는 아주 효율적인 도구입니다. HTML5의 새로운 의미 요소도 div 태그처럼 사용할 수 있습니다.

스타일시트 탭에서 이전의 내용을 지우고 다음과 같이 내용이 있는 요소에 대해 `margin-left:50px;`을 입력합니다.

```
h1 {margin-left:50px;}
h2 {margin-left:50px;}
h3 {margin-left:50px;}
p {margin-left:50px;}
input {margin-left:50px;}
ul {margin-left:50px;}
```

⟨li⟩ 태그는 ⟨ul⟩ 태그의 자식이므로 스타일을 정해주지 않아도 함께 이동합니다. 이런 것을 상속(inherit)이라고 합니다. 여기까지 입력하고 저장한 다음 웹브라우저에서 보면 내용 전체가 우측으로 50픽셀 만큼 이동합니다.

입력한 내용을 보면 여러 개의 요소에 대해 같은 속성과 값이 적용돼 있습니다. 이럴 때는 여러 개의 요소를 그룹화하는 것이 효율적인 CSS 관리에 도움이 됩니다.

```
h1, h2, h3, p, input, ul {margin-left:50px;}
```

각 요소를 배열하고 요소 사이에는 콤마를 찍어서 분리합니다. 이렇게 만들고 저장한 다음 웹브라우저에서 보면 전과 동일하게 나옵니다. 이렇게 모든 요소에 대해 margin-left를 사용하면 나중에 아주 복잡해집니다. 예를 들어, ⟨p⟩ 태그나 ⟨ul⟩ 태그에 대해서는 별도의 작업을 해서 배치해야 하는데, 이런 식으로 요소 간의 간격을 띄우면 혼란을 초래하게 됩니다. 그래서 사용하는 것이 이 전체를 하나의 상자에 담아서 그 상자만 이동하면 되는 것입니다. 그 상자에 해당하는 것이 바로 ⟨div⟩ 태그입니다.

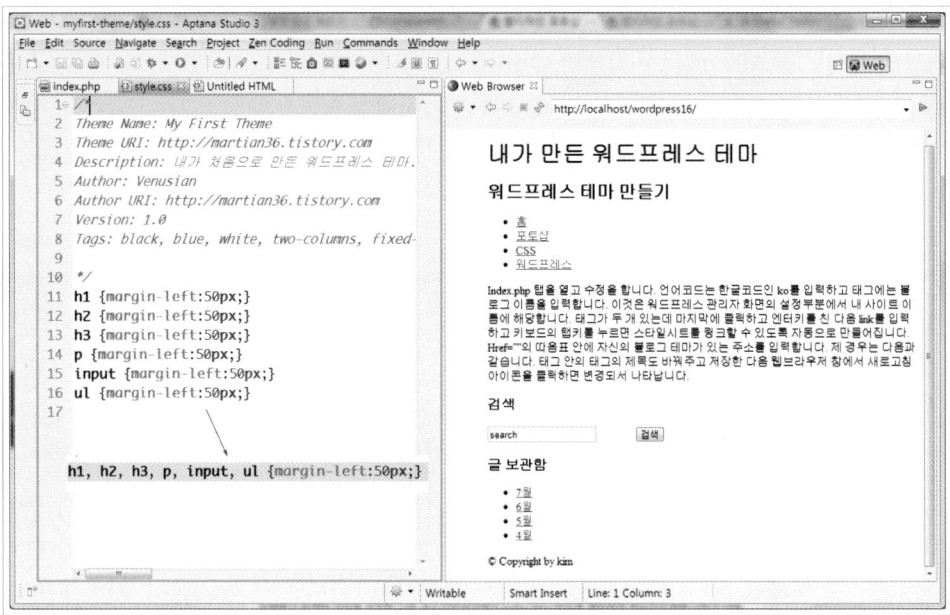

그림 4-21 요소의 이동

웹브라우저 기본 마진과 패딩 제거

위의 각 요소를 감싸고 있는 최상위 div 태그는 `<div id="container">`입니다. 하지만 이 div
태그를 감싸고 있는 요소가 있는데 바로 body 태그입니다. 그러니 이 body 요소에 대해 마
진을 설정하면 모두 이동될 것입니다. 그리고 웹브라우저마다 각각 다른 기본 마진과 패딩이
설정돼 있는데, 각 웹브라우저에 동일하게 스타일시트를 적용하려면 모든 마진과 패딩을 없
애고 스타일시트를 만드는 것이 좋습니다. 웹브라우저의 기본 마진과 패딩이 어떤지 보기 위
해 다음과 같이 입력합니다.

```
* {
    border:1px solid blue;
}
```

별표는 와일드카드를 의미하며, 모든 요소에 적용하고자 할 때 사용합니다. 모든 요소에 대
해 테두리를 1픽셀에 파란색 실선을 적용했더니 아래 그림처럼 나타납니다. 좌측 마진은 이
미 50픽셀을 적용해 웹브라우저의 기본 마진이 얼마인지 알 수 없지만 상단을 보면 약간 떨

어져 있습니다. 그리고 각 요소의 상하 간격이 있습니다. 이들 모두의 마진과 패딩을 없애줘야 합니다. 마진과 패딩에 대해서는 다른 글에서 자세히 다룹니다. 그리고 스타일시트의 속성과 값은 위처럼 별도의 행에 둬야 보기도 좋고 찾기도 쉽습니다.

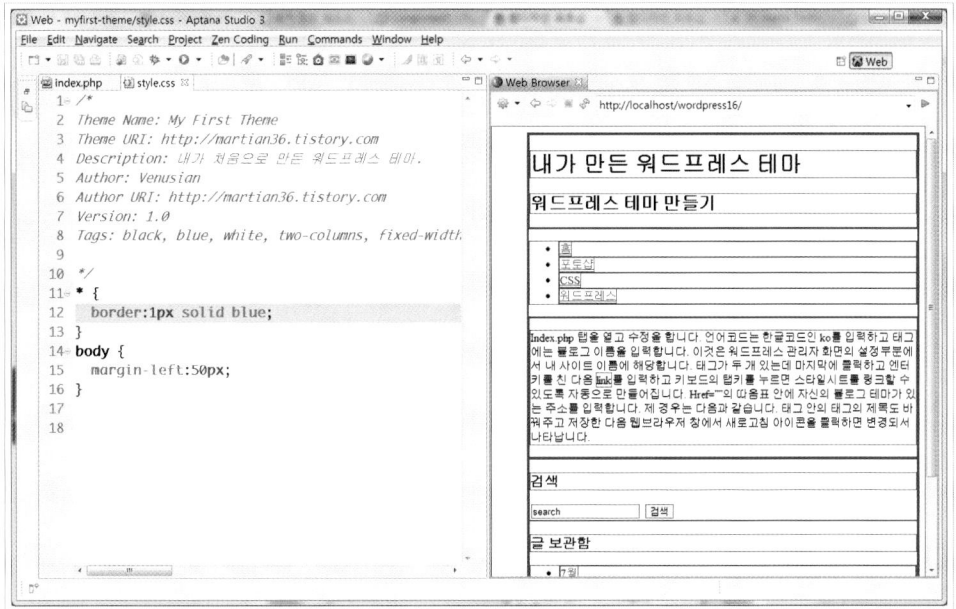

그림 4-22 웹브라우저의 기본 마진과 패딩

모든 요소(*)에 대해 다음과 같이 적용하니 기본 마진과 패딩이 제거됐습니다.

```
* {
    border:1px solid blue;
    margin:0;
    padding:0;
}
```

이제 보기 흉한 파란색 테두리선은 필요 없으니 스타일시트에서 제거합니다.

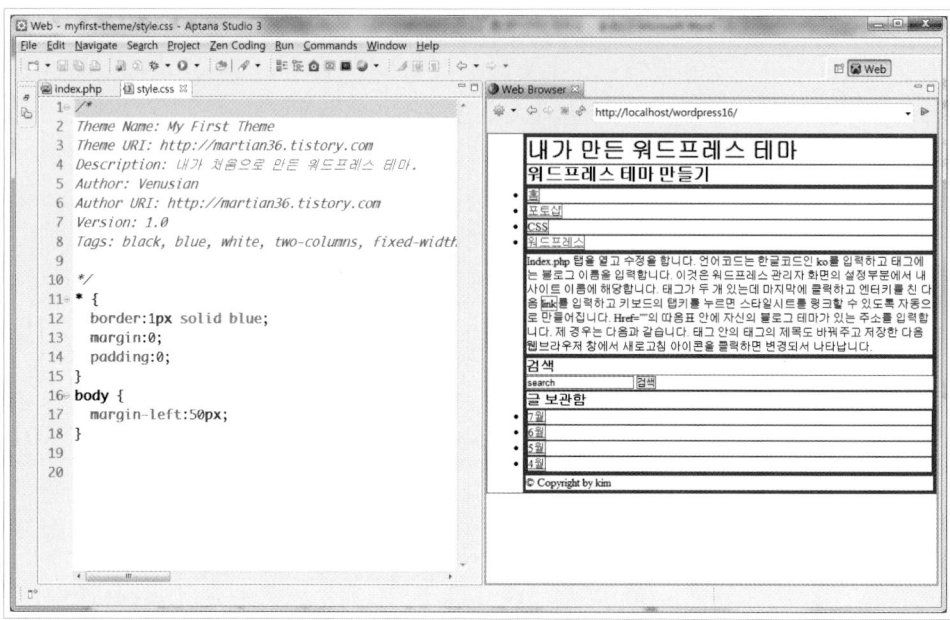

그림 4-23 웹브라우저의 기본 마진 제거

콘텐츠의 중앙 배치

웹페이지를 중앙에 배치하는 방법은 간단합니다. 다음과 같이 body 요소에 대해 폭을 지정하고 margin의 좌우를 auto로 설정하면 됩니다.

```
body {
    width:560px;
    margin:0px auto;
}
```

다음에 나오겠지만 margin의 값으로 두 개가 있으면 앞의 것은 상하 마진이고 뒤의 것은 좌우 마진입니다. 좌우마진을 auto로 하면 모니터 화면 크기에 따라 좌우 마진을 자동으로 맞추라는 의미입니다. 그러니 화면이 늘어나거나 줄어들어도 항상 중앙에 배치됩니다. 폭은 가장 많이 사용하는 960픽셀로 합니다. 여기서는 편집기의 웹브라우저 폭이 좁아서 560픽셀로 했습니다. 주의할 점은 이 방법을 사용하려면 부모 요소의 폭이 정해져 있어야 한다는 것입니다. 나중에 나오겠지만 부모 요소의 폭이 설정돼 있지 않으면 중앙 정렬이 되지 않습니다. 여기서는 body 태그의 부모 요소는 설정돼 있지 않지만 모니터 화면 크기를 부모 요소로 간주합니다.

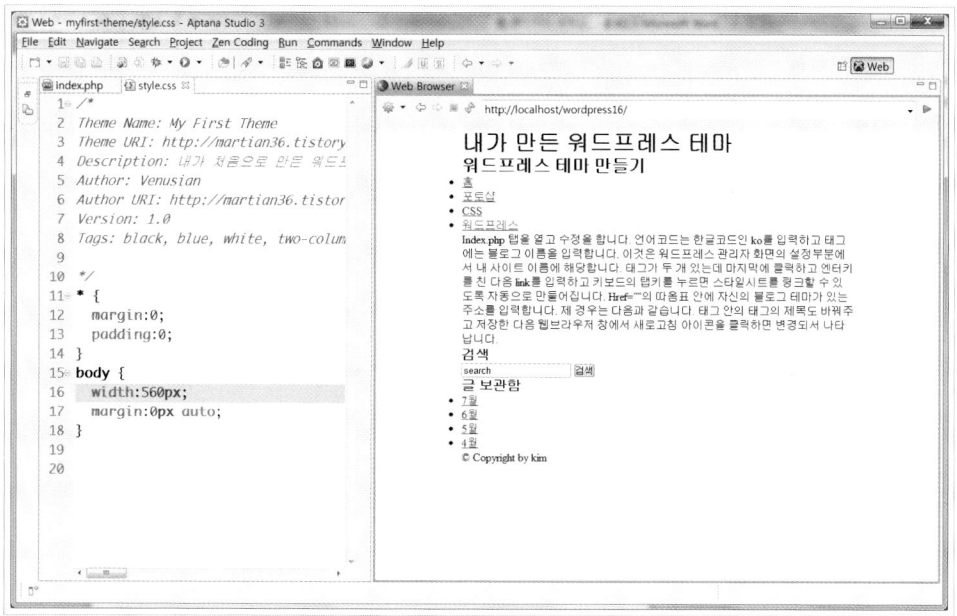

그림 4-24 body 요소의 중앙 배치

⋂3 CSS의 구문 구조와 선택자

CSS의 문법 구조는 프로그래밍 언어라고 할 수 없을 정도로 아주 단순합니다. 우선 제일 먼저 나오는 것이 선택자입니다. 선택자는 타입 선택자(Type Selector), 아이디 선택자, 클래스 선택자가 많이 쓰입니다. 선택자 다음에 나오는 것이 중괄호의 시작입니다. 그다음이 속성, 콜론, 값, 단위, 세미콜론, 중괄호끝으로 모든 구문이 완료됩니다. 하나의 속성과 값이 끝나고 다른 속성과 값을 추가하려면 세미콜론 다음에 다시 시작하면 됩니다. 모든 속성과 값은 중괄호 안에 들어가야 합니다. 아주 간단하죠. 그러면 아래 사진에서 중요한 것이 선택자와 속성, 값이 있는데 속성과 값은 아주 다양하기 때문에 별도의 내용없이 나오는 대로 설명하고 선택자에 대해서만 설명합니다.

그림 4-25 CSS의 구문구조

선택자(Selector)

웹표준에 의하면 HTML 페이지에서 CSS를 사용할 때 외부 스타일시트를 사용하게 돼 있으므로 CSS에서 HTML 요소에 대해 어떤 명령을 내리려면 타겟이 있어야 합니다. 타겟은 HTML의 요소를 대상으로 하며 요소 안의 태그나 속성을 선택하거나 선택자에 이름을 붙여서 그 이름을 대상으로 하기도 합니다. 그래서 대상을 정하는 것을 타겟팅(Targeting)이라고 하고 HTML의 태그와 같은 요소는 타겟이 됩니다. CSS로 속성과 값을 선언하는 방식은 세 가지가 있는데 인라인(inline) 방식, 임베디드(Embedded) 방식, 외부 스타일시트(External Style Sheet) 방식입니다. 인라인 방식은 태그가 있는 괄호(〈 〉) 안에 `<p style="margin: 10px;">`처럼 스타일을 정하는 방식이라서 해당 태그에만 적용되므로 선택자를 지정할 필요가 없습니다. 하지만 임베디드 방식이나 외부 스타일시트 방식은 태그로부터 떨어져 나와서 선언해야 하기 때문에 선택자가 필요합니다.

선택자의 종류는 다양하지만 가장 많이 쓰이는 것이 타입 선택자, 아이디 선택자, 클래스 선택자입니다. 그밖의 선택자는 유사 클래스(Pseudo Class) 선택자라고 해서 형태가 다양하므로 필요한 경우에 한해 설명하겠습니다.

타입 선택자는 HTML 태그를 타겟으로 하므로 크게 어려운 점은 없습니다. 아이디 선택자와 클래스 선택자에 대해서는 좀 더 이해할 필요가 있으므로 자세한 설명이 필요합니다.

학교의 한 반(class)에는 여러 명의 학생(id: Identification)이 있죠. 그래서 졸고 있는 홍길동이라는 아이디를 가진 학생에게 운동장 한바퀴 돌고 오라고 명령(CSS 선언)을 내렸다면 한 명의 학생만 이 명령을 받아 운동장을 돌고 올 것입니다. 그런데 거의 모든 학생이 졸고 있어서 반 전체(Class)에 대해 운동장 한 바퀴를 돌고 오라고 명령을 내리면 모두 이 명령을 받아 행동합니다.

이처럼 아이디 선택자는 웹페이지에서 한 번만 이용할 경우에 사용합니다. 예를 들면, 웹페이지에서 header나 footer는 하나만 있기 때문에 주로 아이디 선택자를 사용합니다. 하지만 반드시 그런 것은 아니고 클래스 선택자를 사용해도 됩니다. 한 번만 사용하더라도 클래스 선택자를 사용할 수 있는 것이죠. 아이디 선택자와 클래스 선택자의 차이는 이렇게 몇 번을 사용할 수 있는가에 대한 차이가 있고 우선순위로 치면 아이디 선택자가 항상 우선한다는 차이도 있습니다.

아이디 선택자(ID Selector)

앱타나에서 〈article〉 태그 안에 〈p〉 태그를 3개 만들고 내용을 입력합니다. 첫 번째 〈p〉 태그에 대해서 다음과 같이 id="first"를 삽입합니다. 태그에 대해 아이디 선택자가 들어 있는데, 태그에 명령을 내리면 될 것을 굳이 아이디 선택자를 정할 필요가 있는가? 라는 의문이 생길 수 있습니다. HTML 페이지에는 p 태그가 한 곳에만 있으란 법은 없죠. 여러 군데에 존재할 수 있기 때문에 그 여러 개의 p 태그에서 어떤 특정한 p 태그만 색다른 효과를 주려면 이름표(Identification)를 달아주고 이 이름(first)을 가진 p 태그만 별도 관리를 할 수 있습니다. 그래서 아이디 선택자가 필요한 것입니다.

p 태그 중에서 아이디가 first인 태그만 배경색을 노란색으로 바꿔라, 라는 명령을 내렸습니다. 스타일시트에서 아이디 선택자에게 명령을 내릴 때는 HTML 페이지에서는 "id"를 사용하지만 스타일시트에서는 선택자 이름 앞에 #를 붙여줍니다.

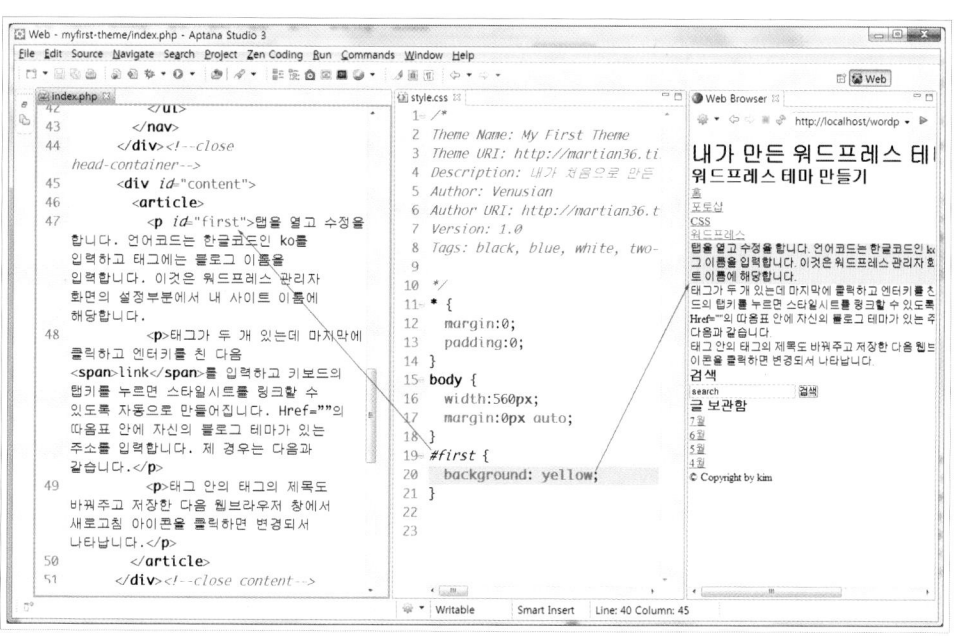

그림 4-26 아이디 선택자

이번에는 p 태그에 대해 배경색을 파란색으로 하라는 명령을 내렸습니다. 그러면 HTML 페이지에 있는 모든 p 태그에 적용됩니다. 그런데 아이디 선택자가 있는 p 태그는 노란색이고 나머지는 파란색으로 변했습니다. 어찌된 일일까요? 이것은 선택자 간의 싸움에서 어떤 것이 우세한가, 라는 아주 중요한 사항입니다. 지금 상황을 보면 p 태그와 id는 부모와 자식 관계도 아닌 같은 태그 안에 위치해서 서로 동등한 자격을 갖고 있습니다. 부모와 자식관계라면 자식이 이기죠. 하지만 동등할 경우에는 어떤 것이 이길까요? 아이디 선택자가 항상 이깁니다. 그래서 이 아이디를 가진 p 태그는 배경색이 노란색으로 그대로 남아있게 됩니다. 부모와 자식 관계의 의미는 예를 들어 〈div id="content"〉의 div 태그는 〈article〉 태그의 부모이고 article 태그는 p 태그의 부모입니다. 만일 이 id="content"에 배경색을 지정하더라도 p 태그가 자식이기 때문에 이 부분은 원래의 색이 남아있게 됩니다.

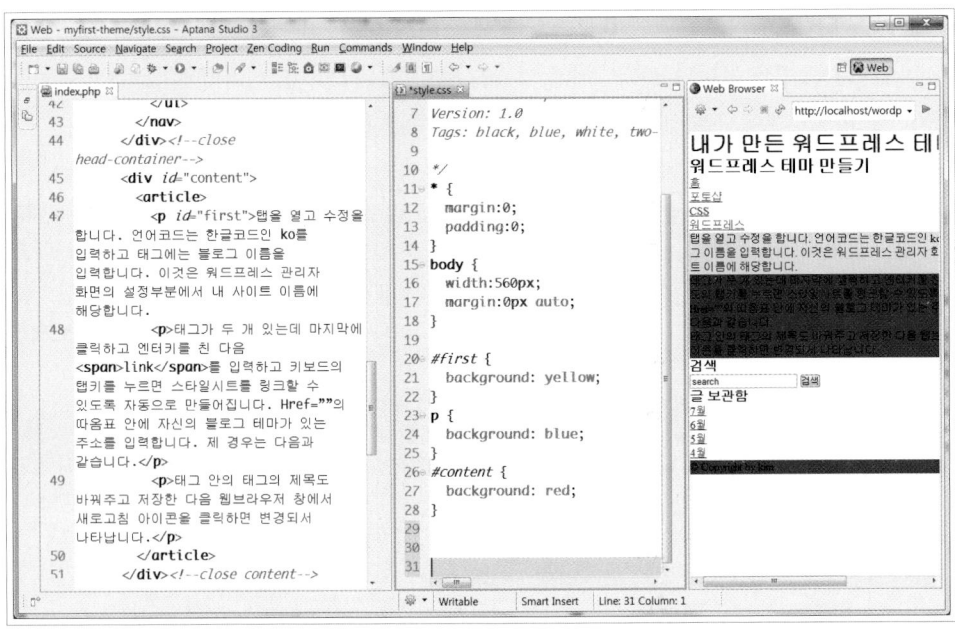

그림 4-27 아이디 선택자와 태그 선택자의 우열

클래스 선택자(Class Selector)

그럼 또 의문이 생깁니다. 바로 태그 선택자나 아이디 선택자를 사용하면 원하는 목적을 달성하고도 남을 텐데, 왜 클래스 선택자를 만들었을까, 라는 의문입니다. 아이디는 그 이름을 가진 하나의 태그에 대해서만 명령을 내릴 수 있어서 하나만을 대상으로 합니다. 클래스 선택자는 반(Class) 전체를 대상으로 명령을 내릴 수 있는 기능을 하는 선택자입니다. 예를 들어 워드프레스의 사이드바에는 여러 가지 위젯 박스가 있습니다. 위젯 박스는 같은 모양을 하고 있기 때문에 모든 위젯 박스에 같은 클래스 선택자를 지정하고 명령을 내리면 모두 같은 스타일이 적용됩니다.

두 개의 aside 태그에 class="widget-box"를 추가하고 스타일시트에서 다음과 같이 명령을 내립니다. 그러면 이 클래스 선택자의 이름을 가진 부분이 명령을 받습니다.

```
.widget-box {
    background: gray;
    margin:10px;
}
```

스타일시트에서 클래스 선택자는 선택자 이름 앞에 점을 찍습니다. 서로의 구분을 위해 마진을 추가했습니다.

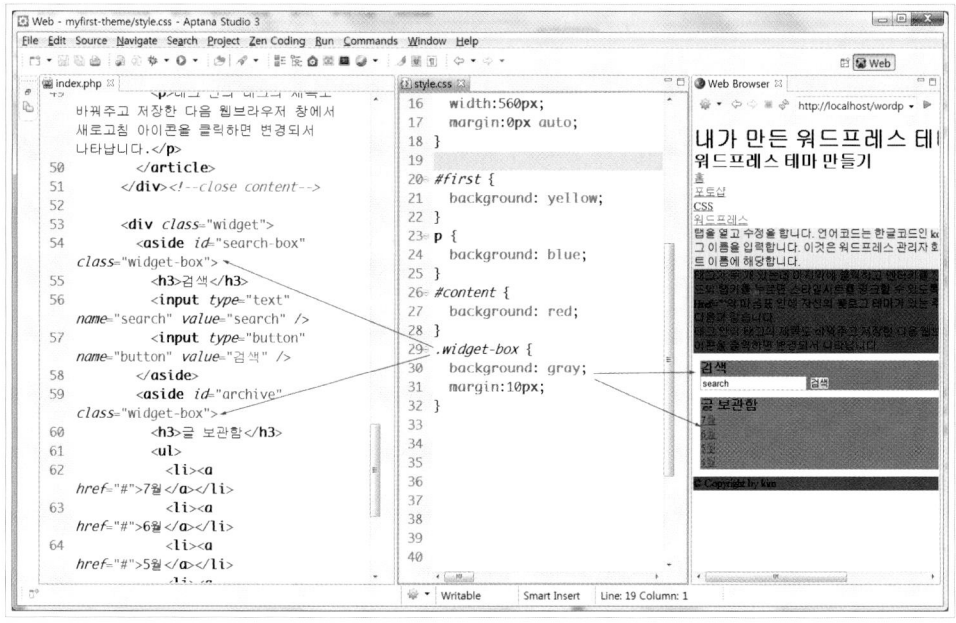

그림 4-28 클래스 선택자

복합 선택자, 유사 선택자

현재 index.php에는 〈ul〉 태그가 두 곳에 있습니다. 하나는 헤더 부분이고 다른 하나는 사이드바입니다. 이 둘 중 어느 하나의 ul 태그에 있는 li 태그에 대해 어떤 명령을 내리고자 하면 ul 태그에 아이디 선택자를 정해서 명령을 내리는 수가 있지만 아이디 선택자를 만들지 않고도 한곳에만 명령을 내릴 수가 있습니다. 사이드바에 있는 li 태그에 명령을 내리자면 다음과 같이 합니다.

```
aside ul li {
        background: red;
}
```

li 태그 앞에 부모 태그인 ul을 삽입했고, ul 앞에는 부모 태그인 aside를 삽입했습니다. aside 대신에 nav을 입력하면 메뉴 부분의 li가 선택됩니다. 이 때 aside 태그와 li 태그 사이에 있는 li 태그의 부모 태그인 ul 태그는 생략해도 됩니다. 즉 aside 태그 안의 li 태그를 지정하는 것입니다. 위와 같이 어떤 선택자 앞에 다른 선택자가 있는 경우를 복합 선택자 (Compound Selector)라고 합니다. 여러 개의 선택자가 들어가지만 HTML 페이지에 아이디 선택자를 추가하지 않아도 되니 편리하며 아주 많이 사용합니다. 워드프레스에서 테마를 수정하고자 하면 아이디나 클래스 선택자를 삽입할 수 없는 경우가 많기 때문에 이런 방법을 사용해서 선택자를 특정해야 합니다.

이번에도 선택자를 넣지 않고 li 태그 가운데 하나에 명령을 내려봅니다.

```
aside ul li:first-child  {
        background: blue;
}
```

위처럼 :first-child를 추가하고 배경색을 다른 색으로 지정하면 첫 번째 li 태그에만 명령이 전달됩니다. 이러한 선택자를 유사 클래스(Pseudo class) 선택자라고 합니다. last-child를 넣으면 마지막 li가 선택되며, nth-child(2)를 넣으면 두 번째 li가 선택됩니다.

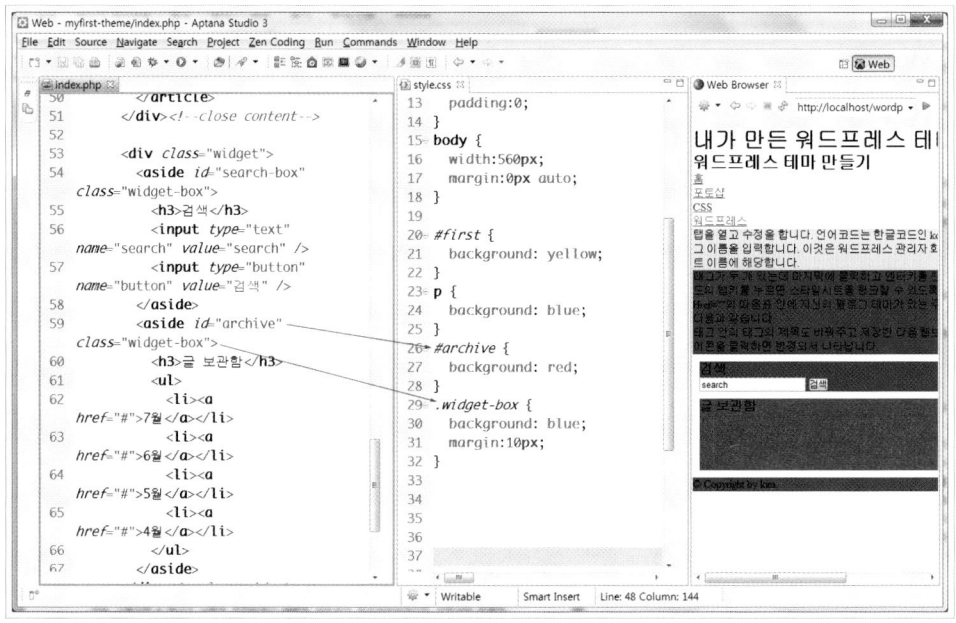

그림 4-29 복합 선택자, 유사 선택자

선택자의 우열

이전에 모든 p 태그에 대해 배경 색상을 지정하면서 하나의 태그에 아이디 선택자를 넣고 다른 배경색을 지정했을 때 같은 p 태그임에도 아이디 선택자가 있는 곳이 우세했습니다. 그러면 클래스 선택자와 아이디 선택자는 어느 것이 우세할까요? CSS의 캐스케이딩 논리에 의하면 마지막에 선언된 것이 우세하지만 선택자의 싸움에서는 아이디 선택자가 클래스 선택자보다 우세해서 항상 이깁니다. 아래처럼 입력하고 웹브라우저에서 보면 그림처럼 나타납니다.

```
#archive {
        background: red;
}
.widget-box {
        background: blue;
        margin:10px;
}
```

현재 두 aside 태그 가운데 글보관함이 있는 곳에선 아이디 선택자와 클래스 선택자가 두 개 지정돼 있습니다. 그리고 클래스 선택자인 .widget-box가 나중에 선언됐습니다. 캐스캐이딩이란 스타일시트의 순서상 나중에 선언된 것이 우선 적용된다는 의미입니다. 그렇다면 클래스 선택자가 나중에 선언됐기 때문에 파란색이 우선해야 하지만 선택자의 싸움에서는 아이디 선택자가 항상 우세하기 때문에 #archive에 선언된 배경색이 적용됐습니다. 선택자의 우열은 아이디가 항상 우선하고 그다음이 클래스 선택자, 그다음이 타입 선택자입니다.

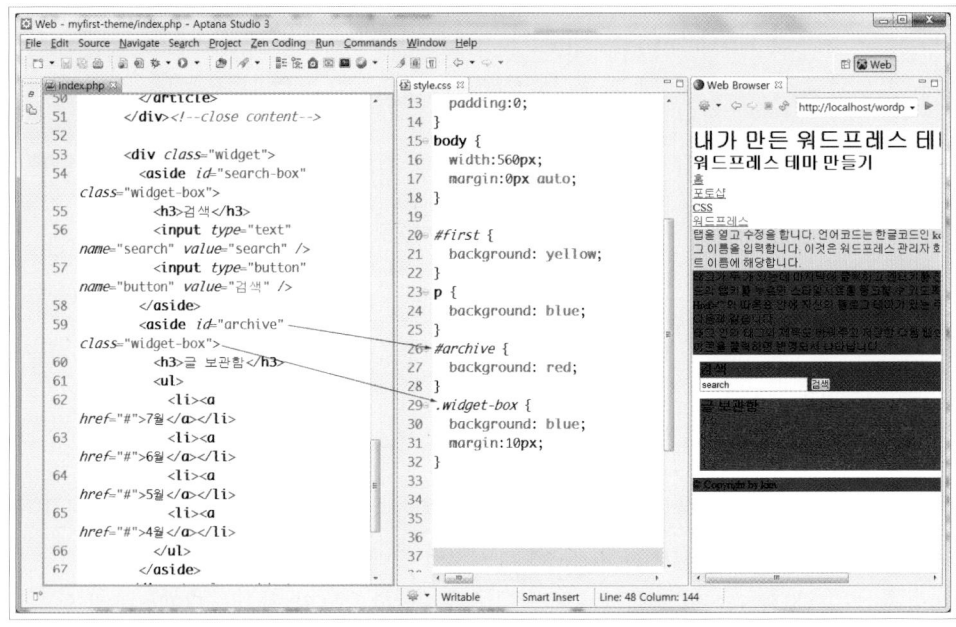

그림 4-30 선택자의 우열

아이디 선택자와 클래스 선택자의 선택

그러면 웹페이지를 작성할 때는 어떤 선택자를 사용해야 할까? 라는 의문이 생깁니다. 아이디 선택자는 웹페이지에서 하나만 사용할 수 있습니다. 헤더나 푸터같은 페이지에서 하나밖에 없는 것은 아이디 선택자를 사용해도 됩니다. 본문인 content는 어떨까요? 본문은 포스트의 본문도 있고 방명록의 본문도 있고 페이지가 있는 곳이라면 본문이 있기 때문에 이 본문에 대해 선택자를 정할 경우에는 클래스로 만드는 것이 편리합니다. 그러니 앞으로 한 곳에만 적용할 것이고 두 번 다시 사용할 일이 없다고 판단되면 아이디 선택자를 사용하고, 두

개 이상으로 사용할 것 같다면 클래스 선택자로 선택해야 합니다. 나중에 이것을 변경한다면
아주 복잡해질 수도 있으니 처음에 선택을 잘 해야 합니다.

∩/₄ 마진과 패딩, 테두리(border)의 관계

아래의 스타일시트의 코드는 아래 그림으로 나타납니다. 어떤 콘텐츠의 width가 100픽셀인
데, 여기에 패딩을 20픽셀 주게 되면 이 콘텐츠는 140픽셀로 넓이가 늘어나고, border를 5
픽셀 주면 총 넓이는 150픽셀로 늘어납니다. 다른 요소와의 간격인 margin을 20픽셀 주면
총 190픽셀로 늘어납니다. ①은 다른 요소가 위치하는 자리입니다.

```
.box {
        background:gray;
        width:100px;
        margin:20px;
        padding:20px;
        border:5px solid blue;
}
```

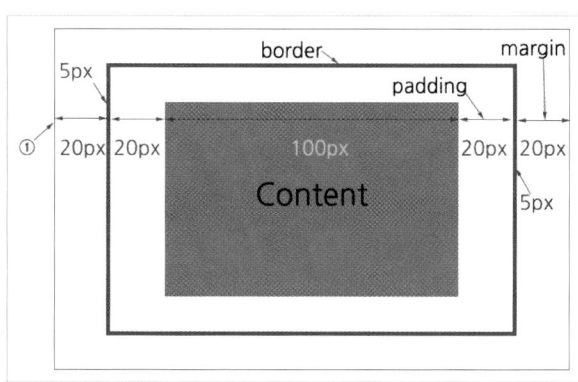

그림 4-31 마진과 패딩, 테두리(border)의 관계

위 코드를 스타일시트에 입력하고 index.php의 content 영역 바로 아래에 div 태그를 만들
어 아래와 같이 클래스 선택자를 적용하면 그림과 같이 나옵니다.

```
<div class="box">
        content
</div>
```

```
<div class="box">
        content
</div>
```

float:left;라는 속성과 값을 추가하면 박스가 좌우로 나란히 위치합니다. float는 요소를 뜨게(float) 해서 두 개의 요소를 좌우로 나란히 배치하는 성질이 있습니다. 두 박스 그룹의 차이를 보면 윗 그림은 박스 간의 간격이 20px+20px=40px로 돼 있지만 아래의 그림은 20px밖에 안 됩니다. 이처럼 margin은 상하의 위치에 있으면 어느 한쪽만 적용됩니다.

그림 4-32 float 속성

마진과 패딩을 적용하는 방법

기본적인 적용법은 마진의 상, 우, 하, 좌의 4면의 속성을 각각 설정하고 값을 입력하는 방법입니다. 패딩도 같은 방법이니 아래에서 margin을 padding으로 교체하면 됩니다. 단위는 주로 px(픽셀)을 사용하지만 pt(포인트, 글자 크기의 단위), em(마진이 설정되는 곳의 폰트 크기를 기준으로 하는 단위), %를 사용할 수 있습니다.

```
margin-top:100px;
margin-bottom:100px;
margin-right:50px;
margin-left:50px;
```

위처럼 하면 어느 하나의 면만 설정할 수 있습니다. 이것이 기본적인 적용법이고 CSS에는 항상 단축법(Shorthand)이라는 것이 있습니다. 위의 내용을 한줄로 단축하면 다음과 같습니다.

```
margin:100px 50px 100px 50px;
```

순서는 시계방향으로 돌아가면서 12시(상), 3시(우), 6시(하), 9시(좌)로 시계를 생각하면 쉽습니다. 그런데 이것도 단축할 수가 있습니다. 위 수치를 보면 상, 하가 같은 값입니다. 좌, 우도 같은 값이죠. 이럴 경우에만 더 단축해서 만들 수 있습니다.

```
margin:100px 50px;
```

만일 모든 면의 수치가 같다면

```
margin:100px;
```

라고 하면 됩니다. 그런데 상하는 다르고 좌우가 같다면 다음과 같이 할 수도 있습니다.

```
margin:100px 50px 80px;
```

세 가지 값만 있을 때는 가운데 수치가 좌, 우의 값을 의미합니다.

보더(border) 적용하는 법

border에는 border-width, border-style, border-color로 세 가지 속성이 있습니다.

border-width

픽셀 단위로 수치를 입력하는 방법과 용어를 사용하는 방법이 있습니다. 용어는 thin, medium, thick이 있고 순서대로 굵어집니다. 하지만 정확한 수치를 위해서는 픽셀 단위로 하는 것이 좋습니다. 이들은 다음과 같이 혼합해서 사용하는 것도 가능합니다.

```
border-width: thin thick medium 5px;
```

순서는 마진 설정과 마찬가지로 상, 우, 하, 좌입니다. 생략형도 가능해서 마진 설정법을 보고 참고하면 됩니다.

```
border-width: thin medium;
```

위 경우는 상하가 thin이고 좌우가 medium이 됩니다.

top, right, bottom, left 속성을 추가하면 어느 한 방향만 설정할 수 있습니다.

`border-top-width: 2px;`로 하면 한쪽으로만 테두리를 정합니다.

border-style

보더 스타일은 장식을 할 수 있는 부분이므로 아주 다양합니다. 속성은 border-style이고 값은 다양합니다. 보통 solid를 많이 사용하며 실선입니다. double은 이중 실선이고 dashed는 대시로 이어진 점선이고 dotted는 점으로 이어진 점선입니다.

방법은 `border-style:solid;`와 같은 식으로 적용하면 됩니다. 속성값으로 none을 사용할 수도 있으며, 어느 한 면만 선을 적용하지 않고자 할 때 사용합니다.

마진 설정과 마찬가지로 4면에 대해 각각 다른 값을 설정할 수 있습니다.

```
border-style:dotted solid double;
```

위와 같이 설정하면 상은 dotted, 좌우는 solid, 하는 double이 됩니다.

boder-color

CSS에서 색상을 설정하는 방법은 여러 가지가 있습니다.

- 16진수 Hexadecimal에 의한 방법

  3장의 CSS 팁에서 나왔지만 복습 차원에서 다시 점검하겠습니다.

  ```
  border-color:#ff0000; 또는   border-color:#f00;
  ```

  16진수 Hexadecimal에 의한 방법은 파운드싸인(#) 다음에 16진수의 숫자를 두 자리 단위로 입력합니다. 16진수에서 00은 검정색이고 ff는 흰색입니다. 16진수는 00부터 시작해서 01~ff까지 오면 16의 제곱이므로 숫자가 256개가 나옵니다. R, G, B의 색상을 각각 256가지 색을 사용합니다. 그래서 #ff0000은 R(red)의 색상이 가장 많으므로 빨간색이 됩니다. 같은 숫자가 반복되면 #f00으로 줄일 수 있습니다. 마찬가지로 #00FF00은 녹색이 되죠. 대소문자는 구별하지 않습니다. 이렇듯 16진수 색상 코드는 어느 부분이 많이 포함돼 있는가를 판단하면 대략적인 색을 예측할 수 있습니다. #FFFF00은 빨간색과 녹색이 100% 섞인 색이므로 노란색이 됩니다. #FF8800은 노란색이 50% 들어가므로 오렌지색에 가깝게 나옵니다. 정확한 색을 알아내기는 어려워도 대략적인 색을 생각할 수는 있죠.

• 색상명에 의한 방법

```
border-color:red;
```

또 하나의 방법은 색의 이름을 영어로 입력합니다. CSS에서 색상명은 147종이 있고 그중에 17개가 표준 컬러입니다. 이 표준 컬러는 aqua, black, blue, fuchsia, gray, grey, green, lime, maroon, navy, olive, purple, red, silver, teal, white, yellow입니다. 영어로 아는 이름은 그대로 입력하면 됩니다. 이곳(http://www.w3schools.com/cssref/css_colornames.asp)으로 이동하면 전체 색상명이 나옵니다. 이름을 전부 알 필요는 없겠죠.

• rgb 색상값을 이용한 방법

다음과 같이 값을 rgb(숫자,숫자,숫자); 형식으로 사용합니다.

```
border-color:rgb(255,0,0);
```

16진수로 색상명을 지정하는 방식과 흡사하죠. 여기서는 10진수를 사용합니다. 여기에 rgb를 rgba로 하고 마지막 부분에 콤마와 숫자를 더하면 투명도를 첨가할 수 있습니다.

```
border -color:rgba(255,0,0,0.5);
```

마지막 숫자는 0부터 1까지의 소수를 사용합니다. 0은 완전 투명, 1은 완전 불투명입니다. 투명도는 최신 웹 브라우저만 지원합니다.

border 속성의 단축형

```
border:5px solid red;
```

위와 같은 형태로 width, style, color 순서대로 사용합니다. 이렇게 하면 4면이 전체가 설정되므로 각 면에 대해 설정하려면 border 다음에 방향을 추가합니다.

```
border-top:5px solid red;
```

border 설정은 이 단축형을 가장 많이 사용합니다.

웹페이지에 적용하기

현재 HTML 페이지에는 #head-container, #content, .widget, footer로 4개의 큰 요소 상자가 있습니다. 이들에 대해 각각 테두리를 1px solid #ccc로 설정합니다. #head-container와 footer는 body로부터 폭을 상속받으므로 width를 입력할 필요는 없고 #content와 .widget에 대해 전체 폭인 960px에 해당하도록 각각 740px과 220px을 추가합니다. 변경사항을 저장하고 웹브라우저에서 보면 아래처럼 나옵니다. 이제부터는 화면을 넓게 봐야 하니까 편집기 내장 웹브라우저 창을 축소했을 때 두 번째 토글 아이콘을 사용해 웹브라우저 화면이 나왔을 때 좌측 경계선을 클릭한 후 드래그해서 넓게 해서 보거나 실제 웹브라우저를 사용해서 확인합니다.

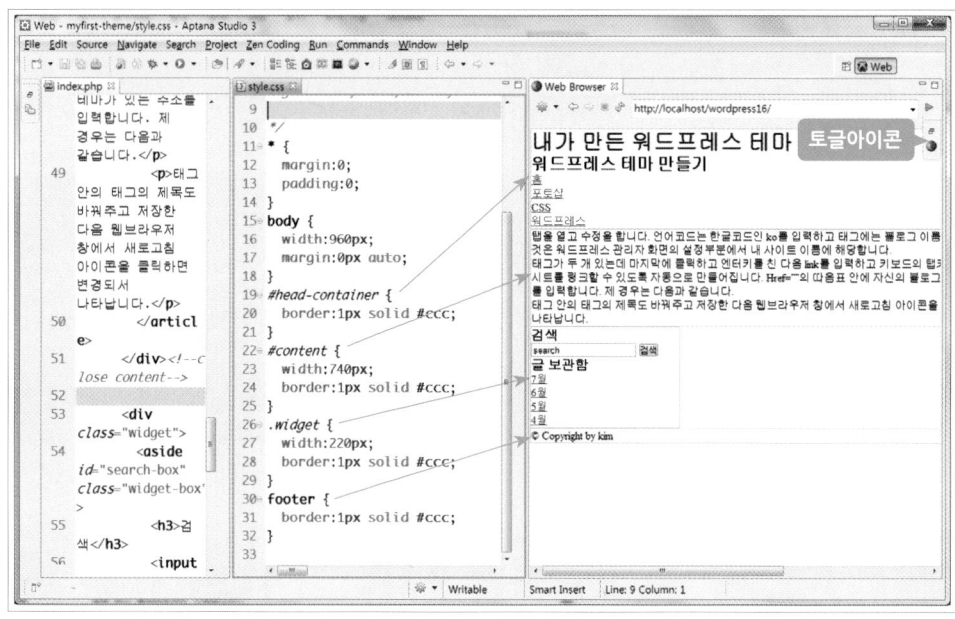

그림 4-33 각 요소의 테두리 설정

#content를 좌측에 배치하기 위해 float:left;를, 사이드바인 .widget을 #content 우측으로 배치하기 위해 다음과 같이 float:right;를 추가합니다.

```
#content {
    float:left;
    width:740px;
    border:1px solid #ccc;
}
```

```
.widget {
        float:right;
        width:220px;
        border:1px solid #ccc;
}
```

웹브라우저 창에서 보면 사이드바가 우측으로 가는 것은 좋았는데, #content 우측 끝에 걸려서 올라가지 못하고 있습니다. 이것은 두 개의 영역에 960px에 해당하는 폭을 지정했지만 테두리인 border 값을 감안하지 않아서 그런 것입니다. 즉, 4픽셀 만큼 모자라서 올라가지 못한 것입니다. 그리고 #content를 float:left;로 지정하면 왼쪽으로 뜨게 되고 .widget을 float:right;로 하면 오른쪽으로 뜨게 됩니다. CSS에서 float 속성을 사용하면 아래에 있던 내용이 위로 올라오게 됩니다. 두 개의 요소를 뜨게 만들었으니 당연한 것입니다.

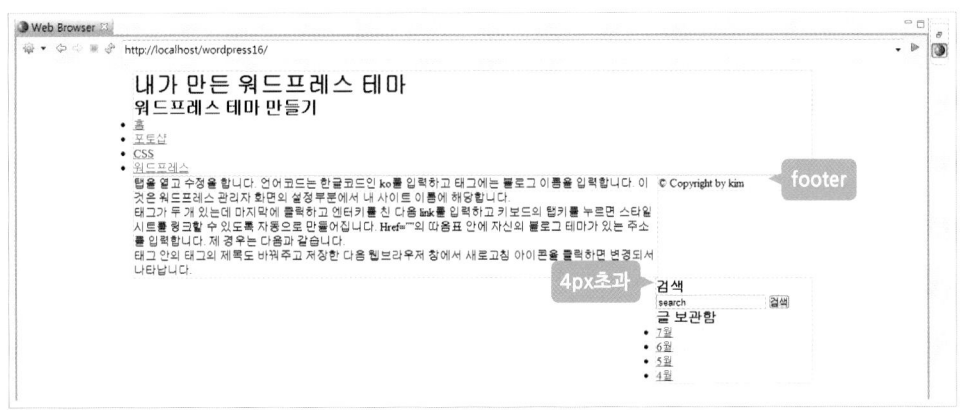

그림 4-34 컨텐트와 사이드바의 좌우 배치

#content의 폭을 720px로 줄이면 두 개의 요소 사이에 16px의 간격도 있어서 margin의 역할을 합니다. 또한 border가 있는 경우 테두리와 콘텐츠 사이에 padding을 20px씩 주면 여백이 만들어져서 보기 좋습니다. #content와 .widget에 padding:20px;을 추가하면 폭이 40px씩 늘어나므로 width를 40px씩 줄여줘야 합니다. 그러면 #content의 폭은 680px이 되고 .widget의 폭은 180px이 됩니다.

정리하면 #content 영역은 680px(width)+40px(padding)+2px(border)=722px이 되고, .widget 영역은 180px(width)+40px(padding)+2px(border)=222px이 됩니다. 두 영역의 합계는 722px+222px=944px이 되며 960px(body의 width)-944px=16px은 두 영역 사이의 공간이 됩니다.

footer 영역을 위 두 영역의 아래로 내려오게 하려면 HTML 페이지에서 float되고 있는 요소들 아래에 <div class="clear"></div>을 삽입하고 스타일시트에는 .clear {clear:both;}라는 속성과 값을 입력합니다. 이것은 float라는 속성을 사용한 곳에 항상 사용하는 속성입니다. clear라는 이름은 다른 것으로 바꿔도 되지만 속성의 이름을 그대로 사용함으로써 무슨 역할을 하는 선택자인지 바로 알 수 있습니다. 그 밖에 clearfix라는 이름을 사용하기도 합니다. 클래스 선택자로 한 것은 스타일시트에서 한번 선언해 놓으면 다른 곳에서도 사용할 수 있기 때문입니다.

또한 #header-container와 #content 영역, footer와 #content 영역 사이의 공간을 만들어 주기 위해 #header-container에는 margin-bottom:15px;을, footer에는 margin-top:15px;을 추가해줍니다.

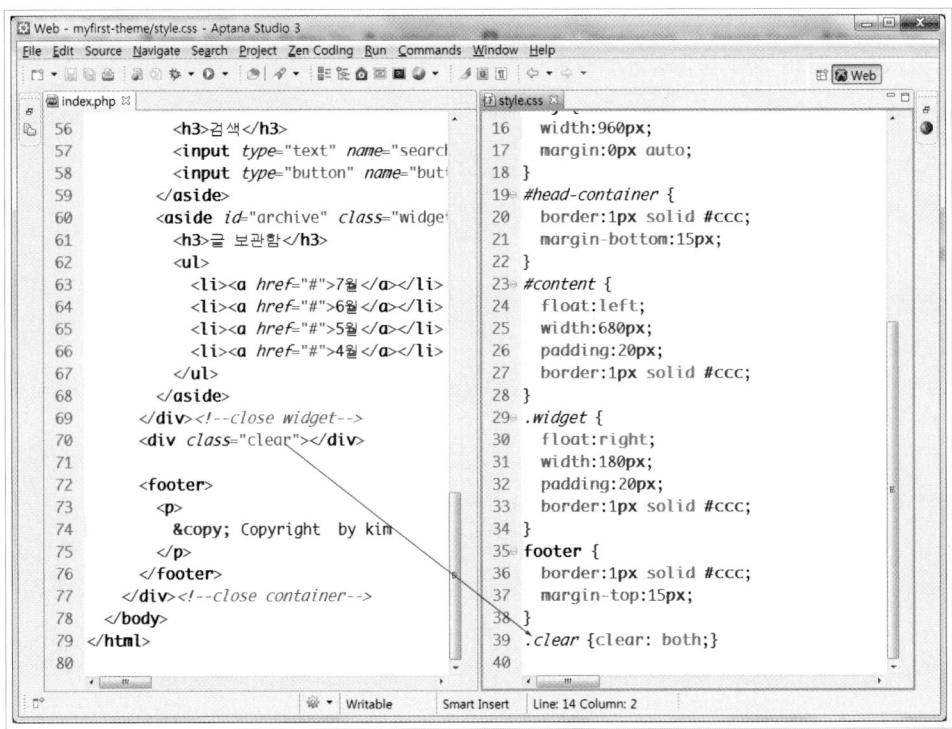

그림 4-35 콘텐츠의 공간 확보

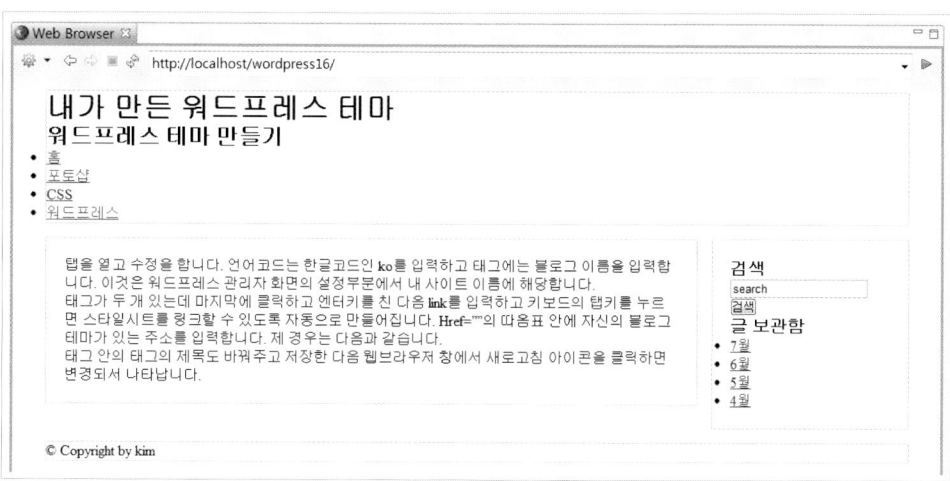

그림 4-36 웹브라우저에서 보기

이제 각 박스 테두리의 모서리를 둥글게 하는 효과를 적용해봅니다. 또한 #head-container 와 footer에도 padding:20px;을 적용하고 body에 margin:20px;을 적용해서 웹브라우저와 공간이 떨어지게 해줍니다. 현재 body에는 margin:0px auto;가 적용돼 있는데 0px을 20px로 바꿔주면 상단과 하단 마진이 적용됩니다.

테두리의 모서리를 둥글게 하는 데는 CSS3의 border-radius 속성을 사용합니다. 이것은 이전 버전의 IE에서는 적용되지 않습니다. 값으로는 수치와 단위로는 픽셀을 사용합니다. border-radius:5px;을 4개의 상자에 적용해줍니다. border-radius도 각 모서리마다 설정할 수 있어서 border-top-radius를 사용하면 상단 양쪽 모서리에 적용되고 어느 한쪽만 적용하려면 left나 right를 추가합니다. 그러므로 좌측 상단만 모서리를 둥글게 하려면 border-top-left-radius를 사용하면 됩니다. border-radius를 이용하면 CSS만으로 다양한 도형을 만들 수 있고 원도 만들 수 있습니다. 좀 더 자세한 내용은 제 블로그 글(http://martian36. tistory.com/876)을 참고하세요.

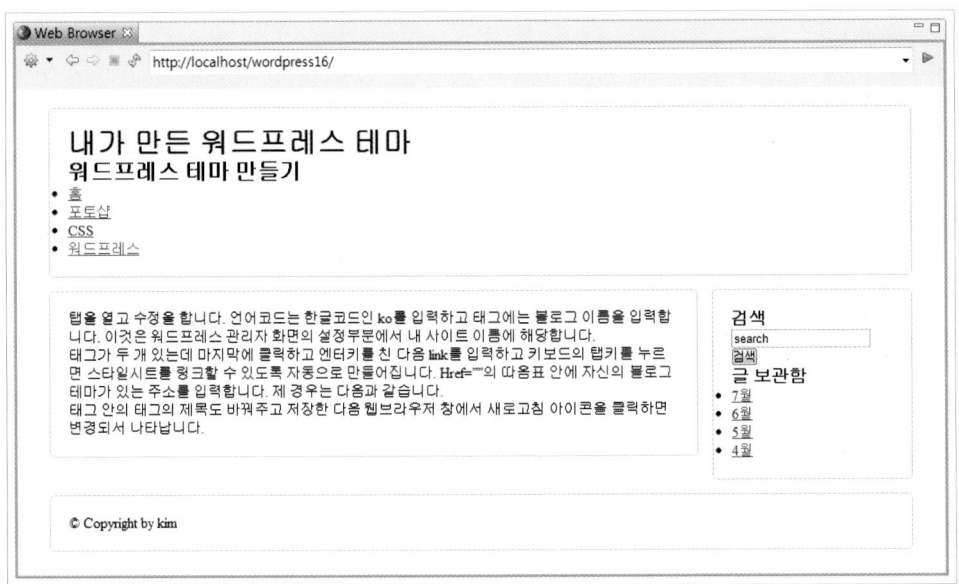

그림 4-37 둥근 모서리

위의 레이아웃에서 사이드바를 좌측에 배치하고 싶을 때는 .widget의 `float:right;`를 `float:left;`로, #content의 `float:left;`를 `float:right;`로 바꾸면 됩니다. table 태그로 레이아웃을 만들면 아주 어려운 일이지만 CSS로 하면 간단합니다.

∩5 배경 이미지 삽입하기

배경색이나 이미지 삽입 등은 background 속성을 사용합니다. 추가 속성은 다음과 같습니다.

```
background-image:url(배경이미지경로/이미지이름.확장자);
background-color: #CCCCCC;
background-position: 50% 50%;
background-repeat: repeat;
background-attachment: fixed;
```

background-position은 배경 이미지의 위치를 지정합니다. 단위는 픽셀로 할 수도 있고 퍼센트로 지정할 수도 있습니다. 두 개의 숫자를 사용하는데, 앞의 숫자는 X좌표이고 뒤의 숫자는 Y좌표입니다. 위의 경우 50%, 50%이므로 화면 중앙에 배치됩니다. CSS에서 퍼센트를 사용하면 화면 사이즈에 따라 비율적으로 위치하게 됩니다. 반면 픽셀을 사용하면 항상 좌측상단 끝을 기준으로 해당 수치만큼 떨어져서 배치됩니다.

background-repeat는 배경 이미지의 반복을 의미합니다. repeat는 기본적으로 정해지는 것이므로 설정하지 않으면 반복됩니다. no-repeat는 반복하지 않고 한 번만 이미지가 나타나고 repeat-x는 좌우로 반복, repeat-y는 상하로 반복됩니다.

background-attachment는 화면을 스크롤함에 따라 배경 이미지가 어떤 반응을 하는가에 따른 속성입니다. fixed를 사용하면 고정되므로 콘텐츠가 스크롤되더라도 배경 이미지는 고정됩니다. 기본 값은 scroll입니다. 기본값이란 굳이 값을 입력하지 않아도 된다는 의미입니다. 배경 속성은 단축형을 많이 사용하는데, 위 내용을 단축형으로 사용하면 다음과 같습니다.

```
background:#CCCCCC url(./images/bg-tile.png) repeat 50% 50% fixed ;
```

색상 다음에 이미지가 나오고 이미지 다음에 오는 값은 순서는 상관없이 공백만 있으면 알아서 처리합니다. 즉, fixed가 repeat 앞에 와도 된다는 것이죠. 여기서 repeat는 기본값이므로 입력하지 않아도 상하좌우로 반복됩니다.

첨부 파일에서 bg-tile.png 파일을 테마 폴더 안에 images 폴더를 만들고 이 폴더 안에 붙여넣은 다음 스타일시트의 body 태그에 다음과 같이 입력합니다.

```
body {
        width:960px;
        margin:20px auto;
        background: url(images/bg-tile.png) ;
}
```

repeat는 기본값이므로 입력하지 않아도 상하좌우로 반복되므로 하나의 작은 이미지가 화면 전체를 채우게 됩니다. body에 배경 이미지를 넣게 되면 그동안 투명 상태로 있던 4개의 박스에도 배경 이미지가 보이게 됩니다. 그래서 각 상자에 배경색을 흰색으로 (background:#fff;) 추가합니다.

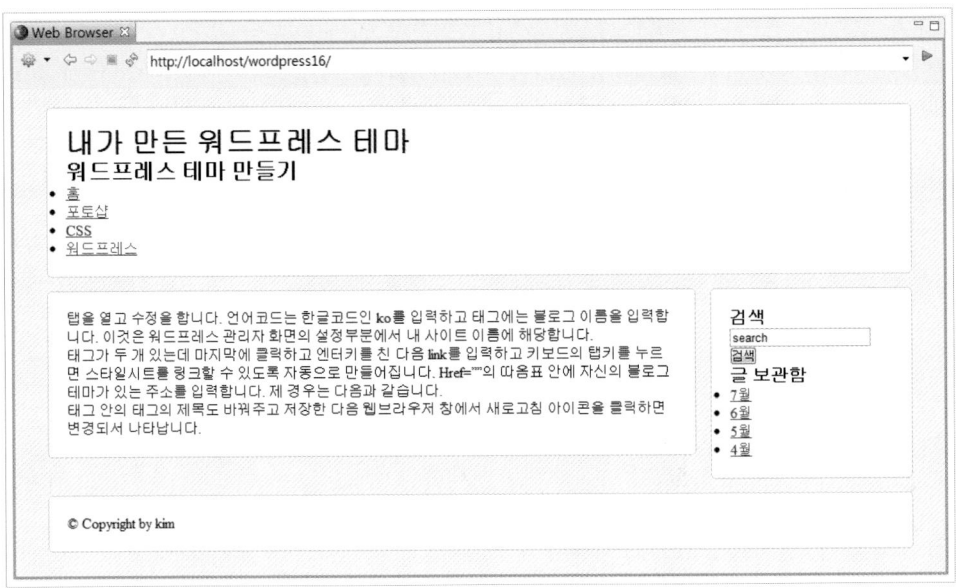

그림 4-38 배경이미지 삽입

06 내비게이션 메뉴 만들기

메뉴는 웹페이지에서 상당히 중요한 역할을 합니다. 모든 콘텐츠에 접근 할 수 있게 일목요연하게 디자인해야 방문자가 쉽게 원하는 콘텐츠를 찾을 수 있고 블로그에 계속 머무를 수 있습니다. 그렇기 때문에 웹디자이너들은 메뉴에 대해 각별한 신경을 써서 제이쿼리를 이용해 애니메이션되도록 만들기도 하고 아름답게 꾸미려고 노력하고 있습니다. 메뉴 하나만 잘 만들어 놓아도 전체 웹페이지가 돋보이게 됩니다.

메뉴는 콘텐츠가 많을수록 복잡해지며 내용에 따라 분류를 해서 2단, 3단의 서브 메뉴가 나타나게 해야 합니다. 하나의 메뉴바를 만들기 위해서는 CSS의 많은 속성을 사용하며, 특히 중요한 것은 포지션입니다. 이것은 HTML의 요소를 특정 범위를 벗어나 원하는 곳에 배치할 수 있고 다른 요소와 겹치게도 만들 수 있는 아주 유용한 기능을 갖고 있습니다. 메뉴를 만들기 전에 우선 이 포지션에 대해 알아봅시다.

포지션

지금까지 만든 웹페이지를 대상으로 #content 영역을 자유로이 이동 배치해 보겠습니다. 우선 #content에 position:absolute;를 입력하고 저장한 다음 웹브라우저에서 새로고침해서 보면 변화가 없습니다. 이번에는 left:0; top:0;을 입력하고 보면 #content 영역이 원래의 위치에서 벗어나서 화면의 좌측 상단에 배치됩니다. 포지션에서 위치를 정할 때는 left, right, top, bottom이라는 속성을 사용합니다. 값으로는 수치와 단위로 px, % 등 CSS에서 사용할 수 있는 모든 단위를 사용할 수 있습니다. 앞에서 배경 이미지 위치 속성과 마찬가지로 50%를 사용하면 화면의 중앙에 배치됩니다.

```
#content { position:absolute; left:0; top:0; float:left; width:680px; padding:20px;
border:1px solid #ccc; border-radius:5px;
background:#fff; }
```

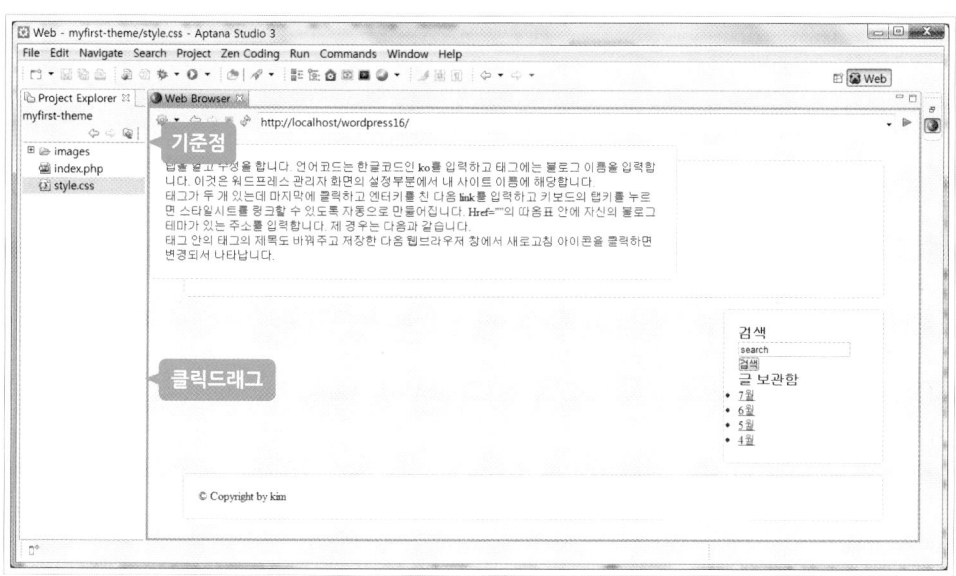

그림 4-39 절대 위치

포지션 값으로는 absolute, relative, fixed를 사용합니다. absolute는 원래의 위치에서 벗어나서 뜨도록(float) 만들기 때문에 아래나 우측에 어떤 요소가 있으면 이 요소가 자리를 차지합니다. 현재는 우측에 사이드바가 있으나 float:right;로 인해 우측에만 배치되게 했으니 자리를 차지하지 못합니다.

relative는 뜨게 하지는 않고 위치만 바꿀 수 있습니다. absolute를 relative로 바꾸고 left:50%; top:0;으로 하면 처음에 있던 자리에서 #container 박스를 기준으로 우측으로 50% 이동합니다. fixed는 화면을 스크롤해도 항상 위치를 고정시킵니다. relative를 fixed로 바꾸면 스크롤해도 화면에 고정됩니다. 현재 내용이 없어서 스크롤할 것이 없지만 화면 상하 폭을 줄이고 해보면 확인할 수 있습니다.

```
#content { position:relative; left:50%; top:0; float:left; width:680px; padding:20px;
border:1px solid #ccc; border-radius:5px;
background:#fff; }
```

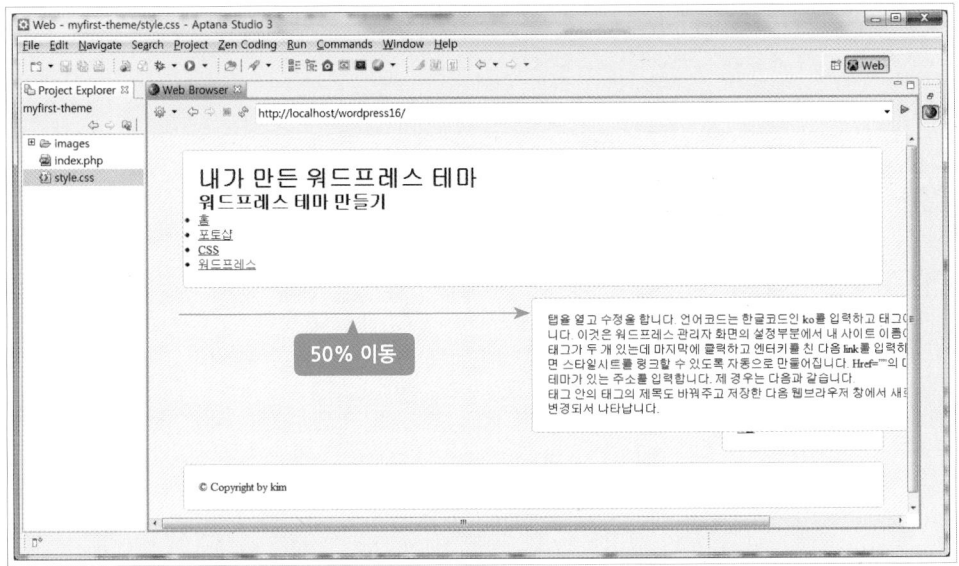

그림 4-40 상대위치

absolute 포지션의 위치는 부모 요소의 relative 포지션을 기준으로 배치됩니다. 현재 는 부모 가운데 어떤 것에도 relative 속성이 없어서 모니터 화면을 기준으로 배치됐지 만 body 요소에 position:relative;를 추가하면 body가 기준이 됩니다. #content에는 position:absolute; left:100px; top:100px;를 입력하면 body의 좌측 상단을 기준으로 위에서 100px, 좌측에서 100px만큼 떨어진 곳에 배치됩니다.

```
body { position:relative; width:960px; margin:20px auto; background: url(images/bg-tile.
png) ;}
```

```
#content { position:absolute; left:100px; top:100px; float:left; width:680px;
padding:20px; border:1px solid #ccc; border-radius:5px;
background:#fff; }
```

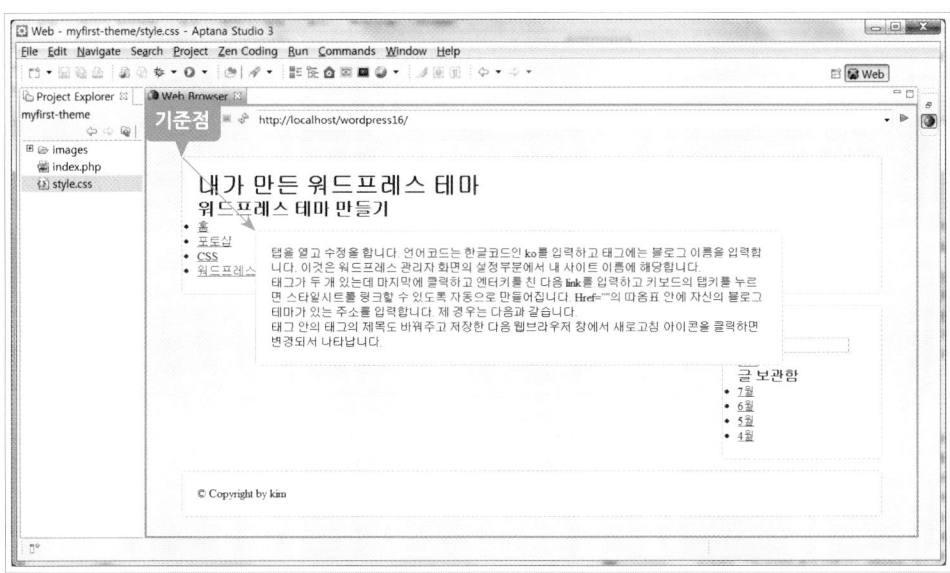

그림 4-41 상대위치의 기준

그러면 이제 메뉴를 만들 준비가 됐으니 포지션과 관련해서 입력한 내용은 모두 지우고 원상태로 돌려놓습니다.

헤더 부분의 내비게이션 메뉴는 현재 상하로 나타나 있는데, 이를 좌우로 배치하고 보기에 좋지 않은 목록을 표시하는 불릿(둥근 점)도 제거하고 링크 표시로 항상 나타나는 밑줄도 제거합니다. 링크 색상이 기본으로 파란색으로 나오는데 이것도 기본색인 검정으로 바꿔줍니다. 글자의 색상은 검정색(#000)인데 너무 검정색이면 배경인 흰색과 대비되어 보기에 좋지 않으므로 body에 color:#333;을 추가하면 전체 글자색이 짙은 회색으로 적용됩니다. 링크의 기본색도 우선 이 색으로 바꿔줍니다.

```
body { color:#333; width:960px; margin:20px auto; background: url(images/bg-tile.png) ;}

a {
    text-decoration: none;
    color:#333;
}
```

body 태그에 color:#333;을 추가하더라도 링크의 색은 바뀌지 않으므로 스타일시트에 a 태그를 추가하고 위와 같이 입력합니다. text-decoration은 링크의 밑줄을 의미합니다. 값으로 none을 입력하면 모든 링크에서 밑줄이 나타나지 않습니다.

메뉴 목록의 불릿을 없애려면 ul 태그에 대해 list-style:none;을 입력합니다. 이렇게 하면 사이드바의 불릿도 제거됩니다. 이제 메뉴바를 만들기 위해 좌우로 정렬합니다. 메뉴 리스트를 좌우로 만들려면 규칙이 있는데 우선 li 태그에 대해 display: inline;을 적용하고 li 태그 안에 있는 a 태그에 대해서는 float:left;를 적용하면 됩니다. 그냥 li 태그에 대해 명령을 내리면 사이드바의 li 태그에 대해서도 적용되므로 앞에 nav 태그를 추가해서 내비게이션 메뉴에 있는 li 태그만 지정해 줍니다. 이를 복합 선택자라고 합니다. HTML에 클래스나 아이디 선택자를 추가하지 않고도 얼마든지 요소를 타겟팅할 수 있는 방법으로 아주 많이 사용합니다. 여기서도 이런 방법으로 진행합니다.

```
ul {list-style:none;}
nav li {display: inline;}
nav li a {float:left;}
```

위와 같이 입력하면 우선 좌우로 정렬되는데, 간격이 없고 메뉴 간에 구분이 되지 않으므로 nav li a에 대해 우선 background: #ccc; margin-right:5px;를 적용합니다. 메뉴 항목의 폭을 정해줘야 하는데, width를 사용하면 글자가 많은 메뉴는 폭이 좁거나, 글자가 적은 메뉴는 넓을 수가 있습니다. 그래서 width를 사용하지 않고 padding을 사용해 글자의 수에 따라 일정한 좌우 폭을 유지하게 해주는 것이 좋습니다. padding:5px 20px;을 입력합니다. 현재까지 하면 글자는 각 메뉴 칸의 좌측에 정렬돼 있습니다. 이를 중앙에 정렬하려면 text-align: center;를 추가합니다. 지금까지 작업한 내용을 저장하고 웹브라우저에서 보면 아래와 같이 나옵니다. 메뉴바가 헤더 영역을 벗어나 있습니다.

```
nav li a {float:left;  text-align: center; background: #ccc; margin-right:5px;
padding:5px 20px;}
```

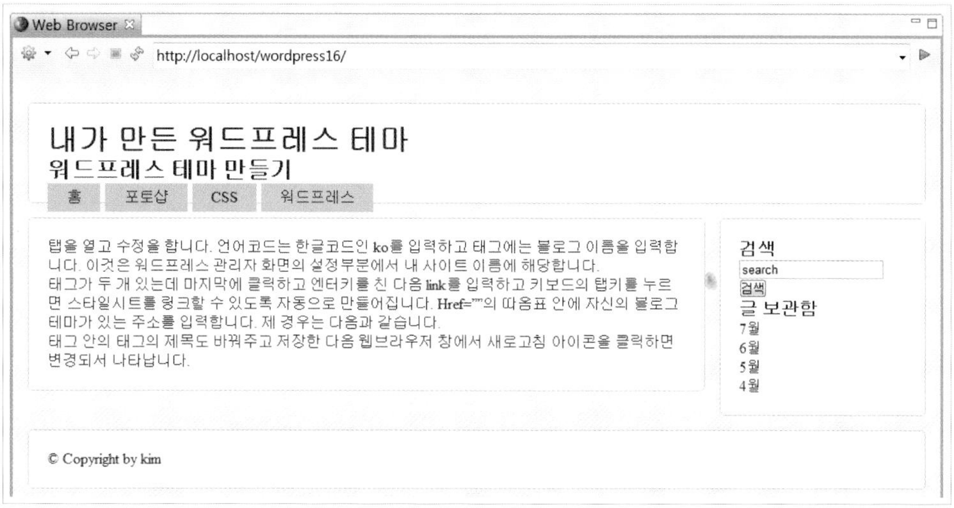

그림 4-42 메뉴의 좌우 배치

이는 메뉴 항목의 부모 요소인 nav 태그에 높이가 정해지지 않아서 그렇습니다. nav에 대해 `height:30px;`을 입력합니다. 부모 요소의 높이가 30픽셀로 정해졌으므로 nav li a에 대해서도 같은 높이를 지정해주면 되지만 높이를 지정하면서 상하 중앙정렬 기능을 하는 line-height 라는 속성을 사용합니다. nav li a에 `line-height: 30px`을 입력합니다. line-height를 지정하고 나면 높이 30픽셀 범위 내에서 글자가 상하 중앙정렬되고 상하 padding인 5px은 필요 없으므로 0px로 수정합니다. 상하 패딩을 조절하려면 이제 line-height의 수치로 조절하면 중앙정렬까지 동시에 됩니다. 이 수치를 변경하면 nav의 높이도 같은 수치로 수정해야 합니다.

```
nav {height:30px;}
nav li {display: inline;}
nav li a {float:left;  text-align: center;background: #ccc; margin-right:5px; padding:0px
20px; line-height: 30px}
```

이번에는 내비게이션 메뉴바를 헤더 영역에서 꺼내서 헤더 위와 아래에 배치해 별도의 상자를 만들어 보겠습니다. 현재 nav 태그로 감싸져 있는 메뉴바는 #head-conainer 박스 안에 있어서 이 부분 전체를 블록 설정해서 잘라내고 #head-conainer 박스의 위나 아래에 붙여넣으면 됩니다. 그러고 나면 메뉴의 하단에 공간이 없으므로 다른 영역과 붙게 되니 nav에 대해 `margin-bottom:15px;`을 적용합니다. 그리고 배경색으로 `background:#444;`와 `border-radius:5px;`를 입력하고 나면 배경이 어두운 색이므로 글자를 밝은 색으로 바꿔야 합니다. nav li a에서 background:#ccc; margin-right:5px;를 제거한 다음 color:#ccc;를 입력합니다. 밖으로 꺼내고 나면 높이가 좁아보이므로 nav의 height를 35px로 nav li a의 line-height를 35px로 수정합니다.

```
nav {height:35px; margin-bottom:15px; background:#444; border-radius:5px;}
nav li {display: inline;}
nav li a {float:left; text-align: center; padding:0px 20px; line-height: 35px;
color:#ccc; }
```

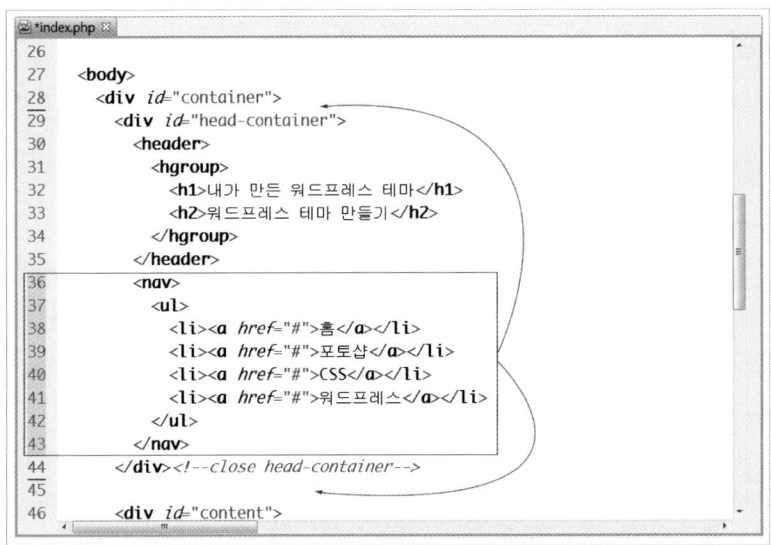

그림 4-43 메뉴바의 이동

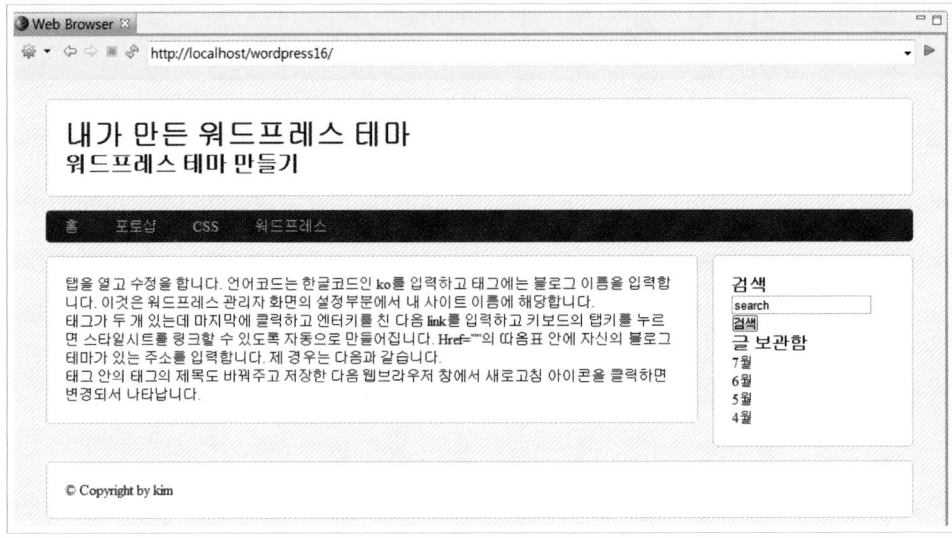

그림 4-44 웹브라우저에서 보기

메뉴에 마우스를 올렸을 때 글자가 밝은 색으로 나오게 해보겠습니다. 현재의 글자색은 #ccc
로 옅은 회색입니다. 마우스를 올렸을 때 색상을 #fff로 만들면 됩니다. 마우스를 올렸을 때
의 동작이 나타나게 하려면 :hover라는 유사 클래스(Pseudo class) 선택자를 사용합니다.

```
nav li a:hover {color:#fff;}
```

메뉴 중 어느 하나를 정해서 아래와 같이 하위 메뉴를 만듭니다. 하위 메뉴를 만들 때는 항상
li 태그 안에 새로운 ul 태그를 만들고 ul 태그 안에 다시 li 태그로 메뉴를 만듭니다. 이대로
저장하고 보면 모든 메뉴가 수평으로 나타납니다. 이 하위 메뉴는 평상시에는 보이지 않다가
포토샵이라는 메뉴에 마우스를 올리면 나타나게 해야 합니다.

```
<nav>
    <ul>
        <li><a href="#">홈</a></li>
        <li><a href="#">포토샵</a>
          <ul>
              <li><a href="#">사진효과</a></li>
              <li><a href="#">글자효과</a></li>
              <li><a href="#">애니메이션</a></li>
          </ul>
        </li>
        <li><a href="#">CSS</a></li>
        <li><a href="#">워드프레스</a></li>
    </ul>
</nav>
```

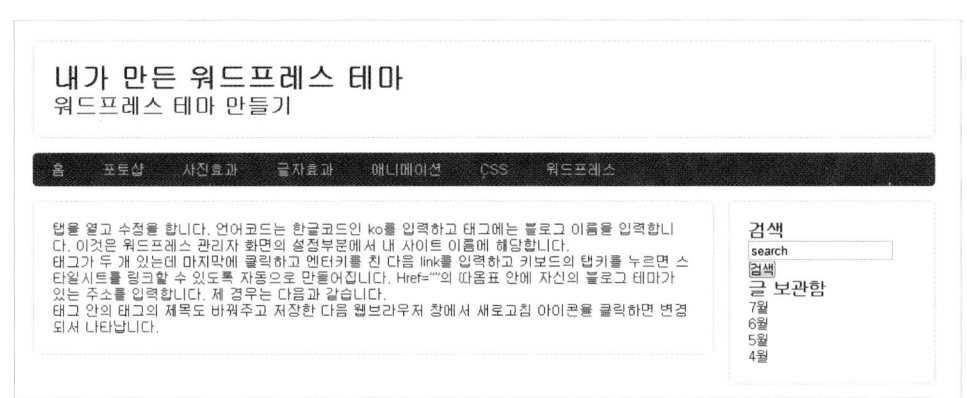

그림 4-45 메뉴의 추가

추가한 하위 메뉴는 CSS에서 nav ul ul로 지정할 수 있습니다. 이 하위 메뉴는 포토샵이라는 메뉴에 마우스를 올렸을 때 나타나는 것으로 평상시에는 보이지 않도록 display:none;을 적용해야 하지만 이 속성부터 적용하면 보이지 않게 되어 어떻게 나타나는지 알 수 없으므로 이 속성은 나중에 적용합니다. width는 168px로, 배경은 흰색, 테두리는 1픽셀에 실선, 옅은 회색으로, 둥근 모서리는 부모 요소에서 상속받는데, 보기에 좋지 않으므로 상속받지 않으려면 border-radius:0;으로 재지정합니다. 그리고 테두리는 4면이 설정돼 있는데 상단 부분은 없애줘야 나타날 때 메뉴바와 접하는 부분에 선이 나오지 않게 되므로 보기 좋습니다.

```
nav ul ul {  width: 168px; background: #fff; border: 1px solid #aaa; border-radius:0;
border-top: none;}
```

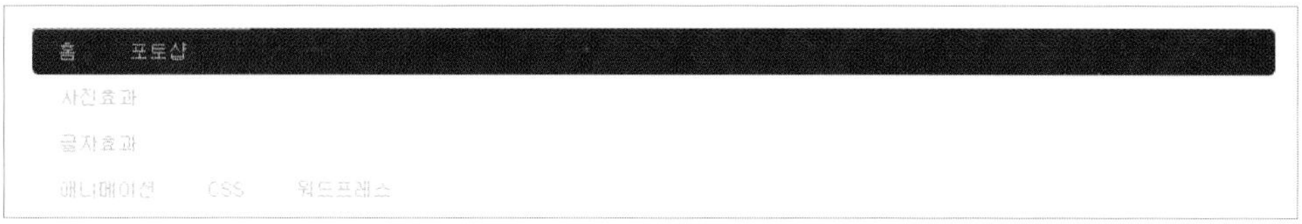

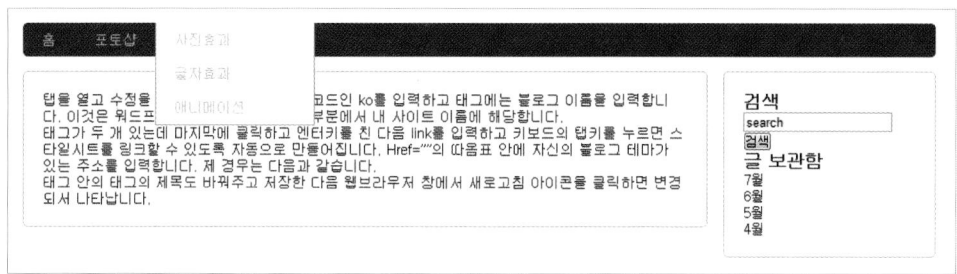

그림 4-46 서브 메뉴의 배치

최종적으로 포지션을 absolute로 지정해야 어떤 범위를 벗어나서 나타나게 할 수 있고 부모 메뉴 바로 아래에 배치할 수 있습니다. 이 요소의 포지션이 절대 위치이므로 부모 요소를 기준으로 배치되게 하려면 부모 요소인 nav ul li에 상대 위치 포지션을 지정합니다.

```
nav ul li {display: inline; position:relative; }
nav ul ul { position: absolute; width: 168px; background: #fff; border: 1px solid #aaa;
border-radius:0; border-top: none;}
```

그림 4-47 서브 메뉴의 배치2

이제 하위 메뉴를 포토샵 메뉴의 바로 아래에 위치하게 해야 합니다. 포지션을 사용할 때 위치 조정은 top, bottom, left, right라는 속성을 사용합니다. 현재 하위 메뉴의 좌측 상단을 기준으로 아래로 메뉴바의 높이인 35픽셀만큼 아래로 내려오게 하려면 top:35px;을 설정하면 됩니다. 메뉴가 드롭다운 형태가 아닌 반대의 드랍업 형태로 나타나게 하려면 bottom:0;을 설정하면 됩니다.

```
nav ul ul { position: absolute; top:35px;  width: 168px; background: #fff; border: 1px
solid #aaa; border-radius:0; border-top: none;}
```

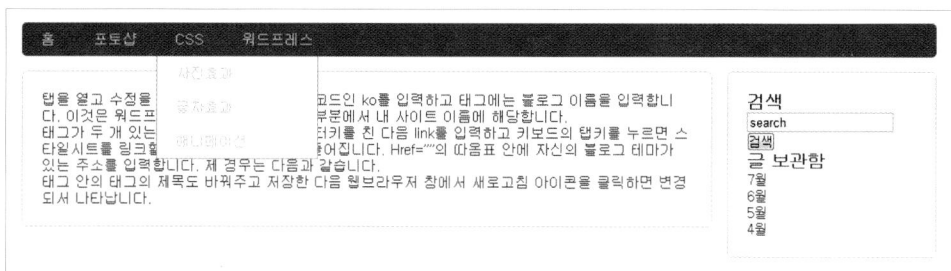

그림 4-48 서브메뉴의 배치3

하위 메뉴가 포토샵 메뉴 바로 아래로 위치하게 하려면 left라는 속성으로 배치를 해야겠지만 글자의 수가 많고 적음에 따라서 메뉴의 폭이 일정하지가 않기 때문에 어떤 메뉴를 기준으로 어떤 수치를 적용해야 할지 확정할 수가 없습니다. 그래서 모든 li 요소에 대해 float:left;를 적용하면 하위 메뉴가 상위 메뉴 좌측 끝에 정확하게 배치됩니다.

```
nav li {display: inline; position:relative; float:left; }
```

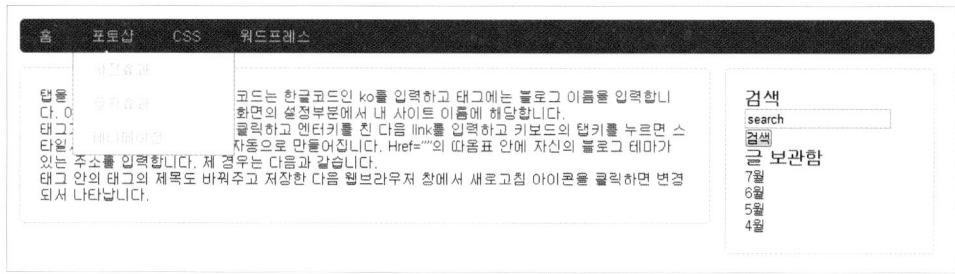

그림 4-49 서브메뉴의 배치4

이제 배치가 완료됐으므로 하위 메뉴가 보이지 않게 display:none;을 설정합니다.

```
nav ul ul { position: absolute; top:35px; display:none; width: 168px; background: #fff;
border: 1px solid #aaa; border-radius:0; border-top: none;}
```

이제 마우스를 올렸을 때 나타나게 해야 합니다. hover에 대해서는 이전에도 설명했지만 마우스를 올렸을 때 나타나게 하는 유사 클래스 선택자입니다. 각진 괄호(>)는 CSS에서 바로 아래 자식 요소를 지정할 때 사용합니다. 부모 요소인 nav ul li에 마우스를 올렸을 때 바로 아래의 자식 요소인 ul이 나타나게 하는 것이죠. display: block;는 display:none;의 반대입니다.

```
nav ul li:hover > ul { display: block; }
```

위와 같이 지정하고 웹브라우저에서 포토샵 메뉴에 마우스를 올리면 하위 메뉴가 나타나는데 배경색이 밝은 색인데다 글자의 색상이 부모 요소로부터 상속을 받기 때문에 밝은 색이라서 잘 분간되지 않습니다. 그래서 하위 메뉴의 글자를 감싸고 있는 nav ul ul li a에 대해 다음과 같이 설정합니다. display: block;은 부모 요소 가운데 display:inline;이나 float:left; 속성이 있어서 인라인 요소가 되는 것을 방지하는 데 사용합니다. 배경은 흰색, 글자색은 짙은 회색, 폰트 사이즈는 12픽셀입니다. 폰트 사이즈는 body에서 설정해 놓으면 전체가 상속받습니다. 현재 설정돼 있지 않은데 기본적으로 크롬은 16px입니다. body에 font-size: 15px;을 추가하고 하위 메뉴는 좀 더 작게 12px로 지정합니다. width는 부모 요소가 168px인데 아래 마지막에 좌우 padding이 15px이므로 30px줄인 138px로 합니다. line-height를 1.4em으로 하면 혹시 있을지 모르는 긴 글자의 메뉴가 있을 경우 상하 폭을 줄이기 위한 것입니다. em이란 단위를 사용하면 비율적으로 변동시킬 수 있습니다. text-align은 부모 요소에서 center라는 값을 상속받으므로 left로 재설정합니다.

```
nav ul ul li a { display: block; background: #fff;color:#333; font-size: 12px;
width:138px;  line-height: 1.4em; text-align: left; padding: 10px 15px;}
```

여기에 더해 마우스를 하위 메뉴 목록에 올렸을 때 나타나는 배경색을 주 메뉴바의 색상으로 지정하고 글자의 색상은 흰색으로 설정합니다.

```
nav ul ul li a:hover {color:#fff; background: #444;}
```

여기까지 하면 2단의 하위 메뉴는 완료가 되지만 하위 메뉴의 하위 메뉴인 3단, 4단이 있을 수도 있으므로 다음과 같이 추가합니다. 2단의 하위 메뉴의 li에 마우스를 올렸을 때 이것의 바로 아래 자식 요소에 대해 left: 100%;를 설정하면 서브 메뉴의 우측 끝에 나타납니다. top:0;은 하위 메뉴의 li 태그와 같은 높이에 나타나게 합니다. 마지막으로 2단계 메뉴에서 제거한 border-top을 입력합니다. HTML 페이지에서 2단계 메뉴를 복사해서 3단, 4단 메뉴를 추가하고 저장한 다음 웹브라우저에서 보면 아래 그림과 같이 나타납니다.

```
nav ul ul li:hover > ul { display: block; left: 100%; top:0; border-top: 1px solid #aaa;}
```

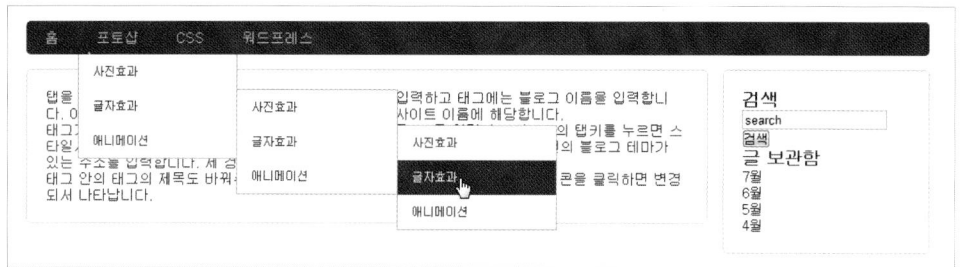

그림 4-50 3단, 4단 서브 메뉴

하나의 메뉴에 대해 작업했지만 모든 메뉴에 적용되며 수십 개의 하위 메뉴가 나타나더라도 위와 같은 트리 형태의 메뉴를 형성하게 됩니다.

워드프레스의 테마 구조 **04**

01 워드프레스 설치 폴더의 내용

워드프레스를 설치하고 폴더 내부를 보면 수없이 많은 파일로 구성돼 있습니다. 파일질라로 업로드할 때 무려 950여 개의 파일이 업로드됩니다. 그래도 다른 CMS 프로그램보다는 적은 편입니다. 워드프레스의 설치 폴더에는 3개의 폴더가 있는데 wp-admin에는 관리자 화면에 사용되는 이미지와 php 파일, 자바스크립트 파일이 있고 wp-includes에는 테마가 데이터 베이스와 정보를 주고받는 데 필요한 함수(fuction)와 자바스크립트 파일이 있습니다. 테마 는 wp-content 폴더에 있으며 플러그인을 설치하면 이곳에 폴더가 만들어지고 설치됩니다. 그러니 테마를 수정할 때 주로 방문하는 폴더는 이 wp-content 폴더입니다. 그러므로 워드 프레스를 업데이트하면 wp-content 폴더는 영향을 받지 않습니다.

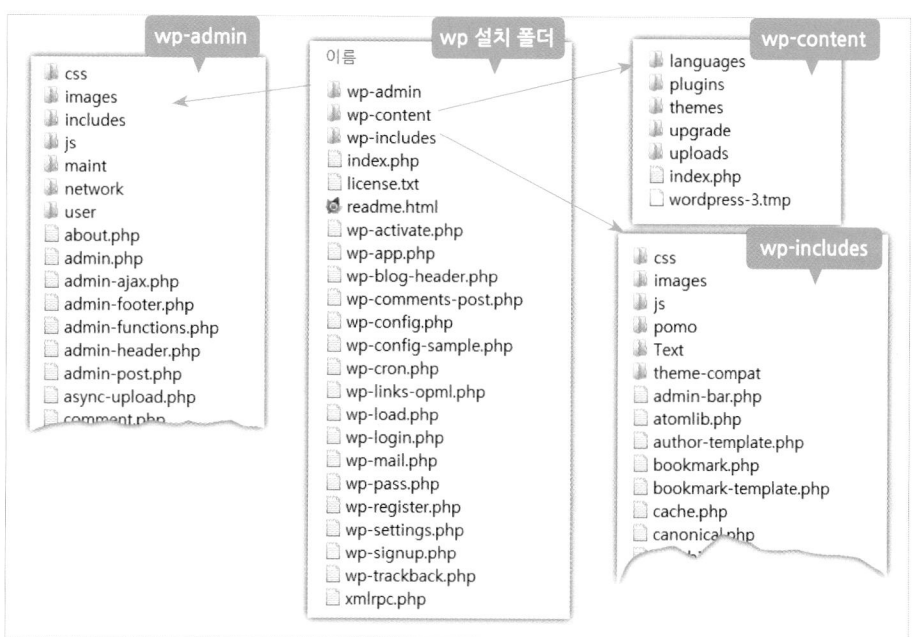

그림 4-51 워드프레스 설치 폴더 내용

wp-content 폴더의 내용은 다시 여러 개의 폴더로 나뉩니다. 처음에 언어 폴더
(langauges)가 있습니다. 영어가 아닌 다른 언어로 설치하면 이 폴더에 언어 파일이 저장됩
니다. 언어 파일만 업데이트하면 워드프레스를 다른 언어로 바꿔서 사용할 수 있습니다. 이
때는 wp-config.php에서 언어 코드를 바꿔야 합니다.

플러그인 폴더는 워드프레스에서 플러그인을 설치하면 플러그인 폴더 안에 해당 플러그인의
폴더가 자동으로 만들어지고 필요한 경우 언어 파일이 별도의 폴더에 저장돼 있습니다. 이
부분도 거의 건드릴 일이 없습니다.

테마를 자동으로 설치하는 경우에는 테마 폴더인 themes에 폴더가 만들어지면서 설치됩니
다. 이미 기본 테마인 Twenty-ten과 Twenty-eleven 폴더가 있습니다. index.php는 아
무 작용도 하지 않은 파일이며, 내용을 보면 php 코드 블럭(<?php ~?>)에 "시간은 금이다
(Silence is golden)"라고 주석으로 처리되어 이 파일을 왜 들여다 보냐는 의미로 들립니다.

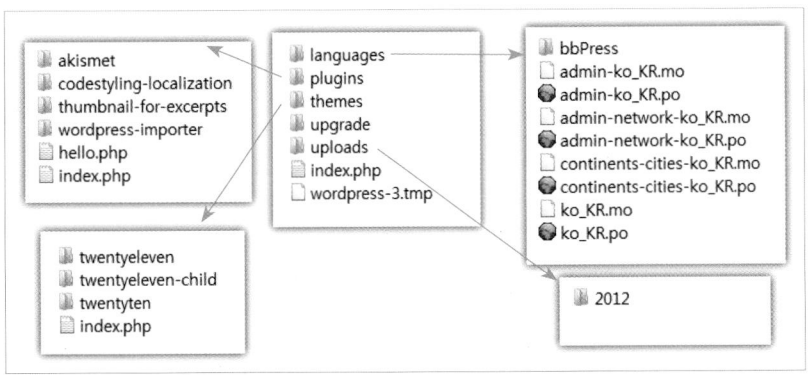

그림 4-52 wp-content 폴더의 내용

기본 테마인 Twenty eleven 폴더에 들어가 보면 많은 파일이 있습니다. 테마에서 가장 중요한 파일은 index.php와 style.css 파일입니다. 이 두 개의 파일만 있어도 테마가 구성됩니다. 나머지 파일은 index 파일에서 분리되어 나온 파일입니다. 앞에서 index 파일과 style 파일 두 개만 만들었는데, 테마를 만들기 시작하면 이 두 파일 가운데 index 파일의 내용을 분리해서 header.php, footer.php, sidebar.php, single.php, archive.php, search. php 파일을 만들 것입니다. 그러니 테마는 두 개의 파일로 구성된다고 생각하면 이해하기 쉽습니다. 다만 테마에 기능을 추가하기 위해 functions.php이 하나 더 추가됩니다.

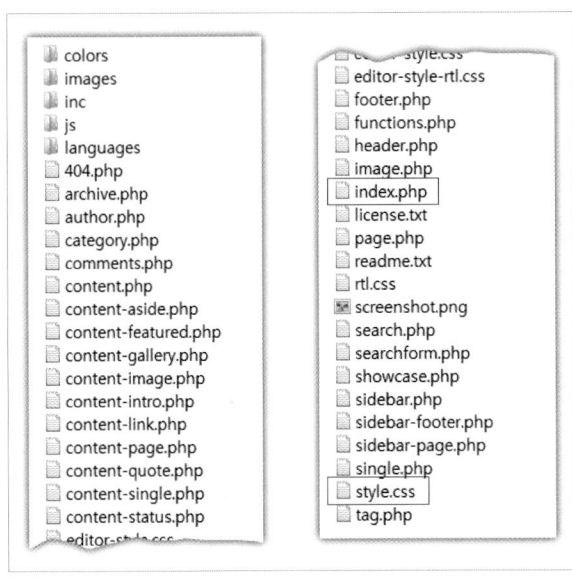

그림 4-53 테마 폴더의 내용

파일을 분리하는 이유는 관리의 편의와 효율성을 위해서입니다. 블로그 화면을 보면 header 와 footer는 같은 내용으로 상단과 하단에 항상 배치돼 있습니다. 같은 내용이라면 모든 HTML에 있을 필요가 없고 이것을 하나의 모듈로 만들어 필요한 경우에만 이 모듈을 삽입해서 나타나게 한다면 효율적인 웹페이지가 됩니다. 또한 헤더 부분을 수정할 경우에도 하나의 헤더만 수정하면 모든 HTML 페이지에 적용되어 관리하기도 쉽습니다. 이것은 사이드바도 마찬가지입니다. 이렇게 함으로써 사이드바가 없는 페이지도 만들 수 있고 두개의 사이드바 파일을 만들어 원하는 사이드바를 원하는 페이지에 나타나게 할 수도 있습니다. 워드프레스의 기본 테마에서 블로그 글의 제목을 클릭하면 사이드바가 없는 페이지로 나타나는데 이를 이용한 것입니다. 헤더의 경우는 중요한 다른 파일을 링크하고 있으므로 헤더가 없는 페이지는 있을 수가 없지만 푸터나 사이드바는 없애고 만들 수 있습니다.

워드프레스 테마 폴더의 내용을 보면 하나의 index 파일에서 분리된 파일로 구성돼 있습니다. 아래의 그림은 지금까지 하나의 index 파일과 스타일시트 파일로 만든 웹페이지입니다. index.php 파일 주위로 여러 개의 템플릿 파일이 있는데, 이것들은 템플릿 계층구조를 나타내기도 합니다. 이번 절에서는 index 파일에서 각 영역을 분리하고 콘텐츠 영역에 해당하는 부분은 역할별로 다시 만들게 됩니다. 다시 만든다고는 하지만 글을 반복시켜 나타내주는 콘텐츠는 변함이 없고 글의 내용에 따라 사용하는 파일이 달라지게 할 것입니다.

예를 들어, 검색 박스에서 검색어를 입력하면 웹페이지는 search.php 파일을 사용하게 됩니다. 카테고리 목록에서 링크를 클릭하면 category.php 파일을 사용하고 태그 목록에서 하나의 태그를 클릭하면 tag.php 파일을 사용하며, 해당 태그와 관련된 글 목록이 나타납니다. 마찬가지로 블로그 첫 화면에서 글 목록의 제목을 클릭하면 single.php 파일을 사용하며, 댓글을 입력할 수 있는 입력박스가 있으면서 사이드바가 없는 글이 나타납니다. 이렇게 하면 각 페이지별로 특색있게 레이아웃된 글을 볼 수 있게 됩니다. 이것들은 글(포스트)과 관련된 것이고 페이지도 마찬가지 방법으로 다른 레이아웃으로 나타나게 할 수 있습니다. 블로그 초기 화면이 글로 나타나는 것이 아니라 포털 사이트처럼 여러 개의 글 상자가 있고 애니메이션 배너가 있는 웹페이지를 만들어 이름을 home.php나 front-page.php 또는 page.php로 만들면 워드프레스가 알아서 자동으로 초기 화면으로 나타나게 합니다.

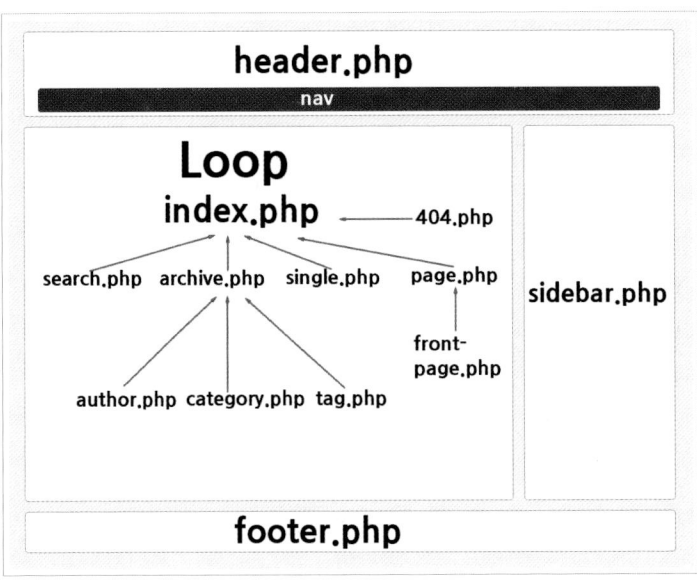

그림 4-54 템플릿 파일

02 템플릿 계층구조(Template Hierarchy)

워드프레스의 테마 폴더 안에는 여러 개의 파일이 있지만 사용하는 파일이 상황에 따라 다릅니다. 이것은 사용자가 지정하는 것이 아니라 워드프레스가 알아서 파일을 지정하기 때문입니다. 폴더 안에 front-page.php 파일이 있으면 워드프레스는 이것을 웹페이지 초기 화면으로 나타나게 합니다. 이 파일이 없으면 그다음 단계인 page.php 파일을 초기 화면으로 사용합니다. 만약 이것도 없다면 index.php 파일을 초기화면으로 사용합니다. 이처럼 테마 폴더 안에 어떤 파일이 있느냐에 따라 사용되는 파일이 달라지는 것을 템플릿 계층구조라고 합니다.

마찬가지로 카테고리 목록을 선택했을 때 category.php 파일을 우선 사용하고 이 파일이 없으면 archive.php를 사용하며, 최종적으로 index.php 파일을 사용합니다. 그러므로 가장 근본이 되는 파일은 index.php 파일입니다. 아래의 그림은 워드프레스닷오그의 코덱스 페이지(http://codex.wordpress.org/Template_Hierarchy)에서 볼 수 있는 템플릿 계층구조를 나타낸 이미지입니다.

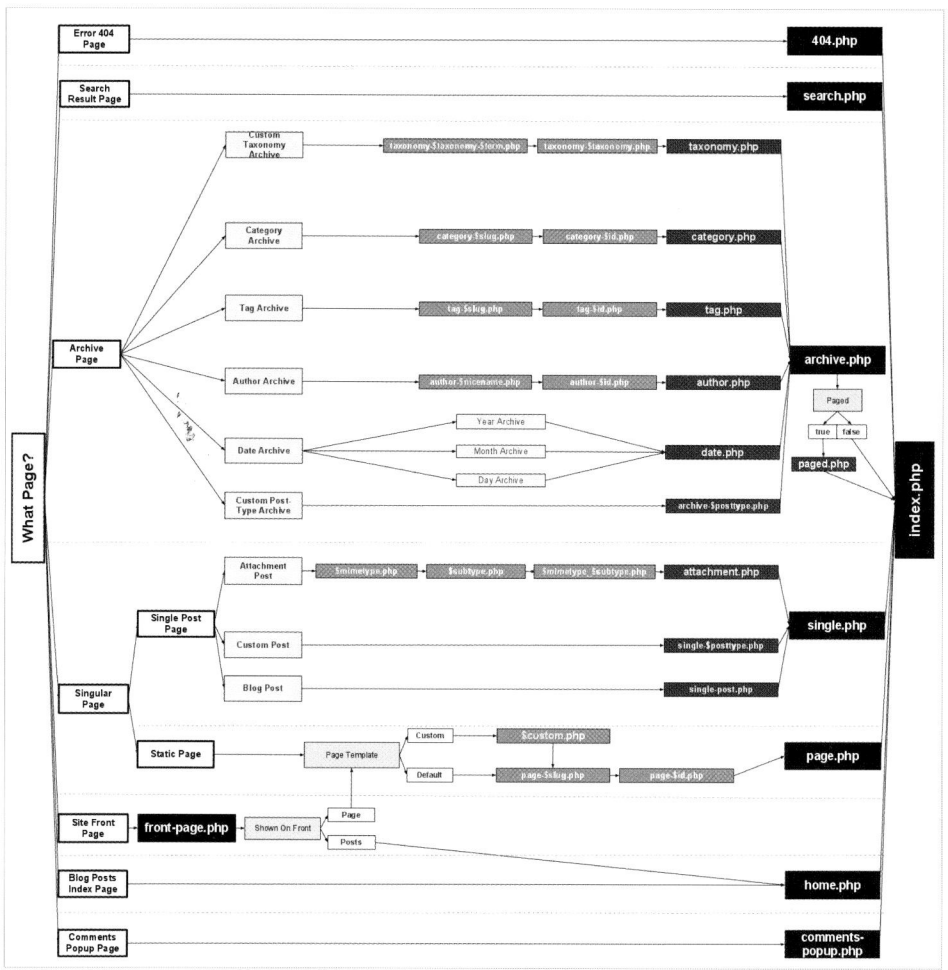

그림 4-55 템플릿 계층구조

코덱스 페이지는 워드프레스 테마 제작과 관련된 모든 내용이 망라돼 있으며 아주 상세한 설명이 있습니다. 하나의 테마를 만들기 위해서 위 그림과 같이 많은 파일이 필요한 것은 아닙니다. 복잡한 웹사이트를 만들면 파일이 많아질 것이고 블로그가 아닌 웹사이트를 만들면 수십 개의 Page가 필요할 수도 있습니다. 그중에서 어떤 파일이 먼저 나타나게 할 것인지 설계해야 합니다. 페이지는 글(포스트)이 나타나는 페이지를 의미할 수도 있지만 2장에서 본 것처럼 글이 아닌 About 페이지나 Contact 페이지 등 글이 아닌 내용이 나타나는 장소를 의미합니다. 페이지의 계층구조는 다음과 같습니다.

- custom template: front-page.php처럼 사용자 정의된 페이지가 최우선적으로 나타납니다.
- page-{slug}.php: 관리자 화면에서 페이지를 만들고 슬러그를 추가한 경우 이런 형태로 파일을 만들면 사용자 정의 템플릿(custom template) 파일이 없는 경우 우선적으로 나타납니다.
- page-{id}.php: 마찬가지로 관리자 화면에서 페이지를 만들 때 페이지 아이디가 나타나게 만들고 이 아이디가 추가된 파일을 만들면 위의 파일이 없을 때 우선적으로 나타납니다.
- page.php: 위 파일이 없을 때 우선적으로 나타나는 페이지입니다.
- index.php: 위 파일이 없을 때 나타나는 페이지가 됩니다.

시험 삼아 파일명을 front-page.php으로 하고 내용을 "초기화면"이라고 넣고 파일을 만들어 기본 테마인 Twenty-Eleven 폴더에 넣고 블로그 초기 화면에서 보면 "초기화면"이라는 글자만 나타난 화면을 볼 수 있습니다. 이처럼 템플릿 계층구조는 워드프레스가 파일의 계층구조를 정해놓고 순서에 의해 나타나게 합니다. 이 front-page에 다른 글로 이동할 수 있게 글 목록이나 이미지들을 조합해서 원하는 내용의 웹페이지를 만들면 관문 역할을 하는 페이지가 됩니다.

∩3 템플릿 파일과 템플릿 태그

워드프레스의 테마를 구성하는 파일을 템플릿 파일이라고 합니다. 템플릿이란 원하는 디자인을 만들기 위해 기본적인 내용이 이미 만들어진 파일을 의미합니다. 한글로 "형판"이라고 번역할 수 있습니다. 그래픽 디자인을 위해 포토샵 템플릿 파일을 구매해서 디자인을 하면 빠르게 디자인할 수 있듯이 웹디자인을 위해서도 템플릿을 사용하면 웹사이트를 빠르게 구축할 수 있습니다. 워드프레스에서 템플릿은 이와 비슷한 의미가 담겨있지만 테마를 구성하는 파일을 의미합니다. 그러니 스타일시트 파일도 템플릿에 속합니다.

워드프레스에서 태그는 세 가지 의미로 사용됩니다. 우선 HTML 페이지를 만들기 위한 HTML 태그가 있고, 글의 키워드를 추출해서 방문자로 하여금 관련된 글을 볼 수 있게 하는 글 태그가 있으며, 세 번째로 템플릿 파일에 사용되는 PHP 코드인 템플릿 태그입니다. 이런 태그의 의미는 "중요한 것"으로 함축될 수 있습니다. 태그의 원래 의미는 이름표입니다. 공항에서 수하물을 맡길 때 이름표를 붙여주죠. 이것을 태그라고 합니다. 옷에도 태그가 있고 남자가 군대를 가면 태그(인식표)를 달고 다닙니다. 이처럼 태그는 구성요소 중 "중요한 무엇"을 의미합니다.

템플릿 태그는 단순한 코드가 아니라 어떤 정보를 담고 있습니다. 이 태그를 적재적소에 붙여넣으면 원하는 정보를 데이터베이스에서 가져와 보여줍니다. HTML의 〈title〉〈/title〉 태그 사이에 〈?php bloginfo('name'); ?〉라는 템플릿 태그를 사용하면 블로그 이름을 나타낼 수 있습니다. 이처럼 워드프레스에 사용되는 파일이나 코드는 레고 블록으로 집을 짓거나 비행기를 만들 수 있는 것처럼 조립해서 사용할 수 있게 돼 있습니다.

PHP 코드 블록

워드프레스는 기본적으로 PHP 프로그래밍 언어를 사용하기 때문에 템플릿 태그도 PHP로 돼 있습니다. PHP 코드는 다음과 같은 구조로 돼 있으며, 어느 하나라도 빠지면 에러가 발생합니다.

```
<?php 템플릿_ 태그_이름('매개변수'); ?>
```

PHP 코드는 〈?php로 시작하고 ?〉로 끝납니다. 이 부분을 코드블럭이라고 하며, 이 안에 들어가는 것은 기본적으로 함수(function)이며 글자와 글자 사이는 밑줄(underscore)을 사용합니다. 함수는 어떤 기능(fuction)을 하기 위해 미리 정해 놓은 프로그램 코드입니다. 괄호를 갖고 있으며 이 괄호 안에 매개변수를 사용할 수도 있습니다. 함수나 명령어 다음에는 명령이 끝났다는 의미로 세미콜론(;)을 사용합니다. 이 부분을 빠트려도 나오기는 하지만 꼭 입력합니다.

위와 같이 워드프레스에서 정해진 함수인 템플릿 태그만 사용할 수 있는 것이 아니라 PHP의 기본 함수도 사용할 수 있습니다. 날짜를 나타낼 때는 다음과 같이 PHP의 기본 함수를 사용합니다. 이것은 템플릿 태그가 아닙니다.

```
<?php echo date("Y/m/d"); ?>
```

위 코드는 PHP의 기본 함수로 오늘 날짜를 표시하기 위해 echo라는 명령어를 사용했습니다. 워드프레스는 고유의 함수인 템플릿 태그를 사용할 경우 다음과 같이 echo를 사용하지 않고 함수만 있어도 날짜가 표시되며 이것은 오늘 날짜가 아니라 글 발행일자에 해당합니다.

```
<?php the_time('F jS, Y'); ?>
```

이처럼 워드프레스에서만 사용할 수 있는 함수인 템플릿 태그는 다른 PHP 함수와 구별하기 위해서 the라는 영어의 정관사를 삽입하기도 합니다. 이러한 고유의 함수는 워드프레스 코어 파일에 정의돼 있습니다. 이처럼 워드프레스에서 정의된 고유의 함수뿐 아니라 PHP의 기본 함수도 사용할 수 있어서 다양한 표현이 가능합니다.

워드프레스 템플릿 태그의 종류

템플릿 태그는 매개변수를 꼭 사용해야 하는 것도 있고 전혀 필요없는 것도 있으며 매개변수를 사용하더라도 변수를 사용해 변수에 해당하는 값을 표시하게 하는 경우와 질의문(query string)을 사용해서 해당 질의문의 결과를 표시할 수도 있습니다. 또한 조건을 나타내는 조건 태그와 다른 파일을 가져오는 인클루드 태그가 있습니다.

매개변수에 의한 분류

- 매개변수가 필요없는 경우

```php
<?php the_author_firstname(); ?>
```

위와 같이 글쓴이의 이름을 표시하는 태그는 최종 정보에 해당하므로 추가적인 매개변수가 필요하지 않습니다.

- 매개변수가 필요한 경우

```php
<?php bloginfo('description'); ?>
```

위와 같이 bloginfo 태그는 각종 블로그 정보의 상위 개념이므로 하위 요소가 많습니다. 'description'이라는 매개변수를 사용하면 태그라인에 해당하는 정보를 표시합니다.

- 매개변수로 질의문을 사용하는 경우

```php
<?php wp_list_cats('exclude=10'); ?>
```

wp_list_cats는 카테고리 목록을 표시하라는 태그입니다. 위의 질의문을 사용하면 그중에서 목록의 10번 항목을 제외해서 표시하게 됩니다.

역할에 의한 분류

• 조건 태그

```php
<?php  is_category(); ?>
```

위와 같이 태그 이름에 is가 있는 경우 "현재의 페이지가 ~~라면"을 의미하며 현재의 페이지가 카테고리인 경우를 의미합니다. 이러한 조건 태그도 다양하게 있습니다. 반면 `<?php the_category(); ?>`와 같이 the가 있으면 일반 태그로 글에 속한 카테고리를 표시합니다.

• 인클루드 태그

```php
<?php get_header(); ?>
```

위와 같이 get이 들어간 태그 이름은 테마 폴더에 있는 템플릿 파일의 내용을 가져와서 현재의 파일에 포함(include)시킵니다.

워드프레스의 템플릿 태그와 함께 사용되는 PHP 구문

태그	설명
`<?php if () : ?>`	조건문을 만들 때 사용합니다. If 다음에 오는 괄호 안에 조건이 있으며 이 조건에 해당할 때 이 코드 다음에 나오는 내용을 실행합니다. 조건문의 시작이므로 마지막에 세미콜론이 아닌 콜론(:)을 사용합니다.
`<?php elseif () : ?>`	위의 조건문 다음에 추가적인 조건문을 만들 때 사용합니다.
`<?php else () : ?>`	이전의 모든 조건문에 해당하지 않을 때 else 이하의 내용을 실행합니다.
`<?php endif (); ?>`	조건문을 종료합니다
`<?php while (): ?>`	while 아래의 내용을 반복 실행합니다. while 다음의 괄호 안에 조건이 있으며 이 조건에 충족할 때까지 반복합니다.
`<?php endwhile (); ?>`	반복을 종료합니다.
`&&`	조건문에서 사용하며 이 기호 좌우에 있는 조건이 모두 충족(true)할 경우를 의미합니다.
`¦¦`	조건문에서 사용하며 이 기호 좌우에 있는 조건 중 어느 하나를 충족할 경우를 의미합니다.
`!`	이것이 앞에 있으면 이 다음에 있는 내용이 아닐 경우를 의미합니다. 즉 ! sidebar는 사이드바가 없을 경우를 말합니다.

표 4-4 PHP 구문

반복(loop)은 주로 여러 개의 글을 보여주는 데 사용합니다. 반복이라는 것은 하나의 글을 계속 보여주라는 것이 아니고 조건에 충족하는 글이 있으면 이 글들을 모두 나타내주라는 의미입니다. 관리자 화면에서 설정 → 읽기에서 블로그에 나타낼 글의 수를 설정할 수 있는데, 기본적으로 10개로 설정돼 있습니다. 이 10개의 글을 화면에 나타낼 때는 이 반복문에 의해 실행되는데, 하나의 글을 보여주고 난 다음 다시 while 구문에 의해 두 번째 글을 보여주고 다시 세 번째가 실행되며 10번째까지 실행하고 나면 조건이 충족되므로 반복을 종료하는 것입니다. 이 10번의 작업을 반복이라고 하며 순식간에 이뤄지는 것이지만 위 wihle 구문에 의해 반복되는 것입니다.

블로그 글에 대한 반복문의 구조는 다음과 같습니다.

```
<?php if (have_post()) : ?> --- 글(포스트)가 있다면
<?php while ( have_posts() ) : the_post(); ?> --- 글을 표시하라
<?php the_content(); ?> --- 글의 내용(article)을 표시하라
<?php endwhile; ?> --- 반복을 종료하라

<?php else : ?> --- 위의 조건에 맞지 않는다면 다음을 실행하라
<h2>콘텐츠가 없습니다.</h2>
<?php endif; ?> --- 조건문을 종료하라
```

endif 다음에는 조건문의 종료를 위한 세미콜론을 입력합니다. else를 사용하지 않아도 되지만 이럴 경우 조건문에 충족하는 것이 없어서 아무 내용도 나오지 않습니다. 보는 사람이 아무 내용이 없으면 뭐가 잘못된 것인지 의문을 가질 수 있으므로 아무 결과값이 없더라도 그에 해당하는 문장을 표시하는 것이 좋습니다. 하지만 조건문은 반드시 endif로 종료해야 합니다. while과 endwhile 사이에는 여러 가지 정보가 들어가지만 생략했으며 글의 상단에 글 쓴 날짜(`<?php the_time('F jS, Y'); ?>`), 글쓴이(`<?php the_author() ?>`), 글의 하단에 태그(`<?php the_tags('Tags: ', ', ', '<br />'); ?>`), 카테고리(`<?php the_category(', ') ?>`) 등을 입력하면 됩니다.

워드프레스 템플릿 태그

워드프레스는 백여 가지의 템플릿 태그가 있지만 테마를 만들기 위해 이것들을 모두 알 필요는 없습니다. 기본적으로 사용하는 태그만 알아도 얼마든지 테마를 만들 수 있으며, 이전 글에서 만든 HTML 페이지에 삽입될 템플릿 태그에 대해 알아보면 다음과 같습니다.

템플릿 태그	설명
`<?php get_header(); ?>`	index 파일에서 헤더 부분을 분리해서 header.php 파일을 만든 후 index 파일에 이 태그를 삽입하면 header.php 파일의 내용을 가져오는 역할을 합니다.
`<?php get_sidebar(); ?>`	위와 같이 sidebar의 내용을 가져오는 역할을 합니다.
`<?php get_footer(); ?> ?>`	위와 같이 footer의 내용을 가져오는 역할을 합니다.
`<?php language_attributes(); ?>`	HTML 페이지의 국가별 언어를 표시합니다. 한글 워드프레스를 사용하는 경우 ko_KR로 나타납니다. 이러한 정보는 모두 관리자 화면의 설정에서 변경할 수 있으며 변경한 내용은 데이터베이스에 저장되고 템플릿 태그는 저장된 정보의 데이터를 불러내는 것입니다.
`<?php bloginfo( 'charset' ); ?>`	HTML 페이지에 사용되는 캐릭터셋(Character Set)을 표시합니다.
`<?php wp_title(); ?>`	HTML의 〈title〉 태그에 페이지의 타이틀을 표시합니다.
`<?php bloginfo( 'stylesheet_url' ); ?>`	스타일시트가 있는 URL을 표시합니다.
`<?php bloginfo( 'pingback_url' ); ?>`	루트 폴더에 있는 xmlrpc.php 파일에 링크해서 다양한 형태의 글 발행을 가능하게 합니다.
`<?php if ( is_singular() && get_option( 'thread_comments' ) ) wp_enqueue_script( 'comment-reply' ); ?>`	단일글 페이지(single.php)에서 댓글에 사용되는 자바스트립트인 comment-reply.js를 활성화합니다.
`<?php wp_head(); ?>`	〈head〉..〈/head〉 태그 안에 플러그인이나 테마에서 사용되는 각종 스타일시트와 자바스크립트 파일 링크를 삽입합니다. 이러한 파일은 〈head〉 태그에 직접 링크를 삽입하지 않고 함수에 의해 삽입하는 것이 일반적입니다(다음 장에서 설명). 자바스크립트 파일의 경우 페이지의 로딩 속도를 빠르게 하기 위해 footer에 삽입하는 경우도 있으며 이때는 〈?php wp_footer(); ?〉에 의해 푸터에 삽입됩니다.
`<?php bloginfo( 'name' ); ?>`	블로그 이름을 표시합니다.
`<?php bloginfo( 'description' ); ?>`	태그라인을 표시합니다.
`<?php wp_nav_menu(); ?>`	메뉴 전체를 표시합니다.
`<?php if ( have_posts() ) : ?>`	"글이 있다면"에 해당하는 조건문입니다.
`<?php while ( have_posts() ) : the_post(); ?>`	"글을 표시하라"를 의미하는 반복문입니다.
`<?php the_ID(); ?>`	아이디 선택자를 만듭니다.
`<?php post_class(); ?>`	클래스 선택자를 만듭니다.
`<?php the_permalink() ?>`	고유주소를 가져옵니다.
`<?php the_title_attribute(); ?>`	링크에 마우스를 올렸을 때 링크를 표시합니다.
`<?php the_title(); ?>`	글제목을 표시합니다.

템플릿 태그	설명
`<?php the_time('F jS, Y'); ?>`	글 발행일을 표시합니다.
`<?php the_author() ?>`	글쓴이를 표시합니다.
`<?php the_content(); ?>`	글 내용을 표시합니다.
`<?php the_tags('Tags: ', ', ', ' '); ?>`	글 태그를 표시합니다.
`<?php comments_popup_link('No Comments &#187;', '1 Comment &#187;', '% Comments &#187;'); ?>`	댓글 링크를 만들고 댓글의 수를 표시합니다.
`<?php echo date("Y"); echo " "; bloginfo('name'); ?>`	올해 년도를 표시하고 블로그 이름을 표시합니다. 이처럼 PHP 코드 블록에 두 개 이상의 템플릿 태그를 사용할 수도 있습니다.
`<?php wp_footer(); ?>`	자바스크립트를 푸터에 삽입하도록 지정한 경우 해당 자바스크립트를 가져오는 템플릿 태그입니다.
`<?php if ( ! dynamic_sidebar( 'Sidebar Widgets' ) ) : ?>`	"위젯 사이드바가 없다면"에 해당하는 조건문입니다.
`<?php endif; ?>`	조건문의 종료입니다.
`<?php get_search_form(); ?>`	검색 박스를 가져옵니다.
`<?php wp_get_archives('type=monthly&limit=12'); ?>`	월별 글 보관함에서 12개의 글을 가져옵니다.
`<?php comments_template(); ?>`	댓글 상자를 가져옵니다.
`<?php dynamic_sidebar('content-widgets'); ?>`	사이드바 위젯을 표시합니다.

표 4-5 템플릿 태그

텝플릿 파일 만들기

05

01 빈 템플릿 파일 만들기

앱타나 스튜디오에 index.php 파일을 열고 프로젝트 창에서 프로젝트 폴더를 대상으로 마우스 오른쪽 버튼을 클릭해서 New → File을 클릭한 다음 header.php 파일을 만듭니다. 파일 안의 내용은 아무것도 없습니다. 이런 식으로 footer.php, sidebar.php, archive.php, single.php, search.php, 404.php 그리고 마지막으로 함수 파일인 function.php를 만듭니다. 이 파일 이름들은 글자가 틀리면 워드프레스가 인식하지 못합니다. 페이지 파일(page.php)은 아무것도 없으면 템플릿 계층구조에 의해 블로그 초기 화면으로 대체되어 아무것도 보이지 않는 화면이 나타나므로 나중에 만들기로 합니다.

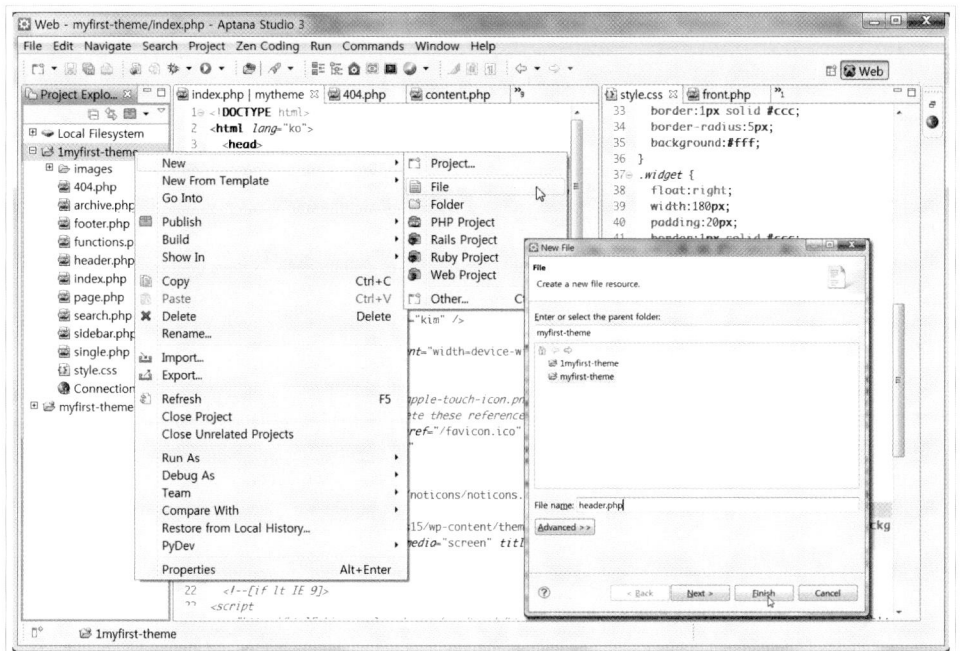

그림 4-56 빈 템플릿 파일 만들기

⌂2 header.php 파일의 내용 추가하기

프로젝트 폴더에서 header.php 파일을 더블클릭하면 편집기 창에 열립니다. 편집기 상단의 탭을 클릭 드래그해서 우측 창으로 이동합니다. index.php 파일에서 nav 태그의 마지막 부분인 ⟨/nav⟩에서 클릭한 후 드래그해서 상단의 ⟨!DOCTYPE html⟩이 있는 곳까지 블록으로 설정해 Ctrl+X를 눌러 잘라냅니다. 그런 다음 header.php에 붙여넣습니다. index.php 파일의 상단에 ⟨?php get_header(); ?⟩를 입력합니다. Ctrl+Shift+S를 눌러 모든 파일을 저장하고 웹브라우저에서 블로그 화면을 새로고침하면 원래의 화면대로 나와야 정상입니다.

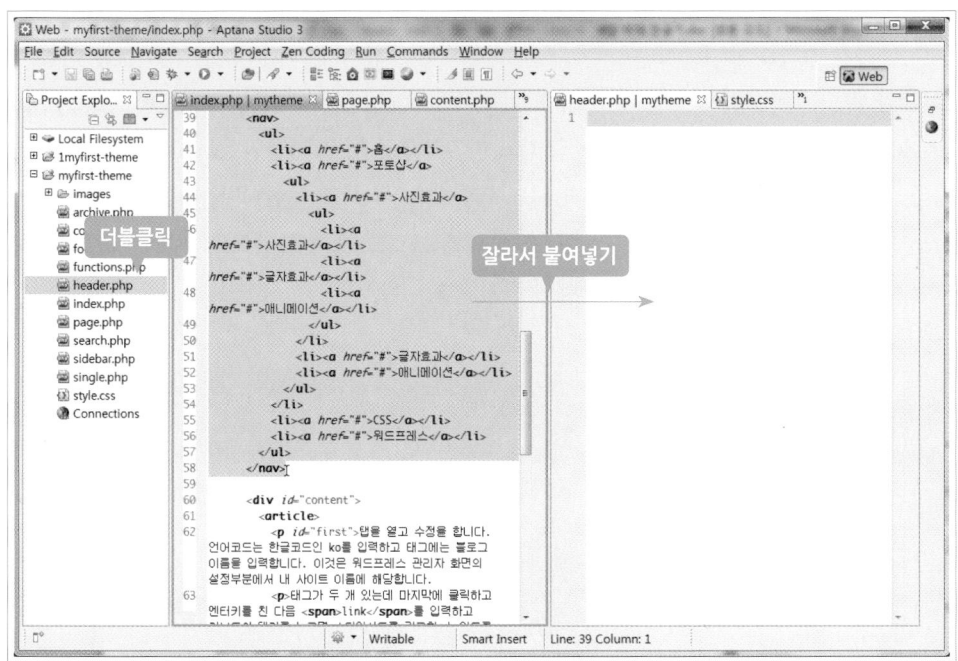

그림 4-57 header.php 파일의 내용 추가하기

이제 header.php 파일에 워드프레스의 템플릿 태그를 하나씩 입력합니다. 우선 상단의 두 번째 줄에서 ⟨html lang="ko"⟩를 찾아 ko 대신 다음의 코드를 첨부파일에서 복사해서 붙여 넣습니다.

⟨?php language_attributes(); ?⟩ - 국가별 언어 설정 태그

⟨meta charset="utf-8" /⟩에서 utf-8 대신 다음의 코드를 복사해서 붙여넣습니다.

```
<?php bloginfo( 'charset' ); ?> 캐릭터 셋(Character set)
```

그다음으로 검색엔진 최적화에 도움이 되는 부분인 〈title〉 태그입니다. 이 부분은 단순히 `<?php wp_title(); ?>`를 입력하면 페이지 제목만 표시됩니다. 워드프레스가 발전하면서 이 부분이 자주 변경됐는데 검색엔진은 웹사이트의 이름과 웹페이지의 제목을 중요시해서 이를 검색엔진 데이터베이스 목록에 저장해둡니다. 그래서 타이틀에 단순히 페이지 이름만 넣는 것이 아니라 웹사이트 이름, 페이지 이름 등 여러 가지 정보를 표시할 수 있게 했습니다. 그래서 좀 복잡합니다.

```php
<?php
    /*
     * 현재 보이는 것을 기준으로 타이틀을 표시함
     */
    global $page, $paged;

    wp_title( '¦', true, 'right' );

    // 블로그 이름 추가
    bloginfo( 'name' );

    // home page나 front page에 대해 블로그 태그라인을 표시
    $site_description = get_bloginfo( 'description', 'display' );
    if ( $site_description && ( is_home() ¦¦ is_front_page() ) )
        echo " ¦ $site_description";

    // 글에 페이지가 있는 경우 페이지 표시
    if ( $paged >= 2 ¦¦ $page >= 2 )
        echo ' ¦ ' . sprintf( __( 'Page %s'), max( $paged, $page ) );

?>
```

위 코드를 〈title〉</title〉 태그 사이의 "내가 만든 워드프레스 테마"를 지우고 복사해서 붙여넣습니다. 위 코드의 마지막 부분은 하나의 글이 두 개 이상의 페이지로 나눌 수 있는 경우 이 페이지를 표시합니다. 2장에서 글을 만들 때 글 내용이 긴 경우 글 중간에 클릭하고 Alt+Shift+p를 눌러 페이지로 나눌 수 있었습니다. 이렇게 페이지로 나눠지면 위의 코드로 인해 페이지 숫자도 나타나게 합니다. 여기까지 하고 웹브라우저에서 보면 웹브라우저 탭에 내 블로그의 이름과 태그라인이 표시될 겁니다.

```
<link rel="stylesheet" href="http://localhost/wordpress15/wp-content/themes/mytheme/
style.css" type="text/css"media="screen" title="no title" charset="utf-8"/>
```
부분에서 http부터 style.css까지 제거하고 다음의 코드를 복사해서 붙여넣습니다.

```
<?php bloginfo( 'stylesheet_url' ); ?> - 테마 스타일시트 삽입 태그
```

다음 줄에 아래의 코드 전체를 삽입합니다.

```
<link rel="pingback" href="<?php bloginfo( 'pingback_url' ); ?>" />
```

이는 워드프레스 설치 폴더에 있는 xmlrpc.php 파일을 링크해서 원격 출판을 가능하게 합니다.

⟨/head⟩ 태그가 끝나는 바로 위에 아래의 템플릿 태그를 삽입합니다. 이는 각종 플러그인에서 사용하는 자바스크립트나 스타일시트 파일이 삽입되는 곳입니다.

```
<?php  wp_head(); ?>
```

위 태그 바로 위에 다음의 태그를 삽입합니다. 이는 사용되는 페이지가 single.php이면서 댓글상자를 불러올 경우 comment-reply.js라는 자바스크립트를 활성화합니다.

```
<?php if ( is_singular() && get_option( 'thread_comments' ) )
            wp_enqueue_script( 'comment-reply' ); ?>
```

body 태그에 다음과 같이 템플릿 태그를 삽입합니다. 페이지나 글에 따라 클래스 선택자를 자동으로 만들어 삽입해줍니다.

```
<body <?php body_class(); ?>>
```

블로그 상단 부분에는 다음의 블로그 이름과 태그라인이 있는데, 대부분 블로그 이름은 링크가 있어서 클릭하면 초기 화면으로 가게 돼 있으니 여기에 링크를 만들고 초기 화면 주소를 링크 주소로 삽입합니다.

```
<h1>내가 만든 워드프레스 테마</h1>
<h2>워드프레스 테마 만들기</h2>
```

위를 다음과 같이 수정합니다. title은 링크에 마우스를 올리면 나타나는 툴팁입니다. echo 는 표시하라는 PHP 명령입니다. 여기서 get_bloginfo는 블로그 정보를 가져온다는 의 미이고 표시하지는 않습니다. 그래서 표시하기 위해 echo를 삽입했습니다. echo get_ bloginfo('description') 대신 bloginfo('description')를 사용해도 같은 결과가 나옵니다.

<?php echo home_url(); ?>은 블로그 초기 화면의 URL입니다. <?php bloginfo('name'); ?> 은 블로그 이름을 표시합니다. <?php bloginfo('description'); ?>은 태그라인을 표시합 니다.

```
<h1><a id="logo" title="<?php echo get_bloginfo('description'); ?>" href="<?php echo
home_url(); ?>"><?php bloginfo('name'); ?></a></h1>
<h2><?php bloginfo( 'description' ); ?></h2>
```

다음으로 메뉴 부분의 <nav>..</nav> 태그 안의 모든 내용을 지우고 다음의 템플릿 태그를 삽입합니다. 다음과 같이 작성하면 메뉴가 자동으로 만들어집니다.

```
<?php wp_nav_menu(); ?>
```

하지만 이것만 삽입해서는 안 되고 functions.php 파일에 다음의 코드를 삽입해야 메뉴가 등록되며, 관리자 화면의 외모 → 메뉴에서 메뉴가 나타납니다. 아래 코드를 functions.php 파일에 붙여넣고 저장합니다.

```
<?php
    function register_my_menus() {
  register_nav_menus(
    array(
      'header-menu' => __( 'Header Menu' ),
      'extra-menu' => __( 'Extra Menu' )
    )
  );
}
add_action( 'init', 'register_my_menus' );
add_theme_support( 'menus' );

?>
```

관리자 화면에서 메뉴를 수정하기 전에 2장의 플러그인 편에서 임시글과 페이지를 만드는 플러그인이 있었습니다. WP Dummy Content 플러그인을 설치하고 여러 개의 글과 페이지를 만들어 놓아야 다양하게 나타나는 블로그 화면을 확인할 수 있습니다.

또한 3장의 사용자 정의 메뉴 부분을 참고해서 위 플러그인으로 만든 페이지를 2단, 3단의 하위 메뉴로 배치하고 제대로 표시되는지 확인합니다.

여기까지 하면 다음과 같이 나타납니다. 블로그 이름과 태그라인이 헤더에 나타나고 메뉴에 마우스를 올리면 하위 메뉴도 잘 나타납니다. 하지만 아직 콘텐츠 영역은 템플릿 태그를 삽입하지 않았으므로 메뉴를 클릭해도 내용이 나타나지 않습니다. 푸터와 사이드바를 분리하고 콘텐츠 영역 작업을 합니다.

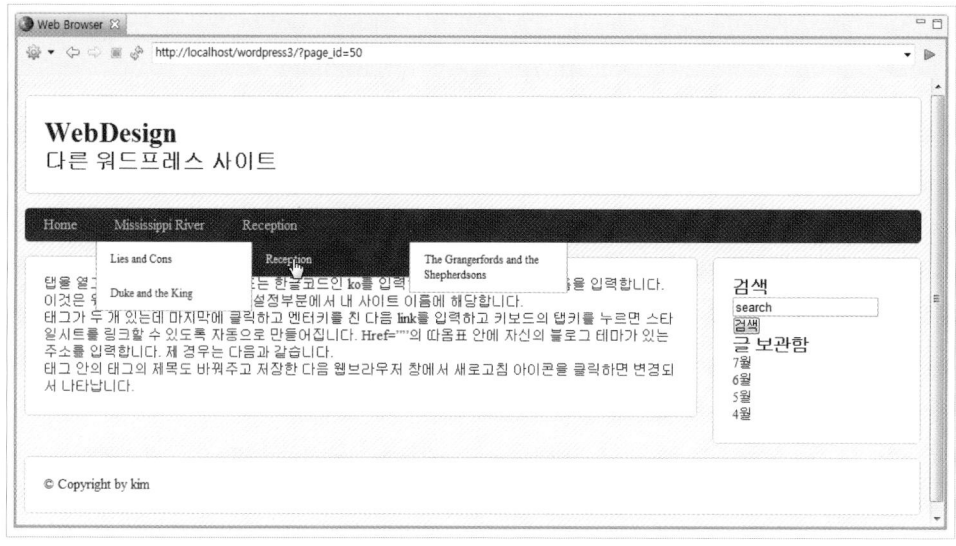

그림 4-58 header.php 파일의 메뉴 추가하기

03 footer.php 파일 내용 추가하기

footer.php 파일을 열고 index.php에서 〈footer〉부터 〈/html〉까지 블록으로 설정해 잘라낸 다음 footer.php에 붙여넣습니다. index 페이지의 footer가 있던 자리에는 다음의 템플릿 태그를 삽입합니다.

```
<?php get_footer(); ?>
```

footer.php 페이지에서 p 태그 안의 내용은 다음의 코드로 교체합니다.

```
Copyright &copy; <?php echo date("Y"); echo " "; bloginfo('name'); ?>
```

©는 저작권 심볼을 나타내는 HTML 코드입니다. date("Y");는 날짜 함수에서 년도를 나타내고 echo " ";는 한 칸의 빈 공간을 나타냅니다. 그다음에 블로그 이름이 나옵니다.

Copyright © 2012 WebDesign

그림 4-59 footer.php 파일의 내용 추가하기

body 태그가 끝나는 ⟨/body⟩ 바로 위에 다음의 템플릿 태그를 삽입합니다. 이 태그를 삽입해야 화면 상단에서 고정된 관리자 툴바가 나타납니다. 이 태그는 자바스크립트를 사용하는 경우 페이지의 빠른 로딩을 위해 자바스크립트 파일을 페이지의 하단에 배치할 수 있는데, 이러한 자바스크립트를 가져오는 템플릿 태그입니다.

```
<?php wp_footer(); ?>
```

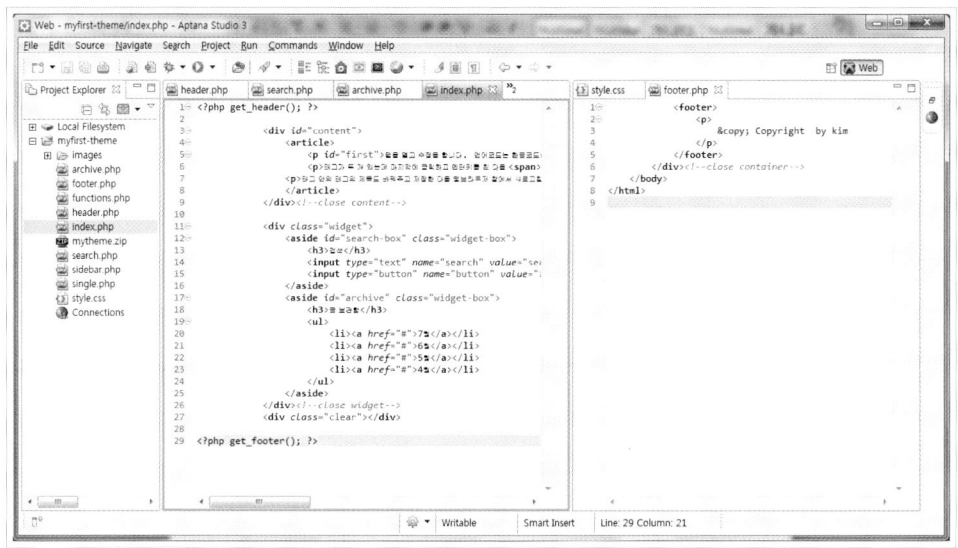

그림 4-60 wp_footer 템플릿 태그

∩/, sidebar.php 파일 내용 추가하기

index.php에서 〈div class="widget"〉에서 〈/div〉〈!--close widget--〉까지 블록으로 설정해 잘라낸 다음 sidebar.php를 열고 붙여 넣습니다. 첫 번째 aside 태그 안의 〈h3〉부터 〈input type="button"줄이 있는 곳까지 제거하고 다음의 템플릿 태그를 삽입합니다. 이는 검색 박스를 가져오는 템플릿 태그입니다.

```
<?php get_search_form(); ?>
```

두 번째 aside 태그에서 ul 태그 안의 li 태그를 모두 제거하고 다음의 템플릿 태그를 삽입합니다. 월별 글 보관함에서 12개의 목록을 가져오는 템플릿 태그입니다.

```
<?php wp_get_archives('type=monthly&limit=12'); ?>
```

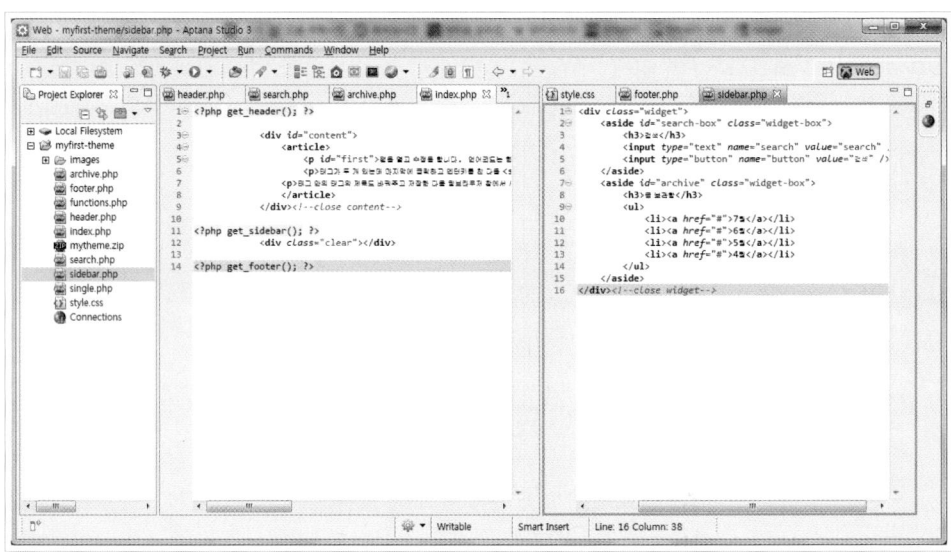

그림 4-61 sidebar.php 파일 내용 추가하기

여기까지 하고 저장한 다음 블로그 화면을 보면 사이드바에 검색 위젯과 글보관함이 나타납니다. 사이드바는 관리자 화면의 위젯 메뉴에서 관리하는데, 현재 상태에서는 위젯 메뉴로 들어가면 "정의된 사이드바 없음"이라고 경고 메시지가 나타납니다. 이는 functions.php 파일에 사이드바 위젯 등록을 하지 않았기 때문입니다.

05 function.php 파일 내용 추가하기

functions.php 파일을 열고 다음의 함수를 삽입합니다.

```
if (function_exists('register_sidebar')) { /사이드바 위젯 등록
    register_sidebar(array(
        'name' => '사이드바 위젯', /위젯 영역에 표시되는 이름
        'id'   => 'sidebar-widgets', /위젯의 id
        'description'   => '사이드바 위젯.', 위젯 영역에 표시되는 위젯 설명
        'before_widget' => '<aside id="%1$s" class="widget %2$s">', /위젯 전에 aside 태그
를 삽입하고 아이디와 클래스 선택자를 자동으로 만듦
        'after_widget'  => '</aside>', / 위젯 다음에 aside 태그 마감
        'before_title'  => '<h3>', / 제목 전에 h3 태그 삽입
        'after_title'   => '</h3>' / 제목 다음에 h3 태그 마감
    ));
}
```

위 코드를 등록하고 관리자 화면에서 위젯 메뉴로 들어가면 이제 사용할 수 있는 위젯 영역
에 기본 위젯이 나타나고 우측의 위젯 영역에는 위에서 등록한 사이드바 위젯이 나타납니다.
한글로 입력해도 될 부분은 위에서 두 곳뿐입니다. 현재 sidebar.php에는 검색 위젯과 글
보관함 위젯이 있는데, 이것은 사용할 수 있는 위젯 영역에 있는 위젯입니다. 그래서 위젯을
배치하면 중복됩니다. 사용할 수 있는 위젯 영역에서 어느 하나의 위젯을 배치할 경우 이들
두 개의 위젯을 사라지게 하면 좋겠죠. 이 경우 조건문을 사용해서 그렇게 할 수 있습니다.
sidebar.php 파일에서 다음의 코드를 첫 번째 aside 태그의 바로 위에 삽입합니다.

```
<?php if ( ! dynamic_sidebar( 'Sidebar Widgets' ) ) : ?>
```

이 조건문의 의미는 느낌표가 부정문을 만들고 있으므로 "사이드바에 동적 사이드바가 없다
면"이란 의미입니다. 이 조건에 해당하면 그 아래의 위젯이 나오는 것이고 관리자 화면에서
하나라도 위젯을 끌어다 배치하면 존재하는 것이 되므로 위 코드 아래의 위젯은 나타나지 않
게 됩니다. 조건문에는 종료 태그도 넣어줘야 하죠. 그래서 두 번째 aside 태그가 끝나는 다
음에 아래의 코드를 삽입합니다.

```
<?php endif; ?>
```

사이드바의 전체 코드는 다음과 같습니다.

```php
<div class="widget">
  <?php if ( ! dynamic_sidebar( 'Sidebar Widgets' ) ) : ?>
  <aside id="search-box" class="widget-box">
        <?php get_search_form(); ?>
  </aside>
  <aside id="archive" class="widget-box">
        <h3>글 보관함</h3>
        <ul>
              <?php wp_get_archives('type=monthly&limit=12'); ?>
        </ul>
  </aside>
  <?php endif; ?>
</div><!--close widget-->
```

functions.php에 등록한 위젯은 사이드바에만 사용할 수 있는 것이 아니라 본문의 콘텐츠 영역에도 배치할 수 있고 푸터 영역에도 배치할 수 있습니다. 그러자면 사이드바 위젯을 변형해서 등록해주면 됩니다.

```php
if (function_exists('register_sidebar')) {
    register_sidebar(array(
        'name' => '콘텐츠 위젯',
        'id'   => 'content-widgets',
        'description'   => '콘텐츠 위젯.',
        'before_widget' => '<section id="%1$s" class="content-widgets %2$s">',
        'after_widget'  => '</section>',
        'before_title'  => '<h3>',
        'after_title'   => '</h3>'
    ));
}
```

사이드바 위젯과 바뀐 것은 name, id, description입니다. 그리고 HTML 태그를 aside 대신 section을 사용했습니다. 푸터에 사용할 위젯은 다음과 같습니다.

```
if (function_exists('register_sidebar')) {
    register_sidebar(array(
      'name' => '푸터 위젯',
      'id'   => 'footer-widgets',
      'description'   => '푸터 위젯.',
      'before_widget' => '<section id="%1$s" class="footer-widgets %2$s">',
      'after_widget'  => '</section>',
      'before_title'  => '<h3>',
      'after_title'   => '</h3>'
    ));
}
```

여기까지 하고 관리자 화면의 위젯 화면으로 들어가면 위젯 영역에 3개의 위젯 박스가 나타납니다. 위젯 영역에 나타난다고 해서 블로그 화면에도 나타나는 것은 아니고 사이드바 위젯처럼 함수 파일에 등록한 위젯을 불러오는 템플릿 태그를 삽입해야 합니다. 콘텐츠 영역에 사용할 위젯은 아직 콘텐츠 영역이 완성되지 않았으므로 나중에 코드를 삽입하기로 하고 우선 푸터에 코드를 삽입해서 활성화합니다. 다음의 코드를 footer.php에서 상단의 〈footer〉 태그 위에 삽입합니다. 푸터에 들어갈 위젯은 모두 `footer-widget-container`에 나타나게 됩니다. 사이드바 위젯과는 달리 조건문이 없습니다. 평상시에는 보이지 않다가 위젯 화면에서 필요한 위젯을 끌어다 놓으면 블로그 화면에 나타납니다.

```
<div class="footer-widget-container">
    <?php dynamic_sidebar('footer-widgets'); ?>
</div>
```

관리자 화면의 위젯 화면에 들어가서 사용할 수 있는 위젯 영역에서 달력 위젯을 끌어다 사이드바 위젯 영역과 푸터 위젯 영역에 배치하고 블로그 화면에서 보면 다음과 같이 나타납니다.

그림 4-62 위젯의 배치

스타일이 필요한 상황이죠. 현재 사이드바의 위젯은 박스를 만들고 있는 것이 .widget이라는 클래스 선택자입니다. 이 선택자는 사이드바의 박스를 만들뿐더러 함수 파일에 위젯을 등록하면서 아래처럼 클래스 선택자로 .widget을 삽입했기 때문에 같은 클래스 선택자가 부모요소에도 있고 자식 요소에도 있어서 중복됩니다. 수정을 하려면 아래의 클래스 선택자 이름은 그대로 두고 sidebar.php에서 widget의 클래스 선택자 이름을 widget-box로 바꿔주고 기본적으로 나오는 위젯의 aside의 클래스 선택자를 widget으로 바꾸면 됩니다.

```
'before_widget' => '<aside id="%1$s" class="widget %2$s">'
<div class="widget"> -→ <div class="widget-box">
<aside id="search-box" class="widget">
        <?php get_search_form(); ?>
</aside>
<aside id="archive" class="widget">
        <h3>글 보관함</h3>
        <ul>
```

```
            <?php wp_get_archives('type=yearly&limit=12'); ?>
        </ul>
</aside>
```

그러면 왜 처음부터 이렇게 하지 않았느냐고 귀찮아하실 분이 계실 겁니다. 웹디자인은 전문가가 할 경우 미리 모든 것을 기획하고 어떤 부분은 어떤 선택자로 할 것을 정해놓지만 처음 하시는 분들은 기획 없이 할 수밖에 없기 때문에 중간중간에 변경하는 경우가 많습니다. 이러한 여러 가지 상황을 보여주기 위한 것이며 상황에 따라 코드를 변경할 줄 알아야 합니다.

위와 같이 클래스 선택자의 이름을 바꾸면 사이드바에 배치하는 위젯은 모두 하나의 개별 박스로 만들어지고 외곽 박스에 해당하는 widget-box는 형태가 없이 widget 박스를 감싸고 있게 됩니다. 폭이 정해지지 않았기 때문에 위젯을 추가하면 아래 그림처럼 어긋나게 되므로 다음과 같이 스타일시트에서 선언해 줍니다. 여기서 width는 .widget의 width(180px)와 padding(20+20)과 border(1+1)의 값을 합산한 값입니다.

```
.widget-box {float:right; width: 222px;}
```

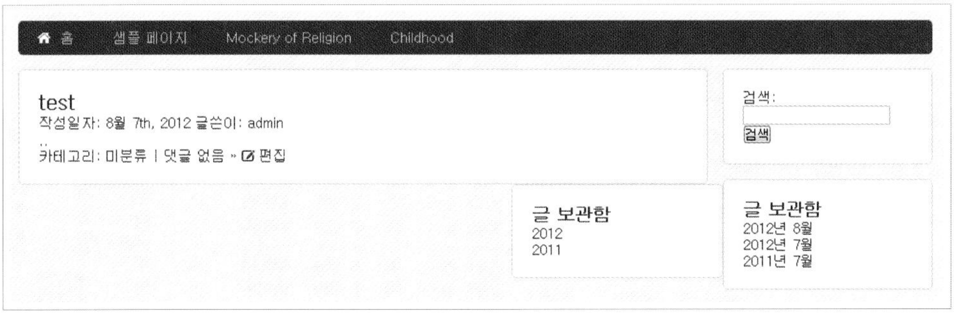

그림 4-63 위젯 박스의 정렬

사이드바에 위젯을 추가하면 위젯 상하간에 여백이 없어서 다음과 같이 margin-bottom:15px; 을 추가해줍니다.

```
.widget { float:right; width:180px; padding:20px; border:1px solid #ccc; border-radius:5px; background:#fff; margin-bottom:15px; }
```

그리고 달력이 왼쪽에 치우쳐 있으므로 폭을 100%로 설정하면 범위 내에서 꽉 차게 됩니다. 글자는 중앙정렬하면 보기 좋게 정렬됩니다. 선택자는 달력 위젯에 사용되는 아이디 선택자로 요소 검사를 통해 알아낼 수 있습니다. 이처럼 테마를 만들면서 내가 만든 선택자가 아닌 것은 워드프레스에서 함수에 의해 만들어지는 것이므로 요소 검사를 통해 알아내 스타일시트에서 설정해줘야 합니다.

```
#wp-calendar {width:100%; text-align: center; }
```

그러면 푸터의 위젯 박스를 스타일 해보겠습니다. 우선 푸터 위젯 영역은 float:left; 속성을 사용하므로 바로 아래에 clear 속성을 추가해야 겹치지 않습니다. 이것은 이미 스타일시트에 선언돼 있으므로 div 태그로 아래와 같이 추가하면 됩니다.

```
<div class="footer-widget-container">
        <?php dynamic_sidebar('footer-widgets'); ?>
</div>
<div class="clear"></div>
```

현재 푸터 위젯은 section 태그에 들어 있으므로 다음과 같이 복합 선택자를 사용해서 지정합니다. 여러 개의 위젯을 배치할 텐데 한 줄에 3개가 들어가게 하려면 계산을 해야 합니다. 960/3=320이고 320에는 border가 2px(1+1), padding이 20px(10+10)이고 위젯 사이의 공간이 필요하므로 우측 margin을 10px로 지정하면 내부 폭은 320-32=288px이 됩니다. 위아래 여백을 위해 margin을 10px로 지정하고 좌측은 0으로 합니다. 또한 float:left;를 입력하면 좌측으로 순서대로 배치됩니다. 여기까지 하고 관리자 화면 위젯 페이지에서 달력 위젯 4개를 푸터 위젯 영역에 배치하고 블로그 화면에서 보면 순서대로 나타납니다.

```
.footer-widget-container section {float:left; width:288px; padding:10px; border:1px solid #ccc; border-radius: 5px; background:#fff; margin:10px 10px 10px 0;}
```

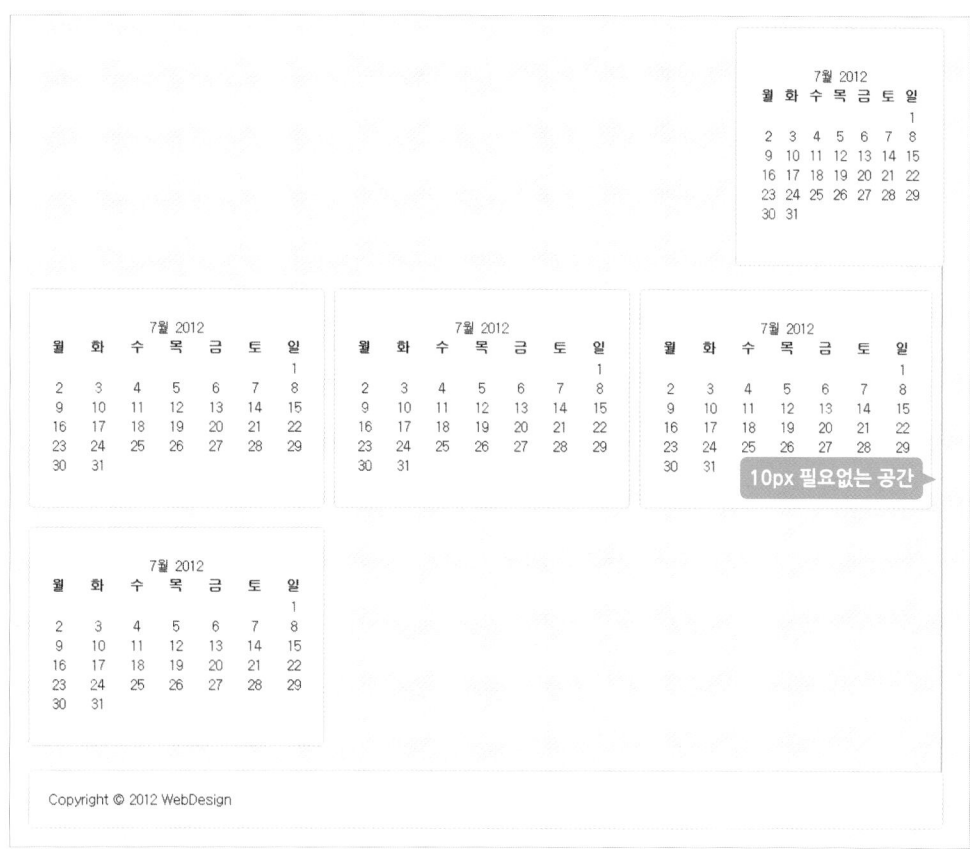

그림 4-64 위젯의 정렬

그런데 세 번째 위젯의 우측 마진으로 인해 필요없는 공간이 생깁니다. 이것을 없애줘야 상하의 다른 요소와 나란히 정렬되겠죠. 방법은 여러 가지가 있지만 10픽셀을 각 위젯 3개에 나눠서 3픽셀씩 추가하면 width는 291px이 됩니다. 1픽셀은 무시합니다. 늘어난 10픽셀만큼 .footer-widget-container에 늘려주면 맞게 이 콘테이너에 들어갑니다. 그런데 이 콘테이너를 늘리려면 margin에 마이너스 값을 입력해야 합니다. 실제로는 9픽셀이 늘어났으므로 -9px로 입력해도 됩니다.

```
.footer-widget-container { margin-right:-10px; }
.footer-widget-container section {float:left; width:291px; padding:10px; border:1px solid
#ccc; border-radius: 5px; background:#fff; margin:10px 10px 10px 0;}
```

위와 같이 입력하고 저장한 다음 웹브라우저에서 요소 검사를 해보면 우측으로 10픽셀이 늘어난 컨테이너에 세 번째 위젯의 마진이 차지하고 있습니다. 어렵지만 많이 사용하는 방법입니다.

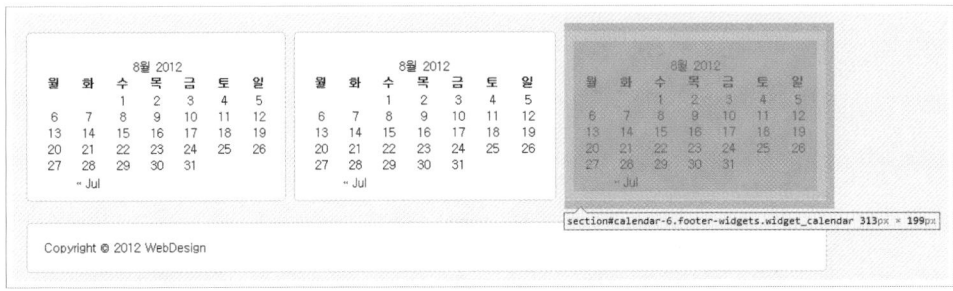

그림 4-65 위젯의 정렬2

06 index.php 파일에 콘텐츠 영역 만들기

콘텐츠 영역은 header.php나 sidebar.php처럼 별도로 분리해서 content.php 파일을 만들고 index.php에 불러오는 방법을 사용할 수 있지만 여기서는 그냥 index.php에 두고 템플릿 태그를 입력합니다. 이 콘텐츠 영역을 기초로 해서 여러 가지 파일이 만들어집니다. 〈article〉 태그 바로 위에 조건문이 시작하는 템플릿 태그와 반복문이 시작하는 템플릿 태그를 삽입하고 〈/article〉 태그 바로 밑에 반복문의 종료와 else 구문을 입력한 다음 〈h2〉 태그로 원하는 콘텐츠가 없을 경우 나타나는 문장을 입력합니다. 그런 다음 조건문 종료를 입력합니다. 〈article〉..〈/article〉 사이에는 데이터베이스에서 글 내용을 불러오는 템플릿 태그를 〈section〉 태그로 감싸서 입력합니다. 나중을 위해 section 태그에 클래스 선택자를 추가해둡니다.

```
<div id="content">
  <?php if ( have_posts() ) : ?>

  <?php while ( have_posts() ) : the_post(); ?>
      <article>
        <section class="post_content">
          <?php the_content(); ?>
```

```
            </section> <!-- close article section -->
        </article>
        <?php endwhile; ?>
    <?php else : ?>
        <h2>콘텐츠가 없습니다.</h2>
    <?php endif; ?>
</div><!--close content-->
```

여기까지 하고 저장한 다음 블로그 화면에서 보면 이제 글이 나타납니다. 하나의 글인 것처럼 보이지만 제목이 없어서 그런 것입니다. 정적인(Static) 글은 제거됐고 데이터베이스에서 가져온(Dynamic) 글이 나오는 것입니다. 이제 제목과 글쓴 날짜, 태그, 카테고리가 나타나도록 각종 템플릿 태그를 입력합니다.

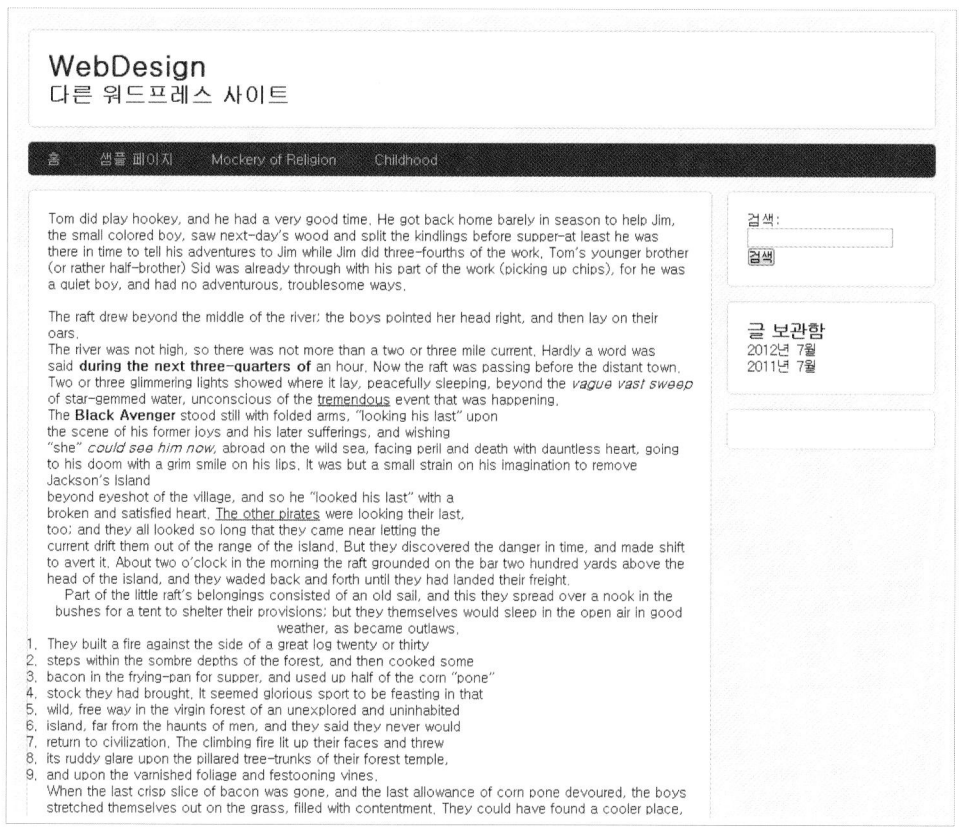

그림 4-66 index.php 파일에 콘텐츠 영역 만들기

〈article〉 태그에 아이디 선택자와 클래스 선택자를 자동으로 만들어주는 다음의 템플릿 태그를 입력합니다.

```
<article id="post-<?php the_ID(); ?>" <?php post_class(); ?>>
```

이 태그 바로 아래에 제목이 나타나도록 다음의 태그를 입력합니다. 〈?php the_permalink() ?〉는 제목 링크를 클릭하면 하나의 글이 나타나는 글페이지로 이동시키기 위한 것이고 〈?php the_title_attribute(); ?〉는 링크에 마우스를 올렸을 때 나타나는 툴팁입니다. 〈?php the_title(); ?〉는 글의 제목을 표시하는 템플릿 태그입니다. 〈?php the_time('F jS, Y'); ?〉는 글을 쓴 날짜를 표시하고 〈?php the_author() ?〉는 글쓴이를 표시하는 템플릿 태그입니다.

```
<div class="page-header">
<h1 class="h2"><a href="<?php the_permalink() ?>" title="<?php the_title_attribute();
?>"><?php the_title(); ?></a></h1>
    <div class="meta">
        <span>작성일자: <?php the_time('F jS, Y'); ?> </span>
        <span>글쓴이: <?php the_author() ?> </span>
    </div>
</div>
```

글쓴이 이름을 클릭했을 때 해당 글쓴이의 모든 글이 나타나는 글보관함 페이지로 이동하게 하려면 다음과 같이 〈?php the_author() ?〉에 링크를 겁니다.

```
<span>글쓴이: <a href="<?php echo esc_url( get_author_posts_url( get_the_author_meta(
'ID' ) ) ); ?>" rel="author"><?php the_author() ?></a> </span>
```

〈/article〉 태그 바로 위에 아래의 코드를 입력합니다. 〈?php the_tags('Tags: ', ', ', '<br />'); ?〉는 글 태그를 표시하며 매개변수가 복잡한 것 같지만 태그라는 제목을 우선 나오게 하고 태그와 태그 사이에 콤마가 나타나고 태그가 끝나면 줄바꿈 태그(〈br/〉)로 인해 그다음에 나오는 카테고리는 아래에 나타나게 하는 기능을 합니다.

〈?php the_category(', ') ?〉는 글이 등록된 카테고리를 표시합니다. 그 아래 줄은 댓글이 얼마나 있는지 표시해주면서 링크가 있어서 클릭하면 댓글을 달 수 있는 글 페이지로 이동합니다. 아직 댓글 박스 템플릿 태그가 없어서 댓글 상자는 나타나지 않습니다. HTML 코드를 보다 보면 »와 같은 이상하게 생긴 알 수 없는 글자가 나오는데 이것은 기호를 만들기 위한 HTML 코드입니다. 각진 괄호나 저작권 기호 등을 만들 때 사용합니다. 키보드의 키를 사용하기도 하지만 키보드에 없는 것도 있고 반드시 이 코드를 사용해야 하는 경우도 있기 때문에 이곳(http://www.ascii.cl/htmlcodes.htm)에서 찾아 코드를 입력하면 됩니다.

<?php edit_post_link(__('편집')); ?>는 클릭하면 관리자 화면의 글 편집창으로 가는 링크입니다.

```
<div class="post-meta-data">
    <span class="tag-links"><?php the_tags(' 태그: ', ', ', '<br />'); ?></span>
    카테고리: <span class="cat-links"><?php the_category(', ') ?></span>|
    <span class="comments-popup-link"><?php comments_popup_link('댓글 없음 &#187;', '1 댓글 &#187;', '% 댓글 &#187;'); ?></span>
    <span class="edit-post-link"><?php edit_post_link( __( '편집' )); ?></span>
</div>
```

〈/article〉 태그 다음에 다음의 반복문 종료와 콘텐츠가 없을 경우의 조건문을 입력하고 조건문을 종료합니다.

```
        <?php endwhile; ?>
    <?php else : ?>
    <h2>콘텐츠가 없습니다.</h2>
    <?php endif; ?>
```

여기까지 입력하고 블로그 화면에서 보면 이제 제목도 나오고 뭔가 테마로 보이는 것 같습니다. 하지만 글 제목을 클릭해보면 아무것도 나타나지 않습니다. 왜그럴까요? 원래는 글 제목을 클릭하면 하나의 글만 나오는 페이지가 나오게 돼 있습니다. 그런데 아무것도 나오지 않는 것은 single.php라는 파일이 있기 때문입니다. 이 파일은 파일만 있을 뿐이고 내용은 아무것도 없기 때문에 당연한 것입니다. 이것은 템플릿 계층구조에 의해 index.php보다 single.php가 우선하므로 워드프레스가 single.php를 찾아서 뭔가 보여주려고 했는데 템플릿 태그가 없어서 아무것도 나타낼 수가 없는 것입니다. 아마 호기심이 많은 분들은 템플릿 계층구조에 대해 설명할 때 시험해봤겠지만 귀찮으신 분들은 그냥 넘어갔을 겁니다. 이제 템플릿 계층구조에 대해 잘 아실 테니 single.php 파일에 내용을 추가해 보겠습니다.

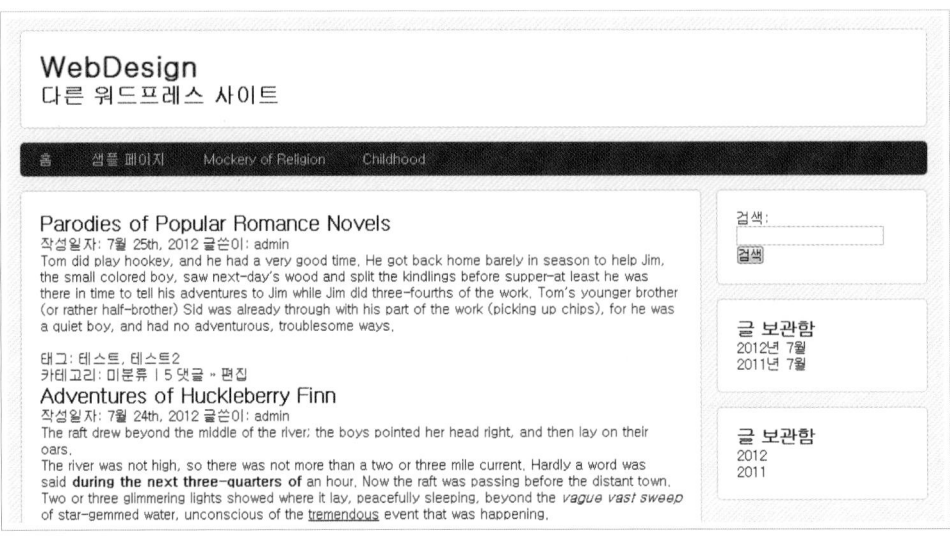

그림 4-67 index.php 파일에 콘텐츠 영역 만들기

07 single.php 파일 내용 추가하기

single.php 파일을 편집기에 열고 index.php의 모든 내용을 복사해서 붙여넣습니다. 제목 부분의 링크는 필요없으니 제거합니다. a 태그 부분을 삭제하면 됩니다. 마감 태그인 〈/a〉도 제거하세요. 그러면 제목 부분은 다음의 코드만 남습니다.

```
<h1 class="h2"><?php the_title(); ?></h1>
```

아래의 글쓴 날짜와 글쓴이 부분도 제거합니다.

```
<div class="meta">
    <span>작성일자: <?php the_time('F jS, Y'); ?> </span>
    <span>글쓴이: <?php the_author() ?> </span>
</div>
```

.page-header의 다음 부분만 남을 것이고 바로 아래에 functions.php에 등록한 콘텐츠 위젯을 아래처럼 입력합니다.

```
<div class="page-header">
    <h1 class="h2"><?php the_title(); ?></h1>
```

```
  </div>
  <div class="content-widget">
    <?php dynamic_sidebar('content-widgets'); ?>
  </div>
```

</article> 태그 다음에 아래처럼 <?php comments_template(); ?>를 추가합니다. 댓글 박스가 나타나는 템플릿 태그입니다.

```
  </article>
  <?php comments_template(); ?>
  <?php endwhile; ?>
  <?php else : ?>
```

여기까지 하고 저장한 다음 블로그 화면에서 글 제목을 클릭하면 댓글을 입력할 수 있는 페이지로 이동합니다. single.php 파일을 사용하는 것이죠. 그러면 콘텐츠 위젯을 나타나게 했으니 이곳에 구글 광고 코드를 삽입해 나타나게 해봅니다. 위젯 화면에 가면 위젯 영역에 콘텐츠 위젯이 있으며 사용할 수 있는 위젯 영역에서 텍스트 위젯을 끌어다 배치하고 구글 광고 코드(250x250픽셀 사이즈)를 삽입하고 저장합니다. 오른쪽에 배치하기 위해 스타일시트에서 다음과 같이 float: right;를 입력하고 글과 간격을 두기 위해 padding:20px;을 입력하고 저장한 다음 블로그 화면에서 글 제목을 클릭하면 광고가 나타납니다. 구글 광고는 여러 개의 글이 나타나는 초기 화면에는 나오지 않게 하고 글제목을 클릭했을 때 하나의 글이 나오는 경우에 나타나게 해야 합니다.

```
  .content-widget {float: right;  padding:20px;}
```

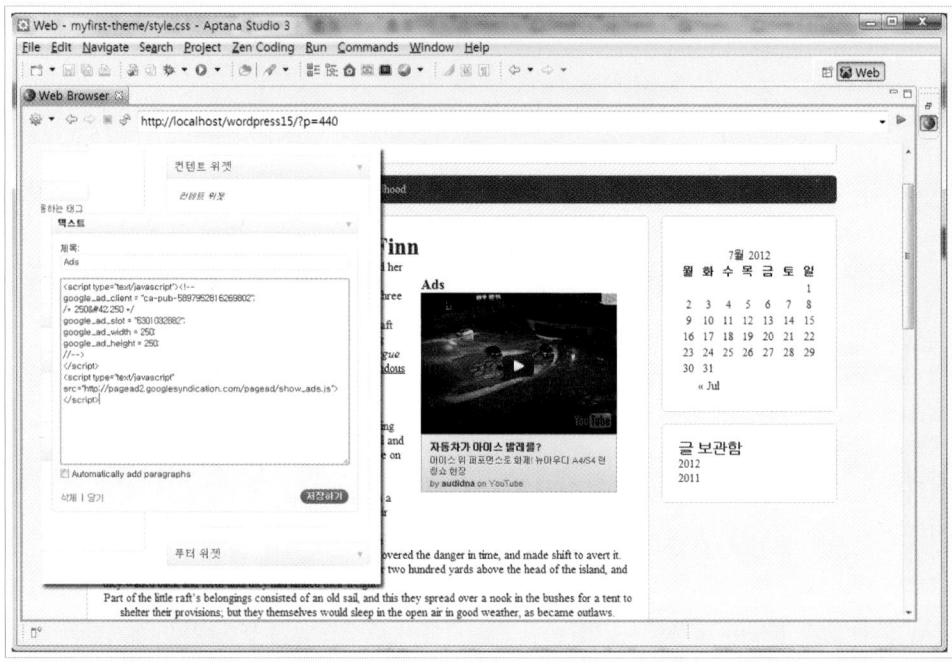

그림 4-68 single.php 파일 내용 추가하기

08 search.php 파일 내용 추가하기

index.php 파일의 모든 내용을 복사해서 search.php 파일을 열고 붙여넣습니다. 블로그에서 검색을 하면 해당 글이 나타나는데 글 내용이 모두 나타날 필요는 없고 제목과 글의 일부만 나타나면 충분할 것입니다. 여러 개가 검색될 경우 목록 형태로 나오는 것이 당연하겠죠. 그러면 템플릿 태그로 `<?php the_content(); ?>`를 사용하지 않고 `<?php the_excerpt(); ?>`를 사용하면 요약 글만 나타나게 됩니다. 이 태그에 대해서는 이전 장에서 알아봤습니다. 관리자 화면의 새 글 쓰기 창에서 내용을 요약해서 요약란에 입력한 경우 이 요약글이 나올 것이고 아닌 경우 글의 처음부터 55개의 단어가 나타날 것입니다.

우선 조건문의 시작 바로 다음에 h2 태그로 제목을 만듭니다. 이것은 글 목록의 제목과 다른 검색 목록의 제목이 됩니다.

```
<?php if ( have_posts() ) : ?>
<h2 id="search-title">검색 결과</h2>
```

글 제목과 요약글만 나오면 되므로 다음의 코드는 모두 지웁니다.

```
<div class="meta">~</div> → 날짜와 글쓴이 부분입니다.
<div class="post-meta-data">~</div> → 태그, 카테고리, 댓글 링크, 편집 링크 부분입니다.
<?php the_content(); ?> →이 템플릿 태그는 다음처럼 요약 템플릿 태그로 바꿔줍니다.
<section class="post_content">
  <?php the_excerpt(); ?>
</section> <!-- close article section -->
```

"콘텐츠가 없습니다."는 "검색 결과가 없습니다."로 바꿉니다.

```
<h2>검색 결과가 없습니다.</h2>
```

관리자 화면의 위젯 화면에서 검색 위젯을 사이드바 위젯 영역에 배치하고 블로그 화면에서 글 내용에 있는 검색어로 검색해 봅니다. 제목과 글 요약만 나타나고 글 제목을 클릭하면 해당 글의 전체 내용이 있는 페이지로 이동합니다. 검색어에 해당하는 글이 없으면 "검색 결과가 없습니다."라는 글이 표시됩니다.

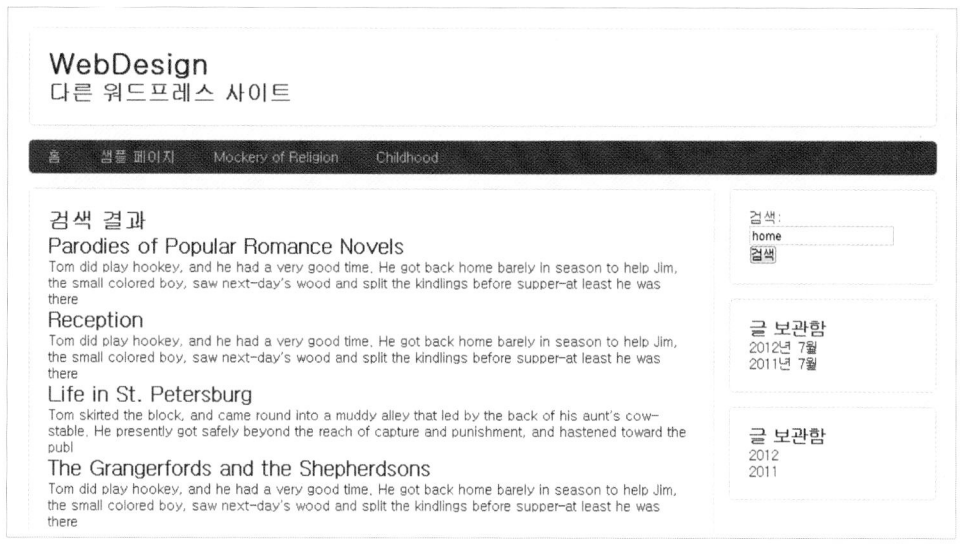

그림 4-69 search.php 파일 내용 추가하기

그림 4-70 검색 결과 없음

09 archive.php 파일 내용 추가하기

블로그는 글을 위주로 한 웹사이트이므로 워드프레스는 글을 찾기 쉽게 분류하고 있습니다. 각 종류별 글에 대해 별도의 디자인을 적용하고자 한다면 많은 파일이 필요합니다. 카테고리로 분류된 글은 category.php, 태그로 분류된 글은 tag.php, 글쓴이로 분류된 글은 author.php 파일을 만들어 index 파일의 내용을 복사해서 수정하면 됩니다. 하지만 하나의 디자인으로 만들고자 한다면 archive.php만으로도 족합니다. 이 파일이 없더라도 템플릿 계층구조에 의해 index.php가 최종적으로 글을 나타내줍니다. 여기서는 하나의 파일에 모두 나타나도록 archive.php만을 만들어봅니다.

index.php 파일의 모든 내용을 복사해서 archive.php 파일을 열고 붙여넣습니다. 여러 종류의 글보관함(archive)을 하나의 파일로 표시하므로 각 글 보관함에 맞는 조건문을 만들어야 합니다. 첫 번째 조건문 다음에 아래와 같이 조건문과 이 조건에 해당할 경우의 페이지 제목이 나타나도록 템플릿 태그를 입력합니다. is_category()는 현재 페이지가 카테고리를 위한 페이지일 경우를 의미하는 조건 태그입니다. <?php single_cat_title(); ?>는 하나의 카테고리 이름입니다. 이 타이틀 좌우에 있는 HTML 코드는 따옴표입니다. 만일 포토샵 카테고리를 선택했다면 '"포토샵" 카테고리의 글 보관함'이라고 나타납니다.

```php
<?php if ( have_posts() ) : ?>

<?php if (is_category()) { ?>
    <h2 id="archive-title"> &#34;<?php single_cat_title(); ?> &#34; 카테고리의 글 보관함
</h2>
```

다음 줄에 글에서 태그를 클릭했을 때 해당 태그와 관련된 글이 나타나도록 아래의 코드를 입력합니다. `<?php single_tag_title(); ?>`는 선택한 태그 이름입니다.

```php
<?php } elseif( is_tag() ) { ?>
    <h2 id="archive-title"> &#34;<?php single_tag_title(); ?> &#34;의 글 태그</h2>
```

다음 줄은 달력 위젯에서 날짜를 클릭하면 해당 날짜의 글이 나타나는 글 보관함입니다. 워드프레스의 날짜 표시는 외국 기준이므로 우리나라에서 사용하는 날자 표시방식인 년, 월, 일로 수정했습니다. 템플릿 태그 다음에 "일"을 삽입하면 날짜 다음에 "일"이 나타납니다.

```php
<?php } elseif (is_day()) { ?>
    <h2 id="archive-title">&#34;<?php the_time('Y, F j'); ?>일&#34; 글 보관함</h2>
```

다음 줄은 월별 글보관함 위젯에서 월을 선택했을 때 나타나는 글 보관함입니다.

```php
<?php } elseif (is_month()) { ?>
    <h2 id="archive-title">&#34;<?php the_time('Y, F'); ?>&#34; 글 보관함</h2>
```

다음 줄은 년도별 글 보관함입니다.

```php
<?php } elseif (is_year()) { ?>
    <h2 id="archive-title">&#34;<?php the_time('Y'); ?>년&#34; 글 보관함</h2>
```

현재 년도별 글보관함은 없는데 필요한 경우 월별 글 보관함처럼 만들면 됩니다. 아래처럼 sidebar.php에서 월별 글보관함의 aside 태그 부분을 복사해서 조건문 밖에 붙여넣고 monthly를 yearly로 바꾸면 됩니다. 새 글 쓰기에서 글을 작성하고 예약 기능을 이용해 날짜를 작년으로 지정해 발행한 다음 년도별 글 목록이 나타나는지 확인해보세요.

```php
<aside id="archive" class="widget">
        <h3>글 보관함</h3>
        <ul>
                <?php wp_get_archives('type=yearly&limit=12'); ?>
        </ul>
</aside>
```

다음 줄은 글쓴이 링크를 클릭했을 때 나오는 글쓴이 글 보관함입니다. 그다음 줄은 위의 모든 글보관함에 해당하지 않는 글 보관함의 글을 표시합니다.

```php
<?php } elseif (is_author()) { ?>
    <h2 id="archive-title">글쓴이의 글 보관함</h2>
<?php } elseif (isset($_GET['paged']) && !empty($_GET['paged'])) { ?>
    <h2 id="archive-title">Archives</h2>
<?php } ?>
```

그림 4-71 월별 글 보관함

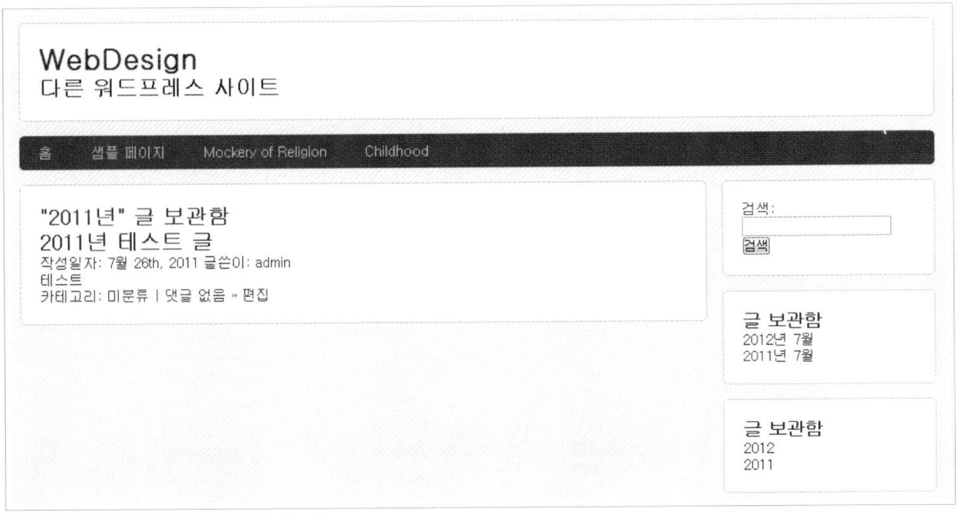

그림 4-72 년도별 글 보관함

10 404.php 페이지 내용 추가하기

워드프레스에서 글이 나타나지 않는 경우는 고유주소를 변경했다거나 글을 삭제한 경우 이미 이전 글에 대해 다른 웹사이트에 링크가 있다면 이 링크를 클릭했을 때 글이 나타나지 않습니다. 물론 해당 글이나 페이지가 없을 경우 조건문에 의해 "콘텐츠가 없습니다."라는 메시지가 나오지만 이럴 경우에 대비해 별도의 페이지를 만들어 안내 메시지를 만들어 두는 것이 좋습니다. 이것에 해당하는 파일이 404.php입니다. 안내 메시지 다음에는 검색창을 만들어 원하는 글을 검색해서 찾을 수 있게 하는 것도 좋은 방법입니다.

404.php 파일을 만들고 index.php 페이지에서 모든 내용을 복사해서 붙여넣습니다. `<div id="content">`…`</div>` 사이의 모든 내용을 지우고 다음과 같이 안내 메시지와 검색 상자를 추가하면 됩니다.

```
<div id="content">
    <h2>죄송합니다. 페이지가 없습니다.</h2>
    <p>해당 글이 삭제됐거나 링크가 잘못됐을 수도 있으니 검색을 이용하시기 바랍니다.</p>
    <?php get_search_form(); ?>
</div><!--close content-->
```

샘플 페이지를 선택하고 주소창에 page_id= 다음에 임의의 숫자를 입력하고 엔터키를 치면 없는 페이지이므로 아래처럼 페이지가 없다는 메시지가 나타납니다.

그림 4-73 404.php 페이지 내용 추가하기

여기까지 하면 기본적인 파일이 완성됩니다. 페이지 파일을 만들어 블로그 초기 화면으로 사용하는 방법은 다음장에서 트위터 부트스트랩을 이용해 워드프레스 블로그를 만들 때 알아보기로 하고 이번 장의 마지막으로 아이콘을 삽입하는 방법을 알아보고 마무리하겠습니다.

Font Awesome 폰트 아이콘 삽입하기

아이콘은 대부분 이미지로 된 것을 사용하지만 요즘은 아이콘 폰트를 만들어 사용하기도 합니다. 워드프레스 3.5 버전에 포함될 새로운 기본 테마인 Twenty Twelve에 이런 방법을 사용할 수도 있다고 합니다. 워드프레스닷컴(http://wordpress.com/i/noticons/example.html)에는 이미 사용하고 있으며 오픈소스 개발자들을 위한 무료 웹호스팅 서비스인 Github(https://github.com/styleguide/css/7.0)의 경우 많은 폰트 아이콘을 사용할 수 있는데 무료로 공개되지는 않았습니다. 아래 이미지는 Font Awesome 홈페이지의 화면입니다. 모든 아이콘이 폰트 아이콘으로 만들어졌으며 우측의 깃발 모양도 이 폰트를 사용한 것입니다. 폰트로 되어 있으니 크기 확대가 자유롭고 색상 변경도 가능합니다.

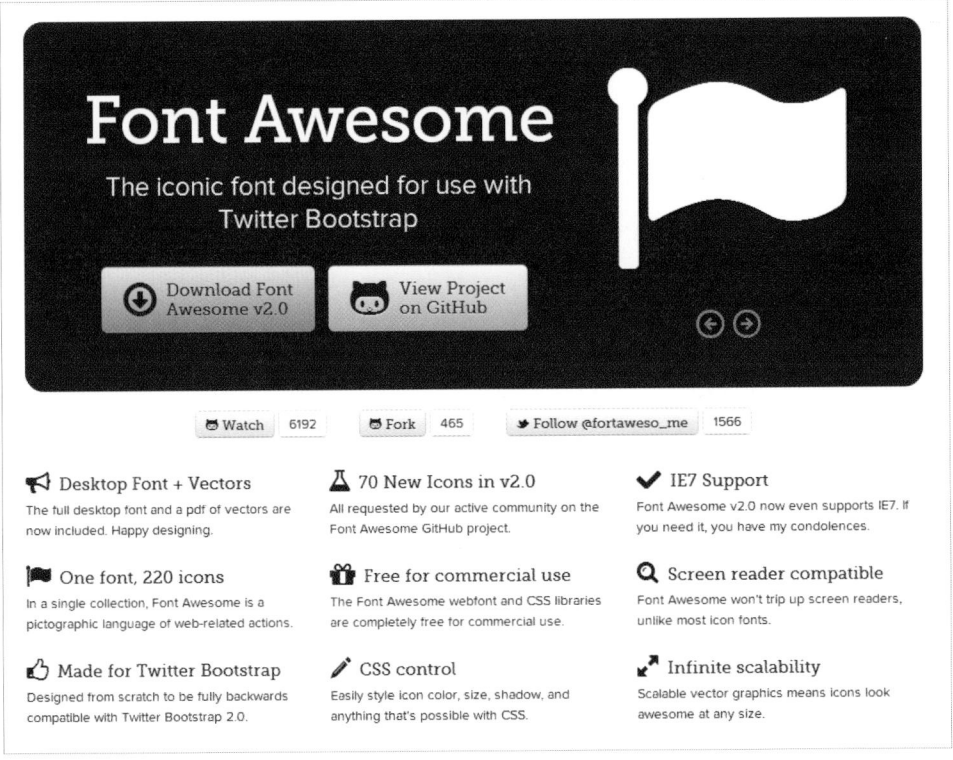

그림 4-74 Font Awesome 폰트 아이콘

Font Awesome은 폰트로 만들어진 아이콘으로서, 다음 장부터 나오게 될 트위터 부트스트랩과 호환되도록 만들어졌으며 부트스트랩을 사용하지 않더라도 별개로 사용할 수 있습니다. 일반적으로 아이콘으로 사용하는 이미지 파일은 투명 기능을 제공하는 PNG 파일을 사용하지만 비트맵 파일이라서 크기를 변경하면 해상도가 달라져서 선명하지 않지만 폰트는 벡터이므로 크기를 늘리거나 줄여도 선명한 이미지가 나타납니다. 또한 이미지를 이용하면 사용될 때마다 HTTP 요청으로 인해 페이지 로딩 시간이 많이 걸립니다. 그래서 모든 아이콘을 하나의 이미지에 담아 스프라이트(Sprites)로 만들어 사용하기도 합니다. 폰트 아이콘은 한번 로딩되면 추가적인 HTTP 요청이 필요하지 않고 크기를 변화시켜도 선명한 화질로 표시되며 폰트의 성질을 갖고 있어서 색상 변화도 자유롭습니다.

구글 검색을 해보면 여러 종류의 아이콘 폰트가 검색되며 여기서는 그중에서도 Font Awesome의 사용법을 알아보겠습니다. 이 아이콘 폰트는 210개로 돼 있고 지속적으로 추가되고 있으며, 오픈소스이지만 CC(Creative Common License)의 규약에 제한되므로 배포가 자유롭고 상업적 이용도 가능합니다. 하지만 이를 사용한 웹페이지에 Credit(출처)를 달아야 한다는 단점이 있습니다. Font Awesome 홈페이지(http://fortawesome.github.com/Font-Awesome/)로 이동해서 압축 파일을 내려받아 압축을 해제하고 폴더 내부로 들어가면 docs 폴더가 있습니다. 이곳에 들어가면 assets 폴더가 있으며 index.html 파일을 클릭하면 웹브라우저에 모든 폰트 아이콘이 나오고 하단에 사용법이 영어로 나옵니다.

assets 폴더를 복사해서 wamp 서버의 현재 진행 중인 테마 폴더에 붙여넣습니다. 현재까지 진행한 테마 폴더에는 하나의 이미지 폴더가 있고 여러 개의 템플릿 파일이 있으며, 이제 assets 폴더가 추가됐습니다.

header.php 파일의 head 태그 부분에서 스타일시트 링크 바로 위에 아래처럼 〈link rel="stylesheet" href="<?php bloginfo('template_directory'); ?>/assets/css/font-awesome.css"〉를 복사해서 붙여넣습니다. 〈?php bloginfo('template_directory'); ?〉는 테마 폴더를 표시하는 템플릿 태그입니다.

```
<link rel="stylesheet" href="<?php bloginfo( 'template_directory' ); ?>/assets/css/font-
awesome.css">
<link rel="stylesheet" href="http://localhost/wordpress16/wp-content/themes/myfirst-
theme/style.css" type="text/css" media="screen" title="no title" charset="utf-8"/>
```

위와 같이 링크를 만들면 테마가 Font Awesome의 CSS 파일을 인식하게 됩니다. 이 파일은 아래처럼 assets 폴더 내부에 있는 font 폴더에 여러 가지 버전의 폰트 파일을 저장해두고 참조합니다. 이는 웹브라우저마다 다른 형태의 폰트 확장자만 지원하기 때문에 이렇게 하면 모든 버전의 웹브라우저에서 폰트를 인식합니다.

```
@font-face {
  font-family: 'FontAwesome';
  src: url('../font/fontawesome-webfont.eot');
  src: url('../font/fontawesome-webfont.eot?#iefix') format('eot'), url('../font/
fontawesome-webfont.woff') format('woff'), url('../font/fontawesome-webfont.ttf')
format('truetype'), url('../font/fontawesome-webfont.svg#FontAwesome') format('svg');
  font-weight: normal;
  font-style: normal;
}
```

아이콘을 사용하는 방법은 두 가지입니다. 하나는 HTML 페이지에 아이콘을 삽입할 곳에 HTML 태그가 있을 때 <i class="icon-home"></i>처럼 <i> 태그와 클래스 선택자로 해당 아이콘 이름을 입력하는 방법입니다. 하지만 워드프레스에서는 HTML 요소를 함수에 의해 자동으로 만들게 될 때가 있는데, 주 메뉴의 경우 <?php wp_nav_menu(); ?>라는 템플릿 태그로 li 태그나 a 태그를 만들기 때문에 첫 번째 방법으로 <i> 태그와 클래스 선택자를 입력할 수 없습니다. 그래서 두 번째 방법으로 CSS의 유사 선택자(Pseudo classes)인 :before나 :after를 이용합니다. 이 선택자는 HTML 페이지에 어떤 내용을 직접 입력할 수 없을 때 CSS에서 { content:'입력될 내용'; }처럼 입력하면 내용이 추가됩니다.

현재 만들고 있는 테마의 메뉴바에서 홈 메뉴에 홈 아이콘을 삽입하기 위해 Font Awesome의 docs 폴더에 있는 index.html 파일을 이용합니다. 이파일을 클릭해서 웹브라우저에 나타나면 Ctrl+F키를 눌러 검색창에 "home"을 입력해서 홈 아이콘을 찾습니다. 아이콘 위에 마우스 오른쪽 버튼을 클릭해서 요소 검사를 하면 아래처럼 나타납니다. 우측의 CSS 패널에서 :before { content:"\f015"; } 부분을 찾아 폰트의 16진수 숫자를 알아냅니다. 숫자 앞의 기호처럼 보이는 것은 역슬래시(backward slash)입니다.

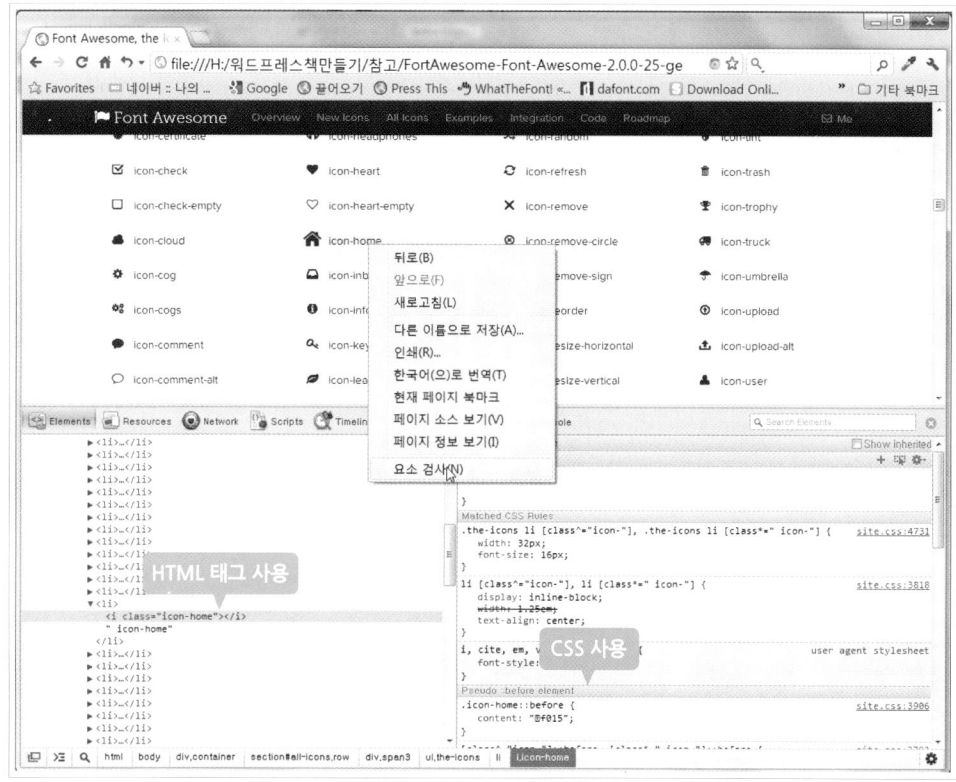

그림 4-75 Font Awesome 폰트 아이콘 삽입 두가지 방법

이번에는 워드프레스 페이지에서 홈 메뉴를 대상으로 요소 검사를 해서 CSS 코드가 들어 갈 선택자를 찾아냅니다. 이때 특정 선택자를 지정해야 하는데 메뉴의 li 태그에는 워드프 레스 템플릿 태그가 자동으로 만들어내는 각각 다른 아이디가 있어서 이 아이디를 사용하 면 됩니다. style.css에서 다음과 같이 입력합니다. 폰트가 기본 색상이 검정색이므로 흰색 으로 나오도록 color:#fff를 추가하고 폰트 이름을 추가합니다. 메뉴 이름과 사이를 띄우기 위해 margin-right: 10px;을 입력하면 완성입니다. 만일 선택자를 특정하지 않고 #menu- item-449를 제거하면 nav 태그 안의 모든 a 링크에 대해 홈 아이콘이 삽입될 것입니다. 이 처럼 특정하지 않고 아이콘을 삽입하는 방법은 같은 내용이 있는 목록, 예를 들면 카테고리 목록에 사용하기에 적합합니다.

```
nav ul #menu-item-449 a:before { content: "\f015"; color:#fff; font-family:
'FontAwesome'; margin-right: 10px; }
```

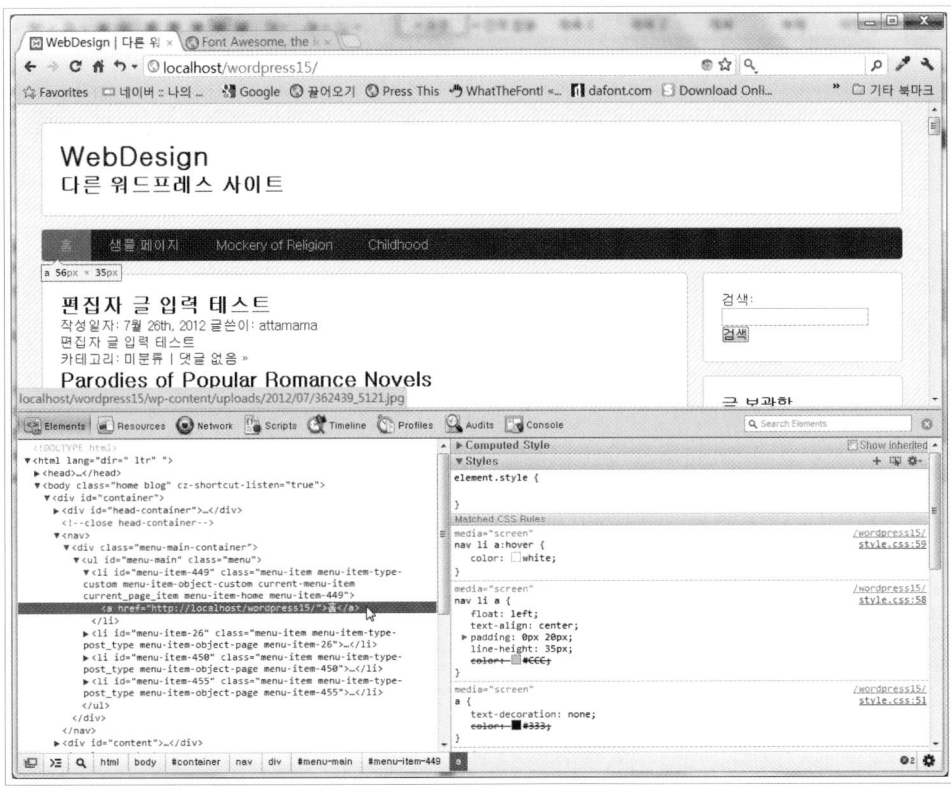

그림 4-76 아이디 선택자 찾기

이번에는 편집 링크에 아이콘을 삽입하겠습니다. 이 편집 링크는 관리자로 로그인했을 때만 나타납니다. Font Awesome 페이지에서 Ctrl+F를 눌러 "edit"으로 검색하면 icon-edit을 찾을 수 있습니다. index.php에서 다음과 같이 입력합니다.

```
<span class="edit-post-link"><?php edit_post_link('<i class="icon-edit">편집</i>'); ?></span>
```

이처럼 템플릿 태그 안에 글자가 있고 이 글자가 블로그 화면에 표시되는 경우는 위와 같이 아이콘을 직접 삽입할 수 있습니다. 템플릿 태그 밖에 입력하면 아이콘에 링크가 생기지 않습니다. 〈i〉 태그는 태그 안의 글자를 이탤릭체로 바꾸는 성질이 있습니다. 이 태그가 원래 이탤릭체로 만드는 태그였지만 지금은 태그의 정의가 바뀌었죠. 하지만 이탤릭체로 바꾸는 성질은 그대로 있으므로 글자를 일반 글씨체로 나오게 하려면 다음과 같이 CSS에서 명령을 내리면 됩니다.

```
.edit-post-link i { font-style:normal;}
```

그런데 아이콘과 글자 사이에 간격이 없어서 자연스럽지 않습니다. 〈i〉 태그가 글자를 감싸고 있기 때문에 margin이나 padding을 적용해도 간격이 벌어지지 않죠. 워드프레스는 이처럼 HTML 페이지에서 태그와 콘텐츠가 분리되지 않는 경우가 많기 때문에 첫 번째 방법으로 아이콘을 삽입하는 것이 좋습니다. 첫 번째 방법으로 하면 CSS에서 다음의 코드를 입력하면 됩니다. 이렇게 하면 아이콘이 링크에서 벗어나므로 글자만 클릭이 가능합니다. 아이콘은 장식용으로 사용될 뿐입니다.

```
.edit-post-link a:before { content: "\f044"; color:#000; font-family: 'FontAwesome';
margin-right: 5px; }
```

이번 장에서는 HTML 페이지를 만들고 CSS로 레이아웃을 만들었으며 템플릿 태그를 콘텐츠가 나타나는 부분에 삽입해서 간단한 워드프레스 테마를 만들었습니다. 이 테마를 끝까지 작업해서 완성할 수도 있으나 그러자면 상당한 시간이 걸리고 기능을 추가하자면 function 파일에 여러 가지 함수도 삽입해야 합니다. 지면상 많은 내용을 담기는 어려우므로 많은 기능이 이미 들어있는 테마를 사용하면 시간이 절약될 것입니다.

다만 지금까지 작업한 것은 CSS와 템플릿 태그의 개념을 이해하는 데 목적이 있으므로 더 작업을 해서 완성하고자 하시는 분은 이미 적용한 CSS를 숙지하고 혼자서 해보는 것도 좋은 방법입니다. 뭐든 그렇지만 알고 있는 내용을 아무런 도움없이 혼자 해봐야 실력이 금방 늡니다. 긴 내용의 글에서 어떤 부분이 부족하다 싶으면 다시 해보고 메모해두면 혼자 작업하는데 많은 도움이 됩니다. 메모는 메모하는 작업 자체로서 기억에 많이 남습니다.

다음 장에서는 워드프레스 기본 테마인 Twenty Eleven을 기초로 자식 테마를 만들어 수정하는 방법을 알아보겠습니다. 또한 이전 글에서 소개한 Font Awesome과 트위터 부트스트랩으로 모바일 겸용 블로그를 만드는 방법을 알아봅니다. 부트스트랩은 작년 8월 트위터 개발자들이 만들어 오픈소스로 공개했는데 웹디자이너들에게 많은 인기를 끌고 있는 플랫폼입니다. 이미 만들어진 아이콘 이미지와 CSS, 자바스크립트로 간단한 코드만 입력하면 기존의 웹페이지도 멋지게 만들 수 있으며 부트스트랩 2.0 버전부터 소개된 반응형 디자인은 부트스트랩으로 디자인하면 모바일용 웹페이지를 동시에 만들 수 있다는 장점이 있습니다.

5장
테마 수정

이전 장에서

간단한 구조의 테마를 만들어 봤습니다. HTML과 CSS로 디자인된 하나의 파일로 여러 개의 템플릿 파일을 만들고 템플릿 태그를 삽입해서 하나의 테마를 만든 것입니다. 워드프레스 테마는 이렇게 간단한 테마를 만들 수 있지만 다양한 기능을 추가하자면 많은 파일이 필요합니다. 고가의 테마는 이런 다양한 기능들이 추가된 것입니다. 하나의 파일에서 시작해서 여러 개의 템플릿 파일이 만들어졌듯이 워드프레스는 원하는 기능을 마음대로 추가할 수 있으며, 수많은 플러그인 중에서 원하는 기능을 제공하는 플러그인을 설치하면 그 기능은 무한대로 늘어납니다.

이번 장은 마지막 장으로서, 블로그뿐 아니라 웹사이트도 제작할 수 있는 워드프레스의 각종 기능을 추가합니다. 특히 그동안 워드프레스와는 별개의 프로그램으로 개발됐다가 플러그인으로 전환된 비비프레스(bbPress)를 이용해 게시판 기능을 추가하는 방법도 알아볼 것입니다. 각종 플러그인을 사용하기 위해 기본 테마를 수정하고 20개가 넘는 위젯을 사용하는 테마가 완성될 것입니다. 앞으로 진행할 내용은 다음과 같습니다.

트위터 부트스트랩

테마를 수정할 때 기본적인 레이아웃에 트위터 부트스트랩을 이용하기 위해 간략히 부트스트랩에 관해 알아봅니다.

콘텐츠 입력

테마를 수정하면서 디자인의 통일을 위해 글과 이미지를 같은 내용으로 하는 것이 좋으므로 글과 이미지를 붙여넣고 특성 이미지를 만드는 방법을 복습하고 이미 만들어진 글을 가져오는 방법을 알아봅니다.

자식 테마(Child Theme) 폴더 만들기

테마 수정은 기본 테마를 바탕으로 자식 테마를 만들어 수정하는 방법이 일반적입니다. 자식 테마를 만들고 각종 스타일시트와 자바스크립트 파일을 링크하는 방법을 알아봅니다.

부트스트랩으로 레이아웃 만들기

부트스트랩의 레이아웃을 이용하면 반응형 디자인을 동시에 만들 수 있습니다. 테마의 기본 레이아웃을 만드는 방법을 알아봅니다.

테마 스타일시트 시작

전체 레이아웃을 완성한 다음 세부적인 테마 수정 단계입니다. 헤더부터 시작해 푸터까지 전체 파일을 수정하는 단계입니다.

전면 페이지(Front Page) 만들기

글 중심의 블로그에서 전면 페이지에 글이 나타나는 것이 아니라 글을 선택하기 위한 다양한 카테고리에 요약글과 특성 이미지, 애니메이션 배너 등 다른 글로 이동할 수 있는 관문 역할을 하는 전면 페이지를 만드는 방법을 알아봅니다.

구글 애드센스와 구글 애널리틱스 활용

블로그를 운영하면 광고를 배치하게 되는데, 구글 애드센스를 반응형 디자인에 효율적으로 배치하는 방법을 알아봅니다.

워드프레스에 외부 파일 사용하기

워드프레스는 어떤 HTML 파일이라도 템플릿 파일로 사용할 수 있습니다. 별도로 디자인된 외부 파일을 워드프레스 템플릿 파일로 사용하는 방법을 알아봅니다.

부트스트랩 메뉴바 수정

부트스트랩의 메뉴바는 기본적으로 2단의 하위 메뉴만 나타나는데, 이를 여러 단계의 하위 메뉴가 나타나도록 수정하는 방법을 알아봅니다. 또한 드롭다운 형태가 아닌 드롭업(drop-up) 형태의 하위 메뉴로 수정해서 메뉴바의 상단에 나타나게 할 수도 있습니다.

푸터 영역에 메뉴바 추가하기

메뉴는 헤더의 주 메뉴뿐 아니라 푸터에도 나타나게 할 수 있습니다. 메뉴를 등록하고 푸터에도 메뉴가 있는 푸터 메뉴바를 만들어 봅니다.

컨택트 폼의 사용과 기본 페이지 파일(page.php)의 수정

기본 페이지 템플릿을 수정하고 컨택트 폼 플러그인을 사용하는 방법을 알아봅니다.

작성일자 스타일링하기

블로그 글의 작성일자를 사각형의 박스 안에 배치하고 멋지게 디자인하는 방법을 알아봅니다.

다중 헤더와 다중 푸터 사용하기

워드프레스 테마 디자인의 자유로움은 한계가 없습니다. 각 페이지마다 다른 헤더와 푸터를 사용할 수 있어서 초기 화면과 다른 페이지에 서로 다른 헤더와 푸터를 사용하는 방법을 알아봅니다.

비비프레스(bbPress)

워드프레스의 포럼 플러그인을 이용하면 게시판 프로그램으로 포럼을 개설해서 토론할 수 있습니다. 이를 이용해 웹사이트에서 질문 답변이나 자유게시판을 만들 수도 있습니다. 게시판 페이지를 만들고 디자인을 수정하는 방법을 알아봅니다.

트위터 부트스트랩 01

01 트위터 부트스트랩의 특징

이전 장에서 CSS에 대해 알아봤는데, CSS는 단순한 프로그래밍 언어지만 상황에 따라 변화무쌍해서 아무리 CSS에 대해 잘 알아도 난감한 상황에 마주치게 됩니다. 어딘가 한곳에서 설정을 잘못하면 다른 곳에 문제를 일으키고 그것을 수정하면 다른 곳에서 문제가 발생합니다. 이런 과정을 거치다 보면 나름의 노하우가 생기죠. 그래서 어떤 표준화된 방법이 없을까 생각도 해봅니다.

CSS로 웹디자인을 하다 보면 다른 웹사이트를 많이 참조하게 되는데, 특히 마음에 드는 디자인이 있으면 레이아웃을 화면으로 캡처해두고 어떻게 만들었는지 연구도 해보고 제대로 나오지 않으면 해당 사이트의 소스코드를 확인해서 스타일시트를 참고하기도 합니다. 웹페이지에서 스타일시트는 개방돼 있기 때문에 누구든지 소스를 볼 수 있고 복사해서 응용할 수 있습니다. 하지만 그 소스를 내 디자인에 그대로 복사해서 사용하는 것은 디자이너로서 자존심이 허락하지 않죠. 참고자료로 활용해서 이렇게 하는 거구나, 하는 정도만 알아내도 나중에 비슷한 상황에 부딪혔을 때 문제를 해결하는 데 도움이 됩니다.

이런 측면에서 보면 트위터 부트스트랩은 참 훌륭한 도구라고 생각합니다. 오픈소스이고 미리 정해놓은 스타일시트와 자바스크립트 파일을 연결하고 HTML 코드만 입력하면 레이아웃과 버튼이 완성되며 애니메이션이 만들어집니다. 기존에 만들어진 워드프레스 테마에서 스타일시트를 제거하고 부트스트랩의 스타일시트를 연결한 후 레이아웃을 위한 몇 가지 작업만 하면 모바일용 반응형 디자인이 완성됩니다. 그 작업이란 것이 HTML 코드에 선택자만 삽입하면 되는 것입니다. 이전 장에서는 HTML로 웹페이지를 만들고 나서 선택자에 대해 스타일시트에 명령을 내리면 HTML 페이지에 변화가 나타나지만 이제는 반대로 HTML 페이지에 선택자만 입력하면 변화가 일어나는 것입니다.

간단한 예를 들어보겠습니다. 이전 장의 마지막 부분에서 편집 링크에 아이콘을 삽입했습니다. 부트스트랩 스타일시트를 〈head〉 태그에 삽입하고 아래처럼 btn이라는 클래스 선택자를 삽입한 다음, 블로그 화면에서 새로고침하면 아래 그림과 같이 버튼이 만들어집니다. 색상을 주기 위해 이번에는 btn-primary라는 선택자를 추가로 입력했습니다. 그랬더니 파란색 버튼이 만들어집니다. 게다가 마우스를 올리면 버튼의 색상이 변하는 효과도 동시에 만들어집니다.

```
<span class="edit-post-link btn btn-primary"><?php edit_post_link( __( '편집' )); ?></span>
```

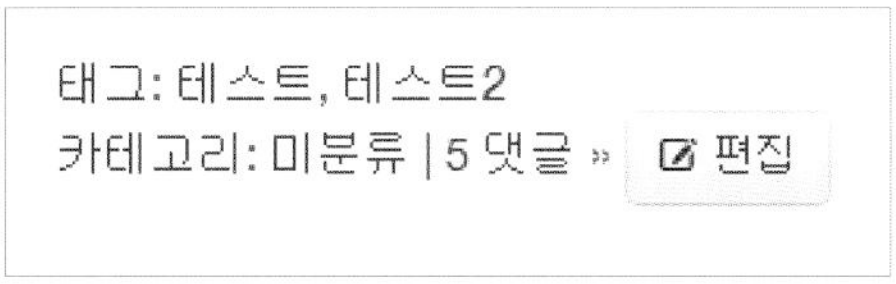

그림 5-1 부트스트랩 기본 버튼 적용

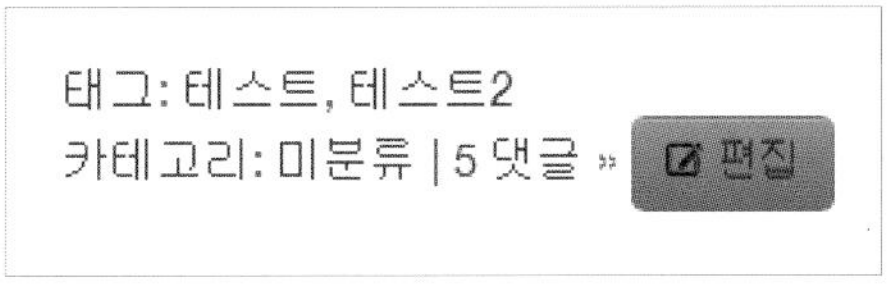

그림 5-2 부트스트랩 색상 버튼 적용

CSS로 이러한 버튼을 만들자면 수십 분은 걸립니다. 왜냐하면 버튼에서 볼 수 있듯이 CSS3의 그래디언트 효과가 들어가 있어서 각종 웹브라우저에 적용되게 하려면 많은 코드를 작성해야 하기 때문입니다. 이런 작업을 글자 몇 개만 넣으면 완료되는 것이죠. 이것은 단순한 예에 불과하고 트위터 부트스트랩은 웹디자인의 거의 전반적인 부분에서 사용되는 기능을 만들기 위해 미리 CSS와 자바스크립트로 만들어 놓았습니다. 얼마나 편리합니까? 더구나 부트스트랩 2.0 버전부터는 반응형 디자인도 가능해져서 몇 가지 코드만 삽입하면 기존의 웹페이지도 화면 크기에 따라 내용이 변하는 반응형 디자인이 완성됩니다. 웹디자이너들이 선호하다 보니 이런 것으로 만든 디자인은 창의성이 없어서 디자인으로 볼 수 없다거나 디자이너를 게으르게 만드는 도구일 뿐이라는 우려의 목소리가 나올 정도입니다.

트위터 부트스트랩은 처음에 개발자들 상호간의 작업 효율을 위해 만들었다가 오픈소스로 내놓았는데, 반응이 아주 좋아서 이를 응용한 관련 프로젝트도 진행되고 있습니다. 워드프레스도 예외는 아니어서 부트스트랩을 이용한 워드프레스 테마도 만들어졌고 모두 무료입니다. 하지만 워드프레스에 부트스트랩의 모든 기능을 사용하는 데는 한계가 있습니다. 레이아웃은 바로 적용할 수 있지만 메뉴바나 버튼 등 많은 부분이 클래스 선택자만 삽입해서 끝나는 것은 아닙니다. 그런데 이것도 생각만 하면 얼마든지 사용할 수 있습니다. 약간 번거롭지만 원리만 알면 쉽습니다.

이번 장에서는 전반적으로 트위터 부트스트랩을 이용해 디자인하는 작업을 합니다. 그렇다고 CSS를 몰라도 되는 것은 아닙니다. 부트스트랩의 도움말 문서에도 나오듯이 HTML과 CSS에 대한 지식이 있어야 합니다. 문제가 발생했을 때 적절히 대처할 수 있어야 하기 때문이죠. 부트스트랩을 이용하면 빠르게 디자인할 수 있고 웹표준에 적합하며, 반응형 디자인은 그냥 따라오는 기능입니다.

○2 트위터 부트스트랩 파일 내려받기

워드프레스 기본 테마를 수정하기 위한 첫 단계로 부트스트랩 파일을 내려받는 방법을 알아보겠습니다. 파일을 내려받는 방법은 부트스트랩을 어떻게 사용하느냐에 따라 다릅니다. 우선 기본적인 파일을 내려받는 방법을 알려드리면 다음과 같습니다. 이곳(http://twitter.github.com/bootstrap/index.html)으로 가면 다음과 같은 화면이 나타납니다.

그림 5-3 **트위터 부트스트랩 화면**

파란색 내려받기 버튼을 클릭하면 기본 파일(부트스트랩 스타일시트, 반응형 스타일시트, 아이콘 이미지, 자바스크립트)을 내려받을 수 있습니다. 두 번째 방법은 사용자 정의 파일을 내려받는 방법입니다. 위 화면의 상단 메뉴에서 Customize 링크를 클릭하면 다음과 같은 화면이 나타납니다.

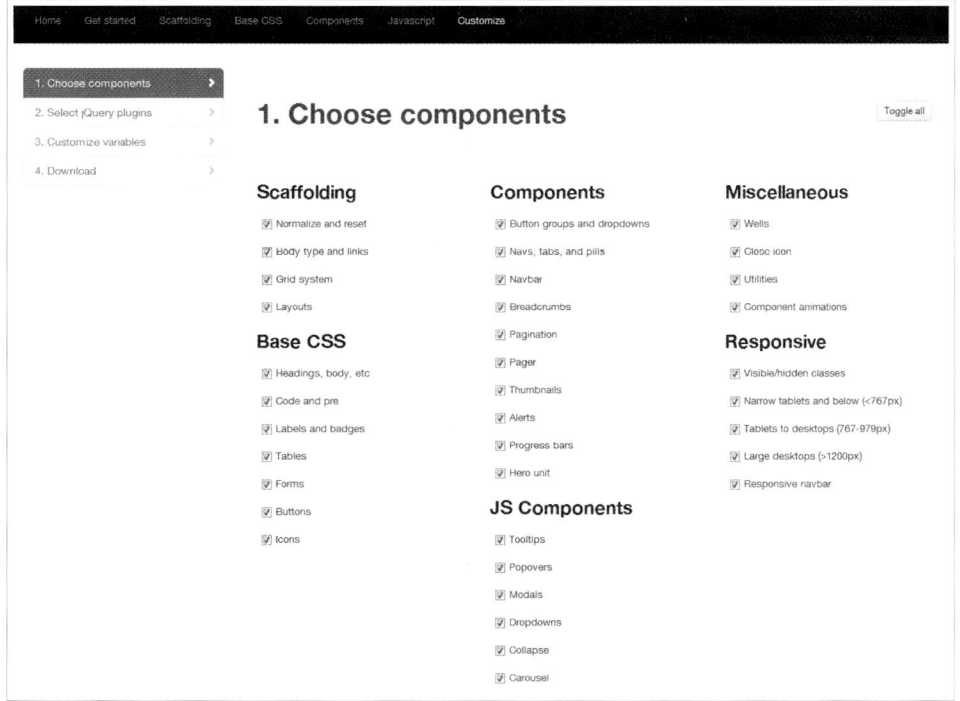

그림 5-4 부트스트랩 사용자 정의 화면

여기서는 내가 원하는 파일을 만들어서 내려받을 수 있습니다. 예를 들어, 이전 장의 마지막 부분에서 Font Awesome을 사용할 경우 폰트 아이콘을 사용하기 위해 부트스트랩의 Base CSS 항목에서 Icons에 체크를 해제하고 내려받아야 합니다. 왜냐하면 폰트 아이콘과 부트스트랩의 아이콘을 사용하기 위한 클래스 선택자가 같기 때문에 서로 충돌이 일어나지 않도록 스타일시트 파일을 받아야 하기 때문입니다. 사용자 정의하는 부분은 아주 많아서 아래로 내려가면 배경색을 지정한다거나 다양한 설정을 할 수 있습니다. 설정을 완료한 후 하단에서 기다란 파란색 버튼을 클릭하면 기본 파일을 받을 수 있는데, 파일 안에는 사용자 정의 부트스트랩 스타일시트와 반응형 스타일시트 파일이 합쳐진 하나의 파일과 아이콘 이미지, 자바스크립트 파일이 있습니다.

폰트 아이콘을 사용할 것이므로 Icons에 체크 해제하고 하단에서 Customize and Download 버튼을 클릭해서 파일을 내려받습니다. 여기서는 이 파일에 포함된 bootstrap. css와 bootstrap.js 파일을 사용할 것입니다.

세 번째 방법으로 부트스트랩 깃허브 페이지(https://github.com/twitter/bootstrap)로 가면 다음과 같은 화면이 나타납니다. 첫 번째 방법의 내려받기 버튼 아래에 있는 GitHub project라는 링크를 클릭해도 이 페이지로 연결됩니다. ZIP 버튼을 클릭하면 부트스트랩과 관련된 모든 파일을 내려받을 수 있습니다. 하단의 폴더와 파일을 클릭하면 내용을 볼 수 있습니다. 이전 버전을 받으려면 Tags를 클릭하면 됩니다. 데모 화면을 보면서 작업해야 하므로 이곳에서 최신 버전의 파일을 내려받습니다. 이 파일은 docs 폴더 안에 있는 데모 파일을 참고용으로 사용하기 위한 것입니다.

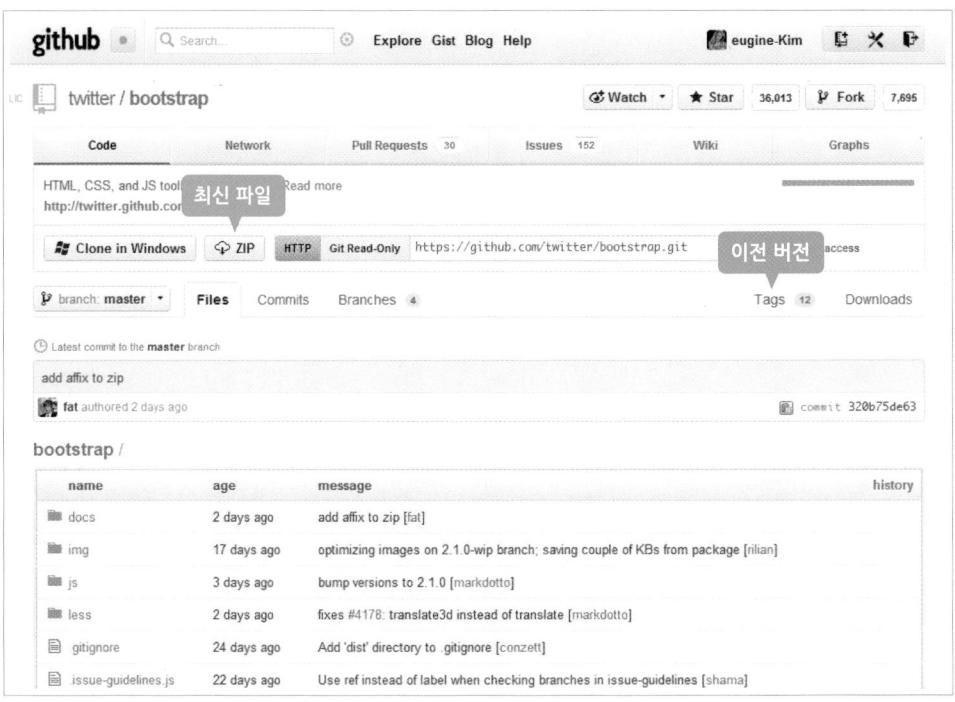

그림 5-5 기트허브의 부트스트랩 개발 페이지

트위터 부트스트랩은 지속적으로 버전업되고 있으므로 다른 버전을 사용하면 이 책에서 진행하는 내용과 다를 수 있으므로 2.1.0 버전을 사용하는 것이 좋으며 Font Awesome의 폰트 아이콘을 사용하기 위해 Base CSS에서 icons에 체크 해제하고 내려받은 파일은 첨부파일의 "bootstrap-아이콘제거" 폴더에 있는 파일을 사용하세요.

파일 압축을 풀고 폴더 안으로 들어가서 docs 폴더를 열면 html 파일과 몇 개의 폴더가 있습니다. html 파일을 클릭하면 사용법이 영문으로 나타납니다. 내용이 굉장히 많고 모든 것을 설명하자면 책 한권의 분량이 됩니다. 이 내용은 한글로 번역해서 제 블로그에 올리겠습니다. 이 장에서 진행할 때 필요한 파일은 assets 폴더에 모두 들어있습니다.

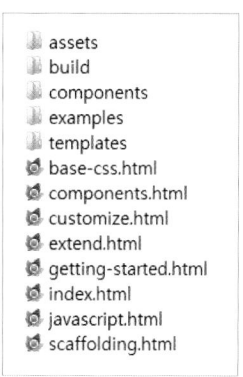

그림 5-6 부트스트랩 docs 폴더 내용

03 트위터 부트스트랩의 개요

각 파일의 내용에 대해 간단히 알아보겠습니다.

index.html 파일을 열면 부트스트랩에 대한 간단한 소개와 하단에 이 부트스트랩으로 만든 사이트가 나옵니다. 나머지 파일은 index.html 페이지의 상단에서 메뉴를 클릭하면 나타납니다.

Get Started 메뉴를 클릭하면 부트스트랩의 파일 구조에 관한 내용을 비롯해 시작하는 방법, 파일에 포함된 내용에 관한 설명이 나옵니다.

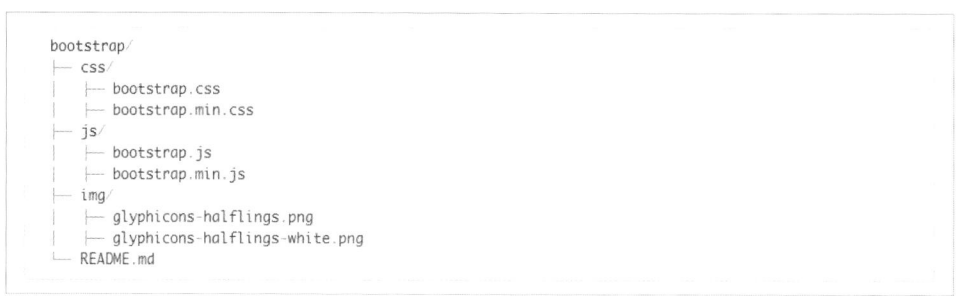

```
bootstrap/
├── css/
│   ├── bootstrap.css
│   └── bootstrap.min.css
├── js/
│   ├── bootstrap.js
│   └── bootstrap.min.js
├── img/
│   ├── glyphicons-halflings.png
│   └── glyphicons-halflings-white.png
└── README.md
```

그림 5-7 부트스트랩 파일 구조

Scaffolding 메뉴에서는 그리드 시스템, 레이아웃, 반응형 디자인에 대해 설명합니다.

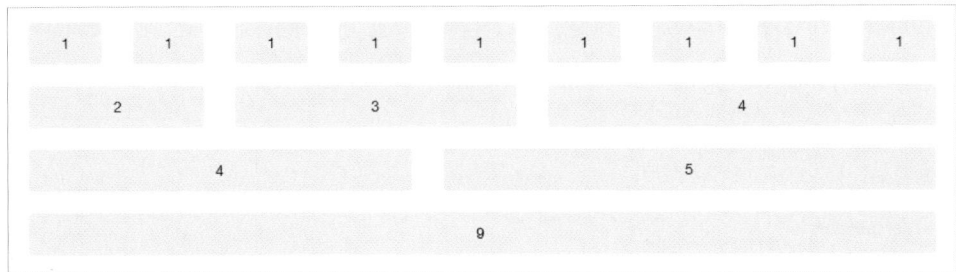

그림 5-8 그리드 레이아웃

Base CSS를 클릭하면 글자 표현 방법, 테이블, 폼, 버튼 만드는 방법, 이미지, 아이콘을 삽입하는 방법에 대해 설명합니다.

Button	class=""	Description
Default	btn	Standard gray button with gradient
Primary	btn btn-primary	Provides extra visual weight and identifies the primary action in a set of buttons
Info	btn btn-info	Used as an alternative to the default styles
Success	btn btn-success	Indicates a successful or positive action
Warning	btn btn-warning	Indicates caution should be taken with this action
Danger	btn btn-danger	Indicates a dangerous or potentially negative action
Inverse	btn btn-inverse	Alternate dark gray button, not tied to a semantic action or use
Link	btn btn-link	Deemphasize a button by making it look like a link while maintaining button behavior

그림 5-9 버튼의 모양과 클래스 선택자

Components를 클릭하면 드롭다운 메뉴, 버튼 그룹, 내비게이션 메뉴, 페이징, 썸네일 이미지, 라벨과 뱃지, 프로그레스 바 등 각종 요소를 만드는 방법이 나옵니다.

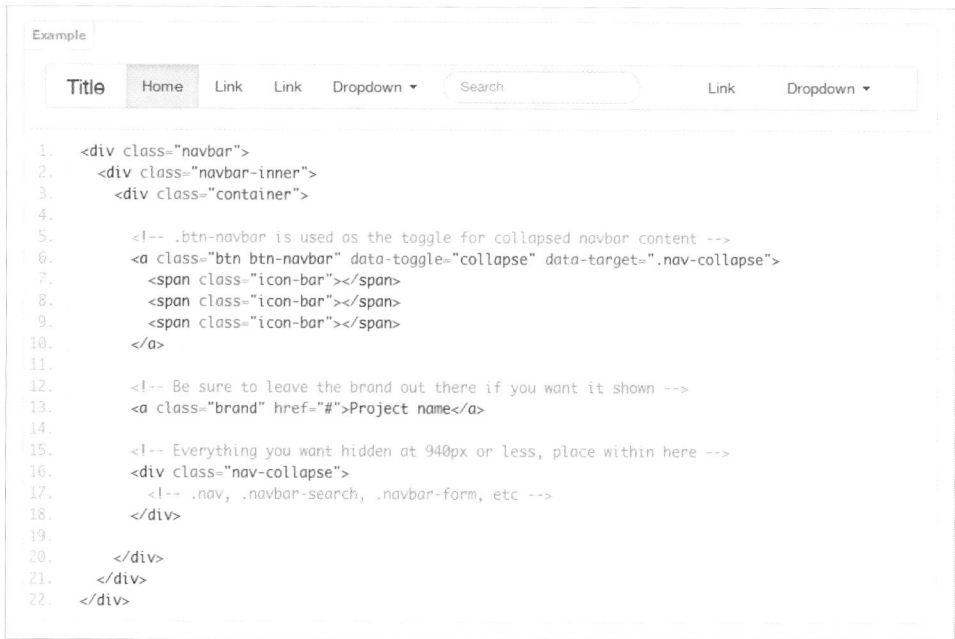

```
1.    <div class="navbar">
2.      <div class="navbar-inner">
3.        <div class="container">
4.
5.          <!-- .btn-navbar is used as the toggle for collapsed navbar content -->
6.          <a class="btn btn-navbar" data-toggle="collapse" data-target=".nav-collapse">
7.            <span class="icon-bar"></span>
8.            <span class="icon-bar"></span>
9.            <span class="icon-bar"></span>
10.          </a>
11.
12.          <!-- Be sure to leave the brand out there if you want it shown -->
13.          <a class="brand" href="#">Project name</a>
14.
15.          <!-- Everything you want hidden at 940px or less, place within here -->
16.          <div class="nav-collapse">
17.            <!-- .nav, .navbar-search, .navbar-form, etc -->
18.          </div>
19.
20.        </div>
21.      </div>
22.    </div>
```

그림 5-10 부트스트랩의 메뉴바

Javascript를 클릭하면 부트스트랩 메뉴바에서 사용되는 자바스크립트와 팝업창을 만드는
모달, 어코디언 메뉴, 탭 메뉴, 툴팁, 슬라이드 애니메이션 등 웹페이지에서 사용되는 자바스
크립트 부분이 나옵니다.

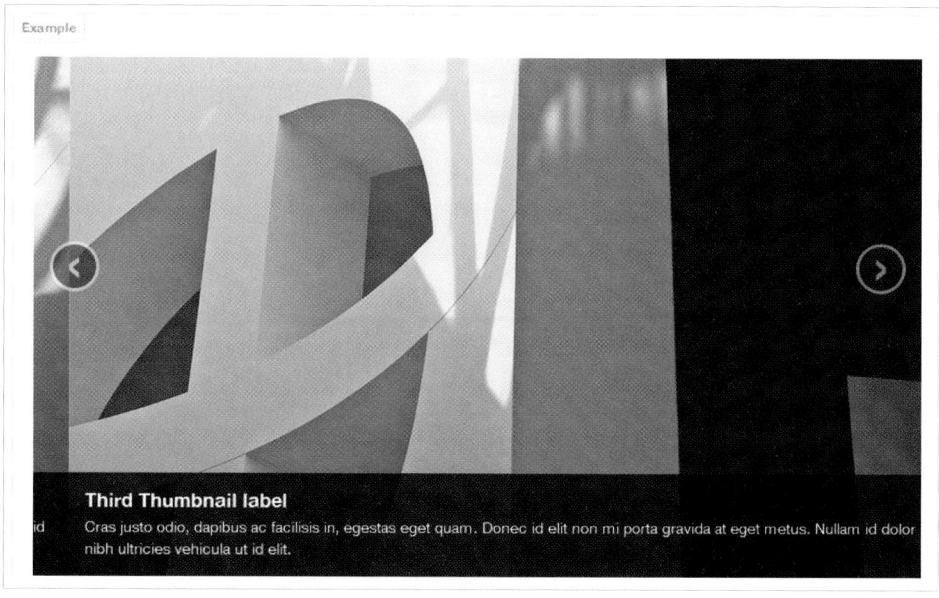

그림 5-11 부트스트랩의 이미지 배너

웹디자인에 필요한 대부분의 기능이 CSS와 자바스크립트에 설정돼 있으므로 HTML 페이지에서 태그를 삽입하고 코드만 수정하면 바로 완성됩니다. 워드프레스의 파일 구조는 대부분 함수에 의해 만들어지므로 템플릿 파일에 태그를 직접 입력할 수 없는 경우가 많습니다. 그래서 부트스트랩으로 사용할 수 없는 것은 다양한 워드프레스 플러그인을 사용하면 더 쉽습니다. 버튼도 클래스 선택자를 삽입할 태그가 없을 경우 요소 검사를 통해 스타일시트를 복사해서 사용하면 됩니다. 아이콘도 마찬가지로 클래스 선택자만 입력하면 되지만 여기서는 더 편리하고 효율적인 Font Awesome의 폰트 아이콘을 사용하겠습니다. 부트스트랩에 대해서는 테마 수정을 진행하면서 필요할 때마다 설명합니다.

콘텐츠 입력하기

테마 수정에 앞서 여러 개의 글을 우선 만듭니다. 테마를 수정하면서 글이 어떻게 보여지는지 알려면 이미지도 삽입하고 실제 블로그 글을 만들어 놓는 것이 좋습니다. 기존에 만들어진 글이 있다면 그대로 사용해도 됩니다. 우선 글을 하나 작성하는 방법을 복습해보고 제가 만든 샘플 글들을 가져오기 기능을 이용해 블로그에 적용하는 방법을 알아보겠습니다.

01 카테고리 만들기

글 만들기에 앞서 카테고리를 만들고 메뉴로 등록해 보겠습니다. 워드프레스는 콘텐츠의 모든 내용에 대해 메뉴를 만들 수 있습니다. 하나의 글에 대해 메뉴로 등록하면 그 메뉴를 클릭했을 때 해당 글이 나타납니다. 하지만 대부분의 경우 글 하나만 나타나는 것이 아니라 어떤 카테고리에 있는 모든 글이 목록 형식으로 나타나게 하고 있습니다. 카테고리 외에 태그도 메뉴를 만들 수 있지만 여기서는 카테고리를 기준으로 메뉴를 만듭니다. 카테고리 메뉴에서 "워드프레스"라는 카테고리를 만듭니다. 슬러그도 동일하게 입력하고 상위는 "없음"으로 하고 새 카테고리 추가 버튼을 클릭합니다. 이번에는 "관리자 화면 다루기"라는 카테고리를 만들면서 상위를 워드프레스로 선택합니다. 이런 식으로 아래와 같이 여러 개의 카테고리를 만듭니다. CSS라는 상위 카테고리에 하위 카테고리로 CSS2.1과 CSS3을 추가합니다. 하위 카테고리는 목록에서 보면 앞에 대시가 붙습니다.

그림 5-12 카테고리 만들기

02 메뉴 등록하기

외모 → 메뉴를 선택하고 우측 열 상단의 메뉴 이름에 menu를 입력하고 엔터키를 누른 다음, 좌측 열의 테마 위치 박스의 기본 메뉴에서 menu를 선택하고 저장하기 버튼을 클릭합니다. 카테고리 박스에서 모두보기 탭을 선택하고 전체선택 링크를 클릭한 다음 "메뉴에 추가" 버튼을 클릭합니다. 그러면 카테고리 목록이 메뉴로 등록되며 상위 카테고리에 맞춰서 하위 카테고리를 우측으로 끌어당겨 트리구조를 만듭니다. 우측 열의 저장하기 버튼을 클릭한 다음 블로그 화면에서 보면 메뉴가 나타납니다. 클릭해도 카테고리에 해당하는 글이 없으므로 글이 나오지 않습니다.

그림 5-13 메뉴 만들기

∩3 글 만들기

이번에는 글을 만듭니다. 첨부파일에서 "워드프레스 템플릿 계층구조.txt"를 텍스트 편집기에서 열고 제목과 글 내용을 복사해서 새 글 쓰기 화면에 각각 붙여 넣습니다. 본문 입력 창에서 빈 줄을 만든 다음 미디어 업로더 링크를 클릭합니다. 미디어 업로드 팝업창이 나타나면 첨부 파일의 Template_Hierarchy.png을 업로드한 다음 대체 텍스트로 "템플릿 계층구조"라고 입력하고 하단에서 본문 삽입 버튼을 클릭하면 이미지가 삽입됩니다.

제목	*	Template_Hierarchy
대체 텍스트		템플릿 계층구조
		이미지 텍스트, 예제: '모나리자'
캡션		
설명		
링크 ID		http://localhost/wordpress15/wp-content/uploads/2012/08/Template_Hierarchy
		(없음) (파일 URL) (첨부 글 URL)
		링크 URL를 입력하거나 presets중에서 선택하십시오
정렬		◉ ■☰ 없음 ○ ☰ 왼쪽 ○ ☰ 중앙 ○ ☰ 오른쪽
크기		○ 작은 사진(썸네일) *(150 × 150)*
		○ 보통 *(300 × 297)*
		○ 큰 *(584 × 579)*
		◉ 전체 크기 *(1453 × 1443)*
		(본문 삽입) Use as featured image 삭제

그림 5-14 이미지 삽입

카테고리 메타박스에서 상위 카테고리로 워드프레스를, 하위 카테고리로 템플릿 파일을 선택하고 태그 메타박스에서 워드프레스, 템플릿 파일, 템플릿 계층구조를 입력합니다. 나중을 위해 특성 이미지를 추가하는데, 이때 이미지를 정사각형으로 잘라줘야 합니다. 특히 이번 이미지처럼 이미지 크기가 커서 그대로 특성 이미지로 사용할 경우 헤더의 사이즈(폭 1000픽셀)에 해당하면 헤더 이미지로 대체되므로 줄여야 합니다. 특성 이미지 설정을 클릭합니다.

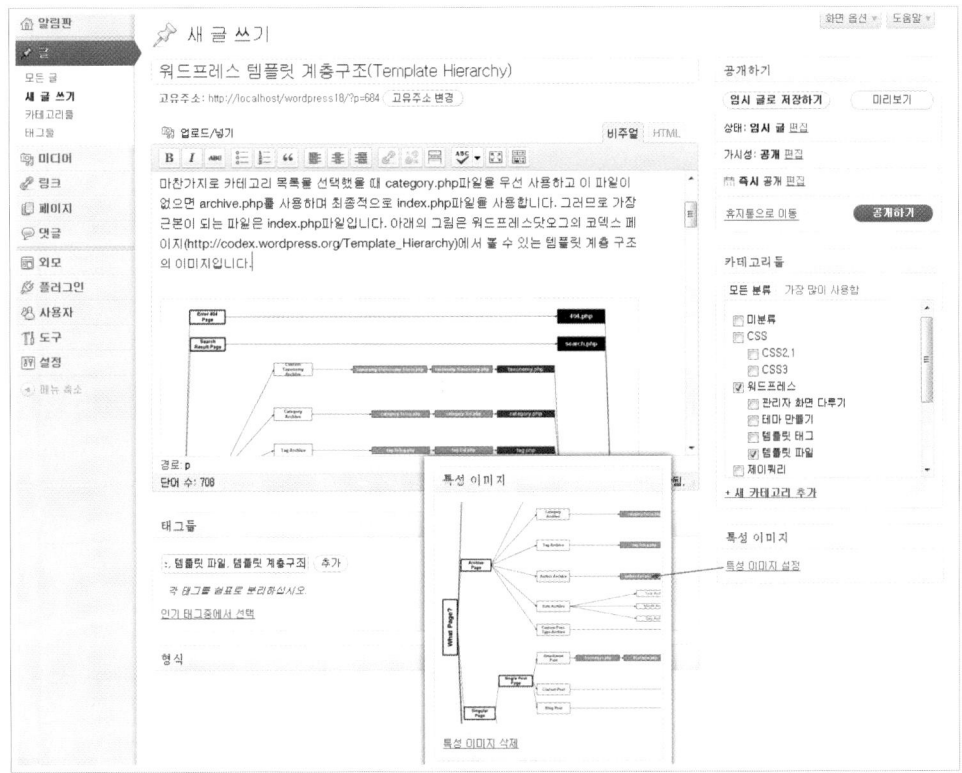

그림 5-15 특성 이미지

미디어 업로더 창이 나오면 미디어 라이브러리 탭을 선택하고 이미지 목록에서 보기 링크를 클릭한 다음(이미지가 현재처럼 하나만 있는 경우 이미지가 바로 나타남), 작은 이미지 아래의 이미지 편집 버튼을 클릭합니다. 이미지 편집화면 우측의 이미지 자르기 박스에서 화면 비율에 1:1을 입력하고 Shift 키를 누른 채 이미지 위를 클릭한 후 드래그해서 범위를 설정합니다. 화면 비율을 입력한 곳 아래의 선택 부분을 보면서 1000픽셀을 넘지 않게 합니다. 이미지 위의 자르기 아이콘을 클릭하면 잘라집니다. 이미지 아래의 저장하기 버튼을 클릭하고 하단의 "특성 이미지로 사용" 링크를 클릭합니다. 화면을 닫고 나오면 특성 이미지 메타박스에 이미지가 있습니다. 반드시 정사각형 형태로 나와야 나중에 다양한 플러그인을 사용했을 때 이 이미지가 나타나게 됩니다.

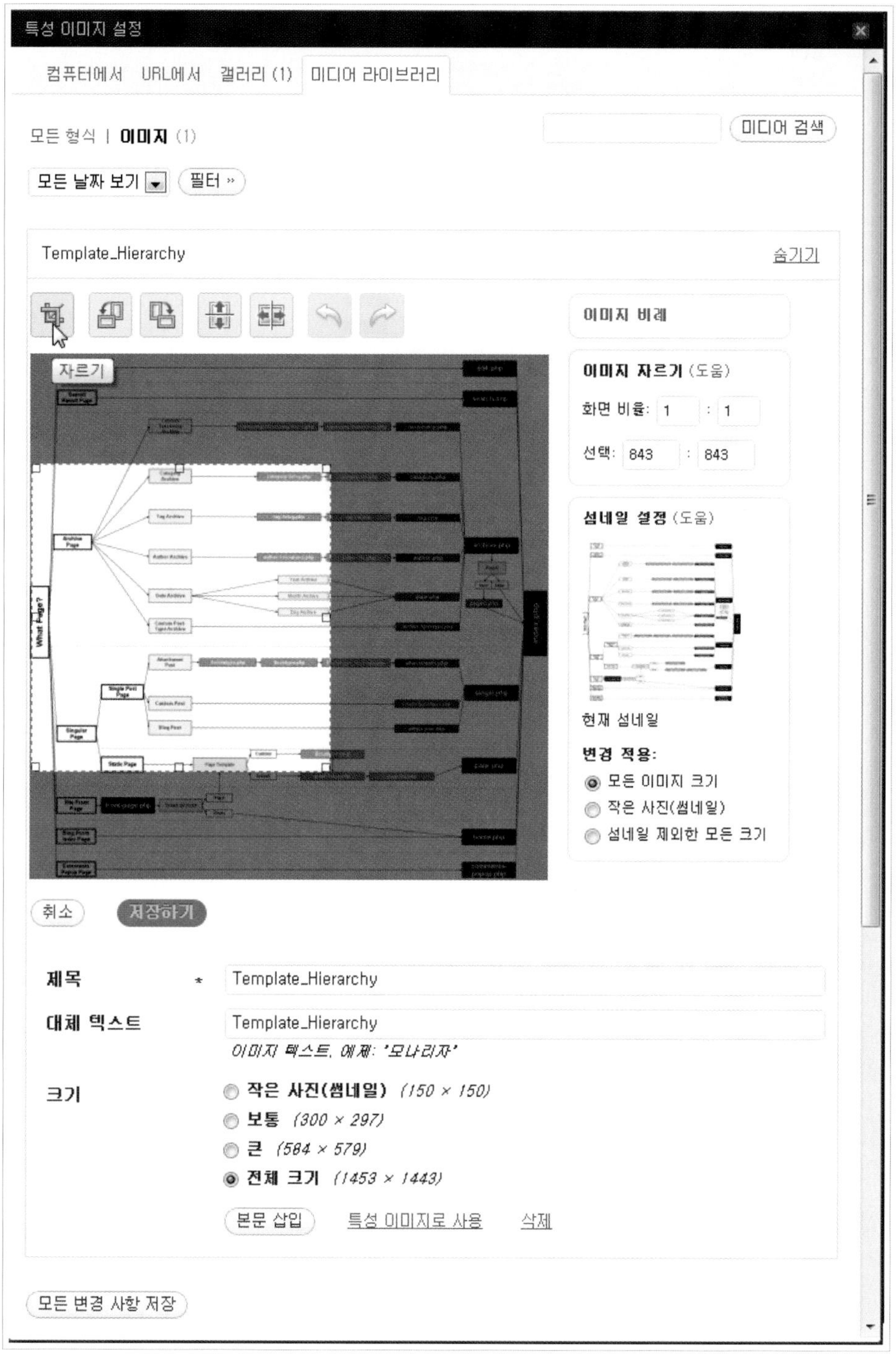

그림 5-16 **특성 이미지 수정**

이런 식으로 13개의 글을 만듭니다. 여러 번 연습하는 것이 좋지만 조금 번거로운 면이 있습니다. 그래서 하나의 파일로 준비했습니다. 디자인의 통일을 위해 이미 만들어 둔 13개의 글과 이미지 파일이 있는 파일을 워드프레스에 업로드하고 몇 가지 설정을 하면 간단하게 해결됩니다.

∩/, 워드프레스 파일 내보내기와 가져오기

자신의 워드프레스 블로그 전체를 다른 사이트로 이전할 때는 도구 메뉴에서 워드프레스 내보내기와 가져오기를 사용합니다. 내보내기의 사용법은 아주 간단합니다. 내보내기에서 "모든 콘텐츠"에 체크하고 "내보내기 파일 다운로드" 버튼을 클릭한 다음 내려받으면 됩니다.

┇┃ 내보내기

아래 버튼을 누르면, 워드프레스는 컴퓨터에 블로그 내용을 저장하기 위해 XML 파일을 만들 것입니다.

워드프레스 확장 RSS 또는 WXR이라고 불리는 이 형식은 블로그의 글, 페이지, 댓글, 사용자 필드, 카테고리와 태그를 포함합니다.

다운로드 파일을 저장했다면, 다른 워드프레스 사이트에서 이 블로그를 가져오기 기능을 사용해서 가져올 수 있습니다.

내보낼 것을 선택하세요

◉ 모든 콘텐츠

이것은 당신의 모든 글, 페이지, 댓글, 사용자 필드, 약관, 내비게이션 메뉴와 사용자정의 글을 포함합니다.

◎ 글

◎ 페이지

◎ 포럼

◎ 토픽

◎ 응답

◎ Contact Forms

(내보내기 파일 다운로드)

그림 5-17 내보내기 화면

가져오기를 할 때는 가져오기라는 플러그인을 사용합니다. 여기서는 제가 만든 파일을 가져오겠습니다.

관리자 화면에서 도구 → 가져오기 → WordPress 링크를 클릭하면 "가져오기 도구 설치" 팝업창이 나타납니다. 창의 우측 상단에서 "지금 설치하기"를 클릭하면 가져오기 도구 플러그인이 설치됩니다. "플러그인을 활성화 & 가져오기 도구 실행" 링크를 클릭하면 아래처럼 화면이 나타나는데, 파일 선택 버튼을 클릭해서 첨부파일의 webdesign.wordpress.2012-08-21.xml을 선택한 다음, "파일 업로드 후 가져오기" 버튼을 클릭하면 다음 화면으로 넘어갑니다. 다음 페이지는 영문으로 나오는데, 한글 언어 파일이 필요한 경우 첨부 파일에서 wordpress-importer-ko_KR.mo, wordpress-importer-ko_KR.po 파일 두 개를 복사해서 플러그인 폴더의 wordpress-importer〉languages 폴더에 붙여넣으면 한글로 나옵니다.

그림 5-18 가져오기 화면

여기서는 "Download and import file attachments"에 체크하고 Submit 버튼을 클릭하면 파일 가져오기가 진행됩니다. 글과 메뉴, 카테고리, 태그, 댓글, 이미지 등 글과 관련된 모든 내용이 데이터베이스에 저장하는 과정이 진행되며, 특히 이미지는 제 워드프레스 블로그의 이미지를 그대로 가져오므로 조금 시간이 걸립니다.

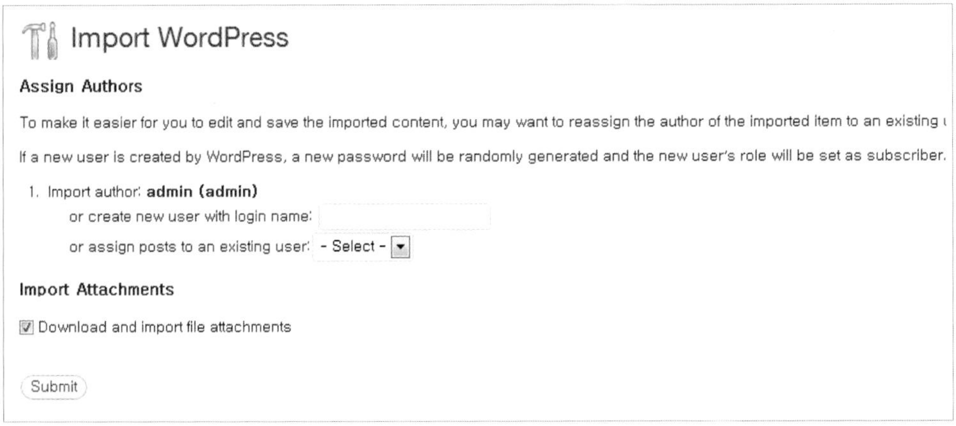

그림 5-19 가져오기 화면 2

워드프레스 가져오기가 완료되면 All done, Have fun이라는 메시지가 나타납니다. 여러 번 실험해 봤는데 한번 에러가 나더군요. 에러가 나서 가져오기가 실패한 경우 카테고리와 메뉴 항목 등 업데이트되는 부분으로 가서 모든 것을 삭제하고 다시 해야 합니다.

파일을 가져온 다음에는 이미지 라이브러리로 가서 이미지가 나타나는지 확인합니다. 그런 다음 파일 내부에 있는 링크 주소를 변경해야 합니다. 이미지 파일의 링크가 모두 이전의 URL로 돼 있는 것을 자신의 홈페이지 URL로 바꿉니다. 이 작업을 할 때도 플러그인을 이용합니다. 플러그인 → 플러그인 추가하기 화면에서 Search and Replace라고 검색한 후 설치하고 활성화합니다.

도구 → Search & Replace를 선택하면 아래와 같은 화면이 나타납니다. Search for에는 http://webdesigncss3.com/를 입력하고 Replace with에는 자신의 URL을 입력합니다. wamp 서버에서 구동 중이라면 http://localhost/wordpress/를 입력하면 됩니다. All-search/replace! 의 field에 체크하고 Go 버튼을 클릭합니다.

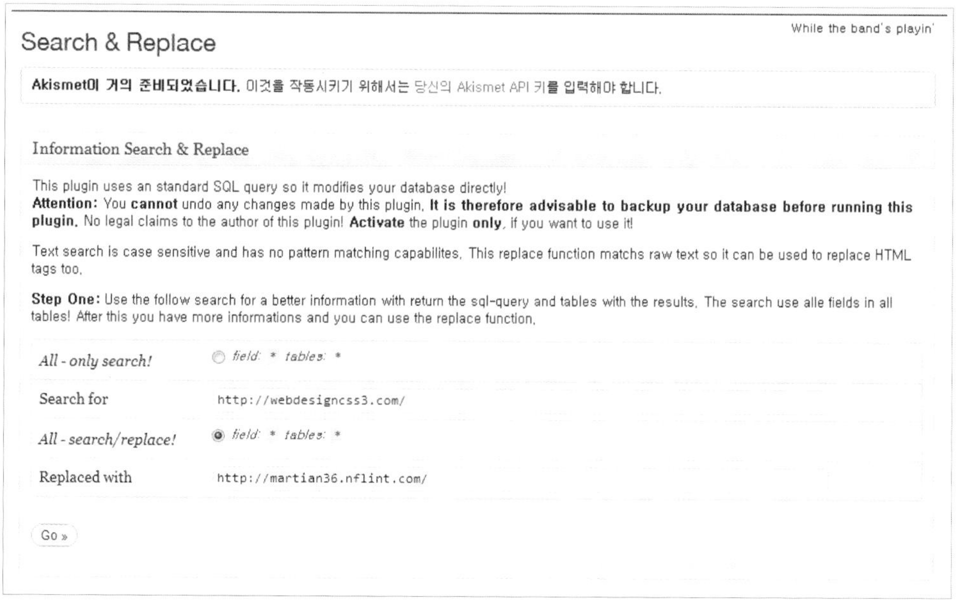

Search & Replace

While the band's playin'

Akismet이 거의 준비되었습니다. 이것을 작동시키기 위해서는 당신의 Akismet API 키를 입력해야 합니다.

Information Search & Replace

This plugin uses an standard SQL query so it modifies your database directly!
Attention: You **cannot** undo any changes made by this plugin, **It is therefore advisable to backup your database before running this plugin**, No legal claims to the author of this plugin! **Activate** the plugin **only**, if you want to use it!

Text search is case sensitive and has no pattern matching capabilites, This replace function matchs raw text so it can be used to replace HTML tags too.

Step One: Use the follow search for a better information with return the sql-query and tables with the results, The search use alle fields in all tables! After this you have more informations and you can use the replace function.

All - only search!	○ field: * tables: *
Search for	http://webdesigncss3.com/
All - search/replace!	● field: * tables: *
Replaced with	http://martian36.nflint.com/

Go »

그림 5-20 Search & Replace 화면

그러면 아래와 같이 교체된 URL의 위치와 개수가 나타납니다.

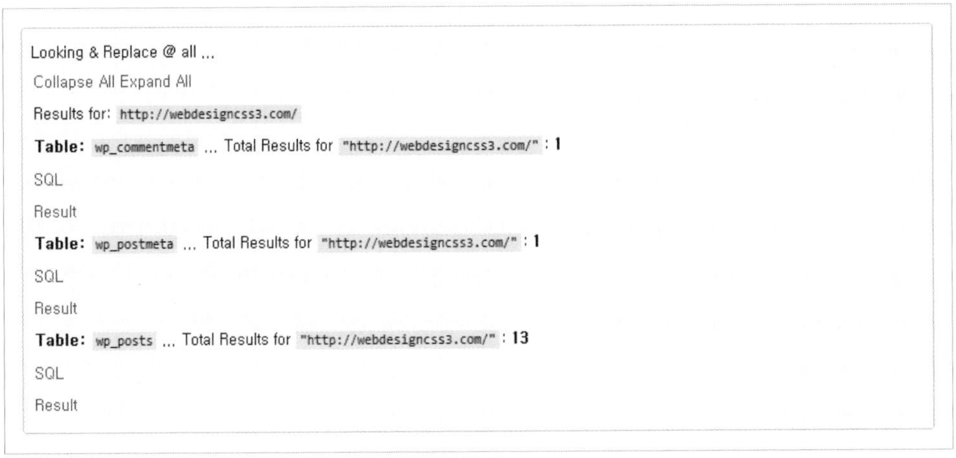
Looking & Replace @ all ...
Collapse All Expand All
Results for: http://webdesigncss3.com/
Table: wp_commentmeta ... Total Results for "http://webdesigncss3.com/" : 1
SQL
Result
Table: wp_postmeta ... Total Results for "http://webdesigncss3.com/" : 1
SQL
Result
Table: wp_posts ... Total Results for "http://webdesigncss3.com/" : 13
SQL
Result

그림 5-21 Search & Replace 실행 후

다음 단계로 외모 → 메뉴를 선택하고 좌측열의 테마 위치 박스에서 기본 메뉴로 Blank Top Menu를 선택하고 저장하기 버튼을 클릭합니다. 우측열에서 메뉴 저장 버튼을 클릭하고 블로그 화면에서 새로고침하면 메뉴가 제대로 나타납니다. 이제 새로운 글을 발행하면서 원하는 카테고리를 선택하면 메뉴에서 선택했을 때 해당 카테고리에 속한 모든 글이 나타납니다.

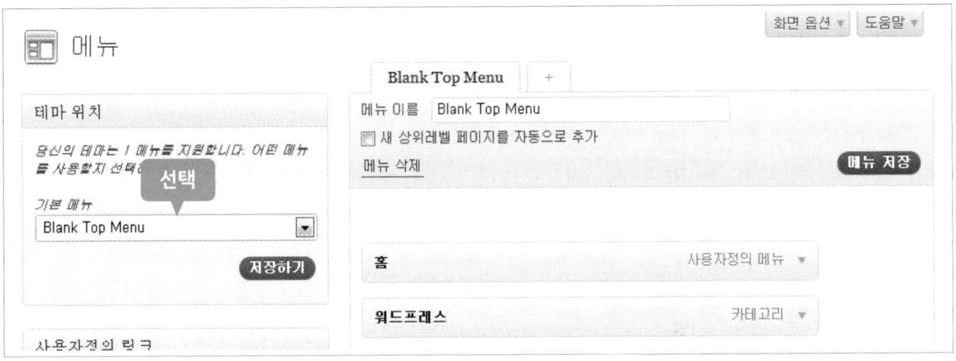
메뉴
화면 옵션
도움말
Blank Top Menu
테마 위치
기본 메뉴
Blank Top Menu
선택
저장하기
메뉴 이름
Blank Top Menu
새 상위레벨 페이지를 자동으로 추가
메뉴 삭제
메뉴 저장
홈
사용자정의 메뉴
워드프레스
카테고리

그림 5-22 메뉴 설정

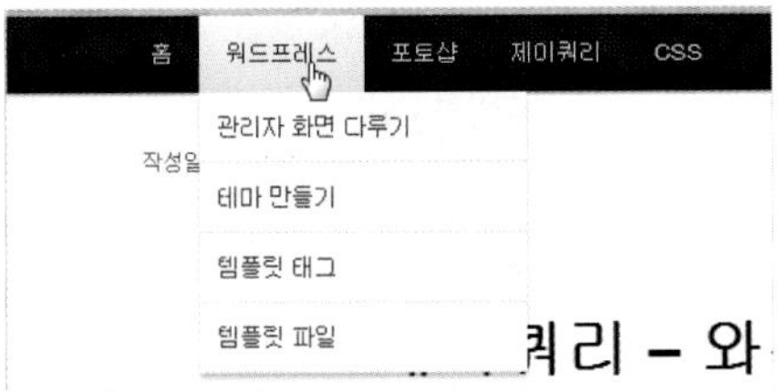
홈
워드프레스
포토샵
제이쿼리
CSS
관리자 화면 다루기
테마 만들기
템플릿 태그
템플릿 파일

그림 5-23 블로그 화면의 메뉴

이제 글이 준비됐으니 몇 가지 플러그인을 설치해 보겠습니다.

05 플러그인 설치

관리자 화면의 플러그인 → 플러그인 추가하기에서 Lightbox Plus, Thumbnail For Excerpts, WP-PageNavi로 검색해서 모두 설치합니다. Lightbox Plus는 설치하고 나면 글에서 이미지를 클릭했을 때 크게 볼 수 있는 플러그인입니다. Thumbnail For Excerpts는 글의 요약 기능과 특성 이미지 기능을 한번에 만들 수 있는 플러그인입니다. WP-PageNavi 는 페이지 번호를 만들어주는 플러그인입니다.

	Lightbox Plus 비활성화 | 편집	Lightbox Plus implements ColorBox as a lightbox image overlay tool for WordPress. ColorBox was created by Jack Moore of Color Powered and is licensed under the MIT License. 버전 2.4.6 | Dan Zappone님이 만듦 | 플러그인 사이트 방문 | 설정 | FAQ | Support | Donate | Follow on Twitter | Facebook Page
	Thumbnail For Excerpts 비활성화 | 편집	Thumbnail For Excerpts allow easily, without any further work, to add thumbnails wherever you show excerpts (archive page, feed,...). 버전 2.1 | Radu Capan님이 만듦 | 플러그인 사이트 방문
	WordPress Importer 비활성화 | 편집	Import posts, pages, comments, custom fields, categories, tags and more from a WordPress export file. 버전 0.6 | wordpressdotorg님이 만듦 | 플러그인 사이트 방문
	WP-PageNavi 비활성화 | 편집 | Settings	Adds a more advanced paging navigation to your WordPress blog 버전 2.82 | Lester 'GaMerZ' Chan & scribu님이 만듦 | 플러그인 사이트 방문
	플러그인	설명

그림 5-24 플러그인 설치

Lightbox Plus

Lightbox Plus는 설치만 해도 바로 사용할 수 있지만 몇 가지 설정을 알아봅니다. 주 메뉴에서 외모 → Lightbox Plus를 선택합니다. 첫 번째 박스는 이미지를 클릭했을 때 이미지의 배경을 설정하는 곳입니다. 선택한 후 Save settings 버튼을 클릭합니다. 두 번째 박스에서 Primary Lightbox – Base Settings가 있는 바를 클릭하면 내용이 펼쳐집니다. Transition Type에서 Elastic, Fade, None을 선택할 수 있는데, 이것은 이미지가 나타날 때 변하는 형태입니다. Resize Speed는 변하는 속도입니다. Overlay Opacity는 배경의 투명도를 조절합니다.

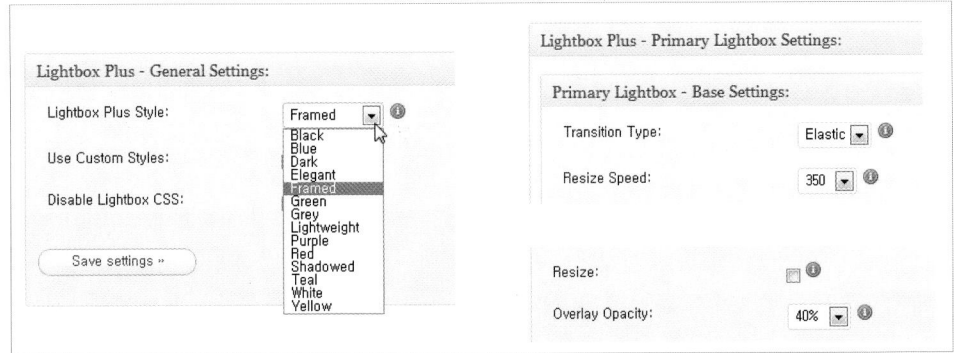

그림 5-25 라이트박스 설정1

세 번째 박스에서는 슬라이드를 설정합니다. 글에 여러 개의 이미지가 있을 경우 모든 이미지를 슬라이드로 보거나(Slideshow) 자동으로 슬라이드시킬 수도 있습니다(Auto-start Slideshow). 원하는 곳에 체크합니다. 네 번째 박스는 이미지에 캡션이 있는 경우 해당 캡션을 사용할지 선택할 수 있습니다. 2장에서는 여러 개의 이미지로 갤러리를 만들 수가 있었는데, 갤러리에 이 플러그인을 적용할지 선택할 수 있습니다.

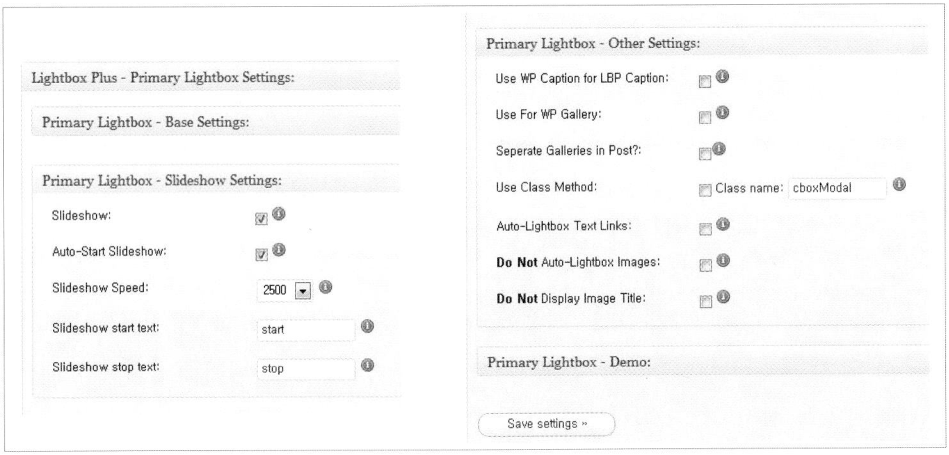

그림 5-26 라이트박스 설정2

Thumbnail For Excerpts

이 플러그인은 사용법이 아주 간단합니다. 설정 → Thumbnail For Excerpts으로 들어가면 여러 가지 설정이 있지만 마지막 세 가지를 yes로 선택하면 됩니다. 즉 home 페이지에도 적용할 것인지, 글보관함 페이지에도 적용할 것인지, 검색 시에도 적용할 것인지 선택하는 것입니다. 저장하고 블로그 화면을 보면 썸네일 이미지와 요약 글이 목록 형태로 나타납니다. 썸네일 이미지의 사이즈는 width와 height로 조절할 수 있습니다.

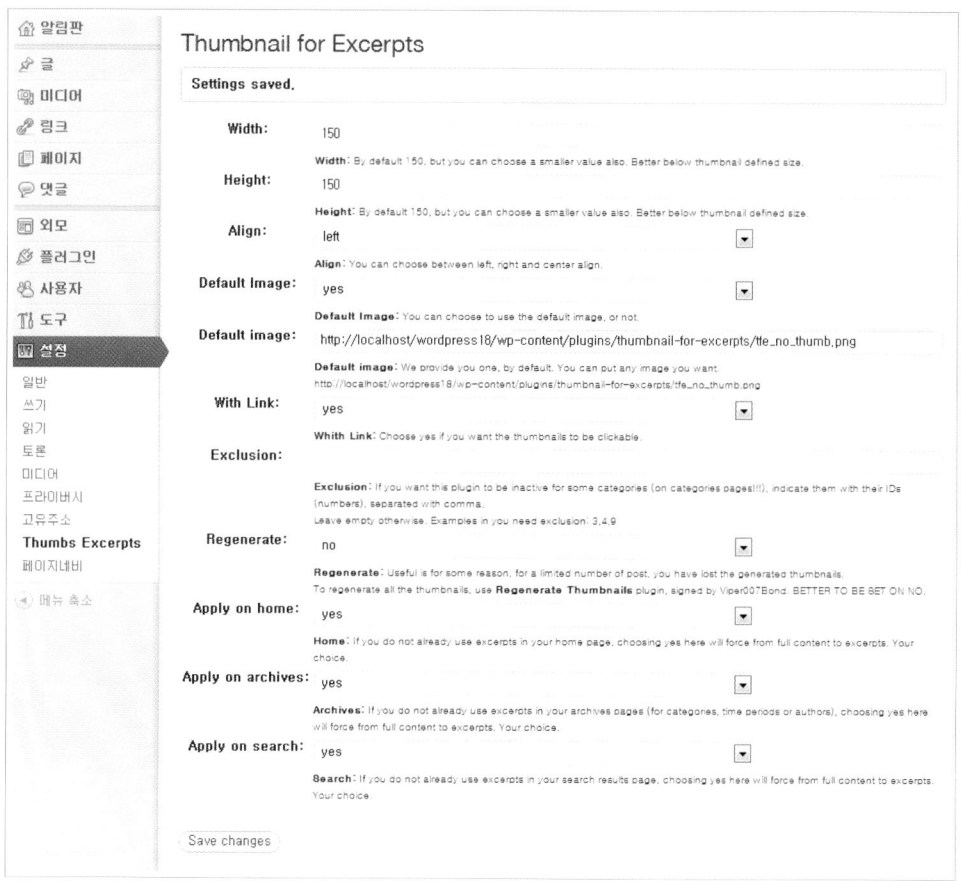

그림 5-27 Thumbnail For Excerpts 설정 화면

요약글의 단어를 늘리려면 우선 이 플러그인의 폴더에서 thumbnailforexcerpts.php 파일을 텍스트 편집기에서 엽니다. 그런 다음 하단을 보면 다음과 같은 곳이 있습니다. $excerpt_length 부분이 기본으로 55로 돼 있는데, 이 값을 수정하면 됩니다.

```
else {
    $content = $post->post_content;
    $content = strip_shortcodes($content);
    $content = str_replace(']]>', ']]&gt;', $content);
    $content = strip_tags($content);
    $excerpt_length = 75;
    $words = explode(' ',$content,$excerpt_length+1);
```

WP-PageNavi

이 플러그인은 테마 함수 파일에서 수정해야 사용할 수 있습니다. 기본 테마인 Twenty Eleven에서 functions.php 파일을 열고 445번째 줄을 찾아서 global $wp_query;와 if ($wp_query-> 사이에 첨부파일의 코드를 삽입하고, endif; 바로 전에 중괄호를 하나 삽입하면 됩니다. 이 부분은 페이지내비 플러그인이 활성화될 경우 이 플러그인을 사용하고 아닌 경우 원래의 페이징 기능을 사용하게 하는 함수입니다. 기본 테마의 페이징은 "이전", "이후"라는 단순한 기능을 사용하고 있습니다.

```php
function twentyeleven_content_nav( $nav_id ) {
    global $wp_query;

    if ( function_exists( 'wp_pagenavi' ) ) {  ←시작
            wp_pagenavi();
    }
    else {  ←종료
    if ( $wp_query->max_num_pages > 1 ) : ?>
      <nav id="<?php echo $nav_id; ?>">
            <h3 class="assistive-text"><?php _e( 'Post navigation', 'twentyeleven' ); ?></h3>
            <div class="nav-previous"><?php next_posts_link( __( '<span class="meta-nav">&larr;</span> Older posts', 'twentyeleven' ) ); ?></div>
            <div class="nav-next"><?php previous_posts_link( __( 'Newer posts <span class="meta-nav">&rarr;</span>', 'twentyeleven' ) ); ?></div>
      </nav><!-- #nav-above -->
    <?php endif;
}
} ←중괄호 하나 삽입
endif; // twentyeleven_content_nav
```

이 플러그인을 활성화하고 나면 다음과 같이 페이지 상단과 하단에 페이지 번호가 나타납니다. 기본 스타일이 투박하므로 나중에 테마 수정할 때 함께 수정하겠습니다.

그림 5-28 페이지 내비 설정후 화면

자식 테마(Child Theme) 폴더 만들기

워드프레스 테마를 만드는 방법은 여러 가지가 있지만 몇 가지 예를 들면 아래 목록과 같습니다.

- 이전 장처럼 처음부터 파일 하나로 시작해서 만드는 방법
- 기존의 테마를 수정해서 사용하기 위해 자식 테마를 만들고 자식 테마를 수정하는 방법
- 자식 테마를 사용하지 않고 직접 기존의 테마를 수정해서 만드는 방법
- Genesis와 같은 테마 프레임워크를 사용해 만드는 방법(부트스트랩도 하나의 프레임워크에 속함)

이번 장에서는 두 번째 방법을 사용합니다. 워드프레스의 기본 테마인 Twenty Eleven은 이미 다양한 기능을 제공하는 잘 만들어진 테마입니다. 나름대로 수정해서 사용할 것을 예상하고 만든 것이라서 단순해 보이지만 각종 기능이 내장된 고급 테마에 속합니다. 그래서 이 테마에 자식 테마를 만들어 수정할 것입니다. 두 번째 방법과 세 번째 방법의 차이는 스타일시트와 함수 파일에 있습니다. 자식 테마를 만들고 난 다음 두 개의 파일만 수정하면 단독 테마가 될 수 있습니다. 네 번째 방법은 스타일시트를 직접 다루는 것이 아니라 관리자 화면에서 여러 가지 설정을 해서 테마를 만듭니다. 부트스트랩도 하나의 프레임워크에 속하지만 아주 다양한 웹디자인이 가능합니다.

01 프로젝트 폴더 만들기

여기서는 기본 테마를 이용해 테마를 수정할 것이므로 앱타나 스튜디오에서 두 개의 프로젝트 폴더를 만듭니다. 하나는 워드프레스 기본 테마인 Twenty Eleven를 참고하기 위한 것이고 다른 하나는 실제로 수정할 자식 테마를 위한 것입니다. 앱타나를 열고 프로젝트 창에서 Local Filesystem의 플러스 아이콘을 클릭해 워드프레스 테마 폴더로 갑니다. Twenty Eleven 폴더를 선택한 다음 마우스 오른쪽 버튼을 클릭해 Promote to Project를 클릭하면 다음과 같은 창이 나타납니다. 그리고 나서 Finish 버튼을 클릭합니다.

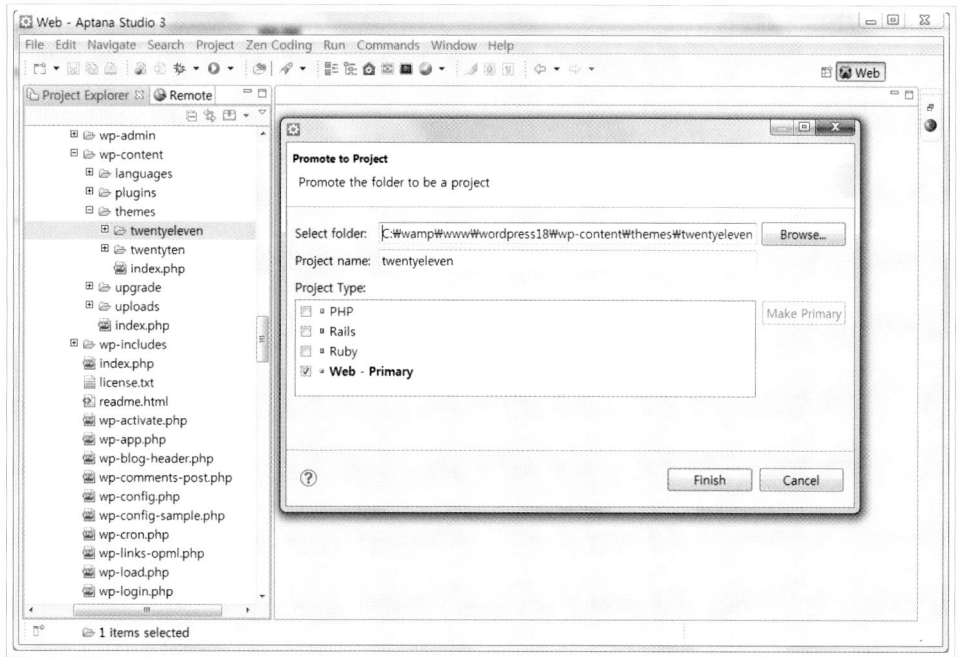

그림 5-29 **프로젝트 폴더 만들기**

다시 Twenty Eleven 폴더에서 마우스 오른쪽 버튼을 클릭해 Copy를 선택한 다음, 이번에는 테마 폴더인 themes에 마우스 오른쪽 버튼을 클릭해 Paste를 선택하면 창이 나타납니다. 이름을 twentyeleven-child로 수정하고 OK 버튼을 클릭합니다. 기본 테마 폴더가 복사됐으니 이 폴더를 프로젝트 폴더로 만듭니다. 그러면 두 개의 프로젝트 폴더가 만들어졌고 이제 상단으로 스크롤해서 Local Filesystem의 마이너스 아이콘을 클릭합니다.

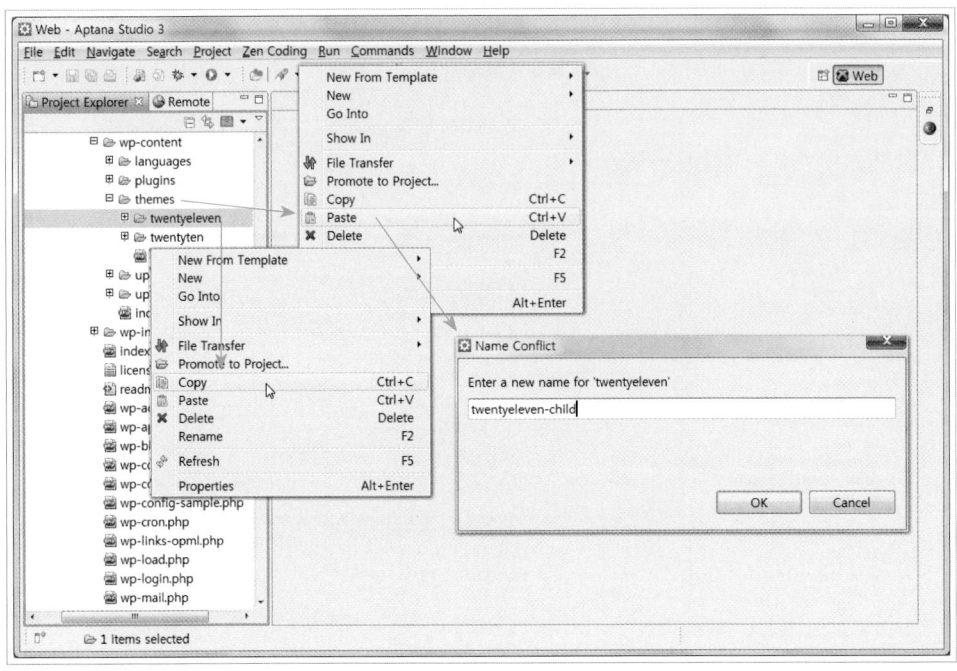

그림 5-30 자식 테마 폴더 만들기

02 테마 폴더 파일 정리

자식 테마 폴더를 만들었지만 현재로서는 수정을 하지 않았기 때문에 기본 테마와 전혀 관계가 없습니다. 이 테마가 기본 테마와 부모 자식 관계라는 것을 워드프레스가 인식하려면 style.css에서 수정해야 합니다.

자식 테마의 style.css 파일을 열고 주석 처리된 하단에서 *Text Domain: twentyeleven* 바로 밑에 *Template: twentyeleven*라고 입력합니다. 이렇게 하면 부모 자식 관계가 성립됩니다. 템플릿 이름인 *twentyeleven*은 부모 폴더 이름을 기준으로 한 것입니다. 어떤 테마라도 자식 테마를 만들 경우 폴더의 이름을 입력해야 합니다. 나머지 항목은 원하는 대로 수정합니다. 자식 테마는 내가 만든 것이니 저작권도 나에게 있습니다. 내 홈페이지 주소도 입력합니다. Description: 부분을 변경하면 한글로 번역되어 나오지 않으니 그대로 두거나 한글로 원하는 글을 직접 입력합니다. 자식 테마를 무료 공개하려면 GNU 부분을 그대로 두고 아닐 경우 내 이름과 URI를 수정합니다. 워드프레스 홈페이지에 공개할 경우 찾기 쉽게 만들려면 Tag에 이 테마의 특징을 영어로 입력합니다. 모바일 용으로 만들 것이므로 반응형(*responsive*)을 추가했습니다.

```
Theme Name: Twenty Eleven child theme
Theme URI: http://martian36.tistory.com
Author: Venusian
Author URI: http://webdesigncss3.com
Description: The 2011 theme . . .
Version: 1.0
License: Venusian
License URI: http://martian36.tistory.com
Tags: responsive, dark, light, white,. . .
Text Domain: twentyeleven
Template: twentyeleven
```

자식 테마를 만들어서 기본 테마를 수정해 사용할 경우 수정할 파일만 복사해서 자식 테마에 붙여넣고 수정하면 되며, 자식 테마에 없는 파일은 부모 테마의 파일을 그대로 사용합니다. 여기서는 대부분의 파일을 수정할 것이므로 모든 파일을 부모 테마에서 복사해 왔습니다. 파일 용량을 줄이기 위해 나중에 수정하지 않은 파일은 날짜를 보고 제거하면 됩니다. 파일을 그대로 사용하지만 중복해서 사용할 수 없는 파일이 하나 있습니다. 바로 functions.php 파일입니다. 두 개의 함수 파일이 있으면 같은 기능을 하는 함수가 중복되므로 혼란이 일어나서 에러 메시지가 나타납니다. functions.php 파일을 열고 내용을 모두 제거(Ctrl+A를 누른 다음 Delete 키)합니다. 그리고 스타일시트의 상단 주석 부분을 제외한 모든 내용을 제거합니다.

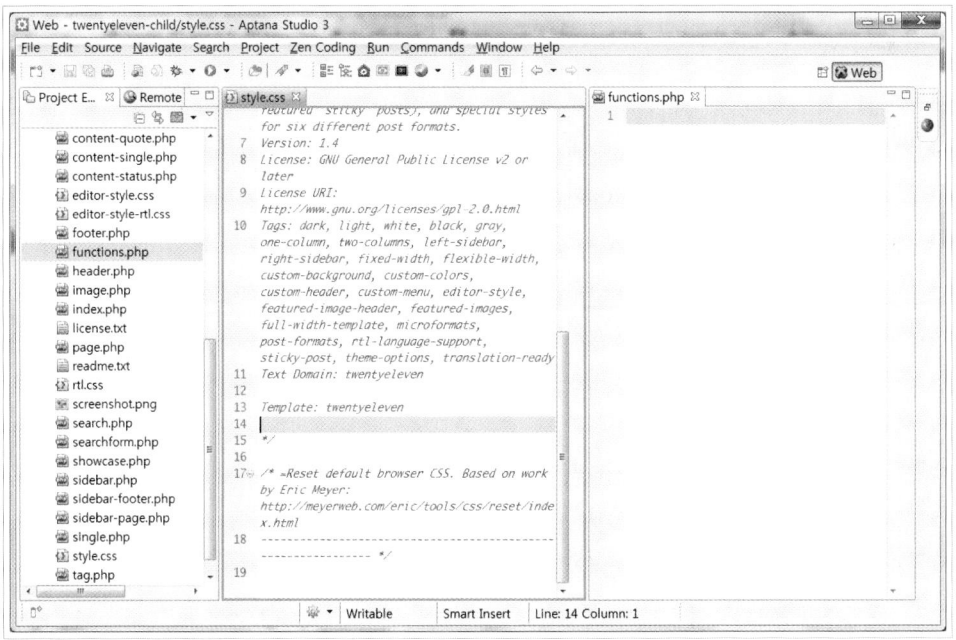

그림 5-31 템플릿 파일의 수정

관리자 화면의 테마 항목으로 가면 테마로 나타나고 입력한 내용이 보입니다. 여기서 테마를 활성화하고 블로그 화면에서 보면 스타일이 없는 화면이 나타납니다.

그림 5-32 자식테마의 활성화

style.css 파일에 다음과 같이 입력합니다. 이것은 부모 테마의 스타일시트를 가져오는 CSS 규칙입니다. url은 상대주소 형태입니다. 점 두 개는 상위 폴더를 의미하죠. 저장하고 블로그 화면을 보면 기본 테마의 스타일을 그대로 사용하므로 제대로 나타날 것입니다. 기본 테마의 스타일시트가 상단에 있으니 그다음부터 스타일시트를 새로 만들면 캐스케이딩 원리에 의해 새로 입력한 것이 우선 적용됩니다.

```
@import url(../twentyeleven/style.css);
```

03 자바스트립트와 스타일시트 파일 붙여넣기

Font Awesome의 폰트 아이콘과 트위터 부트스트랩을 사용할 것이므로 관련 파일을 자식 테마 폴더에 복사해 붙여넣습니다. 우선 Font Awesome의 관련 파일이 있는 폴더인 assets 폴더를 복사해서 붙여넣습니다. 여기서는 부트스트랩 파일을 두 번 내려받았는데, 두 번째 방법으로 내려받은 파일 중 bootstrap.css를 assets/css 폴더에 붙여넣고 bootstrap.js 파일은 js 폴더에 붙여넣습니다. 그러면 다음과 같이 됩니다. 사용자 정의해서 내려받은 bootstrap.css 파일에는 bootstrap-responsive.css의 파일 내용이 포함돼 있습니다. 폴더 안에서 지금 붙여넣은 파일 외에는 사용하지 않으니 삭제하거나 무시해도 됩니다.

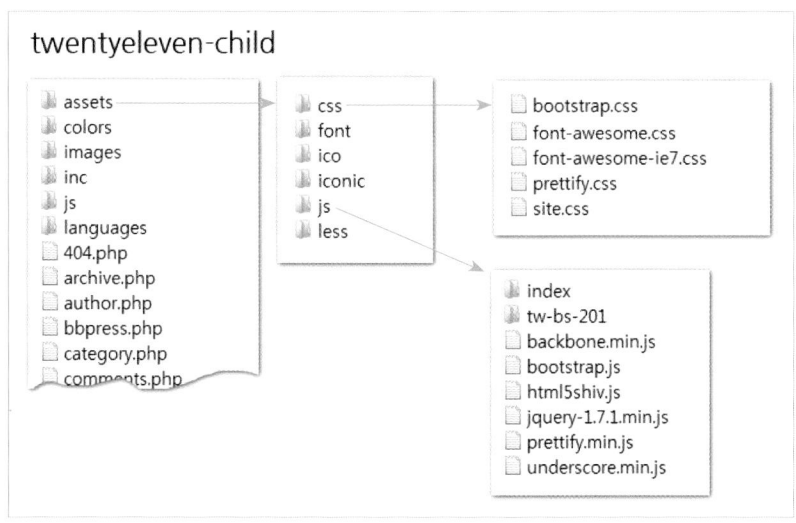

그림 5-33 자바스크립트와 스타일시트 파일 붙여넣기

04 | 함수를 사용해 관련 파일 링크하기

이전까지는 스타일시트 파일을 사용할 때 ⟨head⟩ 태그 안에 삽입해서 사용했지만 이렇게 하면 많은 자바스크립트와 스타일시트를 사용할 때 중복되거나 충돌이 일어나기도 합니다. 이를 방지하고자 워드프레스는 wp_register_style()라는 스타일시트를 등록하는 함수(자바스크립트는 wp_register_script())와 wp_enqueue_style()(또는 wp_enqueue_script())라는 등록된 스타일시트를 대기시키는 함수를 사용합니다. 앞의 등록 함수는 생략할 수도 있습니다. 기본 형태는 다음과 같습니다.

wp_register_style(스타일시트 이름, 경로, 의존하는 스타일시트, 버전, 스타일시트 용도)

- 스타일시트 이름은 독특하고 가능한 한 긴 이름을 사용해야 중복되는 것을 방지할 수 있습니다.
- 경로에는 스타일시트가 있는 폴더를 지정하는 템플릿 태그인 "get_stylesheet_directory_uri()"를 사용하고 추가 경로를 삽입합니다.
- 의존하는 스타일시트는 순서상 등록할 스타일시트 이전에 있어야 할 스타일 시트입니다.
- 버전은 스타일시트 버전이며
- 스타일시트 용도는 스크린용이냐 프린트용이냐를 의미합니다.

의존하는 스타일시트와 버전, 스타일시트 용도는 생략해도 됩니다.

그러면 실제 사용될 파일을 functions.php 파일에 등록하겠습니다. Font Awesome의 스타일시트 파일인 font-awesome.css는 다음과 같이 등록합니다. 테마 폴더를 표시하는 템플릿 태그는 두 가지가 있습니다. 부모 테마 폴더를 표시하려면 get_template_directory_uri()를 사용하고 자식 테마 폴더를 표시하려면 get_stylesheet_directory_uri()를 사용합니다.

```php
<?php
function my_styles() {
  wp_register_style( 'font-awesome-stylesheet', get_stylesheet_directory_uri() . '/assets/css/font-awesome.css' );

  wp_enqueue_style( 'font-awesome-stylesheet' );

}
add_action('wp_enqueue_scripts', 'my_styles');
?>
```

먼저 php 코드 블럭을 만들고 그 안에 함수의 시작인 function을 입력하고 함수 이름인 my_styles()를 입력합니다. 중괄호 안에 함수 내용이 들어갑니다. 주 스타일시트 폴더를 표시하는 템플릿 태그 다음에는 하위 폴더를 입력하는데, 이 둘을 연결하기 위해 점(.)을 중간에 넣습니다. 그다음으로 스타일시트를 대기시키는 함수를 사용해 등록한 스타일시트를 불러옵니다. 다음으로 내 스타일시트를 작동시키기 위한 함수인 add_action() 함수를 사용합니다. 이때 매개변수의 순서를 잘 넣어야 합니다. 등록 함수를 생략할 수 있다고 했으므로 다음과 같이 할 수도 있습니다. 'my_styles'에 스타일이 들어갔지만 단순한 이름이므로 함수 안에는 스타일시트뿐 아니라 자바스크립트도 등록할 수 있습니다.

```php
<?php
function my_styles() {

  wp_enqueue_style( 'font-awesome-stylesheet', get_stylesheet_directory_uri() . '/assets/css/font-awesome.css' );

}
add_action('wp_enqueue_scripts', 'my_styles');
?>
```

위와 같이 입력하고 저장한 다음 웹브라우저에서 요소 검사를 통해 Resources 탭을 클릭합니다.

좌측의 Frames 폴더 아래의 세모 아이콘을 클릭하면 트리가 펼쳐집니다. stylesheets 폴더
에 font-awesome.css가 있는지 확인합니다. 파일 이름을 클릭하면 우측에 이 스타일시트
의 내용이 나타납니다.

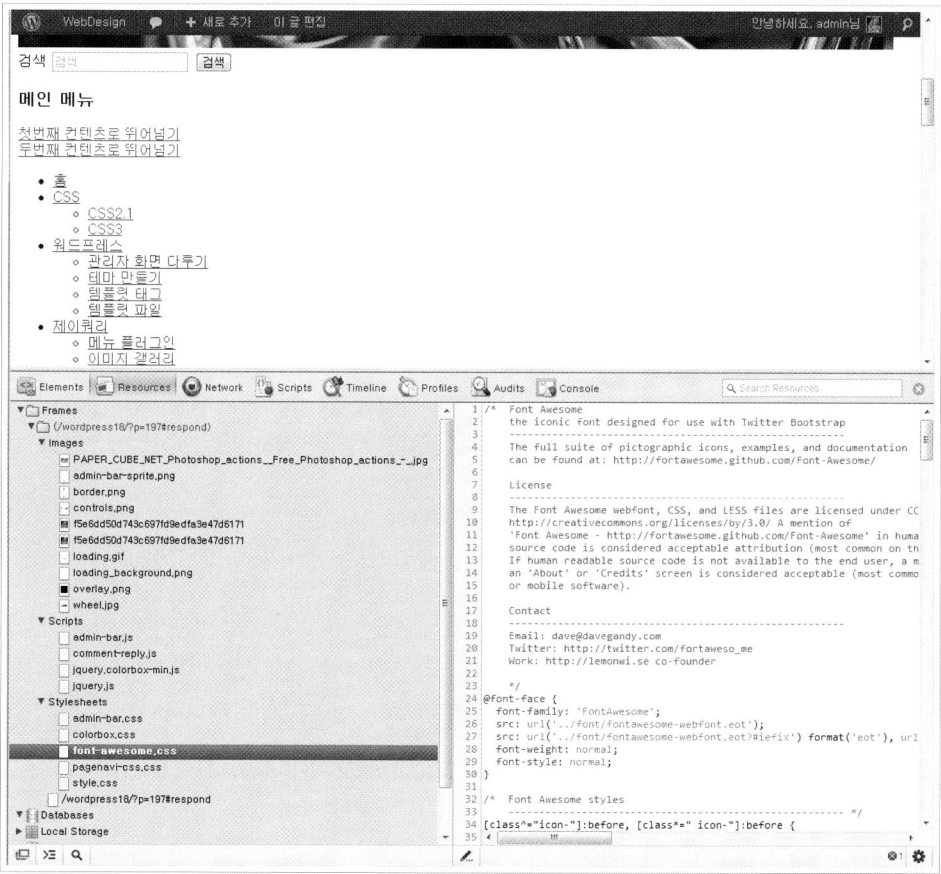

그림 5-34 삽입한 파일의 확인

이번에는 폰트 아이콘이 IE7에서 작동하게 하는 핵을 그다음 줄에 삽입합니다.

```
wp_register_style( 'font-awesome-ie7-stylesheet', get_stylesheet_directory_uri() . '/
assets/css/font-awesome-ie7.css' );

  wp_enqueue_style( 'font-awesome-ie7-stylesheet' );
```

다음으로 부트스트랩 자바스크립트 파일을 등록합니다. 자바스크립트의 등록 형태는 다음과 같습니다. 다른 부분은 스타일시트와 같으나 함수명이 wp_register_script로 바뀌었고 마지막은 자바스크립트를 푸터에 삽입할 것인지 선택할 수 있습니다. 생략하면 ⟨head⟩에 삽입되며 푸터에 삽입하려면 true를 입력합니다. 이것만 입력해서는 안 되고 앞에 버전의 자리를 확보해줘야 하는데 버전이 없으면 따옴표만 삽입합니다.

```
wp_register_script( 스크립트 이름, 경로, 의존파일, 버전, 푸터삽입여부 );
```

실제 사용할 부트스트랩 자바스크립트 파일을 이번에는 등록 함수를 사용하지 않고 대기 함수만 사용해 등록해 보겠습니다. 부트스트랩 자바스크립트는 제이쿼리 라이브러리를 사용하므로 워드프레스에 이미 설치돼 있는 제이쿼리를 의존 파일로 추가합니다.

```
wp_enqueue_script( 'bootstrap-script', get_stylesheet_directory_uri() . '/assets/js/
bootstrap.js', array('jquery') );
```

자바스크립트를 ⟨head⟩ 부분에 삽입하지 않고 footer에 삽입하려면 마지막에 "true"를 추가하면 됩니다.

```
wp_enqueue_script( 'bootstrap-script', get_stylesheet_directory_uri() . '/assets/js/
bootstrap.js', array('jquery'), '', true );
```

이렇게 하면 제이쿼리 라이브러리도 함께 불러오게 됩니다. 이런 식으로 추가되는 스타일시트와 자바스크립트마다 등록하면 됩니다. 지금까지 진행한 코드는 다음과 같습니다. 추가할 때마다 요소 검사를 통해 파일 이름이 나타나는지 확인하세요.

```php
<?php
function my_styles() {
  wp_register_style( 'font-awesome-stylesheet', get_stylesheet_directory_uri() . '/
assets/css/font-awesome.css' );
  wp_enqueue_style( 'font-awesome-stylesheet' );

  wp_register_style( 'font-awesome-ie7-stylesheet', get_stylesheet_directory_uri() . '/
assets/css/font-awesome-ie7.css' );

  wp_enqueue_style( 'font-awesome-ie7-stylesheet' );
```

```
    wp_enqueue_script( 'bootstrap-script', get_stylesheet_directory_uri() . '/assets/js/
bootstrap.js', array('jquery') );
}
add_action('wp_enqueue_scripts', 'my_styles');
?>
```

부트스트랩용 스타일시트는 위와 같은 방법으로 삽입하면 각종 스크립트와 스타일시트를 불러오는 템플릿 태그인 `<?php wp_head(); ?>`에 의해 `</head>` 태그 바로 위에 나타납니다. 그런데 테마를 수정하는 데 필요한 주 스타일시트인 style.css는 `<link>` 태그에 의해 부트스트랩 스타일시트보다 위에 삽입됩니다. CSS의 캐스캐이딩 논리에 의해 부트스트랩 스타일시트가 주 스타일시트보다 나중에 선언되어 덮어쓰기를 할 수 없으므로 다른 방법을 사용해야 합니다. 요소 검사를 통해 HTML 창에서 `<head>`..`</head>`를 열어보면 주 스타일시트인 style.css가 먼저 나오고 그다음에 `<?php wp_head(); ?>`나 `<?php wp_footer(); ?>` 템플릿 태그로 함수에 등록한 스타일시트가 나중에 나타납니다.

앱타나에서 style.css 파일의 주석 부분이 끝나는 곳에 앞에서 삽입한 @import url(../twentyeleven/style.css);를 삭제하고 다음과 같이 부트스트랩 스타일시트를 불러오는 CSS 룰을 사용합니다.

```
@import url(assets/css/bootstrap.css);
```

url 다음에 경로와 파일 이름을 입력합니다. 이렇게 하면 이 스타일시트가 먼저 선언되고 그다음부터 새로운 스타일시트를 입력하면 이미 부트스트랩 스타일시트에 의해 적용된 스타일을 덮어써서 변경할 수 있습니다. 변경 사항을 저장하고 웹브라우저에서 블로그 화면을 보면 위 스타일시트에서 선언된 명령이 적용되어 링크가 있는 일부 글자가 다른 색상으로 나타납니다. 아울러 지금까지 함수로 등록한 파일과 style.css에서 불러온 파일들이 나타납니다.

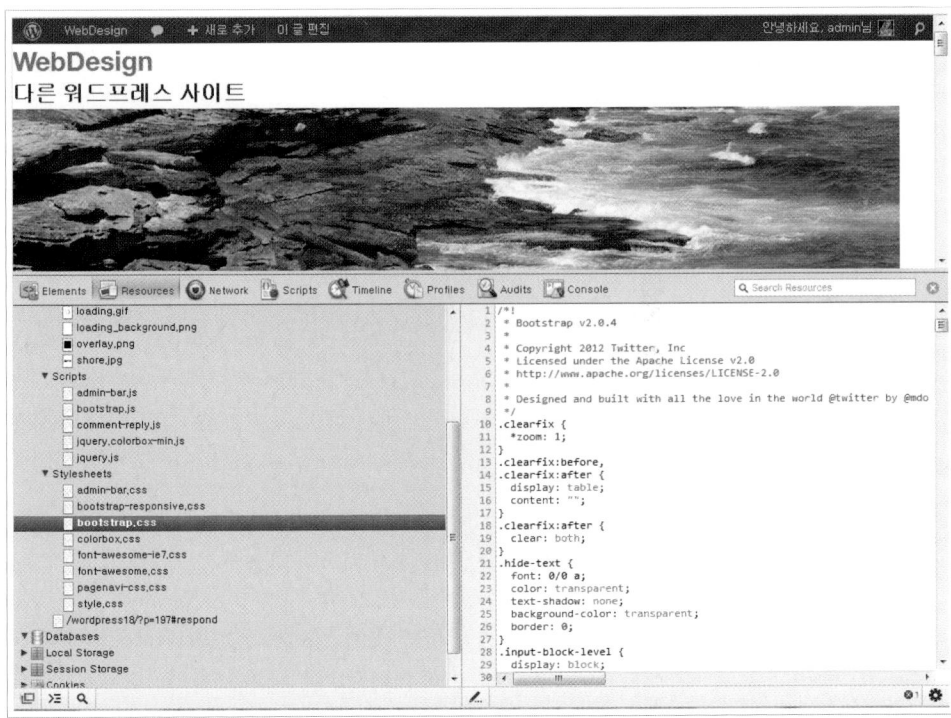

그림 5-35 부트스트랩 스타일시트 파일 확인

부트스트랩으로 레이아웃 만들기 04

01 기본 테마의 HTML 구조

기존의 레이아웃에 부트스트랩으로 레이아웃을 만들려면 다음과 같이 .container, .row, .span+숫자의 순서로 클래스 선택자를 div 태그에 넣습니다. span 다음의 숫자는 컬럼 수를 의미합니다.

```
<div class="container">
  <div class="row">
    <div class="span12">
      content
    </div>
  </div>
</div>
```

부트스트랩은 총 12개의 컬럼을 사용하는데, 사이드바를 사용하지 않고 전체를 12컬럼으로 사용하고 싶다면 span12가 되고 사이드바를 사용하면 콘텐트 영역은 span8로, 사이드바는 span4로 지정합니다.

```
<div class="container">
  <div class="row">
```

```
    <div class="span8">
      content
    </div>
    <div class="span4">
      aside
    </div>
  </div>
</div>
```

그러므로 첫 번째 레이아웃은 header.php와 footer.php에 적용하고 두 번째 레이아웃은 content.php와 sidebar.php에 적용합니다.

기본 테마인 Twenty Eleven의 전체 레이아웃을 보면 다음과 같습니다. body 태그가 전체를 감싸고 있고 그 안에 다시 ⟨div id="page"⟩가 전체를 감싸고 있습니다. 헤더 영역은 ⟨header⟩가 감싸고 있고 콘텐츠 영역과 사이드바 영역은 ⟨div id="main"⟩이 감싸고 있으며, 다시 콘텐츠 영역은 ⟨div id="primary"⟩가 감싸고, 사이드바 영역은 ⟨div id="secondary"⟩가 감싸고 있습니다. 푸터 영역은 ⟨footer⟩가 감싸고 있습니다.

```
<body <?php body_class(); ?>>
<div id="page" class="hfeed">
  <header id="branding" role="banner">
    헤더 영역
  </header><!-- #branding -->

  <div id="main">
    <div id="primary">
      <div id="content" role="main">
        콘텐츠 영역
      </div><!-- #content -->
    </div><!-- #primary -->

    <div id="secondary" class="widget-area" role="complementary">
      사이트바 영역
    </div><!-- #secondary .widget-area -->
  </div><!-- #main -->

  <footer id="colophon" role="contentinfo">
    푸터 영역
  </footer><!-- #colophon -->
```

```
</div><!-- #page -->
</body>
```

그림으로 보면 다음과 같습니다.

```
<body <?php body_class(); ?>>
<div id="page" class="hfeed">

    <header id="branding">
    헤더 영역
    </header><!-- #branding -->

    <div id="main">

    <div id="primary">              <div id="secondary">
     <div id="content">              사이트바 영역
      컨텐트 영역                    </div><!-- #secondary>
     </div><!-- #content -->
    </div><!-- #primary -->

        </div><!-- #main -->

    <footer id="colophon">
    푸터 영역
    </footer><!-- #colophon -->

    </div><!-- #page -->
    </body>
```

그림 5-36 기본 테마의 구조

이를 부트스트랩으로 레이아웃을 적용하려면 다음과 같이 각 영역에 대해 conainer, row, span 선택자를 삽입하면 됩니다. 기존에 div 태그가 있으면 활용할 수 있습니다. id="page" 에 삽입된 container는 전체를 감싸는 역할만 합니다.

```
<body <?php body_class(); ?>>
<div id="page" class="hfeed container">
  <div class="container">
    <div class="row">
      <header id="branding" role="banner" class="span12">
        헤더 영역
```

```
      </header><!-- #branding -->
    </div><!-- .row-->
  </div><!-- .container -->
  <div class="container">
    <div id="main" class="row">
      <div id="primary" class="span8">
        <div id="content" role="main">
          콘텐츠 영역
        </div><!-- #content -->
      </div><!-- #primary -->


      <div id="secondary" class="widget-area span4" role="complementary">
        사이트바 영역
      </div><!-- #secondary .widget-area -->
    </div><!-- #main -->
  </div><!-- .container -->
  <div class="container">
    <div class="row">
      <footer id="colophon" role="contentinfo" class="span12">
        푸터 영역
      </footer><!-- #colophon -->
    </div><!-- .row -->
  </div><!-- .container  -->
</div><!-- #page -->
</body>
```

02 테마에 부트스트랩 레이아웃 적용하기

템플릿 파일별로 하나씩 적용해 보겠습니다. 우선 header.php를 열고 가장 먼저 해야 할 일은 전체 레이아웃을 감싸고 있는 <div id="page">에 class="container"를 삽입하는 것입니다. 이것만 삽입하면 이미 부트스트랩 스타일시트에서 이 선택자에 중앙 정렬하라는 명령이 선언돼 있으므로 별도의 스타일시트를 추가하지 않아도 콘텐츠가 중앙에 배치됩니다. 그런데 이미 클래스 선택자가 들어 있으므로 class="hfeed container">처럼 hfeed 다음에 추가하면 됩니다. 아이디 선택자와는 달리 클래스 선택자는 몇 개라도 추가할 수 있습니다.

그다음에 헤더 영역에 세 가지 클래스 선택자를 삽입합니다. 선택자를 삽입할 때 기존에

div 태그나 다른 블록 요소가 있으면 별도의 태그를 만들지 않고 클래스 선택자만 삽입합니다. 마지막에 입력할 span12 선택자는 ⟨header⟩ 태그에 추가됐고 나머지는 별도의 div에 입력했습니다. 닫는 태그도 반드시 입력합니다. 두 개의 div 태그가 만들어졌으니 닫는 태그도 두 개 있어야 합니다. 닫는 태그는 하나만 없어도 레이아웃이 엉망이 될 수도 있으므로 어디에 삽입하는지 잘 파악하고 삽입해야 합니다. 아래와 같이 수평으로 나란히 한 것은 공간을 차지하지 않게 한 것이니 참고하세요.

```
<div id="page" class="hfeed container">
  <div class="container"><div class="row">
<header id="branding" role="banner" class="span12">
헤더영역
</header><!-- #branding --></div></div>
```

다음으로 콘텐츠 영역의 레이아웃을 만듭니다. 항상 주의할 점은 삽입할 태그가 어디에 있는지 확인해야 한다는 것입니다. 콘텐츠 영역이 시작하는 ⟨div id="main"⟩은 content.php에 있는 것이 아니라 header.php 하단에 있습니다. 하단에서 다음과 같이 추가합니다.

```
<div class="container">
  <div id="main" class="row">
```

⟨div id="main"⟩의 마감 태그는 어디에 있을까요? 바로 footer.php에 있습니다. 이 파일을 열고 다음과 같이 입력합니다. ⟨div class="container"⟩의 닫는 태그만 하나 입력하면 됩니다.

```
</div><!-- #main -->
</div>
```

세 가지 클래스 선택자 중 두 개만 입력됐습니다. ⟨div id="main"⟩는 콘텐츠 영역과 사이드바 영역을 감싸고 있으므로 나머지 span 선택자는 두 개로 나눠서 class="span8"은 ⟨div id="primary"⟩에 삽입하고 class="span4"는 ⟨div id="secondary"⟩에 삽입합니다. ⟨div id="primary"⟩가 있는 index.php 파일을 열고 다음과 같이 삽입합니다.

```
<div id="primary" class="span8">
```

⟨div id="secondary"⟩는 sidebar.php에 있으므로 이 파일을 열고 다음과 같이 입력합니다.

```
<div id="secondary" class="widget-area span4" role="complementary">
```

div 태그를 만들지 않았으니 닫는 태그도 없습니다.

다음은 푸터 영역 레이아웃입니다. 헤더 영역처럼 아래와 같이 입력합니다.

```
<div class="container"><div class="row">
<footer id="colophon" role="contentinfo" class="span12">
        푸터 영역
</footer><!-- #colophon --></div></div>
```

여기까지 하고 나면 전체 레이아웃이 완료됩니다. 하지만 실제 블로그 화면을 보면 별로 한 것이 없어 보입니다. 이제 정리만 하면 됩니다. 우선 테마를 바꾸면 주 메뉴가 나타나지 않으므로 외모 → 메뉴 화면으로 가서 좌측 열의 테마 위치 박스에서 기본 메뉴를 Blank Top Menu로 선택하고 저장하기 버튼을 클릭합니다. 상단의 블로그 이름과 태그라인은 안 보이게 할 것이고 메뉴바는 좌우로 정렬하겠습니다.

그림 5-37 부트스트랩 스타일시트가 적용된 화면

03 레이아웃 정리

사이드바에 위젯이 나타나도록 관리자 화면에서 테마 → 위젯에서 기존의 위젯은 제거하고
검색 박스와 달력 위젯을 위젯 영역에 배치합니다.

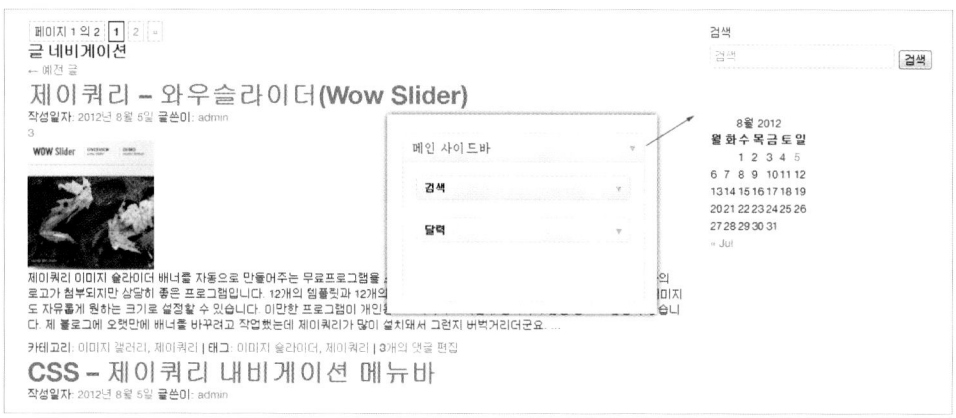

그림 5-38 위젯의 배치

블로그 상단의 블로그 이름과 태그라인이 나타나지 않도록 수정하겠습니다. 기존 테마의 기
능을 최대한 이용합니다. 외모 → 헤더로 가서 하단에서 "이미지와 함께 헤더 텍스트 보이
기"를 체크해제하고 저장합니다.

헤더 텍스트

헤더 텍스트	☑ 이미지와 함께 헤더 텍스트 보이기
글자 색상	#000 색상 선택

(변경 사항 저장)

그림 5-39 헤더 텍스트 설정

외모 → 배경으로 가서 이전 장에서 사용한 배경 이미지를 삽입합니다. 파일 선택 버튼을
클릭해서 bg-tile.png 파일을 업로드합니다. 표시 옵션의 위치는 "왼쪽", 반복은 "반복",
첨부는 "스크롤"에 체크하고 저장 버튼을 클릭합니다.

배경 이미지

미리보기

이미지 삭제   배경 이미지 삭제
                    이 작업은 배경 이미지를 삭제합니다. 수정한 사항들은 복원할 수 없습니다.

이미지 선택하기   컴퓨터에서 이미지 선택:
                    파일 선택 선택된 파일 없음   업로드

                    또는 미디어 라이브러리에서 이미지 선택하기:
                    이미지 선택하기

표시 옵션

위치   ⦿ 왼쪽 ○ 중앙 ○ 오른쪽

반복   ○ 반복 안 함 ⦿ 반복 ○ 수평 반복 ○ 수직 반복

첨부   ⦿ 스크롤 ○ 고정

배경 색상   #ffffff   색상 선택

변경 사항 저장

그림 5-40 배경 이미지 설정

여기까지만 해도 CSS 코드 하나 삽입하지 않고 모바일용 반응형 디자인이 됩니다. 웹브라우저의 우측 상단에서 축소 아이콘을 클릭해서 화면을 좌측으로 줄이면 글 내용이 줄어들고 스마트폰의 화면 크기로 줄이면 사이드바가 아래로 내려가서 나타납니다.

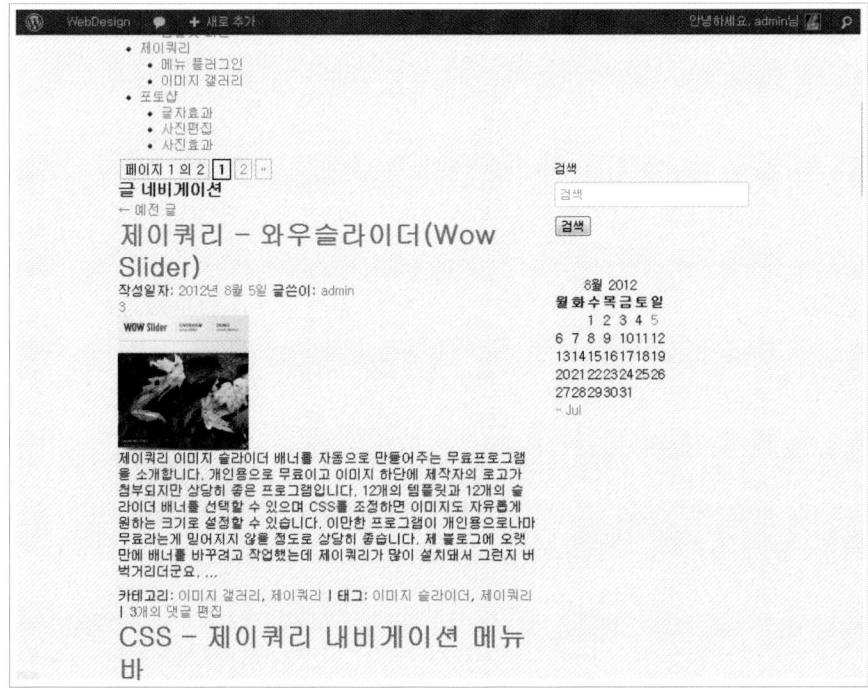

그림 5-41 반응형 디자인의 적용

이제 style.css 파일을 열고 수정해보겠습니다. 우선 헤더 이미지가 툴바와 접해 있으니 공간을 만들어줍니다. 마진을 상하로 15픽셀로 지정하고 좌우는 auto로 지정합니다. 이미 중앙정렬됐으니 auto는 필요없지만 이렇게 하지 않으면 `margin-top:15px;`, `margin-bottom:15px;`을 입력해야 하니 아래와 같이 하면 간단해집니다. 폰트는 이전 장에서처럼 〈head〉 태그에 모빌리스 웹폰트 링크를 삽입하고 아래와 같이 폰트 이름을 입력합니다. 기본 폰트 사이즈는 15픽셀로 합니다.

```
body {   margin: 15px auto; font-family:NanumGothicWeb; font-size:15px; }
```

01 메뉴바

이제 메뉴바를 정리해 보겠습니다. 메뉴바는 부트스트랩의 메뉴 시스템을 사용합니다. 그러자면 기존의 기본 테마 메뉴를 사용할 수 없습니다. 왜냐하면 별도의 선택자가 삽입돼야 하기 때문입니다. 부트스트랩의 docs 폴더에서 index.html을 클릭해 웹브라우저 화면에 열고 Component → Navbar를 선택합니다. 아래로 내려서 Responsive navbar를 보면 메뉴바의 코드가 나옵니다. 부트스트랩으로 메뉴바를 만들려면 이와 같은 형태의 코드가 있어야 합니다. 그런데 기본 테마의 메뉴는 함수로 만들어지므로 수정할 수도 없습니다. 그래서 다른 함수를 사용합니다.

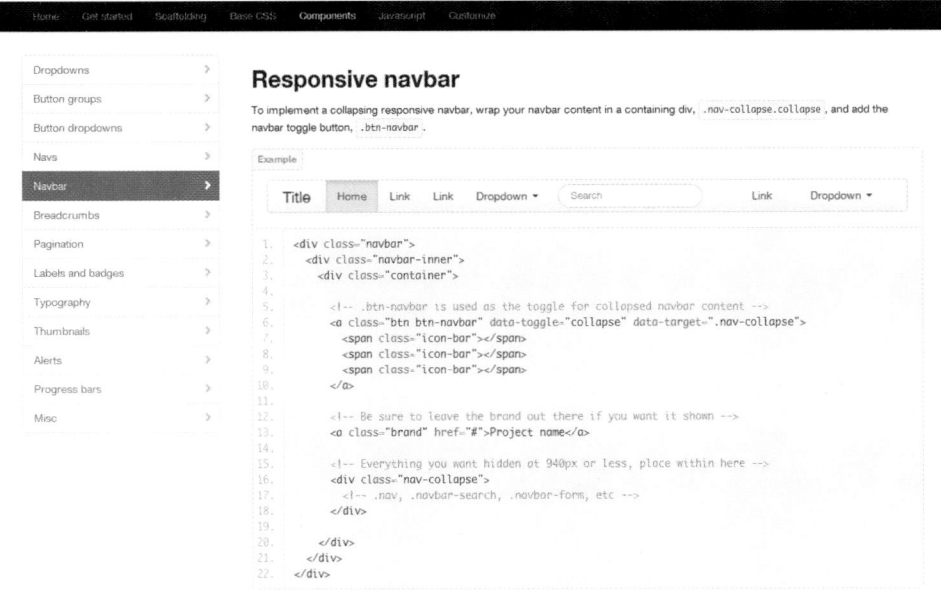

그림 5-42 부트스트랩의 메뉴바 구조

header.php에서 아래의 nav 태그 부분을 제거합니다.

```
<nav id="access" role="navigation">
. . .
</nav><!-- #access -->
```

부트스트랩의 메뉴바

부트스트랩으로 반응형 레이아웃을 만들면 메뉴바의 구조가 일정한 형태를 취하고 있어야 합니다. 이는 자바스크립트에 의해 작동되는 것으로 특정한 선택자가 필요하기 때문입니다. 그래서 기존의 테마에서 사용되는 메뉴의 함수를 전면 수정해야 합니다. 위에서 제거한 부분을 아래의 내용으로 교체합니다. 삽입한 코드를 블록 설정해서 탭키를 누르면 전체가 우측으로 이동합니다. 코드를 보기 좋고 찾기 쉽게 정렬하는 것이 좋습니다.

```html
<nav id="access" role="navigation">
  <div class="navbar">
    <div class="navbar-inner">
    <div class="container">

      <!-- 화면 폭이 줄어들었을 때 메뉴바를 함몰시키고 토글 버튼을 사용해 메뉴 내용을 볼
수 있게 함-->
      <a class="btn btn-navbar" data-toggle="collapse" data-target=".nav-collapse">
      <span class="icon-bar"></span>
      <span class="icon-bar"></span>
      <span class="icon-bar"></span>
      </a>

      <!-- 블로그 이름을 나타나게 하고 링크를 만들어줌 -->
      <a class="brand" href="<?php echo esc_url( home_url( '/' ) ); ?>" title="<?php echo
esc_attr( get_bloginfo( 'name', 'display' ) ); ?>" rel="home"><?php bloginfo( 'name' );
?></a>

      <!-- 실제 메뉴바의 내용이 들어감, 화면 폭이 줄어들었을 때 함몰되는 부분임-->
      <div class="nav-collapse">
      <?php
      /** 메뉴바에 부트스트랩 메뉴시스템을 만들기 위한 클래스 선택자와 아이디 선택자를 삽입 **/
      wp_nav_menu( array( 'walker' => new bootstrapwp_walker_nav_menu(), 'menu' => 'main-
menu', 'menu_class' => 'nav', 'menu_id' => 'main-menu')); ?>
      <div class="navbar-search pull-right"><?php get_search_form(); ?></div>
      </div>

    </div>
   </div>
  </div>
</nav><!-- #access -->
```

메뉴바 함수 코드의 삽입

첨부 파일에서 메뉴바의 클래스 선택자를 만드는 함수를 복사해서 functions.php 파일의
이전 함수 다음에 붙여넣습니다. 내용이 너무 길어서 본문에 싣지 않았는데, 굳이 내용을 알
필요는 없습니다. 단순히 이런 메뉴를 만들어주기 위한 함수라고 생각하면 됩니다. 함수 파
일에서 항상 php 코드 블럭이 닫히기 이전에 붙여넣어야 합니다. 아래 코드에서 한글을 빼
고 복사하세요.

```
메뉴바 클래스 선택자를 만드는 함수 시작 -->
class bootstrapwp_walker_nav_menu extends Walker_Nav_Menu {
. . .
}
<---메뉴바 클래스 선택자를 만드는 함수 끝
```

변경사항을 저장하고 블로그 화면에서 보면 메뉴바가 나타납니다. 작은 세모가 있는 메뉴를
클릭하면 하위 메뉴도 나타납니다. 이것은 자바스크립트로 동작하는 것이므로 함수 파일에
부트스트랩 자바스크립트 파일을 등록해서 작동한다는 것을 전제로 합니다.

그림 5-43 부트스트랩의 메뉴바

화면을 줄이면 아래와 같이 메뉴가 함몰되고 우측의 아이콘을 클릭하면 드롭다운 메뉴가 나
타납니다. 스마트폰에서 탭한 경우에도 나타납니다.

그림 5-44 반응형 디자인의 메뉴바

검색박스가 3개나 있는데 사이드바의 검색박스는 위젯이므로 위젯 화면에서 제거하면 되고
메뉴바의 검색박스는 좌측 상단의 것을 이동해 놓은 것입니다. 그러니 좌측 상단의 것만 제
거하면 됩니다. header.php에서 다음의 코드를 찾아 제거합니다.

스타일시트 수정

```
<?php
    // Has the text been hidden?
```

```
        if ( 'blank' == get_header_textcolor() ) :
?>
        <div class="only-search<?php if ( $header_image ) : ?> with-image<?php endif;
?>">
        <?php get_search_form(); ?>
        </div>
<?php
        else :
?>
        <?php get_search_form(); ?>
<?php endif; ?>
```

검색박스 위를 보면 "검색"이라는 글자가 있는데 불필요합니다. 하지만 어떤 상황에서는 반드시 필요한 글자입니다. 예를 들면 스크린리더를 사용할 때는 글자가 있어야 눈이 안 좋은 사람들을 위해 기계가 읽어줍니다. 그래서 웹페이지를 보면 글자는 있는데, 안 보이도록 설정하는 경우가 많습니다. 대부분의 경우 이것을 text-indent:-9999px;을 사용해서 화면 밖으로 내보내는 방법을 사용합니다. 왼쪽으로 -9999픽셀만큼 이동시키지만 글자는 존재합니다. 그런데 이 방법을 사용하면 아랍어와 같이 글자를 오른쪽에서 왼쪽으로 쓰는 RTL을 지원하는 경우에는 인터넷 익스플로러에서 하단에 위 수치만큼 수평 스크롤바가 나타납니다. 그래서 만들어진 방법이 절대위치 포지션과 clip이라는 속성을 사용하는 것입니다.

```
.assistive-text { position: absolute !important; clip: rect(1px, 1px, 1px, 1px); }
```

선택자로 사용한 것은 글자를 요소 검사를 통해 보면 기본 테마에서 .assistive-text라는 클래스 선택자로 돼 있습니다. 절대위치를 사용하면 요소를 띄우므로 다른 요소와 충돌을 일으키지 않고 clip은 절대위치 포지션을 사용한 요소를 잘라내는 방법입니다. 수치의 순서는 4방향으로 상, 우, 하, 좌이며 위 수치의 경우 모든 방향에서 1픽셀이 되므로 요소는 전혀 나타나지 않습니다. 상단 좌측에서 1픽셀 잘라낸 상태에서 우측 하단에서 1픽셀만큼 남도록 설정했으니 나타나지 않는 것입니다.

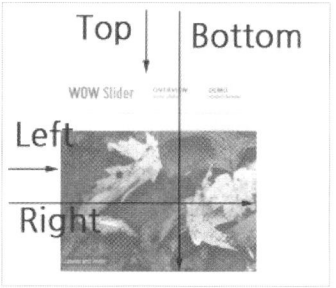

그림 5-45 clip 속성의 기능

!important는 어떤 요소를 CSS의 우선순위 원칙에서 벗어나 최우선적으로 적용하고자 할 때 사용합니다.

현재 상태를 보면 메뉴바가 높아서 줄여야 합니다. 어떤 부분에서 공간을 차지하는지 알아보기 위해 요소 검사를 해보면 .navbar-search의 form 태그에 하단 마진이 20px이 있습니다. 이것을 0으로 지정합니다.

```
.navbar-search form { margin-bottom:0; }
```

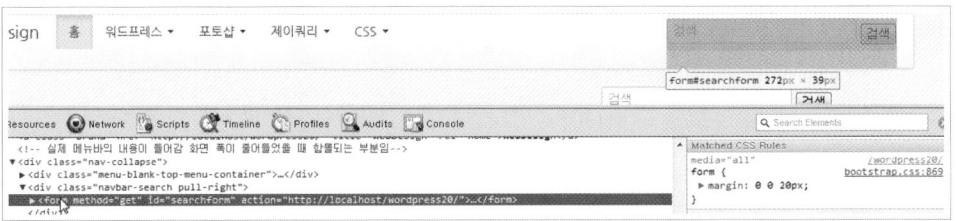

그림 5-46 메뉴바의 수정1

그리고 검색박스와 검색버튼이 나란히 있지 않고 버튼이 아래로 내려와 있습니다. 또한 홈메뉴 하단에도 약간의 여백이 있습니다. 요소 검사를 하면 하단 마진으로 9픽셀이 있기 때문입니다. 이것도 제거해줍니다. 스타일시트에 명령을 내리기 위해 복합 선택자를 사용할 때는 귀찮더라도 항상 상위 선택자를 더 많이 포함시켜야 나중에 혼란이 일어나지 않습니다. 만약 간단하게 .field라고만 지정하면 다른 곳에서 이 선택자를 사용한 곳이 있을 때 같은 명령이 적용되기 때문입니다. 사이드바의 검색 박스도 있으므로 함께 적용합니다.

```
.navbar-search form .field, #secondary form .field { margin-bottom:0; }
```

그림 5-47 메뉴바의 수정2

메뉴바가 헤더 이미지와 접해 있으므로 공간을 만들어주겠습니다. 요소 검사를 하면 하단 마진이 20픽셀입니다. 여기서는 18픽셀로 설정합니다.

```
.navbar { margin-top:18px; }
```

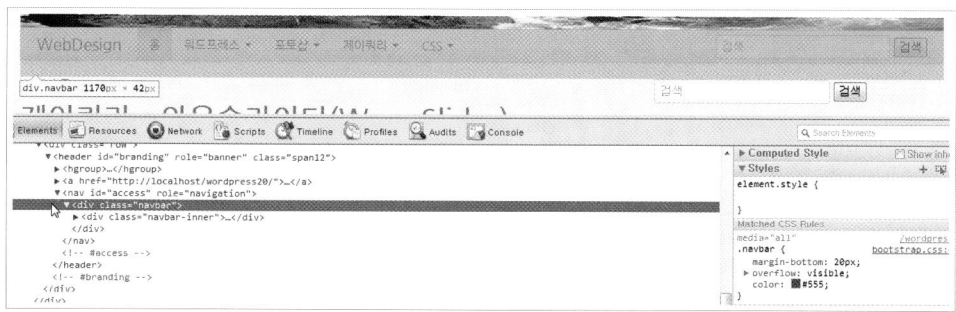

그림 5-48 메뉴바의 수정3

메뉴바의 배경 색상 변경

메뉴바의 색상이 밝은데, 전체 배경색도 밝아서 눈에 띄지 않습니다. 메뉴바는 클래스 선택자를 추가하면 배경을 어두운 색상으로 바꿀 수 있고 동시에 글자 색은 밝아집니다. header. php 파일에서 메뉴바로 추가한 부분에서 navbar 클래스 선택자에 navbar-inverse를 추가하면 됩니다.

```
<div class="navbar navbar-inverse">
```

그림 5-49 메뉴바의 색상 변경

배경색에 그래디언트 효과를 적용했지만 두 색상이 너무 어두워서 효과가 잘 나타나지 않습니다. 이를 좀 더 밝게 바꿔보겠습니다. 요소 검사를 해보면 .navbar-inverse .navbar-inner에 그래디언트 설정이 돼 있습니다. CSS 창에서 .navbar-inverse .navbar-inner부터 클릭하고 마지막의 중괄호까지 드래그해서 블록 설정한 다음, Ctrl+C를 눌러 복사합니다.

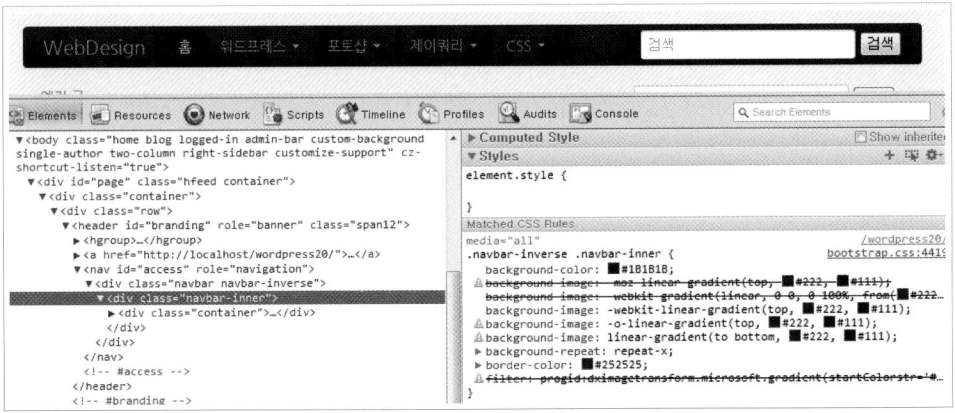

그림 5-50 그래디언트 색상 변경

style.css에 모두 붙여넣습니다. CSS3의 그래디언트 효과는 현재의 IE에서는 적용할
수 없습니다. 하지만 부트스트랩에서는 IE에서도 이런 효과가 나올 수 있게 했습니다.
filter: progid:DXImageTransform.Microsoft.gradient 부분입니다. 이것은 CSS에는 없는
규칙입니다. 아래를 보면 두 가지 색상 코드로 그래디언트를 만들고 있습니다. 괄호 안의
값은 차례로 시작점, 시작 색상, 마감 색상의 순서입니다. 시작점이 top이므로 더 밝은 색
이 위치해야 배경이 입체적으로 보입니다. 반대로 할 경우 배경이 들어가 보입니다. 또한 그
래디언트가 적용되지 않는 아주 옛날 버전의 웹브라우저를 사용할 수도 있으므로 기본 색상
을 #1B1B1B로 설정해놨습니다. 그래디언트 효과가 아직 개발 단계에 있어서 표준이 아니므
로 각 웹브라우저별 접두어를 사용하고 있습니다. 겉보기엔 복잡해 보이지만 웹표준으로 되
면 하나만 필요할 것입니다. 바로 background-image: linear-gradient(top, #111, #222);입
니다. 그래서 위 그림을 보면 적용하지 않는 명령은 줄이 그어져 있습니다. 현재 웹킷 웹
브라우저 엔진을 사용하는 구글 크롬에서 보고 있으므로 해당 부분만 줄이 그어져 있지
않습니다. IE는 색상 코드로 8자리 숫자를 사용하는데 앞의 두자리는 투명도입니다. 00은
완전투명이고 ff는 완전 불투명입니다.

```
.navbar-inverse .navbar-inner {
    background-color: #1B1B1B;
    background-image: -moz-linear-gradient(top, #222, #111);
    background-image: -webkit-gradient(linear, 0 0, 0 100%, from(#222), to(#111));
    background-image: -webkit-linear-gradient(top, #222, #111);
```

```
    background-image: -o-linear-gradient(top, #222, #111);
    background-image: linear-gradient(to bottom, #222, #111);
    background-repeat: repeat-x;
    border-color: #252525;
    filter: progid:dximagetransform.microsoft.gradient(startColorstr='#ff222222',
  endColorstr='#ff111111', GradientType=0);
  }
```

다음과 같이 background-color: #555;를 적용하고 #222는 #777로, #111은 #444로 수정합니다.
IE의 222222은 777777로, 111111은 444444로 바꿔줍니다.

```
.navbar-inverse .navbar-inner {
    background-color: #555;
    background-image: -moz-linear-gradient(top, #777, #444);
    background-image: -webkit-gradient(linear, 0 0, 0 100%, from(#777), to(#444));
    background-image: -webkit-linear-gradient(top, #777, #444);
    background-image: -o-linear-gradient(top, #777, #444);
    background-image: linear-gradient(to bottom, #777, #444);
    background-repeat: repeat-x;
    border-color: #252525;
    filter: progid:dximagetransform.microsoft.gradient(startColorstr='#ff777777',
  endColorstr='#ff444444', GradientType=0);
  }
```

글자가 어두워서 색상을 밝게 해야 합니다. 요소 검사를 통해 선택자 부분을 블록 설정하고
복사해서 style.css에 붙여넣고 다음과 같이 색상을 변경합니다. CSS에서 각진 괄호(>)는
한 단계 아래의 자식 선택자를 의미합니다. 이를 적용하지 않는 경우 손자 선택자까지 상속
받습니다. 글자의 그림자 효과도 수정합니다. text-shadow라는 속성에 값이 4개 있습니
다. 첫 번째 값은 X방향, 두 번째 값은 Y방향, 세 번째 값은 흐림 정도입니다. 네 번째는
색상입니다. 색상은 16진수 숫자를 많이 사용하지만 투명도를 넣으려면 아래와 같이 rgba
형태를 사용합니다.

```
.navbar-inverse .brand, .navbar-inverse .nav > li > a {
    color: #ddd;
    text-shadow: 1px 1px 0 rgba(0, 0, 0, 1);
  }
```

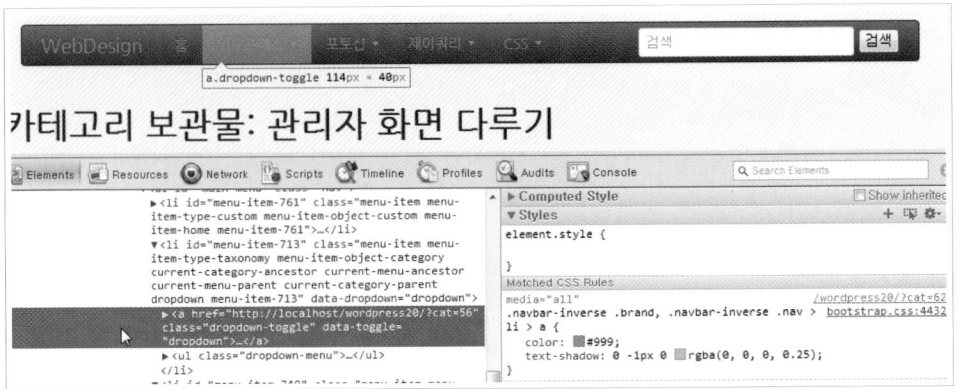

그림 5-51 글자 색상 변경

미디어 쿼리

미디어 쿼리는 CSS3 규칙으로 반응형 디자인에서 핵심적인 요소입니다. 반응형이란 웹사이트 방문자가 어떤 크기의 모니터로 접근하느냐에 따라 콘텐츠를 보여주는 화면이 다르게 반응한다는 의미입니다. 화면 크기에 따라 콘텐츠가 다르게 나오므로 스마트폰과 같은 기기로 접속했을 경우 불필요한 것을 제외시킬 수도 있으며 큰 모니터로 접속하면 모든 내용을 보여줄 수 있습니다. 그러므로 하나의 디자인으로 모든 기기에 대응할 수 있습니다. 이것을 사용하지 않으면 작은 화면으로 접속할 경우 화면을 확대해야 하는 번거로움이 있어서 별도의 디자인을 했었습니다.

사용법은 화면 폭의 범위를 정하고 그 범위에 따른 스타일시트 명령을 내리면 됩니다. 부트스트랩은 총 4개의 화면 크기에 대해 설정하고 있습니다. 각각 스마트폰, 태블릿 세로형, 태블릿 가로형, 데스크톱입니다. 부트스트랩 웹페이지에서 Scaffolding → Responsive Design을 선택하면 아래와 같은 화면이 나타납니다. 아래와 같은 범위를 정해놓고 해당 범위에 있는 기기에 대해 스타일시트 명령을 내립니다.

Supported devices

Bootstrap supports a handful of media queries in a single file to help make your projects more appropriate on different devices and screen resolutions. Here's what's included:

Label	Layout width	Column width	Gutter width
Phones	480px and below	Fluid columns, no fixed widths	
Phones to tablets	767px and below	Fluid columns, no fixed widths	
Portrait tablets	768px and above	42px	20px
Default	980px and up	60px	20px
Large display	1200px and up	70px	30px

```
1.   /* Landscape phones and down */
2.   @media (max-width: 480px) { ... }
3.
4.   /* Landscape phone to portrait tablet */
5.   @media (max-width: 767px) { ... }
6.
7.   /* Portrait tablet to landscape and desktop */
8.   @media (min-width: 768px) and (max-width: 979px) { ... }
9.
10.  /* Large desktop */
11.  @media (min-width: 1200px) { ... }
```

그림 5-52 미디어 쿼리

위의 방법에 추가해서 클래스 선택자를 사용할 수 있습니다. HTML의 요소에 클래스 선택자로 visible-phone을 삽입하면 화면 크기가 767픽셀 이하에서만 보이게 됩니다.

Class	Phones 767px and below	Tablets 979px to 768px	Desktops Default
.visible-phone	Visible	Hidden	Hidden
.visible-tablet	Hidden	Visible	Hidden
.visible-desktop	Hidden	Hidden	Visible
.hidden-phone	Hidden	Visible	Visible
.hidden-tablet	Visible	Hidden	Visible
.hidden-desktop	Visible	Visible	Hidden

그림 5-53 부트스트랩의 미디어 쿼리 클래스 선택자

부트스트랩에서는 미디어 쿼리의 범위를 4가지로 설정했지만 여기서는 디자인의 편의를 위해 5가지로 만들었습니다. 아래와 같이 하면 모든 크기의 범위에 해당됩니다. 기존의 부트스트랩의 미디어 쿼리에 추가된 것은 4번째입니다.

```
@media (max-width: 479px) {

}
@media (min-width: 480px) and (max-width: 767px) {

}
@media (min-width: 768px) and (max-width: 979px) {

}
@media (min-width: 980px) and (max-width: 1199px) {

}
 @media (min-width: 1200px) {

}
```

그럼 예를 들어 보겠습니다. 현재의 테마 수정 상태에서 화면 폭이 줄었을 때 메뉴바에서 아이콘을 클릭해보면 하위 메뉴의 글자 색이 배경색보다도 어둡습니다. 이것은 기존에 어두운 배경의 메뉴바로 설정됐을 때 어울리는 글자 색이었습니다.

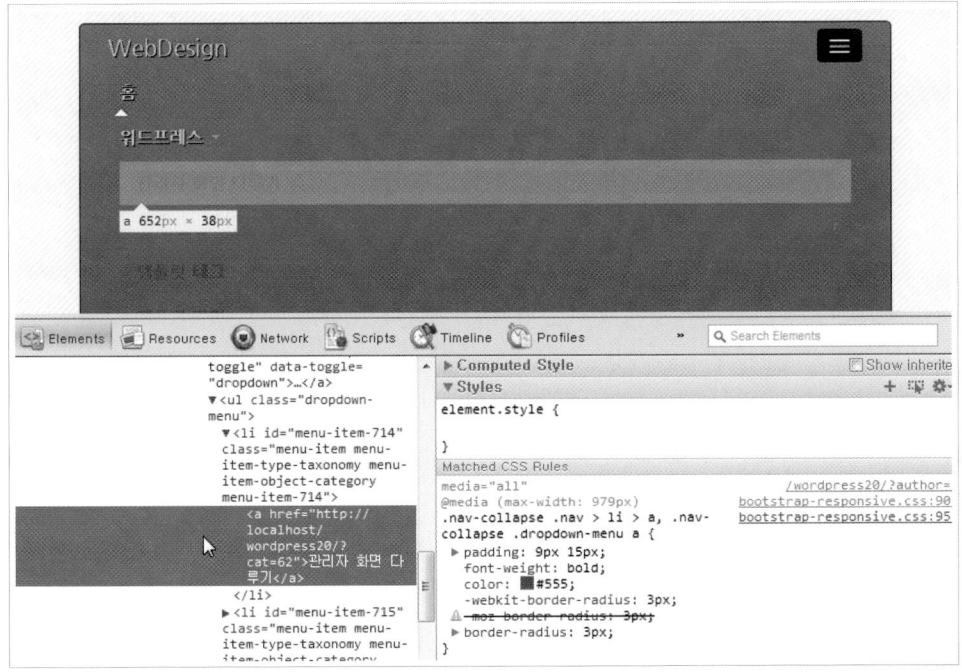

그림 5-54 메뉴바의 글자색 변경

그런데 배경을 밝게 하고 보니 글자가 아주 어둡습니다. 넓은 화면에서는 하위 메뉴의 배경이 흰색으로 나옵니다. 그래서 좁은 화면일 경우는 배경이 어둡기 때문에 글자를 밝게 만들어야 합니다. 요소 검사를 하니 #555로 돼 있습니다. 이를 밝은 색으로 수정해야 하는데, 화면 폭이 클 경우의 배경은 흰색이므로 그냥 밝은 색으로 해서는 안 됩니다. 이때 미디어 쿼리를 사용합니다. 화면을 좁혔을 때 메뉴바가 변하는 미디어 쿼리의 범위는 세 가지입니다. 이곳에 선택자와 스타일시트 속성을 복사해 붙여넣은 후 색상만 밝은 색으로 수정하면 됩니다. 또한 위 그림을 보면 불필요한 삼각형 화살표가 있습니다. 큰 화면에서 하위 메뉴가 상위 메뉴를 가리키는 화살표인데, 여기서는 불필요하므로 안 보이게 합니다. 위의 요소 검사 화면에서 아래로 스크롤하면 .navbar .nav > li > .dropdown-menu:before와 .navbar .nav > li > .dropdown-menu:after가 있습니다. 이를 복사해서 아래처럼 삽입한 다음 display:none;을 입력하면 나타나지 않습니다.

```
@media (max-width: 479px) {
  .nav-collapse .nav > li > a, .nav-collapse .dropdown-menu a { color: #ccc; }
  .navbar .nav > li > .dropdown-menu::before { display:none; }
  .navbar .nav > li > .dropdown-menu::after { display:none; }
}
@media (min-width: 480px) and (max-width: 767px) {
  .nav-collapse .nav > li > a, .nav-collapse .dropdown-menu a { color: #ccc; }
  .navbar .nav > li > .dropdown-menu::before { display:none; }
  .navbar .nav > li > .dropdown-menu::after { display:none; }
}
@media (min-width: 768px) and (max-width: 979px) {
  .nav-collapse .nav > li > a, .nav-collapse .dropdown-menu a { color: #ccc; }
  .navbar .nav > li > .dropdown-menu::before { display:none; }
  .navbar .nav > li > .dropdown-menu::after { display:none; }
}
```

02 헤더 이미지의 수정

현재 헤더 이미지를 보면 레이아웃과 맞지 않아서 폭이 좁습니다. CSS에서 늘리기보다는 기본 테마에서 사용하고 있는 함수를 수정하는 편이 좋습니다. 부모 테마의 프로젝트 폴더를 열고 functions.php 파일에서 custom_header_support로 검색해서 다음의 코드를 복사한 다음 자식 테마의 functions.php 파일에서 php 코드의 블록 마감 부분(?>)위에 붙여

넣습니다. 현재 1000과 288로 돼 있는 것을 새 레이아웃의 폭인 1170을 입력하고 높이가 너무 높으므로 188로 수정합니다.

```php
// Add support for custom headers.
$custom_header_support = array(
    // The default header text color.
    'default-text-color' => '000',
    // The height and width of our custom header.
    'width' => apply_filters( 'twentyeleven_header_image_width', 1000 ),
    'height' => apply_filters( 'twentyeleven_header_image_height', 288 ),
    // Support flexible heights.
    'flex-height' => true,
    // Random image rotation by default.
    'random-default' => true,
    // Callback for styling the header.
    'wp-head-callback' => 'twentyeleven_header_style',
    // Callback for styling the header preview in the admin.
    'admin-head-callback' => 'twentyeleven_admin_header_style',
    // Callback used to display the header preview in the admin.
    'admin-preview-callback' => 'twentyeleven_admin_header_image',
);

add_theme_support( 'custom-header', $custom_header_support );
```

관리자 화면의 테마 → 헤더로 가면 "이미지 선택하기 부분" 설명 부분에 수치가 변경돼 있습니다. 파일 선택 버튼을 클릭해서 첨부파일의 헤더 이미지 폴더에서 이미지를 선택하고 업로드 버튼을 클릭하면 자르기 화면이 나타납니다. "자르기 생략하고 그대로 이미지 공개하기" 버튼을 클릭합니다. 같은 방법으로 여러 개의 이미지를 업로드한 다음 랜덤에 체크하고 하단에서 저장 버튼을 클릭하면 상단에서 미리보기 이미지가 변경되어 나타납니다. 이미지를 포토샵에서 강제로 변경했으므로 아래위로 압축되어 찌그러져 보입니다. 헤더 이미지 기능은 메뉴를 선택할 때마다 다른 이미지로 바뀌는 좋은 기능입니다. 자신이 원하는 이미지가 나타나게 하려면 파일 선택 버튼을 클릭해서 이미지를 업로드하고 자른 다음 저장하면 됩니다.

그림 5-55 헤더 이미지 삽입

03 전체 파일에 레이아웃 적용하기

이제 헤더 이미지도 제대로 나타나고 메뉴도 잘 나올 것입니다. 메뉴 중 하나를 선택해서 클릭하니 사이드바는 나타나지 않고 콘텐츠 영역이 레이아웃에서 벗어나 있습니다. 이것은 기본 파일인 index.php에만 부트스트랩 레이아웃을 적용해서 그렇습니다. 메뉴는 카테고리를 기준으로 만든 것이므로 카테고리를 담당하는 템플릿 파일은 아직 수정을 하지 않았죠. 이뿐만 아니라 다른 템플릿 파일도 수정해야 합니다. 우선 category.php 파일을 수정하겠습니다.

그림 5-56 헤더 이미지 삽입 후 화면

category.php 파일을 열고 아래와 같이 section 태그에 *class*="span8"을 추가합니다. 변경 사항을 저장하고 웹브라우저에서 보면 제대로 나타납니다.

```
<section id="primary" class="span8">
```

이번에는 글 제목을 클릭했을 때 나타나는 페이지를 담당하는 single.php를 수정합니다. 아래와 같이 입력하고 블로그의 글제목을 클릭하면 사이드바가 나타나지 않습니다. 기본 테마는 single.php에 사이드바가 나타나지 않게 해뒀습니다. 하지만 화면 레이아웃이 넓으므로 사이드바가 나타나도록 변경합니다.

```
<div id="primary" class="span8">
```

아래처럼 single.php의 하단에서 사이드바를 가져오는 인클루드 템플릿 태그를 삽입하면 됩니다.

```
<?php get_sidebar(); ?>
<?php get_footer(); ?>
```

이제부터는 테마 폴더의 각 파일의 내용에 대해 알아보면서 테마 폴더의 맨 위부터 시작해서 하나씩 수정해 봅니다.

- 404.php: 찾는 페이지가 없을 경우 에러 메시지를 출력할 때 사용되는 파일입니다. span8을 입력합니다. 다른 글을 선택할 수 있게 사이드바를 삽입합니다.

```
<div id="primary" class="span8">
<?php get_sidebar(); ?>
<?php get_footer(); ?>
```

- archive.php: 글 보관함의 글 중 category, tag와 같이 템플릿 파일이 있는 경우를 제외한 글을 출력할 때 사용합니다.

```
<section id="primary" class="span8">
```

- author.php: 글보관함의 글 중 글쓴이 링크를 클릭했을 때 사용되는 파일입니다.

```
<section id="primary" class="span8">
```

- comments.php: 페이지를 만드는 파일이 아니라 글 제목을 클릭했을 때 single.php 파일에서 댓글 부분을 가져오는 역할을 하는 파일이므로 레이아웃을 적용할 필요가 없습니다.

- editor-style.css: 새 글 쓰기 화면이나 페이지 만들기 화면에서 편집기의 스타일을 정하는 스타일시트입니다. editor-style-rtl.css은 아랍어 지원입니다.

- content.php: 마찬가지로 index.php나 다른 파일에서 〈?php get_template_part('content'); ?〉라는 콘텐츠를 가져오는 템플릿 태그에 의해 사용되므로 레이아웃을 적용할 필요가 없습니다.

- content-aside.php, content-featured.php, content-gallery.php, content-image.php, content-intro.php, content-link.php, content-quote.php, content-status.php 파일은 새 글을 쓸 때 글 형식을 선택할 경우 사용되는 파일이고 content-page.php은 page.php 파일의 콘텐츠 영역을 표시하는 파일입니다. 그러니 content.php처럼 레이아웃이 필요하지 않습니다.

- content-single.php: 글의 제목을 클릭했을 때 single.php 파일을 사용하는데, 이곳에 있는 〈?php get_template_part('content', 'single'); ?〉 템플릿 태그에 의해 글 내용을 가져오는 역할을 하므로 레이아웃을 적용할 필요가 없습니다.

- image.php: 이미지 갤러리에서 이미지를 클릭했을 때 사용되는 파일입니다. 이미 Lightbox Plus라는 플러그인을 사용해 갤러리의 이미지도 이 플러그인을 사용할 수 있지만 이 플러그인을 사용하지 않을 때 이미지를 클릭하면 크게 나타나는 것이 좋으므로 사이드바를 추가하지 않는 것이 좋습니다. 하지만 레이아웃은 필요하므로 다음과 같이 span12를 입력해야 합니다.

  〈**div** *id*="primary" *class*="image-attachment span12"〉

- page.php: 관리자화면의 페이지 만들기 항목에서 기본 페이지로 나타나는 사이드바가 없는 페이지를 만들 때 사용하는 파일입니다. 사이드바가 없으므로 span12를 입력합니다.

  〈**div** *id*="primary" *class*="span12"〉

그림 5-57 페이지 속성 메타박스

- rtl.css: 아랍어 지원용 CSS 파일입니다.

- screenshot.png: 테마관리 화면에 나타나는 썸네일 이미지입니다. 새로운 테마를 만들면 테마 화면을 캡처해서 300X250픽셀의 크기로 이 파일이름으로 저장하면 테마 관리 화면에 나타납니다.

- search.php: 검색 박스에서 검색했을 때 검색 결과를 보여주는 파일입니다.

  〈**section** *id*="primary" *class*="span8"〉

- search-form.php: 검색 박스를 만드는 파일이므로 레이아웃이 필요하지 않습니다.

- showcase.php: 기본 테마에는 몇 가지 설정을 하면 전면 페이지로 사용할 수 있는 기능이 있습니다. 페이지 만들 때 그림 5-57에서 쇼케이스 템플릿을 선택합니다. 이 파일은 이미지가 있는 글을 모아서 전면 페이지에 배치할 수 있는 기능으로 이미지를 슬라이드시킬 수 있는 기능이 포함돼 있습니다. 전면 페이지는 다른 플러그인을 사용해서 만들 것이므로 쇼케이스 템플릿의 사용법은 생략합니다. 이 파일에는 사이드바가 포함돼 있고 위젯 화면에서 쇼케이스 사이드바에 위젯을 배치할 수 있습니다 이책에서는 전혀 사용하지 않을 것이니 삭제해도 됩니다.

- sidebar-footer.php: 기본 테마의 푸터 영역에는 3개의 위젯을 배치할 수 있게 돼 있습니다. 이 파일에 위젯을 활성화하기 위한 템플릿 태그가 들어 있습니다. 3개의 위젯을 좌우로 나란히 배치해야 하므로 아래와 같이 span4 클래스 선택자를 추가합니다.

```
<div id="first" class="widget-area span4" role="complementary">
<div id="second" class="widget-area span4" role="complementary">
<div id="third" class="widget-area span4" role="complementary">
```

- sidebar-page.php: 관리자 화면에서 페이지를 만들 때 사이드바 템플릿을 선택해 사이드바가 있는 페이지를 선택할 수 있습니다(그림 5-57 참조). 사이드바가 있어야 하므로 다음과 같이 레이아웃이 필요합니다.

```
<div id="primary" class="span8">
```

- tag.php: 글 태그를 클릭했을 때 해당 태그와 관련된 모든 글을 출력하는 파일입니다.

```
<section id="primary" class="span8">
```

홈 메뉴를 클릭해서 하나의 글에 대해 제목을 클릭하거나(사용는 파일은 single.php), 하나의 카테고리(category.php), 태그(tag.php), 글쓴이(author.php), 작성일자(archive.php), 달력위젯의 날짜나 월(archive.php)을 클릭해서 레이아웃이 제대로 나오는지 확인합니다. 또한 검색박스에 검색어를 입력해서 검색 결과가 제대로 나오는지 확인합니다.

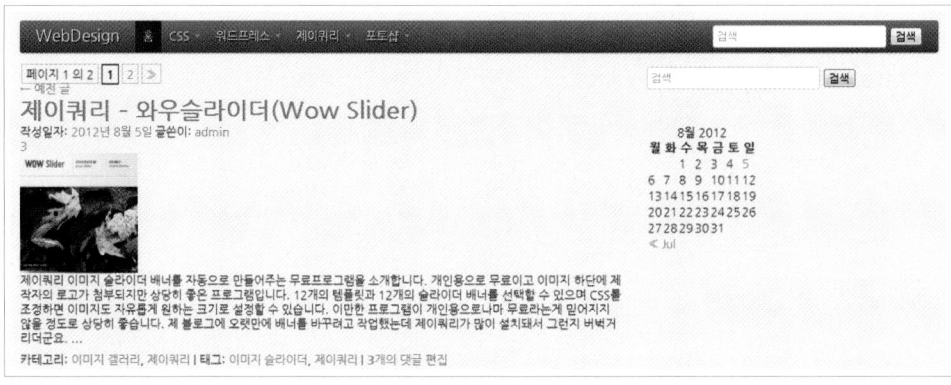

그림 5-58 레이아웃 적용 후 확인

04 메인(main) 영역의 레이아웃

콘텐츠와 사이드바 영역은 #main이 감싸고 있습니다. 메인 영역의 레이아웃은 배경을 어떻게 처리하느냐에 따라 달라집니다. 즉, 두 영역을 하나의 배경으로 할 것인지 두 개로 나눠서 배경을 처리할 것인지 선택해야 합니다. 여기서는 두 가지 방법을 다 해보겠습니다.

메인 전체에 배경 넣기

우선 스타일시트를 쉽게 관리할 수 있게 다음과 같이 지금까지 작업한 내용을 주석으로 처리합니다. 미디어 쿼리는 메인 영역에 포함시킵니다.

```
body {   margin: 15px auto; font-family:NanumGothicWeb; font-size:15px; }

/***************** 헤더 메뉴바 시작 *****************/

.assistive-text { position: absolute !important; clip: rect(1px, 1px, 1px, 1px); }

.navbar-search form { margin-bottom:0; }
.navbar-search form .field, #secondary form .field  { margin-bottom:0; }

.navbar { margin-top:18px; }

.navbar-inverse .navbar-inner {
   background-color: #555;

   생략
}

.navbar-inverse .brand, .navbar-inverse .nav > li > a {
   color: #ddd;
   text-shadow: 1px 1px 0 rgba(0, 0, 0, 1);
}
/***************** 헤더 메뉴바 종료 *****************/
/***************** 메인 영역 시작 *****************/
메인영역 CSS

미디어 쿼리

/***************** 메인 영역 종료 *****************/
```

메인 영역은 요소 검사를 통해 #main을 클릭했을 때 파란색 배경이 차지하는 영역입니다.
정해진 레이아웃에서 좌측으로 벗어나 있습니다. 그러니 #main에 배경을 넣으면 안 되겠죠.

그림 5-59 #main의 영역

이번에는 #main을 감싸는 .container를 클릭하니 원하는 만큼의 영역을 차지합니다. 이
곳에 배경 색상을 넣으면 됩니다.

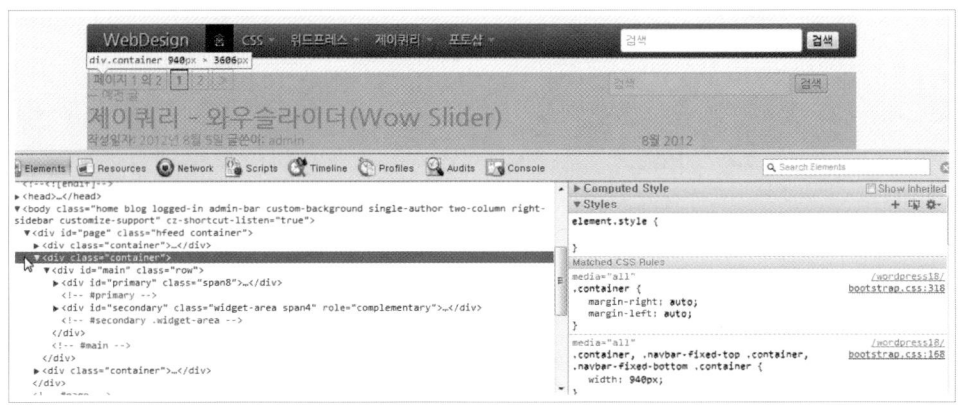

그림 5-60 .container의 영역

그런데 .container는 여러 곳에 있으므로 이 선택자에 대해 배경을 설정해서는 안 되고 새
로운 클래스 선택자를 만들어 삽입합니다. header.php를 열고 하단에서 container 선택
자에 wrapper를 추가합니다. 클래스 선택자는 여러 개 넣을 수 있습니다.

```
<div class="container wrapper">
  <div id="main" class="row">
```

스타일시트에서 다음과 같이 배경 색상을 설정합니다.

```
.wrapper { background: #fff; }
```

만일 페이지 전체에 대해 흰색 배경을 넣으려면 다음과 같이 #page에 배경 색상을 지정하면 됩니다. 이 경우 헤더와 푸터까지 포함됩니다.

```
#page { background: #fff; }
```

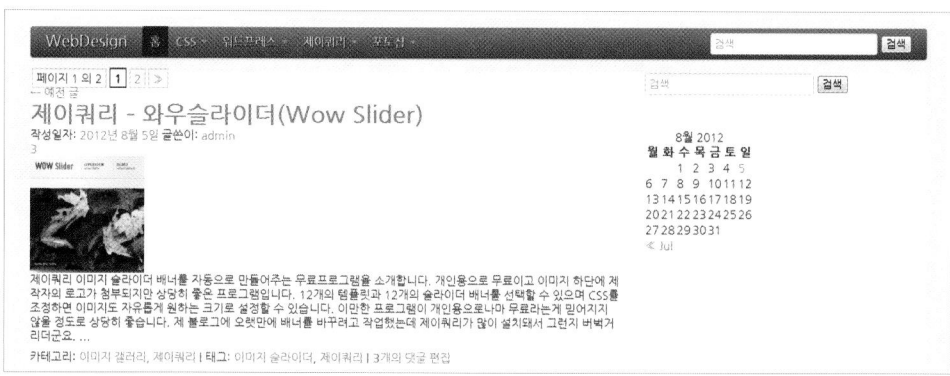

그림 5-61 콘텐츠 영역의 배경 색상 설정

콘텐츠가 상단과 좌측 끝에 치우쳐 있어서 여백이 필요한 상황입니다. 여백을 만들려면 padding을 사용하는데, 이전 장에서 알아봤듯이 width가 지정된 요소에 padding을 설정하면 폭이 늘어납니다. 이것은 테두리(border)를 설정해도 마찬가지입니다. 그래서 다음과 같이 .wrapper에 패딩을 설정하면 우측이 늘어납니다. .wrapper는 .container와 함께 있는 것이기 때문에 .container의 폭(1170px)이 적용됩니다.

```
.wrapper { background: #fff; padding:30px;}
```

그러면 폭이 정해지지 않은 요소를 찾습니다. 콘텐츠 영역은 #content에 대해, 사이드바 영역은 aside에 대해 패딩을 설정합니다.

```
#content, #secondary aside { padding:30px; }
```

콘텐츠 영역과 사이드바 영역이 구분되지 않으므로 사이드바 영역은 옅은 회색으로, 콘텐츠 영역은 흰색으로 하려면 #primary에 대해 흰색을, .wrapper에 회색을 적용해야 합니다.

왜냐하면 사이드바 영역을 감싸고 있는 #secondary을 대상으로 요소 검사를 하면 위젯이 있는 영역만 감싸고 있기 때문입니다.

```css
.wrapper { background: #f9f9f9; }
#primary { background: #fff; }
```

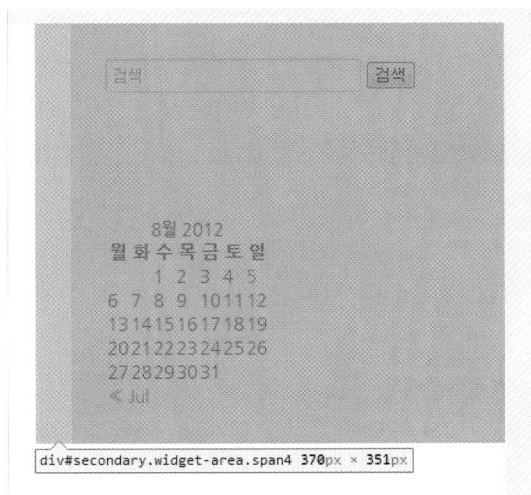

그림 5-62 #secondary의 영역

둥근 모서리를 적용하려면 .wrapper는 전체에 대해, #primary는 좌측 상단과 하단만 적용하면 됩니다. #primary에 대해 모든 모서리를 둥글게 하면 흰색 배경과 회색 배경이 만나는 부분의 상단과 하단이 둥글게 처리되어 자연스럽지 않습니다.

#primary 영역의 우측 모서리

```css
.wrapper { background: #f9f9f9; border-radius: 5px; }
#primary { background: #fff; border-top-left-radius:5px; border-bottom-left-radius:5px; }
```

전체를 감싸고 있는 .wrapper에 테두리를 설정하면 폭이 정해져 있으므로 우측으로 2픽셀이 늘어납니다. 하지만 눈에 띄지 않으니 설정해도 됩니다.

```
.wrapper { background: #f9f9f9; border-radius: 5px; border:1px solid #ccc; }
```

위젯 박스의 aside와 콘텐츠의 각 article에 대해 모서리가 둥근 테두리를 만들어보겠습니다. 테두리를 만들면 각 영역에 별개의 마진과 패딩을 설정해야 합니다.

```
#content article { border:1px solid #ccc; margin:10px; padding:20px; border-radius:5px; }
#secondary aside { border:1px solid #ccc; margin:30px 30px 10px 0; padding:20px; border-radius:5px; }
```

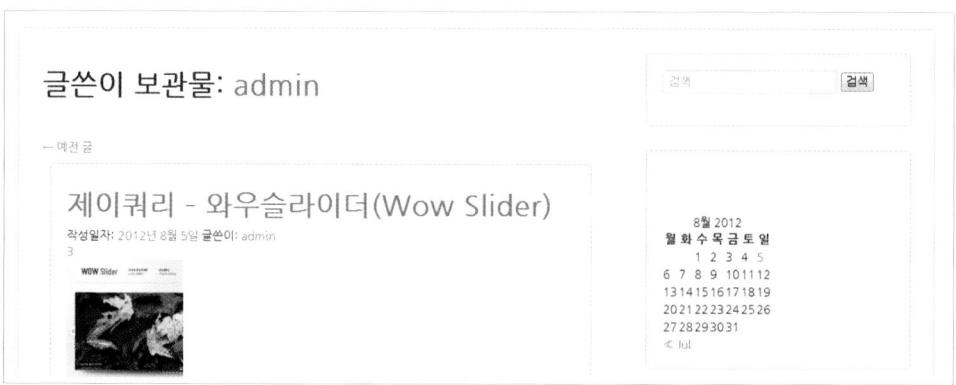

그림 5-63 둥근 모서리 적용

그런데 화면 폭을 스마트폰과 태블릿 사이즈로 축소했을 때 사이드바가 콘텐츠 영역 아래로 내려가면서 좌측 마진이 없어서 보기에 좋지 않습니다.

그림 5-64 좁은 화면의 레이아웃

미디어 쿼리를 사용해 수정합니다. 사이드바가 아래로 내려가는 화면 사이즈 영역에 다음과 같이 설정합니다. 그러면 큰 화면에서는 왼쪽 마진이 없는 상태였다가 사이드바가 아래로 내려가면 마진이 40픽셀 만들어집니다. 콘텐츠 영역의 테두리와 세로줄을 맞추기 위해 좌우를 40픽셀로 했습니다. 추가되는 내용만 표시했으니 기존의 내용 아래에 입력하면 됩니다.

```
@media (max-width: 479px) {
  #secondary aside { margin-left: 40px; margin-right:40px; }
}
@media (min-width: 480px) and (max-width: 767px) {
  #secondary aside { margin-left: 40px; margin-right:40px; }
}
```

위와 같이 하면 사이드바가 하단으로 내려갔을 때 콘텐츠 영역의 테두리에 맞게 정렬됩니다.

그림 5-65 좁은 화면의 레이아웃 수정

화면 폭을 줄였을 때 사이드바가 아래로 내려가므로 상단에는 콘텐츠 영역만 나타납니다. #primary에 대해 우측 상단과 하단의 둥근 모서리를 적용하지 않아서 아래 그림처럼 틈이 나타납니다. 줄였을 경우에는 모든 모서리가 둥근 모서리가 되도록 미디어 쿼리에서 설정합니다.

```
@media (max-width: 479px) {
  #secondary aside { margin-left: 40px; margin-right:40px; }
  #primary { border-radius:5px; }
}
```

```
@media (min-width: 480px) and (max-width: 767px) {
  #secondary aside { margin-left: 40px; margin-right:40px; }
  #primary { border-radius:5px; }
}
```

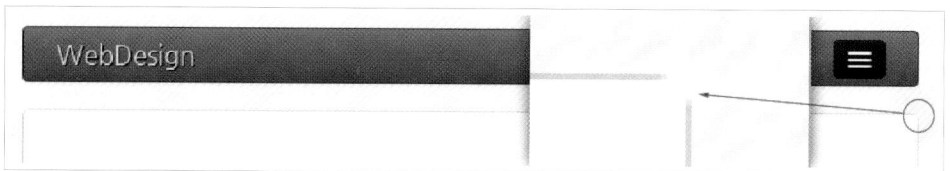

그림 5-66 좁은 화면 콘텐츠 영역의 우측 모서리

화면을 축소하다 보면 검색박스가 테두리를 벗어나는 경우가 발생합니다. 사이드바에 검색
위젯을 사용하지 않으면 되겠지만 필요한 경우도 있으므로 이것도 미디어 쿼리로 수정해줍
니다. 미디어 쿼리의 하나의 영역만 설정합니다. 요소 검사를 하면 210픽셀로 돼 있는데 이
를 축소하면 됩니다.

```
@media (min-width: 768px) and (max-width: 979px) {
  #secondary form .field { width:150px; }
}
```

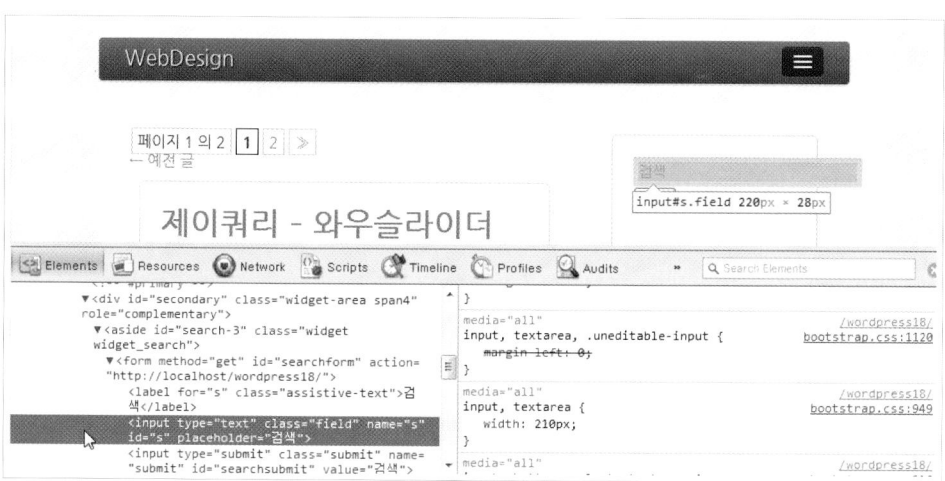

그림 5-67 좁은 화면의 검색 박스

첫 번째 레이아웃은 여기까지 하고 두 번째 레이아웃을 마친 다음 다른 부분을 정리해 보겠
습니다.

콘텐츠 영역과 사이드바 영역을 분리해서 레이아웃 적용하기

지금까지 작업한 스타일시트가 적용되지 않도록 주석으로 처리합니다. 첫 번째 주석의 우측 끝 슬래시를 제거하고 두 번째 주석의 좌측끝 슬래시를 제거하면 첫 번째 레이아웃은 전체가 적용되지 않습니다. 그다음 줄에 두 번째 메인 영역의 스타일시트를 입력합니다. 첫 번째 미디어 쿼리를 복사해서 두 번째 메인 영역에 붙여넣고 #secondary aside와 #primary 부분을 삭제합니다.

```
/****************** 메인 영역 1 시작 ******************

.wrapper { background: #f9f9f9; border-radius: 5px; }
.
.
.
@media (min-width: 1200px) {

}

****************** 메인 영역 1 종료 ******************/


/****************** 메인 영역 2 시작 ******************/

@media (max-width: 479px) {
  .nav-collapse .nav > li > a, .nav-collapse .dropdown-menu a { color: #ccc; }
  .navbar .nav > li > .dropdown-menu::before { display:none; }
  .navbar .nav > li > .dropdown-menu::after { display:none; }

}
@media (min-width: 480px) and (max-width: 767px) {
  .nav-collapse .nav > li > a, .nav-collapse .dropdown-menu a { color: #ccc; }
  .navbar .nav > li > .dropdown-menu::before { display:none; }
  .navbar .nav > li > .dropdown-menu::after { display:none; }
}
@media (min-width: 768px) and (max-width: 979px) {
  .nav-collapse .nav > li > a, .nav-collapse .dropdown-menu a { color: #ccc; }
  .navbar .nav > li > .dropdown-menu::before { display:none; }
  .navbar .nav > li > .dropdown-menu::after { display:none; }
  #secondary form .field { width:150px; }
```

```
    }
    @media (min-width: 980px) and (max-width: 1199px) {


    }
     @media (min-width: 1200px) {


    }
```

/***************** 메인 영역 2 종료 *****************/

이번 레이아웃에서는 콘텐츠 영역과 사이드바 영역을 분리해 보겠습니다. 또한 이전 레이아웃과의 차이점은 위젯박스에 테두리가 만들어지는 것이 아니라 위젯박스를 감싸고 있는 #secondary에 테두리와 패딩이 적용됩니다. 이 영역은 span4에 의해 폭이 정해져 있으므로 약간 복잡한 방법으로 수정해야 합니다.

　article과 #secondary에 대해 아래와 같이 스타일을 지정하면 #secondary 영역은 width가 정해져 있으므로 pdding과 border로 인해 폭이 늘어나서 콘텐츠 영역 아래로 내려갑니다. 사이드바 영역의 폭은 .span4에 의해 폭이 정해져 있는데, 이 수치를 줄이면 됩니다. 그냥 줄여서는 안 되고 미디어 쿼리를 사용해야 합니다.

```
article, #secondary { background: white; border-radius: 5px; padding: 20px; border: 1px
solid #CCC ; margin-bottom: 10px; }
```

화면 크기가 1200픽셀 이상인 경우 원래의 span4의 폭은 370픽셀입니다. 여기서 위에서 늘어난 패딩 40px(20+20) + 테두리 2px(1+1) = 42px을 뺀 값(328px)을 마지막 미디어 쿼리에 입력합니다.

화면 크기가 980 이상 1199 이하인 경우 원래의 span4의 폭은 300픽셀입니다. 위와 마찬가지의 수치를 빼주면 258px이 됩니다. 화면 사이즈가 768 이상 979 이하인 경우 span4의 폭은 228px이고 42px을 빼면 186px입니다. 순차적으로 이 수치를 해당 미디어 쿼리에 입력합니다. 이보다 작은 화면에서는 사이드바가 아래로 내려가므로 설정하지 않아도 됩니다.

```
@media (min-width: 768px) and (max-width: 979px) {
  .span4 { width: 186px; }
}
@media (min-width: 980px) and (max-width: 1199px) {
```

```
    .span4 { width: 256px; }
  }
  @media (min-width: 1200px) {
    .span4 { width: 328px; }
  }
```

그림 5-68 좁은 화면의 검색박스

화면을 줄이면 잘 적용되는데, 여기서도 검색박스가 문제가 됩니다. 이전과 같이 해당 부분
의 미디어 쿼리에 검색박스의 폭을 지정하면 됩니다. 여기서는 약간 늘려서 170px로 했습니
다.

```
@media (min-width: 768px) and (max-width: 979px) {
  .span4 { width: 186px; }
  #secondary form .field { width:170px; }
}
```

05 초기 화면 편집

이제 메인 영역의 주 레이아웃은 완성됐으니 어긋나 보이는 것을 정리해보겠습니다.

상단 내비게이션 제거

우선 상단의 페이징은 하단에도 있으므로 제거하겠습니다. index.php를 열고 조건문이 시
작하는 <?php if (have_posts()) : ?> 바로 밑에서 다음의 코드를 제거합니다.

```
<?php twentyeleven_content_nav( 'nav-above' ); ?>
```

제목 글자 수정

그다음으로 제목 글자를 수정해보겠습니다. 모든 앵커 태그에 마우스를 올렸을 때 나타나는 밑줄을 제거합니다. 제목에 대해 글자 크기를 줄였고 색상을 짙은 회색으로 지정했습니다. 또한 제목에 마우스를 올리면 짙은 파란색이 나타납니다.

```
/****************** content *****************/
a:hover { text-decoration: none; }
#primary .entry-title a { font-size: 22px; color:#333; }
#primary .entry-title a:hover {color: #005580; }
```

작성일자 밑에 있는 숫자는 댓글 개수이며, 댓글이 없을 경우 댓글 달기 링크가 나타납니다. 하단에는 편집 링크가 있는데, 이것들을 버튼으로 만들어 보겠습니다.

그림 5-69 댓글 링크

부트스트랩 선택자로 댓글과 편집 버튼 만들기

content.php 파일을 열면 다음과 같은 코드가 있습니다. 두 곳의 comment-link 선택자 다음에 btn이라는 클래스 선택자를 넣으면 옅은 회색의 버튼이 자동으로 만들어집니다.

```
<div class="comments-link btn">
    <?php comments_popup_link( '<span class="leave-reply">' . __( 'Reply',
```

```
'twentyeleven' ) . '</span>', _x( '1', 'comments number', 'twentyeleven' ), _x( '%',
'comments number', 'twentyeleven' ) ); ?>
</div>
<span class="comments-link btn"><?php comments_popup_link( '<span class="leave-reply">' .
__( 'Leave a reply', 'twentyeleven' ) . '</span>', __( '<b>1</b> Reply', 'twentyeleven'
), __( '<b>%</b> Replies', 'twentyeleven' ) ); ?></span>
```

카테고리: 이미지 갤러리 , 제이쿼리 | 태그: 이미지 슬라이더 , 제이쿼리 | 3개의 댓글 편집

그림 5-69-1 댓글 버튼

다음으로 편집 링크는 다음과 같은 코드에 있습니다. 아래와 같이 btn btn-success라는
두 개의 클래스 선택자를 삽입하면 녹색 버튼이 만들어집니다.

```
<?php edit_post_link( __( 'Edit', 'twentyeleven' ), '<span class="edit-link btn btn-
success">', '</span>' ); ?>
```

댓글 달기 버튼의 위치를 변경하고 편집 버튼은 글자의 색상을 바꿔야 합니다. content.
php에는 .comments-link가 두 개 있으므로 상단의 선택자를 지정하기 위해 header를 추
가합니다. 포지션을 절대위치로 하고 top:20px; right:20px;을 입력하면 상단 우측을 기준으
로 20픽셀 떨어진 곳에 배치됩니다. 절대위치 포지션은 부모 요소에 상대위치 포지션이 있
어야 하므로 article에 상대 포지션을 추가합니다. .edit-link에는 앵커 태그가 없지만
함수로 만들어지므로 스타일시트에서 a를 추가해서 색상을 설정합니다.

```
header .comments-link { position:absolute; top:20px; right:20px; }
.edit-link a {color:#fff;}
article { position:relative; }
```

위와 같이 코드에 선택자가 있어서 버튼을 만들기 위한 클래스 선택자를 추가하면 부트스트
랩에 의해 간단하게 버튼이 만들어지지만 이러한 선택자가 함수에 의해 만들어지면 해당 함
수를 찾기는 참 어렵고 함수를 수정해야 하는 경우도 있습니다. 그래서 부트스트랩에서 버
튼이나 뱃지를 만드는 스타일시트를 복사해서 붙여넣는 방법을 사용할 수도 있습니다.

태그 이름에 라벨 만들기

예를 들어, 카테고리 링크에 부트스트랩 라벨을 달기 위해 요소 검사를 해보면 다음과 같이 ⟨span *class*="cat-links"⟩ 안에 앵커 태그가 있습니다. 그런데 content.php를 보면 실제로는 앵커 태그가 보이지 않습니다. 함수에 의해 만들어지기 때문이죠. 그래서 이 앵커 태그에 라벨을 달려면 스타일시트에 설정해야 합니다.

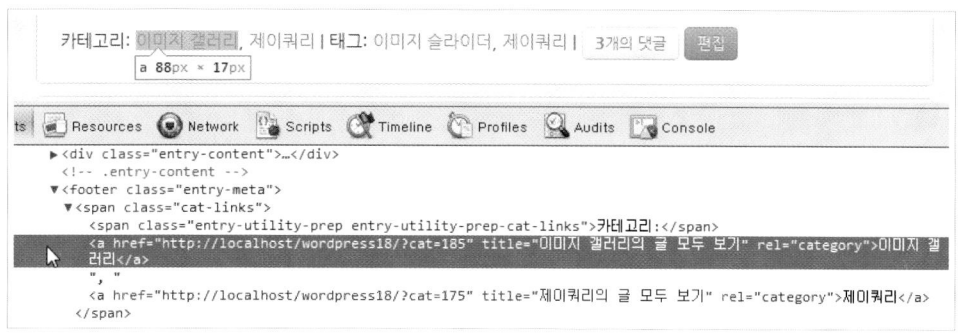

그림 5-70 라벨 만들기

```
<span class="cat-links">
        <?php printf( __( '<span class="%1$s">Posted in</span> %2$s', 'twentyeleven' ),
'entry-utility-prep entry-utility-prep-cat-links', $categories_list );
        $show_sep = true; ?>
</span>
```

트위터 부트스트랩 페이지에서 Components → Lables and badges를 선택하면 아래의 라벨이 나타납니다. 기본 라벨(Default)을 대상으로 요소 검사를 해서 먼저 ".label, .badge {. . .}" 부분을 복사해서 style.css에 붙여넣은 다음 .label { . . .}의 중괄호 내용만 복사해서 위에서 복사한 것의 마지막 줄에 붙여넣습니다.

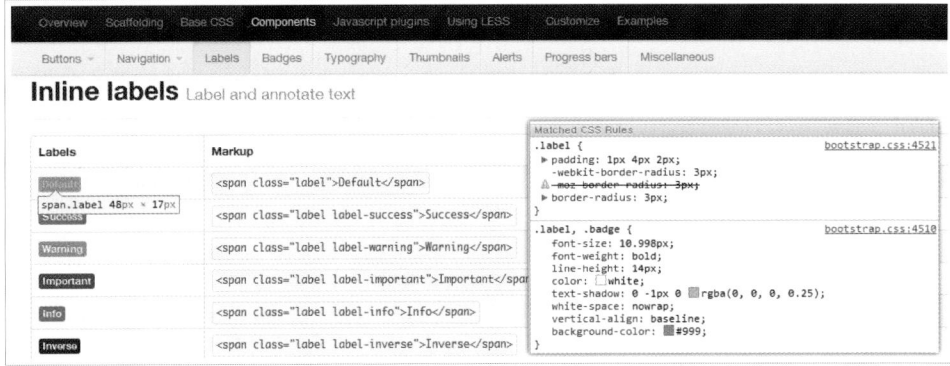

그림 5-71 **부트스트랩의 라벨 스타일시트**

그런 다음 .label, .badge는 .cat-links a로 수정합니다. 이를 태그 링크에도 적용하기 위해 ", tag-links a"를 추가한 다음 저장하고 블로그 화면을 보면 라벨이 적용되어 나타납니다.

```
/****************** 라벨 시작 *****************/
/*회색*/
.cat-links a, .tag-links a {
    font-size: 11.844px;
    font-weight: bold;
    line-height: 14px;
    color: white;
    text-shadow: 0 -1px 0 rgba(0, 0, 0, 0.25);
    white-space: nowrap;
    vertical-align: baseline;
    background-color: #999;
    padding: 1px 4px 2px;
    -webkit-border-radius: 3px;
    -moz-border-radius: 3px;
    border-radius: 3px;
}
/****************** 라벨 종료 *****************/
```

카테고리라는 글자와 뱃지가 수평이 맞지 않습니다. 글자 크기도 서로 다르고 인라인 요소라서 맞추기가 어렵지만 vertical-align:middle;로 수정합니다.

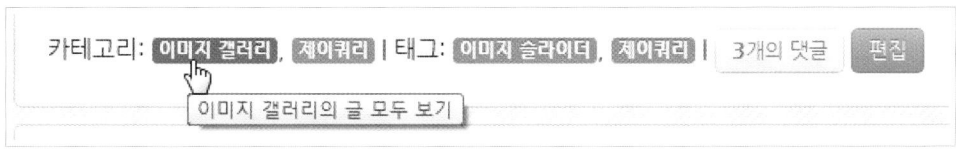

그림 5-72 라벨의 수평 위치

각 뱃지에 마우스를 올렸을 때 효과를 내보겠습니다. 두 개의 앵커 태그에 대해 :hover를 적용하고 배경색을 좀더 짙은 색으로 설정합니다.

```
.cat-links a:hover, .tag-links a:hover {background-color: #777;}
```

마우스를 올리니 다른 링크 색상과 좀 더 어두운 색으로 나타납니다. 링크가 걸려 있는 것은 이처럼 반드시 마우스를 올렸을 때 다른 효과를 주는 것이 좋습니다.

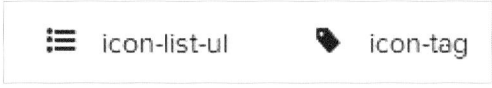

그림 5-73 라벨의 수정

폰트 아이콘 삽입

이번엔 "카테고리"와 " 태그" 글자 앞에 아이콘을 삽입해 보겠습니다. Font Awesome 웹 페이지를 열고 아이콘을 검색합니다. 카테고리는 목록이므로 Ctrl+F를 눌러 "list"로 검색하고 태그는 "tag"로 검색해서 다음의 아이콘을 찾습니다. 아이콘 옆에 있는 것은 클래스 선택자 이름입니다. content.php에서 .cat-links와 .tag-links가 있는 span 태그를 찾아 클래스 선택자를 추가합니다.

```
☰  icon-list-ul          ●  icon-tag
```

그림 5-74 폰트 아이콘과 클래스 선택자

```
<span class="cat-links icon-list-ul">
<span class="tag-links icon-tag">
```

아이콘이 삽입되면서 카테고리와 태그 글자가 기본체인 굴림체로 바뀌고 라벨은 이상한 모양이 됐습니다. 이것은 폰트가 삽입되면서 글자들이 Font Awesome 폰트로 적용돼서 그렇습니다. 외국 폰트는 한글로 적용하면 굴림체로 나타납니다.

그림 5-75 클래스 선택자 삽입후

다음과 같이 해당 링크에 나눔고딕 웹폰트 이름을 추가하면 라벨 부분은 바로 해결되지만 카테고리와 태그 이름은 변경이 되지 않습니다.

```
.cat-links a, .tag-links a { font-family:NanumGothicWeb; }
```

그래서 글자와 같이 있는 경우 이전 장의 마지막 부분에서 사용한 방법으로 폰트 아이콘을 적용하는 것이 좋습니다. 위에서 span 태그에 삽입한 클래스 선택자를 제거하고 스타일시트에서 다음과 같이 입력합니다. content의 값은 아이콘을 대상으로 요소 검사를 해서 찾아냅니다. 한번 설정해 두면 선택자만 삽입해서 다른 곳에도 사용할 수 있으므로 해당 아이콘이 무엇인지 알 수 있게 주석을 붙이는 것이 좋습니다. :before와 :after 같은 유사 클래스 선택자를 웹페이지의 스타일시트에서 복사해서 사용할 때는 항상 싱글 콜론(:)을 사용하세요. 더블 콜론(::)을 사용하면 이전 버전의 IE에서 인식하지 못합니다. 더블 콜론은 유사 클래스 선택자가 아니라 유사 클래스 요소(Pseudo class element)라 해서 CSS3 규칙입니다.

```
/****************** 폰트아이콘 시작 ******************/
.cat-links:before { /*카테고리*/
    content: "\f0ca";
    font-size:13px;
    margin-right:3px;
    font-family: FontAwesome;
    font-weight: normal;
    font-style: normal;
    display: inline-block;
}
.tag-links:before { /* 태그*/
    content: "\f02c";
    font-size:13px;
```

```
    margin-right:3px;
    font-family: FontAwesome;
    font-weight: normal;
    font-style: normal;
    display: inline-block;
}
/****************** 폰트아이콘 종료 ******************/
```

글쓴이의 앞에도 아이콘을 삽입합니다. 사용자인 user로 검색하고 16진수 숫자를 복사해서
붙여넣습니다. content의 값만 다르고 그 밖의 부분은 같으니 복사해서 붙여넣고 16진수
숫자와 선택자만 변경하면 됩니다. 글쓴이는 작성일자와 너무 가까우니 margin-left:10px;
를 적용해서 약간 여백을 줍니다.

```
.by-author:before { /*사용자*/
    content: "\f007";
    font-size:13px;
    margin-right:3px;
    margin-left:10px;
    font-family: FontAwesome;
    font-weight: normal;
    font-style: normal;
    display: inline-block;
}
/****************** 폰트아이콘 종료 ******************/
```

그림 5-76 **폰트 아이콘의 삽입**

아이콘 삽입을 시작했으니 다른 부분도 작업해 봅니다. 홈 메뉴를 대상으로 요소 검사를 해서 li 태그의 아이디 선택자 이름과 아이콘의 16진수를 알아내서 다음과 같이 입력합니다. 메뉴 글자와 아이콘 사이에 여백을 균형감 있게 맞춥니다.

```
#menu-item-666 a:before { /*홈*/
    content: "\f015";
    font-size:13px;
    margin-right:8px; . . .생략
```

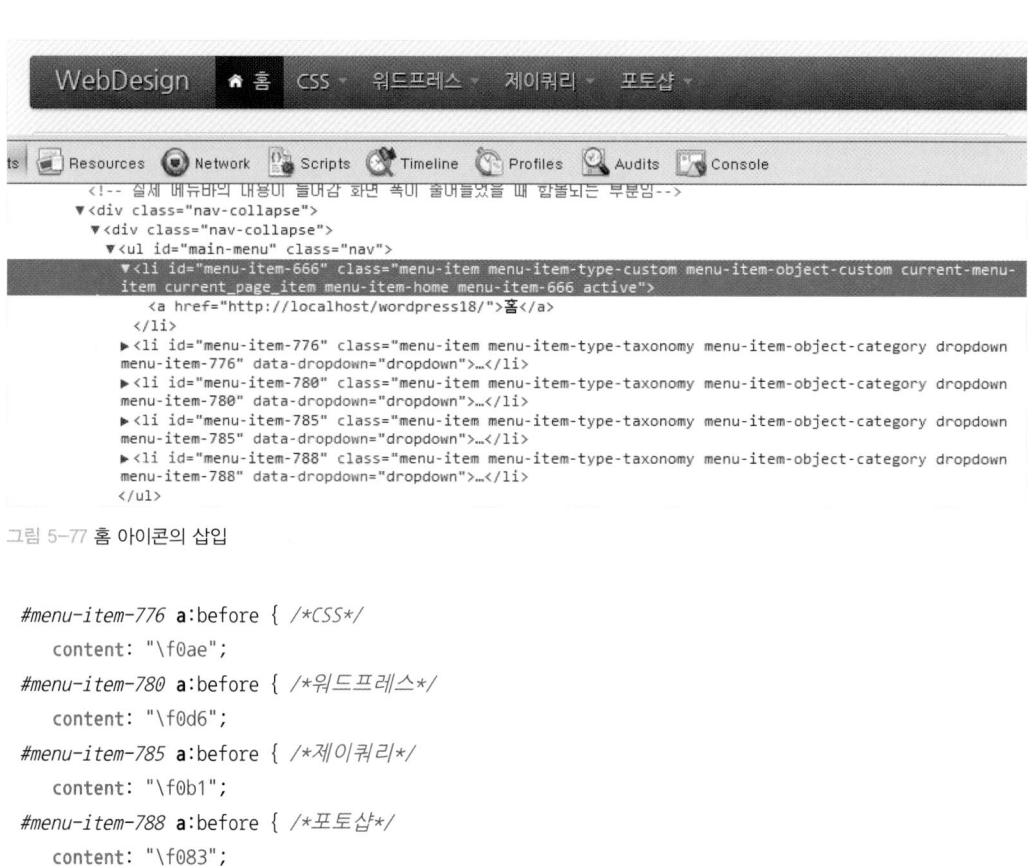

그림 5-77 홈 아이콘의 삽입

```
#menu-item-776 a:before { /*CSS*/
    content: "\f0ae";
#menu-item-780 a:before { /*워드프레스*/
    content: "\f0d6";
#menu-item-785 a:before { /*제이쿼리*/
    content: "\f0b1";
#menu-item-788 a:before { /*포토샵*/
    content: "\f083";
```

메뉴에 맞는 아이콘을 잘 찾으면 좋겠지만 한정된 아이콘이므로 적당한 것을 찾아서 삽입하면 됩니다. 사실 아이콘은 시각적인 효과를 위한 것이므로 메뉴 글자와의 연관성은 그다지 중요하지 않습니다. 아이콘을 삽입하면 하위 메뉴에도 같은 아이콘이 적용됩니다.

그림 5-78 기타 아이콘의 삽입

본문 목록의 썸네일 이미지와 글의 정렬

이제 article 영역의 썸네일 이미지와 글을 정리하겠습니다. 그동안 이미지는 위에 있고 글은 이미지 아래에 있었습니다. 글이 이미지를 감싸게 해야 합니다. 새 글 쓰기에서 본문에 이미지를 삽입하고 나서 이미지를 클릭하고 이미지 편집 아이콘을 클릭하면 이미지를 왼쪽, 중앙, 오른쪽에 배치할 수 있습니다. 여기서 설정하면 기본 테마의 함수에 의해 img 태그에 클래스 선택자가 삽입됩니다. 왼쪽은 alignleft, 중앙은 aligncenter, 오른쪽은 alignright, 없음은 alignnone입니다. 이들 이미지와 관련된 스타일시트는 부모 테마에서 복사해서 사용합니다.

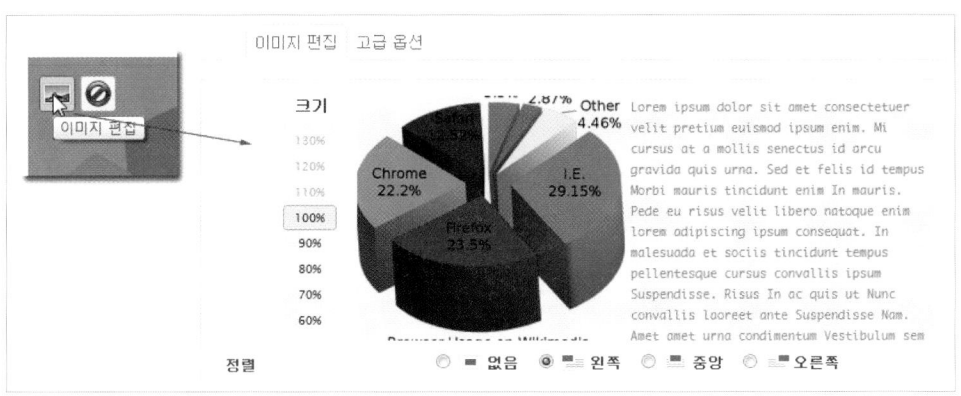

그림 5-79 콘텐트 영역의 이미지 배치

우선 부모 테마의 스타일시트를 열고 Images로 검색해서 아래 그림과 같은 부분을 찾습니다. 클릭하고 embed 부분까지 드래그해서 블록설정해서 복사합니다. 긴 내용을 블록 설정할 때는 시작 부분을 클릭한 다음 Shift 키를 누르고 마지막 부분을 클릭하면 쉽습니다. 작업 중인 스타일시트에서 content 부분 위에 붙여넣습니다. alignleft로 검색해서 세 가지 선택자 부분을 복사한 후 위의 마지막에 붙여넣습니다. embed, iframe, object 부분은 유튜브와 같은 동영상을 삽입할 때 영역을 벗어나지 않도록 설정하는 부분입니다. max-width:100%; 부분이 없으면 큰 동영상을 삽입했을 때 콘텐츠 영역을 벗어나 사이드바까지 넘어갑니다.

```
/****************** Images 시작 *****************/
.entry-content img,
.comment-content img,
.widget img { . . .

.aligncenter {
  clear: both;
  display: block;
  margin-left: auto;
  margin-right: auto;
}
/****************** Images 종료 *****************/
/****************** content 시작 *****************/
```

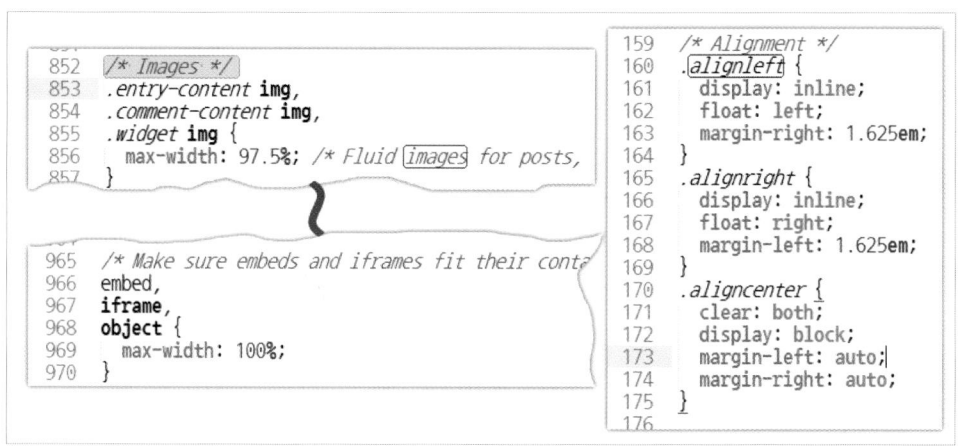

그림 5-80 기본 테마의 스타일시트 복사하기

변경사항을 저장하고 워드프레스 → 테마 만들기 메뉴를 선택하면 두 개의 글이 나타나고 글이 이미지 우측에 배치돼 있습니다. 제가 글을 만들면서 이미지를 좌측에 배치하지 않았는데도 좌측에 위치합니다. 이것은 플러그인을 설정할 때 좌측에 배치되도록 설정했기 때문이며, 플러그인에 의해 img 태그에 클래스 선택자로 alignleft가 추가됩니다. 그러니 위에서 삽입한 스타일시트가 잘 작동하고 있다는 의미입니다.

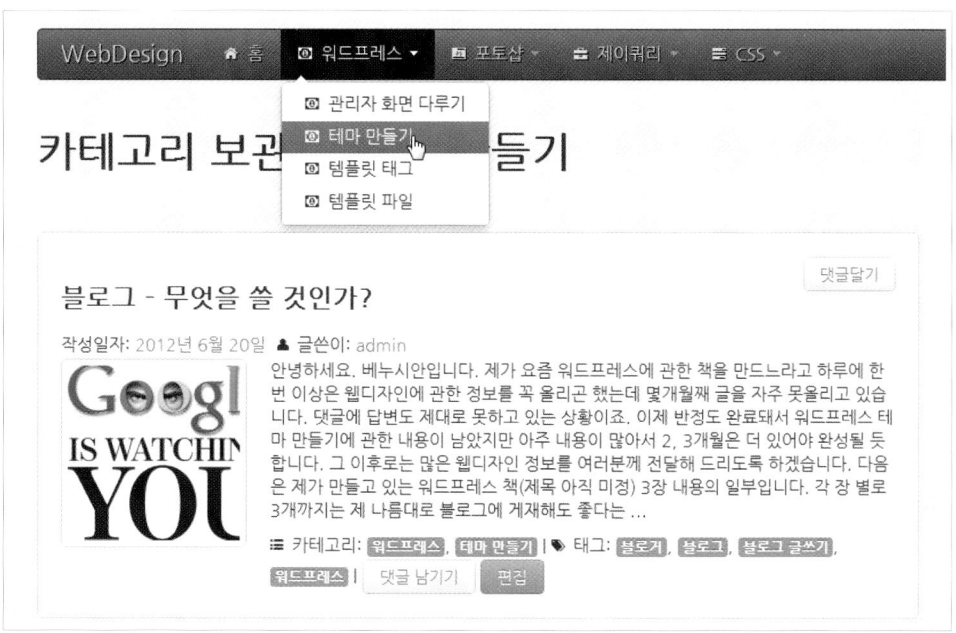

그림 5-81 글과 이미지의 배치

싱글 페이지의 이미지 정렬

싱글 페이지로 가서 이미지 정렬을 해보겠습니다. "블로그- 무엇을 쓸 것인가?"의 글 제목을
클릭해서 들어가면 아래와 같이 이미지가 좌측에 있습니다. 이미지 정렬을 사용하지 않아서
클래스 선택자가 alignnone인 상태입니다.

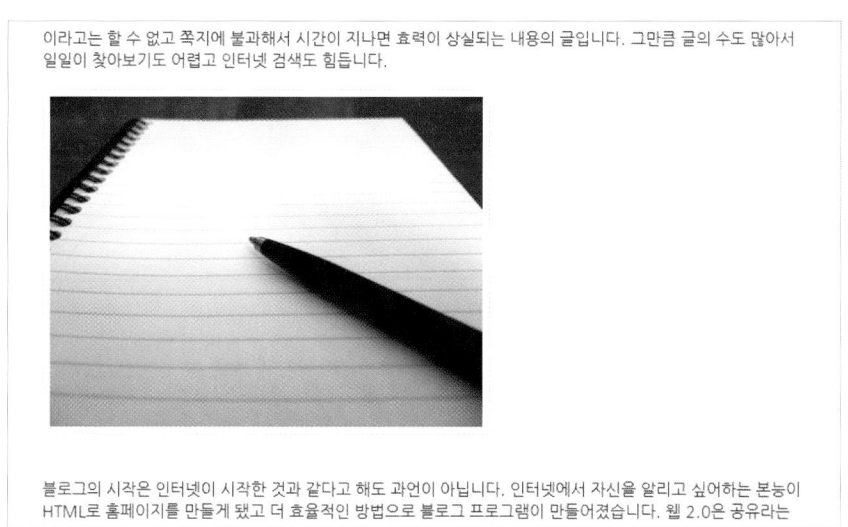

그림 5-82 이미지 정렬이 적용되지 않은 상태

05. 테마 스타일시트 수정하기   527

관리자 화면의 글 → 모든 글을 선택해서 해당 제목을 찾아 편집 링크를 클릭하면 글 편집창이 나타납니다. 이미지를 클릭하고 이미지 편집 아이콘을 클릭하면 이미지 편집창이 나타납니다. 이 글에는 이미지가 여러 개 있으므로 왼쪽, 중앙, 오른쪽에 정렬해서 잘 작동하는지 실험해 봅니다. 꼭 업데이트 버튼을 클릭하세요.

그림 5-83 이미지 왼쪽 정렬

작성일자 정렬

작성일자 부분에 상하 여백을 줘야 하는데, .entry-meta는 두 곳에 있습니다. 그래서 상단 부분을 지정하려면 header를 삽입합니다.

```
header .entry-meta { margin:10px 0 15px; }
```

그림 5-84 작성일자 상하 여백

페이징

페이징은 블로그 전면에도 있고 single 화면에도 있습니다. 우선 이전에 설치한 페이지 내비게이션 설정부터 수정합니다. 관리자 화면에서 설정 → 페이지 네비로 들어가서 페이지 내비게이션 옵션 부분에서 Use pagenavi-css에 체크 해제하고 Alwasys Show에 체크한 다음 하단에서 변경 저장 버튼을 클릭합니다.

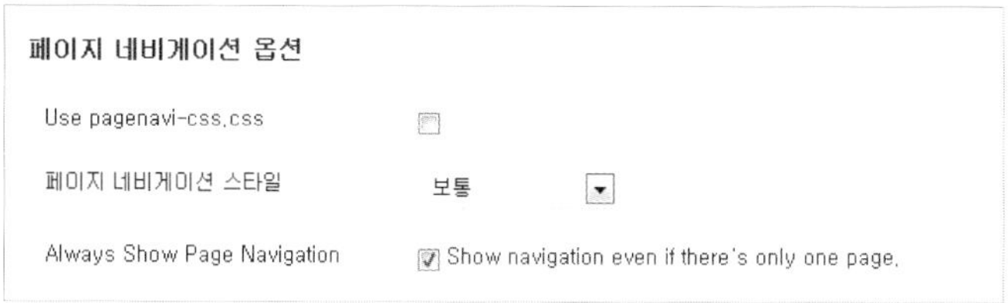

페이지 네비게이션 옵션

Use pagenavi-css.css	☐
페이지 네비게이션 스타일	보통 ▾
Always Show Page Navigation	☑ Show navigation even if there's only one page.

그림 5-85 페이지 네비 설정

다시 설정 → 읽기로 가서 페이지당 보여줄 글의 수를 6개로 설정하고 저장합니다.

스타일시트의 article과 #secondary에 테두리와 배경을 설정한 부분에 .wp-pagenavi를 삽입합니다.

```
article, #secondary, .wp-pagenavi  { background: white; border-radius: 5px; padding:
20px; border: 1px solid #CCC ; margin-bottom: 10px; }
```

홈 메뉴를 클릭하고 하단에서 페이징 부분을 대상으로 요소 검사를 하면 span과 a 태그로 이뤄진 간단한 구조입니다.

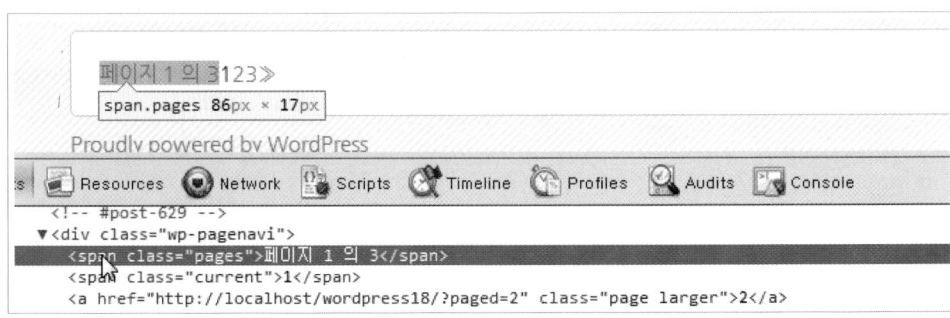

그림 5-86 페이지 네비의 구조

두 개의 태그에 대해 아래와 같이 스타일시트에서 설정합니다. 각 속성에 대해서는 설명하지 않아도 잘 아시리라 생각합니다.

```
.wp-pagenavi a, .wp-pagenavi span { float: left; line-height: 25px; text-decoration:
none; border: 1px solid #ccc; border-radius: 3px; padding: 0px 7px; margin: 2px; }
```

변경사항을 저장하고 블로그 화면에서 보면 벗어나 있습니다.

그림 5-87 페이지 네비의 레이아웃

.wp-pagenavi { height:27px; }처럼 위에서 설정한 line-height:25px;과 테두리 2픽셀을 더한 값으로 높이를 설정해도 되지만 다음과 같이 overflow를 사용해 봅니다. 위와 같은

현상이 발생하는 것은 float로 인해 요소를 띄우게 해서 그런 것이며, overflow: hidden; 을 사용하면 float로 인한 현상을 제거합니다. 여백을 만들기 위해 상하 마진과 패딩을 설정합니다.

```
.wp-pagenavi { overflow: hidden; margin: 18px 0; padding: 15px; }
```

페이지 1 의 3 1 2 3 ≫

그림 5-88 페이지 네비의 레이아웃 수정

현재 선택된 페이지는 회색의 글자로, 선택되지 않은 페이지는 파란색으로 나타납니다. 이를 수정해보겠습니다. 또한 페이지 번호에 마우스를 올렸을 때 같은 효과가 나타나게 합니다. 여기서는 테두리를 짙은 회색으로 하고 배경색을 옅은 회색으로 했습니다. .current라는 클래스 선택자는 페이지네비 플러그인이 만드는 것이며 선택된 페이지 번호일 경우 이 선택자를 자동 삽입합니다.

```
.wp-pagenavi a:hover, .wp-pagenavi .current { border-color: #333;
background: #EEE; }
```

페이지 1 의 3 1 2 3 ≫

그림 5-89 페이지 네비의 레이아웃 수정 2

06 싱글 페이지 수정

내비게이션에 버튼 만들기

이번에는 글 제목을 클릭했을 때 나타나는 페이지를 수정해 보겠습니다. 검색엔진에서 글을 검색해서 글을 클릭해 들어오면 대부분 이 페이지가 나타나므로 여러 글을 둘러볼 수 있게 내비게이션이 상단과 하단에 있는 것이 좋습니다. 글 제목을 클릭하면 single.php 파일이 사용되는 페이지가 나타납니다. 이전이라는 내비게이션이 있는데, 이를 버튼으로 처리하고 하단에도 배치하겠습니다. 우선 제목 글자가 크니 작게 수정합니다.

```
h1 { font-size: 22px; }
```

그림 5-90 내비게이션 링크

부트스트랩 웹페이지에서 Base CSS → Buttons를 차례로 클릭하면 버튼 관련 내용이 나타납니다. 부트스트랩의 버튼은 HTML의 태그에 btn이나 btn-primary 같은 클래스 선택자를 삽입하기만 하면 됩니다.

Button	class=""	Description
Default	btn	Standard gray button with gradient
Primary	btn btn-primary	Provides extra visual weight and identifies the primary action in a set of buttons
Info	btn btn-info	Used as an alternative to the default styles
Success	btn btn-success	Indicates a successful or positive action
Warning	btn btn-warning	Indicates caution should be taken with this action
Danger	btn btn-danger	Indicates a dangerous or potentially negative action
Inverse	btn btn-inverse	Alternate dark gray button, not tied to a semantic action or use

그림 5-91 부트스트랩 버튼

링크를 요소 검사해서 span class="nav-previous" 안의 a 태그에 대해 버튼을 설정해야 하는데 single.php에는 span 태그밖에 없습니다. a 태그는 함수에 의해 만들어집니다. 그래서 부트스트랩에서 버튼 관련 스타일을 복사해서 사용해야 합니다.

```
<span class="nav-previous"><?php previous_post_link( '%link', __( '<span class="meta-
nav">&larr;</span> Previous', 'twentyeleven' ) ); ?></span>
```

회색의 기본 버튼을 사용하려면 btn만 삽입하면 되지만 색상이 있는 버튼을 사용할 경우 클래스 선택자를 추가해야 하듯이 스타일도 두 곳을 복사합니다. 우선 Primary 버튼을 대상으로 요소 검사를 해서 .btn 부분을 전체 복사해서 style.css에 붙여넣습니다. 버튼 항목을 별도로 만들어 주석처리합니다. 아래와 같이 내비게이션 링크의 선택자를 삽입합니다.

```
/***************** 버튼 시작 ****************/

.nav-previous a, .nav-next a { /*회색*/
생략
}


/***************** 버튼 종료 ****************/
```

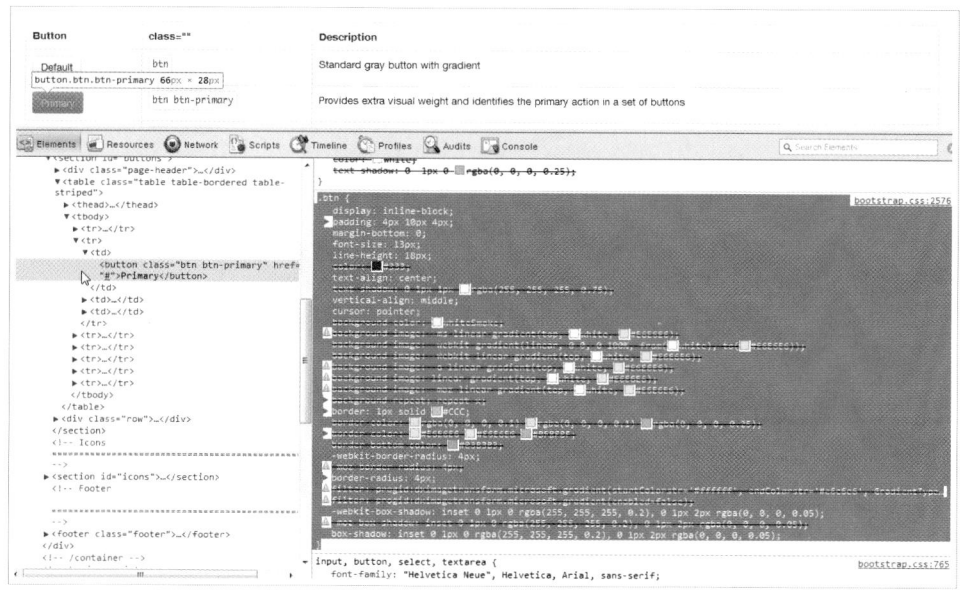

그림 5-92 버튼의 파란색 스타일시트

같은 CSS 창에서 스크롤해서 .btn-primary 부분을 복사해 style.css에 붙여넣고 링크의 선택자로 바꿉니다.

```
.nav-previous a, .nav-next a { /*파란색*/
   생략
}
```

마우스를 올렸을 때의 색상은 다음과 같이 설정합니다. 또한 본문 영역과 붙어 있으므로 여백을 줍니다.

```
.nav-previous a:hover, .nav-next a:hover { background: #05C; }
#nav-single { margin-bottom: 10px; }
```

위와 같이 변경하고 저장한 다음 블로그 화면에서 보면 버튼이 만들어져 있습니다. 위에서 스타일시트에 두 가지의 버튼 색상이 만들어졌으므로 다른 곳에 버튼을 사용할 때 선택자만 삽입하면 됩니다. 회색만 사용하려면 한 곳에 삽입하고 파란색은 회색과 파란색에 삽입합니다. 다른 색의 버튼이 필요하면 부트스트랩에서 복사해 위와 같이 스타일시트에 붙여넣고 선택자를 변경합니다.

그림 5-93 완료된 버튼

페이지 하단에 위의 버튼이 나타나도록 수정해 보겠습니다. single.php 파일에서 <nav id="nav-single">~~</nav>를 복사해 <?php comments_template('', true); ?>의 바로 아래에 붙여넣으면 됩니다.

```
header.php  content.php  index.php  sidebar.php  footer.php  single.php

    <div id="primary" class="span8">
      <div id="content" role="main">

        <?php while ( have_posts() ) : the_post(); ?>

          <nav id="nav-single">
            <h3 class="assistive-text"><?php _e( 'Post navigation', 'twentyeleven' ); ?></h3>
            <span class="nav-previous"><?php previous_post_link( '%link', __( '<span class="meta-nav">&larr;</span> Previous', 'twentyeleven' ) ); ?></span>
            <span class="nav-next"><?php next_post_link( '%link', __( 'Next <span class="meta-nav">&rarr;</span>', 'twentyeleven' ) ); ?></span>
          </nav><!-- #nav-single -->

          <?php get_template_part( 'content', 'single' ); ?>

          <?php comments_template( '', true ); ?>
          <nav id="nav-single">
            <h3 class="assistive-text"><?php _e( 'Post navigation', 'twentyeleven' ); ?></h3>
            <span class="nav-previous"><?php previous_post_link( '%link', __( '<span class="meta-nav">&larr;</span> Previous', 'twentyeleven' ) ); ?></span>
            <span class="nav-next"><?php next_post_link( '%link', __( 'Next <span class="meta-nav">&rarr;</span>', 'twentyeleven' ) ); ?></span>
          </nav><!-- #nav-single -->
        <?php endwhile; // end of the loop. ?>

      </div><!-- #content -->
    </div><!-- #primary -->

<?php get_sidebar(); ?>
```

그림 5-94 내비게이션 링크의 복사

댓글 박스

싱글 페이지에는 본문이 끝나면 댓글 박스가 있습니다. 이 부분에 스타일을 적용해 보겠습니다. 스타일시트에서 배경과 테두리를 만드는 부분에 #comments를 삽입합니다.

```
article, #secondary, .wp-pagenavi, #comments {
  background: white;
  생략
}
```

각 댓글에 대해 숫자와 불릿이 있는데, 다음과 같이 설정해서 제거합니다. 제목 글자가 크니 줄입니다.

```
/******************* 댓글 박스 시작 *****************/
ul, ol { list-style: none; }
h2 { font-size: 20px; }

/******************* 댓글 박스 종료*****************/
```

"CSS3 - 웹표준과 W3C"에 대한 5개의 생각

1. 2012년 8월 5일 3:06 오후에 작성된 명탐정 코난 님의 말:
현재 모바일 웹 시장은 무한합니다. 미국의 리서치 기관인 가트너의 보고에 의하면 내년이면 모바일이 데스크탑을 넘어선다고 합니다. 모바일 웹브라우저는 HTML5와 CSS3를 적극 지원하고 있습니다. 특히 모바일 디바이스용으로 나온 제이쿼리 모바일 버전은 이 두가지 언어를 사용해야만 가능합니다.

웹브라우저 제작자가 새로운 기술인 CSS3와 HTML5의 지원 여부는 모바일시장에 달려있다고 생각됩니다. HTML5는 다양한 컨텐트 제작이 가능하므로 거의 대부분의 웹브라우저가 서로 새로운 기술을 지원하려고 적극 나서고 있습니다. 현재 HTML5의 다양한 속성도 웹브라우저 시장의 점유를 위해서 신속히 도입하려고 하죠. HTML5는 원래 2022년에나 표준으로 승인이 날 예정이지만 웹브라우저가 먼저 적용을 시키므로서 상단한 부분이 빠른 시일내에 모든 웹브라우저에 적용될 것입니다.

댓글달기↓

 2012년 8월 5일 3:09 오후에 작성된 admin 님의 말:
한글을 선택하면 위 박스처럼 안내 메시지가 나옵니다. 우리나라의 컴퓨터 보급률에 비하면 7%는 적은 숫자죠. 이 버전을 사용하는 분들도 그만한 사정이 있는 것이겠죠.

댓글달기↓

그림 5-95 댓글 박스

말풍선 화살표 만들기

현재의 댓글 박스는 지금까지 스타일시트를 만들면서 공통된 선택자로 인해 자동으로 만들어져 있습니다. 위처럼 레이아웃을 해도 좋겠지만 댓글 상자의 썸네일 이미지를 꺼내고 댓글 상자를 말풍선처럼 만들어 보겠습니다. 말풍선의 화살표는 포토샵으로 이미지를 만들어 사용해도 되지만 복잡하더라도 CSS를 이용합니다. 삼각형은 테두리 속성을 사용합니다. 폰트 아이콘을 삽입할 때처럼 :before라는 유사 선택자와 content 속성을 사용합니다. content 의 값은 넣지 않습니다. 우선 스타일시트로 도형을 만들어 보겠습니다. 아래처럼 입력하고 블로그에서 보면 4가지 색으로 된 사각형이 만들어집니다. 여기서 어느 한쪽 테두리만 나타나게 한다면 삼각형이 만들어집니다.

```
article.comment:before {
  content: '';
  display: inline-block;
  border-top: 10px solid red;
  border-right: 10px solid yellow;
```

```
    border-bottom: 10px solid blue;
    border-left: 10px solid black;
}
```

그림 5-96 테두리 속성을 이용한 사각도형 만들기   그림 5-97 테두리 속성을 이용한 삼각형 만들기

이번에는 좌측 테두리를 없애고 우측 테두리를 17픽셀로 늘린 다음 아래위의 색상을 투명으로, 우측 테두리 색상은 회색으로 지정했습니다. 그랬더니 위의 오른쪽에 있는 그림처럼 나타납니다.

```
article.comment:before {
    content: '';
    display: inline-block;
    border-top: 10px solid transparent;
    border-right: 17px solid #ccc;
    border-bottom: 10px solid transparent;
}
```

위에서 article 태그와 .comment 클래스 선택자를 붙여서 사용했는데, 이것은 선택자를 더욱 구체적으로 지정하기 위한 방법입니다. 보통 두 개의 선택자인 경우 사이에 공백이 있는데 앞의 선택자는 부모 요소이고 뒤의 선택자는 자식 요소입니다. 그런데 하나의 태그 안에 여러 개의 선택자가 있을 경우 위와 같이 둘을 붙여서 사용하면 article 선택자이면서 .comment 선택자인 경우(and의 의미)를 말합니다. 나중에 예를 들어 설명하겠습니다.

이제 이 이미지를 댓글 상자의 좌측 테두리에 배치하면 됩니다. 위치를 벗어나서 자유롭게 배치하려면 절대위치 포지션을 사용합니다. 위 스타일 시트에 절대위치로 top:10px;, left:-17px;을 설정하면 박스의 테두리에 접합니다. 부모 요소에도 상대포지션을 설정합니다. 위 요소의 부모 요소는 .commentlist입니다.

```
article.comment:before { content: ''; display: inline-block; border-top: 10px solid
transparent; border-right: 17px solid #ccc; border-bottom: 10px solid transparent;
```

```
position: absolute; top: 10px; left: -17px; }

.commentlist { position: relative; }
```

그림 5-98 **화살표의 배치**

그런데 이 이미지는 실제로는 화살표의 테두리 역할을 합니다. 이보다 1픽셀 작은 이미지로 내부에 배치하면서 흰색으로 지정하면 댓글 박스에서 삐쳐나온 화살표 모양이 됩니다. 이번에는 :after를 사용합니다. 테두리의 크기가 1픽셀씩 줄었고 우측 테두리는 흰색입니다. 포지션의 배치는 top에서 1픽셀 많아야 아래로 내려가고 left에서 1픽셀 적어야 우측으로 이동 배치되면서 삼각형의 테두리 선 역할을 하는 배경 삼각형이 1픽셀 만큼 나타납니다.

```
article.comment:after {
    content: '';
    display: inline-block;
    border-top: 9px solid transparent;
    border-right: 16px solid #fff;
    border-bottom: 9px solid transparent;
    position: absolute;
    top: 11px;
    left: -16px;
}
```

그림 5-99 **흰색 화살표**

그다음에는 박스에 좌측 마진을 주고 썸네일 이미지는 절대위치 포지션으로 좌측으로 이동하면 됩니다. 아바타 이미지는 둥근 모서리에 그림자 효과를 넣었습니다.

```
article.comment { margin-left: 100px; }
.commentlist .avatar { border-radius: 3px; box-shadow: 0 1px 2px #ccc; background:#fff;
padding: 5px; position: absolute; top: 0px; left: -100px; }
```

댓글 박스 버튼 만들기

현재 댓글 박스 안에는 두 개의 링크가 있습니다. 글자를 흰색으로 설정해 둬서 보이지는 않지만 "~님의 말" 다음에 편집 링크가 있고 하단에 댓글 달기 링크가 있습니다. 이 둘에 버튼을 삽입해 보겠습니다.

"CSS3 - 웹표준과 W3C"에 대한 5개의 생각

2012년 8월 5일 3:06 오후에 작성된 명탐정 코난 님의 말: [댓글 편집]
현재 모바일 웹 시장은 무한합니다. 미국의 리서치 기관인 가▢너의▢고에 의하면 내년이면 모바일이 데스크탑을 넘어선다고 합니다. 모바일 웹브▢▢ HTML5와 CSS3를 적극 지원하고 있습니다. 특히 모바일 디바이스용으로 나온 제이쿼리 모바일 버전은 이 두가지 언어를 사용해야만 가능합니다.

웹브라우저 제작자가 새로운 기술인 CSS3와 HTML5의 지원 여부는 모바일시장에 달려있다고 생각됩니다. HTML5는 다양한 컨텐트 제작이 가능하므로 거의 대부분의 웹브라우저가 서로 새로운 기술을 지원하려고 적극 나서고 있습니다. 현재 HTML5의 다양한 속도도 웹브라우저 시장의 점유를 위해서 신속히 도입하려고 하죠. HTML5는 원래 2022년에나 표준으로 승인이 날 예정이지만 웹브라우저가 먼저 적용을 시키므로서 상단한 부분이 빠른 시일내에 모든 웹브라우저에 적용될 것입니다.

댓글달기

그림 5-100 댓글 달기 링크

댓글 박스 부분은 comments.php에 의해 나타나며, 댓글의 나열은 <?php wp_list_comments(array('callback' => 'twentyeleven_comment')); ?>라는 템플릿 태그가 담당하고 있으므로 부트스트랩의 버튼을 만들기 위한 클래스 선택자를 삽입할 공간이 없습니다. 그래서 버튼의 스타일시트를 복사해서 사용합니다. 부트스트랩 버튼 페이지에서 짙은 회색 버튼인 btn-inverse를 대상으로 요소 검사를 해서 스타일시트를 복사합니다.

그림 5-101 짙은 회색의 버튼 스타일시트

style.css에서 이전에 작업한 파란색 버튼 바로 위에 붙여넣습니다. 옅은 회색 버튼과 글자 색상 부분에 .reply a 선택자를 삽입하고 마우스를 올렸을 때의 배경 색상은 #222로 설정합니다.

```
.nav-previous a, .nav-next a, .reply a { /*회색*/
  display: inline-block;
  생략
}
.reply a { /*짙은 회색*/
  background-color: #414141;
  생략
}
.nav-previous a, .nav-next a { /*파란색*/
  background-color: #0074CC;
  생략
}
.reply a:hover { background:#222 }
```

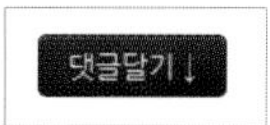

그림 5-102 짙은 회색 버튼

이번에는 편집 링크 버튼입니다. 블로그 초기 화면에서 녹색 버튼을 사용했으므로 이번에도 같은 색으로 설정합니다. 부트스트랩 페이지에서 녹색 버튼인 .btn-success를 대상으로 요소 검사를 한 후 스타일시트 코드를 복사해서 파란색 버튼 위에 붙여넣습니다

```
.btn-success {
    background-color: #5BB75B;
    background-image: -ms-linear-gradient(top, #62C462, #51A351);
    background-image: -webkit-gradient(linear, 0 0, 0 100%, from(#62C462), to(#51A351));
    background-image: -webkit-linear-gradient(top, #62C462, #51A351);
    background-image: -o-linear-gradient(top, #62C462, #51A351);
    background-image: -moz-linear-gradient(top, #62C462, #51A351);
    background-image: linear-gradient(top, #62C462, #51A351);
    ► background-repeat: repeat-x;
    border-color: #51A351 #51A351 #387038;
    ► border-color: rgba(0, 0, 0, 0.1) rgba(0, 0, 0, 0.1) rgba(0, 0, 0, 0.25);
    filter: progid:dximagetransform.microsoft.gradient(startColorstr='#62c462', endColorstr='#51a351', GradientType=0);
    filter: progid:dximagetransform.microsoft.gradient(enabled=false);
}
```
그림 5-103 녹색 버튼 스타일시트

이전 버튼과 마찬가지로 옅은 회색 버튼에 선택자를 삽입하는데, 이전에도 `.edit-link`에 대해 설정했으므로 이번에는 댓글에 있는 편집 링크로 지정해야 하므로 `#comments`를 추가합니다. 그렇게 하지 않으면 이전에 설정한 편집 버튼이 이중으로 만들어집니다.

```
.nav-previous a, .nav-next a, .reply a, #comments .edit-link a  { /*회색*/
#comments .edit-link a {/*녹색*/ ← 새로 복사해온 코드
#comments .edit-link a:hover { background:#51A351 } /*마우스 올렸을때*/
```

댓글 편집 버튼이 글에 포함돼 있어서 절대위치 포지션을 사용해 우측 상단으로 이동시켜야 합니다. 이 경우 부모 요소에도 상대위치를 설정합니다.

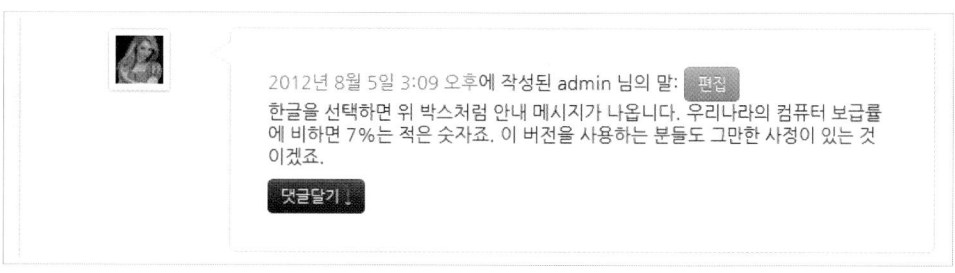

그림 5-104 녹색 버튼

```
#comments .edit-link a { position: absolute; top: 10px; right: 10px; }
article.comment { margin-left: 100px; position: relative; }
```

댓글 입력 박스 넓히기

댓글 입력 박스는 폭을 우측 끝까지 늘려줍니다. 100%로 지정하면 약간 초과되므로 98%로 설정합니다.

```
#comments textarea { width: 98%; }
```

그림 5-105 댓글 입력 박스

댓글 박스 상단에 화살표 만들기

댓글 박스 상단에 말풍선 화살표를 넣어 본문과 연결하는 듯한 효과를 넣어보겠습니다. 원리
는 댓글박스 내부에 있는 화살표와 같지만 방향을 다르게 하면 됩니다.

```
#comments { position:relative; }
#respond:before {
  content: '';
  position: absolute;
  top: -17px;
  left: 20px;
  display: inline-block;
  border-right: 10px solid transparent;
  border-bottom: 17px solid #CCC;
  border-left: 10px solid transparent;
}
#respond:after {
  content: '';
  position: absolute;
  top: -16px;
  left: 21px;
  display: inline-block;
  border-right: 9px solid transparent;
  border-bottom: 16px solid white;
  border-left: 9px solid transparent;
}
```

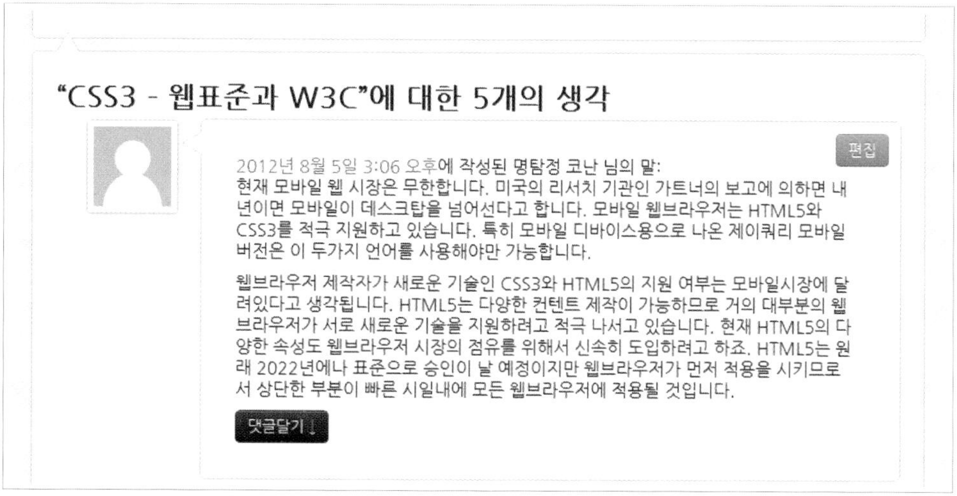

그림 5-106 댓글 박스의 화살표

댓글 달기 버튼

댓글 박스 최하단의 댓글 달기 버튼은 위에 있는 버튼과 같은 색상을 적용할 것이므로 스타일시트에서 #submit만 추가하면 됩니다.

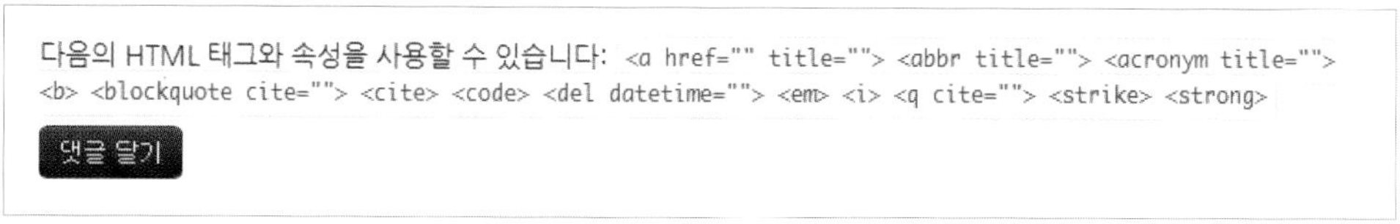

그림 5-107 댓글 달기 버튼

```
.nav-previous a, .nav-next a, .reply a, #comments .edit-link a, #submit  { /*회색*/
.reply a, #submit { /*짙은 회색*/
.reply a:hover, #submit:hover { background:#222 }
```

댓글에 있는 댓글 달기 버튼을 클릭하면 응답 취소 링크가 있습니다. 이곳에는 파란색 버튼을 만들겠습니다. 이제 버튼 만들기는 많이 해봤으니 혼자서 하실 수 있을 겁니다. 중요한 것은 선택자를 요소 검사를 통해 찾아내서 style.css에 a 태그까지 삽입하는 것입니다. 선택자는 #respond small a입니다.

그림 5-108 응답 취소 버튼

본문 영역 뱃지와 편집 버튼

싱글 페이지의 본문 하단에는 홈 메뉴 화면의 글 하단처럼 카테고리, 태그, 글 편집 링크가
있습니다. 이 링크에 다른 색상의 뱃지를 넣어보고 안 보이는 편집 링크는 버튼을 달아보겠
습니다.

> 이 글은 이미지 갤러리, 제이쿼리 카테고리에 분류되었고 이미지 슬라이더, 제이쿼리 태그가 있으며 admin님에
> 의해 작성되었습니다. 고유주소 북마크.
> 이 글 편집

그림 5-109 본문 영역의 링크

우선 이전에 만든 라벨 부분에 링크의 선택자를 삽입합니다. 요소 검사를 하면 이 링크의 선
택자는 .entry-meta의 a 태그입니다. 현재 작업 페이지가 싱글 페이지에 있으므로 구체적으
로 지정하기 위해 .single을 추가합니다. 그런 다음 부트스트랩의 짙은 파란색 라벨(info 부
분)을 대상으로 요소 검사를 해서 배경 색상을 복사하고 style.css에 붙여넣은 다음, 선택자
를 바꿔줍니다. 마우스를 올렸을 때의 색상은 이미 있는 것을 이용합니다.

```
/***************** 라벨 시작 *****************/
/*회색*/
.cat-links a, .tag-links a, .single .entry-meta a { . . 생략
  .single .entry-meta a { /*파란색*/
  background-color: #3A87AD;
}
.cat-links a:hover, .tag-links a:hover, .single .entry-meta a:hover {background-color:
#777;}
```

그림 5-110 라벨의 색상 스타일시트

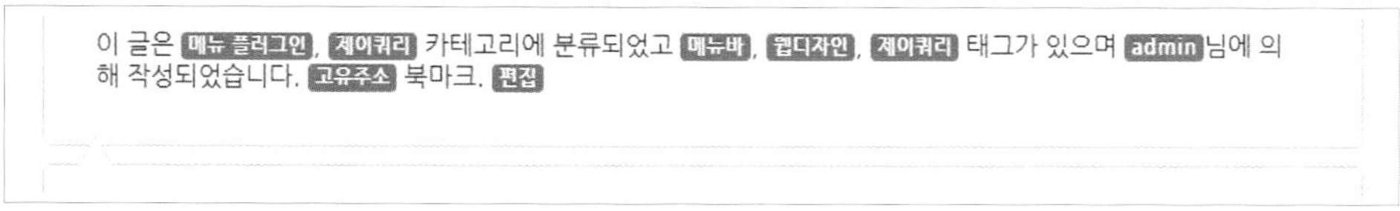

이 글은 메뉴 플러그인, 제이쿼리 카테고리에 분류되었고 메뉴바, 웹디자인, 제이쿼리 태그가 있으며 admin 님에 의해 작성되었습니다. 고유주소 북마크. 편집

그림 5-111 라벨의 색상 변경

그런데 편집 링크에도 라벨이 만들어졌습니다. 이 편집 링크를 버튼으로 전환하려면 라벨을 만들기 위해 지정한 선택자보다 우선하는 선택자를 만들어야 합니다. 이전에 태그 안에 있는 두 개의 선택자를 붙여서 사용한 적이 있었는데, 여기서 예를 들어 설명하겠습니다. 요소 검사를 하면 편집 링크에는 a 태그 안에 .post-edit-link라는 클래스 선택자가 있습니다.

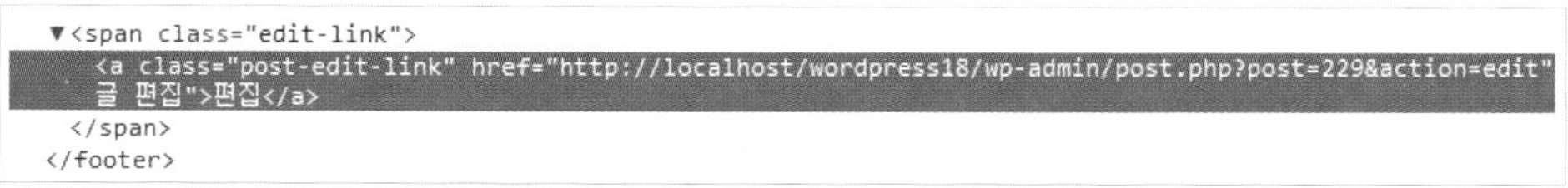

```
▼<span class="edit-link">
    <a class="post-edit-link" href="http://localhost/wordpress18/wp-admin/post.php?post=229&action=edit"
    글 편집">편집</a>
    </span>
</footer>
```

그림 5-112 편집 링크

앞에서 다른 색상의 라벨을 달기 위해 .single .entry-meta a 선택자를 사용했는데 버튼을 만들기 위해 선택자로 .single .post-edit-link a를 사용하면 .entry-meta가 .post-edit-link보다 상위에 있으므로 라벨에서 명령을 내린 것이 우선하게 됩니다. 그래서 .post-edit-link와 같이 있는 a 태그를 a.post-edit-link처럼 두 개의 선택자를 붙이면 "a 태그 중에서도 .post-edit-link 선택자가 있는 경우"에 해당되어 우선하는 것입니다. 만일 a.post-edit-link가 다른 페이지에 없다면 .single 을 생략해도 될 정도로 두 개의 선택자를 붙이는 효과는 강력합니다.

버튼을 만들기 위한 첫 단계로 아래처럼 스타일시트의 회색 버튼에 선택자를 삽입합니다.

```
.nav-previous a, .nav-next a, .reply a, #comments .edit-link a, #submit, #respond small a,
.single a.post-edit-link  { /*회색*/
```

녹색 버튼을 설정한 부분에 선택자를 삽입합니다.

```
#comments .edit-link a, .single a.post-edit-link {/*녹색*/
```

이제 최종적으로 마우스를 올렸을 때의 스타일에 삽입합니다.

```
#comments .edit-link a:hover, .single a.post-edit-link:hover { background:#51A351 }
```

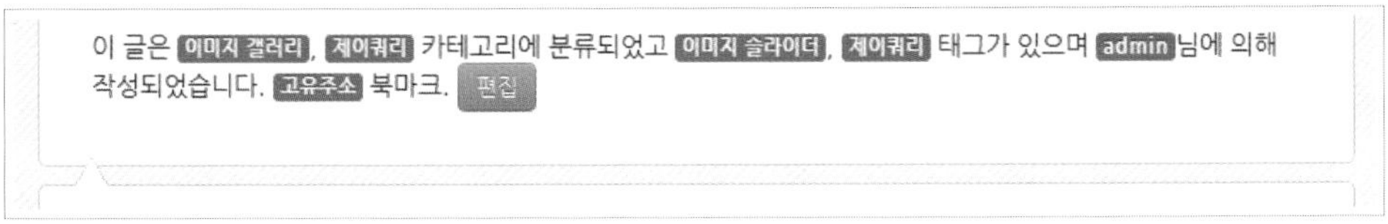

이 글은 이미지 갤러리, 제이쿼리 카테고리에 분류되었고 이미지 슬라이더, 제이쿼리 태그가 있으며 admin 님에 의해 작성되었습니다. 고유주소 북마크. 편집

그림 5-113 편집 버튼

07 사이드바 수정

이제 사이드바 스타일을 지정해 보겠습니다. 관리자 화면에서 외모 → 위젯으로 들어가서 카테고리, 최근 글, 글 목록, 태그 구름, 그 밖의 기능 위젯을 위젯 영역에 배치합니다. 특히 카테고리는 "보여줄 글 수"와 "계층도 보여주기"에 체크하고 달력은 달력이라고 이름을 지정한 다음, 저장하기 버튼을 클릭합니다.

그림 5-114 위젯의 추가

위젯 영역

사이드바에서 작업할 것은 위젯 제목에 바를 만들고 각 항목에 아이콘을 삽입하는 정도입니다. 우선 제목은 aside 안에 h3 태그를 사용하므로 다음과 같이 설정합니다. 복잡해 보여도 그래디언트 효과를 만들기 위해 4줄이 추가됐습니다. 메뉴바와 디자인이 같도록 같은 색상 코드를 사용했습니다.

```css
/****************** 사이드바 시작 *****************/
aside h3 {
  line-height: 18px;
  border-radius: 3px;
  color: white;
  font-size: 14px;
  text-shadow: 1px 1px 1px black;
  padding: 3px 0 5px 10px;
  margin: 0px 0 10px 0;
  background: #555;
  background: -moz-linear-gradient(top, #777, #444);
  background: -webkit-gradient(linear, left top, left bottom, from(#777), to(#444));
  filter: progid:DXImageTransform.Microsoft.Gradient( StartColorStr='#777777',
EndColorStr='#444444', GradientType=0);
  background: linear-gradient(top, #777, #444);
}
/****************** 사이드바 종료 *****************/
```

위젯 박스의 하위 항목들이 안으로 너무 들어가 있으므로 수정합니다. 요소 검사를 하면 ul 태그가 선택자입니다. 두 번째 하위 항목까지 적용되므로 두 번째는 오른쪽으로 더 들어가게 하려면 ul을 하나 더 추가하고 수치를 추가합니다. 링크 색상은 다른 색으로 설정합니다. 포토샵을 사용하지 않고도 색상 코드를 알아내려면 컬러질라(http://www.colorzilla.com/chrome/)를 사용합니다. 이 툴은 그동안 파이어폭스용으로만 있었는데, 구글 크롬용으로도 개발됐습니다. 사용법은 직관적이라서 그리 어렵지 않지만 제 블로그 글의 파이어폭스용(http://martian36.tistory.com/584)을 참고하세요.

```
aside ul { margin-left:10px; }
aside ul ul { margin-left:15px; }
aside a { color:#045d99; }
```

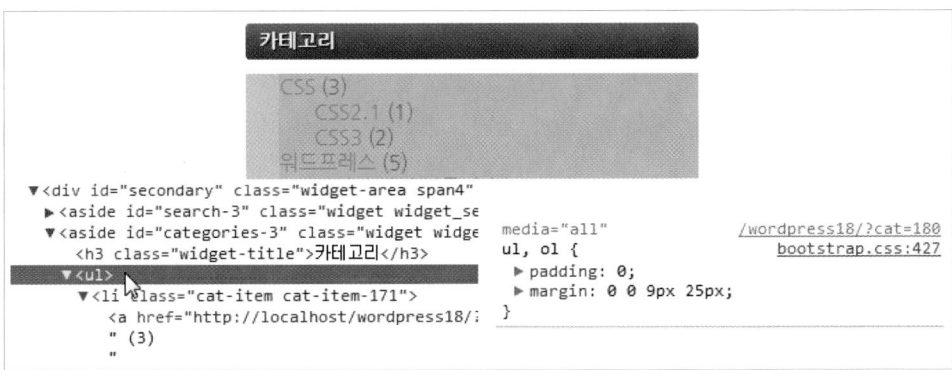

그림 5-115 위젯의 스타일시트 수정

폰트 아이콘 삽입

각 위젯의 항목에 폰트 아이콘을 삽입해 보겠습니다. 카테고리의 상위 항목에 폴더 아이콘을 넣으면 하위 항목에도 적용되므로 하위 항목은 별도로 세모 아이콘을 넣습니다. 취향 대로 선택해서 넣으면 됩니다. 아이디 선택자 끝의 번호는 다를 수 있으므로 요소 검사를 통해 확인하세요.

```
#categories-3 ul li:before { /*폴더*/
  content: "\f07c"; font-size:13px; margin-right:3px; font-family: FontAwesome; font-
weight: normal; font-style: normal; display: inline-block; }
#categories-3 ul ul li:before { /*세모*/
```

```
        content: "\f0da"; font-size:13px; margin-right:3px; font-family: FontAwesome; font-
    weight: normal; font-style: normal; display: inline-block; }


    #recent-posts-3 li:before { /*손가락 우측*/  content: "\f0a4"; . . } → 최근글
    #recent-comments-3 li:before { /*말풍선*/ content: "\f0e5"; . . } → 최근댓글
    #archives-3 li:before { /*달력*/ content: "\f073"; . . } →글목록
```

달력 스타일 수정

다음으로 달력에 스타일을 지정합니다. 달력은 폭이 정해지지 않아서 왼쪽으로 치우쳐 있습니다. width를 100%로 설정합니다. 하단에 마진을 적용하고 글자를 중앙정렬합니다.

```
    #wp-calendar { width:100%; margin-bottom: 15px; text-align: center; }
```

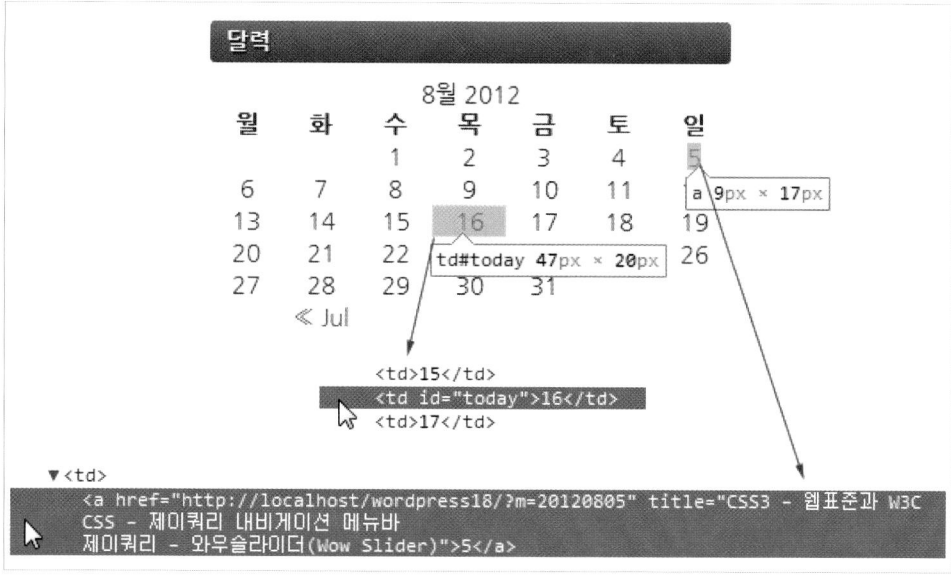

그림 5-116 달력 위젯의 수정

달력 위젯에는 글이 있는 날짜와 오늘 날짜에 별도의 클래스 선택자가 있습니다. 이번에는 뱃지를 적용해 보겠습니다. 트위터 부트스트랩 웹페이지에서 Components → Badges를 선택하면 아래와 같은 화면이 나타납니다. 뱃지는 라벨의 속성과 값을 공동으로 사용하지만 차이점은 둥근 모서리가 더 둥글게 설정됐습니다. 그래서 스타일시트의 라벨의 회색 부분은 공동으로 사용합니다.

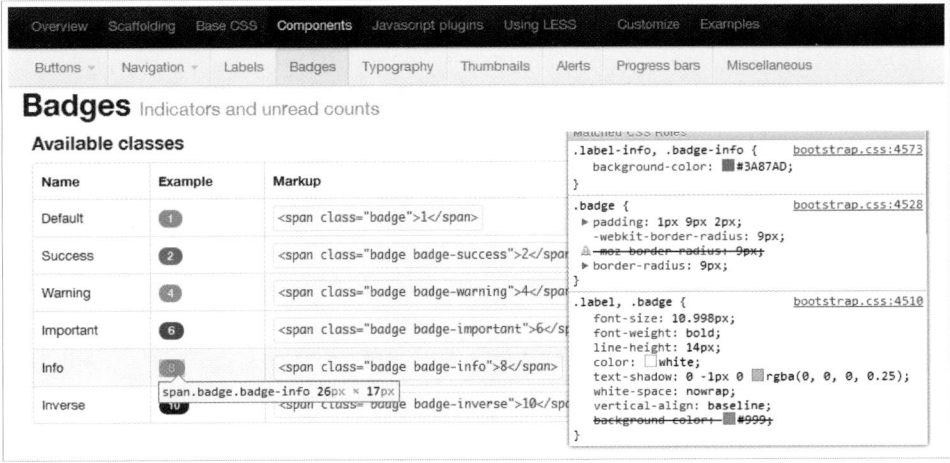

그림 5-117 뱃지 스타일시트

Info 뱃지를 대상으로 요소 검사를 한 후 .badge { . . . } 전체를 복사해서 style.css에 붙여넣습니다. 선택자를 td a로 변경하고 기존의 라벨 회색 설정 부분에 선택자를 추가합니다. 파란색 설정 부분과 마우스 오버 시에도 추가하고 마우스를 올렸을 때 글자가 어두운 색이 되므로 글자의 색상을 바꿔주기 위해 별도의 color 설정을 합니다.

```
/***************** 라벨 뱃지 시작 *****************/
/*회색*/
.cat-links a, .tag-links a, .single .entry-meta a, td a {
  font-size: 11.844px;
  생략
}
.single .entry-meta a, td a { /*파란색*/
  background-color: #3A87AD;
}

.cat-links a:hover, .tag-links a:hover, .single .entry-meta a:hover, td a:hover
{background-color: #777;}

td a:hover { color:#fff; }

td a { /*뱃지*/
  padding: 1px 9px 2px;
  -webkit-border-radius: 9px;
```

```
    -moz-border-radius: 9px;
    border-radius: 9px;
  }


/****************** 라벨 뱃지 종료 ******************/
```

이제 달력에서 링크가 있는 곳은 파란색의 뱃지가 나타납니다. 오늘날짜는 빨간색을 적용해
봅니다. 회색 부분에 #today를 추가하고 부트스트랩 페이지에서 뱃지의 빨간색 스타일시트
를 복사해서 style.css에 붙여 넣고 선택자를 #today로 바꿉니다. 균형을 맞추기 위해 아래
처럼 폭과 패딩을 적용합니다. 그리고 이미 적용한 뱃지 부분에 #today를 추가합니다.

```
~ ~ td a, #today  { /*회색*/
#today {  /*빨간색*/
    background-color: #B94A48;
    padding: 3px;
    width: 20px;
  }
td a, #today { /*뱃지*/
    padding: 1px 9px 2px;
    -webkit-border-radius: 9px;
    -moz-border-radius: 9px;
    border-radius: 9px;
  }
```

그림 5-118 뱃지의 적용

∩8 푸터 수정

푸터바 만들기

이제 푸터 영역에 스타일을 적용하겠습니다. 관리자 화면의 위젯 페이지에서 푸터 영역 1,2,3에 각각 달력 위젯을 배치하고 제목에 달력이라고 입력한 다음 저장합니다. 블로그 화면에서 보면 3개의 달력이 나란히 나타나는데, 푸터에 있던 글자가 우측에 나타납니다.

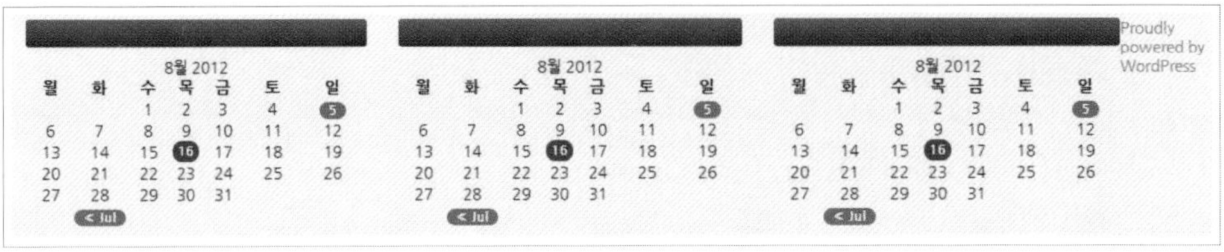

그림 5-119 푸터 위젯

요소 검사를 하면 푸터 위젯 영역은 #supplementary가 감싸고 있으므로 이 선택자에 대해 스타일을 지정하면 글자가 내려갑니다.

```
▼<footer id="colophon" role="contentinfo" class="span12">
  ▼<div id="supplementary" class="three">
    ▶<div id="first" class="widget-area span4" role="complementary">…</div>
     <!-- #first .widget-area -->
    ▶<div id="second" class="widget-area span4" role="complementary">…</div>
     <!-- #second .widget-area -->
    ▶<div id="third" class="widget-area span4" role="complementary">…</div>
     <!-- #third .widget-area -->
  </div>
  <!-- #supplementary -->
  ▶<div id="site-generator">…</div>
</footer>
<!-- #colophon -->
```

그림 5-120 푸터 위젯의 선택자

아래와 같이 스타일시트에서 설정합니다. overflow: hidden;은 페이징 부분에서처럼 float 되고 있는 요소에서 사용하면 아래에 있는 요소를 원래의 위치로 내리는 성질이 있습니다. 그러므로 푸터의 글자는 아래로 내려갑니다.

```
/***************** 푸터 시작 *****************/
```

```
#supplementary {
  padding: 20px 40px;
  background: white;
  border-radius: 5px;
  border: 1px solid #CCC;
  margin-bottom: 10px;
  overflow: hidden;
}
```

footer.php 파일을 열고 아래와 같이 #site-generator에 navbar-inner 클래스 선택자를 삽입하고 상위에 div 태그를 만든 다음, 클래스 선택자로 navbar-inverse를 입력하면 메뉴바와 같은 형태의 바가 만들어집니다. 이곳에 블로그 이름은 좌측에, 현재 있는 "Proudly powered by"는 우측에 나오도록 수정보겠습니다.

```
<div class="navbar-inverse">
<div id="site-generator" class="navbar-inner">
        생략
</div></div>
```

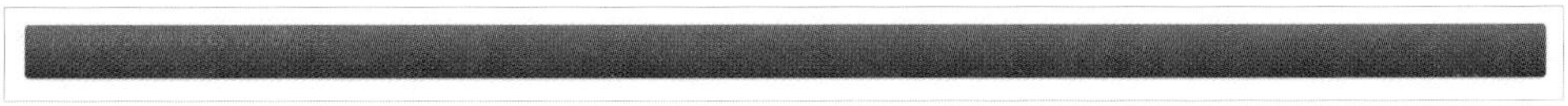

그림 5-121 부트스트랩 클래스 선택자 추가

`<?php do_action( 'twentyeleven_credits' ); ?>` 바로 아래에 다음의 코드를 삽입합니다. 부트스트랩의 클래스 선택자인 pull-left를 사용하면 요소를 좌측으로 보내는 역할을 합니다(float:left;). 앵커 태그 부분은 header.php에서 블로그 이름을 표시하는 링크 부분을 복사해 온 것입니다. 블로그 이름 앞에 저작권 기호를 나타내는 ©를 삽입했습니다.

```
<span class="pull-left"><a class="brand" href="<?php echo esc_url( home_url( '/' ) ); ?>"
title="<?php echo esc_attr( get_bloginfo( 'name', 'display' ) ); ?>" rel="home">&copy;
<?php bloginfo( 'name' ); ?></a></span>
```

다음 줄의 a 태그 부분은 span 태그로 감싸고 클래스 선택자로 pull-right를 입력합니다. 이것은 부트스트랩 스타일시트의 클래스 선택자로 이 선택자가 삽입된 요소를 우측 끝으로 보내는 역할을 합니다(float:right;)..

```
<span class="pull-right"><a href="<?php echo esc_url( __( 'http://wordpress.org/',
'twentyeleven' ) ); ?>" title="<?php esc_attr_e( 'Semantic Personal Publishing Platform',
'twentyeleven' ); ?>" rel="generator"><?php printf( __( 'Proudly powered by %s',
'twentyeleven' ), 'WordPress' ); ?></a></span>
```

글자를 흰색에 가까운 색으로 지정하고 상하로 중앙정렬하기 위해 스타일시트에서 다음과 같이 설정합니다. 글자에 대한 그림자 효과도 지정하고 line-height는 바의 높이에 해당하는 수치를 입력합니다.

```
#site-generator span a {
   color: #EEE;
   text-decoration: none;
   text-shadow: 1px 1px 1px black;
   line-height: 40px;
}
```

그림 5-122 푸터 바

푸터 위젯 스타일 수정

푸터 위젯의 타이틀바를 다른 색으로 변경해 보겠습니다. 스타일시트에서 사이드바에 적용한 aside h3 부분을 복사해서 푸터 설정 부분에 붙여넣은 다음 선택자 앞에 #supplementary를 지정합니다. 그래디언트 색상 부분에서 777은 eee로, 444는 ccc로 수정하고 배경이 밝은 색이니 글자색인 color는 #333으로 수정합니다. 글자 그림자(text-shadow)는 흰색으로 수정합니다. 글자 그림자 효과는 어두운 색으로 하면 그림자 효과가 나오지만 밝은 색으로 하면 글자가 들어간 효과가 나옵니다.

```
#supplementary aside h3 {
   line-height: 18px;
   border-radius: 3px;
   color: #333;
   font-size: 14px;
   text-shadow: 1px 1px 1px #fff;
```

```
    padding: 3px 0 5px 10px;
    margin: 0px 0 10px 0;
    background: #ccc;
    background: -moz-linear-gradient(top, #eee, #ccc);
    background: -webkit-gradient(linear, left top, left bottom, from(#eee), to(#ccc));
    filter: progid:DXImageTransform.Microsoft.Gradient( StartColorStr='#eeeeee',
EndColorStr='#cccccc', GradientType=0);
    background: linear-gradient(top, #eee, #ccc);
}
/***************** 푸터 종료 *****************/
```

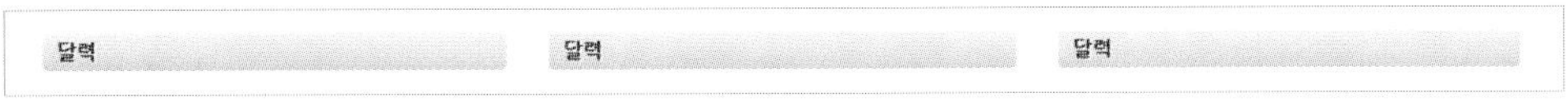

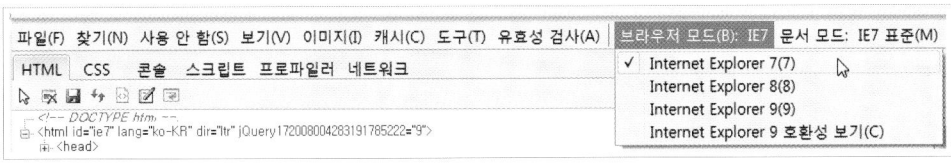

그림 5-123 푸터 위젯의 타이틀 바

∩9 IE 버그 수정

푸터까지 마쳤으니 전체적인 블로그는 완성됐습니다. 그런데 이전 버전의 IE에서는 미디어
쿼리를 지원하지 않기 때문에 반응형 디자인은 무시됩니다. 그러한 경우에 대비해 부트스트
랩은 기본 레이아웃인 폭 940픽셀로 적용되지만 style.css에서는 사이드바의 폭인 .span4를
화면 크기에 따라 재설정했기 때문에 미디어 쿼리가 지원되지 않으면 사이드바의 폭이 넓게
나타납니다. IE9 버전을 사용하는 경우 F12 키를 누르고 하단에서 개발자 툴이 나타나면 메
뉴에서 브라우저 모드와 문서 모드를 이전 버전의 IE로 선택하면 해당 버전으로 볼 수 있습
니다.

그림 5-124 IE의 개발자 툴

아래 그림의 좌측은 사이드바가 콘텐츠 영역의 아래로 내려가서 나타난 것이고, 우측은 푸터
위젯이 마찬가지로 폭이 넓어 위젯 하나가 아래로 내려간 모습입니다.

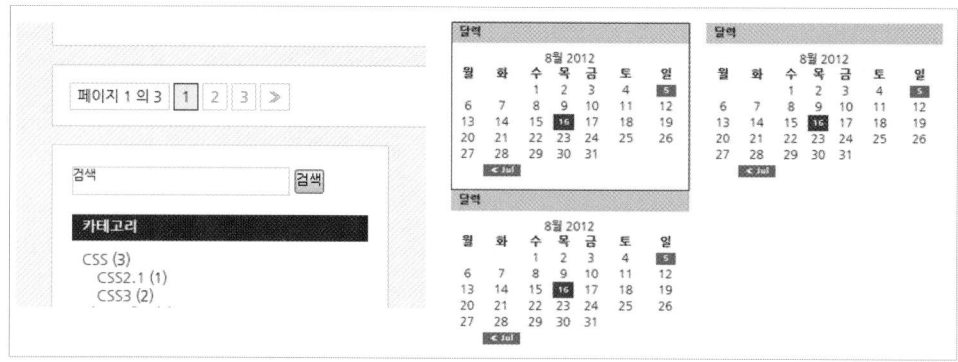

그림 5-125 IE에서의 레이아웃

이를 수정하려면 스타일시트를 재설정하면 됩니다. header.php 파일을 보면 상단에 이전 버전의 IE에 적용되는 조건문이 있습니다. 각 버전별로 아이디 선택자가 있으므로 이 선택자를 사용하면 되며, 해당 웹브라우저가 사용되면 아이디 선택자가 활성화됩니다.

```
<!--[if IE 6]>
<html id="ie6" <?php language_attributes(); ?>>
<![endif]-->
<!--[if IE 7]>
<html id="ie7" <?php language_attributes(); ?>>
<![endif]-->
<!--[if IE 8]>
<html id="ie8" <?php language_attributes(); ?>>
<![endif]-->
```

스타일시트의 마지막 부분에 다음과 같이 설정합니다. 258픽셀은 반응형 디자인이 적용되지 않을 경우 span4의 폭이 300픽셀인데 사이드바에 설정한 패딩(20+20)과 테두리(1+1)를 뺀 수치입니다.

```
/****************** ie 핵 ****************/
#ie8 .span4 { width:258px; }
#ie7 .span4 { width:258px; }
/****************** ie 핵 종료 ************/
```

IE7 버전에서는 CSS의 clip 속성을 지원하지 않아서 아래와 같이 내비게이션에 "글 내비게이션"과 검색박스에 "검색"이라고 나타납니다. 이를 제거하려면 예전 방식으로 할 수밖에 없습니다. 다음과 같은 코드를 추가하면 됩니다.

```
#ie7 .assistive-text { text-indent:-9999px; }
```

그림 5-126 IE7 버전 수정

전면 페이지 만들기

06

01 front-page.php 파일 만들기

워드프레스에서 페이지를 만들 때 페이지 속성에서 세 종류 중 하나를 선택할 수 있습니다. 기본 템플릿은 page.php 파일을 사용하고 쇼케이스 템플릿은 showcase.php 파일을, 사이드바 템플릿은 sidebar-page.php 파일을 사용합니다. 세 페이지 템플릿 가운데 기본 템플릿을 선택할 경우 사용되는 파일은 page.php인데, 이 파일은 템플릿 계층구조에 의해 선택되는 파일입니다.

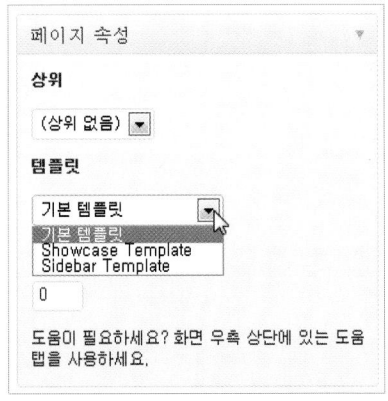

그림 5-127 페이지 속성 메타박스

page.php 파일과 나머지 둘의 차이점은 page.php 파일은 템플릿 계층구조에 의해 선택되는 파일이고 나머지 두 파일은 임의로 만든 파일이므로 파일 내부의 상단에 템플릿 파일이라는 주석을 넣어줘야 위 페이지 속성에서 선택할 수 있도록 나타난다는 것입니다. 사이드바 템플릿 파일(page-sidebar.php)을 편집기에서 열고 상단을 보면 아래와 같은 내용이 나옵니다.

```php
<?php
/**
 * Template Name: Sidebar Template
 * Description: A Page Template that adds a sidebar to pages
```

그러므로 페이지 만들기 화면에서 템플릿으로 사용하려면 위와 같이 주석문을 넣으면 됩니다.

윈도우 탐색기에서 page.php 파일을 선택한 후 Ctrl+C를 누르고 Ctrl+V를 차례로 누르면 복사본이 만들어집니다. 파일명을 front-page.php로 수정합니다. 이 파일을 앱타나에서 열고 상단의 주석 부분을 제거하고 다음과 같이 수정합니다. 클래스 선택자로 span8을 추가하고 하단에서 사이드바를 가져오는 템플릿 태그인 <?php get_sidebar(); ?>를 삽입합니다.

콘텐츠 부분은 블로그 글을 출력할 것이 아니므로 우선 모두 지우고 초기 화면이라고 입력합니다.

```php
<?php

get_header(); ?>

<div id="primary" class="span8">
<div id="content" role="main">

        초기 화면

</div><!-- #content -->
</div><!-- #primary -->

<?php get_sidebar(); ?>
<?php get_footer(); ?>
```

관리자 화면의 페이지 만들기에서 제목을 홈으로 입력하고 공개하기 버튼을 클릭합니다. 새 페이지 추가 링크를 클릭해서 이번에는 블로그로 입력하고 공개하기 버튼을 클릭합니다. 템플릿으로는 기본 템플릿이 선택돼 있어야 합니다.

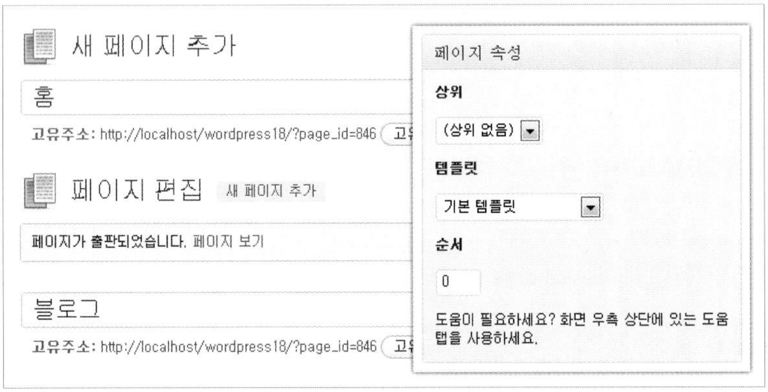

그림 5-128 새 페이지 추가

메뉴 화면으로 가서 페이지 박스에서 방금 전에 만든 블로그와 홈에 체크하고 "메뉴에 추가" 버튼을 클릭합니다. 추가된 메뉴를 우측 열 상단의 홈 메뉴 아래로 옮긴 다음 기존의 홈 메뉴는 삭제합니다. 그런 다음 메뉴 저장 버튼을 클릭합니다.

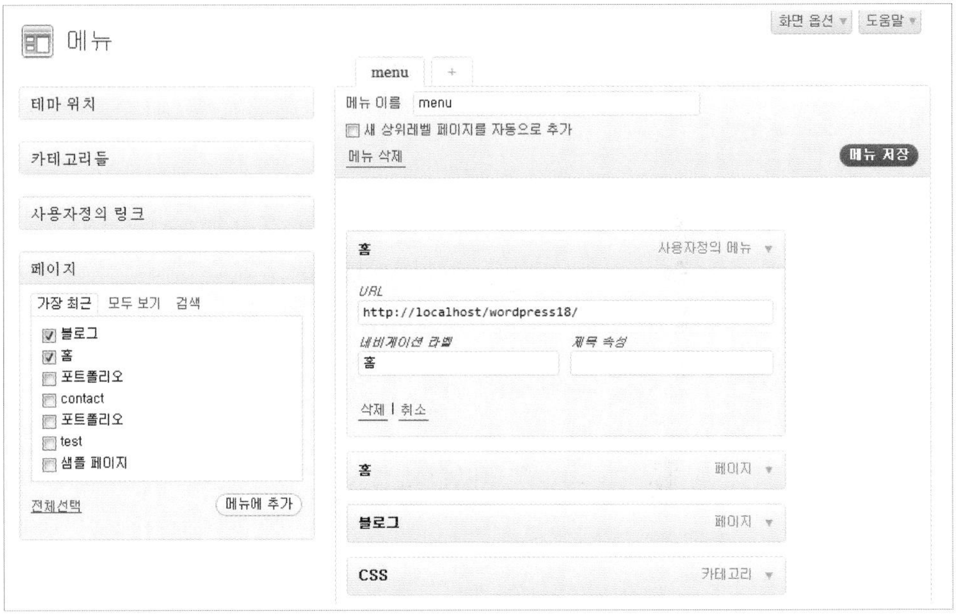

그림 5-129 메뉴 변경

블로그 화면에서 새로고침하면 홈과 블로그 메뉴가 나타납니다. 이 둘을 클릭하면 페이지를
만들 때 사용한 page.php의 레이아웃 대로 제목만 나타납니다.

그림 5-130 페이지의 표시

설정 → 읽기로 가서 정적인 페이지에 체크하고 전면 페이지는 홈을 선택하고 글 페이지는
블로그를 선택한 다음 하단에서 저장 버튼을 클릭합니다.

그림 5-131 읽기 설정 수정

블로그 화면에서 새로고침하고 홈을 클릭하면 front-page.php의 설정대로 초기 화면이라는 글자가 나오고 블로그를 클릭하면 이전의 초기 화면 대로 나타납니다. 이제 초기 화면은 블로그 화면이 아니라 front-page.php 파일의 내용대로 나오므로 이 파일의 내용에 입력하는 대로 나타나게 됩니다.

그림 5-132 읽기 수정 후 화면

02 플러그인 설치

이제 front-page.php에 원하는 내용이 나오게 하겠습니다. 웹사이트의 초기 화면은 다른 글로 이동하기 위한 관문 역할을 하므로 여러가지 카테고리의 요약 글이 작은 이미지와 함께 나오게 할 것이며, 애니메이션 배너도 넣고 사이드바는 블로그의 사이드바와는 다른 내용이 들어갈 수 있게 제2의 사이드바를 만들 것입니다.

우선 콘텐츠 영역의 배경과 테두리를 넣기 위해 아래와 같이 front-page 클래스 선택자를 삽입하고 스타일시트에서 각 영역의 배경과 테두리를 설정한 부분에 이 클래스 선택자를 삽입합니다. 함께 있는 아이디 선택자인 #content에 대해 스타일을 설정하면 이미 다른 곳은 article에 배경과 테두리가 만들어져 있으므로 이중으로 설정됩니다.

```
<div id="content" role="main" class="front-page">
article, #secondary, .wp-pagenavi, #comments, .front-page {
  background: white;
  border-radius: 5px;
  padding: 20px;
  border: 1px solid #CCC ;
  margin-bottom: 10px;
  position:relative;
}
```

그림 5-133 초기 화면

여기서는 다양한 플러그인을 사용할 것이므로 다음의 플러그인을 검색해서 설치하고 활성화
합니다.

- Theme Blvd News Scroller Widget: 특정 카테고리의 글을 이미지와 함께 출력합니다. 뉴스 스크롤러라고
  칭하겠습니다.

- WP Category Post List Widget: 특정 카테고리의 글을 이미지와 함께 출력합니다. 카테고리 포스트 위젯으
  로 칭하겠습니다.

- Ultimate Posts Widget: 위와 같은 카테고리 위젯이지만 썸네일 크기를 다르게 하기 위해 다른 위젯을 사용
  합니다. 얼티밋 위젯으로 칭하겠습니다.

- WP Parallax Content Slider: 애니메이션 슬라이드 기능을 하며 글 요약과 이미지를 출력합니다. 콘텐츠 슬
  라이더로 칭하겠습니다.

뉴스 스크롤러 설치하기

우선 뉴스 스크롤러를 사이드바에 설치하겠습니다. 플러그인은 설정 방법이 다양해서 주 메
뉴의 설정 메뉴에 있을 수도 있고 주 메뉴에 별도의 항목으로 있을 수도 있으며, 전혀 설정
항목이 없고 위젯 화면에서 위젯 영역에 배치하고 설정하는 경우도 있습니다. 이 플러그인
이 마지막 방법에 해당합니다. 위젯 화면으로 가서 뉴스 스크롤러 위젯 박스를 클릭한 후 드
래그해서 메인 사이드바에 배치합니다.

Theme Blvd News Scroller ▾

Title:

Category
All Categories ▾

Show post dates?
show ▾

Show post excerpts?
show ▾

Show featured images?
show ▾

How to transition?
Fade ▾

Scroll Timeout
5

Enter in the number of seconds in between the posts scrolling. Set this number to 0 if you don't want the posts to auto scroll.

Excerpt Limit
30

If you have the excerpts set to show you can enter in a number of total words to automatically limit the excerpts by. Note that WordPress limits excerpts to 55 words by default. To allow excerpts to show normally, simply leave this blank.

Maximum Number of Posts
10

Enter in a maximum number of posts for the scroller. Leave blank to pull all posts from specified category.

Scroller Height
460

그림 5-134 뉴스 스크롤러 위젯 설정

타이틀을 입력하지 않고 카테고리 항목에서 모든 카테고리를 선택하거나 원하는 카테고리를 선택합니다. 작성일자(Show post date), 요약글(Show post excerpts), 특성 이미지(Show featured images)를 나타나게(show)하고 트랜지션은 Fade로 선택합니다. 본문 영역에 슬라이드를 사용할 것이므로 두 곳에서 이미지가 슬라이드되면 혼란스럽습니다. 스크롤 타임아웃은 애니메이션 대기 시간입니다. 요약글 제한(Excerpt Limit)은 45단어로 합니다. 요약글의 크기에 따라 전체 높이가 결정됩니다. 최대 글 수는 원하는 대로 설정합니다. 마지막으로 스크롤 높이는 이미지와 이미지 하단에 나타나는 요약글의 전체 높이입니다. 높이가 작으면 스크롤되면서 글자가 겹치는 경우가 있습니다. 500픽셀로 입력합니다. 변경사항을 저장하고 블로그 화면에서 보면 잘 나타납니다.

그림 5-135 뉴스 스크롤러 화면

제목 글자가 크므로 수정해야 하고 상하 마진이 필요합니다. 그리고 바로 아래의 위젯 박스 제목에 링크가 만들어지는데, 이것은 버그입니다. 다른 위젯의 제목처럼 흰색으로 수정해야 합니다. 이 선택자를 찾기 위해 요소 검사를 할 때 이 플러그인의 선택자를 잘 봐야 합니다. 하이픈과 밑줄이 섞여 있습니다. 카테고리 아이디의 숫자는 다를 수 있습니다.

```
/****************** 위젯 박스 시작 ******************/
.tb-news_scroller_widget { margin:15px 0; }
.tb-news_scroller_widget h4 { font-size:15px; }
#categories-2 h3 a { color:#fff; }
```

화면 폭이 줄었을 때 사이드바가 콘텐츠 영역 아래로 내려가면 이미지가 커지면서 요약글이나 이미지가 다른 영역과 겹치는 현상이 발생합니다. 그래서 일정한 크기로 유지하는 것이 좋습니다. 이 경우 미디어 쿼리를 이용해 크기 제한을 하면 됩니다. 최대 폭을 큰 화면에서 span4의 폭인 328px로 설정했습니다.

```
@media (max-width: 479px) {
    .tb-news_scroller_widget { max-width:328px; }
}
@media (min-width: 480px) and (max-width: 767px) {
    .tb-news_scroller_widget { max-width:328px; }
}
```

그림 5-136 좁은 화면의 뉴스 스크롤러 수정

함수 파일에 위젯 등록

그다음으로 카테고리 포스트 위젯은 콘텐츠 영역과 푸터 영역에 사용할 것입니다. 푸터 영역은 위젯을 사용하기 위한 코드가 이미 있으니 배치만 하면 되지만 콘텐츠 영역은 4장에서처럼 별도의 위젯 코드를 함수 파일에 등록하고 front-page.php 파일에는 등록한 위젯을 불러오는 작업을 해야 합니다. 첨부 파일에서 위젯 등록 코드를 복사해서 functions.php 파일에 붙여넣습니다. 총 6개인데, 콘텐츠 영역에 사용할 4개와 나중에 초기 화면의 사이드바에 사용할 위젯, 포럼 프로그램인 bbPress를 설치해서 사용할 위젯을 미리 등록해 놓는 것입니다.

```php
if (function_exists('register_sidebar')) {

register_sidebar(array(
    'name' => '콘텐츠 위젯',
    'id'   => 'content-widgets',
    'description'   => '콘텐츠 영역 위젯.',
    'before_widget' => '<section id="%1$s" class="content-widgets %2$s">',
    'after_widget'  => '</section>',
    'before_title'  => '<h3>',
    'after_title'   => '</h3>'
    ));
    register_sidebar(array(
    'name' => '좌측 위젯',
    'id'   => 'left_column',
    'description'   => '콘텐츠 영역 좌측 위젯',
    'before_widget' => '<section id="%1$s" class="widget %2$s">',
    'after_widget'  => '</section>',
    'before_title'  => '<h3>',
    'after_title'   => '</h3>'
    ));
    register_sidebar(array(
    'name' => '중앙 위젯',
    'id'   => 'center_column',
    'description'   => '콘텐츠 영역 중앙 위젯',
    'before_widget' => '<section id="%1$s" class="widget %2$s">',
    'after_widget'  => '</section>',
    'before_title'  => '<h3>',
    'after_title'   => '</h3>'
```

```
        ));
        register_sidebar(array(
            'name' => '하단 위젯',
            'id'    => 'bottom_column',
            'description'    => '콘텐츠 영역 하단 위젯',
            'before_widget' => '<section id="%1$s" class="widget %2$s">',
            'after_widget'  => '</section>',
            'before_title'  => '<h3>',
            'after_title'   => '</h3>'
        ));
    register_sidebar( array(
        'name' => '사이드바 2 위젯',
        'id' => 'sidebar-6',
            'description'    => '초기 화면 사이드바 위젯 영역',
        'before_widget' => '<aside id="%1$s" class="widget %2$s">',
        'after_widget' => '</aside>',
        'before_title' => '<h3 class="widget-title">',
        'after_title' => '</h3>',
    ) );
    register_sidebar( array(
        'name' => '포럼 사이드바 위젯',
        'id' => 'sidebar-7',
            'description'    => '포럼 사이드바 위젯 영역',
        'before_widget' => '<aside id="%1$s" class="widget %2$s">',
        'after_widget' => '</aside>',
        'before_title' => '<h3 class="widget-title">',
        'after_title' => '</h3>',
    ) );
}
```

이제 front-page.php 파일에서 "초기 화면"이라는 글자를 지우고 다음의 코드를 삽입합니다. 위젯을 함수 파일에 등록한 후 등록한 위젯을 필요한 곳에 불러오는 코드입니다. 처음 두 개는 콘텐츠 영역 상단에서 좌우로 나타나도록 span4를 사용했고, 마지막 하나는 하단 전체를 차지하기 위해 span7을 사용했습니다. span8을 사용하면 공간이 모자랍니다.

조건문이 있어서 위젯을 배치할 경우 "위젯 준비"라는 글자와 안내문이 사라지게 했습니다.

```
<div class="span4">
<?php if (function_exists('dynamic_sidebar') && dynamic_sidebar('left_column')) : else :
?>
```

```php
        <p><strong>위젯 준비</strong></p>
        <p>위젯이 준비됐으니 관리자 화면에서 위젯을 배치하세요.</p>
    <?php endif; ?>
</div>
<div class="span4">
<?php if (function_exists('dynamic_sidebar') && dynamic_sidebar('center_column')) : else
: ?>
        <p><strong>위젯 준비</strong></p>
        <p>위젯이 준비됐으니 관리자 화면에서 위젯을 배치하세요.</p>
    <?php endif; ?>
</div>
<div class="span7">
<?php if (function_exists('dynamic_sidebar') && dynamic_sidebar('bottom_column')) : else
: ?>
        <p><strong>위젯 준비</strong></p>
        <p>위젯이 준비됐으니 관리자 화면에서 위젯을 배치하세요.</p>
    <?php endif; ?>
</div>
<div class="clearfix"></div>
```

마지막의 `<div class="clearfix"></div>`는 두 위젯이 좌우로 배치되도록 float되고 있으므로 뜨게 됩니다. float를 사용할 경우 하단에 clear:both;를 사용합니다. clearfix는 부트스트랩에 이미 설정돼 있으므로 별도로 스타일시트에 입력하지 않아도 됩니다. 또는 아래와 같이 overflow 속성을 사용해도 됩니다.

```css
.front-page {overflow: hidden;}
```

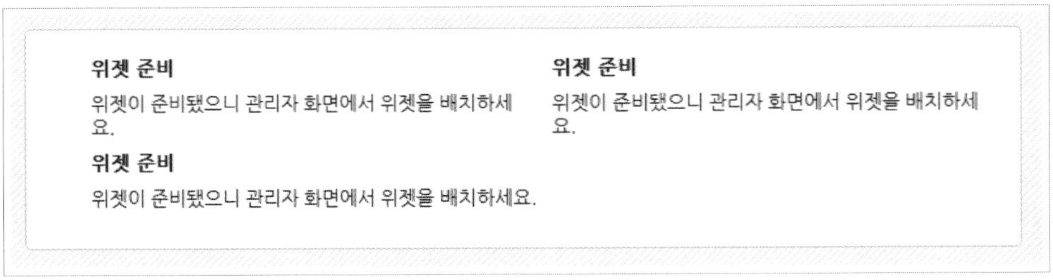

위젯 준비
위젯이 준비됐으니 관리자 화면에서 위젯을 배치하세요.

위젯 준비
위젯이 준비됐으니 관리자 화면에서 위젯을 배치하세요.

위젯 준비
위젯이 준비됐으니 관리자 화면에서 위젯을 배치하세요.

그림 5-137 초기화면의 위젯

카테고리 포스트 위젯

카테고리 포스트 위젯은 기본 설정 페이지가 있습니다. 설정 → Category Posts(WP-CPL)을 클릭하면 상단에 설정이 있습니다. 썸네일 이미지의 가로 세로 크기를 이곳에서 설정합니다. 이미지 크기를 60으로 지정합니다. 기본 스타일시트를 사용하지 않으려면 이곳에서 체크 해제해도 되지만 위젯 화면에서도 설정할 수 있습니다. 저장 버튼을 클릭하고 위젯 화면으로 갑니다.

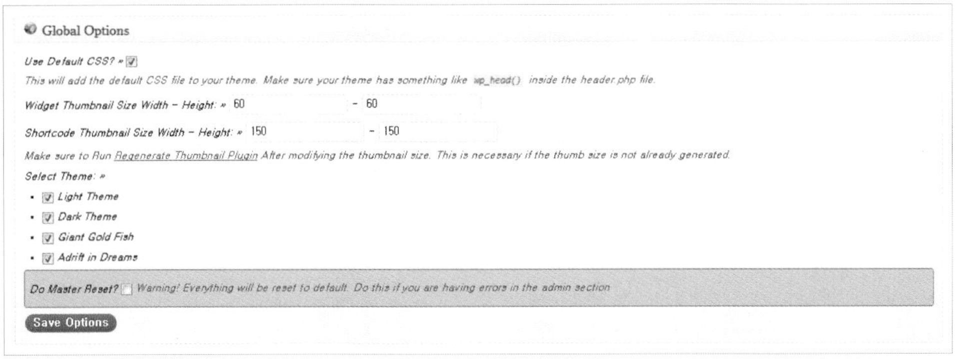

그림 5-138 카테고리 포스트 위젯 설정

위젯 화면에서 WP Category Post List 위젯을 5곳의 위젯 영역에 배치합니다. 좌측, 중앙, 푸터 1, 2, 3입니다. Browse라는 글자를 지우고 카테고리 제목 Hyperlink에 체크합니다. 다음의 Featuring은 "인기글"로 수정합니다. Category에서 글이 3개 이상 있는 것을 선택합니다. CSS Theme는 4가지가 있는데 마음에 안 들면 No CSS Theme을 선택하고 다음에 나오는 것과 같이 스타일시트에서 별도로 설정합니다. 보여줄 글 수(Number of Post to Show)는 3으로 입력합니다. 댓글 수(Show Comment Count), 날짜 보이기(Show date), 글쓴이 보이기(Show Author)는 선택사항이고 요약보이기(Show Excerpts)는 필수로 선택합니다. 요약글 길이(Excerps Length)는 상단 좌측과 중앙의 위젯은 150으로 입력합니다. 이것은 단어수가 아니라 영문을 기준으로 한 글자 수입니다. 구독하기(Show Feed)와 더보기(Show Read more)에 체크합니다. 영문을 한글로 각각 바꿔줍니다. 썸네일 보이기(Show Thumbnail)에 체크하고 저장합니다. 푸터는 기존의 달력 위젯을 제거하고 배치하며 각각 다른 카테고리를 선택하고, 요약글 길이를 250으로 합니다. 글의 수는 한 개로 설정합니다.

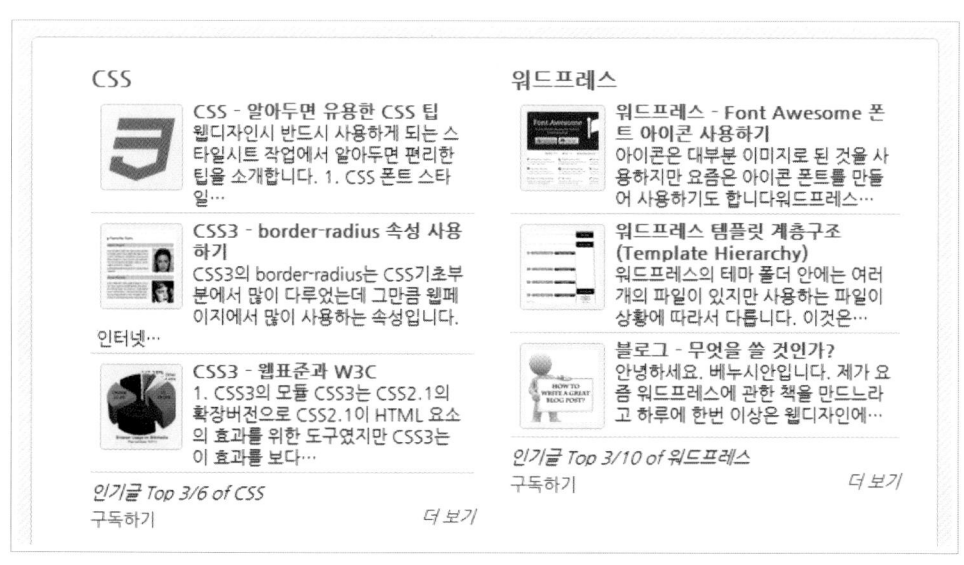

그림 5-139 카테고리 포스트 위젯 설정2

스타일이 마음에 들지 않을 경우에는 다음과 같이 스타일시트에 입력합니다.

```
.wp-cpl-widget li {  border-bottom:1px solid #ccc; }
.wp-cpl-widget img { padding:5px !important; border:1px solid #ccc; border-radius:3px;
background:#f2f2f2;}
.wp-cpl-widget li a { font-weight:bold; }
.wp-cpl-read-more a { position: relative !important; top:-35px !important; }
.home #content a { color:#045D99; }
.front-page h3 { font-size: 17px; }
/******************* 위젯 종료 *****************/
```

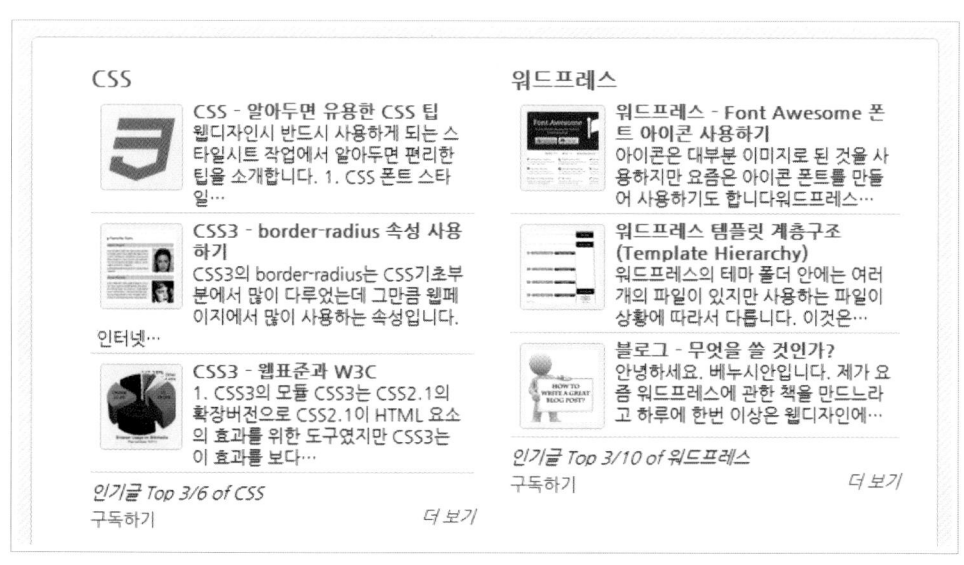

그림 5-140 콘텐츠 영역의 카테고리 포스트 위젯

아래는 푸터 영역입니다.

그림 5-141 푸터 영역의 카테고리 포스트 위젯

얼티밋 포스트 위젯

콘텐츠 영역의 하단은 다른 플러그인을 사용합니다. 얼티밋 포스트 위젯을 하단 위젯 영역에 배치하고 제목에 최근 글이라고 입력한 다음, 위에서부터 5곳에 체크하고 저장하기를 클릭하면 옵션 입력란이 나타납니다. 글 수(Number of Posts)는 5개 요약글 길이(Excerps length)는 50글자, 더보기에 체크하고 더 보기 글자로 수정합니다. 썸네일 사이즈는 100x100으로 지정하고 글 형태 선택(Select post tyle)은 post로 선택한 다음 저장합니다.

그림 5-142 얼티밋 포스트 위젯 설정

블로그 화면에서 보면 스타일이 적용돼 있지 않으므로 다음을 스타일시트에 입력합니다.

```
.upw-image img { float:left; margin:0 20px 20px 0; padding:5px; border:1px solid #ccc;
border-radius:3px; background:#f2f2f2;}
.upw-content { border-bottom:1px solid #ccc; margin-bottom:10px; }
.upw-content .post-title {    padding-bottom:5px; margin-bottom:10px; font-size:18px;
font-weight:bold; }
#sticky-posts-2 h3 { border-bottom:1px solid #ccc; padding-bottom:5px; margin:10px 0; }
/****************** 위젯 종료 ******************/
```

최근 글

제이쿼리 - 와우슬라이더(Wow Slider)
5 Aug 2012

제이쿼리 이미지 슬라이더 배너를 자동으로 만들어주는 무료프로그램을 소개합니다. 개인용으로 무료이고 이미지 하단에 제작자의 로고가 첨부되지만 상당히 좋은 프로그램입니다. 12개의 템플릿과 12개의 슬라이더 배너를 선택할 수 있으며 CSS 를 조정하면 이미지도 자유롭게 원하는 크기로 설정할 수 있습니다. 이만한 프로그램이 개인용으로나마 무료라는게 믿어지지 않을 정도로 상당히 좋습니다. 제 블로그에 오랫만에 배너를 바꾸려고 작업했는데... 더 보기 →

그림 5-143 콘텐츠 하단의 얼티밋 포스트 위젯

콘텐츠 슬라이더

콘텐츠 슬라이더는 설정 → WP Parallax Content Slider를 선택하고 기본 설정부터 합니다. Parallax는 각 요소의 움직이는 정도가 다른 것을 의미합니다. 예를 들어 멀리 있는 것은 천천히 움직이고 가까운 것은 빠르게 움직여서 3차원 효과를 주는 것을 말합니다. 그 정도를 설정할 수 있는 곳이 Number of pixels for background increment: 부분입니다. 50으로 그대로 둡니다. 슬라이더 모드(Slider display mode:)도 그대로 둡니다. Auto-play mode:에 체크하면 자동으로 애니메이션됩니다. Time between each slide (in ms):는 애니메이션 대기 시간으로 단위가 밀리초입니다. Number of articles to display:는 나타나는 콘텐츠 수를 설정합니다. Slide title max length:는 제목 글자수이며 70으로 설정합니다. 저장한 다음 상단에서 다음의 코드를 블록 설정해서 복사합니다.

```
if ( function_exists( 'get_wp_parallax_content_slider' ) ) { get_wp_parallax_content_
slider(); }
```

WP Parallax Content Slider Settings

Settings updated

Code to insert

The code below must be inserted in a Wordpress file, where you want to display the parallax content slider:

```
if ( function_exists( 'get_wp_parallax_content_slider' ) ) { get_wp_parallax_content_slider(); }
```

General Display Options:

Slider display mode: Dynamic : display last posts ▾

Number of pixels for background increment: 50   *A negative value will invert the parallax effect*

Auto-play mode: ☑ *Activate auto-play*

Time between each slide (in ms):   6000

Dynamic Mode Display Options:

Number of articles to display: 5   *Maximum number of articles to display in the dynamic slider*

Sort posts by: Date ▾ *Choose how do you want to sort the posts in the slider*

Sort order: Descending ▾ *Choose how do you want to order the posts in the slider*

Category filter: ☐ *Only display posts of chosen categories*

Slide title max length: 70   *Maximum number of characters to display in a dynamic slide title*

Default image: plugins/wp-parallax-content-slider/images/ default.png   *Name of the default image to display for posts without thumbnail*

Save Changes

그림 5-144 콘텐츠 슬라이더의 설정

front-page.php를 열고 다음과 같이 두 개의 div 태그 사이에 php 코드 블럭을 만들고 붙여넣습니다.

```
<div id="primary" class="span8">
    <?php if ( function_exists( 'get_wp_parallax_content_slider' ) ) { get_wp_parallax_
content_slider(); } ?>
        <div id="content" role="main" class="front-page">
```

그런 다음 블로그 화면에서 보면 콘텐츠 영역 상단에 슬라이드 배너가 나타납니다.

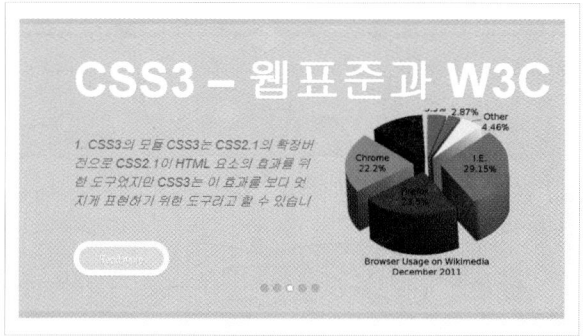

그림 5-145 콘텐츠 영역 상단의 콘텐츠 슬라이더 위젯

그대로 사용하기에는 글자도 크고 주변 색상과 안 어울립니다. 플러그인 폴더에서 해당 스타일시트를 찾아 수정합니다. plugins\wp-parallax-content-slider\css\style.css입니다.

```css
.da-slider{
  max-width: 100%;
  height: 300px;
  position: relative;
  margin: 0px auto 20px;
  overflow: hidden;
  background: #fff url(../images/wave.gif) repeat 0% 0%;
  border:1px solid #ccc;
  border-radius:5px;
  box-shadow:  . . . 생략 }
.da-slide h2{
  color: #333;
  font-size: 25px;
  width: 50%;
  top: 30px; . . . 생략}
.da-slide p{
  width: 45%;
  top: 75px; . . . 생략}
.da-slide .da-img{
  text-align: center;
  width: 25%;
  top: 10px;
  height: 200px; . . . 생략}
.da-slide .da-link{
  /*top: 270px;*/ /*depends on p height*/
  생략
  background: #666; }
.da-slide .da-link:hover{  background: #999; }
```

수정한 후 하단의 다음 부분 이후로는 제거합니다. 미디어 쿼리로 모바일 기기를 설정한 부분인데, 이미 부트스트랩이 있으므로 중복되어 충돌이 일어나기 때문입니다.

```css
/* Medium screens and tablets ----------- */

@media only screen
and (max-width : 1024px) {
```

마지막에 다음을 입력하면 이미지에 테두리가 만들어집니다.

```
.da-img img { padding:5px; border:1px solid #ccc; border-radius:3px; background:#f2f2f2;}
```

그림 5-146 스타일 적용 후

03 사이드바 파일 만들기

이미 함수 파일인 functions.php에 사이드바 위젯을 등록했으므로 사이드바 파일을 만들고 front-page.php에 위젯을 불러오면 됩니다. 윈도우 탐색기에서 sidebar.php 파일을 복사 해서 sidebar-front.php와 sidebar-forum.php를 만듭니다. sidebar-forum.php는 나중에 포럼 게시판을 만들 때 사용합니다. sidebar-front.php를 앱타나에서 열고 다음과 같이 수정합니다. aside 태그 부분은 모두 제거하고 sidebar-1을 6으로 수정하면 됩니다.

```php
<?php
$options = twentyeleven_get_theme_options();
$current_layout = $options['theme_layout'];

if ( 'content' != $current_layout ) :
?>
    <div id="secondary" class="widget-area span4" role="complementary">
      <?php if ( ! dynamic_sidebar( 'sidebar-6' ) ) : ?>

      <?php endif; // end sidebar widget area ?>
    </div><!-- #secondary .widget-area -->
<?php endif; ?>
```

sidebar-forum.php는 매개변수 부분의 숫자만 다릅니다.

```php
<?php
$options = twentyeleven_get_theme_options();
$current_layout = $options['theme_layout'];

if ( 'content' != $current_layout ) :
?>
    <div id="secondary" class="widget-area span4" role="complementary">
      <?php if ( ! dynamic_sidebar( 'sidebar-7' ) ) : ?>


      <?php endif; // end sidebar widget area ?>
    </div><!-- #secondary .widget-area -->
<?php endif; ?>
```

sidebar-front.php는 초기 화면으로 사용하고 있는 front-page.php에서 불러와 사용할 것입니다. front-page.php 파일의 하단을 다음과 같이 수정합니다. 세 번째 사이드바는 포럼을 설치하고 작업하겠습니다.

```php
<?php get_sidebar('front'); ?>
<?php get_footer(); ?>
```

변경사항을 저장하고 초기 화면을 보면 사이드바가 아무것도 없습니다. 위젯 화면으로 가서 사이드바 2 위젯 영역에 초기 화면에만 있을 만한 위젯을 배치합니다. 블로그 화면의 사이드 바는 글과 관련된 위젯을 사용하고 초기 화면의 사이드바는 관문 역할을 하므로 다양한 콘텐츠가 나오게 하면 됩니다. 나중에 포럼 사이드바에는 포럼 관련한 위젯을 배치합니다.

그림 5-147 위젯 배치

구글 애드센스와
구글 애널리틱스 사용하기

구글 계정을 만들고 구글 애드센스를 사용하면 광고를 삽입할 수 있고 방문자가 클릭하면 수입이 발생합니다. 또한 애널리틱스를 사용하면 내 블로그의 각종 통계자료를 볼 수 있고 어떤 글이 인기 있는지 확인할 수 있어서 피드백을 받을 수 있습니다. 구글 계정을 만들고 이들을 사용하는 방법은 검색하면 아주 많이 나오므로 이 책에서는 구글 애드센스를 설치하는 방법만 알아보겠습니다.

그림 5-148 구글 애널리틱스

애드센스

함수 파일에 이미 콘텐츠 위젯을 등록했으므로 사용할 곳에 불러오기만 하면 됩니다. Front-page.php 파일에 다음과 같이 #primary div 태그 바로 아래에 코드를 삽입합니다. 조건문을 사용해서 위젯 설치를 안 할 경우 테두리가 있는 박스가 생기지 않습니다.

```
<div id="primary" class="span8">
    <?php if (  is_active_sidebar( 'content-widgets'  ) ) :  ?>
        <div class="content-widget">
            <?php dynamic_sidebar('content-widgets'); ?>
        </div>
    <?php endif; ?>
```

콘텐츠 위젯 영역에 텍스트 위젯을 배치하고 구글 리더보드의 사이즈가 728*90인 코드를 복사해서 붙여넣습니다. 변경사항을 저장한 다음 블로그 화면에서 보면 스타일이 필요합니다.

그림 5-149 구글 광고 코드 삽입

스타일시트에서 미디어 쿼리가 시작되는 바로 위에 아래와 같이 설정합니다.

```css
.content-widget {
  padding: 8px 20px 4px;
  border: 1px solid #CCC;
  background: white;
  border-radius: 5px;
  margin-bottom: 15px;

}
```

그림 5-150 구글 리더보드 광고

그런데 문제는 모바일 화면으로 전환하면 위 광고는 작아지지 않으므로 다른 콘텐츠와 겹쳐지거나 엉망이 됩니다. 그래서 큰 화면이 아닌 경우 이 광고 부분이 나타나지 않게 해야 합니다. 미디어 쿼리를 사용하면 간단하게 해결됩니다. 우선 display: none;을 삽입하면 어떤 상황에서도 나타나지 않습니다.

```css
.content-widget {
  padding: 8px 20px 4px;
  border: 1px solid #CCC;
  background: white;
  border-radius: 5px;
  margin-bottom: 15px;
  display: none;
}
```

화면 폭이 1200픽셀 이상일 때만 나타나게 하려면 다음과 같이 미디어 쿼리에 해당 선택자에 대해 display: block;를 설정합니다.

```
@media (min-width: 1200px) {
  .span4 { width: 328px; }
  .content-widget {  display: block; }
}
```

화면 폭을 줄이면 광고가 사라지는 것을 볼 수 있습니다.

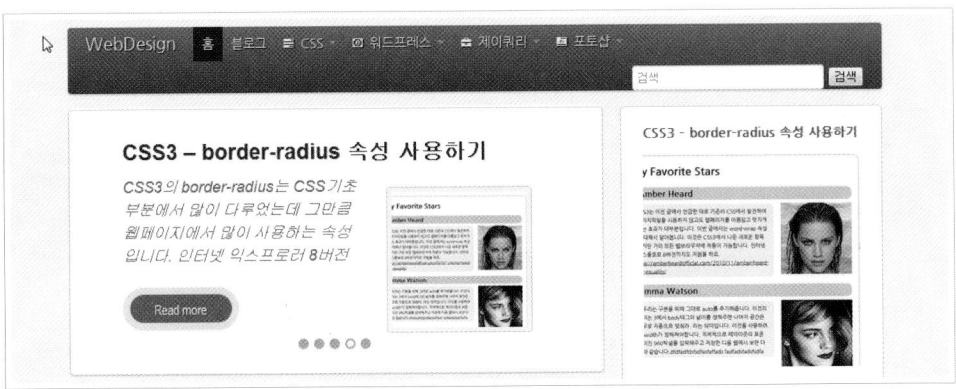

그림 5-151 광고 사라짐

초기 화면뿐 아니라 single.php, index.php 등 원하는 파일에 코드를 삽입하면 각 페이지에 나타납니다. 사이드바에도 광고를 삽입하고 이번에는 화면 크기가 줄어들면 작은 사이즈의 광고가 나타나게 해보겠습니다.

사이드바 위젯 영역에 텍스트 위젯을 설치하고 두개의 div 태그를 만듭니다. 아이디 선택자 이름을 서로 다르게 입력합니다. 태그 안에 해당 사이즈의 광고 코드를 삽입합니다.

```
<div id="google336">
/* 336x280 - 큰 직사각형 */
</div>
<div id="google250">
/* 250x250 - 정사각형*/
</div>
```

그림 5-152 두개의 광고 코드 삽입

스타일시트에서 미디어 쿼리 위에 아래와 같이 설정합니다. 336 사이즈는 마진을 설정합니다. display:none;이 있으므로 현재는 아무것도 나오지 않습니다.

```
#google336 { display:none; margin:0px 0 10px -4px; }
#google250 { display:none; }
```

미디어 쿼리에서 1200 이상에서는 336 사이즈가 나오고 그 이하의 980까지는 250 사이즈가 나오며 768 사이즈에서는 아무것도 나오지 않다가 767 이하부터는 사이드바가 콘텐츠 아래로 내려가므로 336 사이즈가 나오게 합니다.

```
@media (max-width: 479px) {
  #google336 { display:block; }
}
```

```
@media (min-width: 480px) and (max-width: 767px) {
  #google336 { display:block; }
}
@media (min-width: 768px) and (max-width: 979px) {
  .span4 {  width: 186px;  }
}
@media (min-width: 980px) and (max-width: 1199px) {
  #google250 { display:block; }
  .span4 {  width: 258px;  }
}
 @media (min-width: 1200px) {
  #google336 { display:block; }
  .content-widget { display:block; }
  .span4 {  width: 328px;  }
}
```

화면을 줄이면 250 사이즈의 광고가 나타납니다. 구글의 이미지 광고는 디자인이 잘 돼 있
으므로 웹사이트와 잘 어울리며 시각적인 효과가 좋습니다. 미디어 쿼리가 적용되지 않는
이전 버전의 IE에서는 아무런 광고가 나타나지 않습니다. 미디어 쿼리를 적용할 수 없는 경
우 940px 폭의 기본 레이아웃이 적용되므로 다음과 같이 IE만의 선택자를 사용하면 나타나
게 할 수 있습니다.

```
#ie8 #google250, #ie7 #google250 { display:block; }
/****************** ie 핵 종료 *************/
```

그림 5-153 화면 폭에 따라 광고 표시

위 그림처럼 메뉴가 늘어나다 보면 메뉴바의 검색 박스가 아래로 내려오는 현상이 발생합니다. 이 경우 메뉴바의 검색박스를 제거하고 사이드바에서 검색 위젯을 설치하면 됩니다. 현재의 검색박스는 좀 긴 편이므로 아래와 같이 설정하면 적당하게 줄어듭니다. 아울러 사이드바의 검색박스도 줄어듭니다.

```
form#searchform input.field { width:180px; }
```

워드프레스에
외부 파일 사용하기

워드프레스 테마를 디자인하다 보면 참으로 자유롭다는 생각이 많이 듭니다. 워드프레스 템플릿 파일이 아니더라도 외부의 파일을 삽입해서 전혀 다른 디자인을 나타낼 수 있습니다. 세부적인 디자인 작업은 파일의 내용을 참고하고 대략적인 과정을 보면 다음과 같습니다. 여기서는 포토폴리오 파일을 삽입할 텐데, 이곳(http://tympanus.net/codrops/)에 가면 제이쿼리와 CSS3로 만든 훌륭한 소스를 무료로 내려받아 사용할 수 있습니다. 영어로 돼 있는 것이 흠이지만 웹디자인 튜토리얼도 많습니다. 그중에서 PAGE TRANSITIONS WITH CSS3(http://tympanus.net/codrops/2012/01/30/page-transitions-with-css3/)를 사용해서 워드프레스에 삽입해 보겠습니다. 해당 화면에서 Download Source 버튼을 클릭해서 내려받아 압축을 풀고, 폴더 안으로 들어가 index.html을 클릭하면 다음과 같은 화면이 나옵니다. 블로그에 적용한 화면입니다.

그림 5-154 외부 파일

우선 관리자 화면의 페이지 만들기에서 포트폴리오라는 제목으로 페이지를 만들고 저장합니다. 그러면 고유주소에 페이지 아이디가 만들어집니다.

그림 5-155 포트폴리오 페이지

포트폴리오로 만들 index.html 파일을 복사해서 테마 폴더에 붙여넣고 page-857.php로 이름을 바꿉니다. 아이디 숫자는 자신이 만든 페이지 숫자를 넣습니다. 경고 메시지가 나오면 "예"를 클릭합니다. 함께 있는 css 폴더도 테마 폴더에 저장하고 images 폴더에 있는 파일은 복사해서 테마 폴더의 images 폴더에 붙여넣습니다. 외모 → 메뉴 화면으로 가서 페이지 박스에서 포트폴리오를 메뉴로 등록합니다. 블로그 화면에서 포트폴리오 메뉴를 클릭하면 스타일이 적용되지 않은 페이지가 나타납니다.

그림 5-156 스타일 적용 안된 화면

워드프레스에서 스타일시트를 인식하게 할 때 functions.php에 등록하는 것이 있었죠. 상단에서 아래 코드를 등록하면 스타일시트가 인식됩니다.

```
wp_enqueue_style( 'portflio-stylesheet', get_stylesheet_directory_uri() . '/css/style.
css' );
```

page-857.php를 앱타나에서 열고 다음 링크를 제거합니다.

```
<link rel="stylesheet" type="text/css" href="css/demo.css" />
<link rel="stylesheet" type="text/css" href="css/style.css" />
```

주 스타일시트에서 제어하기 위해 아래의 주 스타일시트 링크를 삽입합니다.

```
<link rel="stylesheet" type="text/css" media="all" href="<?php bloginfo( 'stylesheet_url'
); ?>" />
```

</head> 바로 전에 아래 코드를 삽입합니다.

```
<?php wp_head(); ?>
```

푸터의 </body> 바로 전에 아래 코드를 삽입합니다.

```
<?php wp_footer(); ?>
```

<body> 태그에는 클래스 선택자를 만들어주는 템플릿 태그를 삽입합니다. 이것은 .page-id-857라는 클래스 선택자를 만듭니다.

```
<body <?php body_class(); ?>>
```

세 개의 이미지에 소스 경로를 다음과 같이 삽입합니다.

```
<img src="<?php echo get_stylesheet_directory_uri(); ?>/images/portfolio_01.jpeg"
width="250">
```

<body> 태그 바로 아래의 주석 태그 사이에 있는 코드를 주석 태그까지 포함해서 제거합니다.

```
<!-- Codrops top bar -->
<!--/ Codrops top bar -->
```

하단에서 다음의 코드도 제거합니다.

```
<!-- Demo Nav -->
<nav id="codrops-demos">
        <a class="current-demo" href="#home">Demo 1</a>
        <a href="index2.html#home">Demo 2</a>
        <a href="index3.html#home">Demo 3</a>
</nav>
```

하단의 내비게이션에서 My Porfolio로 글자도 수정합니다.

```
<!-- Header with Navigation -->
    <div id="header">
        <h1>My Porfolio</h1>
```

바로 아래의 메뉴에 블로그 홈으로 가기 위한 링크를 아래처럼 삽입합니다.

```
<ul id="navigation">
    <li><a id="blog-home" href="<?php echo esc_url( home_url( '/' ) ); ?>" title="<?php
echo esc_attr( get_bloginfo( 'name', 'display' ) ); ?>">블로그 홈</a></li>
    <li><a id="link-home" href="#home">Home</a></li>
```

스타일시트 간의 충돌을 방지하기 위해 css 폴더의 style.css 파일을 열고 이 파일을 수정합니다. 상단에서 아래의 코드는 제거합니다.

```
html, body {  height:100%; }
```

body에 .page-id-857를 붙여서 삽입하고 아래와 같이 추가 속성과 값을 삽입합니다.

```
body.page-id-857 {
  width: 100% !important;
  background: #ffcb00 !important;
  overflow: hidden !important;
  margin-top: 0 !important;
  font-family: 'Electrolize', Arial, sans-serif;
}
```

아래의 선택자를 제외한 모든 선택자 앞에 .page-id-857를 삽입합니다. 그리 많지 않으므로 복사해서 붙여넣으면 됩니다.

제외:

```
#home:target ~ #header #navigation #link-home,
#portfolio:target ~ #header #navigation #link-portfolio,
#about:target ~ #header #navigation #link-about,
#contact:target ~ #header #navigation #link-contact{
  background: #000;
  color: #fff;
}
```

다음과 같이 붙이는 선택자 다음에 한 칸의 공간이 있어야 합니다.

```
.page-id-857 #header{
    position: absolute;
    z-index: 2000;
    width: 235px;
    top: 50px;
}
```

아래와 같이 두 개의 선택자가 있는 곳도 추가합니다.

```
.page-id-857 #form input, .page-id-857 #form textarea{
    background: #000;
    color: #fff;
    border: none;
}
```

내비게이션 부분을 수정하기 위해 하단에 다음 코드를 삽입합니다.

```
.page-id-857 ul {margin-left: 0;}
```

여기까지 하면 아래처럼 포트폴리오 화면이 나타납니다. Contact 메뉴를 선택하면 입력 폼이 나옵니다. 폼만 있으므로 실제로 작동은 하지 않으며 실제로 사용하려면 플러그인을 설치해야 합니다.

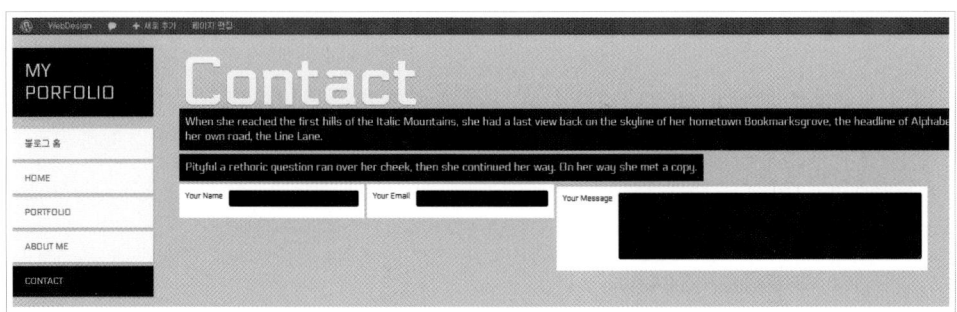

그림 5-157 외부 파일의 Contact 화면

플러그인 추가 페이지에서 Contact Form 7로 검색해서 설치한 다음 주 메뉴에서 Contact를 선택하면 화면이 나타납니다. Shortcode를 블록 설정해서 복사합니다.

그림 5-158 Contact Form7

page-857.php에서 아래의 코드를 제거합니다.

```
<form id="form">
   <p><label>Your Name</label><input type="text" /></p>
   <p><label>Your Email</label><input type="text" /></p>
   <p><label>Your Message</label><textarea></textarea></p>
</form>
```

div 태그를 만들고 아이디 선택자를 삽입한 다음 숏코드를 사용하기 위한 템플릿 태그를 만들고 매개변수 괄호 안에 복사한 숏코드를 붙여넣습니다.

```
<div id="contact-form">
   <?php echo do_shortcode('[contact-form-7 id="813" title="Contact form 1"]; '); ?>
</div>
```

폼이 좌우로 나란히 있으므로 포트폴리오의 스타일시트에서 다음과 같이 설정하면 작업이 모두 끝납니다.

```
#contact-form p {display: block; width: 50%;}
#contact-form textarea { width: 98%;}
```

부트스트랩 메뉴바 수정 09

01 부트스트랩 다단계 하위 메뉴 만들기

부트스트랩은 현재 2단 메뉴까지만 나타나도록 돼 있는데, 이를 여러 단계까지 만드는 방법을 알아보겠습니다. 우선 메뉴 화면에서 아래 그림처럼 여러 단계의 하위 메뉴를 만들고 저장합니다.

워드프레스	카테고리 ▾
관리자 화면 다루기	카테고리 ▾
테마 만들기	카테고리 ▾
템플릿 태그	카테고리 ▾
템플릿 파일	카테고리 ▾

그림 5-159 다단계 메뉴

메뉴를 클릭하면 2단의 메뉴만 보이고 2단의 메뉴에 마우스를 올리면 우측에 삼각형만 나타나며, 하위 메뉴는 보이지 않습니다. 요소 검사를 하면 HTML 창에는 다단계 메뉴의 〈ul〉 태그가 보입니다. 마우스를 올렸을 때 이 메뉴가 나타나게 하면 됩니다.

그림 5-160 2단의 하위 메뉴

스타일시트에 다음을 입력합니다. .dropdown은 1단계 메뉴인 워드프레스가 있는 ul의 클래스 선택자이고 내부의 li 태그에 마우스를 올렸을 때 한 단계 아래의 ul 태그가 나타나게 하려면 각진 괄호를 사용합니다. 절대 위치 포지션은 부모로부터 상속받으므로 생략됐습니다. left:100%;를 입력하면 메뉴의 우측 끝에 나타납니다. top:0;은 부모 요소와 나란히 나타나게 합니다.

```
.dropdown li:hover > ul { display:block;  left:100%; top:0;}
```

이제 하위 메뉴가 모두 나타납니다. 그런데 말풍선의 화살표가 나타나지 않습니다. 이전 글에서 말풍선 방향 바꾸는 것을 알았으니 나타나게 하면서 좌측으로 향하도록 수정하겠습니다.

그림 5-161 다단계 메뉴 표시

.dropdown-menu를 요소 검사해서 :before와 :after 부분을 복사해서 스타일시트에 붙여넣습니다.

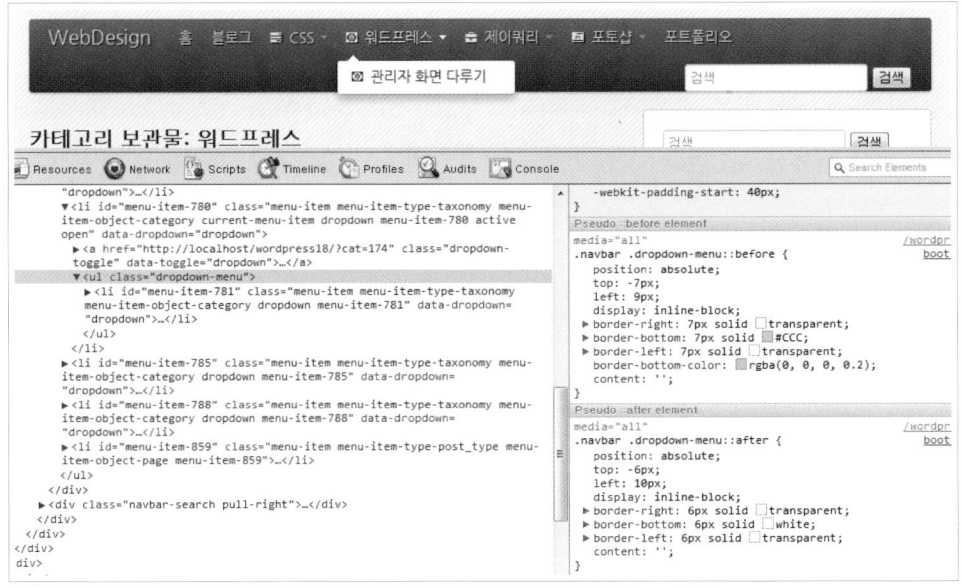

그림 5-162 화살표의 스타일시트 복사

테두리의 방향을 바꾸고 포지션의 위치를 조절합니다. 아래와 같이 하면 삼각형이 ul 태그의 경계선에 붙습니다.

```
.navbar .dropdown-menu li ul:before {
  content: '';
  display: inline-block;
  border-top: 7px solid transparent;
  border-right: 7px solid #CCC;
  border-bottom: 7px solid transparent;
  border-right-color: rgba(0, 0, 0, 0.3);
  position: absolute;
  top: 5px;
  left: -7px;
}
.navbar .dropdown-menu li ul:after {
  content: '';
```

```
    display: inline-block;
    border-top: 6px solid transparent;
    border-right: 6px solid #fff;
    border-bottom: 6px solid transparent;
    border-right-color: rgba(255, 255, 255, 1);
    position: absolute;
    top: 6px;
    left: -6px;
}
```

이제 모든 화살표가 좌측을 향하고 있습니다. 그런데 메뉴 우측의 삼각형은 아래를 향하고 있습니다. 여기엔 폰트아이콘을 삽입합니다.

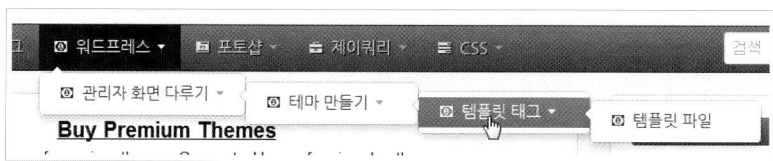

그림 5-163 화살표의 방향 전환

우선 메뉴의 b 태그에 있는 삼각형을 나타나지 않게 합니다. 이것은 부트스트랩의 〈b class="caret"〉〈/b〉로 나타나는 것입니다.

```
.dropdown-menu li a b { display:none; }
```

그런 다음 폰트 아이콘을 삽입합니다. 메뉴 글자와 여백을 두기 위해 margin-left:10px;을 설정했습니다.

```
.dropdown-menu li a:after {
    content: "\f0da";
    font-size:13px;
    margin-left:10px;
    font-family: FontAwesome;
    font-weight: normal;
    font-style: normal;
    display: inline-block;
}
```

마지막 메뉴에는 하위 메뉴가 없는데 삼각형이 나타납니다. 이것을 나타나지 않게 하려면 다음과 같이 하면 됩니다. 마지막 자식(last-child)에 대해 콘텐츠가 나타나지 않게 하려면 따옴표 안에 아무것도 넣지 않으면 됩니다.

```
.dropdown-menu li a:last-child:after {
  content: "";
}
```

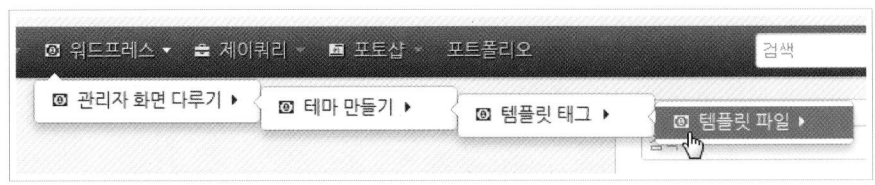

그림 5-164 삼각형 제거

○2 부트스트랩의 다단계 메뉴 사용법

부트스트랩의 메뉴는 메뉴를 클릭하면 해당 메뉴의 글이 나오는 것이 아니라 하위 메뉴가 나타납니다. 또한 지금 만든 하위 메뉴는 마우스를 올렸을 때 하위 메뉴가 나타나고 클릭하면 아무것도 나타나지 않습니다. 즉 부트스트랩에서 하위 메뉴를 가진 상위 메뉴는 어떤 콘텐츠를 보여주기 위한 것이 아니라 하위 메뉴를 담기 위한 그릇에 불과합니다. 실제로 메뉴바에서 어떤 메뉴에 마우스를 올리거나 클릭했을 때 하위 메뉴가 나타난다면 그 메뉴를 클릭하는 것이 아니라 하위 메뉴로 이동해서 클릭하는 경우가 많습니다. 그렇다면 메뉴를 만들 때 하위 메뉴가 있는 경우 상위 메뉴는 아무것도 없는 것이어야 합니다. 그래서 빈 메뉴를 만들려면 페이지 만들기를 이용해서 빈 페이지를 만들어 메뉴에 나타나게 하고 카테고리를 이 빈 메뉴의 하위 메뉴로 배치하면 됩니다.

페이지 만들기에서 상위 메뉴로 사용할 빈 페이지를 만듭니다. 메뉴 화면에서 이 페이지를 메뉴로 등록하고 카테고리 메뉴를 배치합니다. 하위 메뉴가 있는 상위 메뉴는 빈 페이지가 되는 것입니다.

그림 5-165 다단계 메뉴

위와 같이 메뉴를 배치하고 저장한 다음 메뉴에서 보면 아래 그림과 같이 나타납니다. 사용자 정의 메뉴는 하위 메뉴가 없으므로 클릭하면 해당 화면이 나타납니다. 하지만 하위 메뉴가 있는 메뉴는 클릭하면 아무런 변화가 없습니다. 하위 메뉴가 나타나므로 자연스럽게 이 메뉴로 마우스를 이동할 것입니다. 3단 4단의 메뉴를 만들더라도 이런 방법을 사용하면 됩니다.

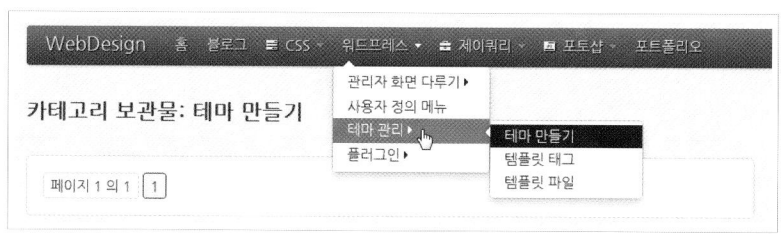

그림 5-166 3단 하위 메뉴

∩3 하위 메뉴 위치 이동

현재의 하위 메뉴는 메뉴바 하단에 나타나고 있는데, 상황에 따라 메뉴바의 상단에 나타나게 할 필요가 있습니다. 예를 들어, 메뉴바 아래에 구글 광고가 나타나고 있으면 메뉴를 찾다가 실수로 광고를 클릭할 수가 있습니다. 그래서 구글에서는 광고 위에 하위 메뉴가 나타나는 것을 금지하고 있습니다. 클릭을 유도하는 행위에 해당하기 때문입니다. 그래서 이런 상황에서는 하위 메뉴를 메뉴바의 상단에 배치해야 합니다.

하위 메뉴를 메뉴바의 상단에 배치하자면 포지션의 위치 속성을 변경해야 합니다. 즉 하위 메뉴는 absolute라는 절대 위치를 사용해서 클릭할 경우 나타나며 위치를 지정하는 top을 bottom으로 변경해야 합니다. 그동안 부트스트랩 스타일시트를 주 스타일시트의 상단에 가져오기(@import)를 이용해 배치했기 때문에 부트스트랩의 속성과 값을 덮어쓰기(override) 할 수 있었습니다. 하지만 top이라는 속성과 bottom이라는 속성은 서로 다르기 때문에 덮어쓰기가 되지 않습니다. 그래서 하위 메뉴를 이동해서 배치하려면 부득이 부스트스랩 CSS를 수정해야 합니다. 나중을 대비해서 원본을 보존하고 복사해서 사용하는 것이 좋습니다.

테마 폴더의 assets〉css 폴더에서 bootstrap.css 파일을 열고 3936번째 줄로 이동합니다. top을 아래와 같이 bottom으로 수정합니다. 선택자는 요소 검사를 통해 나오는 것들입니다.

```
.dropdown-menu {
  position: absolute;
  top: 100%;   →  bottom: 100%;
  left: 0; . . .생략}
```

2963 번째 줄로 이동해서 5곳을 top은 bottom으로, bottom은 top으로 수정합니다.

```
.navbar .nav > li > .dropdown-menu:before {
  content: '';
  display: inline-block;
  border-left: 7px solid transparent;
  border-right: 7px solid transparent;
  border-bottom: 7px solid #ccc;  →  border-top: 7px solid #ccc;
  border-bottom-color: rgba(0, 0, 0, 0.2);→  border-top-color: rgba(0, 0, 0, 0.2);
  position: absolute;
  top: -7px;  →  bottom: -7px;
  left: 9px;
}

.navbar .nav > li > .dropdown-menu:after {
  content: '';
```

```
    display: inline-block;
    border-left: 6px solid transparent;
    border-right: 6px solid transparent;
    border-bottom: 6px solid #ffffff;  →  border- top: 6px solid #ffffff;
    position: absolute;
    top: -6px;  →  bottom: -6px;
    left: 10px;
}
```

수정하고 나면 다음과 같이 하위 메뉴가 상단에 나타나는데, 3단 하위 메뉴는 엉망입니다.

그림 5-167 2단 하위 메뉴의 방향 전환

이를 해결하려면 주 스타일시트에서 하위 메뉴를 위해 추가한 부분을 수정해야 합니다. 빨간
색 부분처럼 top을 bottom으로 바꾸면 됩니다.

```
.dropdown-menu li:hover > ul { display:block;  left:100%; bottom:0;}
.navbar .dropdown-menu li ul:before {
    content: '';
    display: inline-block;
    border-top: 7px solid transparent;
    border-right: 7px solid #CCC;
    border-bottom: 7px solid transparent;
    border-right-color: rgba(0, 0, 0, 0.3);
    position: absolute;
    bottom: 5px;
    left: -7px;
}
.navbar .dropdown-menu li ul:after {
    content: '';
    display: inline-block;
    border-top: 6px solid transparent;
    border-right: 6px solid #fff;
```

```
    border-bottom: 6px solid transparent;
    border-right-color: rgba(255, 255, 255, 1);
    position: absolute;
    bottom: 6px;
    left: -6px;
}
```

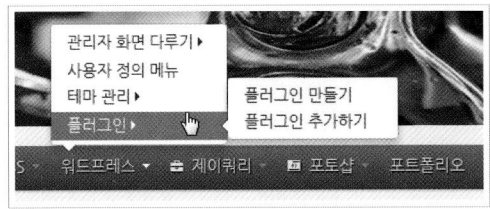

그림 5-168 3단 하위 메뉴의 표시

푸터 영역에 메뉴바 추가하기 **10**

푸터 메뉴는 주 메뉴처럼 여러 단계의 메뉴가 있는 것이 아니라 1단의 메뉴가 있는 것이 대부분입니다. 푸터 바에 메뉴를 추가하려면 함수 파일에 메뉴를 등록합니다. 기본 테마의 함수 파일에서 register_nav_menu로 검색하면 다음과 같은 코드가 있습니다.

```
register_nav_menu( 'primary', __( 'Primary Menu', 'twentyeleven' ) );
```

위 코드를 복사해서 자식 테마의 함수 파일에 붙여넣고 아래와 같이 수정합니다. 지금까지 사이드바 위젯을 등록했는데, 중괄호 안에 붙여넣으면 됩니다.

```
register_nav_menu( 'footer', __( 'Footer Menu', 'twentyeleven' ) );
}
```

관리자 화면의 메뉴로 들어가면 테마 위치 박스에 Footer Menu라고 나타납니다. 우측 열에서 플러스 탭을 클릭하고 푸터 메뉴라고 입력한 다음 메뉴 생성 버튼을 클릭합니다.

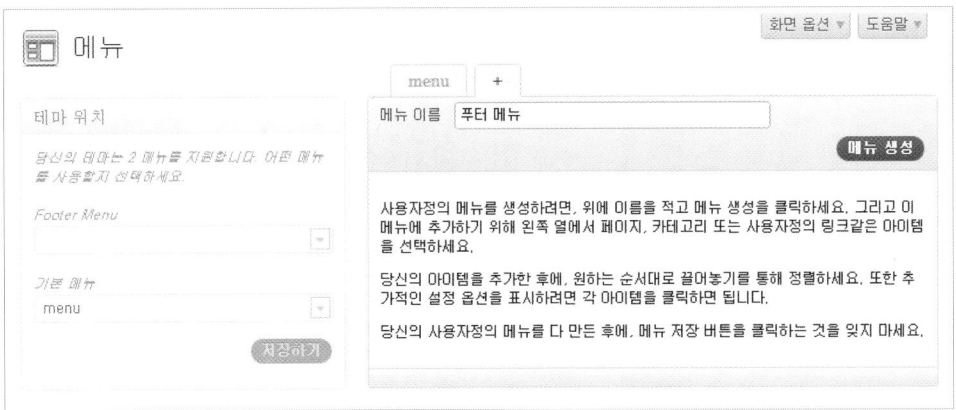

그림 5-169 푸터 메뉴 추가

테마 위치 박스에서 푸터 메뉴를 선택한 후 저장하기 버튼을 클릭합니다.

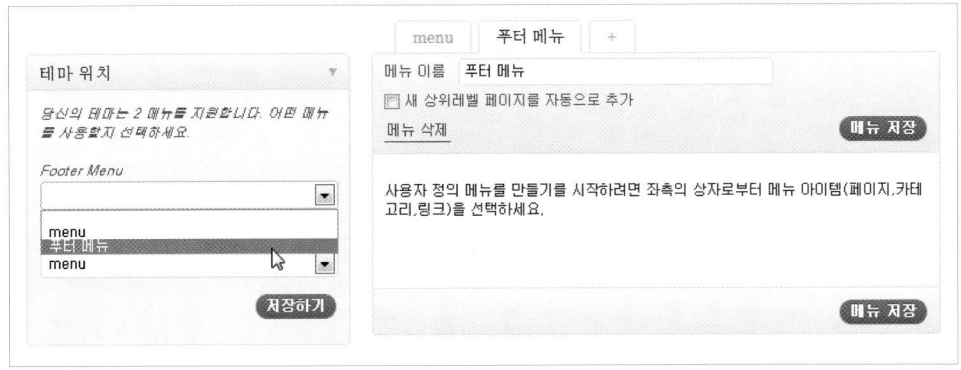

그림 5-170 푸터 메뉴 저장

페이지 만들기에서 About 페이지와 Contact 페이지를 제목만 넣고 만든 다음, 메뉴 화면으로 돌아와 페이지 박스에서 두 개의 페이지를 선택하고 메뉴에 추가 버튼을 클릭하면 메뉴로 나타납니다. 메뉴 저장 버튼을 클릭합니다.

그림 5-171 푸터 세부 메뉴

footer.php 파일을 열고 다음과 같이 div 태그를 만들고 그 안에 푸터 메뉴를 불러오는 템플릿 태그를 붙여넣습니다.

```
<div id="footer-menu">
        <?php wp_nav_menu( array( 'container_class' => 'menu-footer', 'theme_location'
=> 'footer' ) ); ?>
    </div>
</div></div>
</footer><!-- #colophon --></div></div>
```

그림 5-172 푸터 메뉴의 수정

블로그 화면에서 푸터 바를 보면 위와 같이 나타납니다. 스타일시트의 푸터 스타일 영역에 아래처럼 설정하면 좌우로 나열됩니다.

```
#footer-menu li a { float:left; margin-left:20px; padding:0 10px; text-align:center;
color:#ddd; text-shadow: 1px 1px 1px black; }
#footer-menu li a:hover { color:#fff; }
```

좁은 화면에서는 다른 요소와 겹치므로 아래처럼 미디어 쿼리를 사용해서 나타나지 않게 합니다.

```
@media (max-width: 479px) {
  #footer-menu { display: none; }
}
@media (min-width: 480px) and (max-width: 767px) {
  #footer-menu { display: none; }
}
```

컨택트 폼의 사용과 기본 페이지 파일(page.php)의 수정

Contact 페이지를 만들 때는 이름, 이메일 주소, 글제목, 글 내용을 입력할 수 있는 폼을 사용해야 합니다. 포트폴리오 페이지 만들 때 Contact Form 7이라는 플러그인을 설치했습니다. 이 플러그인은 폼에 내용을 입력하고 전송 버튼을 클릭하면 관리자의 이메일로 발송됩니다. 주 메뉴에서 Contact를 선택해서 숏코드를 복사합니다.

그림 5-173 Contact Form 7

Contact 페이지를 열고 본문 입력 박스에 붙여넣습니다. 업데이트 버튼을 클릭한 다음 블로그에서 보면 넓은 화면으로 나타납니다. 이것은 페이지를 만들 때 기본 템플릿을 선택했기 때문인데, page.php에 의해 나타납니다. 그래서 사이드바가 없는 페이지입니다. 내용을 중앙에 나타나게 하려면 이 파일의 레이아웃을 변경해야 합니다.

그림 5-174 숏코드 추가

page.php 파일의 article에 대해 padding을 퍼센트로 설정해야 하는데, 그냥 이 선택자
만 사용하면 블로그의 모든 article에 대해 패딩이 설정됩니다. 이 페이지만 설정하려면 이
페이지만의 고유한 선택자를 추가해야 합니다. 요소 검사를 하면 body 태그에 <?php body_
class(); ?>라는 템플릿 태그에 의해 만들어지는 클래스 선택자가 있습니다. 이 페이지만
의 고유의 선택자는 page-template-default입니다.

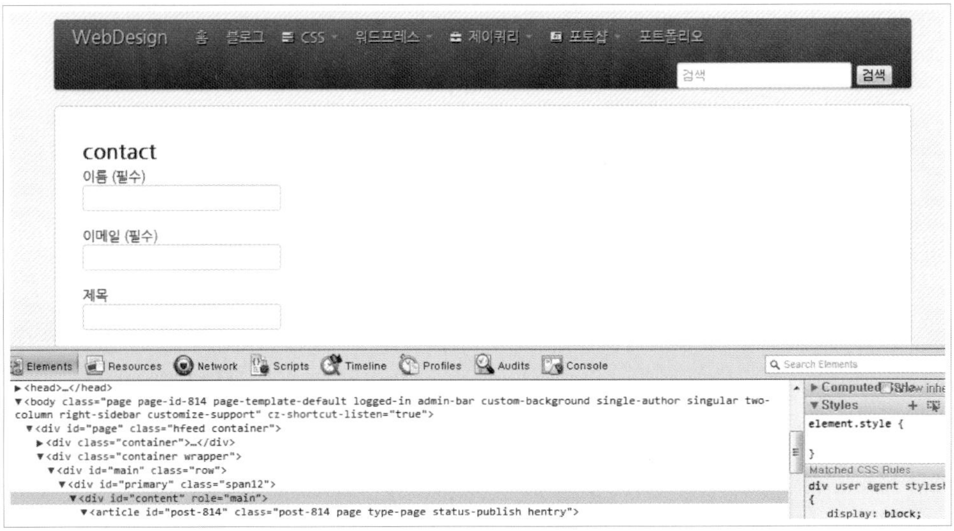

그림 5-175 전체폭 페이지

스타일시트에 다음과 같이 입력합니다. 상단 패딩은 30픽셀, 하단은 0으로 하고, 좌우를 20%로 설정합니다. 퍼센트를 사용한 것은 화면 폭에 따라 자동으로 좌우 패딩을 조절합니다. 픽셀로 정하게 되면 고정되기 때문이죠. 그리고 메시지 입력박스는 폭을 늘립니다. 제목 글자와 콘텐츠 사이의 여백을 두기 위해 하단 마진을 설정합니다.

```
.page-template-default article { padding:30px 20% 0; }
.page-template-default article textarea { width:80%; }
.page-template-default h1 { margin-bottom:20px; }
```

전송 버튼이 우측으로 밀려나 있는데, 이 앞에는 전송 버튼을 클릭했을 때 완료 시까지 나타나는 gif 애니메이션 이미지가 있습니다. 그리고 하단에 댓글 박스가 있는 것은 Contact 페이지에는 필요하지 않으므로 페이지 만들 때 토론 메타박스에서 댓글 허용을 체크 해제해야 합니다.

그림 5-176 Contact Form의 형태

페이지를 만들 때 댓글 박스가 나타나지 않도록 댓글 허용에 체크 해제하면 아래와 같이 빈 박스가 나타납니다. 이것을 제거하려면 page.php 파일에서 조건문을 달아 수정해야 합니다.

그림 5-177 댓글 박스의 제거

아래와 같이 댓글 박스를 표시하는 템플릿 태그에 "만약에 댓글 박스가 있다면"에 해당하는 조건 태그(is_comments_popup( ))를 조건문에 포함시켜서 감싸면 됩니다.

```php
<?php if (  is_comments_popup() ) :  ?>
<?php comments_template( '', true ); ?>
<?php endif; ?>
```

또한 페이지에 이미지를 삽입할 경우 이미지는 float되고 있으므로 아래의 요소가 위로
올라오게 되는데, 이를 방지하기 위해 페이지의 이미지가 들어가는 div 태그의 클래스
선택자에 다음과 같이 설정해줍니다.

.entry-content {overflow: hidden;}

그림 5-178 페이지 레이아웃 변경

작성 일자
스타일링하기 **12**

현재의 작성일자는 제목 아래에 나타납니다. 이것을 콘텐츠 영역을 벗어나 제목의 좌측에 배치하고 스타일을 적용해 보겠습니다. 작성일자와 함께 있는 글쓴이 부분은 content.php 파일에서 아래의 템플릿 태그로 만들어집니다. 글쓴이 부분은 놔두고 작성일자만 분리할 수가 없죠. 물론 기본 테마의 함수 파일에 있는 코드를 수정하면 되지만 번거롭습니다. 그래서 이 코드를 제거하고 새로운 코드를 삽입합니다.

```
<?php twentyeleven_posted_on(); ?>
```

글쓴이 부분은 4장에서 사용했던 코드입니다. 클릭하면 글쓴이 글보관함으로 이동하므로 위에서 삭제한 코드에 있는 것과 같은 기능을 합니다. .postdate 부분은 날짜와 월을 분리했습니다. the_time()는 작성일자를 표시하는 템플릿 태그죠. 매개변수가 없으면 전체 날짜가 나오지만 아래처럼 분리하려면 매개변수를 하나씩 넣어줍니다. 이들 매개변수에 대해서는 코덱스(http://codex.wordpress.org/Formatting_Date_and_Time) 페이지를 참고하세요. 대문자 M은 3글자의 영문 월을 표시하고 소문자 d는 10자리 단위의 날짜를 표시합니다.

```
<div class="postdate">
  <div class="postmonth"><?php the_time('M') ?></div>
  <div class="postday"><?php the_time('d') ?></div>
</div>
<div class="entry-meta">
  <span> 글쓴이: <a href="<?php echo esc_url( get_author_posts_url( get_the_author_meta(
'ID' ) ) ); ?>" rel="author"><?php the_author() ?></a> </span>
</div><!-- .entry-meta -->
```

블로그에서 보면 원하는 대로 나타납니다.

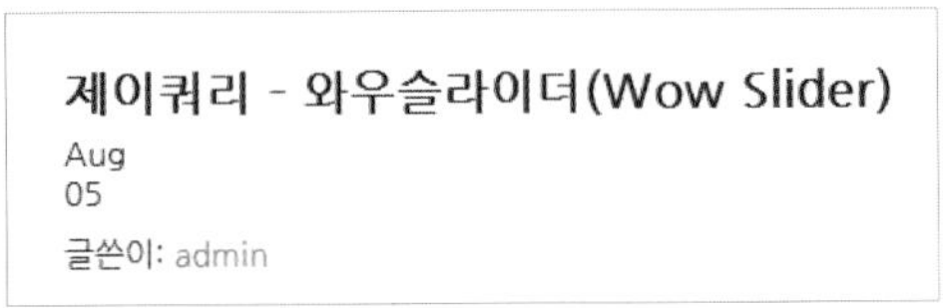

제이쿼리 - 와우슬라이더(Wow Slider)
Aug
05
글쓴이: admin

그림 5-179 작성일자

스타일시트에 다음을 입력하면 콘텐츠 영역을 벗어나 제목 왼쪽에 위치합니다.

```
.postdate { position:absolute; left:-35px; top:20px; }
```

다음을 입력하면 해당 월의 스타일이 정해집니다.

```
.postmonth { width:50px; border:1px solid #A13537; font-size: 15px; font-weight: bold;
color: #fff; height: 20px; line-height: 20px; text-align: center; background: #A13537;
border-top-right-radius: 5px; }
```

날짜 부분은 비슷한 내용이지만 색상을 바꿔서 설정해줍니다. 높이도 다르고 폰트 사이즈도
다릅니다. 둥근 모서리는 일부만 설정했습니다.

```
.postday { width:50px; border:1px solid #A13537; font-size: 19px; font-weight: bold;
color: #333; height: 35px; line-height: 35px; text-align: center; background: #eee;
border-top:none; border-bottom-left-radius: 5px; }
```

그림자 효과를 주려면 외곽 박스인 .postdate에 대해 설정합니다. x축에 마이너스 값을 입력
하면 좌측으로 그림자가 만들어집니다.

```
.postdate { position:absolute; left:-35px; top:20px; border-bottom-left-radius: 5px; box-
shadow:-2px 2px 2px #ccc ;}
```

그림 5-180 작성일자 완료

영문을 한글로 나타나게 하려면 월을 출력하는 템플릿 태그의 매개변수를 바꾸면 됩니다. 워드프레스의 내장된 월의 표시는 영어로 3글자의 단축형이 아닌 단어 전체로 나타납니다. 즉 8월은 August로 번역돼 있기 때문에 월부분이 August로 나오게 하면 한글로 나타납니다. 작성월 템플릿 태그의 매개변수에서 3글자로 월을 표시하는 M을 풀네임으로 표시하는 F로 바꾸면 됩니다.

```
<?php the_time('F') ?>
```

그림 5-181 작성일자 한글 수정

제목을 클릭했을 때 글 전체 내용이 나타나는 single.php에도 설정하려면 이 페이지의 본문 출력을 담당하는 content-single.php에서 수정합니다.

다음의 코드를 찾아 제거하고 위에서 입력한 코드를 복사해서 붙여넣으면 됩니다.

```
<div class="entry-meta">
  <?php twentyeleven_posted_on(); ?>
</div><!-- .entry-meta -->
```

다중 헤더와 다중 푸터 사용하기 13

01 header.php 파일과 footer.php 파일 만들기

이전에 두 번째 사이드바를 만들어서 초기 화면에 사용했듯이 헤더와 푸터도 전혀 다른 것으로 만들어 원하는 페이지에 사용할 수 있습니다. 이 둘을 동시에 만들어 적용해 보겠습니다. 추가 header.php는 블로그 페이지의 상단에 부트스트랩 슬라이더를 적용할 것이고 footer. php는 푸터위젯과 푸터바를 상하 위치를 바꿔 하단에 배치하겠습니다.

현재 초기 화면은 콘텐츠 영역에 콘텐츠 슬라이더와 카테고리 글이 나오고 블로그 페이지는 요약글과 특성 이미지가 나오는 화면입니다. 초기 화면의 헤더는 기존의 정지된 이미지가 나오게 하고 블로그 화면의 헤더 이미지는 부트스트랩 캐러젤 자바스크립트를 이용해 애니메이션 슬라이더로 만들겠습니다. 푸터는 푸터바와 푸터 위젯 영역이 위 아래가 바뀐 것으로 만들겠습니다. 우선 header.php 파일과 footer.php 파일의 복사본을 만들고 각각 header-front.php와 footer-front.php 파일로 수정합니다. 이 파일들은 파일 이름만 수정할 뿐이고 초기 화면의 헤더와 푸터로 사용됩니다.

∩2 header.php 파일의 수정

헤더 이미지 삽입

header.php 파일을 앱타나에서 열고 수정합니다. 〈/hgroup〉 태그 바로 아래의 〈?php부터 시작해서 〈?php endif 줄까지 블록 설정해서 제거합니다. 이 부분은 헤더 이미지가 나타나는 곳입니다. 이곳에 애니메이션 이미지가 들어갑니다.

```
<?php
        // Check to see if the header image has been removed
<?php endif; // end check for removed header image ?>
```

부트스트랩의 전체 파일이 있는 폴더로 들어가서 docs 폴더 안의 javascript.html 파일을 텍스트 편집기에서 열어 myCarousel로 검색한 후 다음의 코드를 복사합니다. 위에서 제거한 부분에 붙여넣습니다.

```
<div id="myCarousel" class="carousel slide"> ←-시작
  <div class="carousel-inner">
  ~~~
  <a class="right carousel-control" href="#myCarousel" data-slide="next">&rsaquo;</a>
</div>  ←- 끝
```

코드에는 이미지 삽입할 수 있는 img 태그가 세 곳이 있습니다. 이곳에 헤더 이미지를 삽입할 것입니다. 미디어 라이브러리로 가면 두 개의 페이지가 있는데, 1페이지로 가서 헤더 이미지의 편집 링크를 클릭합니다.

그림 5-182 헤더 이미지 편집

하단에서 파일 URL을 블록 설정해서 복사합니다.

파일 URL	http://localhost/wordpress20/wp-content/uploads/2012/08/wheel.jpg
	업로드한 파일의 위치.

그림 5-183 이미지 경로 복사

img 태그의 src=" " 따옴표 안에 기존의 URL을 제거하고 붙여넣습니다. 2, 3번째 태그에도
붙여넣고 미디어 라이브러리의 다른 헤더 이미지 이름으로 파일 이름만 수정합니다.

```
<img src="http://localhost/wordpress20/wp-content/uploads/2012/08/wheel.jpg" alt="">
<img src="http://localhost/wordpress20/wp-content/uploads/2012/08/trolley.jpg" alt="">
<img src="http://localhost/wordpress20/wp-content/uploads/2012/08/shore.jpg" alt="">
```

블로그 화면에서 새로고침하면 이미지가 나타납니다. 좌우 화살표를 클릭하면 애니메이션
됩니다. 현재는 클릭해야만 애니메이션이 되고 클릭한 이후에는 자동으로 애니메이션됩니
다. 처음부터 자동으로 되게 하려면 별도의 제이쿼리 코드를 삽입하면 되는데, 이 부분은
나중에 수정하겠습니다.

그림 5-184 헤더 이미지

지금은 URL을 그대로 복사했는데 템플릿 태그로 수정해줍니다. Uploades URL을 표시하는
템플릿 태그는 wp_upload_dir();이지만 그대로 사용해서는 안 되고 변수로 만들어서 사용합
니다. 아래와 같이 코드를 삽입합니다. 2, 3번째 URL도 수정합니다.

```
<?php $upload_dir = wp_upload_dir(); ?>
  <div id="myCarousel" class="carousel slide">
    <div class="carousel-inner">
      <div class="item active">
        <img src="<?php echo $upload_dir['baseurl']; ?>/2012/08/wheel.jpg" alt="">
```

슬라이더 배너와 글 연결

캐러셀 슬라이더 배너의 각 이미지에 글을 연결하려면 수동으로 작업합니다. 글 제목은 링크하고자 하는 글의 아이디를 알아내서 〈?php echo get_the_title(229); ?〉처럼 글의 아이디를 직접 넣고, 링크하기 위해 〈a *href*="index.php?p=229"〉로 만듭니다. 헤더 이미지에는 글 제목만 있는 것이 좋으므로 요약글은 넣지 않습니다.

```
<div class="carousel-inner">
  <div class="item active">
    <a href="index.php?p=229">
    <img src="<?php echo $upload_dir['baseurl']; ?>/2012/08/wheel.jpg" alt="">
    <div class="carousel-caption">
      <h4><?php echo get_the_title(229); ?></h4>
      </a>
    </div>
  </div>
```

글 아이디를 쉽게 알아내려면 글 제목에 마우스를 올렸을 때 웹브라우저 좌측 하단에 URL이 나타납니다. ?p=207에서 p는 글(post)이며 207은 글 아이디입니다.

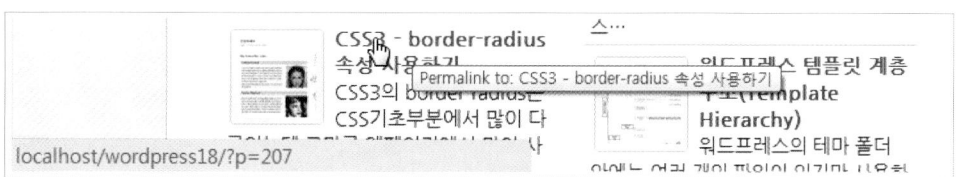

그림 5-185 글 아이디

마찬가지로 카테고리를 연결하려면 아래처럼 입력합니다.

```
<a href="index.php?cat=56">
<img src="<?php echo $upload_dir['baseurl']; ?>/2012/08/trolley.jpg" alt="">
<div class="carousel-caption">
  <h4><?php echo get_cat_name(56);?></h4>
  </a>
</div>
```

이미지 배너 스타일링

이미지 배너의 화살표가 크므로 작게 만들고 평상시에는 나오지 않다가 이미지에 마우스를 올리면 나타나게 하겠습니다. 화살표는 폰트로 만든 것이므로 폰트 사이즈를 줄입니다. display:none;으로 우선 안 보이게 했다가 이미지 슬라이더 상자인 #myCarousel에 마우스를 올리면 나타나게 합니다.

```
/****************** 헤더 이미지 슬라이더 시작 ******************/
.carousel-control { font-size:35px; display:none;}
#myCarousel:hover .carousel-control { display:block;}
```

화살표를 중앙에 배치하기 위해 패딩을 사용합니다. 왼쪽과 오른쪽을 별도로 설정합니다. 이미지 캡션 부분은 배경이 너무 어두워서 투명도를 낮췄습니다. 높이도 패딩으로 조절합니다.

```
.carousel-control.right { padding:5px 0 0 5px; }
.carousel-control.left { padding:5px 5px 0 0; }
.carousel-caption { background: rgba(0, 0, 0, 0.5); padding:5px 15px; }
/****************** 헤더 이미지 슬라이더 종료 ******************/
```

front-page.php 파일의 수정

현재는 전체 페이지에서 위 애니메이션 배너가 나타납니다. 그러면 초기 화면을 제외한 페이지에서만 나타나게 해보겠습니다. 초기 화면을 담당하는 front-page.php를 열고 <?php get_header(); ?>를 제거한 후 다음과 같은 코드를 입력합니다. 이 조건문에서는 조건 태그를 사용하는데, is_front_page()는 "현재의 페이지가 front-page라면"을 의미하는 태그입니다. 이 조건에 해당하면 header-front.php 파일을 가져오고, 아니면 header.php 파일을 가져옵니다. 그러니 이 페이지를 제외한 페이지는 애니메이션 배너가 나타나는 것입니다.

```php
<?php
    if (is_front_page() ) {
        get_header( 'front' );

    } else {
        get_header();
    }
?>
```

하단의 푸터는 다음과 같이 <?php get_footer(); ?>를 제거하고 위 코드를 붙여넣은 다음 header를 footer로 수정하면 됩니다.

```php
<?php
    if (is_front_page() ) {
            get_footer( 'front' );

    } else {
            get_footer();
    }
?>
```

03 footer.php 파일의 수정

footer.php 파일을 열고 수정합니다. 별 의미없는 수정이지만 이렇게 변한다는 것을 보여주기 위한 것이니 나름대로 푸터 부분을 수정해서 사용하면 됩니다. <?php > 코드 블록을 잘라내서 </footer> 태그 바로 위에 붙여넣습니다. 변경사항을 저장하고 블로그에서 보면 푸터 위젯 부분이 푸터바 아래로 내려가 있습니다. 반면 홈 메뉴를 클릭해보면 헤더와 푸터 부분이 수정하기 전의 상태로 있습니다.

```php
<?php
    /* A sidebar in the footer? Yep. You can can customize
     * your footer with three columns of widgets.
     */
    if ( ! is_404() )
      get_sidebar( 'footer' );
?>
    </footer><!-- #colophon --></div></div>
```

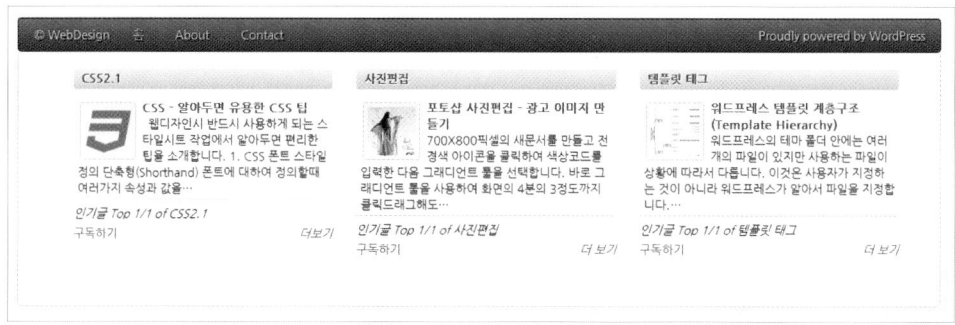

그림 5-186 푸터 위젯의 위치 변경

footer.php 하단에서 슬라이더에 자동으로 애니메이션을 적용하는 아래의 자바스트립트 코드를 ‹?php wp_footer(); ?› 다음에 붙여넣습니다. interval의 숫자는 대기시간을 조정하며 단위는 밀리초입니다. IE에서는 transition이 지원되지 않아 이미지에 애니메이션이 적용되지 않고 바뀌기만 합니다.

```
<?php wp_footer(); ?>
<script type="text/javascript">
jQuery(document).ready(function () {
    jQuery('#myCarousel').carousel(
    {
        interval:5000
    });
});
</script>
```

∩⁄₄ IE 버그 수정

이전 버전의 IE에서 보면 미디어 쿼리가 적용되지 않기 때문에 폭이 기본 넓이인 940픽셀로 나타납니다. 그래서 메뉴바에 있는 검색 박스가 아래로 내려갑니다. 메뉴가 많아지면 사이드바에 위젯으로 배치하면 되겠지만 처음부터 사이드바에 배치하면 메뉴바의 우측은 아무것도 없어서 균형이 이뤄지지 않아 보기에 좋지 않습니다. 이전 버전의 IE인 경우에만 검색 박스가 사이드바에 나타나게 하는 방법을 알아보겠습니다. 또한 이미지에 대해 max-width도 적용되지 않아 이미지가 좌우로 찌그러져 나타나기도 합니다. 이를 수정하려면 이전과 같이 IE만의 아이디 선택자를 이용합니다.

그림 5-187 IE 버그

다음과 같이 찌그러진 이미지에 대해 IE 8버전 아이디 선택자를 추가하고 max-width를 적용하지 않으면 이미지가 정상적으로 나타납니다.

```
#ie8 .thumb_lay img { max-width:none; }
```

메뉴바의 검색박스는 IE에서 우선 보이지 않게 합니다.

```
#ie8 #access .navbar-search, #ie7 #access .navbar-search { display:none; }
```

사이드바에 검색 템플릿 태그를 div 태그로 감싸서 ie-search 클래스 선택자를 입력합니다.

```
<div id="secondary" class="widget-area span4" role="complementary">
<div class="ie-search"><?php get_search_form(); ?></div>
```

다음과 같이 하면 모든 웹브라우저에서 보이지 않습니다.

```
.ie-search { display:none; }
```

그런 다음 다음과 같이 하면 IE에서만 나타납니다.

```
#ie8 .ie-search, #ie7 .ie-search { display:block; }
```

뉴스 스크롤러 플러그인을 사용하면 이 위젯의 바로 아래 위젯의 제목에 링크가 만들어지거나 IE에서 글의 수만큼 길게 늘어져 흰 공간이 나타나는 경우, 별도의 위젯 영역을 만들어 위젯 영역을 서로 분리해서 해결해야 합니다.

functions.php 파일의 위젯을 등록한 부분에서 아래와 같이 위젯을 추가로 등록합니다. 여기서 id를 sidebar-8로 수정합니다.

```
register_sidebar( array(
    'name' => '초기 화면 사이드바 추가 위젯',
    'id' => 'sidebar-8',
    'description'  => '초기 화면 사이드바 추가 위젯',
    'before_widget' => '<aside id="%1$s" class="widget %2$s">',
    'after_widget' => '</aside>',
    'before_title' => '<h3 class="widget-title">',
    'after_title' => '</h3>',
) );
```

초기 화면의 사이드바를 담당하는 sidebar-front.php 파일을 열고 아래와 같이 위에서 등록한 위젯을 불러옵니다.

```
<div id="secondary" class="widget-area span4" role="complementary">
  <?php if ( ! dynamic_sidebar( 'sidebar-8' ) ) : ?>
  <?php endif; // end sidebar widget area ?>
<?php if ( ! dynamic_sidebar( 'sidebar-6' ) ) : ?>
<?php endif; // end sidebar widget area ?>
</div><!-- #secondary .widget-area -->
```

관리자 화면의 위젯 화면에서 해당 위젯 영역에 뉴스 스크롤러 위젯이나 구글광고 텍스트 위젯만 배치합니다. 스크롤러 위젯은 여러 가지가 있지만 요약글과 특성 이미지까지 출력해주는 것은 이것뿐이더군요. 초기 화면 사이드바에 대해 설정했는데 다른 사이드바에도 이런 방법으로 설정하면 위젯이 많아져서 아주 복잡해집니다. 글제목만 출력하는 스크롤러 위젯은 부록에서 알아보겠습니다.

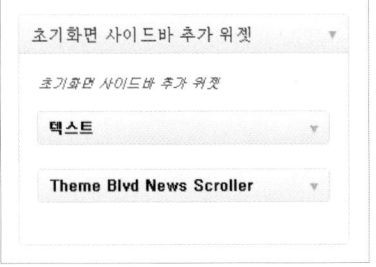

그림 5-188 초기화면 사이드바 위젯

비비프레스(bbPress)

워드프레스가 탄생하기 전에는 대부분의 프로그램이 게시판 형태였습니다. 게시판을 영어로 Bulletin Board라고 하는데 이 당시에 PHP로 개발된 프로그램의 이름들이 B가 들어가는 것이 많습니다. 확인되지는 않았지만 워드프레스의 전신인 b2/cafelog의 b도 이것을 의미하리라 생각됩니다. 그러니 워드프레스도 그 시작은 게시판이라고 할 수 있습니다. 게시판은 어떤 의견을 제시하고 그 의견에 대해 토론하는 것이 기본 구조이며, 토론을 위해서는 댓글 기능을 기본적으로 제공해야 합니다. 블로그는 댓글을 달지 못하도록 설정할 수 있지만 게시판에서 댓글을 못달면 게시판이라고 할 수가 없죠.

비비프레스는 게시판에서 한걸음 나아가 포럼이라는 개념으로 발전했습니다. 우리나라에서 포럼문화를 예를 들자면 포털 사이트의 카페가 있습니다. bbPress가 게시판 수준의 포럼 프로그램이라고 한다면 본격적인 포럼 프로그램은 버디프레스(BuddyPress)입니다. 이것은 페이스북에 영향을 받아 만든 포럼 프로그램으로 그룹 포럼도 지원하며, 방문자가 포럼을 개설할 수도 있는 등 다양한 기능이 있습니다. 버디프레스의 가장 현실적인 예는 디시인사이드의 갤러리입니다. 버디프레스도 이 책에서 소개하고자 했지만 언어 번역이 되지 않아 나중에 번역을 완료한 후에 제 블로그에서 설명하겠습니다. 비비프레스는 이 책에서 소개하기 위해 틈틈이 시간을 내서 번역을 완료했습니다.

비비프레스는 이전(1.0 버전)에는 포럼 전용 프로그램으로 워드프레스와는 별개의 단독 프로그램이었지만 플러그인(2.0 버전)으로 개발되면서 워드프레스에 설치해서 사용할 수 있게 바뀌었습니다. 이를 이용하면 포럼은 물론 게시판도 만들 수 있고 웹사이트의 질문/답변 기능을 제공하는 지원 시스템을 구축할 수 있습니다. 다음 페이지의 그림은 워드프레스에 비비프레스를 설치하고 사용하는 예시입니다. 커뮤니티라는 메뉴에 나타나고 있습니다. 블로그는 댓글 기능이 있으므로 이러한 포럼 프로그램이 거의 필요없지만 웹사이트의 경우는 게시판 역할을 하는 프로그램이 필요합니다. 이번 글에서는 비비프레스를 설치하고 사용하는 방법과 지금까지 수정한 테마에 설치했을 때 나타나는 오류를 수정해 보겠습니다.

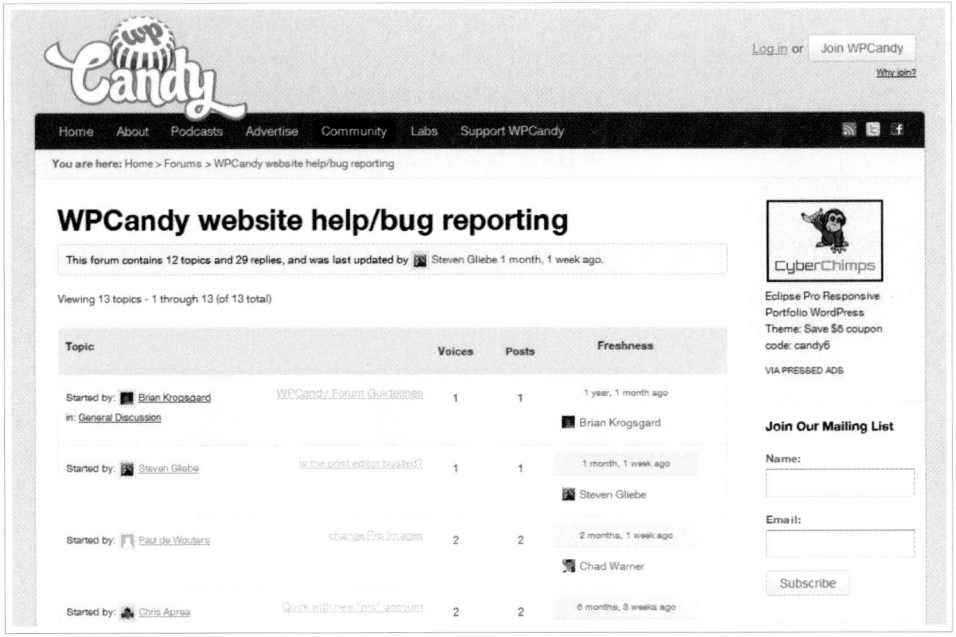

그림 5-189 비비프레스의 사용

01 비비프레스 사용하기

이 프로그램도 워드프레스 플러그인이므로 일반적인 방법에 의해 플러그인 추가하기 화면
에서 bbPress로 검색해서 설치하면 됩니다. 이 플러그인은 영문으로 돼 있으므로 한글 언
어 파일이 필요합니다. 워드프레스 번역 프로젝트 사이트인 GlotPress(http://translate.
wordpress.org/projects)를 방문하면 번역도 할 수 있고 언어 파일도 내려받아 사용할 수
있습니다. 일부 내용이 없는 것이 있어서 영어로 나오기도 합니다. 이것은 처음 영문 파일
을 올릴 때부터 잘못된 것으로 담당자에게 요청했으나 아직 해결되지 않고 있습니다. 그래
서 제가 수정한 파일을 첨부파일에서 복사해서 아래와 같이 폴더를 만들고 붙여넣으면 모두
한글로 나타납니다. wp-content 폴더에 있는 languages 폴더에 bbpress 폴더를 만들고
두 개의 파일을 붙여넣으세요. 실제 필요한 파일은 확장자가 mo인 파일이지만 po 파일은
Poedit(http://www.poedit.net/)이라는 프로그램을 사용해서 번역을 수정하고 저장하면
mo 파일도 변경됩니다. 일부 글자를 수정해서 사용하고자 할 경우 필요합니다.

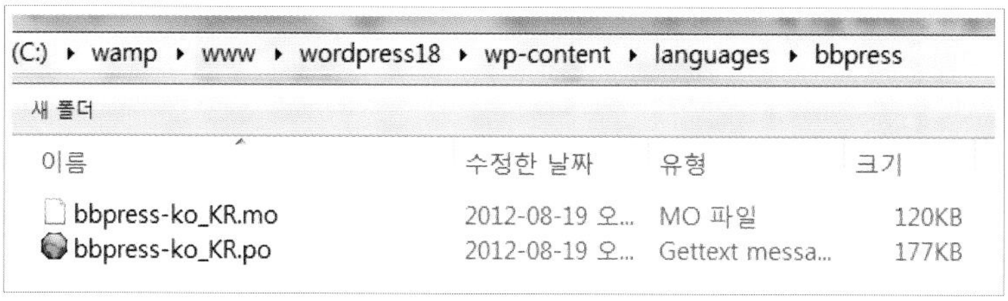

그림 5-190 비비프레스 언어파일

비비프레스 설정

관리자 화면의 설정 → 포럼을 선택하면 다음과 같은 화면이 나타납니다.

- **글 수정 잠그기:** 글을 입력하고 난 후에 수정할 수 있는 시간입니다. 이 시간은 관리자와 포럼 관리자(Moderator)만 변경할 수 있습니다.

- **트로틀 타임:** 응답을 입력한 후 일정 시간 동안 추가 입력할 수 없도록 설정합니다. 스팸이나 도배글을 방지합니다.

- **개정판(Revision) 허용:** 비비프레스는 블로그 글처럼 수정될 때마다 개정된 버전의 글이 저장됩니다. 저장된 버전의 글 중에서 선택할 수 있도록 허용합니다.

- **즐겨찾기 허용:** 포럼 참가자는 원하는 토픽을 즐겨찾기해 놓으면 자신의 프로필에서 다시 볼 수 있습니다.

- **구독 허용:** 원하는 토픽을 구독 설정해 두면 새로운 응답이 있을 때 통지되며 자신의 프로필에도 나타납니다.

- **토픽 등록 허용:** 로그인하지 않고도 토픽을 게재할 수 있습니다. 하지만 이름과 이메일 주소는 입력해야 합니다.

- **전체 접근 허용:** 다중사이트 블로그에서 비비프레스를 설치하면 네트워크 내의 모든 블로그가 비비프레스를 사용할 수 있습니다. 특정 블로그에서 이 부분을 허용하면 네트워크 내의 모든 사용자가 해당 블로그에 토픽과 응답을 게재할 수 있습니다.

- **팬시 편집기:** 새 글을 쓸 때 비주얼 편집기 사용을 허용합니다.

- **자동 삽입 링크:** 포럼 참가자가 자신의 글을 올릴 때 유튜브나 트위터에서 가져온 링크를 삽입할 수 있게 합니다.

- **테마 패키지:** 비비프레스는 설치할 때 비비프레스 전용 테마로 워드프레스 기본 테마 중 하나인 Twenty Ten이 함께 설치됩니다. 현재 패키지에서 선택할 수 있는 것은 호환성 있는 패키지와 비비프레스 전용 Twenty Ten을 선택할 수 있습니다. 전용 테마로 Twenty Ten을 넣은 것은 다른 테마에 없는 기능이 있기 때문입니다. 현재 수정하고 있는 테마에 적합하게 수정하는 방법을 알아볼 것입니다.

다음 페이지의 그림 이하는 특별한 설명이 필요없는 부분이므로 생략합니다. 슬러그 부분은 수정하지 않는 것이 좋고 "페이지당" 부분은 보면 알 수 있는 내용입니다.

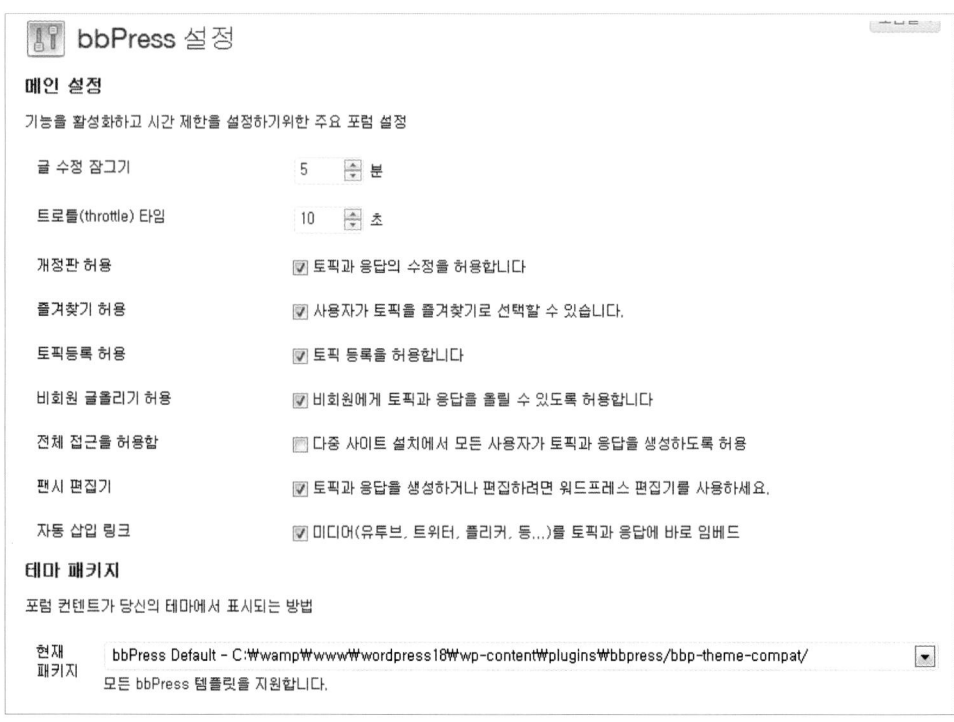

그림 5-191 비비프레스 설정

관리자 화면에서 변화된 내용은 회원 가입 시 부여되는 역할에 포럼 운영자(Moderator)와 포럼 참가자(Participant)가 추가된 것입니다. 또한 도구 → 포럼을 선택하면 포럼 초기화나 포럼 가져오기 기능이 있습니다.

그림 5-192 사용자 역할 추가

포럼 만들기

비비프레스의 포럼은 상황에 따라 다양한 용도로 사용할 수 있습니다. 원래의 취지 대로 토론을 위해 포럼을 만들 수도 있고 웹사이트의 게시판으로 활용할 수도 있습니다. 블로그가 아닌 웹사이트라면 방문자가 문의사항에 대한 글을 쓸 수 있는 곳이 필요합니다. QnA 용도로 쓸 수도 있고 자유게시판으로 사용할 수도 있습니다. 여기서는 자유게시판을 만들어 보겠습니다.

비비프레스의 포럼은 실제 글을 쓰기 위한 공간을 의미하며, 블로그의 페이지와 같은 역할을 합니다. 주 메뉴에서 포럼 → 새 포럼을 선택하면 포럼을 만드는 화면이 나타납니다. 일반 글쓰기 화면과 같은 형태지만 옵션이 많이 다릅니다. 형식에서 포럼과 카테고리를 선택할 수 있는데, 카테고리는 포럼을 카테고리 형태로 분류하기 위한 것이고 실제 포럼 역할을 하지는 않습니다. 포럼을 만들기 위해서는 포럼을 선택합니다. 상태는 열림으로 선택합니다. 기존의 포럼을 닫힘으로 선택하면 말 그대로 더는 토픽을 게재할 수 없습니다. 가시성에서 공개를 선택하면 모든 방문자가 볼 수 있고 개인용은 로그인 회원만 볼 수 있으며 숨겨짐은 관리자와 편집자만 볼 수 있습니다. 부모는 카테고리와 마찬가지로 분류를 위한 것입니다. 제목을 입력하고 본문 입력란에 게시판의 성격에 대해 작성합니다.

그림 5-193 새 포럼 만들기

토픽 만들기

포럼은 토픽을 담을 수 있는 그릇으로 블로그의 페이지 역할을 하고 토픽은 실제 글이므로 블로그의 글 역할을 합니다. 포럼의 응답은 블로그의 댓글과 성격이 같다고 보면 됩니다.

주 메뉴의 토픽 → 새 토픽을 선택하면 아래와 같은 화면이 나타납니다. 제목을 입력하고 본문에는 토픽의 성격에 대한 내용과 관리자가 찾기 쉽게 어떤 형태의 태그를 입력해 달라고 요청할 수도 있습니다. 관리자는 요청이라는 태그만 클릭하면 요청 글만 볼 수 있습니다. 우측의 토론 속성 메타박스에서 포럼을 선택합니다. 토픽 형식은 일반 글은 시간순으로 나타나고 붙박이는 포럼의 최상단에 나타나며, 최상단 붙박이는 모든 포럼의 상단에 붙박이 글로 나타납니다. 붙박이는 시간 순서에 제약을 받지 않고 항상 상단에 배치하는 것을 말합니다. 공개하기 메타박스는 블로그의 새 글 쓰기 기능과 같습니다.

포럼 생성은 항상 관리자 화면에서만 할 수 있지만 토픽이나 응답은 포럼 화면에서도 만들 수 있으며, 특히 응답은 글을 보면서 작성하는 것이 보통입니다.

그림 5-194 토픽 만들기

응답 만들기

주 메뉴에서 응답 → 새 응답을 선택하면 다음과 같은 화면이 나타납니다. 그런데 응답은 블로그 화면에서 방문자가 작성한 응답을 보고 하는 것이 현실적입니다. 이 화면에서 응답을 작성하려면 제목과 글 내용을 입력한 다음 응답하려면 글이 속한 포럼과 토픽을 선택합니다. 포럼과 토픽이 여러 개라면 옵션 항목에서 찾는 것도 번거롭죠. 그래서 포럼 화면에서 작성하는 방법이 편리합니다. 관리자 화면에서 할 수 있는 것은 미디어 업로드를 할 수 있다는 점입니다.

그림 5-195 응답 만들기

메뉴화면에 포럼 등록

포럼과 토픽을 생성했다고 해서 블로그 화면에 나타나는 것은 아니고 먼저 메뉴에서 등록을 해야 합니다. 주 메뉴의 외모 → 메뉴를 선택해서 포럼 메타박스에서 포럼으로 생성한 것을 체크하고 "메뉴에 추가" 버튼을 클릭한 다음 우측 열에서 메뉴 저장 버튼을 클릭합니다.

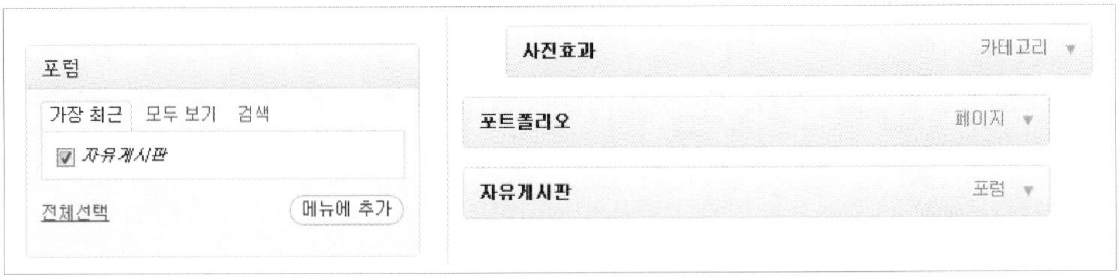

그림 5-196 포럼 메뉴 추가

메뉴바에서 자유게시판을 클릭하면 토픽이 현재까지 진행한 레이아웃으로 나타납니다. 포럼 화면은 별도의 파일을 설정하지 않으면 테마 템플릿 파일 가운데 page.php 파일을 우선적으로 사용합니다. 그래서 사이드바가 없는 넓은 화면으로 나타납니다. 또한 사용자 이미지가 글자보다 아래로 내려가서 나타나는데, 나중에 수정하기로 하고 우선 수정한 화면으로 설명을 진행합니다.

방금 작성한 토픽이 나오며, 토픽 목록의 노란색 배경은 붙박이를 의미합니다. 붙박이로 된 글들도 최근 것이 상단에 배치됩니다. 토픽 제목을 클릭하면 토픽의 내용을 볼 수 있고 해당 토픽에 대해 응답 글을 달 수 있습니다. 이 그림의 하단에는 토픽을 추가할 수 있는 텍스트 편집기가 있습니다.

그림 5-197 자유게시판

관리자의 경우 모든 HTML 태그를 사용할 수 있고 관리자 화면에서 사용하면 다양한 미디어도 첨부할 수 있습니다. 일반 토론 참가자는 제한이 있습니다.

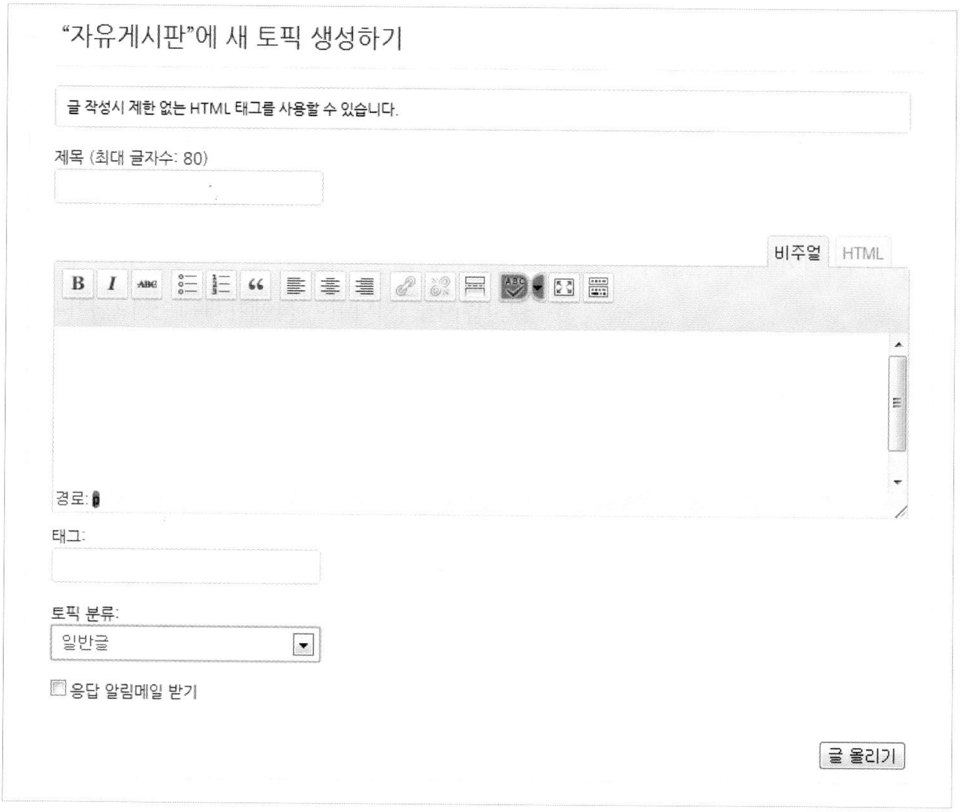

그림 5-198 블로그 화면에서의 글쓰기

다른 웹브라우저에서 포럼 화면으로 가서 일반 참가자로 토픽을 생성하거나 이미 있는 토픽에 응답을 달아봅니다. 이름과 메일은 필수 항목이며, 제목과 본문 글을 입력합니다. 사용할수 있는 HTML 태그가 제한됩니다. 토픽 태그는 로그인 가입자만 지정할 수 있습니다.

"자유게시판"에 새 토픽 생성하기

글쓴이 정보:

이름 (필수)

명탐정 코난

메일 (필수)

attamama12@naver.com

홈페이지 (있으면 적어주세요)

제목 (최대 글자수: 80)

워드프레스 테마 수정 방법

비주얼 HTML

워드프레스 테마 수정 방법을 알고 싶습니다.

경로:

아래의 HTML 태그와 속성 사용 가능

```
<a href="" title=""> <abbr title=""> <acronym title=""> <b>
<blockquote cite=""> <cite> <code> <del datetime=""> <em> <i>
<q cite=""> <strike> <strong>
```

태그:

요청

글 올리기

그림 5-199 새 토픽 만들기

이번에는 제3자의 관리자 권한을 가진 사용자를 생성하고 다른 웹브라우저에서 응답을 달아 봤습니다. 관리자 권한을 부여하면 모든 HTML 태그를 사용할 수 있습니다. 하단에서 응답 알림메일 받기에 체크하면 응답을 달았을 때 이메일로 통보됩니다. 이 기능은 로컬호스트에 서는 작동하지 않고 실제 웹사이트에서만 작동합니다.

2012년 8월 21일 2:54 오후　　　　　　　　　　　　수정 | 닫기 | 붙박이 (전면) | 합치기 | 휴지통 | 스팸　#962

워드프레스 테마 수정 방법을 알고 싶습니다.

명탐정 코난
(127.0.0.1)

글쓴이　　　글

1 글 보임 - 1 에서 1 까지 (총 1 중에서)

'워드프레스 테마 수정 방법'에 응답달기

글 작성시 제한 없는 HTML 태그를 사용할 수 있습니다.

비주얼　HTML

테마를 수정하려면 기존의 테마를 대신하는 자식테마를 만들고 자식테마의 스타일시트를 수정해야합니다.

그래야 기본테마가 업데이트 되더라도 스타일시트 간에 충돌이 일어나지 않습니다.

경로:

태그

워드프레스, 테마

☑ 응답 알림메일 받기

수정 | 닫기 | 붙박이 | 전면 | 합치기 | 휴지통 | 스팸

글 올리기

그림 5-200 블로그 화면에서 응답 달기

방문자가 만든 토픽의 제목을 클릭해서 들어간 화면입니다. 목록의 우측 상단에는 해당 토픽을 관리할 수 있는 링크가 있습니다. 회색 바탕에 글자도 회색이라서 잘 보이지 않습니다. 이 부분은 나중에 수정하겠습니다. 사이드바에는 포럼 전용 사이드바를 설치해서 비비프레스용 위젯을 설치했습니다.

그림 5-201 포럼 관리 링크

이상으로 비비프레스의 간단한 사용법을 알아봤습니다. 이어서 기존에 작업하던 테마에 맞게 비비프레스의 레이아웃을 수정해 보겠습니다. 비비프레스를 설치하면 대부분의 경우 테마에 잘 맞지 않아 스타일시트 간에 충돌이 일어나므로 제대로 나타나지 않습니다. 그래서 워드프레스의 기본 테마 중 하나인 Twenty Ten이 비비프레스의 기본 테마로 첨부돼 있습니다. 또한 다른 테마에 첨부해서 수정할 수 있게 템플릿 파일도 bbp-theme-compat 폴더에 포함돼 있습니다. 여기서는 다른 템플릿 파일을 사용하지 않고 하나의 파일만 만들어 새로운 레이아웃을 적용해 보겠습니다.

⋂⋂ 포럼 화면의 수정

bbpress.php 파일 만들기

비비프레스의 콘텐츠를 출력하는 템플릿 계층구조는 'bbpress.php', 'forum.php', 'page.php', 'single.php', 'index.php'의 순서입니다. 지금은 앞의 두 파일이 없어서 page.php

파일에 의해 출력되므로 사이드바가 없는 페이지에 나타납니다. 이전에 contact 페이지를 만들 때 이 파일을 사용하는 경우 좌우 패딩을 20%로 설정했지만 포럼을 만들 때 페이지를 만드는 것이 아니기 때문에 기본 템플릿을 선택할 수 없었죠. 그래서 포럼 페이지는 body 태그에 해당 클래스 선택자가 없으므로 넓게 나타납니다. 그러면 템플릿 계층구조에 의한 bbpress 파일을 만들고 다른 레이아웃을 적용해서 새로운 사이드바를 배치해보겠습니다.

윈도우 탐색기에서 템플릿 계층구조의 순서상 세 번째에 있는 page.php 파일을 복사해서 붙여넣고 bbpress.php로 수정합니다. 앱타나에서 이 파일을 열고 클래스 선택자인 span12를 span8로 수정합니다. <?php get_footer(); ?>바로 위에 아래처럼 이전에 만든 포럼 사이드바를 가져오는 코드를 입력합니다. 블로그 화면에서 자유게시판 메뉴를 클릭하면 아래 그림과 같이 나타납니다.

```
<div id="primary" class="span8">
<?php get_sidebar('forum'); ?>
<?php get_footer(); ?>
```

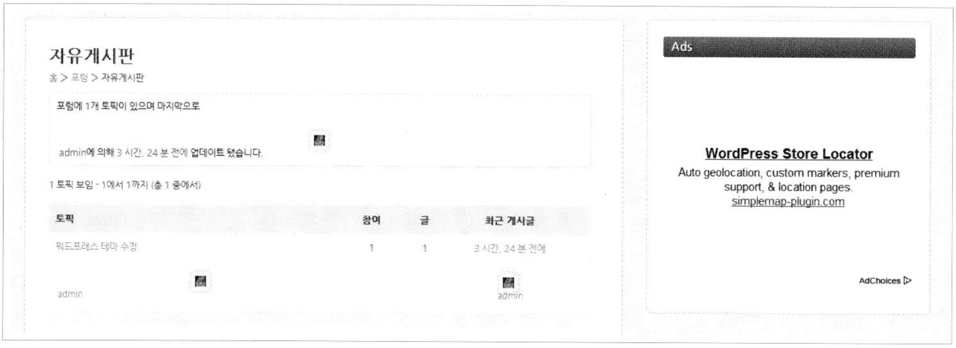

그림 5-202 포럼 화면 레이아웃

포럼 화면 레이아웃

콘텐츠 영역을 넓게 쓰기 위해 이 장을 처음 시작할 때 만든 레이아웃을 사용하겠습니다. 미디어 쿼리를 사용할 것이므로 미디어 쿼리 윗부분에 입력합니다. 현재의 레이아웃에서 article 영역에 있는 테두리를 제거하고 패딩을 재설정합니다. 앞에 .bbPress를 붙이면 이 페이지의 article에만 적용됩니다. 이 선택자는 body 태그에 있습니다. 이와 마찬가지로 사이드바의 테두리도 제거합니다. 콘텐츠 영역을 감싸고 있는 최상위 div 태그의 wrapper에 대해 아래와 같이 설정합니다. 이 선택자는 첫 번째 레이아웃을 만들 때 입력했던 것입니다. 테두리를 1픽셀로 설정하면 전체가 2픽셀 만큼 늘어나서 우측으로 약간 삐쳐나오지만 표시가 안 나므로 무시합니다.

```
/***************** 포럼 *****************/
.bbPress article { border:none; padding:30px 30px 0 30px;}
.bbPress #secondary { border:none; }
.bbPress .wrapper { background:#fff; overflow: hidden; border:1px solid #ccc; border-
radius: 5px; margin-bottom:15px;}

/***************** 포럼 종료 *****************/
/***************** 메인 영역 2 시작 *****************/
```

그림 5-203 포럼 레이아웃 변경

콘텐츠 영역과 사이드바 사이의 여백이 많으므로 오른쪽 패딩을 제거해야 합니다. 현재 .bbPress article의 우측 패딩이 30px인데, 0으로 지정할 경우 스마트폰 크기로 줄였을 때 한쪽으로 치우치므로 큰 화면에서만 패딩이 없도록 수정해야 합니다. 아래와 같이 미디어 쿼리의 세 곳에 우측 패딩을 0으로 설정합니다. 이렇게 하면 768픽셀 이상에서는 우측 패딩이 0픽셀이었다가 그 이하로 화면이 줄어들면 30픽셀의 패딩이 나타납니다.

```
@media (min-width: 768px) and (max-width: 979px) {
  .bbPress article { padding-right:0; }
}
@media (min-width: 980px) and (max-width: 1199px) {
  .bbPress article { padding-right:0; }
}
```

```
@media (min-width: 1200px) {
 .bbPress article { padding-right:0; }
}
```

콘텐츠 영역을 수정합니다. 아래 이미지를 보면 사용자 썸네일 이미지가 글보다 아래로 내려
가 있습니다. 요소 검사를 하면 #bbpress-forums~~의 margin-bottom: -7px;과 p img,
.wp-caption { margin-top: 0.4em; } 때문에 생기는 현상인데, 이 부분을 없애면 문제가
해결됩니다.

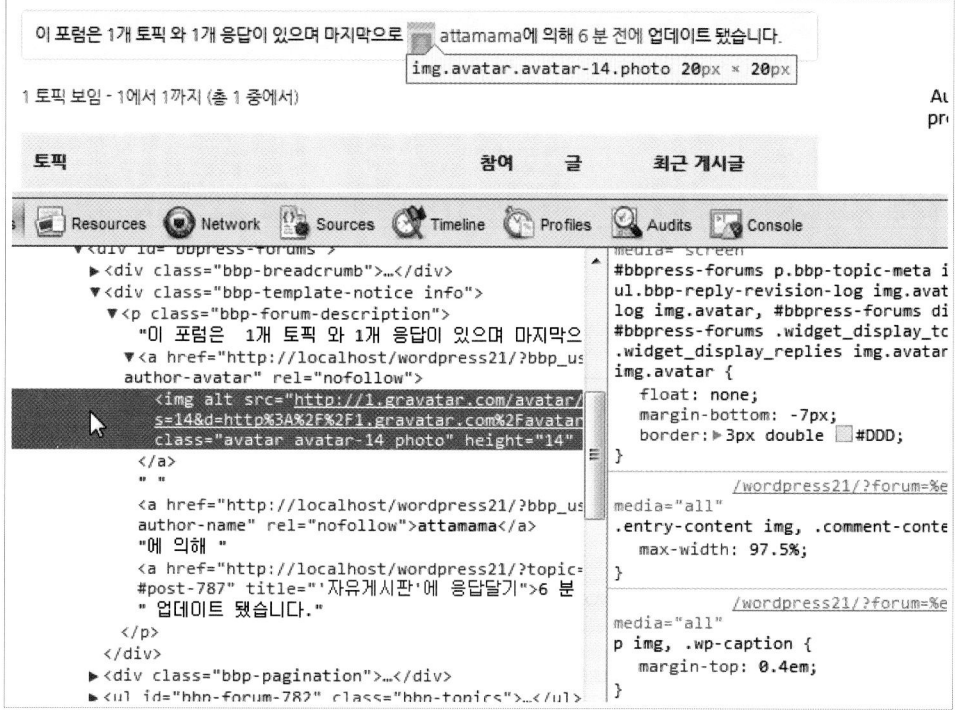

그림 5-204 썸네일 이미지 스타일 변경

해당 스타일시트를 복사해서 style.css에 붙여넣고 0px로 수정합니다. 우선순위를 적용하기
위해 !important를 추가했습니다.

```
#bbpress-forums p.bbp-topic-meta img.avatar, #bbpress-forums ul.bbp-reply-revision-
log img.avatar, #bbpress-forums ul.bbp-topic-revision-log img.avatar, #bbpress-forums
div.bbp-template-notice img.avatar, #bbpress-forums .widget_display_topics img.avatar,
#bbpress-forums .widget_display_replies img.avatar, #bbpress-forums p.bbp-topic-meta img.
```

```
avatar {
  margin-bottom: 0px !important;
}
```

두 번째 부분은 앞의 bbpress.php 파일의 클래스 선택자인 .bbPress를 앞에 추가하고
article img에 대해서만 마진을 없앱니다.

.bbPress **article img** {   margin-top:0; }

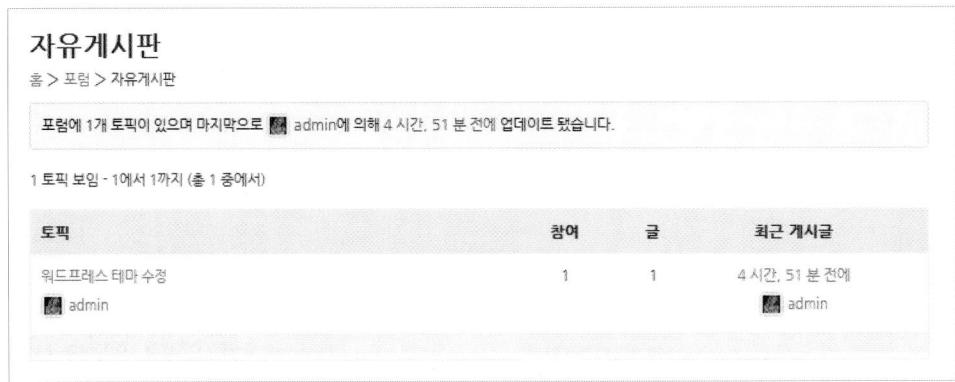

그림 5-205 수정 후 이미지

응답 부분을 보면 프로필 이미지와 링크가 버튼으로 처리돼 있습니다. 이것은 블로그의 댓글
박스에서 댓글 달기 링크를 버튼으로 만들 때 똑같은 선택자를 사용했기 때문입니다. 이 부
분을 수정하려면 해당 선택자를 더 구체적으로 지정하면 됩니다. 선택자가 .reply a인데, 너
무 단순하죠. 다른 페이지에서도 이 선택자를 사용하면 아래와 같이 버튼처럼 나타납니다.

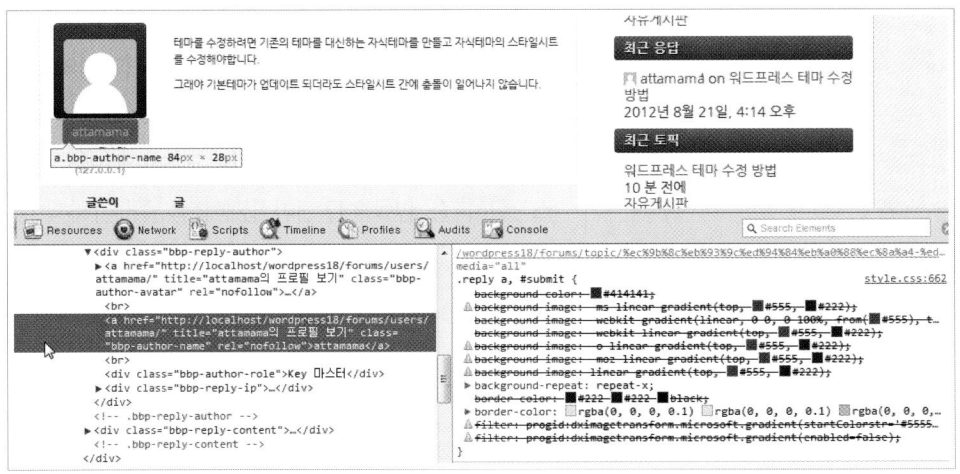

그림 5-206 버튼 스타일 제거

댓글이 있는 화면으로 가서 버튼을 대상으로 요소 검사를 합니다. 그런 다음 상위 선택자를 찾아서 추가해주면 됩니다. 상위에 적당한 것이 .commentlist가 있습니다. 스타일시트 창에 보면 우측에 줄번호가 보입니다. style.css에서 줄번호를 찾아가서 .reply a 앞에 .commentlist를 추가합니다. 버튼 하나를 만들기 위해 마우스를 올렸을 때를 포함해 세 곳을 설정했으므로 다음과 같이 세 곳에 추가해야 합니다.

```
.nav-previous a, .nav-next a, .commentlist .reply a, #comments .edit-link a, #submit,
#respond small a, .single a.post-edit-link  { /*회색*/
.commentlist .reply a, #submit { /*짙은 회색*/
.commentlist .reply a:hover, #submit:hover { background:#222 }
```

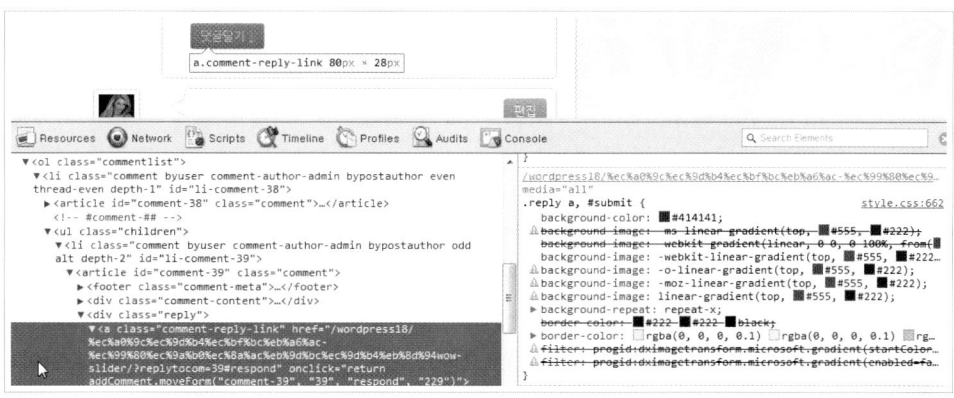

그림 5-207 버튼의 스타일시트 변경

링크 글자의 색을 수정해보겠습니다. 요소 검사를 해서 선택자 부분만 복사합니다(span. bbp-admin-links a). 글자와 글자 사이에 있는 세로 바(|)의 선택자도 추가합니다(span. bbp-admin-links). 글자 링크의 가장 우측에 있는 숫자도 요소 검사를 해서 선택자를 알아냅니다(.bbp-topic-header a.bbp-topic-permalink, .bbp-reply-header a.bbp-reply-permalink). 아래와 같이 글자를 어두운 색으로 지정하고 !important를 추가합니다. 이렇게 하는 이유는 플러그인의 스타일시트는 주 스타일시트보다 항상 나중에 선언되므로 우선적으로 적용하기 위해서입니다.

```
span.bbp-admin-links a, span.bbp-admin-links, .bbp-topic-header a.bbp-topic-permalink,
.bbp-reply-header a.bbp-reply-permalink { color:#777 !important; }
```

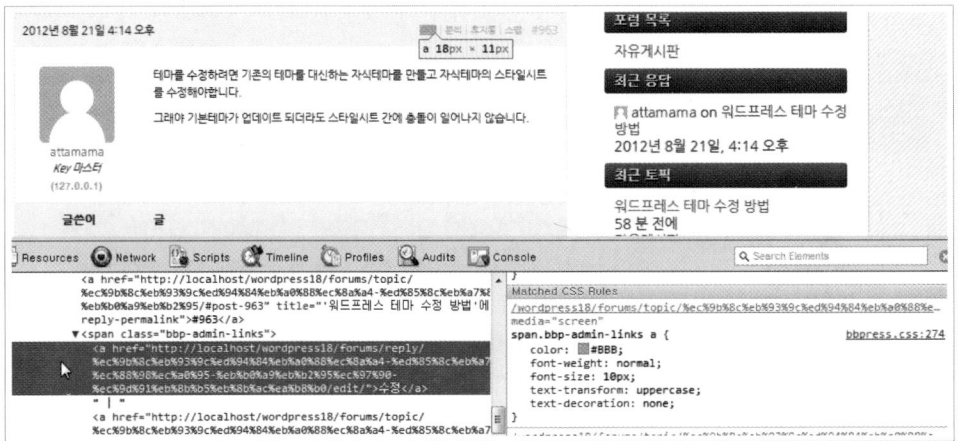

그림 5-208 포럼 관리 링크 스타일 변경

좁은 화면에서는 편집기의 폭이 줄어들지 않습니다. 비주얼 편집기 부분은 테이블 레이아웃으로 돼 있기 때문에 폭이 줄어들지 않습니다. 하지만 HTML 편집기 모드를 선택하면 폭의 축소 확대에 따라 함께 바뀝니다. 좁은 화면에서는 부득이 HTML 편집기 모드를 사용해야 합니다.

그림 5-209 좁은 화면에서의 비주얼 편집기

지금까지 대부분의 요소에 대해 기본 테마를 수정했습니다. 나머지 부족한 부분은 다른 부분을 응용해서 스타일시트에서 설정하면 됩니다. 그동안 입력한 스타일시트를 보면 800여 줄이 채 안 됩니다. 이것도 직접 입력한 것은 그리 많지 않고 복사해서 붙여넣은 것이 많습니다. 기본 테마인 Twenty Eleven의 스타일시트는 2694줄이나 되는데, 거의 3배에 가깝습니다. 나머지는 부트스트랩이 만들어주고 있죠. 부트스트랩은 기본 스타일시트만 5000줄이 넘습니다. 이 많은 스타일시트 설정에서도 일부만 사용했습니다. 부트스트랩은 웹페이지를 만들 때 사용하는 스타일을 거의 대부분 미리 만들어 두고 있습니다. 워드프레스의 한계로 많은 부분을 적용하지 못했지만 일반 PHP로 웹페이지를 만들면 자유자재로 사용해서 더 멋진 디자인을 빠른 시간에 만들 수 있습니다.

부록

템플릿 태그 01

다음은 워드프레스 템플릿 태그 페이지(http://codex.wordpress.org/Template_Tags)의
내용을 간추린 것입니다.

태그	설명
⟨?php get_header ($name); ?⟩	header.php 인클루드 태그. $name은 header-{name}.php 형태로 사용함. 예) header-front.php
⟨?php get_footer ($name); ?⟩	footer.php 인클루드 태그. $name은 footer-{name}.php 형태로 사용함. 예) footer -front.php
⟨?php get_sidebar ($name); ?⟩	sidebar.php 인클루드 태그. $name은 sidebar-{name}.php 형태로 사용함. 예) sidebar-left.php, sidebar-right.php
⟨?php get_template_part ($slug, $name); ?⟩	템플릿 파일에 템플릿 구성요소를 가져옴. $slug는 템플릿 파일을 대표하는 이름, $name은 특정화된 이름 예) single.php파일에서 ⟨?php get_template_part('content', 'single'); ?⟩는 content-single.php 파일을 가져옴
⟨?php get_search_form ( ); ?⟩	검색 템플릿 태그(searchform.php)를 가져옴
⟨?php wp_loginout ($redirect); ?⟩	로그인 링크 표시. 로그인 후에는 로그아웃 표시. $redirect는 로그인 후 보이는 페이지 설정. 예) wp_loginout('index.php')는 초기 화면으로 이동

태그	설명
〈?php echo wp_logout_url ($redirect); ?〉	로그아웃 후 링크되는 페이지 표시. 예) 〈a href="〈?php echo wp_logout_url(home_url()); ?〉" title="Logout"〉 Logout〈/a〉는 로그아웃 후 홈으로 링크
〈?php echo wp_login_url ($redirect); ?〉	〈a href="〈?php echo wp_login_url(home_url()); ?〉" title="Login"〉Login〈/a〉 는 로그인 후 홈으로 링크
〈?php wp_login_form ($args); ?〉	로그인 폼 $args에 관해서는 http://codex.wordpress.org/Function_ Reference/wp_login_form 참고
〈?php wp_register( ); ?〉	로그인한 경우 사이트 관리를 표시. 로그인하지 않은 경우 등록하기를 표시
〈?php bloginfo($show); ?〉	$show 부분은 아래와 같음
name	사이트 이름
description	태그라인
admin_email	관리자 이메일
url	홈 url.
wpurl	사이트 url
stylesheet_directory	자식 테마 디렉터리
stylesheet_url	자식 테마 스타일시트
template_directory	부모 테마 디렉터리
template_url	부모 테마 스타일시트
charset	UTF-8
html_type	text/html
language	ko_KR
〈?php wp_title( ); ?〉	웹브라우저 상단이나 탭에 페이지 제목 표시
〈?php single_post_ title(); ?〉	싱글 페이지 사용 시 글 제목 표시
〈?php post_type_archive_ title( ); ?〉	글 형식 제목 표시
〈?php single_cat_ title(); ?〉	현재 글보관함 페이지의 카테고리 제목 표시
〈?php single_tag_ title(); ?〉	현재 글보관함 페이지의 태그 제목 표시
〈?php single_month _title(); ?〉	현재 페이지의 월, 년도 제목 표시
〈?php get_calendar( ); ?〉	글 링크가 포함된 달력 표시
〈?php the_author(); ?〉	반복문(while loop)에서 글쓴이 표시
〈?php the_author_link(); ?〉	프로필 설정 화면의 웹사이트 입력 부분 링크 표시

태그	설명
〈?php the_author_meta ($field, $userID); ?〉	사용자의 각종 정보를 불러옴. $field에 대해서는 다음 코덱스 페이지를 참조 (http://codex.wordpress.org/Function_Reference/the_author_meta) 예) 〈?php the_author_meta('user_email',25); ?〉는 아이디 25 사용자의 이메일 주소를 불러옴
〈?php the_author_ posts(); ?〉	글쓴이의 글 개수 표시
〈?php the_author_posts_link (); ?〉	반복문에서 사용되며 글쓴이의 글 저장소 링크
〈?php echo category_ description(); ?〉	카테고리의 설명이 있는 경우 설명을 불러옴
〈?php single_cat_title(); ?〉	현재 페이지의 카테고리 제목을 표시함
〈?php the_category(); ?〉	글의 카테고리 전체를 표시함. 예) 〈?php the_category(', '); ?〉는 카테고리 사이에 콤마를 삽입.
〈?php single_tag_title(); ?〉	현재 페이지의 태그 제목을 표시함
〈?php tag_description ($tag_id); ?〉	태그의 설명을 표시함
〈?php the_tags(); ?〉	글의 태그를 나열함. 예) 〈?php the_tags('Tags:', ', ', '〈br /〉'); ?〉는 "Tags: 태그, 태그, 태그, (줄바꿈)"로 표시됨
〈?php comment_author ($comment_ID); ?〉	댓글 작성자 이름 표시
〈?php comment_author_email ($comment_ID); ?〉	댓글 작성자 이메일 표시
〈?php comment_author_IP ($comment_ID); ?〉	댓글 작성자 IP 주소 표시
〈?php comment_author_url ($comment_ID); ?〉	댓글 작성자 URL 표시
〈?php comment_class(); ?〉	댓글에 클래스 선택자 추가. 예) 〈?php comment_class('special'); ?〉은 댓글에 special 클래스 선택자 추가
〈?php comment_date(); ?〉	댓글 올린 날짜 표시
〈?php comment_excerpt ($comment_ID); ?〉	댓글 요약(최대 20 단어) 표시.
〈?php comment_ID(); ?〉	댓글의 숫자 아이디 표시
〈?php comment_reply_link ($args, $comment, $post); ?〉	댓글에 대한 댓글 링크 표시
〈?php comment_text ($comment_ID); ?〉	댓글 내용 표시
〈?php comment_time(); ?〉	댓글 올린 시간 표시 예) 〈?php comment_time('H:i:s'); ?〉

태그	설명
〈?php comments_link(); ?〉	댓글 창으로 가는 링크 표시
〈?php comments_number ($zero, $one, $more); ?〉	댓글 수 표시 예) 〈?php comments_number('댓글 없음', 1 댓글', '% 댓글'); ?〉 마지막 매개변수는 복수 댓글이며 각 상황에 따라 표시.
〈?php comments_popup_link (); ?〉	댓글 입력창으로 가는 링크 표시
〈?php the_permalink(); ?〉	반복문에서 글의 고유 주소 URL을 표시
〈?php echo get_permalink ($id); ?〉	고유 주소 표시 예) 〈?php echo get_permalink(268); ?〉 268번 글의 고유주소 표시
〈?php edit_comment_link ($link); ?〉	반복문에서 댓글 편집 링크 표시 예) 〈?php edit_comment_link('댓글 편집'); ?〉
〈?php edit_post_link ($link); ?〉	반복문에서 글 편집 링크 표시 예) 〈?php edit_post_link('편집'); ?〉
〈?php body_class ($class); ?〉	클래스 선택자를 만듬 예) 〈body 〈?php body_class($class); ?〉〉
〈?php post_class(); ?〉	글의 클래스 선택자를 만듬 예) 〈div id="post-〈?php the_ID(); ?〉" 〈?php post_class(); ?〉〉
〈?php single_post_title(); ?〉	단일 글에서 제목 표시
〈?php the_category( ); ?〉	글의 카테고리 링크 표시
〈?php the_content( ); ?〉	글의 내용 표시
〈?php the_excerpt(); ?〉	반복문에서 말 줄임표(. . .)를 포함한 요약 글 표시
〈?php the_ID(); ?〉	반복문에서 현재 글의 아이디 숫자 표시
〈?php the_tags($before, $sep, $after); ?〉	반복문에서 글 태그 표시 예) 〈?php the_tags('Tags:', ', ', '〈br /〉'); ?〉
〈?php the_title($before, $after, $ echo); ?〉	반복문에서 현재 글의 제목 표시 예) 〈?php the_title('〈h3〉', '〈/h3〉'); ?〉
〈?php the_date($format, $befor e, $after, $echo); ?〉	반복문에서 글 작성일자 표시 예) 〈?php the_date('Y-m-d', '〈h2〉', '〈/h2〉'); ?〉
〈?php the_time($d); ?〉	반복문에서 현재 글의 작성 시간 표시 예) 〈?php the_time('g:i a'); ?〉
〈?php wp_nav_ menu($args); ?〉	내비게이션 메뉴 표시

표 6-1 워드프레스 템플릿 태그

플러그인 02

01 젯팩(Jetpack) 플러그인

젯팩은 워드프레스닷컴에서 기본적으로 사용되는 각종 플러그인을 한데 모아 팩으로 만들어 워드프레스 설치형에서 사용하고자 만든 클라우드 형태의 플러그인 팩입니다. 워드프레스에서 만들어 지속적으로 업그레이드되고 있으며, 대부분 무료이지만 유료인 것도 있습니다. 통상적인 플러그인 설치 방법에 따라 Jetpack으로 검색해서 설치하면 바로 한글로 나타납니다. 최근에 한글 번역을 완료해서 워드프레스닷컴에 등록했습니다. 설치하는 방법을 간략히 설명하고 각 플러그인에 대해서는 제 블로그의 플러그인 부분(http://martian36.tistory.com/category/워드프레스/플러그인)을 참고하세요.

설치하기

로컬호스트에서는 작동하지 않고 공개적으로 접근 가능한 웹호스팅에 설치한 워드프레스에서만 사용할 수 있습니다. 주 메뉴에서 젯팩을 선택하고 WordPress.com으로 연결하기 버튼을 클릭합니다.

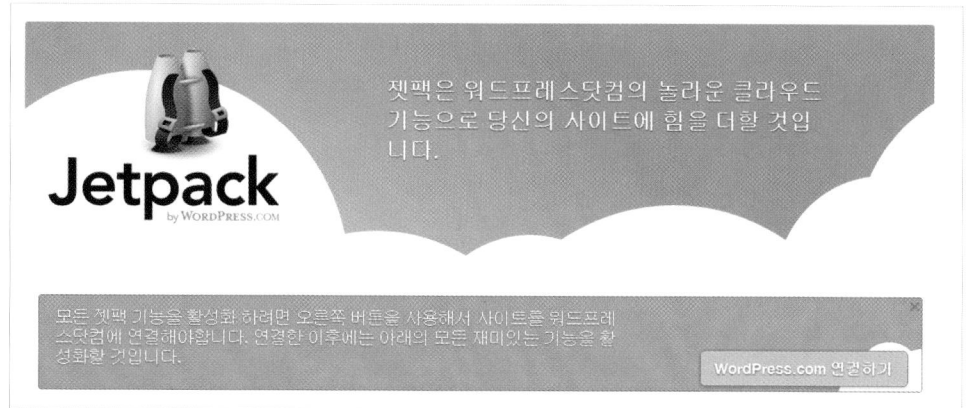

그림 6-1 젯팩 워드프레스닷컴 연결하기

다음 화면이 나오면 1장에서 워드프레스닷컴 계정을 만들 때 사용한 사용자명과 비밀번호를 입력하고 Jetpack 인증 버튼을 클릭하면 바로 인증됩니다.

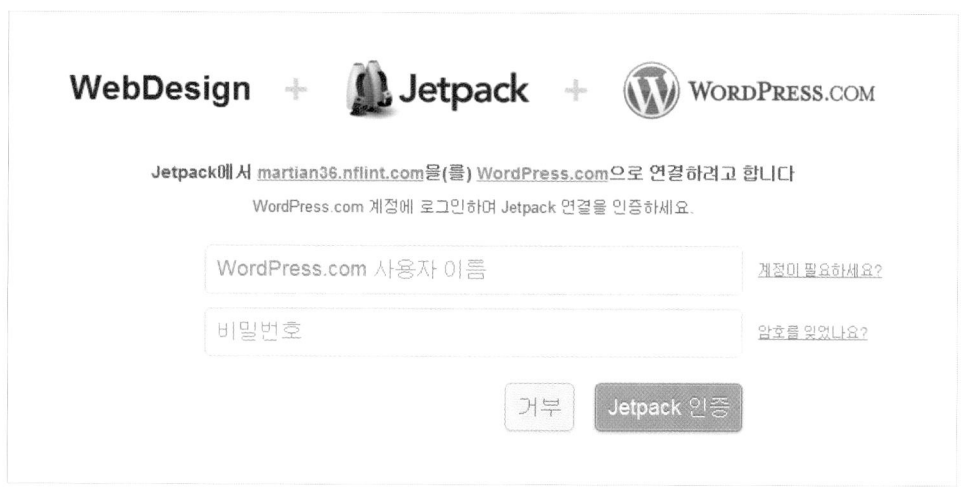

[그림 6-2 젯팩 인증

∩2 기타 플러그인

다양한 플러그인을 부록에 실으려고 했으나 지면상 제 블로그에서 지속적으로 올리도록 하겠습니다. 필요한 경우 수정한 테마에서 설치해서 사용하는 방법도 설명하겠습니다.

http://martian36.tistory.com/category/워드프레스/플러그인

티스토리 블로그 글 가져오기 03

티스토리 관리자 센터의 주 메뉴 하단에서 데이터 관리를 클릭하면 우측에 아래와 같은 화면이 나타납니다. 데이터 백업 행의 우측 끝에 있는 삼각형 아이콘을 클릭하고 첨부파일 포함에 체크한 다음 확인을 클릭하면 블로그 글 전체를 XML 형식의 파일로 내려받을 수 있습니다. XML 파일을 내 컴퓨터의 적당한 곳에 내려받습니다.

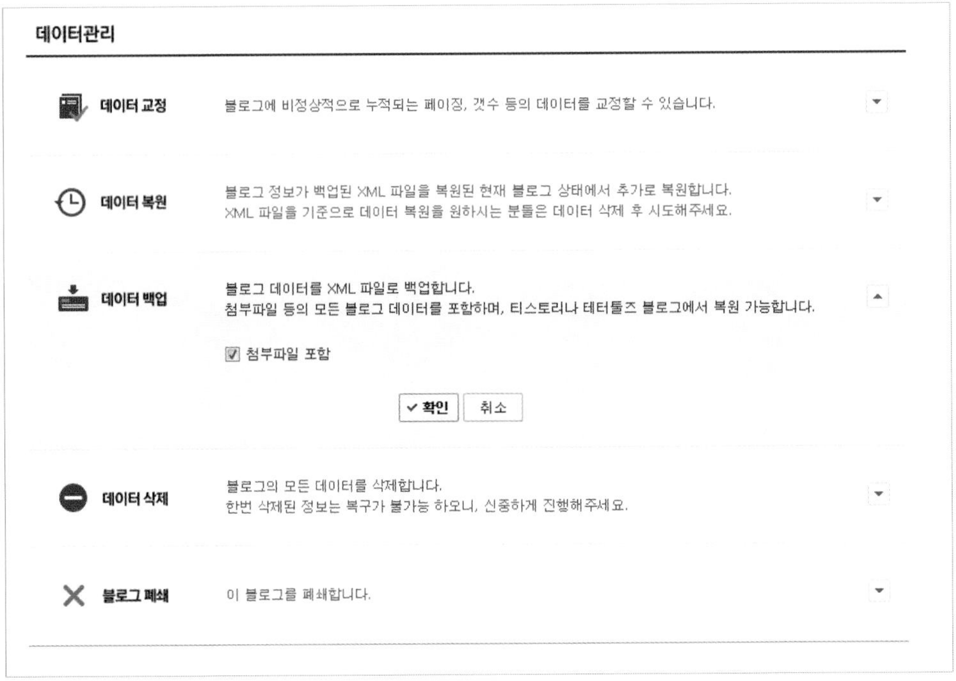

그림 6-3 티스토리 백업

워드프레스 플러그인 추가 화면에서 ttxml로 검색해서 이 플러그인을 설치하고 활성화한 다음 도구 → 가져오기 → TTXML을 클릭하면 아래와 같은 화면이 나타납니다. 가져오기에는 두 가지 방식이 있습니다. 업로드 방식은 파일 용량에 제한이 있어서 아래와 같이 업로드 최대 크기가 30MB인데, 이 설정은 웹호스팅 회사마다 다릅니다. 내 컴퓨터의 WAMP 서버에서는 파일 업로드 용량을 조절할 수 있지만(http://martian36.tistory.com/780 참고) 웹호스팅에서는 공유 서버인 경우 업로드 용량을 조절할 수 없습니다. 제한 용량을 초과할 경우 파일질라로 적당한 디렉터리에 업로드한 다음 해당 경로를 두 번째 주소 입력 방식의 '백업파일의 위치'에 입력하고 Submit 버튼을 클릭하면 업로드가 진행됩니다.

Import TTXML

업로드 방식

TTXML(티스토리/텍스트큐브 백업파일)의 내용을 워드프레스로 가져올 수 있습니다.
백업파일에 포함된 첨부파일이 저장되는 디렉토리: /home/webdesigncss393/www/wp-content/blogs.dir/18/files/1
텍스트큐브의 첨부파일을 위의 디렉토리에 직접 복사하셔도 됩니다.

컴퓨터에서 파일 찾기: (최대 크기: 30MB)   Choose File   No file chosen

파일 업로드 후 가져오기

주소입력 방식

웹서버 로컬 경로 또는 http://가 포함된 URL의 백업파일도 가능합니다.

백업파일의 위치: (ex: /home/my/backup.xml, http://foo.com/backup.xml)
http://webdesigncss3.com/wp-content/uploads/Tist   Submit

참고사항

백업파일의 크기가 클수록 처리시간이 길어집니다.
첨부파일을 백업파일에 포함하지 않고 직접 복사하면 섬네일이 만들어지지 않습니다.
워드프레스는 비밀댓글 기능이 없어서 비밀댓글이 모두 공개됩니다.

그림 6-4 워드프레스에서 티스토리 파일 가져오기

업로드가 진행되고 마지막에 ALL done이라고 나타나면 작업이 완료됩니다.

🔧 Import TTXML

Attach files dir: /home/webdesigncss393/www/wp-content/blogs.dir/18/files/1

Import(1): 태국여행기 - 02년 [태국-라오스] 1월 06일-여행의 준비 그리고 출발! *Tags(3) *Comments(2) *Trackbacks(0)
Import(2): 태국여행기 - 02년 [태국-라오스] 1월 07일-후텁지근한 날씨와 숙소 *Tags(3) *Comments(0) *Trackbacks(0)
Import(3): 태국여행기 - 02년 [태국-라오스] 1월 08일-여행의 참맛! 군것질과 소음!? *Tags(2) *Comments(0) *Trackbacks(0)
Import(4): 태국여행기 - 02년 [태국-라오스] 1월 09일- 일일 투어 *Tags(2) *Comments(0) *Trackbacks(0)
Import(5): 태국여행기 - 02년 [태국-라오스] 1월 10일-마무리 산책과 라오스로의 출발! *Tags(3) *Comments(0) *Trackbacks(0)
Import(6): 라오스여행기 - 02년 [태국-라오스] 1월 11일-여기는 라오스!!! *Tags(2) *Comments(0) *Trackbacks(0)
Imp_____오스여행기 - 02년 [태국-라오스] 1월 12일-비에티_____ Tags(2) *Comments(0) *Trackbacks(0)

Import(100): 인도여행기 <앞피 > *Tags(1) *Comment___ ___Trackbacks(0)
Import(101): 인도여행기 < 고아 - 안주나 비치 > *Tags(6) *Comments(2) *Trackbacks(0)
Import(102): 인도여행기 < 뭄바이 > *Tags(4) *Comments(2) *Trackbacks(0)
Import(103): 인도여행기 < 델리 > *Tags(4) *Comments(7) *Trackbacks(1)
Import(104): 궁금한 점은 Guest Book에 *Tags(0) *Comments(0) *Trackbacks(0)

All done. Have fun!

그림 6-5 가져오기 실행 화면

다중 블로그 기능 제거 04

다중 블로그 기능을 설치하면서 추가한 코드를 wp-config.php 파일과 .htaccess 파일에서 제거합니다. 제거할 코드는 네트워크 → 설정 → 네트워크 설치에서 확인할 수 있습니다.

그림 6-6 네트워크 설치 코드

다중 블로그를 설치하면 데이터베이스에도 테이블이 만들어지므로 이 테이블도 제거합니다. phpmyadmin으로 들어가서 다음과 같은 이름의 테이블과 wp_1_, wp_2_ 등의 접두어가 있는 테이블을 모두 체크하고 하단의 드롭다운 메뉴에서 Drop을 선택하고 나타나는 화면에서 Yes를 클릭하면 됩니다.

wp_blogs, wp_blog_versions, wp_registration_log, wp_signups, wp_site, wp_sitemeta

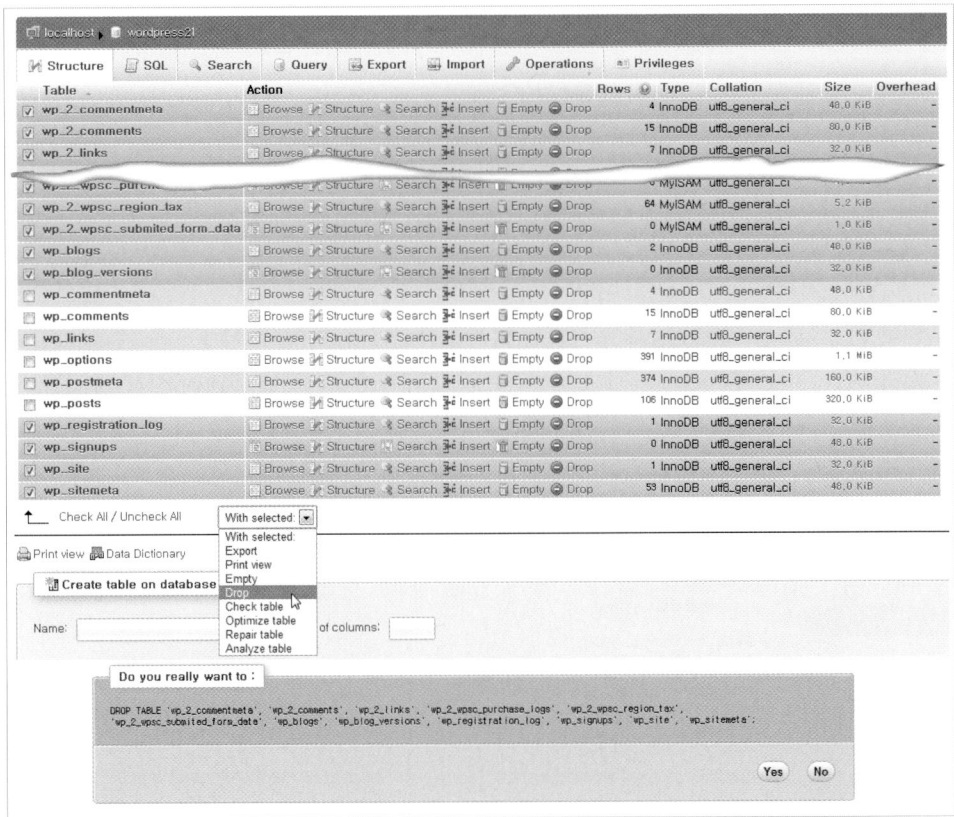

그림 6-7 데이터베이스에서 제거할 대상 테이블

워드프레스 업데이트 05

⋂1 자동 업데이트

워드프레스 한글 버전이 영문 버전과 같은 버전이므로 알림판 화면에서 자동 업데이트가 가능해졌습니다. 자동 업데이트라도 항상 아래에 나오는 수동 업데이트 부분을 참고해서 최소 사양과 백업 등 각종 사항을 점검해서 업데이트해야 합니다.

알림판 화면의 상단에서 "지금 업데이트하세요" 링크를 클릭하거나 블로그 현황 박스에서 "3.4로 업데이트" 버튼을 클릭하면 다음 화면으로 이동합니다.

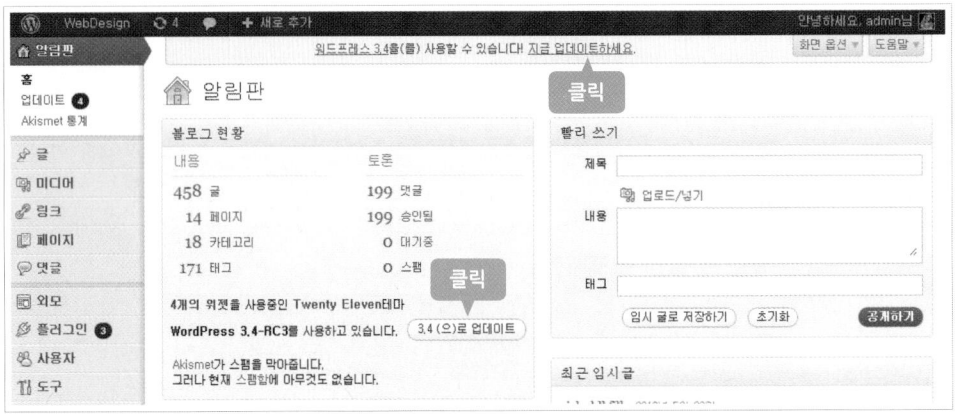

그림 6-8 워드프레스 업데이트

"지금 업데이트" 버튼을 클릭하면 파일을 내려받아 압축을 풀고 설치하는 과정이 자동으로 진행됩니다. 노란색 배경의 글을 보면 백업하라고 나옵니다. 시험 사이트라면 몰라도 중요한 사이트는 혹시 있을지 모르는 오류로 사이트가 망가지는 것을 방지하기 위해 꼭 백업한 후에 업데이트하세요. 이것은 자동 업데이트나 아래에 나오는 수동 업데이트도 마찬가지입니다.

업데이트가 시작되면 업데이트 파일을 불러와서 wp-contents 폴더에 upgrades라는 폴더에 저장하고 업데이트가 진행되지만 가끔 오류가 발생해서 중단되는 경우가 있습니다. 이럴 때는 메뉴에서 업데이트를 선택하고 다시 진행하면 됩니다.

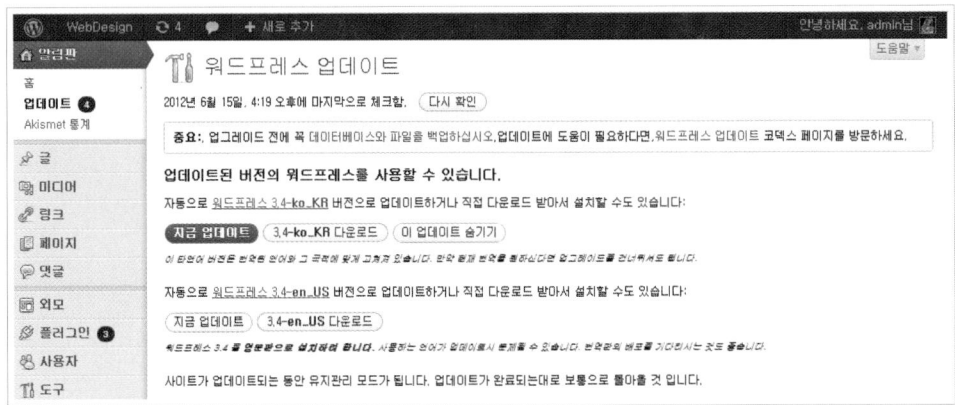

그림 6-9 업데이트 화면

⋂⋂ 수동 업데이트

워드프레스 영문 버전과 한글 버전이 일치하지 않은 상태에서 자동 업데이트를 선택하면 오류가 발생할 수 있으므로 수동으로 업데이트해야 합니다(향후 영문 버전이 업데이트되면 한글 언어 파일을 RC 단계에서 번역해서 바로 한글 버전이 나오게 할 것이므로 이런 문제는 발생하지 않을 것입니다). 또한 어떤 이유로 인해 자동 업데이트가 안 될 때도 수동으로 업데이트해야 합니다. 새로 설치하는 것이 아닌 이미 사용하고 있던 워드프레스 버전을 업데이트하려면 다음과 같은 과정으로 진행합니다. 먼저 wamp 서버를 설치하고 내 컴퓨터에서 연습해보고 실제 웹호스팅 환경에서 시도하는 것도 좋은 방법입니다.

업그레이드 환경 확인

워드프레스는 세 가지 프로그램을 사용합니다. 바로 PHP, MySQL, 웹서버 프로그램입니다. 웹호스팅 환경에 따라 웹서버는 다를 수 있지만 대부분 아파치 서버를 사용합니다. 반면 앞의 두 가지는 변동이 없지만 버전에 따라 다를 수 있습니다. 최신 워드프레스의 경우 PHP 5.2.4 이상의 버전이 필요하고 MySQL은 5.0 이상의 버전이 필요합니다. 일부 웹호스팅 환경에서는 이러한 최소 사양을 충족하지 못해서 워드프레스를 설치할 수 없는 경우도 있습니다. 워드프레스를 구버전으로 사용하다가 최신 버전으로 업데이트하려면 이러한 최소 사양을 확인하고 업데이트해야 합니다. 워드프레스 3.1의 경우 PHP 4.3과 MySQL 4.1.2가 최소 사양입니다.

워드프레스 파일과 데이터베이스 백업

FTP 클라이언트 프로그램 파일질라로 웹호스팅 내 서버에 연결해서 워드프레스 파일을 모두 내려받습니다. 나중에 문제가 생기면 모두 업로드해서 덮어쓰면 됩니다. 이미지 파일이 있는 폴더는 용량도 크고 업데이트 파일에 포함되지 않으니 내려받지 않아도 됩니다.

그림 6-10 파일질라에서 파일 백업하기

데이터베이스 백업은 웹호스팅의 마이페이지로 들어가서 MySQL이나 phpmyadmin 접속 메뉴를 선택하면 아래와 같은 화면이 나타납니다. 데이터베이스 이름을 클릭하면 우측에 데이터베이스 테이블이 나타나고 상단 메뉴에서 내보내기를 클릭하면 아래에 옵션을 선택하는 화면이 나옵니다. 좌측의 내보내기 패널에서 모두 선택을 클릭하고 SQL에 체크돼 있는지 확인한 다음, 오른쪽의 구조 패널에 나열된 옵션을 모두 체크한 다음 하단에서 "파일로 저장"을 체크합니다. 파일 압축은 "없음"에 체크하고 우측의 "실행" 버튼을 클릭하면 내 컴퓨터의 브라우저 화면이 열립니다. 그런 다음 적당한 곳에 저장합니다.

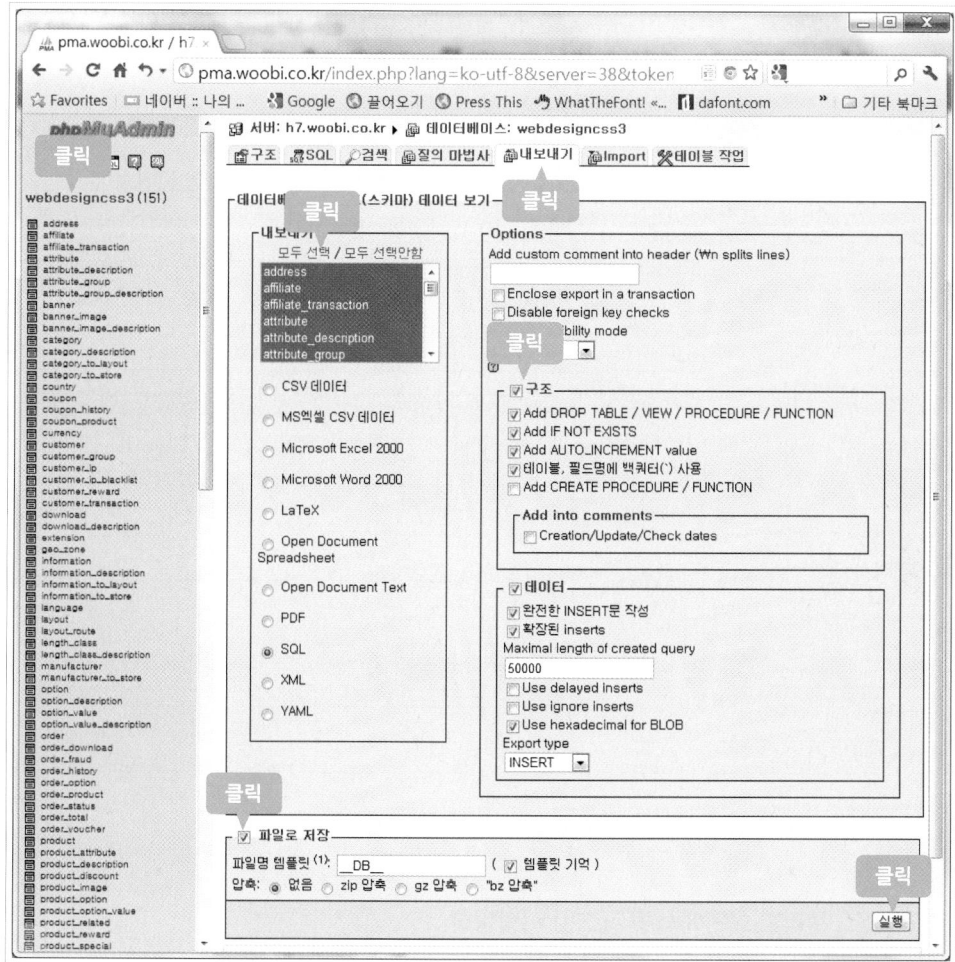

그림 6-11 데이터베이스 백업

백업한 파일을 복구할 때는 왼쪽 패널에서 데이터베이스 이름을 클릭하고 우측 화면에서 Import 탭을 클릭한 다음 "파일 선택" 버튼을 클릭해 데이터베이스 파일을 업로드하면 파일명이 옆에 나타납니다. "파일 문자셋"에서 백업한 데이터의 문자셋을 선택합니다. 모를 경우 기본값 그대로 둔 채로 넘어갑니다. 그런 다음 좌측 하단의 "실행" 버튼을 클릭하면 업데이트가 진행됩니다.

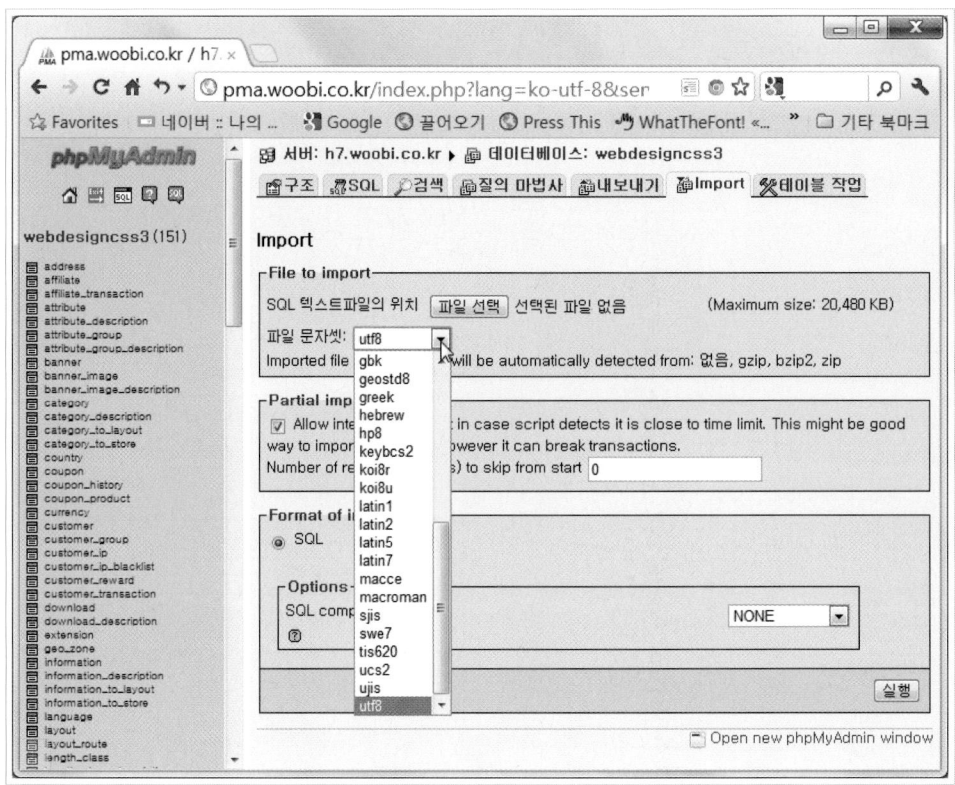

[그림 6-12 백업 데이터베이스 파일 가져오기 실행]

워드프레스 관리자 화면에서 플러그인 비활성화

워드프레스의 플러그인은 해당 버전에 맞춰서 개발되므로 워드프레스를 업데이트하면 설치된 플러그인이 작동하지 않을 수도 있습니다. 플러그인이 활성화된 상태에서 워드프레스를 업데이트하면 설치가 제대로 되지 않는 오류가 발생할 수도 있으므로 모든 플러그인을 비활성화해서 초기 설치 상태로 돌려놓는 것입니다. 많이 사용되는 플러그인은 워드프레스가 베타 단계나 RC 단계에서 새 버전에 맞는 플러그인을 개발하므로 워드프레스를 업데이트하고 난 다음에 하나씩 활성화하면서 문제가 없는지 확인합니다.

플러그인이 많이 설치된 경우 하나씩 비활성화하기보다는 플러그인 화면에서 상단의 플러그인 제목이 있는 곳의 체크박스를 클릭하면 모든 플러그인이 체크됩니다. 일괄 작업 드롭다운 메뉴를 선택해서 비활성화를 선택하고 적용을 클릭하면 한 번에 비활성화됩니다.

워드프레스 설치 디렉터리에서 디렉터리 삭제

워드프레스 설치 디렉터리에는 3개의 디렉터리가 있는데, 이 가운데 wp-admin과 wp-includes 디렉터리를 삭제합니다. 만일의 경우 원상 복구하기 위해 이미 모든 파일을 내려받아 뒀으니 안심해도 됩니다. 루트 디렉터리 파일 가운데 wp-config.php 파일과 .htaccess 파일을 제외하고 모두 삭제합니다. 남은 파일과 디렉터리는 wp-config.php 파일과 .htaccess, 그리고 wp-content 디렉터리입니다.

새 워드프레스 디렉터리에서 파일 업로드

새로 내려받은 최신 버전의 압축을 풀고 위에서 삭제한 wp-admin과 wp-includes 디렉터리를 업로드합니다. 루트에 있는 모든 파일도 업로드합니다. 중요 파일인 wp-config.php 파일은 새 버전의 워드프레스에 포함되지 않으므로 루트의 모든 파일을 업로드해도 겹치지 않습니다. 새로 업로드된 wp-config-sample.php 파일과 기존의 wp-config.php 파일을 비교해서 업데이트된 부분이 있으면 복사해서 추가합니다.

wp-content 디렉터리 파일 업로드

wp-content 디렉터리 안에 있는 파일과 디렉터리는 개별적으로 업로드합니다. 우선 이 디렉터리 안의 파일(index.php)을 업로드한 다음 하위 디렉터리는 개별적으로 업로드합니다. 테마가 있는 themes 디렉터리의 경우 기본 테마가 있는데, 이를 수정해서 사용하고 있다면 업데이트하고 난 다음 다시 수정해야 합니다. 새로 업데이트하는 파일 가운데 새로운 기능이 포함돼 있을 수 있으니 기존의 파일과 비교해서 업데이트한 후 수정된 부분만 추가합니다. 대부분의 경우 스타일시트를 수정해서 사용합니다.

워드프레스의 영문 버전과 한글 버전이 차이가 나는 부분은 wp-content 디렉터리에 있는 languages 디렉터리 안의 파일입니다. 영문 워드프레스를 설치해도 이 디렉터리는 없으니 설치가 되지 않습니다. 워드프레스 3.4로 업데이트하는 경우 위에서 압축 파일을 내려받아 설치하고 업데이트하면 업데이트 과정의 메시지가 한글로 나옵니다. 경우에 따라 데이터베이스를 업데이트하라는 메시지가 나오기도 합니다. 제 경우에는 언어 파일을 설치하지 않고 워드프레스 3.2.1 한글 버전에서 3.4버전으로 업데이트했더니 아래와 같이 영문으로 데이터베이스를 업데이트하라는 메시지가 나왔습니다. 업데이트 버튼을 클릭하니 잠시 후에 업데이트가 완료됐다고 나왔습니다.

그림 6-13 업데이트 후 데이터베이스 업데이트

그림 6-14 데이터베이스 업데이트 완료

기존의 글에 이미지를 사용했다면 wp-content 디렉터리에 uploads 디렉터리가 있을 겁니다. 새 워드프레스를 설치해도 이 디렉터리는 영향을 미치지 않습니다.

위 내용을 검토해서 wp-content의 내용에 변화가 없을 것으로 생각되면 이 디렉터리 전체를 업로드해도 됩니다. 다른 테마를 설치해서 사용하고 있었다면 업데이트에 영향을 주지 않지만 테마가 특정 버전까지만 지원하는 경우도 있으므로 점검해야 합니다.

워드프레스 3.4 버전으로 업데이트됐고 관리자 화면도 잘 나옵니다.

그림 6-15 워드프레스 업데이트 완료

워드프레스 3.5 버전과
기본 테마 06

부록을 작성하고 있는 현재 워드프레스가 3.5 버전으로 업그레이드되면서 베타1 버전이 나왔습니다. 3.5 버전을 직접 내려받으려면 http://wordpress.org/wordpress-3.5-beta-1.zip를 웹브라우저 주소창에 입력하고 엔터 키를 치면 내려받을 수 있습니다. 내려받은 파일은 영문 버전이고 한글 버전은 번역을 완료해서 별도의 파일을 만들어 첨부파일에 포함했으므로 사용하고자 하실 분은 한글 버전의 압축 파일을 풀고 설치하면 됩니다.

워드프레스 3.5 버전은 베타 버전 단계와 RC(Release Candidate) 단계를 거쳐 2012년 12월 5일에 정식 버전이 출시될 예정이며, 책의 내용을 기준으로 변경된 것은 블로그에 계속 업데이트하겠습니다.

아울러 보너스로 기본 테마가 Twenty Twelve로 업그레이드됐습니다. 이 기본 테마는 정식 버전이고 워드프레스 베타버전을 설치하면 함께 포함돼 있습니다. 이 테마만 사용하려면 관리자 화면의 테마 설치에서 2012로 검색해서 설치하거나 http://wordpress.org/extend/themes/twentytwelve에서 직접 내려받아 테마 폴더에 압축을 풀면 됩니다. 언어 파일이 포함돼 있지 않으므로 첨부파일을 통해 언어 파일이 첨부된 테마를 사용할 수 있습니다.

그림 6-16 2012 테마 설치

이전 버전과는 달리 헤더 이미지가 포함돼 있지 않고 별도로 설치해야 하며, 자세한 사용법
은 제 블로그에 올리겠습니다.

http://martian36.tistory.com/category/워드프레스/테마.테마만들기

5장 테마 수정에서 작업한 것처럼 화면 크기에 따라 레이아웃이 달라지는 반응형 디자인으
로 돼 있습니다.

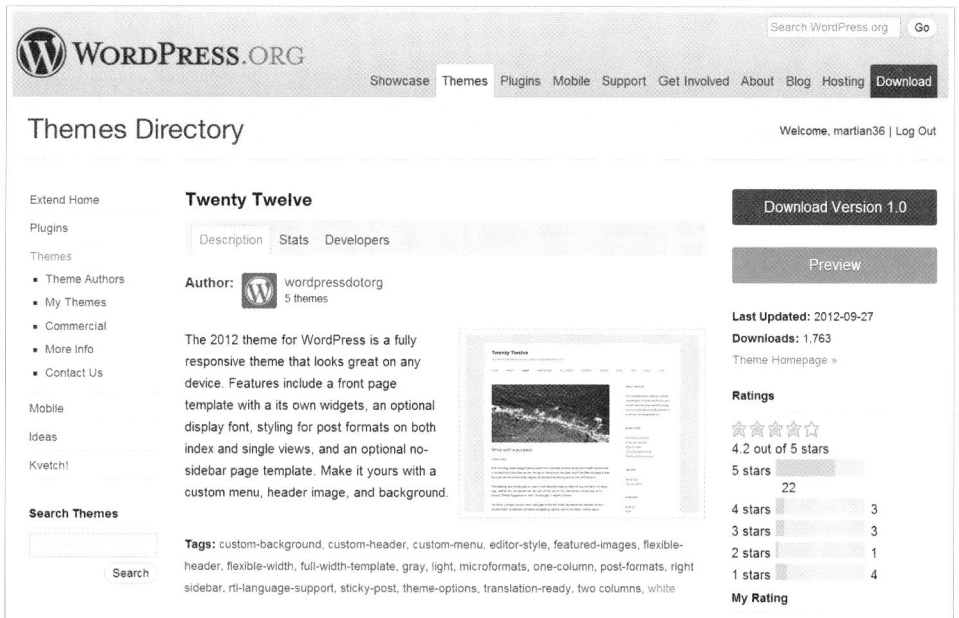

그림 6-17 기본 테마 2012 내려받기 페이지